谨以此书献给

为青海高速公路发展事业作出贡献的决策者、建设者、管理者

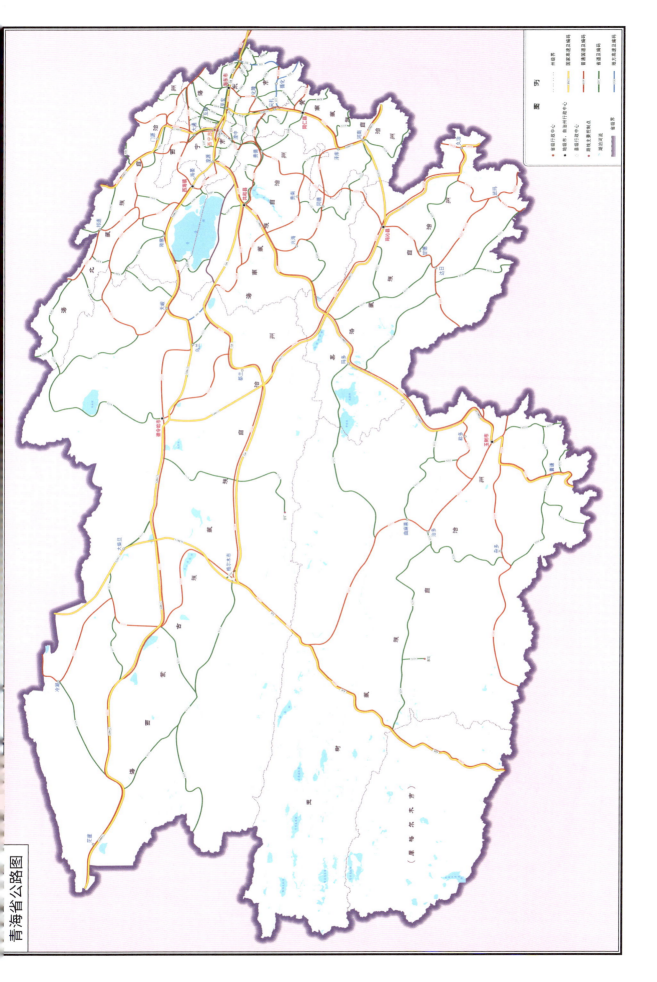

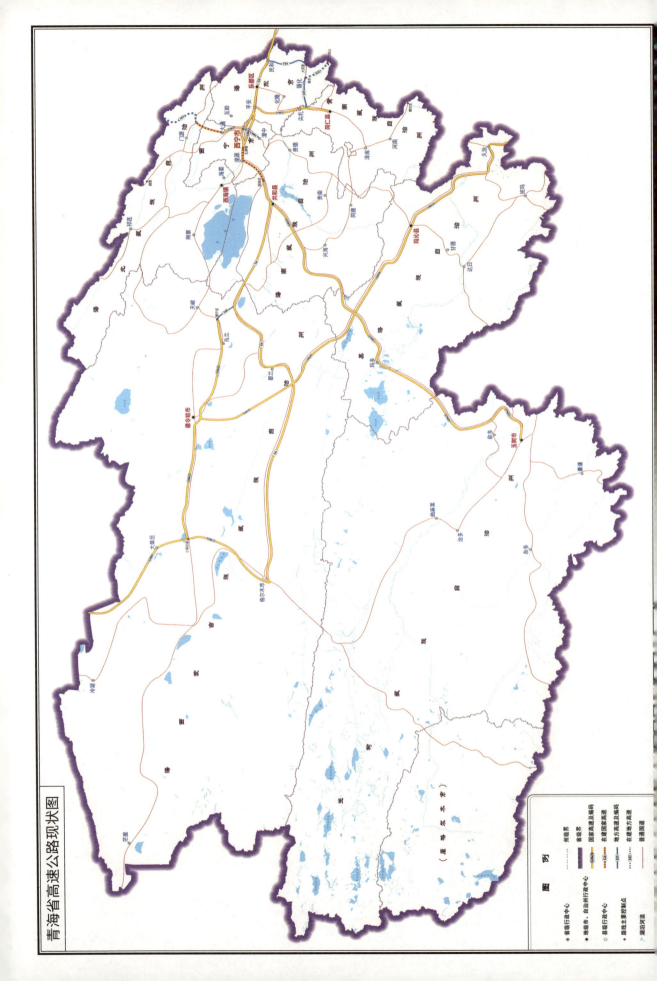

图1 G6 马平高速公路老鸦峡特大桥

图2 G6 马平高速公路乐都段

图3　G6 平西高速公路曹家堡段

图4　G6 平西高速公路峡口段

Record of Expressway Construction in
**Qinghai**

图5　G6 西宁朝阳互通立交

图6 G6 西宁过境公路西段天峻路高架桥

图7 G6 西宁过境公路海湖互通立交

 图8 G6共茶高速公路共和境内段

 图9 G6茶格高速公路沙柳河段

 图10 G6共茶高速公路茶卡段

 图11 G6茶格高速公路脱土山段

图12　G6 茶格高速公路诺木洪段

图13　G6 茶格高速公路脱土山段

图14　G3011 当大高速公路锡铁山段

图15　G3011 当大高速公路青山段

图16　G3011 大察高速公路小柴旦湖段

图17 G0611 宁大高速公路鲍家庄段

图18 G0611 平阿高速公路青沙山段

图19　G0611 阿李高速公路黑城河特大桥

图20　G0611 牙同高速公路沿黄特大桥

图21　G0611 牙同高速公路海黄特大桥

图22　G0611 牙同高速公路哇加滩互通立交

图23 G0612 西宁南绕城高速公路通海特大桥

图24 G0612 西宁南绕城高速公路南川特大桥

图25　G0612 德大高速公路怀头塔拉段

图26　G0612 西宁南绕城高速公路多巴互通立交

图27　G0612察德高速公路乌兰境内段

图28　G0612德大高速公路大煤沟互通立交

图29 G0613 共玉高速公路河卡段

图30 G0613 共玉高速公路河卡山大桥

图31　G0613 共玉高速公路姜路岭段

图32　G0613 共玉高速公路称多段

图33 G0615 德香高速公路灶火大桥

图34 G0615 德香高速公路香日德河特大桥

图35 G0615 香花高速公路岔口特大桥

图36 G0615 香花高速公路冬给措那湖段

图37 G0615花久高速公路大武滩段

图38 G0615花久高速公路公路阿尼玛卿山段

图39　G0615 花久高速公路雪山 1 号隧道

图40　G0615 花久高速公路马塞尔特大桥

图41 G0615花久高速公路东倾沟互通

图42　G0615 花久高速公路门堂段

青海
高速公路建设实录

图43　S22 循隆高速公路哇家滩段

图44　S22循隆高速公路循化特大桥

图45　S22循隆高速公路苏龙珠特大桥

图47 S201川大高速公路川口互通立交

图48 S201川大高速公路满坪大桥

"十三五"国家重点图书出版规划项目
中国高速公路建设实录

Record of Expressway Construction in
Qinghai

# 青海高速公路建设实录

青海省交通运输厅

## 内 容 提 要

本书是《中国高速公路建设实录》系列丛书之青海卷,全书分为十一章,内容包括青海经济社会与综合运输发展、公路建设与运输发展、高速公路建设发展成就、高速公路桥梁隧道建设、高速公路生态环保、高速公路建设科技成果、高速公路建设管理制度、高速公路运营管理、高速公路文化建设、高速公路建设项目、高速公路建设经验与影响分析,以及青海高速公路建设大事记。

本书全面系统总结了青海高速公路建设发展成就,详细记述了青海高速公路建设过程中的管理经验、科技创新、文化建设以及项目建设实情,具有很高的史料价值。本书可供交通运输建设行业相关人员阅读、学习与查询参考。

**图书在版编目(CIP)数据**

青海高速公路建设实录/青海省交通运输厅组织编写. — 北京:人民交通出版社股份有限公司,2018.10
ISBN 978-7-114-14845-3

Ⅰ.①青… Ⅱ.①青… Ⅲ.①高速公路—道路建设—青海 Ⅳ.①U412.36

中国版本图书馆 CIP 数据核字(2018)第 137566 号

"十三五"国家重点图书出版规划项目
中国高速公路建设实录

| | |
|---|---|
| 书　　名: | **青海高速公路建设实录** |
| 著 作 者: | 青海省交通运输厅 |
| 责任编辑: | 刘永超　丁　遥　蒋明耀 |
| 责任校对: | 刘　芹 |
| 责任印制: | 张　凯 |
| 出版发行: | 人民交通出版社股份有限公司 |
| 地　　址: | (100011)北京市朝阳区安定门外外馆斜街 3 号 |
| 网　　址: | http://www.ccpress.com.cn |
| 销售电话: | (010)59757973 |
| 总 经 销: | 人民交通出版社股份有限公司发行部 |
| 经　　销: | 各地新华书店 |
| 印　　刷: | 北京雅昌艺术印刷有限公司 |
| 开　　本: | 787×1092　1/16 |
| 印　　张: | 43.5 |
| 字　　数: | 872 千 |
| 版　　次: | 2018 年 10 月　第 1 版 |
| 印　　次: | 2018 年 10 月　第 1 次印刷 |
| 书　　号: | ISBN 978-7-114-14845-3 |
| 定　　价: | 320.00 元 |

(有印刷、装订质量问题的图书,由本公司负责调换)

# 《青海高速公路建设实录》
## 编审委员会

顾　　问：马吉孝　桑　杰　韩建华　梁晓安　周建新　杨伯让
主　　任：毛占彪
副 主 任：陆宁安　王　平　王永祥　韩素文　付大智　陶永利
　　　　　李积胜　阿明仁　胡　滨　夏继权　张铁军
委　　员：李　军　赵兴荣　刘国华　侯永甫　冯文阁　史国良
　　　　　唐　玲　石　敏　张旭东　王海军　赵国宁　徐　勇
　　　　　苗广营　鲁旦主　惠世元　房建宏　王　振　纳启财

## 编撰工作委员会

主　　　　任：王永祥（兼）
主　　　　编：苗广营
执 行 主 编：张忠华
主要编撰人员：张忠华　张海雁　白生安　赵凤娥　冯文阁
　　　　　　　杨应德　唐　玲

## 提供资料人员名单

| | | | | | |
|---|---|---|---|---|---|
| 王晓莉 | 李世成 | 李广录 | 邢　睿 | 王克锦 | 王永亮 |
| 王惠萍 | 马元元 | 赵春爱 | 骆　敏 | 张志为 | 李　鑫 |
| 叶生春 | 梁海鸿 | 马丽琼 | 赵　淼 | 韩笑天 | 迟　娟 |
| 范建闻 | 杨洪莉 | 周存秀 | 张长福 | 马　莉 | 刘　华 |
| 李　玲 | 郭良宇 | 叶　红 | 任璐璐 | 何振邦 | 付新娜 |
| 李晓忠 | 马青梅 | 韩文旭 | 周振华 | 张　星 | 王新基 |
| 杨凤龙 | 巴红霞 | 刘文军 | 马　军 | 申　杰 | 谢天君 |
| 肖　娟 | 赵　鹏 | 张绪军 | 黎瑞平 | 杨　崴 | 马成龙 |
| 杨黎昕 | 魏永兴 | 蒋家海 | 范　波 | 赵淑君 | 陈顺娟 |
| 却杰闹桑 | 王　伟 | 王建文 | 徐安花 | 张　楠 | 薛兆锋 |
| 肖海强 | 祝可文 | 卢晓娟 | 李蓓婕 | 杨润霞 | |

## 提供照片人员名单

| | | | | | |
|---|---|---|---|---|---|
| 张忠华 | 张海雁 | 宁武昌 | 姜小英 | 魏永兴 | 费金城 |
| 王昌云 | 叶　红 | 杨青山 | 张　翔 | 黄春华 | 李泽中 |

青海是一个美丽的地方。

青海的美丽,固然有她得天独厚的条件:自然风光雄奇壮美,历史遗存源远流长,民族风情绚丽多彩,宗教文化神秘独特……然而,真正使"大美青海"成为一张靓丽的名片,从而走向全国、迈向世界的,却要归功于交通基础设施的建设和旅游事业的发展。

青海地处高原内陆,境内江河纵横,雪山连绵,草原无际,戈壁浩瀚。中华人民共和国成立之前,青海交通十分落后。曾几何时,"行路难""过河难""运输难",成为长期制约青海社会经济发展的严重障碍;美丽的自然风光和绚烂多彩的历史文化,更是"养在深闺人未识"。

中华人民共和国成立后,青海交通建设事业得到了长足发展。在此后68年的历程中,公路交通总体上保持健康、稳步、快速发展的同时,又呈递进加速的明显态势。到2016年底,全省公路通车里程达到7.85万km,公路网密度达到10.9km/100km$^2$,为新中国成立初期的25倍。"交通瓶颈"问题已基本得到解决,人民群众的出行条件和质量发生了根本性的变化。

特别是国家实施西部大开发战略以来,高速公路建设异军突起,发展势头突飞猛进。在短短不到20年时间内,高速公路从无到有,通车里程达到3500km以上,实现了历史性跨越。青海6州2市,全部通高速公路。如今,驱车行驶在青海广袤的大地上,高速公路如条条巨龙,蜿蜒于高山峡谷之间,遨游于戈壁瀚海之中。高速公路不仅作为交通运输的大动脉,成为人民群众生产生活中不可或缺的组成部分,而且以其自身特有的大气与雄浑,业已构成"大美青海"极富冲击力的视觉元素。

青海高寒缺氧,气候恶劣,生活、工作条件艰苦,在青海修建高速公路具有内地所无法想象的困难。多年来,我省高速公路的建设者们,大力弘扬"扎根高原,艰苦创业,献身交通,造福人民"的行业精神,常年奋战在海拔4000m以上的特高海拔地区,抛家舍子,甘于奉献。有人为保进度、保质量、保安全、保生态,顶风冒雪,不计报酬,加班加点;有人带病坚持工作,轻伤不下火线;有人甚至牺牲在工作岗位上……他们用自己对交通事业的赤胆忠心,挺起青海高速公路建设的脊梁!

青海地理位置特殊,地质条件复杂多样。多年冻土、盐渍土、湿陷性黄土、沙漠、沼泽等不良地质广泛分布;冻胀、崩塌、滑坡、水毁、泥石流等自然灾害时有发生。面对诸多难题,广大交通人不怕困难,勇于攻坚,用坚韧不拔的顽强意志和敢为人先的开拓精神,攻克一个个技术难题,创造出一个个高原公路建设史上的工程奇迹!

从首条高速公路——平西高速公路探索起步,到连接西宁周边及各市州的高速公路网基本形成,我作为一名长期工作在这里的"老青海",有幸见证了这一阶段青海高速公路的发展变化,并亲身参与了一些工程项目的前期决策和建设管理过程的调查研究。我深深为那一幅幅波澜壮阔的建设场面所鼓舞,为那一项项宏伟工程的告竣通车而自豪。同时,也常常萌生出"应该将这一历史发展阶段作为宝贵的精神财富和珍贵的历史资料,用文图如实记录下来"的念头。但是,总因事务冗繁而未能遂愿。此次交通运输部主持编纂《中国高速公路建设实录》系列丛书,正是顺应青海高速公路建设发展的必然需求,也遂了我多年的夙愿。

《青海高速公路建设实录》的编撰,是一项十分浩繁的文化建设工程。负责编写此书的编撰工作委员会的同志们,在交通运输部编委会和省交通运输厅编委会的领导下,克服种种困难,牢牢把握其"资料性、专业性、实用性"的要求,在较短的时间内就以系统的资料、翔实的记述、理性的分析,比较全面地反映了近20年来青海省高速公路建设及发展历程,并去粗取精、存真求实地编撰成书。这对于我们了解青海高速公路建设的历史发展,展示青海高速公路建设的辉煌成就,讴歌广大交通职工开拓进取的精神风貌和拼搏奉献的高尚情操,以及促进青海交通建设更好更快发展等,无疑都是大有裨益的。

值此《青海高速公路建设实录》出版之际,谨向战斗在全省交通战线上的广大干部职工表示亲切的慰问!对为本书的编撰、出版付出大量心血的同志们表示由衷的感谢!同时,也期望有更多更好的史料作品问世。

是为序。

中共青海省委书记

2018年8月20日

编撰《青海高速公路建设实录》(以下简称《实录》)是交通运输部统一部署的一项重要工作。全书共11章,介绍了青海省高速公路从1999年到2016年底的发展历程、建设情况和主要成就。高速公路规划编号以2013年国务院批准的公路网发展规划中的"71118"高速公路网为准。各项数据统计截至2016年底。根据青海实际情况,将2017年建成的花久、大循隆项目和海黄特大桥纳入本书。

按照交通运输部的要求,2015年4月,青海省交通运输厅启动了《实录》的编撰工作,成立了以交通运输厅厅长韩建华(后调整为马吉孝)为顾问,两位分管副厅长马忠英、王永祥分别任主任委员和副主任委员(后调整为王永祥、阿明仁)的编审工作委员会,负责《实录》编纂的组织领导和审核把关工作,并下设编撰工作委员会,具体承担资料搜集与书稿编撰任务。确定厅建设管理处为牵头单位,省公路建设管理局为具体承担单位。根据编写内容,明确厅办公室、规划处、建设管理处、养护管理处、科技处、政策法规处、文明办、省高管局、省建管局、省交投公司、省铁投公司、省运管局、省公路路政执法总队、省公路设计院、省交通科研院等单位作为参编单位,负责收集和提交相关工作资料。编制完成了"编写大纲",并进行了细化和完善,充分体现青海地方特色,成为编撰工作的指导文件。

编撰过程中,王永祥副厅长先后四次组织召开会议对编撰工作进行部署,并对内容、进度、质量等提出具体指导要求。厅退休老领导臧恩穆等给予了指导和咨询,厅建设管理处处长冯文阁、原副处长杨应德及厅各处室、各参编单位领导在资料收集中给予了大力帮助和支持,为编撰工作创造了良好的环境。

省公路建设管理局作为具体承担单位,充分发挥统筹协调作用,及时解决具体工作中遇到的困难和问题,确保编撰工作顺利进行。局长苗广营亲自兼任编撰工作委员会主任,聘请退休老同志张忠华具体负责《实录》编撰工作,并从省高等级公路建设管理局、省公路建设管理局抽调人员,共同组成编撰工作委员会。

《实录》编撰工作委员会克服人员少、任务重、缺乏相关工作经验等困难,始终秉承交通运输部领导提出的"资料性、专业性、实用性"要求开展编撰工作,多次到各参编单位及省发改委、省档案馆以及铁路、民航等部门走访沟通,查找和收集相关基础资料,核对史实,并赴各条线路进行实地调研采访,力求文稿内容翔实,数据准确,突出特色。全书各章节分工如下:第一、二章由张忠华负责;第三、四、五、八、十、十一章由张海雁负责;第六、七章由白生安负责;第九章由赵凤娥负责;全书篇章结构由张忠华、张海雁拟订完善,最后由张忠华统稿。

在各参编单位的大力支持下,经编写人员反复核实,不断修改完善,《实录》初稿文字部分于2016年底完成。为确保书稿质量,2017年3月至5月,《实录》编撰工作委员会先后四次组织厅相关处室、各参编单位,分别对各章节内容进行了预审。根据预审意见,由编撰组进行了修改完善,并按内容分配到厅各有关处室、单位审核把关。2017年8月至9月,编撰组对《实录》图表、图片等进行了编排。2017年12月,《实录》编审委员会进行了评审。

经过三年的努力,《实录》按计划顺利付梓出版。在此,向所有关心、支持、参与这项工作的领导、单位和个人表示衷心的感谢!

《实录》所需资料跨时长,涉及面广,时间紧,任务重,疏漏错误之处在所难免,敬请读者批评指导。

《实录》编撰工作委员会
**2018 年 7 月**

# 目录
Contents

**第一章 经济社会与综合运输发展** ·········· 1
　第一节　经济社会发展 ·········· 1
　第二节　综合运输发展 ·········· 9

**第二章 公路建设与运输发展** ·········· 23
　第一节　公路建设 ·········· 23
　第二节　公路运输 ·········· 34

**第三章 高速公路建设发展成就** ·········· 49
　第一节　发展历程 ·········· 49
　第二节　管理体制及机构设置 ·········· 66
　第三节　高速公路规划 ·········· 71
　第四节　建设成就 ·········· 82
　第五节　特色公路及标志性工程 ·········· 90

**第四章 高速公路桥梁隧道建设** ·········· 102
　第一节　总体情况 ·········· 102
　第二节　桥梁建设情况 ·········· 107
　第三节　隧道建设情况 ·········· 126

**第五章 高速公路生态环保** ·········· 137
　第一节　概况 ·········· 137
　第二节　典型生态环保工程 ·········· 143
　第三节　高速公路绿化美化工作 ·········· 155
　第四节　高速公路文物保护 ·········· 160

**第六章 高速公路建设科技成果** ·········· 161
　第一节　高速公路建设技术创新 ·········· 161
　第二节　高速公路建设科研项目 ·········· 164

第三节　高速公路建设主要科技成果 ············································· 198
第七章　高速公路建设管理制度 ····················································· 204
　　第一节　省级相关管理制度 ······················································· 204
　　第二节　部门相关制度建设 ······················································· 207
第八章　高速公路运营管理 ··························································· 234
　　第一节　基本情况 ·································································· 234
　　第二节　养护管理 ·································································· 238
　　第三节　收费管理 ·································································· 241
　　第四节　服务区建设与运营 ······················································· 245
　　第五节　路政执法 ·································································· 247
　　第六节　信息化建设和应急管理 ················································· 253
第九章　高速公路文化建设 ··························································· 259
　　第一节　文明创建与文化活动 ···················································· 259
　　第二节　高速公路建设群英谱 ···················································· 280
　　第三节　高速公路中的文化符号 ················································· 297
　　第四节　高速公路新闻宣传与文化作品 ········································· 302
第十章　高速公路建设项目 ··························································· 310
　　第一节　G6（京藏高速公路）青海段 ··········································· 310
　　第二节　G3011（柳格高速公路）青海段 ······································· 379
　　第三节　G0611（张汶高速公路）青海段 ······································· 406
　　第四节　G0612（西和高速公路）青海段 ······································· 455
　　第五节　G0613（西丽高速公路）青海段 ······································· 488
　　第六节　G0615（德马高速公路）青海段 ······································· 523
　　第七节　S104 西宁至塔尔寺高速公路 ··········································· 580
　　第八节　S22/S33 大力加山经循化至隆务峡高速公路 ························· 589
　　第九节　S21 川口至大河家（省界）高速公路 ·································· 608
第十一章　高速公路建设经验与影响分析 ·········································· 621
　　第一节　高速公路建设经验 ······················································· 621
　　第二节　高速公路建设与经济社会发展影响分析 ······························ 629
附录　高速公路建设大事记 ··························································· 640

# 第一章
# 经济社会与综合运输发展

## 第一节 经济社会发展

### 一、基本省情

青海省位于中国的西部、青藏高原东北部,因境内有全国最大的内陆咸水湖——青海湖而得名,简称青。东北部与甘肃省相邻,西北与新疆维吾尔自治区接壤,西南与西藏自治区毗连,东南部与四川省相接,东西长约1200km(东经89°35′~103°04′之间),南北宽800km(北纬31°39′~39°19′),全省五分之四以上的地区为高原。以日月山为天然分界线,东部是农业区,西部和南部主要是牧业区。地形分为祁连山地、柴达木盆地、青南高原和东部黄土高原,平均海拔3000m以上,其中54%以上的地区海拔在4000m以上,气候为典型的高原大陆性气候,年平均气温在-5.8~8.6℃,太阳辐射强,光照时间长,昼夜温差大,垂直变化明显。

青海是山之宗、水之源,被称为"名山之祖"的昆仑山绵延东西2500km以上,唐古拉山、巴颜喀拉山和祁连山脉横贯昆仑南北,构成了青海的地貌骨架。黄河、长江、澜沧江分别发源于巴颜喀拉山北、南麓,养育了中华民族五千年的文明;黑河、疏勒河、托勒河流入河西走廊,成为丝绸之路不可缺少的水源支撑;全省每年输出省外的总水量高达$600 \times 10^8 m^3$以上。湟水河是青海人民的母亲河,两岸聚居着全省三分之二的人口。青海湖及其流域是西北高原的一颗明珠,对区域气候起着重要的调节作用。

### 二、省情特点

(一)地广人稀,分布不均

青海省总面积$72.23 \times 10^4 km^2$,占全国总面积的十三分之一,仅次于新疆、西藏、内蒙古,居第四位。全省下辖2个地级市,6个民族自治州,48个县(区、市、行委),439个基层行政单位(乡、镇),省会为西宁市。

2016年底,全省总人口593.46万人,平均8.2人/km²。其中,东部地区(含西宁市、

此图由青海省测绘地理信息局提供

青海省行政区划图

海东市)面积占全省的5%,人口却占全省的75%。西部地区(其余6个州)面积占全省的95%,人口占全省的25%。人口分布的不均以及自然条件、资源分布等的差异,造成青海经济发展呈现总体相对滞后、区域分布不均衡的特征。从全国来看,青海属于欠发达省份。2016年,全省生产总值为2572.49亿元,在全国31个省(区、市)排名中位列第30位,在西部11省(区、市)排名中位列第10位。人均生产总值低于全国平均水平。就省内而言,东部(西宁市、海东市)和柴达木地区(海西州)两大经济区是全省的经济重心,经济相对发达。2016年,东部和柴达木生产总值为2157.93亿元,占全省生产总值的83.88%,其余5州生产总值仅为414.56亿元,占全省生产总值的16.12%。特别是玉树、果洛2州严重滞后:2016年玉树州地区生产总值为61.68亿元,人均地区生产总值15232.26元;果洛州地区生产总值36.481亿元,人均地区生产总值18378.34元。

(二)多民族聚居,宗教信仰多元

青海共有54个民族,世居少数民族主要有藏族、回族、土族、撒拉族和蒙古族,其中土族和撒拉族为青海所独有。少数民族人口283.14万人,约占总人口的47.71%。少数民族人口总数全国排名第三。全省现有6个民族自治州、7个民族自治县和28个民族自治乡,民族自治地区面积为$71.6×10^4 km^2$,占全省总面积的98%。其中,藏区面积$69.7×10^4 km$,占全省总面积的96.6%。省内少数民族主要信仰的宗教为藏传佛教、伊斯兰教、道教等,是我国民族宗教工作的重点地区。

(三)资源丰富,开发前景广阔

青海境内拥有长江、黄河、澜沧江、内陆河四大水系,每年输送长江总水量的26%、黄河总水量49%和澜沧江总水量的16%。全省地表水资源总量达到$631.4\times10^8m^3$,占全国年径流量的2.34%。全省湖泊面积1.3万$km^2$,占全国湖泊总面积的15.8%,居全国第二位。省内水能资源理论蕴藏量达$2165\times10^4kW$,居全国第五位。其中,可开发利用的水能资源为$1800\times10^4kW$,年发电量$770kW\cdot h$,是国家水电重点开发地区。

青海是我国四大牧区之一,可利用草场面积5亿亩❶,约占全国可利用草场面积的15%,发展畜牧业物质基础雄厚。草原内有经济动物400多种、野生植物1000多种,并具有药用价值高、储藏量大、种类多、用途广的显著特点。

青海境内矿产资源富集,目前共发现各种矿产127种,已探明储量的有107种。其中,58种储量居全国前10位,10种居全国首位。特别是盐湖、石油、天然气、煤炭、有色金属等优势资源储量丰富。盐湖资源集中在柴达木盆地的大柴旦、格尔木、乌兰和冷湖,共有33个大中型盐湖,已探明总储量$700\times10^8t$,占全国盐湖保有储量的80%。石油主要分布在柴达木盆地的冷湖和花土沟,已探明储量$3.6\times10^8t$。天然气主要分布在柴达木盆地涩北,已探明储量$4572\times10^8m^3$。煤炭资源主要分布在天峻、门源等县,已探明储量$56\times10^8t$。铜、铅、锌、金为省内优势有色金属矿产资源,在全国占有重要地位。

依托自然资源开发,青海大力发展以高原风光、生态景观、民族风情、宗教文化、登山探险等为特色的高原旅游业,已初步形成以四个优先旅游区为重点和以九大旅游精品工程为抓手的旅游生产力总体布局。2016年,全省接待国内外旅游人数2876.92万人次,旅游总收入310.3亿元,占全省生产总值的12.06%。依托优势资源开发,青海省逐步形成了特色鲜明的新能源、新材料、盐湖化工、有色金属、油气化工、煤化工、装备制造、钢铁、轻纺、生物医药等工业十大优势产业。2016年全省工业增加值达到901.68亿元。

(四)区位特殊,生态地位突出

青海是我国重要的生态保护区和水源涵养区,在全国生态保护总体格局中占有举足轻重的作用。三江源地区(即长江、黄河、澜沧江的源头地区,包括玉树、果洛、海南、黄南4个民族自治州16个县及格尔木市代管的唐古拉山镇)素有"中华水塔"之称,区内有世界海拔最高、面积最大的高原湿地生态系统,湿地总面积达$7.3\times10^4km^2$,占全区总面积的20.2%,是全国湿地比重最高的地区,同时也是我国最重要的生物多样性资源宝库和最重要的遗传基因库之一,有"高原生物自然种质资源库"之称,在科学研究、生态平衡等方面具有重要价值。三江源地区也是全球气候变化的敏感区域,对全国乃至全球的大气、水量循环,对国家的生态安全和经济社会可持续发展具有重要影响。

为保护脆弱的生态环境和优化国土资源开发,青海将主体功能区划分为重点开发区

---

❶ 1亩 = $10000/15 m^2$,$10000 m^2$ = 15亩。

青海自然风貌——冰川、草地、三江源、可可西里

域、限制开发区域和禁止开发区域。重点开发区域包括以西宁为中心的东部地区和以格尔木、德令哈为重心的柴达木地区,其主体功能定位为:国家兰州—西宁重点开发区的重要组成部分,全国重要的新能源和水电、盐化工、石化、有色金属和农畜产品加工产业基地,区域性新材料和生物医药产业基地,全省工业化和城镇化的重点区域,人口和经济的重要空间载体。限制开发区包括国家级三江源草原草甸湿地生态功能区和祁连山地水源涵养生态功能区,其主体功能定位为:全国乃至亚洲大江大河发源地,冰川、雪山及高原生物多样性最集中的地区之一,全国最重要的生态安全屏障,保障省域生态安全主体区域,矿产、水电等特色优势资源点状开发区域。禁止开发区包括国家级自然保护区、重点风景名胜区、森林公园、地质公园等四类17处和省级自然保护区、重点风景名胜区、森林公园、历史文化遗产保护地、重要水源保护地等五类360处,其主体功能定位为:点状分布的生态功能区,重要的水源保护地,基本农田保护区,珍稀动植物基因资源保护地,自然文化资源的重要保护区域。

### 三、经济社会发展

中华人民共和国成立之前,青海处于一个十分封闭的封建社会阶段,自给自足或半自给自足的自然经济占统治地位,生产工具非常原始,生产水平极为低下,经济发展十分落后,经济状况处于崩溃的境地。1949 年,全省总人口只有 148.33 万人,粮、油总产量分别只有 5.9 亿多斤[1]和 1724 万斤,社会商品零售总额只有 3470 万元。全年财政收入 27 万元(纯属国家财政补助),全省生产总值只有 1.7 亿元,收入总额 1.18 亿元,人均收入仅为 81 元。

门源万亩油菜花海

柴达木水上雅丹地貌

(一)曲折发展时期

中华人民共和国成立后,青海各族人民在中国共产党的领导下,迅速恢复和发展经济,先后经过建立人民政权、平息反革命武装叛乱、没收战犯财产与接收官僚资本、实行民族区域自治、建立全民所有制经济、开展"镇反""三反""五反"运动、改革土地制度,开展对农业、手工业和资本主义工商业的社会主义改造,执行发展国民经济第一至第五个五年计划等一系列社会主义革命与建设,虽然其间也经过"大跃进""人民公社""文化大革命",但由于党和政府的及时纠偏和拨乱反正,加上中央对青海等偏远民族地区的大力支持以及国家"三线建设"等各种机遇,全省经济和各项社会事业得以在曲折中发展、在迂回中前进,始终保持着较快的增长速度。到 1978 年底,全省已形成较为完备的工农牧业生产体系和社会服务事业体系,地区生产总值达 15.54 亿元,人均生产总值达 428 元,一般性财政收入达 2.9 亿元,固定资产投资增加到 6.754 亿元。全省总人口增加到 445 万人,从业人员达 144.7 万人。全省第一产业增加值达到 37 亿元,全部工业增加值达到 22.3 亿元,对外贸易进出口总额达到 1063 万美元,实现社会消费品零售总额 6.67 亿元。

(二)稳步发展时期

1978 年党的十一届三中全会召开以来,青海省经济和社会发展步入健康、稳定的发展道路。通过拨乱反正、平反冤假错案等,恢复和调整经济、深化城乡经济体制改革、建立

---

[1] 1 斤 = 500g。

家庭联产承包制、大包干制、对外开放搞活、建立社会主义市场经济体制等一系列重大改革,调动了广大人民群众的积极性和创造性,激发了企业活力。1983年省第六次党代会提出:到20世纪末,在不断提高经济效益的前提下,力争使全省工农业总产值翻两番,即由1980年的21.7亿元增加到2000年的86亿元左右,初步建成本省的畜产品生产基地、盐化工生产基地、石油生产基地和有色金属生产基地。1982至1987年的5年间,全省生产总值年均递增11.5%,人民收入年均递增10.9%,地方财政收入年均递增25.3%,国民经济初步走上基本稳定、大体协调的轨道。1988年省第七次党代会确定了"改革开放,治穷致富,开发资源,振兴青海"的发展战略,提出到1992年全省生产总值达到65亿元,年均递增9.1%;人民收入达到47亿元,年均递增8%;地方财政收入达到6亿元,年均递增9%的奋斗目标。1992年中共青海省委七届十一次全委会对"八五"计划和十年规划中原定经济增长速度进行适当调整:在不断提高经济效益的基础上,全省生产总值年均递增速度为保8争9,提前实现翻两番,人民生活在解决温饱的基础上向小康水平迈进。"九五"时期,省委省政府提出"开发一线、带动两翼、稳定发展青南"的区域发展战略,把全省划分为西宁经济区、东部经济区、柴达木经济区、环湖经济区和青南经济区五大区域,号召全省解放思想,加快发展,把一个充满生机和希望的青海带入21世纪。

1999年,全省完成地区生产总值238.39亿元,人均地区生产总值4663元,分别为1978年的15.34倍和10.89倍。全省财政一般预算收入23.03亿元,为1978年的4.89倍。全省完成固定资产投资128.15亿元,为1978年的18.97倍。其中国有经济投资100.59亿元、集体经济投资3.82亿元、居民个人投资15.02亿元。全年实现社会消费品零售总额75.15亿元,进出口贸易总额10785万美元,分别为1978年的11.3倍和10.15倍。全省城镇居民人均可支配收入4703元,农牧民人均纯收入1486元,分别为1981年的11.22倍和7.77倍。

(三)快速发展时期

2000年以来,随着国家实施西部大开发战略,青海经济及各项社会事业迎来了快速发展的新时期。2002年省第十次党代会提出"扎扎实实打基础、突出重点抓生态、调整结构创特色、依靠科技增效益、改革开放促发展、富民强省奔小康"的总体思路,并决定进一步实施"科教兴省、基础优先、开放带动、重点开发、可持续发展"等五个方面的发展战略。到2006年底,全省生产总值和财政一般预算收入增长速度年均分别达到12%和20%以上,总量比2001年翻了一番。2007年省第十一次党代会提出建设富裕文明和谐新青海的奋斗目标,计划到2011年全省生产总值和财政一般预算收入在"十五"末基础上分别实现翻番,经济总量迈上千亿元台阶,人均水平进入全国中等行列;在此基础上,再经过9年努力,到2020年生产总值再翻一番,与全国同步实现全面建成小康社会的宏伟目标;并提出分两步走的设想,即第一步到2011年确保强基础、上台阶,第二步到2020年实现提水平、达目标。同年,省委省政府结合学习贯彻落实科学发展观和现阶段青海发展的客观实际,明确提出加快构建"四区两带一线"(即把全省分为东部地区、柴达木地区、环青海湖地区、三江源地区和沿黄河发展带、沿湟水发展带及兰青-青藏铁路发展轴线,简称"四区两带一线")分工合理、各具特色、优势互补、良性互动的区域协调发展新格局。2012年省第十二次党代会提出要在综合实力、特色产业、民生福祉、政治文明、社会管理、生态文明、青海形象、党的建设等八个方面实现"显著提升",并提出全力建设国家循环经济发展先行区、生态文明先行区和民族团结进步先行区的奋斗目标。

李家峡水电站

察尔汗盐湖

从1997年开始,全省生产总值增速开始超过全国平均水平。2001—2013年,连续13年保持10%以上的增长速度。到2016年,全省生产总值达到2572.49亿元,约为1999年的10.79倍;人均地区生产总值达到43531元,约为1999年的9.34倍。2004年全省人均生产总值突破1000美元,2008年突破2000美元,2010年突破3000美元,2011年突破4000美元,2012年突破5000美元,2014年突破6000美元,正朝着更高目标迈进。

产业结构进一步优化,工业进程加快:三次产业增加值占全省生产总值的比重由2000年的14.6∶43∶42.4调整为2016年的8.6∶48.6∶42.8;全年全省工业增加值达到901.68亿元,约为1999年的12.88倍。

固定资产投资成倍增长,各项建设硕果累累:17年中完成固定资产投资总额20396.86亿元,其中2016年完成投资3533.19亿元,约为1999年的27.57倍;在固定资产投资大幅度增加的同时,投资主体也发生了深刻变化,逐步形成了国有投资、民间投资、外商投资等多种投资形式,其中民间投资由1981年的0.62亿元增加到2016年的1212.08亿元。

2016年,全年全省社会消费品零售总额767.3亿元,其中城镇消费品零售额666.31亿元,乡村消费品零售额100.99亿元,分别约为1999年的10.2倍、14.57倍和3.44倍。全年全省货物进出口总额100.78亿元,其中出口额90.29亿元,进口额10.49亿元。

2016年，全省城镇常住人口306.4万人，占总人口的比重为51.63%；乡村常住人口为287.06万人，占总人口的比重为48.37%；全省城镇化率分别比1978年和1999年提高了33.03和17.04个百分点。

2016年末，全省民用汽车保有量89.61万辆，其中私人汽车保有量73.9万辆，分别较上年增长12.8%、14.8%；民用轿车保有量43.95万辆，其中私人轿车保有量38.26万辆，分别较上年增长13.1%、14.3%。全省电话用户总数达到641.8万户，其中移动电话用户539.8万户，固定电话用户102.07万户，电话普及率109.07部/百人。固定互联网宽带接入用户99.66万户，移动宽带用户384万户，其中4G移动电话用户279.3万户，较上年增长1.3倍。

城乡居民收入大幅增长：2016年，全省全体居民人均可支配收入17302元，人均生活消费支出14775元。其中，全省城镇常住居民人均可支配收入26757元，人均生活消费支出20853元；全省农村常住居民人均可支配收入8664元，人均生活消费支出9222元。生活水平总体上迈进小康。

青海省主要年份生产总值趋势图

青海省城乡居民人均可支配收入趋势图

## (四)前景展望

2017年5月,青海省第十三次党代会提出:未来5年,实现"一个同步,四个更加"的主要奋斗目标。即,与全国同步全面建成小康社会,建设更加富裕、更加文明、更加和谐、更加美丽的新青海。

建设更加富裕的新青海,就要使全省综合实力强起来,让各族人民过上有保障、有质量、有尊严的好日子。经济结构优化升级,建成全国循环经济发展先行区,循环经济成为发展主导模式,制造业水平显著提升,战略性新兴产业优势更加凸显,绿色发展达到全国先进水平,经济总量再跨一个千亿元台阶。贫困人口如期脱贫,区域性整体贫困问题有效解决,群众生活质量持续改善,就业更加充分、居住更加舒适、出行更加便捷,城乡区域差距明显缩小,城乡居民收入稳步增长,劳动人口平均受教育年限达到10年,全民健康水平进一步提高,基本公共服务达到全国平均水平。

建设更加文明的新青海,就要使向上向善、团结友爱、诚信互助成为全社会自觉。社会主义核心价值观植根全民,人人崇尚科学、诚实守信、勤劳守法、团结友善,全社会文明程度大幅提升。文化软实力显著增强,文化服务设施、网络通信覆盖所有城乡,群众精神文化生活丰富多彩。人民民主更加健全,依法治省全面推进,司法公信力明显提高。

建设更加和谐的新青海,就要使社会和乐、民族和睦、宗教和顺、人与自然和谐。各方面各层次利益诉求得到及时反映和协调,社会公平正义彰显,社会治理体系和治理能力现代化水平明显提升,全社会既保持和谐稳定又充满生机活力。各族群众共居、共学、共事、共乐,各民族深度交往交流交融,建成全国民族团结进步先进区。依法管理宗教事务能力显著提升,宗教与社会主义社会相适应。有度有序利用自然,绿色消费成为全社会的自觉。

建设更加美丽的新青海,就要使山美、水美、人更美,成为美丽中国的亮丽名片。主体功能区布局基本形成,保护环境成为全民自觉行动,生态文明制度更加完备、走在全国前列,建成全国生态文明先行区。"一屏两带"生态安全格局更加巩固,土地绿化取得重大进展,生态环境质量保持全国领先水平,三江源国家公园体制试点任务全面完成。特色城镇宜居宜业,美丽乡村星罗棋布,城乡旧貌换新颜。

# 第二节 综合运输发展

交通运输是国民经济中重要的基础产业,与社会生产紧密联系,同群众生活息息相关,在国民经济和社会发展中具有先导性、基础性、全局性、服务性、战略性的地位与作用。

中华人民共和国成立之前,偏远、落后的青海经济凋敝,战乱频繁,交通运输发展处于停滞不前的状态。没有铁路、民航、管道运输,交通工业是个空白,车辆维修全靠外省。交通的闭塞,使地域辽阔的青海几乎长期处于和兄弟省区隔绝的状态中。

中华人民共和国成立后,青海交通运输业在中国共产党的领导下,经过全省各族人民及交通运输战线广大干部职工的艰苦奋斗、励精图治,发生了翻天覆地的变化。截至20世纪末,全省公路、水路、铁路、航空、管道等五种运输方式应有尽有,发展势头强劲,初步形成了布局合理、结构完整、运转高效、较为完备的综合运输体系。尤其是"十五"以来,随着国家西部大开发战略的实施和全省经济的快速增长,各种运输方式主动适应经济社会、工业化、城镇化发展的需要,根据资源条件和需求引导,充分发挥自身优势,以打造枢纽、畅通通道、加密网络为着力点,大力推进现代综合交通运输体系建设,为经济社会实现跨越式发展和社会长治久安提供了强有力的基础支撑。

2016年,全社会完成货物运输量 $17091.68 \times 10^4$ t,其中铁路 $2833.72 \times 10^4$ t,公路 $14047.20 \times 10^4$ t,民航 25348.40 t;完成旅客运输量 6444.20 万人,其中铁路 994.06 万人,公路 4873.30 万人,民航 510.70 万人,水路 66.14 万人。

2016年全社会旅客运输量统计图

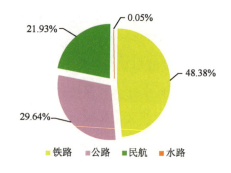

2016年全社会旅客周转量统计图

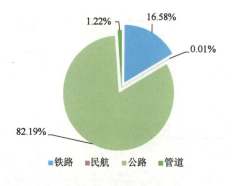

2016年全社会货物运输量统计图

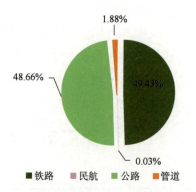

2016年全社会货物周转量统计图

## 一、公路运输

详见第二章。

## 二、铁路运输

### (一)国有铁路

1. 管理体制沿革

从1949年10月至1997年的半个世纪中,我国铁路运输管理体制完全是计划经济的模式,铁路行业由铁道部负责,对各地铁路局实行垂直统管,高度集中统一,政企不分。1998年,铁道部机关进行机构改革,强化了铁道部行业管理、宏观调控和监督管理职能,弱化了社会管理和微观管理职能。2000年,铁路系统5大公司与铁道部正式脱钩,完成与财政部、中央企业工委的交接工作,全面走向市场。

2013年,国务院发布《国务院机构改革和职能转变方案》,将铁道部拟订铁路发展规划和政策的行政职责划入交通运输部。同时,组建国家铁路局,由交通运输部管理。国家铁路局设立沈阳、上海、广州、成都、武汉、西安、兰州等7个地区铁路监督管理局(青海省境内的铁路监督管理工作由兰州铁路监督管理局负责),并组建中国铁路总公司,承担原铁道部的企业职责,负责铁路运输统一调度指挥,经营铁路客、货运输业务,承担专运、特运任务,负责铁路建设,承担铁路安全生产主体责任等(青海省铁路运输经营和铁路建设等由青藏铁路公司负责,青藏铁路公司隶属于中国铁路总公司管理)。

青藏铁路公司经国务院批准,于2002年9月3日在青海省西宁市正式挂牌成立,是中国铁路总公司管理的大型铁路运输企业之一。

2. 铁路运输发展

1958年5月,青海省境内第一条铁路——兰青铁路正式开工建设。经过1年零4个月的紧张施工,于1959年9月22日胜利铺轨到古城西宁,从此结束了青海没有铁路的历史。

西宁至格尔木铁路是青海境内的第二条干线铁路,也是青藏铁路第一期工程。路线全长864.7km,沿线海拔大部分在3000m以上,是中国第一条高原铁路。该铁路自1958年8月开始修建,经过原西宁铁路局、铁道部第一工程局、铁道兵第七、第十师、第一工程指挥部等6万多铁道兵指战员的顽强拼搏和艰苦努力,历时21年,于1979年9月15日胜利铺轨到戈壁新城格尔木。此后,铁道兵部队同西宁铁路分局新线职工并肩战斗,密切配合,完成了铁路设备的完善和收尾配套,1984年5月1日,经国家验收正式交付临管运营。

随着国民经济的发展和西部大开发战略决策的实施,西宁至格尔木铁路的运输能力已逐渐不能适应需求。1999年11月,国家计划委员会批复了青藏铁路西格段扩能改造工程可行性研究报告,计划投资7.4亿元,利用2年时间将西格段改造为一级铁路。2005年9月,为了提高青藏铁路全线整体运输能力,西宁至格尔木段既有线474km实施了增建第二线应急工程建设,主要对站前和通信、信号及并肩地段进行了改、扩建和病害整治,换铺无缝线路。2007年,为加强青藏两省区与内地的经济联系,继续扩大青藏铁路运输能力,国家发展和改革委员会批复了青藏铁路西宁至格尔木增建二线工程的项目可行性研究报告。建设规模为在应急工程的基础上,对西宁货站至托勒、江河至乌兰、连湖至浩鲁格、饮马峡至临山、格尔木东至格尔木五段共356km增建第二线,并对全线进行电气化改造。工程自2007年9月6日开工建设,2011年6月29日实现了电气化运营。

2001年6月29日,青藏铁路二期工程——格尔木至拉萨段开工建设。路线全长1142km,其中新建线路1110km,海拔4000m以上的路段960km,多年冻土地段550km,翻越唐古拉山的铁路最高点海拔5072m,是世界上海拔最高、冻土路程最长、克服了世界级困难的高原铁路。

格拉段铁路建设施工历时5年,总投资逾330亿元人民币,其中用于环保工程的投资多达12亿元,用于环保的投资量在全世界单项工程中是相当罕见的。全线于2006年7月1日建成通车,成为沿线基本实现"无人化"管理的世界一流高原铁路。

2009年6月,国务院常务会议审议并原则通过兰新铁路第二双线建设项目建议书。同年11月,这条贯穿甘肃、青海、新疆三省区的中国首条高海拔地区快速铁路正式开工建设。

兰新铁路第二双线自兰州西站引出,途经青海省西宁,甘肃省张掖、酒泉、嘉峪关,新疆维吾尔自治区哈密、吐鲁番,最终到达终点乌鲁木齐站,全长1776km,其中甘肃境内799km,青海境内268km,新疆境内710km,批复总投资额1383亿元,建设工期5年。

西宁火车站

兰新铁路第二双线按国铁Ⅰ级、双线电气化设计,速度目标值200km/h,其中兰州至西宁段和哈密至乌鲁木齐段线下工程预留250km/h条件。新建铁路近期为客、货共线的干线铁路,作为西北三省区与内地联系的主要铁路通道;远期以客运为主,兼顾货物运输。经过5年的紧张施工,2014年12月26日,兰新铁路第二双线建成。

兰青铁路、青藏铁路一期工程的建成通车,为沿线厂矿企业的发展创造了条件。依托这两条干线,青海境内陆续修建了一批铁路支线和厂矿专用线。其中支线铁路有:①大通支线。从西宁朝阳兰青铁路178km处接轨,沿北川河谷至大通车站,全长36.06km。这条支线担负着大通煤矿、青海重型机床厂、青海水泥厂和省物资局仓库等十几个厂矿的运输任务,是省内最早修建的一条支线。②柴达尔支线。从青藏铁路哈尔盖车站西端出岔,沿哈尔盖河谷至热水煤矿,全长51.38km,设环仓、柴达尔两个车站,担负热水煤矿煤的外运任务。③青海湖支线。从青藏铁路克土车站出岔,至青海湖边,长7.1km,用于拉运湖边沙石。④茶卡支线。从青藏铁路察汗诺车站东头出岔,向东南进入茶卡盆地至茶卡盐湖,全长41.94km,用于开发茶卡盐湖资源。

厂矿专用线有:①西宁铁路分局代维修的厂矿专用线,有兰青铁路沿线的民和镁厂、青海铸造厂、海东面粉厂、省石煤公司三库、省马坊面粉厂等厂矿的专用线,共22条,总长37.624km。②宁大支线沿线,有省机床铸造厂、桥头电厂、黎明化工厂、大通煤矿等14条专用线,总长23.987km。③青藏铁路沿线,有省石油一库、西藏驻湟源办事处、柯柯盐湖、德令哈物资局等15条专用线,总长22.894km。④此外,还有西宁钢厂、青海重型机床厂、锡铁山铅锌矿、察尔汗钾肥厂等厂矿自营专用线8条,总长84.264km。

3. 铁路运输现状

目前,青藏铁路公司管辖正线4条(兰青铁路113km,青藏铁路1956km,拉日铁路253km,兰新客运专线201.3km),支线6条(海晏北支线2.634km,德北支线4.366km,宁大支线35.793km,双湟支线43.641km,茶卡支线36.517km,哈木支线141.398km),线路延展长度3143.474km。车站107个(一等站2个、二等站5个、三等站15个、四等站18个、五等站67个),线路所4个,辅助所1个。营业里程2207km。

截至2014年底,青海省2市6州中,西宁市、海东市、海北州、海西州开通了铁路运输,营业里程达到2074km,线网密度达到28.81km/$10^4$km$^2$。2014年,全省完成铁路客运量615万人,客运周转量563086万人·km,完成铁路货运量3608×$10^4$t,货运周转量272.71×$10^4$t·km。

(二)地方铁路

1. 管理体制沿革

青海是资源大省,资源储量、开发前景都居全国前列。但由于长期以来交通基础设施落后,特别是铁路运输能力不足,大量矿产资源没有得到有效开发,严重制约着全省经济社会发展。2004年8月11日,青海省人民政府根据全省经济发展和资源开发需要,召开省长专题会议,决定成立地方铁路建设及运输管理机构,该机构设在青海省交通厅。2004年8月16日,青海省交通厅成立"青海省地方铁路筹建办公室",负责全省地方铁路建设管理工作,编制为临时性正县级自收自支事业单位。

2008年9月,经青海省交通厅同意,青海省地方铁路筹建办公室成立了青海鑫运地方铁路建设有限责任公司,主要职责是:承担省内地方铁路投融资、建设、运营管理和技术咨询工作,负责经营省内地方铁路相关产业,开展多种经营;公司独立核算、自主经营。

2009年8月,青海省交通厅根据青海省人民政府办公厅《关于印发青海省交通厅主要职责内设机构和人员编制规定的通知》(青政办〔2009〕155号),设立青海省地方铁路管理局,编制为正县级行政机构,主要职责是:拟订全省地方铁路发展中长期规划、编制年度计划,执行地方铁路建设的行业政策、规章和技术标准,负责省内地方铁路建设项目招投标、进度、质量、安全、环保的监督管理,承担新建地方铁路的施工许可和竣工验收工作,承办省内地方铁路与国家铁路的衔接工作,指导省内地方铁路运营管理和运价调整等。

2014年2月18日,青海省交通厅按照国家和青海省关于政企分开的要求,召开专题会议对青海省地方铁路管理局原职责进行调整,调整后的职责主要为行政监督、行业管理和技术指导。地方铁路建设管理职责和青海省人民政府出资人代表参与省内合资铁路建设及运营的职责由青海地方铁路建设投资有限公司承担。

2. 铁路运输发展

2006年4月,青海省第一条地方铁路——柴达尔至木里地方铁路正式开工建设。线路位于刚察县、祁连县和天峻县境内,与西格线哈尔盖至柴达尔铁路支线相接,经江仓煤矿至终点木里煤矿,全长142.04km。设计年运输能力$1400\times10^4$t,工程总投资30亿元,为煤炭运输专用线。该项目于"十一五"期间全面建成,2010年3月投入试运营。2011年,根据相关协议移交哈木铁路公司运营管理。2016年货物运输量为$167\times10^4$t。

2012年,青海省第二条地方铁路——锡铁山至北霍布逊地方铁路开工建设。线路位于青海省海西蒙古族藏族自治州大柴旦行委和都兰县境内,起点与西格线上的锡铁山站接轨,终点为北霍布逊盐湖矿区,线路全长53.75km,核准投资11.774亿元,远期设计货运能力为$1700\times10^4$t/年,主要用途为盐化工企业承担原料盐运输任务。该项目于2014年建成,2015年投入运营,2016年货运量为$34\times10^4$t。

青海省第三条地方铁路——红柳至一里坪项目,2014年4月15日开工建设,总投资29.99亿元,线路总长126.9km,项目实行BT施工总承包模式。目前工程已完,正准备竣工验收。

青海省第四条地方铁路——塔尔丁至肯德可克铁路,线位于青海省西部,隶属海西州格尔木市乌图美仁乡行政范围,地处柴达木盆地西南部。线路全长91.05km,投资估算为

柴木地方铁路

22.82亿元。拟先期建设塔尔丁至尕林格段,长43.05km,投资估算为13.59亿元,建设工期2年。目前项目前期工作已完成并具备招标条件,拟与格尔木至库尔勒铁路同步建成。

### 三、民航运输

#### (一)管理体制沿革

1949年9月,青海解放后,乐家湾等地机场均由军政委员会接管,因机场条件差,一直停用。

1956年5月,青海省人民政府和中国民航总局申报国务院批准正式成立中国民航西宁站,下设塔尔丁航站(该机场于1960年调整国民经济时撤销),西宁乐家湾机场与空军合用。

1959年底,中国民用航空青海省管理局成立。

2002年国务院批准《民航体制改革方案》,改革内容包括重组六大航空公司、机场实行属地管理、改革空中交通管理体制等。民航体制改革后,中国民航总局主要承担民用航空的安全管理、市场管理、空中交通管理等方面的职能。

2008年3月,中国民航总局改为中国民用航空局,隶属交通运输部管理。青海省民航业现由中国民航西北地区管理局管理,在青海设立派出机构——民航青海监管局,由青海省发展和改革委员会协调相关工作。

原民航青海管理局2003年6月改制成企业化管理,组建成立国有独资机场管理企业。2006年3月,成为西部机场集团全资子公司。2016年,青海机场公司有二级机构22个,运营资产总额51亿元,运营西宁、格尔木、玉树、德令哈、花土沟、果洛6个机场。2016年,公司累计完成运输起降4.54万架次、旅客吞吐量511万人次、货邮吞吐量$2.56 \times 10^4$t。

## (二)民航运输发展

青海省航空运输的开发最初始于1931年。当时,统治青海的马麒政权在西宁乐家湾修建了一片长、宽各1000m、面积$100×10^4m^2$的空地,即乐家湾飞机场。1933年,乐家湾飞机场扩大为长宽各1600m、面积增至$256×10^4m^2$。计划开辟上海经西宁至迪化(今乌鲁木齐)的民用航空班机。虽然欧亚航空公司曾派飞机试航,但民用航空班机始终未在西宁起降。1938年后,国民党青海省政府曾先后开辟了玉树巴塘、称多竹节寺、大河坝、都兰尚格、海南、黄河沿飞机场,但这些机场设施简陋,无任何建筑物。

中华人民共和国成立后,为发展青海航空事业和开发柴达木盆地,1956年,由中国民航总局、民航乌鲁木齐管理处、青海省人民政府联合组成青海省民用航空领导小组,对西宁乐家湾机场、柴达木盆地塔尔丁机场场址进行调研,后经各方努力和陆军、空军部队的大力协助支援,仅用3个月时间就完成了西宁乐家湾机场的改建工程,跑道延长至2000m。塔尔丁机场在青海石油管理局的大力支援下,于1959年9月修建完成,并初步具备通航条件。

1957年4月,北京—西宁—塔尔丁航线正式通航。这条航线的开通,结束了青海没有民用航空运输的历史,对青海经济社会的发展和柴达木盆地石油开发起了重要作用。

1971年4月,由中国民航总局投资,在西宁乐家湾机场新建了候机室、停机坪、油库等,并于1974年延长跑道600m。

1974年上半年,民航局组建格尔木民航站(机场军民合用),同年10月正式通航。后经2003年改扩建,为4C级支线机场,现有长4800m、宽50m跑道一条,1672$m^2$航站楼一座、$2.4×10^4m^2$停机坪1个、停机位2个,可供波音757-200型及以下飞机起降。目前正积极推进二期改扩建工作。2016年,格尔木机场累计完成运输起降1842架次、旅客吞吐量14.9万人次、货邮吞吐量677.5t。

1986年11月,西宁曹家堡机场开始动工修建,1991年8月19日江泽民同志为机场亲笔题写站名,1991年12月建成投产,为4E级干线机场。后经2005年和2013年两次扩建,现有3800m长、45m宽的跑道1条,$4.2×10^4m^2$的航站楼1座,$22×10^4m^2$停机坪1个,停机位33个,可全天候、双向起降空客330等大中型飞机。目前共开通前往60个城市的80条航线,其中国内航线74条、国际航线6条,通航里程达91581km。2016年西宁机场累计完成运输起降4.04万架次、旅客吞吐量468.1万人次、货邮吞吐量$2.4410^4$t。

2007年5月,玉树巴塘机场开始动工修建,2009年8月建成通航,为4C级支线机场,现有长3800m、宽45m跑道一条,4258$m^2$航站楼一座、$3.8×10^4m^2$停机坪1个,停机位5

西宁曹家堡机场

个,可满足空客 A319、波音 B737-700 等高原机型起降。2010 年,在玉树抗震救灾中发挥了关键性的作用。2016 年,玉树机场累计完成运输起降 2066 架次、旅客吞吐量 18.1 万人次、货邮吞吐量 388.2t。

2011 年 5 月,德令哈机场开始动工修建,2014 年 6 月建成通航,为 4C 级支线机场,现有长 3000m、宽 45m 跑道一条,4400$m^2$ 航站楼一座,$2.7×10^4m^2$ 停机坪 1 个,停机位 4 个,可满足空客 A319、波音 B737-700 等高原机型起降。2015 年德令哈机场创新试点"通廉航空"模式,航空市场发展迅速增长。2016 年,德令哈机场累计完成运输起降 703 架次、旅客吞吐量 6.3 万人次、货邮吞吐量 64.2t。

2012 年 10 月,花土沟机场开始动工修建,2015 年 6 月建成通航,为 4C 级支线机场,现有长 3600m、宽 45m 跑道一条,3000$m^2$ 航站楼一座,$2.2×10^4m^2$ 停机坪 1 个,停机位 4 个,可满足空客 A319、波音 B737-700 等高原机型起降。2016 年推行"通廉航空"模式后,完成旅客吞吐量 2.4 万人次。

2013 年 8 月,果洛机场开始动工修建,2016 年 7 月建成通航,为 4C 级支线机场,现有长 3800m、宽 45m 跑道一条,3000$m^2$ 航站楼一座,$2.6×10^4m^2$ 停机坪 1 个,停机位 4 个,可满足空客 A319、波音 B737-700 等高原机型起降。2016 年通航后推行"通廉航空"模式,累计完成旅客吞吐量 1.3 万人次。

### 四、水路运输

#### (一)管理体制沿革

1991 年 10 月,经青海省机构编制委员会批复,青海省交通厅成立了青海省水路运输管理处,为县级事业单位,同时增挂"青海省港航监督处""青海省船舶检验处"两块牌子,即 3 块牌子、一套人员,具体负责全省水路运输管理、港航监督(海事管理)和船舶检验工作。

2001年,按照交通部水监体制改革思路,经青海省机构编制委员会批复,青海省交通厅正式成立青海省地方海事局,同时增挂青海省水路运输管理局牌子,与青海省公路运输管理局合署办公。主要职责包括水上交通安全管理、防止船舶污染、船舶和水上设施检验、水路运输管理、港口、航道管理和水运基础设施建设等。与此同时,各州(地、市、县)也相继成立了水运海事管理机构。在管理体制方面,既有单独行使水运、海事管理职责的机构,又有与公路运输管理机构合署办公的机构。截至2016年底,省内2市6州8县及青海湖水域共有各级海事管理机构18个,海事管理人员152人,其中,实现独立办公的海事管理机构12个(省海事局以及海东、海南、海北、黄南、贵德、互助、循化、民和、乐都、化隆和青海湖辖区海事管理机构),合署办公的海事管理机构6个(西宁、果洛、玉树、海西、海晏、刚察海事管理机构)。

随着业务量的逐年增加,2013年4月,按照青海省交通厅部署,青海省地方海事局(增挂青海省水路运输管理局牌子)和省公路运输管理局实现了分离办公,成为独立运行的参照公务员管理的正县级事业单位。

(二)水路运输发展

青海在历史上曾有少量的水路运输业,主要集中在黄河、湟水河流域,系单向顺流通行的皮筏运输。航道系未加整治的自然航道,所运货物主要为流域地区农、畜产品和木材等。

皮筏运输因其成本低、载量大、运价低廉,曾在青海水路运输史上发挥过重要作用。但筏运系季节性运输,受气候时令水情之限,不能常年通航,加之水路系天然航道,水流湍急,跌差大,致使筏运业规模小、经营艰难。中华人民共和国成立后,随着沿黄河、湟水公路的修建和公路运输业的快速发展,皮筏运输业迅速萎缩,直至消失。

1976年,素有"龙头电站"之称的黄河上游第一梯级水电站——龙羊峡水电站正式开工建设,1986年10月15日正式蓄水,将黄河上游$13 \times 10^4 m^2$的年流量全部拦住,逐渐形成了周长108km、面积383km$^2$、库容量达$247 \times 10^8 m^3$的特大型水库。库区水位的抬升,淹没了原有的道路和桥梁,形成了当时我国最大的人工湖,致使交通中断,给水库周围人民群众造成新的"出行难""运货难"。于是,一些群众纷纷自发筹集资金和材料,焊接拼装成小型机动船从事水上运输。与此同时,随着黄河上游梯级水电站建设的推进,陆续形成了拉西瓦、尼那、李家峡、直岗拉卡、康杨、公伯峡、苏只、积石峡等大型水电站库区。这些库区的建成,带动了黄河上游水运业逐步繁荣和全省旅游业的发展,青海湖和可鲁克湖等湖泊也陆续出现了船舶运输业,省内其他水域中的运输船、旅游船、打鱼船、工作船也在逐年增加。由于这些船舶大都是自行制造,标准低、质量差,且船员没有经过严格培训,航运基础设施缺乏,运输秩序混乱,存在着严重的安全隐患。

20世纪80年代中期,青海省交通厅根据国务院、交通部要求,本着"宜水则水、宜路则路、统筹兼顾、综合利用"的原则,大力发展并逐步规范水上交通运输业。同时,将龙羊峡库区水运事业的开发利用列入"八五"运输规划的重点项目,并启动了龙羊峡以下259km航道建设规划和龙羊峡库区航运建设工程的前期工作。

1991年,在交通部的大力支持下,龙羊峡库区航运工程开始建设。到1994年,共投入资金1580万元,建成了包括4个客运码头、1个车渡码头、4艘大型趸船、1艘航标工作艇、91km六级航道在内的年吞吐能力达$8 \times 10^4$t的龙羊峡港航设施。1995年海南州设立了水路运输管理机构,开展龙羊峡库区的水路运输和水上安全监督管理工作。

2000年,青海湖水上客运码头工程完成初步设计。2001年,该项目经青海省发展计划委员会批复分两期开始建设。现一期工程帐房宾馆码头和航政楼均已建成并投入使用。二期工程于2011年开工建设,现已完成二郎剑码头东改扩建项目、海事搜救码头、仙女湾码头、沙岛码头、搜救船台等建设内容,并投入使用。

2001年和2011年,黄河贵德至李家峡航运建设工程分两期实施。一期工程中下半主哇码头、贵德港码头及航政楼已建成并投入使用。二期工程已完成航道整治工程、贵德钢琴广场码头扩建工程、阿什贡码头工程、松巴峡码头工程、李家峡南岸临时停靠点工程,完成贵德钢琴广场航政管理房、阿什贡航政管理楼、松巴峡码头航政管理房等建设。目前,项目已完工。

2006年,黄河公伯峡航运建设工程完成初步设计,工程投资估算4923万元,建设六级航道55km,建设公伯峡、群科、奄古鹿拱北等港点,建设与港航配套的通信设施。该项目现已完工。

2014年,黄河积石峡航运建设工程开工建设,工程投资估算7452万元,建设六级航道45km,新建中心港码头、孟达、托坝等码头以及与之配套的航道疏浚和航标、管理站房等工程。到2016年底,已完成中心港码头和孟达旅游码头建设任务,其余项目正在施工中。

截至2016年底,青海省航道总里程754.91km,通航总里程662.69km(其中黄河流域264.32km、青海湖398.37km),现有航道16条,码头32个,泊位60个,各类船舶124艘(其中营运船舶118艘2934客位、海巡艇17艘、趸船24艘、工程疏浚船舶5艘、汽渡船5艘以及电厂监测船舶4艘),水运企业9家。2016年,全年共完成客运量66.14万人次,旅客周转量793.38万人km,保持了连续25年水上安全无重大监管责任事故的好成绩。

**五、管道运输**

(一)管理体制

青海境内的管道运输起步于20世纪70年代,是伴随着柴达木盆地石油、天然气资源

公伯峡水运码头

的开发利用以及油、气运输的需要而发展起来的。目前,管道运输由中国石油青海油田分公司运营,下设管道运输处,系青海油田分公司下属13个二级单位之一。

(二)管道运输发展

管道运输是综合运输体系的重要组成部分,也是国际货物运输方式之一。因其具有运量大、不受气候和地面其他因素限制、可连续作业以及成本低等优势,已成为陆上油、气的主要运输方式。

经过半个多世纪的勘探、开发与建设,目前青海油田分公司已建成敦煌、格尔木、花土沟3个基地,原油年生产能力$218 \times 10^4$t,涩北天然气年生产能力$24 \times 10^8 m^3$,已有输油气管道38条(总后青藏兵站部管理的格拉输油管道未列其中),总长4426km。其中长输管道10条(输油管道2条,即中石油青海油田分公司已停用的花格输油管道和新花格输油管道,长度874.5km;输气管道8条,即中石油青海油田分公司的涩格输气管道、涩格输气管道复线、仙敦输气管道、仙翼输气管道、南花输气管道和中石油西部管道公司的涩宁兰一线、二线及西宁支线、兰炭支线,长度2871.5km),长度3746km;燃气公司输气管道和企业生产输气管道28条,长度680km。花土沟至格尔木438公里输油管道年输油能力达$300 \times 10^4$t,涩宁兰、涩格、涩敦、涩花4条输气管道年输气能力超过$60 \times 10^8 m^3$。2010年管道运输完成货运量$178.37 \times 10^4$t,货物周转量$7.83 \times 10^8$t·km。

**六、现代物流业**

(一)管理体制沿革

2013年4月,根据《青海省人民政府办公厅关于进一步加快现代物流业发展的指导意见》，在青海省经济贸易委员会设立青海省现代物流发展领导小组办公室，主要负责全省物流业发展规划、协调、指导等工作。建立了全省现代物流工作联席会议制度，青海省发展改革委员会、青海省商务厅、青海省公安厅、青海省交通运输厅、青海机场有限公司、青藏铁路公司等23个部门和单位为联席会议成员单位，青海省经济贸易委员会为联席会议牵头单位。

2014年，青海省经济和信息化委员会机构改革时，设立了现代物流处，主要职责是：拟订现代物流业发展规划并组织实施；指导现代物流业的行业管理；指导协调市（州）和物流园区的现代物流发展工作；建立现代物流业监测分析制度，实现信息共享；负责组织协调全省公铁分流、物资的生产、供应、进口和调运；负责全省物流企业行业培育，承担省现代物流发展领导小组办公室的日常工作。

（二）物流业发展

近年来，伴随着经济的快速增长，青海省物流基础设施条件逐步改善，现代物流业开始起步和发展。

2013年4月，青海省人民政府办公厅出台《关于进一步加快现代物流业发展的指导意见》，提出了青海省物流业的基本布局、主要任务和政策措施，加大土地政策支持力度和税收政策支持力度，加大对物流业的投入，减轻物流企业负担。

2015年3月，青海省人民政府办公厅出台《关于加快我省物流业发展的政策措施》，提出了深化物流体制改革、推进重点物流园区建设、突出培育特色物流、提升物流企业规模化集约化水平、加大对物流业投入、支持物流业建设用地、着力降低物流成本、推进物流信用体系建设、优化物流发展环境、加强物流专业人才引进及培养、加强物流统计工作的具体措施，为青海省物流业发展提供了良好的政策环境。

据不完全统计，2013年，全省社会物流总额7143.57亿元，比上年增长11.49%。2014年，全省社会物流总额7719.1亿元，比上年增长8.06%。2014年，全省货运总量达$11030 \times 10^4$t，社会物流总额不断增长。

以城镇为依托的流通网络和市场体系基本形成。目前，以西宁市和格尔木市为集散中心，多种所有制成分和多层次的生产、生活资料市场遍布城乡，各类企业参与和多种运输方式配合的大宗工业、生活物资流通网络已初具规模，为现代物流网络体系建设奠定了基础。2014年，全省限额以上批发零售业商品销售总额1273亿元。

物流企业数量稳步增长。根据省工商行政管理局企业登记系统数据，截至2016年，物流企业总数为1142户，其中，西宁市物流企业554户，占比达48%，海西州331户，占比29%，海东市121户，占比11%，三大地区物流企业数量共占全省的88%。海北州45户、占比4%，玉树州36户、占比3%，海南州33户、占比约3%，果洛州14户、占比1%，黄南州 8 户、占比约 1%。

从企业类型来看，运输型企业 874 户、占比 76.5%，仓储型企业 139 户、占比 12.2%，装卸搬运和运输代理型企业 129 户、占比 11.3%。其中，运输型企业中，道路运输企业 850 户、占比 97.3%，铁路运输企业 22 户、占比 2.5%，航空运输企业和管道运输企业均为 1 户、占比 0.1%。

（三）前景展望

根据《青海省"十三五"物流业发展规划》，"十三五"期内青海省物流业发展目标是：基本建立"布局合理、技术先进、便捷高效、绿色环保、安全有序"的现代物流服务体系，物流业标准化、信息化、智能化、集约化水平显著提升，物流业与制造业、商贸业、农牧业、金融业等其他产业联动发展，对经济发展的贡献显著增加，物流业发展水平高于西部平均水平。

——物流产业集群加快形成。基本建成可覆盖全省物流节点的多个综合物流园区，建成 2~5 个国家级示范物流园区。

——物流产业贡献率不断提高。建立健全物流业统计指标体系，物流业增加值占全省服务业增加值 10% 以上，现代物流业成为服务业支柱产业之一。

——物流产业质量明显提升。大力发展第三方、第四方专业物流企业，物流产业的社会化、专业化水平明显提高，社会物流总费用占地区生产总值的比重同比下降 2 个百分点以上，居西部地区平均水平。

——物流信息化水平显著提高。立足"互联网+"，建成以物流公共信息平台为基础的物流信息网络，现代物流信息技术和智能装备应用水平不断提升。

——物流企业竞争力逐步增强。力争形成一批市场竞争力强、经营规模大、技术装备和管理水平先进的现代物流企业和物流服务品牌。培育发展年营业收入 5 亿元以上物流企业 5 家左右，1 亿元以上物流企业 10 家以上，5000 万元以上物流企业 20 家以上；认定省级重点物流企业 20 家以上；达到国家 2A 级以上标准物流企业不少于 20 家。

# 第二章
# 公路建设与运输发展

## 第一节 公路建设

中华人民共和国成立后,青海进入了社会主义革命和建设时期,公路交通建设事业从此迈上了健康发展的轨道。

纵观青海公路建设发展史,大致可以分为三个历史阶段:第一阶段以中华人民共和国成立及青海解放为标志,至"文化大革命"结束,为初步发展阶段;第二阶段以中国共产党十一届三中全会召开为标志,至20世纪末,为稳步发展阶段;第三阶段以国家实施西部大开发战略至今,为快步发展阶段。

### 一、管理体制沿革

1949年9月5日,西宁解放。9月8日,西宁军事管制委员会成立,下设交通处、民政处等办事机构。9月26日,青海省军政委员会成立,交通处隶属于青海省军政委员会;交通处下设公路局、邮政局等单位;公路局下设公路工程队、汽车运输队,承担公路建设、养护、运输等方面的任务。

1950年1月1日,青海省人民政府成立,交通处隶属于省人民政府。1955年7月5日,经国务院批准,青海省交通处改为青海省交通厅。1957年10月,省交通厅根据上级紧缩编制、精简机构之精神,经中共青海省委工业交通部和省编委批准,将所属工程总队及公路养护管理处合并,成立青海省交通厅公路局。

"文化大革命"期间,省交通厅机构名称几经更改(1967年10月23日,成立省交通厅革命委员会,随后省公路局、省运管局也相继成立革命委员会;1969年1月7日,变更为省革命委员会交通组;1970年11月10日,变更为省革命委员会交通局;1979年12月3日,重更名为省交通厅),但主管全省交通运输、公路等工作的职能没有变。1975年11月12日,省革命委员会决定将交通局公路处更名为青海省公路工程养护处。

1980年,随着农村牧区商品经济的快速发展和城市经济体制改革的深入推进,青海公路建设管理体制面临诸多新的问题。为改变原公路工程养护处机构庞大、职责复杂、线长、点多、面广、分散,不便管理的状况,省交通厅本着"工业(企)事业管理体制实行统一领导,分级管理,管理体制要同专业化生产相适应"的原则,经青海省机构编制委员会批准,决定撤销原公路工程养护处,分别组建公路工程处、公路养护处、公路勘测设计院三个单位。其中公路工程处职责为:承担全省公路主干线的新建、改造工程和地方道路的大型修建工程,由县级事业单位改为县级企业单位,实行独立核算、自负盈亏。

1984年10月31日,为克服公路基本建设管理体制上"吃大锅饭"的弊端,调动各方面的积极性,多修路架桥,为繁荣城乡商品经济服务,经青海省交通厅第八次党委会议研究,决定对省属公路基本建设管理体制进行改革。改革本着"立足行业,面向社会,多种经营,强化经济实体"的指导思想:一是将公路工程处组建为公路桥梁工程公司,为自主经营、统负盈亏、具有法人地位的经济实体;二是全面推行建设项目投资包干责任制;三是大力推广工程招标承包制;四是层层落实承包单位经济责任制;五是公路勘察设计院要向企业化、社会化方向发展,逐步推行技术经济承包责任制;六是改革劳动人事制度等。自此,国有公路施工企业开始逐步走向市场。

1986年6月14日,省交通厅为适应经济体制和机构改革的需要,实行公路建设政事分开、归口管理,经省编制委员会批准,将省交通厅公路处和省公路养护管理处合并,成立青海省公路局。其主要任务为:贯彻公路建设、养护和管理的方针、政策;编制全省公路建设的中长期规划,履行公路建设单位的职责,组织公路建设项目的招标,并对工程质量进行监督以及负责公路养护管理方面的职能等。

1994年,为适应日益发展的公路建设新形势,青海省交通厅增设公路建设管理处,负责全省干线公路的建设与管理(2000年机构改革时更名为青海省公路建设开发中心)。1998年5月,青海省交通厅成立青海省收费公路管理处,负责全省收费公路的规划、建设、管理、养护等工作。1999年8月,青海省交通厅成立青海省高等级公路建设管理局,负责全省高等级公路的建设、养护、运营、管理等。至此,承担公路建设管理的业主单位增加到4个(省公路局、省公路建设开发中心、省收费公路管理处、省高管局),分别负责地方道路、干线公路、收费公路、高等级公路的建设管理等工作。

针对公路基本建设任务逐年增大、国家重点建设项目逐渐增多的实际以及全省尚无严格的工程质量管理体制的状况,1989年8月,经青海省机构编制委员会批准,青海省交通厅成立了公路基本建设工程质量监督站,其主要任务是根据国家和上级有关部门关于工程质量监督工作的方针政策以及现行规范、规程和技术、质量检验评定标准等,制定本省工程质量监督实施细则,对工程质量进行施工监督、检验和竣工检查验收等。

1990年5月,青海省交通厅针对全省尚无严格的公路工程定额管理体制以及屡屡发生概算超估算、预算超概算、决算超预算的情况,经省编制委员会批准,成立公路工程定额站。其主要任务是组织编制和管理全省公路工程施工定额,指导帮助各施工企业编制本企业的公路施工定额,搞好定额管理,推行定额工资制;参加全省公路建设项目的评估,承担或参与概预算的审查,并监督检查工程预算或招标承包工程标底及中标价的合理性等等。

1995年12月,为深入贯彻落实交通部工程管理司颁发的《公路工程施工监理暂行办法》,在全行业实施施工监理制度,青海省交通厅继续深化管理体制改革,把工程监理工作作为公路基本建设中必不可少的重要环节全面推行,经青海省机构编制委员会批准,成立了青海省交通工程监理处,初步理顺了"政府机构质量监督、监理单位施工监理、施工单位质量自检"的关系,对公路工程施工质量、有效控制工程造价和工程工期,起到了基础保障作用。

随着国家西部大开发战略的实施和机构改革的深入推进,2000年5月18日,青海省人民政府办公厅以青政办〔2000〕96号文件对省交通厅职能配置、内设机构和人员编制等,进行了新的界定:青海省交通厅是主管全省公路和水路交通行业的省政府组成部门,其主要职责:①执行国家公路、水路交通发展战略、方针政策和法律法规;拟定全省公路、水路交通行业的发展规划、中长期计划和年度计划并实施;负责交通行业统计和信息引导工作。②负责对国家重点物资运输、紧急客货运输进行调控,组织实施国家重点和省级公路、水路交通工程基础设施建设项目的立项审查和重大科技项目的申报工作。③指导全省交通行业体制改革;维护公路、水路交通行业的平等竞争秩序;引导交通运输企业优化结构,协调发展。④组织全省公路及其设施的建设、养护、规费稽征、路政管理;负责汽车维修市场、汽车驾驶学校和驾驶员培训工作的行业管理。⑤组织全省水路及其设施的建设、养护、规费稽征;负责水上运政管理和水上交通安全监督、港检、船检、救助打捞、通信导航工作。⑥执行交通行业科技政策、技术标准和规范;组织重大科技研究、开发、推广应用;指导交通行业中等专业和成人教育以及职业技术教育工作。⑦负责交通经济协调工作,协调省际公路、水路建设等有关事宜。⑧承办省政府交办的其他事项。

省交通厅内设7个职能处室。其中综合规划处职责:组织拟定全省公路、水路交通行业发展规划和年度计划;负责公路、水路交通基础设施建设项目的前期工作和后期评价工作;负责港航设施建设的布局规划与审查;负责交通行业统计、预测、信息引导工作。公路处的职责:执行公路建设的行业政策、规章和技术标准;维护公路设计、施工、监督行业的平等竞争秩序;监督管理重点公路建设项目的实施;负责公路养护、路政、收费公路、高速公路的管理工作。

2000年5月15日,青海交通厅为加快推进项目前期工作,成立了青海交通工程咨询公司,负责交通工程咨询、技术方案的研究论证、交通工程设计方案审查及工程概预算审查等。同日,成立了青海省交通投资公司,主要任务是负责筹措交通基础设施建设资金,经批准进行资金拆借、引进,实现投资多元化等。同年6月15日,青海省交通厅成立青海省交通工程建设招标投标管理办公室,主要任务是负责全省公路水路基础设施工程建设招标投标的管理和监督,并宣布全面放开省内公路建设市场,面向全国择优选择公路设计、施工、监理队伍。

## 二、发展历程

### (一)初步发展阶段(1949—1978年)

中华人民共和国成立前的青海,公路交通极为落后。公路虽有3143km,但虚有其名;桥梁虽有71座,但千疮百孔,破烂不堪;而这些公路桥梁在马步芳政权崩溃时,又遭到严重破坏。到中华人民共和国成立初期,全省勉强可以通车的公路只有472km;在交通部门接管的14辆未报废的破旧汽车中,只有4辆勉强可以行驶。

中华人民共和国成立后,党和政府在百废待兴、财力十分困难的情况下,投放大量资金,支持和促进青海的公路交通建设。1950—1957年的8年间,公路建设以恢复交通、配合建立人民政权和支援柴达木盆地勘探开发为中心,按照"因地制宜,先通后好"的原则,先后修复和初通了青藏(西宁至拉萨)、青新(西宁至茫崖)、青康(西宁至玉树)、甘青(兰州至西宁)、宁张(西宁至张掖)、宁临(西宁至临夏)、花吉(花石峡至吉迈)等十多条干线公路。并以此为骨干,初步形成了全省的公路网骨架,加强了省与省之间和省内城乡之间的联系。这一时期的建设投资,主要依靠国家拨款和军费,施工队伍有军队、国家专业工程队伍以及民工等。中华人民共和国成立初期,人民解放军一边战斗一边筑路,很多指战员献出了宝贵的生命。筑路工具也十分落后,主要为铁锹、洋镐、抬筐、架子车等,生产生活以及居住条件十分艰苦、简陋。由于人力物力财力有限,所筑公路大都为就地爬行的简易公路或砂路,建设规模有限。至1957年末,全省公路通车里程达到了8325km,其中干线公路6032km,县乡公路1804km,专用公路489km。

1958—1965年,是贯彻"全党全民办交通"方针,建立公路交通网和汽车运输大发展的"大跃进"和三年调整时期。在此期间,公路交通发展起伏较大,前期以交通运输"大跃进"为先导,在新辟山区、牧区公路、扩大运输能力等方面,取得了一定进展。但由于指导思想上的浮夸风、高指标,导致公路建设片面地追求数量,忽视质量,脱离客观实际,违背科学管理等现象,结果许多公路修而复毁。公路里程数由1961年的15447km,锐减到1964年的11912km,报废了大量新建公路。1962年后,在党的"调整、巩固、充实、提高"八字方针的指导下,大力整顿公路交通管理体制,调整各项经济技术指标,开展职工队伍培训,加强设备维修,交通运输形势又呈现出生机勃勃的新景象。1965年底,全省公路通车里程11981km,其中有路面公路6643km。

1966—1976年,既是青海交通运输的动乱期,又是曲折发展的10年。在"文化大革

# 第二章

公路建设与运输发展

省道宁果公路拉脊山段

命"的干扰冲击下,交通系统出现了前所未有的混乱,成为一个重灾区。但在这10年中,由于强调交通为战备服务,国家在投资、材料等方面给予了重点支援,公路建设在干扰中前进、在曲折中发展,依然取得了一定成绩。1976年底,全省公路通车里程达到13115km,其中干线公路8457km,县乡公路4173km,专用公路485km。与1965年相比,通车里程增加了1134km,"黑色"路面增加了1396km,桥梁增加了381座。成绩的背后,是高昂的代价和付出,而且留下了严重的后遗症。直到1976年"文化大革命"结束,又经过1977年、1978年两年拨乱反正,全省公路建设才重新步入正轨。

(二)稳步发展阶段(1979—1999年)

中国共产党十一届三中全会以后,党中央拨乱反正,正本清源,把党和国家的战略重心转到以经济建设为中心上来。青海交通部门根据省委省政府提出的"改革开放,治穷致富,开发资源,振兴青海"的经济发展战略,本着改革、开放、搞活的基本方针,集中精力搞建设,一心一意谋发展,公路建设步入健康、稳步发展阶段。

20世纪70年代中期以来,公路建设的重点转向主要干线公路的"黑色"化和大中型桥梁的修建。这一时期,青藏公路得以全面改建。到1985年8月,西宁至拉萨1938km路段基本实现了路面"黑色化",青藏公路成为当时世界海拔最高、里程最长的"黑色长龙"。1990年8月,历时8年的宁果公路新、改建工程竣工,结束了省会西宁至果洛州府大武镇需绕道花石峡的历史,缩短公路里程200km以上。同年9月,历时6年的甘青公路新改建工程竣工,120km公路达到了二级公路标准。"九五"时期,先后有全长262.05km的柳格公路当金山至大柴旦段三级油路改建工程、青康公路倒淌河至玉树段改建工程、国道227线大通城关至祁连扁都口段三级油路改建工程等重点项目建成通车,并于1999年9月,打通了国道214线囊谦至省界多普玛段的断头路,使其成为青海省第二条进藏通道。

这一时期，桥梁建设稳步推进。先后有尕玛羊曲黄河桥、西宁湟水团结桥、尖扎黄河大桥、海南州卡力岗黄河吊桥、果洛州拉加黄河大桥、青藏公路沱沱河大桥、临民公路黄河大桥等一批重要桥梁建成通车。20年中新增桥梁776座18768延米。

公路隧道从无到有，逐步增加。1991年9月，全长170m的省道阿赛公路隆务峡1号隧道竣工通车，结束了青海没有公路隧道的历史。1998年11月28日，海拔亚洲第一、世界第二(3792m)，全长1530m的高海拔寒区公路隧道——国道227线大坂山隧道胜利贯通。该隧道的修建，既避开了大坂山顶的积雪，又缩短了公路里程5.2km，使青海至甘肃河西走廊地区的宁张公路从此四季畅通。到1999年底，全省公路隧道3座1732延米。

县乡公路建设贯彻"统一规划，分级管理，地方投资，群众集资与国家补助相结合"的原则，在国家"以工代赈"、交通部专项扶贫资金、藏区公路补助款等资金的支持下，出现了政府支持，群众集资、投劳，民工建勤建养公路的局面。1979—1998年的19年间，群众义务投工投劳1800多万个工日，修建地方道路1755.81km。到1998年底，全省县乡公路通车里程达7697km，东部农业区提前2年完成85%的行政村通公路的目标。

1994年，国务院总理朱镕基视察青海，提出加快公路建设的要求，青海公路建设明显提速，年投资额由原来的1亿元左右增加到2亿元以上。

1994年2月，青海正平路桥公司成立，成为青海省第一家民营公路施工企业。到1999年底，全省公路建设市场初步形成了国有、集体、个体一齐上的局面。

1994年4月7日，青海省人民政府发布《关于加快我省公路建设若干政策的通知》，制定出台了14项政策措施，成为青海加快公路建设的新动力。1996年5月21日，青海省人民政府针对青海公路建设配套资金严重不足的实际，批转青海省交通厅《关于请求对我省主要国、省道施工征收的营业税采用先征后返的优惠政策的报告》，对公路建设给予资金支持。1994年4月10日、1996年5月21日，青海省交通厅两次召开全省公路建设工作会议，省四大班子的领导出席会议并讲话，要求各级政府及交通部门统一思想，明确任务，做好规划，加快建设，力争到2000年上一个新台阶。公路建设工作逐步由部门行为向政府行为、行业行为向社会行为转变。

1994年9月，青海省交通厅大坂山隧道招标领导小组成立，隧道工程首次面向全国招标，经过激烈竞争，中铁十六局一处中标，成为第一家取得公路工程施工权的省外企业，公路建设市场开始由封闭型向开放型转变。1997年10月，省内第一条由社会融资建设的城市收费道路——西宁市东出口建国路至杨沟湾10.762km公路建成通车；1998年3月，青海省建设厅、青海省发展计划委员会批准实施国道109线享堂至杨沟湾段贷款修路、收费还贷改建工程。至此，全省公路建设投融资体制突破以往单靠国家投资、省内养路费资金配套的单一模式，向国家投资、银行贷款、社会集资等多元模式转化。

省道阿赛公路隆务峡段

1979—1999年的20年中,全省共新、改建等级公路5986km,新增公路通车里程4261km,新增高级、次高级路面2860km;省会西宁市通往6个自治州的公路有4个实现了路面"黑色化"。

(三)快步发展阶段(2000年以来)

历史的脚步迈入了21世纪,以国家实施西部大开发战略为标志,青海公路建设翻开了崭新的一页。这一时期,加快公路建设不仅是提升路网水平、促进经济社会发展的需要,也是国家扩大内需、拉动经济增长、应对金融危机的重要举措。2001年8月,国务院总理朱镕基再次来青海视察工作,传达贯彻中央实施西部大开发的战略意图,提出青海要修路修路再修路,要在"十五"期内实现州州县县通油路、乡乡通公路的要求。同年8月,交通部部长黄镇东来青海考察工作,要求青海交通5年内实现突破性进展。2003年7月,交通部部长张春贤来青海调研,与省领导共商交通发展大计,并支持青海提前启动农村公路建设工程。

2000年4月5日,青海省人民政府召开加快公路交通基础设施建设专题会议,要求公路建设抓住西部大开发有利时机,在取得已有成绩的基础上向更高目标迈进。2001年4月19日,青海省人民政府召开第三次全省公路建设工作会议,作出了《关于加快全省公路建设的决定》,出台了11条加快公路建设的政策措施。时任青海省人民政府省长赵乐际同志要求:上自省长、下至乡、村主任,都要抓修路!

在2002年初召开的中共青海省第十次党代会上,把公路交通放在优先发展的战略地位,确定在今后5年内实施基础优先发展战略。

2000年1月,青海省交通厅召开全省交通工作会议。会议提出要努力克服计划经济体制下形成的老观念、老思路、老办法,摒弃等、靠、要思想,把国家的支持与自身努力结合起来,把中央的方针政策与青海交通的实际结合起来,树立"大开发要有大交通,大交通要有大思路、大决心、大动作"的新观念,解放思想,提高认识,理清思路,做好大干交通、当好先行的准备,努力完成各项交通建设任务。

西部大开发,前期工作是关键,项目储备是基础。青海交通厅按照"打破常规,超前运作"的思路,以规划为指导,加快推进项目前期工作,逐步形成了"开工一批、竣工一批、储备一批"的运转流程。

1997年,交通部部长黄镇东视察青海交通工作

2000年2月17日,青海省第一条高速公路项目——平安至西宁高速公路正式开工建设。随后,马场垣至平安高速公路、西宁至湟源一级公路、湟源至倒淌河一级公路、西宁至大通高速公路、西宁至湟中高速公路等,相继开工建设。到2004年底,西宁周边呈放射状的5条出口道路(平西、西塔、西湟、西大、西互)全部按高等级公路标准开工建设,并已有4条竣工通车。

2001年11月10日,青海省人民政府召开全省通县油路建设动员大会,全省6州1地29个涉及县政府主管领导及交通部门负责人参加会议,标志着由16个项目组成、总长2020km、总投资逾33亿元的通县油路工程正式启动。2002年7月9日,青海省交通厅召开全省乡村公路民心工程建设规划审查会,该工程涉及1地1市、沿黄河地区和环青海湖地区,建成后将实现15个县72个镇149个乡的公路全部等级化、油路化。2002年10月,青海省交通厅提前1年启动县际公路建设工程,并先期开工建设威远至北山、岗子沟口至青石咀、结古至治多、街子至保安、德令哈至都兰等5个项目。2003年9月27日,青海农村公路建设全面启动的标志性工程——海东地区下北山四乡公路开工建设,轰轰烈烈的农村公路建设工程自此拉开了序幕。

西部大开发第一年的2000年,全省公路建设完成投资21亿多元,比1999年几乎翻了一番。此后"十五"计划的5年中,共完成公路建设投资230.5亿元,相当于"九五"期间总投资的4倍。公路通车里程比"九五"末增加了11040km,达到29719km,实现了"一个突破、两个率先完成、三个通达、四个较快增长"(即高速公路从无到有,实现零的突破,达到171km;率先基本完成了国道主干线、西部省际公路通道建设任务;实现了县县通油路、乡乡通公路、行政村基本通公路的目标;交通基础设施建设投资、公路通车里程、公路营运里程、客货运量实现了较快增长)的目标。

"十一五"时期,中国共产党第十七次全国代表大会提出全面建设小康社会的奋斗目标。青海省交通厅根据中共青海省委第十一次党员代表大会提出的"建设富裕文明和谐新青海"的新目标,在深化对交通运输本质属性认识的基础上,提出做好"三个服务"(即服务国民经济和社会发展全局,服务社会主义新农村建设,服务人民群众安全便捷出行)的交通工作要求。公路建设围绕"四区两带一线"区域协调发展格局和建设"高原旅游名省"等全省经济社会发展目标,抓住国家西部大开发和支持青海藏区等民族地区发展的机遇,在继续推进国省道干线公路改造升级的同时,着力加快农村公路建设。

2001年,省交通厅厅长桑杰(左二)调研高速公路建设

2006年8月,青海省人民政府与交通部签订了《关于落实中央1号文件农村公路建设任务的意见》,明确了全省"十一五"农村公路建设、养护管理、资金筹措等目标和措施。此后,青海省人民政府召开专题会议,专题研究落实与交通部签署的农村公路建设协议问题,并制定出台了八项加快农村公路建设的支持政策。对此,青海省交通厅及时调整规划,使农村公路建设与新农村、新牧区建设同步规划、同步设计、同步实施、整体推进,并按照各地建设重点,分别与各地交通部门签订了目标责任书。在资金筹措上,除积极争取中央补助投资、利用银行贷款外,还进一步落实优惠政策,采取施工营业税先征后返专项用于征地拆迁补偿、企事业单位自愿捐助、群众投工投劳等形式,支持农村公路建设。

2006—2010年的5年间,先后有平安至阿岱、西宁西过境高速公路,西宁至互助一级公路,湟中至贵德、阿岱至同仁、格尔木至老茫崖二级公路等国省道干线公路建设项目如期完成。倒淌河至共和至茶卡、茶卡经察汉诺至德令哈、当金山至格尔木、湟中至贵德等10条高等级公路开工在建。国省干线公路主要路段基本实现了"黑色化",并基本达到二级公路标准。

5年中，青海省累计完成交通建设投资408.66亿元，年均增长17.1%，是"十五"期完成投资的1.86倍；公路总里程达62185km，比"十五"末增加32446km，其中高速（一级）公路通车总里程达到444km，比"十五"末新增129km，高速通车里程达到235km，一级公路达到209km。农村公路建设完成投资138.29亿元，共完成新改建农村公路53770km，建设乡村便民桥梁64099延米/1946座，新增农村公路通车里程近30000km；通沥青（水泥）路的乡镇达到398个（含国有农林场），比"十五"末增加224个，26个县市实现了乡乡通沥青（水泥）路，乡镇通沥青（水泥）路比例由"十五"末的37.9%提高到91.2%；4172个行政村全部通了公路，其中32.5%的行政村通沥青（水泥）路，全面完成了部省共建目标。

"十二五"时期，青海交通部门牢牢把握科学发展主题和稳中求进、好中求快的总基调，结合全省"四区两带一线"战略布局和东部城市群规划以及玉树灾后重建规划等，围绕加快发展、改善民生、提升服务能力等任务，继续加快交通基础设施建设，公路建设继续保持强劲的发展势头。

2011年，青海省交通厅围绕发展现代交通运输业战略布局，集中行业力量，先后编制完成了《青海省藏区公路交通基础设施发展规划》《青海省干线公路网规划》《青海省农村公路发展规划》《青海省东部城市群交通发展规划》等20个交通发展规划的编制工作，加强与国务院有关部委的汇报衔接，使"十二五"规划建设的绝大多数重点项目纳入国家"十二五"规划建设的大盘子，绝大多数中长期目标和规划项目被纳入国家规划。2013年，青海省交通厅抓住国家公路网规划调整机遇，将青海省原规划的5条、总长3787km的地方高速公路列入国家高速公路网，将12条、总长6570km的省道和农村公路升级为国道，及时完成了线位规划，并将省道网由规划的29条调整为48条，增加里程5494km，为青海交通可持续发展奠定了基础。同时，通过抓紧做好项目储备和前期工作，争取交通运输部将大力加山经循化至隆务峡、俄博至祁连、大武经甘德至达日等10个"十二五"规划外公路项目，作为2014至2015年开工建设项目，为全面完成"十二五"规划提供了项目支撑。

2012年，青海省交通运输厅首次采取设计施工总承包的运作模式，提前启动建设西宁南绕城高速公路项目，成功注册发行15亿元中期票据。2014年在大循隆高速公路项目采用"资本金融资、施工图设计＋施工总承包"模式，实现社会资本融资33亿元，使该项目提前两年开工建设。

2011—2015年的5年间，先后有共和至玉树高速公路、西宁南绕城、茶卡至格尔木、德令哈至香日德、花石峡至久治、牙什尕至同仁等高速公路，国道214线玉树至囊谦、省道309线多拉马科至杂多等一批重点项目开工建设。当金山至大柴旦、察尔汗至格尔木高速公路、共和至茶卡、德令哈至小柴旦盐湖高速公路、湟源至西海一级公路等重点项目先后建成通车。5年共完成公路建设投资1109亿元，比"十一五"翻一番。

## 第二章
### 公路建设与运输发展

农村公路按照玉树灾后恢复重建、全省"十大民生工程"等要求,结合"美丽城镇""美丽乡村"建设等,在继续提升通达、通畅水平的同时,积极推进安保工程建设、桥梁及附属设施建设,努力打造农村交通运输升级版。2011—2015年的5年间,共完成农村公路建设投资102.56亿元,新改建农村公路39887km,建设乡村便民桥梁1298座,农村公路总规模突破$6×10^4$km;新增31个乡镇、2226个建制村通沥青(水泥)路,实现98.6%的乡镇、85.5%的建制村通沥青(水泥)路,分别较"十一五"末提高5个和51个百分点。

截至2016年底,全省公路网总里程达$7.85×10^4$km,较"十一五"末新增$1.64×10^4$km,较1999年底增加60317km;公里密度达到10.90km/100km$^2$,较"十一五"末提高2.28km/100km$^2$,较1999年增长8.37km/100km$^2$。其中高速公路(含一级)3501公里,占总里程的4.45%,二级及以上公路总里程达$1.06×10^4$km,占总里程13.44%,三级及以下公里总量里程68026km;全省国道里程12849km,其中国家高速公路2820km;省道里程4187km,国省道中二级及以上里程10242km,占国省道总里程比重为60.12%。农村公路达到$6.15×10^4$km,占总里程的比重为78.32%,较"十一五"末新增$1.27×10^4$km,较1999年增加52516km;全省公路有铺装里程38653km,路面铺装率达49.19%,其中沥青(水泥)混凝土路面达$3.41×10^4$km,高级路面铺装率为43.43%。基本形成以西宁为中心,连接7个市州,辐射东部周边和西部地区的高速公路主骨架。基本实现相邻市州间二级公路连接,县通二级公路,省际通道进一步扩展,全省路网通畅和通达水平有效提升。公路建设在拉动相关产业、扶持企业、促进就业、增加收入等方面发挥了重要作用,交通运输服务于治青理政战略任务的先行引领作用更加突出。

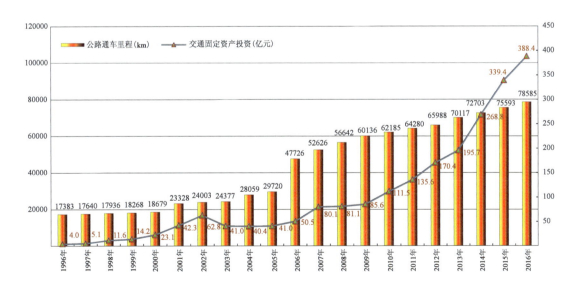

青海省交通固定资产投资及公路里程趋势图

## 第二节　公路运输

　　青海自古以来便是连接边陲与中原的交通要冲，陆路交通历史悠久，地理位置十分重要，是丝绸之路和民族往来的重要交通通道。但是，由于历史的原因，受经济、自然等条件的制约，地区交通发展缓慢，直到中华人民共和国建立前夕，生活在这里的各族人民群众，仍然依赖人背畜驮的原始运输方式进行物资贸易和民间往来，公路运输尚处于萌芽状态，基础十分薄弱。至1949年9月青海解放时，全省汽车拥有量216辆，交通部门只接收了21辆破旧汽车，其中7辆报废，剩余的14辆中只有4辆勉强可以行驶。

　　新中国成立后，青海公路运输事业在党和政府的关怀重视和大力支持下，步入了持续健康发展的轨道。纵观青海以来公路运输发展的过程，大致可分为三个历史阶段：艰难创业时期、开放转型时期和规范发展时期。

### 一、艰难创业时期（1949—1978年）

　　1949年9月5日，西宁解放。9月8日成立西宁军事委员会，下设交通处等办事机构。9月26日青海省军政委员会成立，交通处隶属省军政委员会领导。10月9日成立交通处公路局，以拨交的21辆货运汽车（其中报废汽车7辆，尚可修复的汽车14辆）组建汽车队。为尽快恢复地方交通运输，1950年元月，以首批修复的4辆汽车正式恢复甘（肃）青（海）线即兰州至西宁间的汽车运输业务。5月1日，青海省人民政府为进一步发展汽车运输事业，以原公路局汽车队为基础，组建成立青海省第一个公路交通部门汽车运输机构——青海省地方国营汽车运输公司。当时全公司仅有营运汽车16辆，职工59人，经营西宁至兰州、西宁至湟源两条线路的货运业务，营运里程286km；无力承办全部客运，兰州至西宁间的省际客运业务委托西北交通部公路局兰州汽车分公司办理。

　　青海省汽车运输公司成立以后，在国家财政的支持下，交通部门运输车辆逐年增加。至1952年末，交通部门运输车辆数增至72辆，运力、运务初具规模。但由于时值三年经济恢复时期，在运力小、运量大的情况下，公路运输工作的重点放在改进经营管理、大力提高运输效能上，以确保军运和援藏物资的运输。

　　第一个五年计划时期，柴达木地区的资源勘探与开发工作全面启动，大批人员、物资源源西运，运力需求十分紧迫。为此，国家不仅给予了大量财政拨款，还从全国各地、人民解放军中调拨给青海大批运输车辆、修理设备，抽调了大批技术骨干、管理干部和驾修人员，从外地招收了大批青年学生，安置了数以千计的复转军人。到1955年末，全省交通部门的运输车辆猛增至671辆。1956年，随着柴达木地区以石油为主的资源勘探和开发工作全面展开以及合作化高潮的到来,物资流量空前增大,地区工、农、牧业经济空前发展,带来了公路运输业的繁荣,车辆增长步幅达到月均10%以上,年末交通部门运输车辆已达1422辆,其中营运车1340辆;省交通部门汽车运输公司从1个发展至3个(第一汽车运输公司、第二汽车运输公司、柴达木汽车运输公司),下辖13个汽车队;汽车运输已形成规模产业,运输格局也发生了新的变化,运输网络已从东部地区扩展到西部柴达木地区;当年完成客运量68.3万人,货运量$50.9 \times 10^4$ t。1957年,青南地区的玉树、果洛藏族自治州也相继组建了汽车运输公司和汽车队。

公路旅客运输经历了由代营向自营的转变。1950年元月公路客、货运业务开通时,主要以货运为主,客运无专用运输工具,以货车代替客车,客运量极小。1952年末,青海省汽车运输公司承接兰青线旅客运输业务,实现了从外省代营到本省自营的转变。1953年相继开辟了西宁至都兰、西宁至黄河沿、西宁至桥头直达客运班车,汽车客运延伸至少数民族聚居的青南牧区和柴达木盆地。此后,又在东部农业区的湟中、贵德、互助、上五庄及半牧半农地区化隆、循化、海晏等县镇开放了定期班车;对地处柴达木盆地的格尔木、大柴旦和边远牧区的玉树、吉迈、门源等县镇,开办了不定期客运班车。至1957年底,客运里程已增加到2209km。

行驶在青藏公路上的运输车辆

城市公共交通于1955年起步,在省会西宁市部分地段开放了公共汽车,当时只配备由福威特轿车改装的公共汽车2辆,无专业管理机构,营运线路仅2条,全长13.3km,是全国省会城市中起步较晚、发展较慢的城市之一。1953年3月,为满足城市发展和市区人民生活需要,正式成立了专营机构——西宁市公共汽车公司,城市公共交通事业开始向专业化发展。

1958—1965年是"大跃进"和调整时期,公路运输经历了超常发展和全面调整的阶段性演变。在"大跃进"中,青海迅速掀起了大办地方工业、大炼钢铁的生产建设热潮,物资运量急剧增长,运量大于运力的矛盾日益突出。为适应客观形势的需要,青海交通运输部门认真贯彻中共中央《关于加强运输工作的指示》，执行"全党全民办交通"的方针，将大批车辆下放州、县，组建地方交通部门运输队伍；成立各级运输指挥部，动员和组织社会车辆和民间运输工具，投入到全民大办运输的热潮中；运输企业广泛开展以"多拉快跑"为中心的评比竞赛活动，不断掀起运输生产的一个又一个"大跃进"高潮。由于运输部门采取了一些脱离实际、违反科学规律的生产组织措施，以单纯的拼人力、拼设备实现多拉快跑，致使车辆损坏严重，技术状况下降，大批车辆报停报废，运输企业元气大伤。"大跃进"带来了严重的"后遗症"，1961年后各项运输效益普遍下滑，1961—1962年运输企业连续两年出现大面积亏损，不得不进行艰巨的全面调整工作。

1961年，国民经济贯彻"调整、巩固、充实、提高"的八字方针，青海交通主管部门调整运输管理体制，撤销州、县运输机构，收回"大跃进"中下放的车辆，实行汽车的集中和统一管理。在交通部门和运输企业中普遍开展"整作风、整制度、整队伍"的整风运动，纠正和克服"大跃进"期间的"瞎指挥"和"浮夸风"，深入实施1961年9月中共中央颁发《国营工业企业工作条例（草案）》，加强企业管理，努力恢复汽车技术状况，建立正常的运输生产秩序。经过3年调整，企业内部的生产关系进一步改善，经营管理进一步加强，生产秩序得以恢复，车辆技术状况全面改善，省公路运输企业1964年实现扭亏为盈，全年盈利26万元；1965年全年盈利241.36万元，出现了良好的转机和健康发展的趋势。

十年"文化大革命"时期，青海公路运输事业在曲折中发展、在艰难中前进。1966年11月，"文化大革命"带来了长达10年的政治动乱，打乱了国民经济建设发展计划，也给公路运输事业带来深重灾难，交通运输部门极"左"思潮泛滥，派性斗争激烈，特别是1966—1969年因夺权斗争的冲击，领导"靠边站"，组织瘫痪，交通运输的指挥系统被搞乱，正常的生产秩序遭到破坏。1972年以后，中央和国务院的日常工作在周恩来、邓小平同志主持下，对极"左"思潮进行了批判，加强了对经济工作的领导，得到了全国人民和公路运输职工的拥护和支持，短期内恢复了公路运输和交通工业的生产秩序，生产效率、效益均有较大增长和提高。广大公路运输职工出于对社会主义事业的热爱，坚决执行"备战备荒为人民"的方针，"抓革命、促生产"，排除干扰，坚守岗位，辛勤劳动，努力完成国家重点建设、支农、战备、救灾等重点物资的运输任务，在曲折发展中做出了贡献。

"文化大革命"期间，交通部门运输车辆和机关、企事业自备车辆同步增长。一是州、县交通部门汽车运输企业普遍重新恢复重建，加快了车辆增长；二是各厂矿企业为满足自身生产建设的需要，纷纷购置汽车，组建运输队伍，使自备汽车得以大幅增长；交通部门车辆净增了五分之一，机关、企事业自备车辆增长了2.8倍。汽车修理业在车辆快速增长的带动下，逐步形成了汽车修理、配件制造、生产载重汽车、改装客运汽车等门类较为齐全的公路运输工业生产体系。在短途物资运输中，传统的畜力运输已被新兴起的拖拉机运输所取代，运输方式发生了结构性变化。

1976年10月,"四人帮"被粉碎。1977年召开的中国共产党第十一次全国代表大会,宣告"文化大革命"已经结束。为清除"文化大革命"造成的破坏和影响,青海交通部门进行了为期两年的恢复性治理,全面开展对"四人帮"的揭、批、查活动,调整各级领导班子,恢复和建立企业中的各业务技术管理部门,建立健全以岗位责任制为中心的各项企业管理制度,逐步恢复了正常的运输生产秩序。至1978年,公路运输行业整体面貌有了较大改变,运输网络遍布全省,营运车辆发展到3004辆(货车2788辆,客车216辆),年完成客运量158万人,货运量$642.2 \times 10^4$t。

## 二、开放转型时期(1978—1999年)

1978年12月召开的中国共产党第十一届三中全会,作出了把全党工作重点转移到社会主义现代化建设上来的战略决策,开始实施全方位、多层次、宽领域的对外开放。青海公路运输主管部门学习贯彻实事求是的思想路线,从以"阶级斗争"为纲的束缚中解放出来,端正业务工作指导思想,拨乱反正,正本清源,努力开创公路运输事业的新局面。

### (一)放宽搞活公路运输

1981年,湟中县汉东乡农民哈守业等人,自购货运汽车12辆,经营运输业务,成为青海首批农民汽车运输专业户。此后,其他乡镇的农民亦纷纷购置汽车经营运输,同时,城镇中的社会人员、下岗职工、退休退职人员,亦逐渐加入到运输专业户行列,个体联户运输迅速崛起。到1982年底,全省运输专业户车辆达到300多辆。

1983年3月,全国交通工作会议明确提出,"有路大家行车",支持集体和个人兴办各种形式的道路运输。1985年全国交通工作会议又提出:各部门、各行业、各地区一起干,国营、集体、个人以及各种运输工具一起上(即"三个一起干、三个一起上"),催生了运输生产力的大解放。青海交通主管部门认真贯彻落实党中央、国务院以及交通部一系列富民惠民的方针政策,及时开放运输市场,提倡多家经营,鼓励市场竞争,城乡各地迅速掀起了个人和联户购买拖拉机、汽车从事运输的热潮。至1985年底,全省个体、联户汽车增至2337辆(其中客车26辆),相当于发展初期的7倍,其车辆拥有数接近全省交通部门营运车辆数。到1990年,个体、联户车辆运输车辆增加到3936辆,高出省交通部门3224辆的拥有量,占社会民用车辆总量的8.24%,已形成一支个体、联户运输产业大军。

个体、联户运输车辆的产生发展,打破了长期以来计划经济体制下交通部门垄断道路运输市场的局面,缓解了运输能力不足的矛盾,改变了运输市场结构,活跃了运输市场,使道路运输市场走进了欣欣向荣、蓬勃发展的新时期。

### (二)推进公路运输企业转体改制

改革开放之后,公路运输市场实行放宽、搞活的政策,提倡多家经营,鼓励市场竞争,运输结构发生了新的变化。交通部门运输企业失去了受计划经济支配的依托,由交通部门汽车运输一统经营的旧局面被打破,国营运输企业一时还难以完全摆脱计划经济旧模式的束缚,更无法适应变化了的市场新环境,出现了货源紧缺、管理不善、效益下滑等问题,面临着严峻的生存危机。因此,完成新旧体制转换、调整和完善企业内部经营机制势在必行。

1. 推进企业治理整顿

针对"文化大革命"造成的破坏和影响,从1977年开始,省交通运输主管部门进行了为期两年的"肃流毒""治内伤"工作,取消了企业中的革委会,实行党委领导下的经理(厂长)负责制,建立健全以岗位责任制为中心的管理制度,改变"文化大革命"中无章可循、有章不循的混乱状况。按照"革命化、知识化、年轻化、专业化"的"四化"标准,加强领导班子整顿和建设。推行和完善职工代表大会制度,实行民主管理,使广大干部职工成为企业的主人。对职工进行"双补"(文化、技术补课)和培训,提高职工政治思想和文化技术素质。加强基础工作建设,健全完善经济责任制,改善经营管理。

2. 推行责、权、利相结合的经济承包责任制

1979年,各运输企业加强了以岗位责任制为中心的经济核算管理,全面推行车场、车队、班组和单车的三级核算制,将各项消耗和定额指标分解到单车和班组,超额有奖,亏损受罚,平均主义的"大锅饭"开始被打破。1981年,根据中央扩大企业自主权的指示,青海公路运输企业开始进行扩权试点。以扩大企业的财权为主,企业实行利润留成,以利代税,独立核算,自负盈亏。1984年,省交通厅针对以往领导机关对生产企业管得过多、过死的弊端,实行对企业(含生产性事业单位)下放生产经营、人、财、资金使用、劳动用工等10项权力,从外部创造给企业搞活的必要条件,促使企业在外部压力与内部动力的共同作用下,迅速提高经济效益。

1985年,省交通厅根据交通部"转变职能,政企分开,简政放权"和实现"两个转变"的改革设想,继续简政放权,并进一步划小核算单位,把企业应该拥有的微观经济决策权和经营管理权还给企业。同时,把9个基层运输车场改为9个运输分公司(1987年又将这9个分公司分别更名为青海省第一至第九汽车运输公司),各分公司成为自主经营,独立核算,自负盈亏,自我发展,具有法人资格的经济实体,加快了企业由生产型向生产经营型的转变。

1988年,公路运输企业普遍推行经营承包责任制,实现所有权与经营权的"两权分离"。承包经营大致分为两个层次:一是国家与企业承包、企业与内部各生产单位承包,明确国家与承包经营者责、权、利关系;二是变厂长(经理)一人承包为全员承包,企业成员按责任大小,缴纳一定比例的风险抵押金,形成风险共担、利益共享的机制。通过承包

经营,确定了厂长(经理)在企业中的中心地位,增强了承包经营者和企业职工的责任感和危机感,对打破"铁饭碗"、克服平均主义、调动干部职工的积极性,起到了较好作用。1988年至1990年的3年中,省属9个汽车运输公司年平均完成客、货运输周转量28741×$10^4$t·km,比承包前的1987年增长28.57%;年平均亏损298万元,比1987年减亏362万元。但也出现一些问题,主要是"吃老本"问题严重、以包代管、以罚代教、短期行为、运费票款流失严重等。

1991年9月,青海省人民政府批转交通厅《关于进一步搞活国营公路运输企业的实施办法》,全省第一轮单车租赁承包经济责任制全面推行。单车租赁经营实行"自主经营,超收全留,欠收自补,承包期满,车辆归己"的政策,承租者通过资格审核、签订租赁承包合同、缴纳风险抵押金等,就可取得单车租赁经营权。由于单车租赁经营使生产者变成了经营者,实现了生产主体与生产要素的优化组合,因此调动了承租者的积极性。1993年、1994年,省属9户运输企业连续两年减少亏损,累计减亏1129.62万元。存在的问题主要是:配套措施跟不上,管理、服务不到位,租金收缴困难等。到1995年底,已累计拖欠租金达2778万元,企业经济效益再次出现下滑。

1995年,为扭转租赁者拖欠租金的严重局面,加速资金回收,更新车辆,省属运输企业试行车辆拍卖、挂靠企业经营,国营运输企业单一的全民所有制形式被打破,产权结构发生了变化。到1996年底,企业提前转制、拍卖车辆共549辆,其中转制、拍卖后挂靠企业经营的400辆。同时,为适应运输市场发展需求,经省交通厅批准,在货运企业中试行客、货兼营,先后有省第二、三、四、六汽车运输公司购置客运汽车参与市场竞争,打破了货运企业长期以来单一经营货运的模式。各运输企业在内部普遍推行二级模拟法人经营,按照"依法经营,照章纳税,独立核算,自负盈亏,定额上缴,超收全留,按规分配,欠收自解"的原则,企业与二级模拟法人签订内部承包经营合同,变行政管理为契约管理,形成风险共担、分路突围、块块搞活的格局。

3.推动企业股份合作制改造

1997年,省交通厅按照中央深化企业改革的要求,以建立现代企业制度为目标,按照"产权清晰,权责明确,政企分开,管理科学"的要求,对效益较好、有发展前途的企业积极推进以产权制度改革为核心、以股份合作制为主要形式的改制工作。

1998年4月,经省交通厅批准,青海省联运公司改制为青海省联运有限责任公司,成为全省第一家股份制运输企业。改制后原企业资产经省国有资产管理局评估后,按现行优惠政策将有关费用剥离后,由职工将净资产一次性全部买断,企业产权归全体股东所有,成为民有民营的法人实体。企业改制后,实行政企分开,省交通厅、省公路运输管理局对其实施行业管理,做好协调服务。企业的生产经营与运行管理按照《公司法》和公司章程进行。此后,省第九、二、八、六等汽车运输公司先后完成了股份制改造。省第一运输公司与省第七运输公司、西宁汽车站与省公路运输服务总站先后完成了兼并、联合经营。对个别资不抵债、生产经营难以为继、生存无望的企业,实施了依法破产,收购重组。

2000年,省交通厅继续加快企业改革、改制、改造步伐,加大企业结构调整力度,推动省属运输企业进行战略性改组,以期形成合理的经济规模,走规模化、集团化发展的路子。同年8月,经省经贸委批准,以青海省第一、三、六汽车运输公司、西宁汽车站和公路运输服务总站等5户企业为基础,集中国有资产和省第九汽车运输公司、省昆仑、八达联运有限公司等的190252$m^2$土地(国有)、资产,组建国有独资的青海省汽车运输集团有限责任公司,并由企业职工出资组建具有社团法人资格的职工持股会,集团公司与职工持股会共同出资按《公司法》要求对各企业实施改制,组建8个子公司,集团公司与所属子公司之间逐步形成以产权为纽带的母子公司体系。

2001年,省交通厅根据省委、省政府指示并报经省经贸委同意,对厅属国有企业实行彻底脱钩。脱钩后企业占有的国有资产经调整核实报经省国资委批准后,实施授权经营,承担国有资产保值增值责任,接受省国资委和有关部门的考核监督。

### (三)转变职能 加强行业管理

改革开放初期,青海公路运输的行业管理存在着偏重于"三统"管理的倾向,统得过死,限制过多,交通主管部门长期只顾抓直属、抓企业的生产经营活动,忽视了对全省、全行业的管理。

1985年,根据交通部"转、分、放"(转变职能,政企分开,简政放权)和实现"两个转变"(从主要抓直属企业,转变到面向整个交通运输行业;从主要抓直属企业的具体生产经营活动,转变到抓好行业管理)的改革设想,省交通厅制定了《交通体制总体改革方案》,提出了"政企分开,管理加强,面向全省,搞活交通"的工作方针。1986年6月,省交通厅改革运输管理体制,按照运输、公路、监理三条线的交通管理职能划分,撤销交通厅机关运输管理处和社会车辆运输指挥部,撤销省运输公司建制,组建行业管理专职机构,成立青海省公路运输管理局,把公路运输、汽车维修、搬运装卸、运输服务等纳入行业管理范围。省公路运输管理局的主要任务是:统一管理全省公路运输业务、制定地方公路运输的法规、编制全省公路运输发展中长期规划、制定与实施公路运输价格、管理运输市场、开展运输信息和咨询服务等。

之后,按照"条块管理、以块为主"的方针,州(地、市)、县和主要乡镇建立行业管理机构,形成了省、州(地、市)、县、乡镇四级管理网络。至1999年时,全省共有地市级运管机构9个,县(区)级运管机构46个,派驻机构或分站13个,乡镇级运管机构5个,稽查站5个。主要担负公路运输、汽车维修、搬运装卸、运输服务等职能。各级运输管理机构其业务受省公路运输管理局指导,行政隶属当地工交(交通)局(科)领导。

青海省公路运输管理局成立后,为适应改革开放需要,实现从部门经济管理向行业全面管理的转变,全省各级运管机构遵照国家原《公路运输管理暂行条例》和《青海省公路运输管理暂行办法(试行)》赋予职责,切实担负起全省运输市场统筹、协调、监督、服务的重任。为便于各级运管机构更好地履行政府职能,省交通厅依据国家有关政策结合青海省情,联合省经委、工商管理局于1987年颁布《青海省公路运输管理条例实施细则》《青海省公路运输单证管理实施细则》等多部省级行业规章,解决了改革开放初期道路运输市场由谁管、管什么、怎么管的问题。1991年青海省人民政府以政府令形式颁布《青海省道路运输管理规定》,对道路运输经营业户开业停业、监督检查、单证管理、运力调控等进行了统一和规范。期间,省内各地根据省级规章制度,在客运、货运、维修、规费征收、运价管理、市场监管等领域相继出台了多部规章和文件,合并形成了省、州市地两级行业规章体系,对增强各级运管机构的指导和调控能力,整顿梳理运输市场,解放运输生产力给予了重要的法制保障。

1989年2月,根据交通部《关于整顿治理道路水路运输市场的决定》要求,青海省公路运输管理局组织开展了为期4年的治理整顿公路运输、汽车维修市场的工作,清查运输经营者证照及技术设备、资金、人员等经营条件,整顿和取缔非法经营者。综合平衡运力的发展,对申请客货运输经营的单位和个人,根据客源、货源分布和供需情况以及道路、站点等基础设施条件进行审批。推行合同运输,鼓励货主择优托运,不准封锁和垄断货源,取缔倒卖货源、运力和居间盘剥者。治理整顿后,市场混乱的现象得到了抑制,市场秩序明显好转。

1995年开始,根据交通部《关于加快培育和发展道路运输市场的若干意见》,全省各级运管机构重点加强了道路运输市场培育的力度。以培育、发展、规范道路运输市场为重点,实行推进市场建设、加快国有企业改革、调整经营结构等重大政策措施,强化宏观调控,规范市场行为,维护市场秩序,推进建立了统一开放、竞争有序、满足需求的道路运输市场体系。

到1999年,青海省道路客运经营业户1249户,营运客车2458辆,客运班线总数达679余条;货运业户14742户,货运车辆26878辆。汽车客运站49个,其中一级站1个,二级站15个,三级站20个,四级站13个。汽车维修的经营业户达1361户,其中一类54户、二类402户、三类664户、摩托车维修业户241户。

**三、规范发展时期(2000年以来)**

"十五"以来,青海省经济社会进入快速发展阶段。随着国家西部大开发战略的稳步实施,公路等交通基础设施建设步伐加快,道路运输政策环境不断优化,为道路运输业服务经济社会发展提供了良好的外部条件。道路运输行业积极围绕现代交通运输业,坚持完善市场机制、优化产业结构、规范市场秩序、科技创新的总体思路,践行"三个服务",推进"四个交通"发展,加快构建保障有力、高效便捷、安全可靠、绿色环保、规范诚信的道路运输市场体系,为国民经济总体平稳运行和全面建成小康社会提供了坚实保障。

(一)法制体系日益完善

随着我省道路运输市场的快速发展,为适应行业发展需要,进一步规范道路运输经营活动,《青海省道路运输管理条例》(以下简称省《道条》)于1999年颁布实施,省《道条》以地方法规形式确立了各级道路运输管理机构的行政执法地位,界定了行业管理的范围和职责,明确了许可、处罚、监督检查的依据。此后省《道条》先后于2001年、2006年、2010年、2011年、2016进行了5次修订和完善,删除了"客运班线有偿使用""规费征收"等条款,增加了"先照后证"等内容,体现了"放管服"改革的要求。

2004年,《中华人民共和国道路运输条例》颁布实施,以行政法规的形式确立了道路运输管理的基本制度和市场运行的基本规则,为建立全国统一、规范的道路运输市场秩序打下了基础。至2009年,交通部相继颁布了《道路旅客运输及客运站管理规定》《道路货物运输及场站管理规定》等一系列行业规章。在此基础上,我省先后印发了《青海省道路旅客运输经营权招投标管理暂行办法》《青海省道路运输车辆动态监督管理办法》《青海省道路运输企业质量信誉考核实施细则(试行)》等一系列规范性文件,为优化道路旅客运输资源配置、强化安全监管、加强行业信誉体系建设和市场培育发展等提供了有力的法制保障。

2011—2016年,随着《公路安全保护条例》《青海省治理货运车辆超限超载办法》《出租汽车经营服务管理规定》《网络预约出租汽车经营服务管理暂行办法》等法规规章相继发布,源头治超、巡游和网约出租汽车纳入行业监管范畴。期间,省运管局根据国务院深化"放管服"改革要求,在全省运政执法系统建立行政执法考核、规范自由裁量及"双随机一公开""双公示""双告知"等工作机制。一系列行政法规、地方性法规、规章和规范性文件的颁布实施,进一步健全和完善了行业法制体系,形成了公平竞争、优胜劣汰的道路运输市场机制,对于保障运输安全、提高服务水平、促进行业健康有序发展产生了长期而深远的影响。

(二)道路运输站场基础设施服务能力显著提升

全省道路运输站场建设围绕"突出区域重点、提升服务能力、着眼小康社会"的目标任务,持续加大西宁、格尔木公路运输枢纽、高铁沿线综合运输枢纽、市(州)和县府所在地客运站、乡镇客运站、城乡公交港湾式停靠站投资建设力度,场站基础设施和服务能力得到了显著提升。一是强化重点,综合客运枢纽站建设实现零的突破。已建成使用西宁客运中心站 1 个综合客运枢纽,在建兰新高铁沿线 4 个综合客运枢纽站,为进一步推进我省综合运输体系建设奠定了基础。西宁客运中心站是国家公路运输枢纽"十二五"期重点建设项目之一,该站集班车客运、旅游客运、小件快递、旅游接待、住宿购物等多功能为一体,是我省最大的公路交通枢纽中心,与铁路运输、城市公交共同形成"资源共享、相互衔接、布局合理、方便快捷"的综合运输枢纽。二是抓住机遇,物流园区建设快速推进。基本建成朝阳物流园区、曹家堡保税物流中心 2 个综合物流园区,在建兰青铁路和兰新高铁沿线 4 个区域性综合物流园区,为进一步推进我省物流业体系建设和地方经济社会发展奠定了基础。三是全面提升,县级及以上汽车客运站升级改造成效显著。截至 2016 年,全省 93% 的县城已完成汽车客运站的升级改造,建设规模达 $17 \times 10^4 m^2$,基本实现了市州政府所在地 1 个二级以上客运站、县府所在地 1 个三级以上客运站的目标,全面提升了道路运输基础设施建设水平和道路运输服务能力。四是聚焦民生,乡镇客运站和公交港湾式候车站亭建设步伐加快。截至 2016 年,全省已建成 885 个农村汽车站点(含简易站、招呼站),乡镇等级汽车站覆盖率达 80% 以上,有效促进了农村经济社会发展,进一步提高了交通运输服务均等化水平。

(三)客货运输服务能力大幅提升

1.客货运力供给不断增长,运输装备不断优化

在经济社会的快速发展下,客货运输以满足需求为导向,运力规模不断增长。客运企业逐步淘汰老旧车型,更新舒适性、安全性较好的中、高级客车,天然气客车等节能环保客车逐步得到应用;货运车辆新车型运用率逐年提高,重型车辆、牵引挂车、专项厢式车辆占比逐年增大,货运车辆平均吨位明显提高。

通过普货、危货车辆分类管理、"二级维护标准化"作业和液体危货罐车罐体加装整治,货运车辆的技术性能有了极大提升,车辆的新度系数大幅度提高。截至 2016 年底,我省客运车辆 3339 辆、货运车辆 74743 辆。客车中高级客车比例逐年增加,达到 77%,货运车辆中专用车辆达到 5%,危险货物运输车辆从 2010 年的 963 辆增加到 2016 年的 1906 辆,并且通过卫星定位和"互联网+"技术对全省危货车辆运行实施了有效监控。

2.运输生产能力快速增长

道路运输完成的客货运量、周转量持续增加,成为青海综合运输体系中最能体现普遍服务、最具基础保障功能的运输方式,而且在春运、"黄金周"、煤电油运等关键时期和在抗震救灾中,发挥了重要的基础性作用。2016 年完成客、货运量 4873 万人次和 $1.4 \times 10^8 t$,客、货运输量分别占全社会综合运输量的 75% 和 83%;完成客、货周转量 47.5 亿人·km 和 $236 \times 10^8 t \cdot km$。

西宁汽车客运中心

3. 道路客运网络体系基本形成

通过规划指导、政策引导、行业监管、市场运作等机制,道路客运网络体系得到了进一步完善,依托高速公路和国省道发展的省际班车客运、省内城镇间班车客运以及依托县、乡公路连接行政村的农村客运的三级运输网络日益完善;依托高速公路和著名旅游景区的旅游客运得到快速发展,实现了西宁至省内主要旅游景区的快速直达,形成了以西宁为中心、各旅游景区为节点的高速旅游客运网络,旅游客运成为支撑我省旅游业发展的重要基础;农村运输条件大幅改善,服务"三农"能力显著增强,农村地区"出行难""运货难"问题有了根本缓解。截至2016年,全省共有客运班线887条,比2000年增长了28%。其中省际客运班线79条、市际客运班线138条、县际客运班线91条、县内客运班线579条,100%的乡镇和85.09%的行政村实现了通客车。旅游客运企业达到32家,旅游客运车辆达到了1155辆,开通定线旅游线路3条。

4. 道路运输业结构调整取得成效

以调整道路运输业结构为主线,道路运输企业逐步向"产权清晰、权责明确、政企分开、管理科学"的现代企业制度迈进。运输企业集约化、规模化程度有所提高,竞争能力不断增强。与2000年对比,全省道路客运经营业户由1423户重组为283户,户均营运车辆12辆,个体客车占全省客车总数的比例由58%下降至6%,初步实现了道路客运规模化发展、公司化经营和规范化服务,初步改变了以数量扩张为特征的粗放式发展模式。

5. 高速公路客运得到快速发展,出行效率得到较大提升

随着我省高速公路的发展,高速公路客运班线从无到有、从少到多,极大地提高了人

民群众的出行效率。西宁至兰州高速公路2003年建成通车后,省运管局积极谋划和引导高速客运的发展,指导成立了奔羚达快客运输公司,与甘肃省运管局多次协调,于2004年底开通了我省第一条高速公路客运班线:西宁至兰州高速公路客运班线,西宁至兰州之间的班车运行时间由原来5h缩短为3h。之后随着西宁至大通、湟源、湟中、互助、共和、阿岱、玉树、格尔木等高速公路的建成通车,高速公路客运班线逐年增加,成为城际间道路客运的主力军。截至2016年底,我省开通高速客运班线44条,日发班次926班。

### (四)机动车维修市场蓬勃发展 驾驶培训行业发展势头良好

经济社会快速发展和汽车社会的到来,机动车维修业得到了蓬勃发展。全省基本形成了以市区为依托、一类维修企业为骨干、二类维修企业为基础、三类维修企业为补充的机动车维修市场体系。全省道路运输车辆特别是"两客一危"车辆二级维护标准化全面实施,维修救援平台基本建立,汽车维修配件溯源体系逐步完善,第三方维修协会协调机制基本健全,维修企业连锁经营业务全方位推行,以西宁市为中心"品质配件"供应延射各市州,维修行业转型升级多措并举,专业化水平和服务质量不断提高,维修行业总体技术水平和市场竞争力增强,机动车维修行业连锁经营、专业维修、维修救援、绿色维修业务相继发展,维修市场进一步规范。截至2016年底,全省机动车维修业户2216户,其中:一类汽车维修企业43户、二类汽车维修企业331户、三类汽车维修业户1588户、摩托车维修业户254户。

随着私家车保有量的持续增长,驾驶员培训需求日益旺盛,驾培市场发展迅速,培训规模不断扩大。以道路交通安全为核心,"驾校经营、学员监督、部门监管、市场引导"四位一体的机动车驾驶人素质教育保障体系基本建立。基本设施设备总量、技术结构、质量结构等都得到了很大改善,基本形成了一个培训方式种类多样、多种经济成分并存、供需基本平衡、设施较为完备、训练场地等教学条件更趋完善、教学队伍素质不断提高,能够满足不同层次和不同车型培训需求的机动车驾驶员培训市场体系。从2016年开始,全国机动车驾培制度改革工作正式启动,截至2016年底,全省机动车驾驶员培训经营业户113户,安装计时培训系统的102户,实施计时培训收费"先培训后付费"服务模式改革的60户,计时系统安装率90%,服务模式"计时培训收费、先培训后付费"覆盖率达到53%。

### (五)城市公交和出租汽车有序发展推进城镇化发展

随着我省国民经济快速增长,人民生活水平不断提高,工业化、城镇化、信息化进程深入推进。城市交通贯彻实施优先发展城市公共交通、适度发展出租汽车的方针政策,不断加大了对城市公共交通发展的支持力度和规范发展出租汽车。城市公共交通基础设施逐步改善、线网密度不断加大、科技进步成效明显,西宁市"公交都市"创建工作有序推进;出租汽车行业改革工作稳步实施,印发《青海省关于深化改革推进出租汽车行业健康发展的实施意见》,西宁市政府出台《西宁市深化改革推进出租汽车行业健康发展的实施意见》《西宁市网络预约出租汽车经营服务管理暂行办法》,海东市政府出台《关于深化改革推进出租汽车行业健康发展的实施意见》《海东市网络预约出租汽车经营服务管理实施细则(试行)》,出租汽车运力规模、车辆档次、服务行为逐步得到规范和提高。截至2016年底,全省共有城市公交企业38家,城市公交车辆3861辆,城市公交线路447条;共有出租汽车经营业户130户(其中企业58户,个体72户),出租汽车13141辆。

### (六)信息化建设快速推进  科技支撑和服务能力显著提高

我省道路运输行业信息化起步于2009年。至2016年底,已建成运政管理信息系统、驾培学时记录系统、运政公文处理系统、包车客运管理系统、道路客运联网售票系统、重点运营车辆动态监管系统等信息化管理系统,行业信息化工作的快速发展,有效提升了行业监管效能和服务能力。

目前,实现了全省53个运管机构运政管理业务和公文处理信息化全覆盖,实现了客运企业包车客运业务网上办理全覆盖,驾培学时记录系统在全省90%以上驾校得到了推广应用,全省三级以上汽车客运站实现了联网售票,道路危货运输电子路单管理系统与重点营运车辆动态监管系统之间实现了信息融合。已建成省、市(州)、县运输重点营运车辆动态监管平台,实现了与交通运输部的联网,基本形成了"统一搭建、三级监管、四级应用"的重点营运车辆联网联控动态安全监管格局,实现了运输过程"可视、可管、可控",有效遏制了超员、超速、疲劳驾驶等违章违规行为,并开展了危货运输车辆3G视频监控试点工作。全省物流公共信息平台依托省内主枢纽物流园区建设项目,搭建了物流信息服务门户网站,实现了与国家物流信息平台的对接和数据共享,并建成了园区内信息化管理系统,提升了货运业服务水平和效率。

### (七)安全管理工作不断强化  安全生产形势稳中趋好

各级交通运输部门、运管机构始终把安全生产管理摆在道路运输工作的突出位置,全面加强"三关一监督"的监管职责,安全管理制度不断完善,安全管理力度不断强化,安全管理手段不断提升,道路运输安全生产形势总体上稳定好转。2016年,全省发生道路运输行车责任事故14起,造成23人死亡、30人受伤,已连续6年未发生重大以上道路运输行车责任事故。

"十二五"以来,省运管局进一步牢固树立安全生产红线意识和底线意识,不断强化安全监管工作。一是推进安全管理制度化进程,先后制定实施了危险品查堵、隐患排查、动态监管、电子运单、挂牌督办、安全约谈、实名购票等7项综合监管制度,督促运输企业全面建立了"五落实五到位"安全责任体系。二是构建安全闭环监管体系,推进监管长效化进程。建立了安全生产事故隐患排查与治理工作机制,实行隐患分级分类和隐患治理闭环管理。三是创新安全责任保险模式,推进统保规范化进程。从2012年起实施了全省重点营运车辆承运人责任险统保工作,通过招投标方式确定承保保险公司、保额和费率,实现了保额的提高和保费的降低,全省重点营运车辆总保额由统保前的272亿元提高到583亿元,保费由2979万元减少到2500万元。四是强化重点营运车辆的动态监控,形成了"统一搭建、三级监管、四级应用"的部省联网监控格局,全省联网联控系统入网车辆3745辆,入网率99.21%,基本实现了"车辆一动、全程监控"的目标。五是加大资金补助力度,推进安全设施升级改造。先后筹措1770余万元为全省三级以上汽车客运站配备71台行包安检仪、43个安检门和104个手持探测仪;累计筹措资金260余万元推进动态监控终端3G视频升级改造工作,基本实现重点客运车辆3G视频全覆盖。六是对全省12个二级以上客运站实施视频监控补助建设,实现站前广场、候车室、停车场等重点区域及周边地区社会治安的全方位动态监控。

## (八)执法队伍建设不断强化和规范

《中华人民共和国道路运输条例》和《青海省道路运输管理条例》颁布后,全省运政执法队伍主体地位得到了进一步确认,职责得到了进一步规范。2008年,国家推行成品油价格与税费改革,运管机构转为全额拨款的事业单位,从根本上解决了以往趋利执法现象,全省各级运政执法机构责任、担当和服务意识全面提高,至此全省运管执法队伍走向了规范化发展之路。2012年,为进一步提高执法严肃性和权威性,促进执法队伍的正规化、专业化、标准化建设,省运管局根据交通运输部"四统一"建设意见,在全省范围内启动了执法处所"四统一"建设,对省运管局、8个市州运管处和45个运管所执法标志标识、执法证件、执法服饰、执法场所外观进行了全面统一规范,实现了执法标志醒目、执法标识一致、执法服饰统一。2012—2016年,为践行"依法治国"系列要求,全省各级运政执法队伍结合辖区实际,以推行法治建设第一责任人为核心,全面加强依法行政工作的组织领导,开展"三基三化"建设、"执法队伍精细化管理年活动"和执法队伍形象展示,基本构建了执法队伍准军事化管理机制,以推行"非法营运调查统计公示""稽查联动工作机制""双随机一公开""执法过程全记录"等工作机制为载体,不断创新依法治运工作手段,有力地维护了道路运输市场秩序稳定。截至2016年末,全省运政执法人员(含聘用)共计1028人。

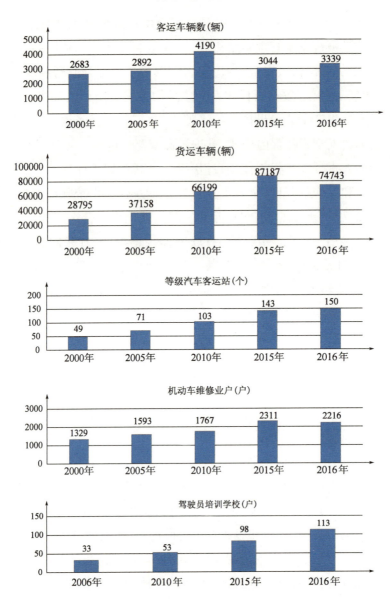

青海省道路运输发展示意图

# 第三章
# 高速公路建设发展成就

高速公路是20世纪30年代在西方发达国家开始出现的专门为汽车交通运输服务的基础设施。高速公路在运输能力、速度和安全性方面具有突出优势，对国土均衡开发、缩小地区差别、建立统一的市场经济体系、提高现代物流效率和公众生活质量等具有重要作用。目前全世界已有80多个国家和地区拥有高速公路，通车里程超过$23\times10^4 km$。高速公路不仅是交通现代化的重要标志，也是国家现代化的重要标志。我国的高速公路发展比西方发达国家晚近半个世纪，从20世纪80年代末开始起步，经过20多年的快速发展，截至2016年，全国高速公路通车里程已达$13.1\times10^4 km$，位列世界第一位。

青海省高速公路建设从1999年开始，截至2016年底，高速公路（含一级）通车里程达到3500km（高速公路2878km，一级公路622km），基本形成以西宁为中心，连接7个市（州），辐射东部周边和西部地区的高速公路主骨架，实现了历史性跨越，取得了巨大成就。高速公路的快速发展，极大地提高了青海省公路网的整体技术水平，优化了交通运输结构，对缓解交通运输的"瓶颈"制约发挥了重要作用，有力地促进了青海经济发展和社会进步。

## 第一节　发　展　历　程

青海高速公路的发展历程大致可划分为探索起步、东部连通，战略西移、突破跨越，全面推进、持续加快三个阶段。

### 一、探索起步、东部连通阶段（1999—2006年）

从第一条高速公路——平西高速公路开展前期工作开始，至连通西宁周边及东部地区主要城镇的高速公路基本建成为止，这一时期，青海紧紧抓住西部大开发的历史机遇，掀起高速公路建设热潮，相继建成西宁周边平西、马平、西塔、宁大、平阿等主要高速公路，并建成西湟、湟倒、西互一级公路，形成了以省会西宁为中心，辐射东部主要城镇的高等级公路主骨架。高速公路从无到有，达到215km，一级公路达到175km。

## （一）经济社会发展情势

青海地处青藏高原东北部，是一个多民族地区，少数民族聚居区占全省总面积的98.9%。20世纪90年代末期，经过新中国成立后50年的努力，特别是改革开放以来的发展，青海省经济和社会发展取得了巨大成就，各项基础条件和人民生活水平得到明显改善。在中国共产党的领导和各级人民政府的关怀、支持和帮助下，青海公路交通也有了显著的改善和发展。但是，由于历史的原因和客观条件的制约，青海省交通运输发展还处于一个相对较低的水平，不能适应全省经济社会发展的需要。至1997年，属典型高原内陆省份的青海，还没有一条一级以上的高等级公路，二级公路也只有1000多km。在17000km通车里程中，90%以上是三级及以下公路，还有10个县不通等级公路。面对国家中、东部地区交通基础设施高速发展的局面，全省上下各行各业，对加快发展公路交通，尤其是建设高等级公路的愿望极为强烈。

党中央、国务院一直十分重视少数民族地区公路交通事业的发展。随着国家经济的快速发展，交通部不断加大了对青海公路建设的支持力度，从1998年开始中央利用财政债券支持青海公路建设，使青海公路建设资金大幅度增加，公路建设速度明显加快。

20世纪90年代初，全国高速公路建设蓬勃兴起。青海省交通厅为适应新形势，超前谋划，积极行动，争取早日开工建设青海首条高速公路，并着手进行西宁至大通高速公路建设项目的可行性研究以及勘察论证等前期工作。

20世纪与21世纪之交，国家提出了实施西部大开发战略的重大决策。同时，1998年亚洲金融危机爆发后，国家实施积极的财政政策，以加快基础设施建设尤其是交通基础设施建设来扩大内需，刺激经济增长，这为青海交通加快发展提供了良好机遇。在实施西部大开发战略前期调研时，国务院总理朱镕基来青视察时再三强调，青海要加大交通基础设施投入力度，"修路、修路再修路"，兰州与西宁之间，主张修高速公路，作为高速公路干线的一部分。他要求青海赶快论证，做出规划，能够在两年到三年之内完成。

随着中央一系列重大决策的出台，中共青海省委、省人民政府以及省交通部门充分认识到这一难得的历史机遇，决定首先从贯穿青海东西的109国道做文章，以"一个主干带两翼"，带动沿线经济发展，规划将西宁以东连接甘肃兰州的甘青公路青海境内路段建成高速公路，将西宁以西的西宁—湟源—倒淌河段建成一级公路，倒淌河以西至格尔木段改建为二级公路。青海省第一条高速公路建设提上议事日程。

## （二）项目重大决策及实施过程

国道109线甘青段沿线是青海省人口最稠密、经济最发达的区域，集中了全省60%以上的人口和机动车辆。这条始建于1927年的出省通道，尽管新中国成立后多次改建，但由于路面窄、等级低、病害严重,已远远不能满足日益增长的交通量需要,交通压力十分吃紧。部分路段交通量早已超过二级公路设计标准,超负荷运行,尤其是混合交通严重,极大地影响了行车安全。修建高速公路不仅是缓解交通压力的迫切要求,也是改善青海投资环境和树立对外形象的迫切要求。

1997年4月,青海省交通厅启动了国道主干线丹东至拉萨公路兰州至西宁(简称兰西)高速公路(青海段)建设前期工作,下达了项目预可行性研究任务。1997年7月,交通部部长黄镇东在去西藏考察途经西宁、格尔木期间,青海省交通厅向其汇报了西宁至兰州高速公路的规划和前期工作,黄镇东部长代表交通部表示支持青海高速公路建设,并要求青海省交通厅请交通部第二公路勘察设计院做高速公路沿线的航测及地质遥感工作。

1998年8月20日,兰西高速公路西宁至享堂段预工程可行性研究汇报会暨省长办公会在青海省人民政府召开。会议经过热烈讨论,决定拟建高速公路路线走向为西起西宁市朝阳,经平安、乐都等主要控制点,东止于民和县马场垣。同年10月,兰西高速公路朝阳至民和马场垣段项目前期预可行性研究报告由青海省公路科研勘测设计院完成,交通部以交规划发〔1998〕第660号文件对该项目建议书作了批复,同意先建设平安至西宁段高速公路,标志着青海省第一条高速公路建设进入实质性阶段。

1998年10月,为加强首条高速公路宏观协调工作,青海省人民政府以青政办〔1998〕154号文件批准成立了由副省长贾锡太任组长,省计委主任温成学、省交通厅厅长桑杰为副组长,省政府办公厅及16个省级政府部门、沿线地方政府负责人为成员的兰(州)西(宁)高速公路(青海段)建设工作领导小组。领导小组办公室设在青海省交通厅,交通厅副厅长臧恩穆任办公室主任。

平西高速公路路线方案汇报会

同年,为适应首条高等级公路建设资金筹措和工程建设管理的需要,青海省交通厅批准成立了青海省高等级公路建设管理局筹建处;筹建处以建设单位(业主)身份,对兰西高速公路(青海段)工程建设全过程实施管理。筹建处主任:王廷栋,副主任:韩建华、马忠英。1999年8月31日,青海省机构编制委员会同意成立青海省高等级公路建设管理局,为自收自支县级事业单位,隶属省交通厅领导,负责全省高等级公路建设管理工作,原筹建处自行撤销。同年10月,青海省交通厅任命王廷栋为青海省高等级公路建设管理局局长,韩建华、马忠英为副局长。

1999年2月9日,交通部以交规划发〔1999〕第68号文件对平西高速公路工程可行性研究报告进行了批复。

随后,初步设计、施工图设计、项目贷款、建设用地审批及征用、环境影响评估、地质灾害危险性评估等诸多工作紧锣密鼓进行。其间,交通部副部长胡希捷一行来青,详细了解和实地察看了高速公路走向及路线主要控制点,并要求平安至西宁段高速公路尽快开工建设。

2000年2月17日,青海省互助县红崖子沟乡白马村热闹非凡。青海各族人民热切期盼的首条高速公路——全长34.78km、总投资10.86亿元的平安至西宁高速公路,在西部大开发战略开始实施和新千年春天到来之际,正式开工建设。中共青海省委、省人民政府、省人大常委会、省政协等四大班子主要领导,以及省有关部门领导、参建单位代表、附近乡村各族人民群众等,约万人参加了开工盛典。平西高速公路的开工建设,标志着青海省公路建设从此进入了一个新的发展阶段。

同年12月,经过紧锣密鼓的前期准备工作,全长84km,项目批准概算33.1亿元的兰西高速青海境内马场垣至平安段高速公路开工建设。

首条高速公路(平西)开工典礼

青海首条高速公路的建设不仅得到了国家计委、国土资源部、交通部等国家部委的大力支持,而且受到了中共青海省委、省人民政府的高度重视。青海省人民政府专门出台优惠政策,为项目建设"开绿灯"。时任青海省省长赵乐际多次对高速公路建设做出重要批示,并多次深入施工一线检查指导工程建设。2001年8月,交通部部长黄镇东一行来青海视察交通工作期间,要求青海要紧紧抓住西部大开发的机遇,力争用5年左右的时间使交通基础设施建设取得突破性进展,兰州至西宁高速公路要早日建成。

面对宝贵的历史机遇，青海省交通厅自我加压，在加快建设首条高速公路的同时，又把韵家口至曹家堡飞机场段列为加快建设路段。为建好青海首条高速公路，省交通厅主要领导往返穿梭于北京、青海两地，跑项目、跑资金、跑审批手续，又马不停蹄地深入建设现场、施工作业点检查督促。青海省高等级公路建设管理局作为建设单位，及时调整总体计划和施工布局，并首次推行廉政合同制和资金管理协议；各施工单位大幅度增加人员和设备投入，交叉作业，倒排工期，昼夜奋战，并在桥梁施工中首次采用搭建温棚、高压蒸汽养生等冬季施工技术和工艺；征地拆迁工作首次由用地单位负责改变为由各级政府协调解决，大大加快了建设进度，保证了工程质量。仅用了16个月的时间，便实现了曹家堡机场至韵家口21km路段建成通车。

2001年7月1日，青海省交通厅在曹家堡飞机场互通立交附近，举行隆重的通车典礼。时任省长赵乐际，省高等级公路建设管理局局长、全国"五一劳动奖章"获得者韩建华等，为通车剪彩。平西高速公路曹家堡机场至韵家口段的建成通车，结束了青藏高原没有高速公路的历史，实现了青海省高速公路零的突破。

2002年6月，平安至西宁高速公路韵家口至朝阳段顺利实现了全线通车，标志着青海省首条高速公路——平西高速公路提前半年建成通车。交通部发来贺电祝贺。

21世纪初，青海出现了交通史上从未有过的如火如荼建设局面。省交通主管部门适应西部大开发的新形势，解放思想，抢抓机遇，拓宽思路，超前建设，除加快推进丹拉国道主干线青海境内路段建设外，还迅速掀起了以省会西宁为中心、以缓解西宁市出口道路交通拥挤状况为目标的第一次高等级公路建设高潮。

2001年5月和10月，西宁至湟源、湟源至倒淌河一级公路相继开工建设；2002年，西宁至塔尔寺、西宁至大通高速公路以及平安至阿岱高速公路一期工程，相继开工建设。西宁周边316km高速（一级）公路同时铺开战场，青沙山下机器轰鸣，彩旗招展；湟水两岸灯火通明，打桩之声不绝于耳，呈现一派繁忙的酣战场面。

2003年6月，马平高速公路和西湟一级公路相继建成通车，打通了青海通往内地的快速通道。同年9月，湟源至倒淌河一级公路建成通车，使丹拉国道主干线马场垣（甘青界）到倒淌河215km路段实现高等级化。昔日的"唐蕃古道"，以崭新的面貌再次焕发出勃勃生机。

2004年11月，随着甘肃省境内兰州至海石湾高速公路的建成通车，兰州至西宁高速公路全线贯通，打通了青海省省会西宁与甘肃省省会兰州之间的快速通道。同年，西宁至塔尔寺、西宁至大通高速公路建成通车，使西宁市东、西、南、北四条出口高速公路通过朝阳互通立交连成网络。

2006年10月，平阿高速公路和西宁至互助一级公路建成通车。至此，以西宁为中心呈放射状展开，连接周边主要城镇的5条高等级公路全部建成，西宁市出口公路全部实现

2003年,省交通厅厅长梁晓安调研高速公路建设

了高速化,大大增强了西宁省会中心城市的综合服务功能和辐射带动作用,有效提升了青海省的区位优势,改善了青海的对外形象。

同时,一批重大高速公路项目的建成,也成为青海省实施西部大开发战略的标志性工程,在全省经济和社会发展上有着不可替代的作用。

（三）高速公路发展政策及建设管理情况

为贯彻落实中央实施西部大开发战略决策,加快公路交通基础设施建设,青海省人民政府相继出台了《关于对朝阳至马场垣高速公路建设工程给予优惠政策的通知》（青政〔1999〕55号）和《关于加快全省公路建设的决定》（青政〔2001〕41号）,从免除各种税费方面为公路建设开绿灯,为加快项目建设创造了良好的环境。

为促进工程建设质量和管理水平的提高,2000年6月,青海省交通厅决定全面放开公路建设市场,所有高速公路建设项目面向全国公开招标,并制定出台《青海省交通工程建设招标、投标事务公开实施细则》,不断规范和完善招投标管理,推行合理低价中标和无标底招标,引入国内优秀的设计、施工、监理队伍,建立公开、公平、公正的公路建设市场秩序。同时,借鉴国内外先进管理经验,完善了招投标制度、工程监理制度、项目法人制度和质量终身负责制,加强对公路建设前期工作、技术标准、质量控制、资金监管及安全环保等各个方面的管理,先后出台了《青海省公路工程质量管理实施细则》《青海省公路基本建设工程质量责任追究制度》《青海省公路工程交竣工验收办法实施细则》《青海省公路工程设计变更管理办法》等一系列管理制度,严格合同管理,严把设计审查和工程验收关,使工程质量和成本得到有效控制,管理水平明显提高,得到了交通部的充分肯定。

这一阶段,青海省高速公路建设任务主要由青海省高等级公路建设管理局负责实施。省高等级公路建设管理局(以下简称省高管局)在高速公路建设伊始就提出了"高起点、高标准、高质量、高速度""管理现代化、决策科学化、作业标准化、施工规范化"的指导思想和"确保优良、争创优质"的质量管理目标,积极学习国内高等级公路建设先进管理经验,不断探索积累适合青海特点的管理模式。建立了"政府监督、社会监理、企业自检"三级质量保证体系和驻地监理办、总监办、业主项目部的三级质量管理体系。全面落实质量责任制,强化现场监管力度,对各项施工程序、施工方法和施工工艺、材料、机械配置等进行有效监管。严把材料进场关和施工、监理单位技术人员进场关,不定期对施工单位人员、设备到位、材料进场情况进行检查,保证施工机械设备投入和专业技术人员业务水平。委托有资质的质量检测单位建立了试验检测中心,对工程质量进行跟踪抽检,自觉接受政府质量监督部门的监督,对不合格工程坚决推倒重做,有效保证了工程质量。

为确保工程建设顺利推进,省高管局根据各路段年度及阶段性目标,层层分解落实任务,签订责任书,推行业主代表蹲点负责制,狠抓桥、隧等重点控制性工程施工,加强各工序之间的施工协调和衔接配合,倒排工期,交叉作业,积极开展以创优质、保工期、保安全、抓管理、抓廉政为主要内容的"一创、两保、两抓"劳动竞赛活动,如期完成了各项目建设任务。

青海省地处高原高寒地区,地质地形复杂,高速公路工程量大,施工难度高。仅马平高速公路就有特大桥(当时标准指多孔跨径总长大于500m的桥梁)7737.4m/9座,大桥5759.45m/25座,隧道4825.5m/4处。为给工程建设提供技术支持,省高管局多次邀请国内路基、路面、桥梁、隧道、交通工程等方面专家、学者指导授课,并针对工程实际,积极开展科技攻关,依托工程项目开展了《青海高等级公路沥青路面合理结构研究》《Ⅰ、Ⅱ类围岩隧道支护方案的优化》《高原路域生态恢复技术适用性研究》《冲击压实技术在青海省高等级公路黄土路基施工中应用的研究》等课题研究,取得良好效果。同时,在工程建设中积极创新,勇于探索,采用了多种全新的施工方案。如针对隧道围岩软弱、松散、破碎的特点,严格按新奥法施工,采取"弱爆破、短进尺、强支护、及时封闭成环"的方法,使初期支护具有足够的承载力。在隧道衬砌中采用湿喷工艺,不仅使作业环境大幅改善,也使喷射强度和支护质量得以显著提高。在湿陷性黄土路段采用冲击压实技术,有效减少了路基不均匀沉降,保证了路基质量。在路面施工中推广采用AC-13调整型级配沥青路面结构,有效提高了路面抗车辙能力和路面集料嵌挤能力。在桥梁伸缩缝施工中,采用环氧树脂混凝土毛勒缝,不仅大幅度提高了伸缩缝的使用寿命,而且有效解决了困扰多年的高速公路桥头跳车问题。此外,还在桥梁施工中采用了保温棚、高压蒸汽养生等冬季施工工艺。这些技术措施对加快工程进度、提高工程质量起到了重要作用。

## 二、战略西移、突破跨越阶段(2007—2012年)

从青海省启动实施国家高速公路网建设项目(西宁过境公路西段开工)开始,至海南、海北、海西三个州和格尔木市通高速化公路为止。这一时期,青海省交通部门紧紧抓

兰西高速公路全线贯通仪式

住国家深入实施西部大开发战略、扩内需保增长、支持青海等省藏区经济社会发展等历史机遇,以柴达木盆地为主战场,掀起了新一轮"高速公路建设热潮",先后建成了柳格高速公路当金山经大柴旦、察尔汗至格尔木段,京藏高速公路倒淌河至共和、共和至茶卡段,茶卡—德令哈——大柴旦高速公路,并建成湟源至西海、湟中至贵德一级公路(高速化),高速公路里程突破1000km,达到1148km。

(一)经济社会发展情势

随着国家西部大开发战略的启动和实施,青海省综合经济实力有了较快发展和明显提高,基础设施建设取得重大突破。但与东部省区相比,发展差距拉大的趋势仍未从根本上改变。2007年,党的"十七大"提出了全面建设小康社会的奋斗目标;同时提出,促进区域协调发展,逐步缩小区域发展差距,注重实现基本公共服务均等化,做到发展为了人民、发展依靠人民、发展成果由人民共享。青海省第十一次党代会提出,建设富裕文明和谐的新青海,加快"四区(以西宁为中心的东部地区、柴达木地区、环湖地区、三江源地区)、两带(黄河沿岸、湟水河沿岸特色经济带)、一线(青藏铁路沿线)"经济区建设。按照不同地区的比较优势,统筹兼顾,分类指导,加快形成"四区、两带、一线"分工合理、各具特色、优势互补、良性互动的区域协调发展的生动局面。"以西宁为中心的东部地区",要全力加快发展,建设成为综合经济区。"柴达木地区",要依托优势资源和现有基础,以循环经济试验区为载体,重点建设新型工业化基地,努力创造高原地区循环经济模式,为全省发展做出更大贡献。"环湖地区",要大力推进生态保护和综合治理,在确保青海湖湿地生态安全的前提下,有选择地建设,有重点地发展,推进优势资源开发,建设生态旅游和现代畜牧业示范区。"三江源地区",要把生态保护和建设作为首要任务,促进传统畜牧业向生态畜牧业转变,发展特色旅游业和民族手工业,实现保护生态与提高农牧民生活水平的双赢,进一步建设好全国的重要生态功能区。高度重视黄河沿岸综合开发,不断提高湟水河沿岸发展水平,形成推动区域发展的特色经济带。加快青藏铁路沿线城镇建设、资源开发和特色产业发展步伐,发挥带动东西、辐射南北的重要作用。

加快"四区、两带、一线"经济区建设,就要合理规划和布局交通运输体系,形成高效、合理的公路网络,这对以高速公路为主的交通基础设施建设提出了新的要求。同时,自2008年下半年以来,为应对全球金融危机带来的负面影响,拉动经济增长,国家加大了基础设施建设投入,出台了进一步扩大内需、促进经济平稳较快发展一揽子计划。2008年10月,国务院审议并通过了《关于支持青海等省藏区经济社会发展的若干意见》,为青海省争取国家支持、加大基础设施建设投入、推进交通可持续发展,提供了难得的现实机遇。

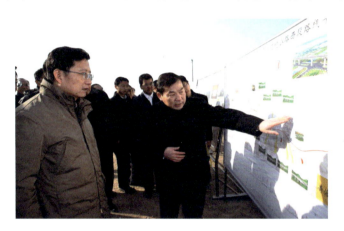

2009年12月23日,青海省委书记强卫(左一)在省交通厅厅长杨伯让
(右一)陪同下视察高速公路建设情况

2009年,中共青海省委十一届七次全会提出,闯出一条欠发达地区实践科学发展观的成功之路,必须着力推动跨越发展、绿色发展、和谐发展、统筹发展,积极探索具有青海特点的科学发展模式。同时,青海省大力推进以西宁为中心的东部城市群建设,加快国家级柴达木循环经济试验区建设,这些都对高速公路的建设提出了直接需求。

(二)高速公路发展重大决策及项目实施

加快柴达木循环经济试验区建设,是青海省促进资源开发及循环利用,提高经济效益,促进全省经济平稳较快增长的重大战略举措。海西蒙古族藏族自治州位于青海省的西北部,面积$32.58\times10^4 m^2$,人口56.17万人。这里地广人稀,气候干燥,州域主体柴达木盆地素有"聚宝盆"之称。盆地内盐、硼、钾、镁、铅、锌、铬、锰及煤炭、石油、石棉等资源丰富,目前已发现矿产86种,潜在经济价值约16.27万亿元,其中有8种矿藏储量居全国首位,成为全州乃至全省工业发展的重要支撑。从20世纪50年代起,国家就陆续对柴达木资源进行勘探开发。已建成包括年产百万吨钾肥、$10\times10^4 t$以上甲醇、$30\times10^4 t$以上天青石、$4.5\times10^4 t$以上碳酸锶、$90\times10^4 t$以上纯碱等在内的一大批重点项目。尤其是2005年

10月,国务院批准成立柴达木循环经济试验区以来,更加快了这一地区资源开发利用步伐,并在油气勘探开发加工、盐湖提钾、锂、镁、硼等、有色金属采选以及废矿利用等方面取得了大量突破,形成了格尔木、德令哈、乌兰、大柴旦4大工业园区和每年$2000 \times 10^4$t以上的货运量,其中大部分要由公路运输承担。柴达木资源开发与循环经济试验区建设,急需与之相适应的交通基础设施。自2000年以来,青海省交通厅逐步加快了这一地区的公路建设,先后投资上百亿元,新、改建了日月山至格尔木、茶卡至察汗诺、察汗诺至德令哈、都兰至德令哈、格尔木至老茫崖、花土沟至石棉矿、当金山至黄瓜梁、绿草山至黄瓜梁、天峻至木里、切泉沟至察汗诺等十几条干线公路,建设里程达3000km以上,有效提高了柴达木公路的技术等级,形成了干支相连、纵横交错的公路网络。

国务院《关于支持青海等省藏区经济社会发展的若干意见》,是一个有利于青海争取国家长期支持,推进交通可持续发展的指导性文件。该意见出台前后,时任中共青海省委书记强卫、省长宋秀岩多次与国家发改委和交通运输部领导交换意见,沟通汇报,并邀请交通运输部领导到青海视察指导工作。2008年10月23日,交通运输部部长李盛霖到青海调研,与中共青海省委、省人民政府主要领导又一次交换意见,表示交通运输部将支持青海年内再开工一批交通基础设施项目,促进青海经济社会又好又快发展。为了抢抓机遇,青海省交通厅认真领会政策文件精神,贯彻落实中央及省委省政府的战略意图,积极调整思路、谋篇布局,把高速公路建设的重点放在矿产资源丰富、对全省经济增长具有重要基础带动作用的海西蒙古族藏族自治州柴达木地区,以提升路网服务水平,助推柴达木资源开发和循环经济试验区建设。在国家有关部委的大力支持下,2008年底至2009年,相继开工建设德令哈至大柴旦、倒淌河至共和、共和至茶卡、茶卡经察汉诺至德令哈、格尔木至察尔汗、当金山至大柴旦、大柴旦至察尔汗、湟源至西海等,共8条总投资超过160亿元的上千公里高速公路建设项目,掀起了新一轮高速公路建设热潮。

根据海西州柴达木地区公路车辆行驶距离长、交通流量小、横向干扰少的特点,青海交通部门结合实际,本着"因地制宜、突出特色、灵活把握"的原则,合理选用高速公路标准。采取利用原有的二级公路,加以改造后作为一期工程;再修建一条二级公路作为二期工程,两条二级公路合起来形成一条高等级公路的"2+2"模式。同时,灵活采用低路基、缓边坡、分离式路基、不完全封闭等模式,避免大挖大填,形成具有青海西部特色的高等级公路,既降低了工程造价,又增加了行车安全系数,保护了公路沿线环境。

经过各参建单位和广大筑路员工的艰苦努力,2011年底,当金山—大柴旦—察尔汗—格尔木和共和—茶卡—德令哈—大柴旦高速公路建成通车,打通了青海省连接甘肃、新疆的高速大通道,形成东起柴达木盆地边缘,西至柴达木腹地,连接乌兰工业园、德令哈工业园两大园区,长达500km以上的东西向快速通道和北起青、甘两省交界处,中串高泉煤矿、鱼卡煤矿、锡铁山铅锌矿、马海湖、涩北气田、达布逊盐湖等资源富集地,南达戈壁新

海西四条高速公路开工典礼

城格尔木市,全长400km的南北向高速通道,连接起乌兰、德令哈、大柴旦、格尔木四大工业园区,对于促进柴达木盆地资源开发,推进全省经济社会发展,具有十分重要的意义。

同时,湟源至西海一级公路也建成通车,西宁至海北藏族自治州实现高速化连通。

2012年底,倒淌河至共和高速公路建成通车(柳梢沟隧道单幅通车),打通了西宁连接海南藏族自治州和海西蒙古族藏族自治州的高速通道,使西宁经济技术开发区和柴达木循环经济试验区两大国家级经济区紧密联系。

此外,为缓解日益增长的京藏公路西宁过境路段的交通压力,青海省交通厅按照《国家高速公路网规划》,于2007年6月开工建设全长20.49km的西宁西过境高速公路。项目开工后,借助国家扩大内需新增资金支持,工程建设不断加快,于2010年10月建成通车,使京藏公路西宁过境路段全部实现了高速化。西宁西过境高速公路是西宁市第一条真正意义上的环城公路,在建设上创下了四个之最:即在城市建设中拆迁量最大;单位公里投资额全省最高,达1亿元;桥梁和涵洞占比最高,占总工程的67%;全省高速公路路基最宽,利用宁大高速公路改建路段为六车道高速公路。该项目的建成,有效打破了京藏高速公路在西宁过境时的交通"瓶颈",解决了西宁城市交通快速集散的问题,进一步提升了西宁市作为青藏高原中心城市的交通辐射功能。

2009年,青海省交通厅围绕中共青海省委、省人民政府提出的"打造高原旅游名省"的战略目标,还开工建设了通往省内主要旅游景区坎布拉的阿岱至李家峡高速公路和通往贵德的湟中至贵德公路二期工程。此两项工程于2012年建成,对于加快青海旅游事业发展,促进沿线和当地人民群众脱贫致富,起到了十分重要的作用。

2010年4月14日,青海省玉树藏族自治州发生7.1级强烈地震。为推进玉树灾后恢复重建,提高G214线西宁至玉树公路的技术等级和保障能力,为建设社会主义新玉树提供安全、便捷、畅通的交通保障,根据国务院批准的青海省《玉树灾区恢复重建总体规划》,青海省交通厅加快启动共和至玉树高速化公路建设项目(共玉高速按照一期和改扩建工程分别实施)。经过紧张的前期工作和积极的沟通协调,2011年5月,全长635.61km、概算114.464亿元的共和至玉树高速公路一期工程,正式开工建设。

2011年,青海省交通厅为进一步推进东部城市群建设,努力构建西宁市高速公路环线,还开工建设了全省首条6车道高速公路,即全长59.765km、总投资102.78亿元的西宁南绕城高速公路。

(三)高速公路发展政策及建设管理情况

2008年以来,青海省交通厅在项目管理中,严格执行公路基本建设管理程序,强化设计外业验收、核查工作和重大设计变更论证、审批。进一步加强了对工程质量的监督检查,严格在建工程质量综合检查和专项检查,委托经验丰富的检测单位对关键工程和工程重点部位进行第三方监测并提供技术服务,确保了工程质量。

2011年5月30日,省委副书记、省长骆惠宁(中)宣布西宁南绕城高速公路开工

健全完善管理制度,为加快建设市场诚信体系建设,构建从业单位和从业人员信用管理平台,出台了《青海省公路建设市场信用考核评定办法》等相关制度,严格信用等级评定,充分利用信用考核结果,完善建设市场进入和退出机制。

继续采用《双信封合理低价法》等招投标监督管理措施,促进了青海公路建设市场健康发展。

根据西部高速公路建设实际,在项目招标中采用了大标段划分方案,使施工单位的设备、技术与管理力量得到有效的整合,强化了工效管理。同时,推行了钢筋集中加工、混凝土集中拌和、梁板集中预制"三集中"制度,实行机械化、工厂化作业。实行首件工程认可制,以样板工程带动全线工程质量水平的提高。

2011年,青海省交通厅根据交通运输部《高速公路施工标准化活动实施方案》和相关技术规范,制定并实施了《青海省开展高速公路施工标准化活动实施方案》,大力推行工程精细化管理,开展了以"工地标准化、施工标准化和管理标准化"为主要内容,专业涵盖路基、路面、桥涵、隧道、绿化及防护工程的高速公路施工标准化活动,促进了高速公路建设的标准化、规范化、精细化和管理水平的提高。

柴达木盆地平均海拔2800m以上,高寒缺氧、风多雨少,年蒸发量是降雨量的55倍,自然环境严酷。尤其是盐渍土地区,大部分地表被一层层坚硬的黄褐色的盐壳覆盖。承担建设任务的青海省公路建设管理局,不断优化管理模式,强化现场管理,严格控制施工工艺和工程质量,在桥涵构造物施工中实施混凝土现场集中拌和,罐车运输,吊车配斗浇筑,埋管注水喷淋养生,梁板及小型构件全部集中预制,规范改进拌和、运输、浇筑、养护等环节的施工工艺,提高了水泥混凝土构造物工程的美观度和质量水平。严格控制路面工程质量,合理配备压实设备,确保路面基层压实度符合要求,对水稳基层采用了一布一膜土工布覆盖的养生方法,满足水稳基层养生的湿度要求;沥青混凝土面层施工中,重点控制沥青混合料的摊铺、压实工艺、配合比、机械组合方式等环节的工艺和参数,保证了路面的平整度和工程质量。严把材料准入关,采用联合锤反击破碎设备进行碎石加工,分档料储备,委派有资质的检测单位对在建项目进行全过程检测,从原材料和矿料规格、沥青混凝土级配设计、生产配合比控制等环节,给予了全过程指导,有效保证了沥青路面质量。

全长80km的国道215线察尔汗盐湖至格尔木公路,是我国在盐渍土地区修建的第一条高速公路。公路沿线大部分是盐渍土质,部分路段地下水位高,沼泽地、水草地分布较广,如何解决盐渍土地区路基稳定和桩基防腐蚀是一个世界性难题。青海省高等级公路建设管理局作为建设单位,同施工单位一起研究论证,采用了强夯置换施工工艺,保证了路基的安全稳定;对构造物两端及盐盖过渡段地基,首次采用砾石桩施工工艺,同时采用冲击碾压施工方法,增强地基承载力,减少路基不均匀沉降,并在桥梁桩基施工中,首次尝试应用"袋装混凝土灌注桩技术",将混凝土桩身用特殊材料制成的布袋包裹,隔绝盐渍土的腐蚀,提高了构造物的耐久性和安全性,填补了省内乃至全国在盐渍土地区进行高速公路施工的空白。共茶高速公路针对沿线水资源缺乏的实际,引进了"新型混凝土节水保湿养生技术",保湿效果长达8d以上,有效保证了混凝土构造物质量。

### 三、全面推进、持续加快阶段(2013年以来)

从共玉、牙同、茶格、香花、花久等通往青南地区和西部矿区的高速公路全面开工开始,至全省通州高速公路基本建成为止。这一时期,青海省交通部门围绕"三区建设"战略布局,全面加快国家高速公路网建设,在之前稳步推进的基础上明显提速和加快,建成了一批事关全省经济社会发展大局的重大高速公路项目,实现了历史性跨越。

(一)经济社会发展情势

党的十八大提出到2020年全面建成小康社会的宏伟目标。青海省十二次党代会确定了"建设新青海、创造新生活"的"两新"目标和"建设国家循环经济发展先行区、全国生态文明建设先行区和民族团结进步示范区"的"三区建设"战略规划。同时,在经济发展新常态下,国家更加注重区域协调发展,更加注重定向调控,重点支持薄弱环节发展。建设"一带一路",加大对西部地区的支持力度,继续推进藏区跨越式发展,加大集中连片特困地区扶贫攻坚力度,为青海省经济社会发展带来新的机遇。青海省交通部门科学把握本省经济增长的阶段性特征,准确把握交通运输行业的发展规律和特点,主动认识新常态、适应新常态、引领新常态,紧紧围绕"三区建设"的战略布局,主动对接国家投资支持的重点和方向,坚持适度超前、稳中求进、好中求快的发展原则,加快国家高速公路、通州高速公路和交通运输部《深入实施西部大开发战略公路水路交通运输发展规划纲要(2011—2020年)》规划的"八纵八横"骨架公路青海境内路段的建设,努力提高公路大通道的通行能力。

(二)高速公路发展重大决策及建设项目实施

青海藏区包括海北、海南、玉树、果洛、黄南、海西等6个少数民族自治州,面积 $70.1 \times 10^4 km^2$,占全省总面积的97.2%;总人口193.4万人,其中藏族人口104.7万人,占全省藏族总人口的87.4%,是我国除西藏以外藏区面积最大、藏族人口较多的地区。该地区绝大部分位于高寒缺氧地带,生态环境脆弱,生存条件艰苦,其中黄南、果洛和玉树三个藏族自治州所在的青南地区,地处长江、黄河、澜沧江等大江大河的发源地及水源涵养区,是我国重要的高原生态屏障,资源富集,综合利用潜力大,在全国发展、稳定和生态保护大局中具有特殊的战略地位。

国家实施西部大开发战略以来,青南地区经济社会发展取得了重大成就,2001年以来生产总值年均增速达12%以上,进入了历史上最好的发展时期。但由于青南藏区自然条件严酷,交通等基础设施薄弱,经济社会发展水平同全省相比仍比较落后,民生和贫困问题突出,维护社会稳定任务艰巨。

为加快青南藏区交通基础设施建设,迅速改善该地区经济社会发展环境,青海省交通运输厅紧紧抓住国家加大对藏区发展支持力度的历史机遇,坚持规划引领,及时编制完成了《青海省藏区公路交通基础设施发展规划》。青海省人民政府与交通运输部签订了藏区交通扶贫开发协议。特别是2012年以来,青海抓住国家公路网规划调整机遇,将原规划的5条3787km地方高速公路列入国家高速公路网,这5条新增国高线路全部位于藏区,这为全面推进青海藏区经济社会跨越式发展提供了持续动力。通过扎实做好项目前期工作和积极向交通运输部汇报调整建设时序,4个国高网展望线项目于"十二五"期间提前实施。

2012年8月,全长155.17km,概算投资31.9995亿元,连接柴达木盆地与玉树州、果洛州的快速通道香日德至花石峡高速公路开工建设。

2012年12月,全长62.76km,总投资66.98亿元,连接黄南藏族自治州的牙什尕至同仁高速公路;全长470km以上,总投资97.5亿元,京藏高速青海境内连接海西蒙古族藏族自治州的又一条高速通道茶卡至格尔木高速公路同时开工建设。

2013年8月,全长146.44km,项目总投资36.24亿元的德令哈至香日德高速公路及全长388km,平均海拔4000m以上,横贯果洛藏族自治州玛多县、玛沁县、甘德县、久治县等4县10个乡(镇),项目总投资218亿元的花石峡经大武至久治高速公路全面开工。

2013年9月,全长635.61km、投资151.25亿元的共和至玉树公路二期改扩建工程开工建设。

这一批具有重大支撑作用的建设项目的开工建设,有力促进了青南藏区经济社会全面可持续发展。

2013年4月15日,青海省省长郝鹏(右一)视察高速公路建设情况

2014年12月18日,经过4年艰苦卓绝的建设,穿越青藏高原多年冻土区的首条高海拔、高寒高速公路——全长635.61km、概算投资114.4亿元的共和至玉树(结古)公路(一期)基本建成通车,与现有214国道构成了通往玉树藏族自治州的高速化大通道。

2016—2017年,牙同、茶格和德令哈—香日德—花石峡—大武—久治高速公路相继建成通车,结束了黄南、果洛藏族自治州不通高速公路的历史,全省通州公路高速化的目标基本实现。

与此同时,为适应东部城市群发展,推进六盘山地区整体扶贫工作,青海省交通运输厅编制了《青海省东部城市群交通发展规划》和《青海省六盘山连片地区交通扶贫开发规划》,进一步加快城际快速通道和东部出省通道建设。

2015年底,青海省首条六车道高速公路——西宁南绕城公路建成通车。该项目兼具国家高速公路西宁城市过境线及城市快速路的双重功能,并与平西高速公路、西宁西过境高速公路共同组成了西宁绕城高速环线,不但承担了分流过境车辆的重任,还与市内主干道路进行有效衔接,初步形成了西宁市"内成网格外成环"的城市快速交通路网,对提高西宁过境段的通行能力、缓解西宁市城区交通压力、促进青海省"东部城市群"建设,加速平(安)西(宁)一体化进程、促进"兰西银经济圈"的构建等,都具有重要意义。

2016年底,川口至大河家(省界)高速公路正式通车。2017年,隆务峡至循化至大力加山高速公路建成,青海东部新增2条出省大通道。这对改善沿线贫困地区的交通条件,加强青海东部城市群内部联系,完善省内高速公路网和对外出省通道,促进沿线优势资源开发,加强民族团结进步创建等,具有十分重要而深远的意义。

此外,首条八车道高速公路——G6扎麻隆至倒淌河段和新丝路经济带公路通道建设项目—小沙河(甘青界)至大通段高速公路,也于2016年全面开工。青海高速公路建设呈现出全面推进、持续加快的态势。

截至2017年,青海省高速公路通车里程突破3000km,达到3223km。

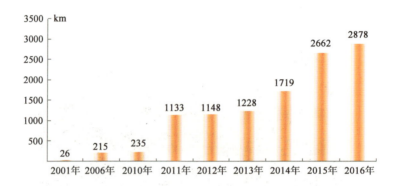

青海省高速公路通车里程

展望未来,青海"高速梦"正在新的起点上扬帆起航,交通人正以更大的气魄、更大的力度,投入到新青海建设的伟大征途中。根据《青海省交通运输"十三五"发展规划》,青海将以原国家高速公路剩余路段和新增国家高速省际通道为重点,稳步推进高速公路建设。加快G6扎麻隆至倒淌河等原国家高速公路剩余路段建设,确保"十三五"末青海境内"7918"网全面贯通(格尔木至拉萨段除外)。全面加强联系周边区域的省际通道建设,有序推进甘青川通道G0611扁都口至克图和同仁至赛尔龙段建设,与周边形成5个高速公路出口。适应东部城市群发展的需求,积极推进西宁至塔尔寺等建成时间较早,运力日趋紧张的高速公路路段扩容改造。还将开工建设G0612西海至察汗诺段,地方高速湟中至贵德、西宁至互助、湟源至西海等项目建设,预计到2020年,青海高速公路(含一级)通车里程将突破5000km,高速化公路骨架基本形成,实现城镇人口20万以上城市和市(州)行政中心全部通高速公路,70%的县城通高速公路的目标。

## (三)高速公路发展政策及建设管理情况

**1. 以施工标准化为抓手,提升高速公路建设管理水平**

2013年,青海省交通厅为保证高速公路建设质量,在深入推进交通运输部"建设理念人本化,项目管理专业化,工程施工标准化,管理手段信息化,日常管理精细化"要求和高速公路施工标准化活动的基础上,开展了为期3年的"公路建设管理提升年"活动。活动以"质量有新提高、管理有新举措,生态有新亮点"为主题,通过第一年打基础,第二年上台阶,取得明显成效。一是以"公路施工标准化"活动为推手,促使公路施工工艺更加规范,工序衔接更加有序,从而保证了工程质量的提升。二是以"建设管理信息化"技术,推动公路建设管理现代化水平。部分国、省道干线公路中采用了拌和场实时监控、拌和楼计量数据实时上传、预应力张拉智能控制等信息化技术,减少了沥青混合料、水泥混凝土的计量偏差,使沥青混合料、水泥混凝土的离散性大幅减小,均匀性显著提高,预应力混凝土工程中预应力衰减问题得到有效控制,从而延长了公路的使用寿命。三是以"公路建设管理提升年"活动为契机,通过"抓通病、抓现场、抓履约",明确质量管理的主体责任,对违规企业和个人加大信用考核力度,逐步引导参建人员自觉增强质量意识,质量管理水平明显提升。四是进一步优化了招投标管理体制,加强工程质量监督工作力度,保证了建设市场的健康发展。

**2. 坚持生态保护第一理念,推进高速公路绿色发展**

深入贯彻落实中共青海省委、省人民政府《关于贯彻落实〈中共中央国务院关于加快推进生态文明建设的意见〉的实施意见》,进一步深化实施中共青海省委、省人民政府"生态立省"和"生态保护第一"的战略部署,加快推进绿色交通建设。省交通运输厅编制了《青海省绿色交通"十三五"发展规划》,与省环境保护厅已联合下发了《青海省公路建设生态环境保护技术指南》。始终坚持"不破坏就是最大的保护"理念,在规划设计中生态选线,采用符合青海自然生态环境的技术指标,集约利用资源,减少土地、能源、建材等的消耗,及时实施生态修复工程,有效推进了交通建设绿色发展。针对高海拔、高寒地区、敏感区域生态系统特点,探索"无痕化"施工技术,合理设置、设计表土堆放场,注重做好植被的保护和恢复,尽量减少水土流失,最大程度降低工程施工对环境的影响,建成了共和至玉树、花石峡经大武至久治等一批生态环保示范工程。

**3. 创新融资模式,拓宽融资渠道**

青海省作为欠发达省份,经济总量小,投融资渠道窄。近年来,交通建设需求与资金短缺的矛盾也日渐突出,已成为制约交通加快发展的瓶颈。为破解高速公路建设资金融资难题,青海省交通运输厅积极创新融资模式,拓宽融资渠道,除在西宁南绕城高速公路项目成功引入设计施工总承包管理模式外，2014年采用资本金融资、施工图设计＋施工总承包的全新模式，撬动和利用社会资本提前启动建设了全长92.741km，投资近百亿元的国道310线大力加山至循化、循化至隆务峡高速公路，为创新公路建设管理模式做出了积极的探索和尝试。

2014年以来，国务院和国家发改委、财政部等部门鼓励在城市基础设施和公共服务领域采取政府和社会资本合作模式（即PPP模式），并于2015年4月发布了《基础设施和公用事业特许经营管理办法》，明确指出可在能源、交通、水利、环保、市政等基础设施和公共事业领域开展特许经营，并把交通运输基础设施作为重点推广领域。青海交通部门对此项政策反应及时，领会深刻，通盘谋划，积极运作，在2016年4月《青海省财政厅关于青海省第一批入库PPP项目》遴选出的66个项目中，公路建设项目就有7个。2016年10月，青海公路建设领域首个PPP项目——G213策克至磨憨公路乐都至化隆段高速公路建设工程顺利完成招标工作。这一项目的运作成功，进一步改变了青海公路建设领域投融资渠道单一的局面，缓解了建设资金缺口大的矛盾，在青海省公路建设史上具有前瞻性和里程碑意义。

## 第二节　管理体制及机构设置

青海省交通运输厅隶属于青海省人民政府，是主管全省公路和水路交通行业的省人民政府组成部门。2014年5月，青海省交通厅更名为青海省交通运输厅。主要负责全省公路、水路、地方铁路发展规划的编制和交通基础设施建设、维护、运营管理；承担公路、水路、地方铁路运输市场监管职责；承担全省综合运输体系的规划协调并联系铁路、民航、邮政相关工作。内设13个行政处室，厅属事（企）业单位28个。

青海省交通运输厅按照项目法人制要求，成立专门的高速公路建设管理单位，具体负责高速公路建设项目的管理工作。

1998年，为适应青海省首条高等级公路建设资金筹措和工程建设管理的需要，青海省交通厅批准成立了青海省高等级公路建设管理局筹建处，筹建处以建设单位（业主）身份对西兰高速公路（青海段）工程建设全过程实施管理。1999年8月31日，经省机构编制委员会批准，成立了青海省高等级公路建设管理局，为自收自支县级事业单位，隶属省交通厅领导，负责全省高等级公路建设和管理工作。原筹建处自行撤销。

2008年，鉴于全省高速公路建设任务繁重的实际，青海省交通厅将德令哈至小柴旦湖（大柴旦）、茶卡经察汉诺至德令哈、当金山至大柴旦、大柴旦至察尔汗等4个高速公路建设项目的建设管理任务交给青海省公路建设管理局，由此改变了青海省高等级公路建设管理局独家承担高速公路建设管理任务的局面。

2011年2月,为适应共和至玉树高速公路建设需要,青海省交通厅以青交人〔2011〕57号文件组建成立青海省共和至玉树公路建设指挥部,负责国道214线共和至玉树公路建设项目管理。

2013年2月,为适应花石峡至久治高速公路建设需要,青海省交通厅以青交人〔2013〕64号文件,组建成立青海省花石峡至久治公路建设指挥部,负责花石峡至久治高速公路建设项目管理工作。

2015年2月,为落实交通运输部《关于全面深化交通运输改革的意见》精神,进一步拓展交通运输项目建设融资渠道,有效整合交通建设资源,充分发挥投融资在交通运输基础设施建设中的作用,逐步建立"产权清晰、责权明确、政企分开、管理科学"的现代企业制度,青海省交通运输厅以青交人〔2015〕40号文件,决定将花石峡至久治公路建设指挥部整合并入青海交通投资有限公司。以青交人〔2015〕41号文件将青海省共和至玉树公路建设指挥部整合并入青海地方铁路建设投资有限公司。两家公司以项目法人身份参与高速公路筹融资和建设。

至此,青海省负责高速公路建设管理单位共4家,即青海省高等级公路建设管理局、青海省公路建设管理局、青海交通投资有限公司、青海地方铁路建设投资有限公司。

## 一、青海省高等级公路建设管理局

青海省高等级公路建设管理局是省交通运输厅下属的集建、管、养为一体的自收自支县级事业单位,主要职责是负责全省高等级公路建设的筹资融资、征地拆迁和工程进度、质量管理、资金管理、收费还贷及养护管理等工作。局机关设有公路养护处、工程建设处、技术处、收费处、路网监控中心等18个职能处室,下设9个业主项目建设管理办公室,负责在建项目的现场管理。同时,在海西州设立了管理分局,具体负责海西地区高等级公路的养护管理及收费运营工作,隶属高管局垂直管理。

截至2016年底,省高管局养护运营高等级公路2557.9km,全线共设置收费站55个,监控分中心8个,隧道监控所9个,服务区7处,停车区1个。共有职工3870人,处级干部9人,科级干部203人(正科级97人,副科级106人)。

青海省高等级公路建设管理局成立以来,相继建成了平安至西宁、马场垣至平安、西宁至大通、西宁至塔尔寺、平安至阿岱、西宁过境公路西段、察尔汗至格尔木、倒淌河至共和、共和至茶卡、阿岱至李家峡、西宁南绕城、德令哈至香日德、牙什尕至同仁等13条高速公路,并建成西湟、湟倒、宁互、湟贵4条一级公路,有力地促进了全省经济社会发展,改善了人民群众的交通出行环境。在建项目有西塔高速公路改扩建项目等。截至2016年底,共建成高速公路总里程815.49km,完成高速公路建设投资245.15亿元。

## 二、青海省公路建设管理局

青海省公路建设管理局前身为青海省交通厅公路建设管理处,2001年5月省交通厅机构改革时正式成立青海省公路建设开发中心,2004年经青海省机构编制委员会批准更名为青海省公路建设管理局,系自收自支正处级事业单位,主要负责:全省国、省道干线公路建设的设计招标与委托;组织设计审查;审定设计变更;组织编制工程概算和工程招标标底,以公路工程建设业主身份进行工程招投标工作;协调与公路建设沿线地方政府及群众间的关系,做好征地拆迁工作;对国省道干线公路建设实施进度、质量、费用等全过程管理;组织工程交工验收。

截至2016年底,青海省公路建设管理局共有职工112人,处级干部6人,科级干部32人(正科级16人,副科级16人)。内设工程管理处、技术管理处、征迁协调处、安全监督处、财务处、综合处、党办、监察处、专家办、工会、团委等11个职能处(室)。

青海省公路建设管理局先后承担的高速公路建设项目有德令哈至小柴旦湖(大柴旦)、茶卡经察汉诺至德令哈、当金山至大柴旦、大柴旦至察尔汗、茶卡至格尔木、香日德至沟里乡、沟里乡至花石峡、大力加山至循化、循化至隆务峡等。截至2017年,共建成高速公路总里程1495km,完成高速公路建设投资355.6亿元。

## 三、青海交通投资有限公司

青海交通投资有限公司是经青海省人民政府同意,青海省交通厅批准,于2000年8月注册成立的国有独资企业,注册资本5.28亿元。2015年2月,为适应交通运输投融资改革新形势,公司与原青海省花石峡至久治公路建设指挥部进行了资源整合,现已发展成为集投融资、建设、运营、管理"四位一体"的多元化新型综合运营主体,主要从事省内公路、桥梁、隧道、车站、港口、码头等交通基础设施及其配套设施的投资、开发、建设、经营管理和对外招商引资以及项目融资等工作。合并后公司内设综合管理部、人力资源部、党群工作部、纪检监察部、财务审计部、安全监督部、投资发展部、资产经营部、工程技术部、建设管理部等10个职能部门,下设6个工程项目办,拥有海西天木路建管理有限公司、青海交通建设融资担保有限公司2家控股公司及青海交通花苑酒店公司1家全资子公司。截至2016年底,青海交通投资有限公司共有职工179人,其中处级干部7人,科级干部37人(正科级13人,副科级24人)。

青海交通投资有限公司已建成的高速公路建设项目有:花石峡至大武、大武至久治、川口至大河家。在建项目有扎麻隆至倒淌河段改扩建工程等。截至2016年底,共建成高速公路总里程455km,完成高速公路建设投资298亿元。

## 四、青海地方铁路建设投资有限公司

青海地方铁路建设投资有限公司是隶属青海省交通运输厅的国有独资企业,注册资金为4.3500亿元,其前身为青海鑫运地方铁路建设有限责任公司。

2013年10月15日,青海省人民政府以青政函〔2013〕131号文件批复同意,将青海鑫运地方铁路建设有限责任公司更名为青海地方铁路建设投资有限公司。负责省地方铁路和公路工程建设项目的投融资、建设及铁路、公路运营管理等工作,组织开展多种经营,作为青海省合资铁路的出资人履行股东权益和义务。

公司内设综合管理部、人力资源部、党群工作部、纪检监察部、财务审计部、安全监督部、投资经营部、运输管理部、工程技术部、建设管理部(下设共和至玉树公路一、二项目办,小沙河至大通公路一、二项目办,红柳至一里坪地方铁路项目办、塔尔丁至肯德可克地方铁路项目办)共10个职能部门,下设锡北分公司(承担锡铁山至北霍布逊地方铁路运营工作)和子公司青海锐尔威工贸有限公司。

青海地方铁路建设投资有限公司承担的高速公路建设项目有:共和至玉树高速公路已建成通车,在建的有大通至小沙河高速公路。截至2016年底,共建成高速公路总里程635.61km,完成高速公路建设投资115.07亿元。

各建设单位承担高速公路项目汇总见表3-2-1,1999年以来省级交通运输主管部门及高速公路建设单位负责人名录见表3-2-2。

**各建设单位承担高速公路项目汇总** 表3-2-1

| 单位名称 | 参与高速公路建设时间 | 承担的高速公路建设项目 | 建成高速公路里程(km) | 完成总投资(亿元) |
|---|---|---|---|---|
| 青海省高等级公路建设管理局 | 1999年 | 平安至西宁、马场垣至平安、西宁至大通、西宁至塔尔寺、平安至阿岱、西宁过境公路西段、察尔汗至格尔木、倒淌河至共和、共和至茶卡、阿岱至李家峡、西宁南绕城、德令哈至香日德、牙什尕至同仁共13项 | 815.49 | 245.15 |
| 青海省公路建设管理局 | 2008年 | 德令哈至小柴旦湖(大柴旦)、茶卡经察汉诺至德令哈、当金山至大柴旦、大柴旦至察尔汗、茶卡至格尔木、香日德至花石峡、大力加山经循化至隆务峡共7项 | 1495 | 355.6 |
| 青海交通投资有限公司 | 2013年 | 花石峡至大武、大武至久治、川口至大河家高速公路 | 455 | 298 |
| 青海地方铁路建设投资有限公司 | 2011年 | 共和至玉树高速公路 | 635.61 | 115.07 |

## 1999年以来省级交通运输主管部门及高速公路建设单位负责人名录

表 3-2-2

| 单位名称 | 主要负责人 | | |
|---|---|---|---|
| | 姓名 | 职务 | 任职年限 |
| 交通运输厅 | 桑 杰 | 省交通厅厅长 | 1995年8月—1996年7月任副厅长、党委副书记（正厅级、主持交通厅工作），1996年8月—2003年1月任厅长 |
| | 梁晓安 | 省交通厅厅长 | 2003年1月—2005年5月 |
| | 周建新 | 省交通厅厅长 | 2005年5月—2008年3月 |
| | 杨伯让 | 省交通厅厅长 | 2008年3月—2013年2月 |
| | 韩建华 | 省交通厅厅长 | 2013年2月—2014年5月 |
| | 韩建华 | 省交通运输厅厅长 | 2014年5月—2015年5月 |
| | 马吉孝 | 省交通运输厅厅长 | 2015年7月至今 |
| 厅规划处 | 侯卫中 | 厅综合规划处处长 | 2000年5月—2002年6月 |
| | 马忠英 | 厅综合规划处处长 | 2002年7月—2005年2月 |
| | 王永祥 | 厅综合规划处处长 | 2006年9月—2011年1月 |
| | 李积胜 | 厅综合规划处处长 | 2011年1月—2015年2月 |
| | 侯永甫 | 厅综合规划处处长 | 2015年3月至今 |
| 厅公路(建管)处 | 潘秉武 | 厅公路处处长 | 1995年6月—2000年6月 |
| | 李永福 | 厅公路处处长 | 2000年6月—2012年3月 |
| | 马培君 | 厅公路处处长 | 2012年3月—2014年8月 |
| | 冯文阁 | 厅建设管理处处长 | 2014年8月至今 |
| 质量安全监督部门 | 杨云峰 | 省交通建设工程质量监督站站长 | 1999年—2010年7月 |
| | 季德钧 | 省交通建设工程质量监督站副站长 | 2010年7月—2011年3月 |
| | 李宜池 | 省交通建设工程质量监督站站长 | 2011年3月—2012年12月 |
| | 李宜池 | 省交通工程质量监督局局长 | 2012年12月—2013年10月 |
| | 刘洪金 | 省交通工程质量监督局局长 | 2013年10月至今 |
| 高速公路建设单位 | 王廷栋 | 省高等级公路建设管理局局长 | 1999年9月—2000年06月 |
| | 韩建华 | 省高等级公路建设管理局局长 | 2000年06月—2003年04月 |
| | 付大智 | 省高等级公路建设管理局局长 | 2003年04月—2012年02月 |
| | 李永福 | 省高等级公路建设管理局局长 | 2012年02月—2015年04月 |
| | 阿明仁 | 省高等级公路建设管理局局长 | 2015年04月至2016年11月 |
| | 赵国宁 | 省高等级公路建设管理局局长 | 2016年11月至今 |
| | 韩忠奎 | 省公路建设管理局局长 | 2005年11月—2013年4月 |
| | 苗广营 | 省公路建设管理局局长 | 2013年4月至今 |
| | 马培君 | 共玉公路建设指挥部指挥长 | 2011年2月—2013年2月 |
| | 纳启财 | 共玉公路建设指挥部指挥长 | 2013年2月—2015年2月 |
| | 纳启财 | 青海省地方铁路建设投资有限公司董事长 | 2015年2月至今 |
| | 阿明仁 | 花久公路建设指挥部指挥长 | 2013年3月—2015年2月 |
| | 彭秉清 | 青海省交通投资有限公司董事长 | 2015年2月至今 |

# 第三节　高速公路规划

## 一、《国家高速公路网规划》(2004年)

2004年经国务院审议通过的《国家高速公路网规划》，是中国历史上首个高速公路骨架布局，根据国家高速公路网的战略取向和功能定位，确定国家高速公路网的规划目标为连接所有城镇人口超过20万的城市，形成高效运输网络，同时也是中国公路网中最高层次的公路通道规划。《国家高速公路网规划》采用放射线与纵横网格相结合的布局方案，形成由中心城市向外放射以及横贯东西、纵贯南北的大通道，由7条首都放射线、9条南北纵向线和18条东西横向线组成，简称为"7918网"，总规模约$8.5\times10^4$km，其中：主线$6.8\times10^4$km，地区环线、联络线等其他路线约$1.7\times10^4$km。主要连接省会城市、各大经济区、大中城市、周边国家、交通枢纽等，基本形成国家安全保障网络、省际高速公路网络、城际高速公路网络、国际高速公路通道以及高速集疏运公路网络。

根据规划方案，青海省纳入《国家高速公路网规划》的路线有两条：一是北京放射线G6北京至拉萨公路(简称京藏高速)，主要途经北京—张家口—集宁—呼和浩特—包头—临河—乌海—银川—中宁—白银—兰州—西宁—格尔木—拉萨，其中青海境内规划1485km；二是连霍高速公路与京藏高速公路的联络线G3011柳园至格尔木公路(简称柳格高速)，途经柳园—敦煌—格尔木，青海境内规划411km。两条国家高速公路在青海省境内共1896km(见表3-3-1)。规划出台时，京藏高速公路青海境内马场垣至西宁118km路段已经建成，尚有1778km待建。规划的出台实施，给青海高速公路的建设发展带来了难得的历史机遇，同时也对青海省高速公路建设提出了更高的要求。

青海省境内国家高速公路规划方案(2004年)　单位：km　　表3-3-1

| 序号 | 路线名称 | 简称 | 编号 | 规划里程 | 省内控制点 | 建设进度 | | | 发挥功能 |
|---|---|---|---|---|---|---|---|---|---|
| | | | | | | 已建 | 在建 | 待建 | |
| 合计 | | | | 1896 | | 118 | | 1778 | |
| 1 | 北京—拉萨 | 京藏高速 | G6 | 1485 | 民和(马场垣)、乐都、平安、西宁、湟源、茶卡、都兰、格尔木、唐古拉山口(青藏界) | 118 | | 1367 | 首都连接西北及西藏，维稳促边功能突出，国防意义重大 |
| 2 | 柳园—格尔木 | 柳格高速 | G3011 | 411 | 当金山口、大柴旦、格尔木 | | | 411 | 促进柴达木盆地资源开发、维护民族团结和社会稳定 |

## 二、《青海省高速公路网规划》(2008—2030年)

立足青海省经济社会发展需求,青海省交通厅积极谋划和推进高速公路网建设。为尽快规划出台与国家高速公路网相配套的青海省高速公路网,2007年,青海省交通厅开始编制2008—2030年青海高速公路网中长期发展规划,着力构建布局合理、规模适当、运转高效、智能环保、与其他运输方式和城市公共交通紧密衔接的青海高速公路网络。2008年,编制完成了《青海省高速公路网规划(2008—2030年)》(以下简称《省高网规划》)。2008年11月8日,青海省人民政府以青政函〔2008〕107号文件对《省高网规划》作了批复,原则同意《省高网规划》方案。

《省高网规划》的基本思路是以空间上的功能需求和结构优化为主线,按照与相邻省(区)间至少有一条高速公路通道、高速公路连接所有州(地)府所在地、直接连通全省74%的县城的原则,并在此基础上考虑城镇化、完善综合运输体系、区域经济发展、旅游开发和国防安全等各种影响因素,采用放射线与纵横网格相结合的形式布局。规划的高速公路网由4条省会西宁放射线、3条南北纵线、2条东西横线组成,简称"432"网,此外还包括2段联络线和2条城市绕城线。总规模约5650km,其中国家高速公路1950km,地方高速公路3700km。

### (一)具体路线

1. 省会放射线(4条)

(1)西宁—小沙河(甘肃武威);

(2)西宁—互助;

(3)西宁—大武;

(4)西宁—小柴旦。

2. 南北纵线(3条)

(1)柳园(当金山)—格尔木;

(2)平安—大力加山(甘肃临夏);

(3)共和—多普玛(西藏昌都)。

3. 东西横线(2条)

(1)马场垣(甘肃兰州)—唐古拉山口(西藏拉萨);

(2)久治省界(四川阿坝)—茫崖(新疆若羌)。

此外,还包括隆务峡—同仁、茶卡—察汗诺等2段联络线和西宁南绕城、格尔木绕城等2条城市绕城线。

## (二)建设目标

2008—2015年:建成西宁西过境线、察尔汗—格尔木、倒淌河—共和、共和—茶卡、茶卡—察汗诺、察汗诺—德令哈、湟中—贵德、湟源—西海镇、德令哈—小柴旦、阿岱—牙什尕、西宁南绕城线、茶卡—格尔木、当金山—察尔汗、格尔木绕城公路,建设里程1676km,约占总里程的29.7%。实现国家高速公路网青海养管路段通高速,实现海南、海西和海北三州通高速公路。

2016—2020年:建成西海镇—察汗诺、牙什尕—同仁、大通—小沙河、隆务峡—大力加山、格尔木—唐古拉山口、格尔木—茫崖公路,建设里程1532km,约占总里程的27.1%。全面建成国家高速公路网青海境内路段。增加甘肃武威、临夏两个出口通高速公路。并实现黄南州通高速公路。

2021—2030年:全面建成青海省高速公路网,实现州州通高速公路。使青海省公路网服务水平步入现代化,青海省高速公路网能够适应国民经济发展和国防建设的需要。

附图:《青海省高速公路网规划》(2008—2030年)布局方案。

### 三、《青海省高速公路网(调整)规划》(2009—2030年)

在青海省人民政府对《省高网规划》批复后的近一年时间内,党中央、国务院和中共青海省委、青海省人民政府,相继出台了一系列新的政策、措施。2008年10月,国务院出台了《关于支持青海等省藏区经济社会发展的若干意见》(国发〔2008〕34号),这是党中央、国务院站在国家推进全面建设小康社会,促进全国区域协调发展,实现民族地区长治久安的高度,作出的重大战略决策和部署,是指引藏区加快发展、科学发展的纲领性文件。同时,中共青海省委、青海省人民政府提出:青海发展必须着力推动跨越发展、绿色发展、和谐发展、统筹发展。

为认真贯彻落实党中央、国务院及中共青海省委、青海省人民政府新的政策精神,构建更加符合青海省情的高速公路网,实现区域协调发展,使路网结构更趋合理,并实现本省与交通部启动的国家高速公路规划调整工作相一致,2009年,青海省交通厅、交通运输部规划研究院共同编制完成了《青海省高速公路网(调整)规划(2009—2030年)》(以下简称《省高网(调整)规划》)。

2009年10月12日,青海省人民政府以青政函〔2008〕107号文件对《省高网(调整)规划》作了批复,原则同意《省高网(调整)规划》的布局方案。

《省高网(调整)规划》布局方案为"三纵、四横、十联线"(简称"3410网")。规划里程为6630km,其中国家高速公路1981km(含两条绕城高速公路83km),地方高速公路4649km,具体路线是:

## (一)纵线

(1)张掖—河南高速公路(扁都口—赛尔龙),路线编号S11。路线起于甘青公路养护界扁都口,经青石嘴、大通、西宁、平安、尖扎、同仁、泽库、河南,至青甘交界赛尔龙,路线北接甘肃张掖,南通甘肃碌曲、四川阿坝,纵贯海北、西宁、海东、黄南4个地州市,是甘肃、青海与成渝经济区便捷沟通的区域大通道,里程593km。

(2)共和—昌都(多普玛)高速公路(共和—多普玛),路线编号S13。路线起于共和,经玛多、清水河、玉树、囊谦,至青藏界多普玛,北连西宁,南通西藏昌都,纵贯海南、果洛和玉树三州,是青海便捷沟通西藏东部、云南藏区等区域的旅游大通道,规划里程936km。

(3)柳园—格尔木高速公路(当金山—格尔木),路线编号G3011。路线起于甘青公路养护界当金山,经花海子、鱼卡、大柴旦、察尔汗,至格尔木市,北通敦煌、新疆,南连拉萨,为国家连云港—霍尔果斯高速公路柳园—格尔木联络线的青海段,规划里程413km。

## (二)横线

(1)武威—茫崖高速公路(小沙河—茫崖),路线编号S20。路线起于甘青省界小沙河,经门源、大通、西海、刚察、天峻、德令哈市、小柴旦、一里坪和黄瓜梁,至茫崖(青新界),东连武威、与国家连霍高速公路及青岛—银川高速公路定边至武威联络线相接,西通新疆,连通西宁、海北和海西,连接了西宁和柴达木盆地两大经济区,是南疆、青海通往京津冀地区的区域运输大通道,规划里程1352km。

(2)北京—拉萨高速公路(马场垣—唐古拉山口),路线编号G6。路线起于甘青界马场垣,经民和、平安、西宁、湟源、共和、茶卡、香日德、格尔木、不冻泉,至青藏界唐古拉山口,东通兰州,南通拉萨,是国家高速公路北京至拉萨的青海段,是青海、西藏与内地沟通联系的主要通道之一,规划里程1568km(含西宁、格尔木绕城高速公路83km)。

(3)临夏—共和高速公路(大力加山—共和),路线编号S22。路线起于甘青界大力加山,经循化、尖扎、贵德,至共和,东连兰州,西接北京至拉萨国家高速公路,是青海湖、海南州至海东、甘肃的便捷通道,规划里程381km。

(4)成都—香日德高速公路(久治—香日德),路线编号S24。路线起于青川界久治分水岭,经久治县城、门堂、大武、花石峡,至香日德,东通四川阿坝州、成都,西连格尔木、新疆塔里木盆地,是新疆、青海与成渝经济区便捷沟通的区域大通道。规划里程559km。

## (三)联络线

(1)西宁—互助高速公路,路线编号 S1112。路线起于张掖—河南高速公路的西宁,至互助。规划里程 30km。

(2)大通—互助高速公路,路线编号 S1111。路线起于张掖—河南高速公路的大通,至互助,与西宁至互助高速公路(S1112 线)相连。规划里程 27km。

(3)同仁—夏河高速公路,路线编号 S1114。路线起于张掖—河南高速公路的同仁,至青甘界大角满,与兰州至夏河高速公路相连,便捷沟通同仁与甘肃省合作市。规划里程 50km。

(4)河南—大武高速公路,路线编号 S1115。路线起于张掖—河南高速公路的河南,至大武,与成都至香日德高速公路(S24 线)相连,便捷沟通黄南州与果洛州。规划里程 196km。

(5)久治—玛曲高速公路,路线编号 S2411。路线起于成都—香日德高速公路的久治,向北至青甘界草籽场,与兰州至玛曲高速公路相连,便捷连接甘南州、阿坝州和果洛州南部地区。规划里程 31km。

(6)湟源—西海高速公路,路线编号 S2011。路线起于湟源县,止于西海镇,是连接武威—茫崖高速公路和京藏高速公路的联络线。规划里程 50km。

(7)西宁—贵德高速公路,路线编号 S1113。路线起于张掖—河南高速公路的西宁,经湟中,至贵德,与临夏至共和高速公路(S22 线)相连,连接塔尔寺、坎布拉等旅游景区。规划里程 92km。

(8)天峻—茶卡高速公路,路线编号 S2012。路线起于武威—茫崖高速公路的天峻,经察汗诺至茶卡,连接京藏高速公路。规划里程 78km。

(9)德令哈—察汗诺高速公路,路线编号 S2013。路线起于武威—茫崖高速公路的德令哈,经乌兰,至察汗诺,与天峻至茶卡高速公路(S2012 线)相连。规划里程 150km。

(10)德令哈—都兰高速公路,路线编号 S2014。路线起于武威—茫崖高速公路的德令哈,至都兰,与京藏高速公路(G6 线)相连,由都兰前行至香日德,可连接成都至香日德高速公路。规划里程 124 公里。

## (四)建设目标

(1)2010—2015 年

京藏高速公路(G6):倒淌河—共和—茶卡—格尔木

西宁南绕城

柳格高速公路(G3011):大柴旦—察尔汗—格尔木

张河高速公路(S11):阿岱—牙什尕—同仁

武茫高速公路(S20):小沙河(省界)—大通

黄瓜梁—石棉矿(省界)

临共高速公路(S22):大力加山—隆务峡

成香高速公路(S24):久治(省界)—香日德

宁贵高速公路(S1113):湟中—贵德

湟西高速公路(S2011):湟源—西海

德察高速公路(S2013):德令哈—察汗诺(含天茶高速察茶段)

建设里程2404km(其中续建752km),约占总里程的36%,投资约需400亿元。实现国家高速公路网青海管养路段全部通高速,实现海南、海西、黄南、海北四州通高速公路,并增加甘肃武威、临夏两个省际出口通高速公路。

(2)2016—2020年

京藏高速公路(G6):格尔木—唐古拉山(省界)

张河高速公路(S11):张掖—青石嘴—大通

同仁—泽库—河南—赛尔龙(省界)

共昌高速公路(S13):共和—玉树

武茫高速公路(S20):大通—西海—天峻—德令哈

小柴旦—黄瓜梁

临共高速公路(S22):牙什尕—李家峡—贵德—共和

德都高速公路(S2014):德令哈—都兰

河大高速公路(S1115):河南—大武

建设里程约2900km,约占总里程的44%,建设投资约需550亿元。

(3)2021—2030年

共昌高速公路(S13):玉树—多普玛(省界)

大互高速公路(S1111):大通—互助

同夏高速公路(S1114):同仁—夏河(省界)

天茶高速公路(S2012):天峻—察汗诺

久玛高速公路(S2411):久治—玛曲(省界)

全面建成青海省高速公路网,实现规划目标。使青海省高速公路网能够适应国民经济的发展和国防建设的需要。

附图:青海省高速公路网(调整)布局方案图

# 青　海
高速公路建设实录

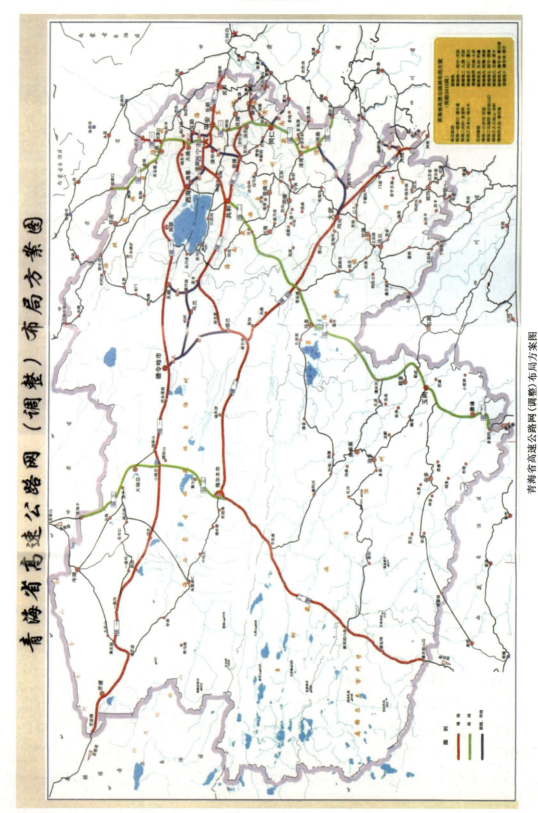

青海省高速公路网（调整）布局方案图

## 四、《国家公路网规划》(2013—2030年)

改革开放以来,我国先后出台了三个国家级干线公路网规划。在这些规划的指导下,我国干线公路快速发展,总体上由过去的"瓶颈制约"发展到现在的"基本适应",显著提高了公路交通发展水平,对于提升国家综合国力和竞争力,增强经济社会发展活力,提高国民生活质量,保障国家安全等都作出了突出贡献。

随着经济社会快速发展和公路网络规模结构的不断发展变化,原有的国家干线路网出现了一些不适应的情况。为保障公路交通可持续发展,以更加全面、长远的发展视野谋划未来我国公路网的合理架构,加快推进国家级干线公路网的战略性布局,2013年,国务院审批通过了《国家公路网规划(2013—2030年)》。国家公路网规划总规模 $40.1 \times 10^4$ km,由普通国道和国家高速公路两个路网层次构成。

普通国道网由12条首都放射线、47条北南纵线、60条东西横线和81条联络线组成,总规模约 $26.5 \times 10^4$ km。按照"主体保留、局部优化,扩大覆盖、完善网络"的思路,调整拓展普通国道网,保留原国道网的主体,优化路线走向,恢复被高速公路占用的普通国道路段;补充连接地级行政中心和县级节点、重要的交通枢纽、物流节点城市和边境口岸;增加可有效提高路网运行效率和应急保障能力的部分路线;增设沿边沿海路线,维持普通国道网相对独立。

国家高速公路网由7条首都放射线、11条北南纵线、18条东西横线,以及地区环线、并行线、联络线等组成,约 $11.8 \times 10^4$ km,简称"71118网",另规划远期展望线约 $1.8 \times 10^4$ km。按照"实现有效连接、提升通道能力、强化区际联系、优化路网衔接"的思路,补充完善国家高速公路网:保持原国家高速公路网规划总体框架基本不变,补充连接新增20万以上城镇人口城市、地级行政中心、重要港口和重要国际运输通道;在运输繁忙的通道上布设平行路线;增设区际、省际通道和重要城际通道;适当增加有效提高路网运输效率的联络线。

国家公路网调整后,青海省境内的"国高网方案"在既有的2条高速公路,即放射线G6(北京—拉萨)、横线G3011(柳园—格尔木)的基础上,新增了5条高速公路:G0611(张掖—汶川)、G0612(西宁—和田)、G0613(西宁—丽江)、G0615(德令哈—马尔康)和G1816(乌海—玛沁)。省内国家高速数量达到7条,形成"一主六联"的高速网,境内里程达到5641km(见表3-3-2),其中共线269km,实际里程约5372km。截至2016年底,国家高速在青海境内建成里程2820km,占规划里程的52.5%。

普通国道在原有5条国道的基础上,新增12条,增加里程约7030km,部分国道得到延长,部分国道从相邻省区延伸至青海省境内、部分省道升级为普通国道,省内国道数量达到17条,形成"一放射四纵七横五联"的国道网,境内里程达到11468km,其中共线1422km,实际里程约10046km。

青海省境内国家高速公路规划方案（2013年） 表3-3-2

| 序号 | 路线名称 | 编号 | 规划里程(km) | 青海境内主要控制点 |
|---|---|---|---|---|
| 一 |  |  | 5014 | 放射线 |
| 1 | 北京—拉萨 | G6 | 1485 | 王家口桥（甘青界）、民和、乐都、西宁、湟源、共和、都兰、诺木洪、格尔木、唐古拉山口（青藏界） |
| 2 | 张掖—汶川 | G0611 | 590 | 扁都口（甘青界）、门源、大通、西宁、平安、阿岱、牙什尕、同仁、泽库、河南、赛尔龙（青甘界） |
| 3 | 西宁—和田 | G0612 | 1206 | 西宁、湟源、海晏、天峻、德令哈、小柴旦湖、茫崖石棉矿（青新界） |
| 4 | 西宁—丽江 | G0613 | 1039 | 西宁、共和、玛多、玉树、囊谦、多普玛（青藏界） |
| 5 | 德令哈—马尔康 | G0615 | 694 | 德令哈、香日德、大武、久治、分水岭（青川界） |
| 二 |  |  | 669 | 横线 |
| 6 | 乌海—玛沁 | G1816 | 258 | 赛尔龙（青甘界）、河南、玛沁 |
| 7 | 柳园—格尔木 | G3011 | 411 | 当金山（甘青界）、大柴旦、察尔汗、格尔木 |

附图：青海省国家公路网规划方案。

## 五、《青海省高速公路网规划》（2016—2030年）

立足新的发展阶段，青海省交通运输厅以国家高速公路网青海境内规划路线为基础，按照"强化省际联系、完善城际网络、提升通道能力、扩大覆盖范围、优化路网衔接"的思路，为进一步完善高速公路网络布局，构建布局更合理、功能更完善、能力更充分、衔接更顺畅的省域高速公路网络，以适应全面建成小康社会和现代化建设发展的需要，2016年，启动编制《青海省高速公路网规划（2016—2030年）》，在国家高速公路网的基础上，对全省高速公路布局进行补充和完善。初步确定，青海省境内国家高速公路和省级高速公路共同形成的省域高速公路网，主要由6条纵线、6条横线以及15条联络线（含2条环线）组成，简称"6615网"。全省高速公路规划总规模约8808km。其中，国家高速公路5372km，省级高速公路3436km。此规划尚在编制中。

# 第三章
## 高速公路建设发展成就

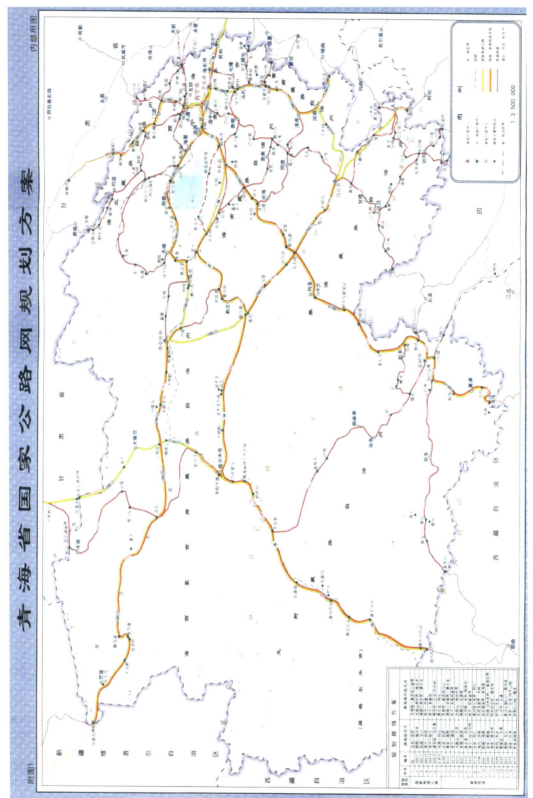

青海省国家公路网规划方案

# 第四节 建 设 成 就

## 一、总体情况

青海地处青藏高原,自然环境恶劣、地质地形条件复杂。在 $72×10^4 km^2$ 的土地上,除东部河湟谷地外,大部分都在海拔 3000m 以上。雪山、草原、戈壁、荒漠相互独立,又相互依存,形成了极具高原特色的地理环境;其中相当一部分特高海拔地区被生物学家称之为"生命禁区",高寒缺氧,气候恶劣,有效施工期每年只有短短几个月时间。加上境内多年冻土、盐渍土、湿陷性黄土等不良地质分布广泛,给高速公路建设带来了极大困难。自2000年首条高速公路——平西高速公路开工建设以来,高速公路建设、施工、监理、设计、质监等参建单位及广大筑路员工,克服重重困难,大力弘扬"一不怕苦、二不怕死、顽强拼搏、甘当路石、军民一家、民族团结"的"两路"精神和"特别能吃苦、特别能战斗、特别能忍耐、特别能团结、特别能奉献"的青藏高原精神,扎根高原,不畏艰险,精心组织,积极学习国内高等级公路建设先进管理经验,不断探索积累适合青海特点的管理模式,认真落实交通运输部现代工程管理理念和"五化"要求,加强高速公路建设前期工作、技术标准、质量控制、资金监管及安全环保等各个方面的管理,高速公路建设管理的标准化、规范化、精细化、科学化水平不断提高。在建设中始终坚持以人为本、质量第一,严把工程质量关和工序工艺关,积极应用新技术、新工艺、新材料,充分发挥科技创新在工程建设中的支撑作用,攻坚克难、科学施工,有效保证了工程建设质量,取得了令人瞩目的成绩,建成了一条条经济发展路、民生路、旅游路、幸福路。尤其是近年来在高寒、高海拔地区高速公路建设方面取得重大突破,积累了宝贵的经验。建成了世界上海拔最高的高速公路(共玉高速公路)、海拔最高的高速公路隧道(花久高速雪山1号隧道),中国第一条全盐渍土地区高速公路(察格高速公路)、第一条多年冻土地区高速公路(共玉高速公路)等多个世界和全国之"最",在"世界屋脊"上创造了一个又一个人间奇迹。

青海地处"三江之源",被誉为"中华水塔",生态环境保护工作至关重要。为保护好高原脆弱的生态环境,建设者们认真贯彻落实"生态立省"战略,把环保与生态理念贯穿于施工的全过程,按照"最大力度保护、最高程度恢复"的目标,在严酷的自然条件下,努力做到生态防护绿化与自然环境相协调,建立人与自然、建设工程与自然环境的良性关系,建成了一批生态环保示范工程。同时,针对青海省特殊地理气候条件,本着因地制宜的原则,克服种种困难,做好公路绿化美化工作,建成了一条条生态绿色景观通道。

# 第三章
## 高速公路建设发展成就

西宁南绕城高速公路通海特大桥

受地形条件影响,青海高速公路经过地区环境特征差异明显。东北部祁连山地和青南高原地势起伏较大,山脉、谷地、河流纵横分布,因此,桥、隧数量所占比重较大,造价也较高;西北部柴达木盆地戈壁、沙漠分布广泛,地势平旷,高速公路大多采用低路基、缓边坡、分离式路基设计,桥、隧数量相对较少,形成了青海西部特色高速公路。

截至2016年底,青海共建成高速公路项目22个,完成总投资1124.77亿元,通车总里程2878km,占规划里程的53.6%(表3-4-1)。

**青海省高速公路总体情况表**(截至2016年) 表3-4-1

| 序号 | 类型 | 编号 | 总里程(km) | 完成总投资(亿元) | 里程(km) | | |
|---|---|---|---|---|---|---|---|
| | | | | | 已建 | 在建 | 待建 |
| 1 | 国高 | G6 | 1485 | 223.86 | 822 | 67 | 596 |
| 2 | | G3011 | 389 | 68.63 | 389 | | |
| 3 | | G0611 | 590 | 108.53 | 147 | 60 | 359 |
| 4 | | G0612 | 1206 | 175.04 | 413 | | 837 |
| 5 | | G0613 | 1039 | 209.02 | 635 | | 208 |
| 6 | | G0615 | 694 | 248.25 | 414 | 293 | |
| 1 | 地高 | S104 | 22.04 | 5.61 | 22.04 | | |
| 2 | | S22 | 97 | 48.76 | | 97 | |
| 3 | | S60 | 34 | | 34 | | |
| 4 | | S21 | | 37.11 | 66.04 | | |

"7918"国家高速网规划中青海境内公路建成1212km、待建596km。G6京藏通道除格尔木至拉萨段外基本建成。G3011柳格高速公路青海境内路段全线贯通。国家高速公路青海境内展望线建设不断推进,已建成1492km,在建1086km。地方高速公路建成22公里。以西宁为中心、辐射州(市)的高速公路骨架基本形成,高速公路网覆盖全

省西宁、海东、黄南、海南、海西、果洛、玉树6个州(市)和城东、城北、城中、城西、大通、湟中、民和、乐都、平安、化隆、尖扎、同仁、共和、兴海、都兰、乌兰、格尔木、德令哈、大柴旦、玛沁、玛多、称多、玉树等23个县(区、行委),县级行政区覆盖率50%。建成东部马场垣、大河家和西部当金山共3个与甘肃省连接的省际出口通道,高速公路连通省内青海湖、塔尔寺、原子城、坎布拉、贵德、玉树等主要旅游景区和西宁综合经济区、柴达木循环经济试验区2个国家级经济区及海东工业园区。高速公路网密度达到0.40km/100km²,单位人口所占高速公路里程达到308.24m/千人。

## 二、国家高速公路建设情况

2013年,国家公路网规划调整后,青海省境内的国家高速公路数量共有7条,即:G6(北京—拉萨)、G3011(柳园—格尔木)、G0611(张掖—汶川)、G0612(西宁—和田)、G0613(西宁—丽江)、改G0615(德令哈—马尔康)、G1816(乌海—玛沁)。

### (一)G6京藏高速公路(北京—拉萨)

北京—拉萨高速公路,路线编号G6,在青海境内起于甘、青两省省界马场垣,经民和、乐都、平安、西宁、湟源、倒淌河、共和、茶卡、都兰、香日德、诺木洪、格尔木、不冻泉,至青、藏两省(区)界唐古拉山口,总里程1482km。G6青海省管养路段共有8个建设项目组成,自东向西依次为:

#### 1.马场垣至平安高速公路

路线全长83.87km,总投资33.26亿元,采用双向四车道,全封闭、全立交高速公路标准建设,路基宽度26m,设计行车速度100km/h。2001年5月10日正式开工,2003年10月1日全线通车。

#### 2.平安至西宁高速公路

路线全长34.78km,总投资10.7亿元。采用双向四车道,全封闭、全立交高速公路标准建设,路基宽度26m,设计行车速度100km/h。2000年2月17日开工建设,2001年7月1日,韵家口至机场段建成通车,2002年6月28日全线建成通车。

#### 3.西宁过境公路西段

路线全长20.853km,总投资22.27亿元。全线采用高速公路标准建设,其中利用宁大路段采用双向六车道,路基宽度33.5m;祁家城至项目终点上巴浪新建段采用双向四车道,路基宽度26米,设计行车速度100km/h。2007年8月开工建设,2010年10月建成通车。

#### 4.西宁(上巴浪)至扎麻隆高速公路

原为西宁至湟源公路的一部分,由于2016年网路调整将此段13.34公里纳入G6。

西宁至湟源一级公路于2000年3月开工建设,2003年6月建成通车,全线四车道,设计行车速度80km/h,因路线未完全封闭,历年按一级公路统计。鉴于西宁西过境高速公路已建成通车,终点接西宁至湟源公路上巴浪,上巴浪至扎麻隆段形成全封闭路段,2016年对该段进行了调整。

5. 扎麻隆至倒淌河高速公路(在建)

全长66.5km,项目工可批复估算投资为52.23亿元,采用高速公路技术标准,其中扎麻隆至湟源段采用双向八车道高速公路标准,设计行车速度100km/h,整体式路基宽度41m,分离式路基新建一幅宽度20.5m;湟源至倒淌河段采用六车道高速公路标准,设计行车速度80km/h,整体式路基宽度32m,分离式路基新建一幅宽度16m。2015年12月开工,计划2018年建成。

6. 倒淌河至共和高速公路

路线总长36.8km,总投资16.36亿元。采用双向四车道、全封闭、全立交高速公路标准建设,设计行车速度80km/h,整体式路基宽度采用26m,分离式路基宽度采用2×12m。2009年6月开工建设,2012年12月建成试通车(除左线隧道外),2013年8月全线建成通车。

7. 共和至茶卡高速公路

路线全长163.8km,总投资23.29亿元。采用双向四车道,设计行车速度80km/h,整体式路基宽度采用26m和24.5m,分离式路基宽度采用2×12m。2009年7月15日开工建设,2011年12月6日建成通车。

8. 茶卡至格尔木高速公路

建设里程469.93km,估算工程投资97.5亿元,采用高速公路双向四车道标准修建,设计行车速度100km/h,路基宽度26m。2012年12月开工建设,2016年11月12日建成通车。

## (二)G3011柳格高速公路(柳园—格尔木)

柳园—格尔木高速公路,路线编号G3011,在青海境内起于青、甘两省公路养护界当金山,经花海子、鱼卡、大柴旦、察尔汗,至格尔木市,总里程407.9km。G3011青海段已全部建成,由3个项目组成,由北向南依次为:

1. 当金山至大柴旦高速公路

路线全长178.103km,总投资20.4亿元,全线按高速公路标准建设,为分离式路基,路基宽度13m,设计行车速度100km/h。2008年6月15日开工建设,2012年11月29日建成通车。

2. 大柴旦至察尔汗高速公路

路线全长146.8km,总投资19.837亿元,全线按高速公路标准新建,设计行车速度

100km/h，整体式路基宽度26m，分离式路基宽度13m，2009年10月开工建设，2011年12月建成通车。

3.察尔汗至格尔木高速公路

路线全长64.522km，总投资19.57亿元，全线按双向四车道高速公路标准建设，设计行车速度100km/h，整体式路基宽度26m，分离式路基宽13m。2009年6月开工建设，2011年12月建成通车。

(三)G0611张汶高速公路(张掖—汶川)

张掖—汶川高速公路，路线编号G0611，在青海境内起于青、甘两省交界扁都口，经青石嘴、大通、西宁、尖扎、同仁、泽库、河南，至青甘交界赛尔龙，总里程586.264km。截至2016年底，已建成140km(其中西宁至平安段与G6共线30.5km)，已建项目有：

1.大通至西宁高速公路

路线全长36.512km，总投资8.23亿元。其中起点至老营庄段长5.3km，按二级公路标准建设；老营庄至终点段长31.277km，按高速公路标准建设，设计行车速度100km/h，路基宽度26m。2002年11月开工建设，2004年11月建成通车。

2.平安至阿岱高速公路

路线全长41.022km，总投资18.67亿元，设计行车速度分100km/h和60km/h两段，路基宽度26/22.5m。项目一次规划设计，分期实施，右半幅2002年6月开始建设，左半幅2004年4月9日开始建设，全部工程于2006年底完工。

3.阿岱至李家峡(牙什尕)高速公路

路线全长16.42km，总投资10.68亿元。设计行车速度80km/h，路基宽24.5m。2010年4月开工建设，2012年12月建成通车。

4.牙什尕至同仁高速公路

路线全长62.757km，预算投资66.983亿元，采用双向四车道，设计行车速度80km/h，路基宽度24.5m。2012年12月开工建设，2017年9月建成通车。

(四)G0612西和高速公路(西宁—和田)

西宁—和田高速公路，路线编号G0612。在青海境内起于省会西宁，经湟源、西海、刚察、天峻、德令哈市、小柴旦、一里坪和黄瓜梁，至茫崖(青新界)，总里程1245.96km。截至2015年底，已建412.36km(其中扎麻隆至湟源13.5km与G6共线)，已建项目有：

1.西宁南绕城高速公路

起点位于西宁曹家堡机场西侧，终点位于湟中县多巴镇扎麻隆村，路线全长

59.765km,总投资102.78亿元。采用双向六车道,全封闭、全立交高速公路标准建设,路基宽度33.5m,设计行车速度100km/h。2011年5月开工建设,2015年12月建成通车。

2. 察汉诺至德令哈高速公路

路线全长166.063km,总投资35.01亿元。采用高速公路标准建设,双向四车道,设计行车速度分别采用60km/h和80km/h,整体式路基宽度24.5m,分离式路基宽12m。2009年9月开工建设,2012年11月建成通车。

3. 德令哈至小柴旦湖高速公路

路线全长169.611km,总投资28.21亿元。四车道高速公路,设计行车速度80km/h。整体式路基宽度24.5m,分离式路基宽12m。2007年8月开工建设,2010年10月建成通车。

(五)G0613 西丽高速公路(西宁—丽江)

西宁—丽江高速公路,路线编号G0613。在青海省境内起于省会西宁市,经共和、玛多、清水河、玉树、囊谦,至青藏界多普玛,总里程993.005km。截至2015年底,已建634.06km,已建项目有:

1. 西宁至共和段

与G6共线。

2. 共和至玉树高速公路

路线全长634km,双向四车道,设计行车速度80km/h,整体式路基宽度21.5/24.5m,分离式路基宽12/10m。一期工程概算114.464亿元,2011年5月开工,2014年12月基本建成。二期改扩建工程概算155.14亿元,2013年9月开工,2017年7月建成通车。

(六)G0615 德马高速公路(德令哈—马尔康)

德令哈—马尔康高速公路,路线编号G0613。在青海省境内起于海西州德令哈市,经香日德、花石峡、大武、门堂、久治县城,至青、川两省交界处分水岭,总里程708.17km。截至2015年底,已建419.73km,已建项目有:

1. 德令哈至香日德高速公路

路线全长165km,概算投资28.85亿元。设计标准为高速公路,设计行车速度100km/h,路基宽度为19m,2013年8月开工,2016年10月建成通车。

2. 香日德至花石峡高速公路

路线全长155.19km,概算投资42.17亿元,采用高速公路标准建设,设计行车速度80km/h,路基宽度18.5m。2012年6月开工,2016年10月建成通车。

### 3. 花石峡至大武高速公路

路线全长155.87km,概算投资97.63亿元,采用高速公路标准建设。设计行车速度分别采用80km/h和60km/h,整体式路基宽度19m,分离式路基宽度10m。2013年7月开工,2017年11月建成通车。

### 4. 大武至久治高速公路

路线全长233.3km,概算总投资129.12亿元,采用高速公路标准建设。设计行车速度分别采用80km/h和60km/h,整体式路基宽度19m,分离式路基宽度10m。2013年7月开工,2017年11月建成通车。

## (七)G1816乌玛高速公路(乌海—玛沁)

乌海—玛沁高速公路,路线编号G1816,青海境内起于河南县赛尔龙甘青界,与G0611张掖—汶川公路共线至河南县城西南方向约3.86km处(多福顿至赛尔龙公路K64+286),后接河南至玛沁公路,经宁木特乡、尕群村、额玛垭口、切桑龙垭口、干布尔垭口,终点位于果洛藏族自治州玛沁县格涌,接至大武至久治公路K42+201处,路线总长168km。

青海省国家高速公路建设情况见表3-4-2。

**青海省国家高速公路建设情况表**　　　　表3-4-2

| 序号 | 编号 | 项目名称 | 里程(km) | 投资(亿元) | 车道数 | 设计行车速度(km/h) | 建设时间(开工—通车) | 备注 |
|---|---|---|---|---|---|---|---|---|
| 1 | G6 | 平安至西宁高速公路 | 34.78 | 10.72 | 4 | 100 | 2000.2—2002.6 | |
| 2 | | 马场垣至平安高速公路 | 83.87 | 33.26 | 4 | 100 | 2001.5—2003.6 | |
| 3 | | 西宁过境公路西段 | 20.85 | 22.27 | 4 | 100 | 2007.8—2010.10 | |
| 4 | | 倒淌河至共和高速公路 | 36.81 | 16.36 | 4 | 80 | 2009.6—2013.8 | |
| 5 | | 共和至茶卡高速公路 | 164 | 23.29 | 4 | 80 | 2009.7—2011.12 | |
| 6 | | 茶卡至格尔木高速公路 | 469.93 | 97.5 | 4 | 100 | 2012.12—2016.11 | |
| 7 | G3011 | 当金山至大柴旦高速公路 | 178 | 20.4 | 4 | 100 | 2008.6—2012.12 | |
| 8 | | 大柴旦至察尔汗高速公路 | 146.8 | 19.837 | 4 | 80 | 2009.10—2011.9 | |
| 9 | | 察尔汗至格尔木高速公路 | 64.5 | 19.57 | 4 | 100 | 2009.6—2011.12 | |
| 10 | G0611 | 大通至西宁高速公路 | 31.23 | 8.23 | 4 | 100 | 2002.11—2004.11 | |
| 11 | | 平安至阿岱山高速公路 | 41.022 | 18.67 | 4 | 100/60 | 2002.6—2006.10 | |
| 12 | | 阿岱至李家峡(牙什尕)高速公路 | 16.42 | 10.68 | 4 | 80 | 2020.4—2012.12 | |
| 13 | | 牙什尕至同仁高速公路 | 62.75 | 64.36 | 4 | 80 | 2012.12—2017.9 | |

续上表

| 序号 | 编号 | 项目名称 | 里程（km） | 投资（亿元） | 车道数 | 设计行车速度（km/h） | 建设时间（开工—通车） | 备注 |
|---|---|---|---|---|---|---|---|---|
| 14 | | 西宁南绕城高速公路 | 60 | 102.78 | 6 | 100 | 2011.5—2015.12 | |
| 15 | G0612 | 察汉诺至德令哈高速公路 | 200.9 | 35.01 | 4 | 60/80 | 2009.9—2012.11 | |
| 16 | | 德令哈至小柴旦湖（大柴旦）高速公路 | 186.54 | 28.13 | 4 | 80 | 2007.8—2010.10 | |
| 17 | G0613 | 共和至玉树高速公路 | 635.61 | 269.6 | 4 | 80/60 | 2011.5—2017.7 | |
| 18 | | 德令哈至香日德高速公路 | 165 | 28.85 | 4 | 100 | 2013.8—2016.10 | |
| 19 | G0615 | 香日德至花石峡高速公路 | 155.19 | 42.17 | 4 | 80 | 2012.6—2016.10 | |
| 20 | | 花石峡至大武高速公路 | 155.87 | 97.63 | 4 | 80/60 | 2013.7—2017.11 | |
| 21 | | 大武至久治高速公路 | 233.3 | 129.12 | 4 | 80/60 | 2013.7—2017.11 | |

## 三、地方高速公路建设情况

2013年，国家高速公路网规划调整后，原来规划的青海省地方高速公路大部分调整进入至国家高速公路内。根据正在编制的《青海省高速公路网规划（2016—2030年）》，已建成或部分建成的地方高速公路有：

### （一）S22/S33 大力加山经循化至隆务峡高速公路

路线全长97.75km，概算投资95.907亿元。双向四车道高速公路，设计行车速度80km/h，整体式路基宽度24.5m，分离式路基宽度12.25m。2014年6月开工建设，2017年10月隆务峡至循化（道帏互通）段建成通车。根据《青海省高速公路网规划（2016—2030年）》，大力加山至循化段编号为S22，循化至隆务峡段编号为S33。

### （二）S104 西宁至塔尔寺高速公路

路线全长22.04km，总投资6.73亿元，主线段采用双向四车道，全封闭、全立交高速公路标准建设，路基宽度城市段50m（按35m建设），主线段26m，设计行车速度100km/h。2002年4月15日开工建设，2004年9月30日建成通车。该段高速公路现为青海省省道网中S104西宁至贵德公路的组成部分。

### （三）S60 察汗诺至茶卡高速公路

此路段全长34.36km，为四车道高速公路，在国高网项目G0612（西宁—和田）察汉诺至德令哈高速公路中同步实施。根据《青海省高速公路网规划（2016—2030年）》，此段编号为S60。

## (四)S21 川口至大河家高速公路

路线全长 66.047km,概算投资 49.77 亿元,采用双向四车道,设计行车速度 80km/h,整体式路基宽度 24.5m,分离式路基宽度 12.25m。2014 年 5 月开工建设,2016 年 12 月建成通车。根据《青海省高速公路网规划(2016—2030 年)》,此段编号为 S21。

青海省地方高速公路建设情况见表 3-4-3。

青海省地方高速公路建设情况表　　　　　表 3-4-3

| 序号 | 编号 | 项目名称 | 里程(km) | 投资(亿元) | 车道数 | 设计行车速度(km/h) | 建设时间(开工—通车) | 备注 |
|---|---|---|---|---|---|---|---|---|
| 1 | S22/S33 | 大力加山经循化至隆务峡高速公路 | 97.75 | 95.907 | 4 | 80 | 2014.6—2017.10 | (隆务峡至循化段) |
| 2 | S104 | 西宁至塔尔寺高速公路 | 22.04 | 5.6 | 4 | 100 | 2002.4—2004.9 | |
| 3 | S60 | 察汗诺至茶卡高速公路 | 34.36 | | 4 | 60/80 | 2009.9—2012.11 | |
| 4 | S21 | 川口至大河家高速公路 | 66.05 | 49.77 | 4 | 80 | 2014.5—2016.12 | |

# 第五节　特色公路及标志性工程

## 一、特色公路

### (一)穿行在盐渍土地区的高速公路

大约在 2.3 亿年前,青海省柴达木地区还是一片浩瀚的海洋。之后,随着地壳的抬升、隆起,海水逐渐退去,一块看不到边际的内陆盆地——柴达木盆地出现,并在盆地内形成了大小众多的湖泊。

海拔 2600~3200m 的柴达木盆地深居内陆,四周为绵延的山脉所屏障,又常年在中纬度西风环流影响之下,空气干燥,蒸发量远远大于降水量,久而久之,湖水不断浓缩,含盐量日渐增加,使水中各种元素达到饱和或过饱和的状态,有的甚至干涸,在湖滨和湖底形成了大片盐渍土地区和各种不同盐类的沉积矿床。远远望去,盐渍土地区与其他地区

大察高速公路万丈盐桥段

相比除寸草不生、颜色黢黑、蚁雀皆无等以外,没有太明显的区别。但开挖后经检测发现,盐渍土含盐量极高,大都在85%以上;尤其是盐湖上厚厚的盐盖,几乎是100%的纯结晶盐;盐盖下面是深达数米的晶间卤水,盐盖上布满大量鳞状裂缝。青海省境内的G3011柳格高速大柴旦经察尔汗盐湖至格尔木(简称大察格)段中的大部分路段,就是修筑在重盐渍土地区的高速公路。

大察格高速公路北起海西蒙古族藏族自治州工业重镇大柴旦,途经中国最大的盐湖——察尔汗盐湖和达布逊盐湖,南达戈壁新城格尔木市,是我国在盐渍土地区修建的第一条高速公路。在盐渍土地区修筑高速公路的难点:一是盐渍土中的氯离子对建筑材料及混凝土结构的腐蚀和破坏极为严重;二是用于路基填筑的砂石、土壤以及淡水等奇缺,几乎全靠远运。这对于设计使用寿命50年以上的重大工程来说,无疑是一个巨大的挑战。

为攻克在重盐渍土地区修筑高速公路的技术难题,经参建单位、科研部门多次研究论证,全线路基特殊路段采用了多种施工工艺,如:冲击碾压、砾石桩、强夯置换、袋装混凝土钻孔灌注桩(其中砾石桩施工49.2640万延米、强夯置换$50.0797 \times 10^4 m^3$、冲击碾压$97.8484 \times 10^4 m^3$),有效地解决了盐渍土软弱地基处理和构造物的防腐处理。尤其是在桥梁桩基施工中,创造性地采用了袋装混凝土灌注桩技术,将混凝土桩身用隔水防腐特殊材料制成的布袋包裹,隔断混凝土与卤水的接触,从而延长混凝土的使用寿命。并经多次试验总结出了"公路大直径袋装混凝土灌注桩施工工法",初步解决了防腐袋将钢筋混凝土与盐渍土隔离、桩与桩周土的相互作用摩阻力、防腐袋与混凝土的黏合力等技术难题。保证了盐湖等重盐渍土地区的桥涵基础混凝土的耐久性和安全性,是桥梁防腐蚀技术方面的重大突破,填补了省内乃至全国在盐渍土地区进行高速公路施工的空白。

(二)修筑在多年冻土地区的高速公路

青藏高原是世界上海拔最高的高原,素有"地球第三极"之称。青海省位于青藏高原东北部,$72×10^4 km^2$ 的国土面积中,平均海拔在3000m以上,其中54%的地区海拔在4000m以上。现代科学研究证明:海拔每增高100m,平均气温就下降0.625℃。因此,青藏高原分布着大量的多年冻土,约占全国多年冻土总面积的72%;其中青海境内 $45×10^4 km^2$ 以上,占青藏高原冻土总面积的1/3以上。

花久高速公路

多年冻土是一种对温度极为敏感的土体介质,含有丰富的地下冰,并具有流变性。这种特性会造成在冻土区修筑工程构筑物时,面临融沉和冻胀两大工程问题。其中融沉是指由于在多年冻土地区修建的公路、桥梁等结构物,改变了该地区的冻土环境,在温度升高的时候,冻土就会融化下沉,使其上面的路基、桥涵等结构物也随之发生不均匀沉降,从而使结构物产生裂缝,影响其使用性能;而冻胀则是指在冬季或温度降低时,冻土体积发生剧烈的膨胀,从而把它上边的结构物顶起,造成结构物裂缝、倾斜、坍塌等。如何解决多年冻土地区工程建设所面临的融沉与冻胀问题,是一项世界性难题,而青海省共和至玉树(简称共玉)、花石峡至久治(简称花久)等公路,就是修筑在多年冻土地区的高速公路。

共玉高速公路北起海南藏族自治州州府所在地恰卜恰镇,经温泉、花石峡、玛多、清水河等乡(镇),翻越河卡山、鄂拉山、巴颜喀拉山、雁口山等高山峻岭,跨越黄河、长江,南达玉树藏族自治州州府结古镇。项目一期工程多年冻土路基长82.337km。其中:少冰、多冰低含冰量冻土长42.062km,占多年冻土路基长度的51.09%;富冰、饱冰、含土冰层等高含冰量冻土长40.275km,占48.91%。二期工程多年冻土路基长104.094km。其中:少冰、多冰低含冰量冻土长63.543km,占多年冻土路基长度的61.04%;富冰、饱冰、含土冰层等高含冰量冻土长40.551km,占38.96%。花久高速公路北起果洛藏族自治州玛多县花石峡镇,经大武、门堂、久治等乡(镇),跨越阿尼玛卿雪山、黄河等高山大河,南达青(海)(四)川交界处分水岭,全长388km,其中多年冻土路段10km以上。

面对项目区复杂的水文地质条件和多年冻土区公路建设的世界性难题,共玉、花久高速公路的参建单位和广大筑路员工,吸收借鉴以往关于多年冻土区筑路技术研究成果,勇于创新,大胆实践,打破常规黑色吸热的思维模式,成功应用黑色防护网突破多年冻土隧道开挖;创新多年冻土段隧道防寒泄水洞设置理念,保证了隧道安全,降低了工程造价;创新采用跟管工艺施工法,成功解决多年冻土段隧道进洞难题;采用振动喂料机筛选生产线,成功解决了多年冻土片石通风路基施工难题;创新运用垂直旋喷桩地表处理技术成功处理隧道溜坍段;采用混凝土小矮墙加固拱脚技术,突破地质复杂路段隧道施工;多年冻土隧道浅埋段采用热棒加固稳定处理技术进行主动热防护;在热融湖塘段,创新采用石渣路基;尤其是全面创新高海拔高寒地区公路建设生态防护理念,积极探索实践路基清表草皮移植和生态植草技术,基本实现了"无痕化"施工的环保目标,做到"最大努力保护"和"最大程度恢复",成功建成了全省平均海拔最高、路线最长、规模最大、施工环境最为艰苦的高速公路,并填补了我国在多年冻土地区建成高速公路的空白。

（三）以低路基、缓边坡、不完全封闭、"2+2"模式为特征的戈壁荒漠高速公路

地广人稀、经济发展相对滞后,是青海基本省情之一。这一省情既决定了青海高速公路建设具有里程长、数量多、任务重的特点,同时也使交通发展需求与建设资金捉襟见肘的矛盾更加突出。因此,如何降低工程造价和建设成本,以有限的投资修建尽可能多的高速公路,是青海交通部门始终秉承的考量标准之一。同时,这一基本省情也使青海具有土地资源多、地面构筑物少、征地拆迁成本相对低等优势;尤其是西部柴达木地区,不仅地广人稀,而且地势平坦,气候干燥,戈壁、草原、荒漠化土地多,公路路线长、交通流量小、横向干扰少。青海交通部门根据这些特点,权衡利弊得失,扬长避短,本着"因地制宜、突出特色、灵活把握"的原则,合理选用高速公路标准,重点建设以低路基、缓边坡、不完全封闭、"2+2"模式为特征的高速公路。

在茶卡经察汉诺至德令哈、德令哈至小柴旦湖（大柴旦）、当金山至大柴旦、大柴旦至察尔汗等高速公路建设中,采取利用原有的二级公路,加以改造后作为一期工程;再修建一条二级公路作为二期工程,两条二级公路合起来形成一条高速公路的"2+2"模式。在倒淌河至共和、共和至茶卡等高速公路建设中,灵活采用低路基、缓边坡、分离式路基、不完全封闭等模式,使公路与周边环境融入一体,形成近千公里具有青海西部特色的高速公路。

与普通高速公路相比,这种高速公路的优点:一是路基较低,普遍仅有普通高速公路的1/3高,这就大大减少了工程量,降低了工程造价;二是缓边坡,边坡比率由普通高速公路的1:1.5普遍放大到1:3或1:4以上,既有效增加了行车安全系数,体现人文关怀,又有利于植草植绿,最大限度地保护环境;三是分期施工容易、简便,既不影响正常交通,又有利于加快工程进度、缩短工期。缺点是,由于公路是不完全封闭,给收费管理、路政管理增加了一定困难。

共和至茶卡高速公路

## 二、标志性工程

### (一)桥梁

**1. 南川特大桥**

位于西宁市城中区,全长 2875m,最大桥高 32m,最大单跨跨径 80m。2011 年 10 月开工建设,2015 年 10 月建成通车,是西宁南绕城高速公路控制性工程,也是青海省目前建成的最长高速公路桥梁。该桥上部结构采用预应力混凝土连续箱梁及装配式预应力混凝土连续箱梁,跨径组合为(30+40+30)m + 3×(4×30)m + (30+55+40+40)m + (40+55+40+35)m + (3×40)m + (30+40+30)m + 2×(3×40)m + (50+80+50)m + 4×40m,下部结构采用柱式墩、花瓶墩、肋板台;其中跨西塔高速公路时采用(55+95+55)m 悬浇变截面混凝土连续箱梁。该桥在质量管理方面先后获得了"提高预制箱梁混凝土保护层合格率"省级优秀 QC 称号,"悬臂现浇梁反拉预压装置"实用新型专利,并成功应用了"预应力反拉预压施工技术""预应力管道真空辅助压浆施工工法""轮胎式运梁车"等四新技术应用,取得了良好的社会效益和经济效益,被青海省建筑业协会评为 2016 年度青海省建设工程"江河源"杯奖省级优质工程。

**2. 海黄特大桥**

位于青海省化隆县哇加滩及尖扎县当顺乡,跨越黄河公伯峡水库,连接化隆回族自治县和尖扎县,是牙什尕至同仁高速公路上的控制性工程。2014 年 3 月开工建设,2017 年 9 月建成通车。全长 1746m,主桥全长 1000m,主跨 560m,桥面高 50m,为五跨一联双塔双索面钢混组合梁斜拉桥。主塔采用"H"形,塔身由上塔柱、中塔柱、下塔柱、上横梁、下横梁等组成。南塔高 193.6m,北塔高 186.2m,斜拉索采用低松弛镀锌高强钢丝,扇形布置,全

南川特大桥

桥共安装88对176根拉索。主桥采用跨径组合(104+116+560+116+104)m,引桥采用3×30m+4×30m+4×30m+4×27m+3×30m+4×30m+3×30m连续箱梁+连续T梁。

该桥为青海省首座特大型斜拉桥和高速公路景观大桥,也是黄河上游跨度最大的斜拉桥,跨径规模和技术难度居同类桥型全国第四。桥梁施工中开展了Q390E高强度钢厚板焊接工艺试验研究和应用,成功解决了高强度钢厚板焊接裂纹难题。并采用先进的划线测量方法和数控钻孔设备进行钻孔,保证孔群的几何尺寸精度,确保了构件桥位精确连接。开发了超长桩基施工工艺、长线法钢筋笼施工工艺、钢吊箱施工工艺、液压爬模施工工法、钢桁梁拼装工艺、支架法横梁施工工法等十几个新工法。

海黄特大桥

3. 黄清沟大桥

位于海南藏族自治州兴海县境内的黄清沟上,是共和至玉树高速公路的控制性工程。2011年9月开工,2015年9月建成通车。该桥全长407.6m,跨度为(75+125+125+75)m;共4跨,最大单跨125m,最大桥高96.8m。主桥最大墩高90m,半幅桥宽10.79m。

黄清沟大桥

桥梁上部结构为4跨预应力C50混凝土变截面连续T形刚构,连续悬臂现浇箱梁为单箱单室,纵、竖两向预应力体系。下部结构:1号墩为两个双薄壁墩,墩高50m,3号墩为两个双薄壁墩,墩高44.5m,2号墩为两个空心薄壁墩,墩高90m。每墩基础为14.8m×9.2m×4m的C40大体积承台,每墩12根φ2.2m的钻孔灌注桩(大直径深桩群桩基础),其中1号墩和3号墩桩长62m的24根、2号墩桩长68m的12根,桥台为桩柱式桥台。该桥最大墩高在全省高速公路桥梁中位居第二,最大单跨跨径在全省高速公路同类型桥梁中位居第一。

4. 苏龙珠特大桥

位于化隆回族自治县境内,全长327m,是循隆高速公路建设中的控制性工程,也是黄

苏龙珠特大桥

河上游最大的混凝土钢管拱桥。2014年10月开工建设,2017年9月建成通车。桥位区属黄河中上游公伯峡库区的峡谷地段,坡高山陡,河谷断面呈"V"形,参建单位借鉴行业内同类型桥的施工方法,推陈出新,探索出最符合现场实际的无支架、无索塔,直接将锚索锚固于山体岩石上的缆索吊装扣挂系统。主桥采用净跨径220m钢管混凝土桁架上承式

拱桥,桥面高度55m,净矢跨比为1/5.5,拱轴线采用悬链线,拱轴系数为$m=2.2$,拱顶距离水面约60m。全桥采用左幅$4×12m+1-220m+2×12m$钢筋混凝土π形板,右幅$9m+3×12m+1-220m+3×12m$钢筋混凝土π形板。设计荷载:汽车-Ⅰ级;地震烈度8度;设计洪水频率1/300。桥墩为柱式墩,基础为单桩基础,桥台采用U形台,扩大基础。

5."万丈盐桥"

举世闻名的"万丈盐桥"位于柴达木盆地东南部,是敦格(格尔木至敦煌)公路中的一段。说它是桥,它既没有一根桥墩、一片桥梁,也没有一根护栏;说它是路,它又悬浮在中国最大的盐湖——察尔汗盐湖之上。因此,它是一座特殊的桥、奇特的桥,也是柴达木盆地一大奇观。

察尔汗盐湖是我国第一大内陆盐湖,湖面海拔3170m,东西长约168km,南北宽20~40km,总面积约5800$km^2$。湖内蕴藏有丰富的氯化钠、氯化钾、氯化镁等无机盐,湖面在长期的气温变化和风蚀作用下,形成了一层厚度达0.8~2m的厚厚盐盖。盐盖下面是浩瀚的地下湖泊,由深达10~20m的结晶盐和晶间卤水组成,其间分布着无数或明或暗、形状各异的溶洞、溶沟、溶塘。由于盐盖异常坚硬,所以可以在湖面上修公路、建铁路、造高楼,形成了"湖面车水马龙,湖下碧波荡漾"的奇特景象。"万丈盐桥"实际上就是在盐盖上面修筑的一段公路,长32km,折合市制约10600丈,因而被称为"万丈盐桥"。

"万丈盐桥"

2008年12月,穿越察尔汗盐湖的察格高速公路开工建设。由于盐湖卤水或盐盖中的镁、氯、硫等离子,对公路路基、路面以及沥青、水泥混凝土等具有强烈的腐蚀作用,因此万丈盐桥路段的建设施工采取了特殊的工艺结构。为隔断盐分对路基填土的侵蚀,全线设70cm厚砂砾配合土工布隔断层;$558×10^4 m^3$的填方全部从50km以外远运进来,仅此一项,就相当于装载$20m^3$的大卡车绕赤道行驶350圈。对于软弱地基等特殊路段,采用了冲击碾压、砾石桩、强夯置换、袋装混凝土钻孔灌注桩等工艺,有效解决了盐渍土软弱地基处理和构造物的防腐蚀处理等问题。

(二)隧道

1. 鄂拉山隧道

位于海南州兴海县境内,2011年8月开工建设,2016年10月建成通车,是共和至玉树高速公路中的控制性工程,也是青海省第一座高原多年冻土隧道。隧道左线长4695m,右线长4635m,净宽10.25m,横断面组成为:(0.75+0.5+3.75×2+0.75+0.75)m,建筑限界高度5.0m,海拔约4300m。隧道进口段穿越多年冻土岩土层,高寒缺氧,施工难度大。开挖中温度提高,冻土融化,局部成流塑状。洞口支护时,通过在洞口搭设遮阳棚、边仰坡铺设砂袋、覆盖黑色遮阳网等,进行隔热降温,以避免冻土边坡热融滑塌。采用管棚跟管工艺施工,有效解决了冻土融化导致的管棚塌孔问题。

鄂拉山隧道

2. 雪山1号隧道

位于果洛藏族自治州玛沁县境内,2013年月8日开工建设,2017年10月建成通车,是花石峡至久治高速公路中的控制性工程。隧道左线长4570m,右线长4495m;限宽10.25m,限高5.0m;进口海拔为4590m,出口海拔为4490m,平均海拔超过4500m,是目前世界上海拔最高的高速公路隧道。

该隧道季节性冻土区最大冻结深达3.0m,围岩破碎(围岩全部为Ⅳ级和Ⅴ级),地下水发育。隧道开挖时,采取三台阶七步开挖法施工工艺,通过监控量测、超前地质预报等监测手段,有效解决了施工难题,顺利通过了季节性冻土冰渍堆积层。

3. 大力加山隧道

位于海东市循化县境内。2016年6月开工建设,2017年10月建成,是G310线大(力加山)循(化)高速公路中的控制性工程,也是目前青海省最长的高速公路隧道。

雪山 1 号隧道

隧道左线全长 5461m,右线全长 5475.79m;限宽 10.25m,限高 5.0m。设计荷载采用公路-Ⅰ级,设计速度 80km/h。该隧道区属构造剥蚀高山地貌区,地形起伏大,最大高差约 610m,最大埋深 675.17m。隧道围岩为Ⅱ、Ⅲ、Ⅳ、Ⅴ级,不良地质主要为断层破碎带和岩爆,穿越多条地质断裂带,地质情况复杂;出口浅埋段两次下穿省道 202 线,施工干扰大;出口 420m 长的段落位于大粒径卵砾石富水地层,涌水量大,掘进困难、易坍塌,安全风险高。

大力加山隧道

4.卧龙沟 1 号隧道

位于海东市循化县青(海)甘(肃)两省交界处。是 G310 线大(力加山)循(化)高速公路中的控制性工程,也是中国西北地区首条螺旋曲线型隧道。2014 年 8 月开工建设,2017 年 9 月建成通车。

隧道左线全长 2626m,右线全长 2554.63m。按高速公路双向四车道分离式隧道设计。隧道总转角近 220℃,采用集中升坡。隧道围岩为Ⅴ、Ⅳ、Ⅲ级,不良地质主要为断层破碎带。设计荷载采用公路-Ⅰ级,设计速度 80km/h。限宽 10.25m,限高 5.0m。明洞采用

C30 钢筋混凝土结构,其边坡防护采用锚喷网;隧道初期支护,以喷射混凝土、锚杆、钢筋网为主要支护手段;二次衬砌采用 C30 混凝土或钢筋混凝土,整体式模板台车浇筑。Ⅳ、Ⅴ级围岩段辅以型钢拱支撑及钢格栅作为初期支护的加劲措施,洞口浅埋段或节理裂隙密集带以大管棚或小导管预注浆作为超前预支护措施,并以型钢拱加劲初期支护。

卧龙沟 1 号隧道

5. 循隆高速桥隧群

循隆高速公路全长 40.464km,共设有 9 座隧道 8 座桥梁,桥隧比高达 54.3%;其中从公伯峡隧道出口至苏龙珠隧道的 15km 路段内,就有古什群隧道、公伯岭 1 号隧道、公伯岭 2 号隧道、公伯岭棚洞、中吾隧道、钦生岭隧道、苏龙珠隧道等 7 座隧道,以及古什群、公伯岭、中吾、苏龙珠等 8 座桥梁,桥隧相连,首尾相接,桥隧比更是高达 98.3%。是青海省第一处真正意义上的桥隧群。

循隆高速桥隧群

该桥隧群地处公伯峡黄河库区,地型呈"V"形峡谷地带。两岸悬崖峭壁,山势陡峻;脚下是滔滔黄河,水深流急。参建单位克服无电、无路、无立脚点等种种困难,采取自己架设大电、水运船舶运输、人工开凿登岸便道、利用弃渣填筑施工平台等措施,稳步推动建设进展；并根据路段岩层破碎、地震断层多、施工作业条件艰苦、安全风险级别高等实际，隧道施工中采用超前探测系统和超前地质水平钻孔等综合超前地质预报手段，首创了自进式锚杆、小导管、大管棚及侧壁横向大管棚等超前支护措施，确保了工程安全和施工质量。尤其是施工中不修筑便道，而是创造性地采取水上船舶运输，将进、出场材料和工程弃渣外运，为确保黄河流域生态不遭受破坏和加快工程进度，进行了成功探索，成为循隆高速公路建设中的一大亮点。

# 第四章
# 高速公路桥梁隧道建设

## 第一节 总体情况

### 一、青海省地形地质条件

青海省地处青藏高原东北部,地形大势是盆地、高山和河谷相间分布的高原。境内山脉高耸,河流纵横,湖泊棋布。昆仑山横贯中部,唐古拉山峙立于南,祁连山矗立于北,茫茫草原起伏绵延,柴达木盆地浩瀚无垠。全省地形差异显著,北部是由阿尔金山、祁连山数列平行山脉和谷地组成的祁连山地,平均海拔 4000m 以上,蕴藏着丰富的冰雪资源;中东部是展布于拉脊山两侧的湟水谷地和黄河谷地,海拔 1800~2600m,地表为深厚的黄土层,是本省主要的农业区。西北部的柴达木盆地,是一个被阿尔金山、祁连山和昆仑山环绕的巨大盆地,海拔 2600~3000m,东西长 800km,南北宽 200~300km,面积 $20\times10^4km^2$,盆地内戈壁、荒漠分布广泛,系典型封闭的高原盆地。南部是由昆仑山脉及其支脉可可西里山、巴颜喀拉山、阿尼玛卿山等组成的青海南部(简称青南)高原,面积 $35\times10^4km^2$,占全省总面积的一半,平均海拔 4500m 以上,是全省海拔最高的地区。全省地势自西向东倾斜,最高点(昆仑山的布喀达坂峰 6860m)和最低点(民和下川口村约 1650m)海拔相差 5210m。

青海省地貌以山地为主,兼有平地和丘陵。境内河流众多,河流按流向分为内流河和外流河。内流河有河流 80 多条,流域面积占全省总面积的 2/3;外流河分属黄河、长江、澜沧江三个水系。全省河流流量在 $0.5m^3/s$ 以上的干支流共有 217 条,集水面积在 $500km^2$ 以上的河流有 278 条,河流总长度约 $1.9\times10^4km$。省内湖泊密布,湖水面积 $0.5km^2$ 以上湖泊有 458 个,湖泊面积仅次于西藏居全国第二位。

青海省复杂的地貌类型,使之在相应区域的公路建设上,对工期安排、材料选择、技术及工艺等方面,必须合理安排、因地制宜、切合实际;同时,也决定了桥梁和隧道在公路建设中所占比例较高。已建成的大型桥梁和隧道,主要分布在中东部的黄土山岭地区和青南高山山原区。

按照工程地质划分,青海省工程地质可分为多年冻土地区、盐渍土地区和湿陷性黄土地区。其中,海拔在 3700m 以上的多年冻土面积有 $45 \times 10^4 km^2$,占全省总面积的 62.5%,占青藏高原多年冻土分布面积的 1/3 以上,青南—藏北高原北部分布大片多年冻土区。盐渍土区主要分布在柴达木盆地腹地及外围地区。湿陷性黄土地区主要分布在青海东部河谷阶地及低山丘陵地区,地层为黄土或黄土状土,水位埋深一般大于 15m。

在多年冻土区修建公路,会使冻土区原始热平衡状态受到破坏,导致一系列融沉地质灾害发生,如冻胀丘、冰堆、热融沉陷、热融滑坍、冻胀翻浆等。冻胀和融沉常造成道路路基变形,威胁行车安全,影响交通运输。由于盐渍土特殊的工程性质,盐渍土中的水挟盐上聚,使路基次生盐渍化,危害路基稳定,导致公路地质灾害屡屡发生。这些特殊地质条件,给青海公路建设过程中前期可行性分析、线路勘察考量、中期的施工建设及后期养护维修等工作,造成了重大影响。

## 二、青海公路桥梁发展历程

### (一)普通公路桥梁

新中国成立前夕,青海全省勉强可以通车的公路只有 472km,隧道建设为零,桥梁仅有数十座且破败不堪。新中国成立后,随着公路建设的快速发展,桥梁建设也应运发展。1950 年,青海第一座单孔跨径 15m 的石拱桥在青根河上落成;1958 年,被誉为"万里长江第一桥"的玉树州沱沱河大桥建成通车,全长 273.56m,桥位海拔 4700m 以上,是当今世界海拔最高的桥梁之一,也是青海省第一座钢筋混凝土大型桥梁;1966 年,青海最长的双柱装配式钢筋混凝土桥梁——都兰县香日德大桥落成,总长 398.2m;1977 年,主跨 100m,总长 132.24m 的箱形拱桥——玉树州囊谦县扎曲河大桥建成,该桥是当时西北地区跨径最大的桥梁;2003 年,青海省首座中承式钢管混凝土系杆拱桥——西宁北川河大桥建成(属西湟一级公路),跨度为 90m;2004 年建成的黄南州尖扎黄河大桥,全长 248m,结构为连续刚构截面悬浇箱梁,主跨 50m + 90m + 50m,是当时施工难度较大的桥梁;2005 年建成的循化积石黄河大桥,桥梁包括引桥总长 1225.323m,主桥长 518m,采用先简支后连续预应力混凝土箱梁,是目前青海省在黄河干流段建设的最长桥梁;1987 年建成的贵德黄河清大桥,全长 250m,是目前青海境内黄河上跨度最大的铁索吊桥;2009 年建成的河南县宁木特黄河大桥,全长 931.679m,是青海省单跨跨径最大的悬索桥。

近年来,随着公路建设投资规模的扩大,青海建成了一批高墩大跨桥梁,多个桥梁创下青海公路桥梁"之最"。2012 年建成的清关公路黄河 2 号特大桥,主跨 170m,是目前青海建成单跨最大的预应力混凝土连续刚构桥梁。2014 年建成的 S308 线玉曲公路通天河大桥,桥面高度为94.5m。2016年建成的国道G572 尕玛羊曲黄河特大桥,主桥最大墩高111m,主跨5×120m,是目前青海省建成桥墩最高的预应力混凝土连续刚构桥梁。2016年建成的国道G573 唐乃亥黄河特大桥,主跨150m。

(二)高速公路桥梁

进入21世纪,随着2000年第一条高速公路的兴建,青海迎来了高速公路桥梁建设的高潮;特大桥、大桥数量不断增加,施工技术迈进现代化。2001年,青海第一座高速公路特大桥——全长517.24m的平西高速公路沙塘川特大桥建成(当时设计标准属特大桥)。2003年,马平高速公路9座特大桥、25座大桥建成,其中包括青海第一座分离式路基特大桥——全长1301.72m的老鸦峡纵向特大桥和全长1024m的高墩特大桥——王家口特大桥。2004年,全长1050m的宁大高速公路大通县城高架桥建成。2010年,全长2252m的西宁过境公路西段天峻路高架桥建成。

由于青海省地貌类型复杂多样,地质地形条件复杂,近年来高速公路桥梁建设规模日益扩大,结构形式日趋丰富,建筑材料日益先进,建成了一批青海高速公路桥梁建设史上的"第一"和"之最"。它们跨江越河,变天堑为通途,串联起一条条交通大动脉,同时也成为高速公路上的一道亮丽风景。2015年9月建成的共玉高速公路黄清沟大桥,在青海高速公路同类桥梁中跨径最大。2015年10月建成的西宁南绕城高速公路南川特大桥,是青海省目前最长的高速公路桥梁。2017年9月建成的国道G310循隆高速苏龙珠黄河特大桥,是青海省第一座,也是黄河上游单跨跨径最大的混凝土钢管拱桥。2017年9月建成的牙同高速公路海黄特大桥,是青海省首座大跨径双塔斜拉桥,也是青海省单跨跨径最大的桥梁。2017年9月建成的国道G310大循高速卧龙沟4号大桥,是青海省目前墩身最高的高速公路桥梁。

2016年9月28日,省委书记王国生(前排左三)视察海黄特大桥建设工作

截至2016年底,全省各类公路桥梁总长328286m/5834座,其中:特大桥41260m/27座,大桥140057m/589座,中桥84115m/1452座,小桥62854m/3766座。

### 三、青海省公路隧道发展历程

#### (一)普通公路隧道

20世纪90年代以来,在国家的大力支持和公路科技成果的有力支撑下,青海公路建设迅猛发展,公路等级不断提高,公路隧道建设也取得了突破性进展;特别是不良地质及复杂环境条件下的隧道建设,取得令人瞩目的成就。1991年9月,全长170m的省道阿赛公路隆务峡1号隧道竣工通车,结束了青海省没有公路隧道的历史。1998年11月,全长1530m的高海拔寒区公路隧道——国道227线大坂山隧道贯通,该隧道海拔3792m,成为当时海拔亚洲第一、世界第二的公路隧道;它的建成通车,为我国高海拔和复杂地质条件下的公路隧道建设积累了宝贵的经验。2009年,国道214线河卡山隧道建成(属二级公路),为单洞直线隧道,全长2300m,海拔3795m,将公路隧道的海拔又提升到一个新的高度。2012年底,青海省第一座高海拔严寒地区公路特长隧道——省道西久公路拉脊山隧道通车(属二级公路隧道),该隧道平均海拔3200m以上,左洞长5530m,右洞长5564m,成为青海首座长度超过5000m的公路隧道,也是青海目前已建成运营的最长公路隧道。2015年,省道309线多拉麻科镇至杂多段公路长拉山隧道建成,全长2400m,进、出口设计高程分别为4436m、4500m,是当时青海省乃至世界海拔最高的公路隧道。

#### (二)高速公路隧道

2003年,马平高速旱台子隧道、老鸦峡隧道相继建成,是青海省最早建成的高速公路隧道。该隧道在建设中,广泛采用新奥法施工和湿喷工艺,有效保证了建设质量。此后,2006年建成的平阿高速公路青沙山隧道,平均海拔3000m以上,属季节性冻土隧道,全长3340m,是当时青海省最长的公路隧道,也是青海首座特长公路隧道。2010年,青海省首座在湿陷性黄土地区修建的公路长隧道——西宁过境公路西段大酉山长隧道建成,左线全长2560m,右线全长2535m。2015年,西宁南绕城高速公路上的6座隧道相继建成,为双向六车道大断面高速公路隧道,净宽14.5m,是青海省目前设计标准最高的公路隧道。

近年来,随着公路建设向山岭和青南高山地区延伸,一批高寒高海拔和复杂地质条件下的高速公路隧道,在来自全国各地的隧道建设大军的顽强拼搏下,陆续建成通车,并创下了多个青海省高速公路隧道建设史上的"第一"和"之最"。2016年10月建成的共和至玉树高速公路鄂拉山隧道,左线长4695m,右线长4635m,是目前世界上最长的高原多年冻土公路隧道,也是我国乃至世界首座多年冻土公路隧道。2017年10月建成的花久高速公路雪山1号隧道,左线全长4570m,右线全长4495m,平均海拔超过4400m,是目前世界上海拔最高的高速公路隧道。2017年10月建成的大循高速公路大力加山隧道,左线全长5461m,右线全长5475.79m,是青海省最长的高速公路隧道。2017年10月建成的大循高速公路卧龙沟1号隧道是西北地区首条螺旋曲线型隧道。正在建设的国道569线小沙河至大通段宁缠隧道,左洞长6044m,右洞长5943m,是青海省在建最长的公路隧道。

2017年7月,省交通运输厅党组书记、厅长毛占彪看望高速公路建设者

截至2016年底,全省各类公路隧道总长134986m/99座,其中:特长隧道38031m/10座,长隧道74052m/38座,中隧道14174m/19座,短隧道8729m/32座。

**四、桥隧结构类型及地域分布**

青海省高速公路建设中,常用的是梁式桥,结构形式以连续T梁、连续箱梁为主,其主梁为主要承重构件,受力特点为主梁受弯,主要材料为钢筋混凝土、预应力混凝土。在跨径较大的桥梁中,部分采用连续刚构形式。近年来,在高速公路建设中也出现了斜拉桥、钢管拱桥等其他结构类型的桥梁。高速公路隧道的结构形式主要以上下分离独立双洞结构为主,辅之以连拱隧道或小间距隧道。

受地貌地形条件影响,青海省高速公路大型桥梁、隧道主要分布在东部黄土山山岭区、青南高山山原区及黄河、长江、澜沧江流域上。随着高速公路的延伸,东北部祁连山山脉桥隧数量今后将逐步增多。西北部的柴达木盆地因地势平坦,大型桥隧分布很少。全省已建成的82座500m以上高速公路大型桥梁中,东部黄土山岭地带有

44座,南部高山地区有32座,西北部柴达木盆地有6座。已建成的55座高速公路隧道中,东部黄土山岭地带有35座,南部高山地区有17座,西北部柴达木盆地有3座(均为短隧道)。

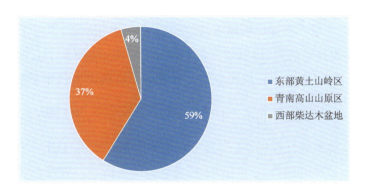

青海省高速公路大型桥梁隧道地域分布

## 第二节　桥梁建设情况

截至2016年底,全省建成运营高速公路桥梁共计1566座,合计长225963m。其中:特大桥27座,合计长41865m;大桥441座,合计长138626m;中桥448座,合计长30686m;小桥650座,合计长14786m(此数据系根据各项目建设单位提供数据汇总得出)。

在青藏高原建设桥梁的难度主要有4个方面:一是高寒缺氧,温差大。桥梁施工地点海拔相对较高,由于高寒缺氧,且有效施工期短,施工人员工作效率大幅降低,严重制约工程进度。在应用混凝土材料时,由于温差较大,暴露出了混凝土开裂问题,影响了工程的使用寿命。二是地质条件复杂。青南地区的多年冻土问题,是我国乃至世界目前尚未攻克的技术难题,其地基稳定性差,桥梁极易发生损坏,大大缩短桥梁使用寿命。西部柴达木盆地的盐渍土,对建筑材料及混凝土结构的腐蚀和破坏极为严重。三是交通不便。青藏高原地区交通基础设施落后,很多工程无进场道路,给人员、物资进场带来严重不便。四是原材料供应不便。本地区建材工业相对落后,钢材、水泥、沥青等运输距离长。地材方面虽然储量丰富,但受环保政策影响,上规模的开采比较少,仍然供应紧张。同时,青藏高原生态环境极其脆弱,且大部分地区为限制或禁止开发的生态功能区。在公路桥梁修建过程中,对生态环保的要求高,也是青海桥梁建设的一个特点。

青海省的公路桥梁建设,经历了从平原区向山岭重丘区的发展历程。桥梁结构从常规的以梁桥和拱桥为主,向大跨径斜拉桥、悬索桥、高墩、不对称结构、弯桥等桥型发展,再向大型复合基础以及超大跨径结构发展。总体上,青海省公路桥梁建设走过了一条从自力更生、以我为主,到技术引进、消化吸收,再到注重原始创新、集成创新的技术发展道路;并已逐步实现从最初的注重强度、刚度、稳定性的设计,向注重全寿命周期成本及环保、景观、品质、耐久的现代设计理念转变。这些成果来之不易,它得益于国家经济社会发展对交通运输、特别是桥梁建设不断提出新需求,以及带来的机遇和挑战;得益于改革开放以来,学习借鉴发达国家建设技术成果,以及带来的新探索与实践;更凝聚了青海省桥梁建设者攻坚克难、勇攀高峰、不懈追求的智慧和心血。详见第十章建设项目中复杂技术工程介绍。

### 一、特大桥(多孔跨径总长 $L>1000m$ 或单孔跨径 $L_k>150m$)

根据中华人民共和国行业标准《公路工程技术标准》(JTG B01—2014)规定:多孔跨径总长大于1000m或单孔跨径大于150m的桥梁为特大桥梁。青海已建成高速公路特大桥梁共计有27座,单幅合计长79083.71m(含2017年建成项目)。其中全长2000m以上的有10座,最长的是西宁南绕城高速公路南川特大桥,全长2875m。海拔3000m以上的有9座。结构形式除海黄特大桥(斜拉桥)和苏龙珠特大桥(钢管拱桥)外,普遍为混凝土连续梁桥。单跨较大的有西宁西过境高速公路天峻路高架桥(主跨100m),阿李高速公路黑城河特大桥(主跨95m),西宁南绕城高速公路南川特大桥(主跨80m)。见表4-2-1。

从所在路线看,G6京藏高速公路有4座,其中,马平高速公路3座,西宁西过境高速公路1座。G0611张汶高速公路有6座,其中,宁大高速公路1座,阿李高速公路1座,牙同高速公路4座。G0612西和高速公路有3座,全部位于西宁南绕城高速公路。G0613西丽高速公路有2座,位于共玉段。G0615德马高速公路有8座,其中,德香高速公路1座,香花高速公路1座,花久高速公路6座。S22大循隆高速公路有4座。

从地理位置看,东部黄土山岭地带有17座,南部高山地区有9座,西北部柴达木盆地有1座。西宁市有4座,海东市有12座(其中海黄特大桥跨越海东市化隆县和黄南州尖扎县),黄南州1座,果洛州有7座,玉树州有1座,海西州有2座。

### 二、大桥(100≤多孔跨径总长 $L≤1000m$ 或 $40≤$单孔跨径 $L_k≤150m$)

根据中华人民共和国行业标准《公路工程技术标准》(JTG B01—2014)规定:多孔跨径总长大于100m小于1000m或单孔跨径大于40m小于150m的桥梁为大桥。本书选取总长500m和单跨100m以上的桥梁进行介绍,共有55座。见表4-2-2。

其中,共玉高速公路黄清沟大桥单孔跨径125m(总长407m),是预应力混凝土连续刚构桥梁。其余结构形式普遍为混凝土连续梁桥。单跨较大的还有阿李高速公路红旗村黄河大桥(主跨120m),共玉高速公路通天河大桥(主跨110m),西宁南绕城高速公路西格铁路大桥(主跨95m)。

青海省高速公路特大桥一览表（截至2017年）　　　　表4-2-1

| 序号 | 桥梁名称 | 所在线路 | 地理位置 | 全长(m) | 交角(°) | 上部结构及跨径组合(m) | 下部结构 | 主跨(m) | 设计汽车荷载 | 抗震设防烈度 | 设计洪水频率 | 设计单位/施工单位 | 建成年月 |
|---|---|---|---|---|---|---|---|---|---|---|---|---|---|
| 1 | 王家口特大桥 | G6马平高速公路 | 民和县 | 1024 | 90 | 连续箱梁连续T梁24m+3×36+55m+3×36+18×40 | 柱式墩及薄壁墩，群桩基础，柱式台，肋式台 | 40 | 超20 | 7度 | 1/100 | 中交第一公路勘察设计研究院/甘肃五环建设公司 | 2003.9 |
| 2 | 老鸦峡1#纵向特大桥 | G6马平高速公路 | 民和县 | 1302 | 0 | 连续T梁41×30 | 柱式墩，重力式基础，桩基扩大基础 | 30 | 超20 | 7度 | 1/300 | 中交第一公路勘察设计研究院/中铁大桥集团局第二工程有限公司 | 2003.6 |
| 3 | 大峡纵向特大桥 | G6马平高速公路 | 乐都县 | 1396 | 0 | 连续箱梁46×30 | 柱式墩，重力式台，桩基扩大基础 | 30 | 超20 | 7度 | 1/300 | 青海省公路勘察设计院广东省基础工程公司 | 2003.6 |
| 4 | 天峻路高架桥 | G6西宁西过境高速公路 | 西宁市城北区 | 2252 | 90 | 连续箱梁68+100+68+2×30+40+25+4×30+25.12+40.15+25.12×2+2×30.12+35.12+60.24+35.12+25+3×30+25+5×29.88+24.88+44.6+79.85+44.6+14×30+33+50+33+4×26+6×30+4×24.4+2×30 | 花瓶墩，柱墩，桩基 | 100 | Ⅰ级 | 7度 | 1/300 | 青海省公路科研勘察设计院、中交第一公路勘察设计研究院/中国路桥工程有限责任公司 | 2010.9 |

续上表

| 序号 | 桥梁名称 | 所在线路 | 地理位置 | 全长(m) | 交角(°) | 上部结构及跨径组合(m) | 下部结构 | 主跨(m) | 设计汽车荷载 | 抗震设防烈度 | 设计洪水频率 | 设计单位/施工单位 | 建成年月 |
|---|---|---|---|---|---|---|---|---|---|---|---|---|---|
| 5 | 大通县城高架桥 | G0611宁大高速公路 | 西宁市大通县 | 1050 | 90 | 预应力混凝土空心板、连续箱梁11×(4×20)+5×30 | 柱式墩、桩基础、重力式U形肋式桥台、扩大基础 | 30 | 超20 | 7度 | 1/300 | 青海省公路勘察设计院设计/中铁一局集团公司 | 2004.10 |
| 6 | 黑城河特大桥 | G0611阿李高速公路 | 化隆县 | 1418 | 90 | 变截面连续刚构+30m预应力混凝土T梁57.5+95+57.5 | 柱式墩、桩基础 | 95 | 超20 | 7度 | 1/300 | 中交第二公路勘察设计院/四川武通路桥工程局 | 2012.11 |
| 7 | 山尕滩特大桥 | G0611牙同高速公路 | 化隆县 | 1182.5 | 90 | 连续T梁24×40+7×30 | 桩柱式墩、桩柱式桥台 | 40 | 公路-Ⅰ级 | 7度 | 1/300 | 中交第二公路勘察设计院有限公司/中铁十二局集团有限公司 | 2016.7 |
| 8 | 沿黄特大桥 | G0611牙同高速公路 | 化隆县 | 2422 | 90 | 连续T梁28×40+42×30 | 桩柱式墩、重力式桥台 | 40 | 公路-Ⅰ级 | 7度 | 1/300 | 中交第二公路勘察设计院有限公司/中铁十二局集团有限公司 | 2016.7 |
| 9 | 海黄特大桥 | G0611牙同高速公路 | 化隆县尖扎县 | 1746 | 90 | 斜拉桥(主桥)104+116+560+116+104引桥3×30+4×30+4×30+4×27+3×3×30+4×30+3×30 | 薄壁墩、桩柱式桥台 | 560 | 公路-Ⅰ级 | 7度 | 1/300 | 中交第二公路勘察设计院有限公司/中交第二公路工程局有限公司 | 2017.9 |

续上表

| 序号 | 桥梁名称 | 所在线路 | 地理位置 | 全长(m) | 交角(°) | 上部结构及跨径组合(m) | 下部结构 | 主跨(m) | 设计汽车荷载 | 抗震设防烈度 | 设计洪水频率 | 设计单位/施工单位 | 建成年月 |
|---|---|---|---|---|---|---|---|---|---|---|---|---|---|
| 10 | 隆务峡特大桥 | G0611牙同高速公路 | 尖扎县 | 1227 | 90 | 连续T梁3×30+3×(5×30)+4×40+3×40+4×30+4×40+4×30 | 桩柱式墩，轻型桥台 | 40 | 公路-I级 | 7度 | 1/300 | 中交第一公路勘察设计研究有限公司/中铁十九局集团第二工程有限公司 | 2016.7 |
| 11 | 湟水河特大桥 | G0612西宁南绕城高速公路 | 海东市平安区 | 1681 | 90 | 连续箱梁(5×25)+(6×25)+(36.969+40)+(2×29+30+29)+(4×28.332)+(28.332+34+28.332+2×26.093)+(3×20)+(5×25)+(3×22+33+2×23)+(5×25)+(4×25)+(5×25.3392)+2×(2×25)+(2×26.13) | 柱式墩，肋板台 | 40 | 公路-I级 | 7度 | 1/100 | 中交第一公路勘察设计研究院/中铁第十六局集团有限公司 | 2015.10 |
| 12 | 南川特大桥 | G0612西宁南绕城高速公路 | 西宁市城中区 | 2875 | 90 | 连续箱梁、变截面箱梁(30+40+30)+(3×4×30)+(30+55+40+40)+(40+55+40+35)+(3×40)+(30+40+30)+2×(3×40)+(50+80+50)+4×40 | 柱式墩，花瓶墩，肋板台 | 80 | 公路-I级 | 7度 | 1/100 | 中交第一公路勘察设计研究院/中交第一公路工程局有限公司 | 2015.10 |

续上表

| 序号 | 桥梁名称 | 所在线路 | 地理位置 | 全长(m) | 交角(°) | 上部结构及跨径组合(m) | 下部结构 | 主跨(m) | 设计汽车荷载 | 抗震设防烈度 | 设计洪水频率 | 设计单位/施工单位 | 建成年月 |
|---|---|---|---|---|---|---|---|---|---|---|---|---|---|
| 13 | 通海特大桥 | G0612西宁南绕城高速公路 | 西宁市湟中县 | 2197.4 | 90 | 连续箱梁3×30+49×20+3×30+26×20+5×3×20(左)、3×30+48×20+3×30+28×20+5×30+17×20(右) | 柱式墩、肋板台 | 30 | 公路-Ⅰ级 | 7度 | 1/100 | 中交第一公路勘察设计研究院/中交第四公路工程局有限公司 | 2015.10 |
| 14 | 聂武河特大桥(右幅) | G0613共玉高速公路 | 称多县 | 1187 | 90 | 预应力组合箱梁59×20 | 桩柱式墩,柱式/肋板台,钻孔灌注桩基础 | 20 | 公路-Ⅰ级 | 7度 | 1/100 | 中交第一公路勘察设计研究院有限公司/中铁隧道集团有限公司 | 2015.10 |
| 15 | 查拉坪特大桥(左幅) | G0613共玉高速公路 | 玛多县 | 1108.12 | 90 | 预应力混凝土空心板55×20 | 桩柱式墩,柱式/肋板台,钻孔灌注桩基础 | 20 | 公路-Ⅰ级 | 7度 | 1/100 | 中交第一公路勘察设计研究院有限公司/青海第三路桥建设有限公司 | 2016.8 |
| 16 | 香日德河特大桥 | G0615德香高速公路 | 都兰县 | 1627 | 0 | 预应力连续箱梁54×30 | 柱式墩+肋式台+桩基础 | 30 | 公路-Ⅰ级 | 7度 | 1/100 | 青海省公路勘察设计院/中铁五局集团有限公司 | 2015.10 |
| 17 | 岔口特大桥 | G0615香沟高速公路 | 都兰县 | 1628 | 60 | 预应力连续箱梁54×30 | 柱式墩+肋式台+桩基础 | 30 | 公路-Ⅰ级 | 7度 | 1/300 | 青海省公路勘察设计院/四川公路桥梁建设集团有限公司 | 2015.8 |

续上表

| 序号 | 桥梁名称 | 所在线路 | 地理位置 | 全长(m) | 交角(°) | 上部结构及跨径组合(m) | 下部结构 | 主跨(m) | 设计汽车荷载 | 抗震设防烈度 | 设计洪水频率 | 设计单位/施工单位 | 建成年月 |
|---|---|---|---|---|---|---|---|---|---|---|---|---|---|
| 18 | 恰布龙特大桥 | G0615花大高速公路 | 玛沁县 | 1048 | 90 | 预应力混凝土连续T梁26×40 | 实体薄壁/空心/柱式墩+助式台+桩基础 | 40 | 公路-Ⅰ级 | 8度 | 1/300 | 中交第一公路勘察设计研究院有限公司/中铁五局(集团)有限公司 | 2016.9 |
| 19 | 哈龙特大桥 | G0615花大高速公路 | 玛沁县 | 1117.2 | 90 | 预应力混凝土连续小箱梁37×30 | 柱式墩+助式台+桩基础 | 30 | 公路-Ⅰ级 | 8度 | 1/300 | 中交第一公路勘察设计研究院有限公司 | 2016.6 |
| 20 | 阳窠峡特大桥 | G0615花大高速公路 | 玛沁县 | 2107.62 | 90 | 42×40(T梁)+14×30(箱梁)预应力混凝土T梁及预应力混凝土连续箱梁 | 柱式墩/空心墩+柱式台+桩基础 | 40 | 公路-Ⅰ级 | 8度 | 1/300 | 中交第一公路勘察设计研究院有限公司/中铁一局集团第一工程有限公司 | 2016.10 |
| 21 | 安培尔特大桥 | G0615花大高速公路 | 玛沁县 | 1237.2 | 90 | 预应力混凝土连续小箱梁41×30 | 柱式墩/空心墩+助式台+桩基础 | 30 | 公路-Ⅰ级 | 8度 | 1/300 | 中交第一公路勘察设计研究院有限公司/中交二公局第四工程有限公司、青海第一路桥建设有限公司 | 2016.10 |
| 22 | 日让沟特大桥 | 花大高速公路 | 果洛州玛沁县 | 2047.2 | 90 | 预应力混凝土连续小箱梁67×30 | 柱式墩+助板/U形台+桩基础 | 30 | 公路-Ⅰ级 | 8度 | 1/300 | 中交第一公路勘察设计研究院有限公司/青海正和路桥工程有限责任公司 | 2017.6 |

续上表

| 序号 | 桥梁名称 | 所在线路 | 地理位置 | 全长(m) | 交角(°) | 上部结构及跨径组合(m) | 下部结构 | 主跨(m) | 设计汽车荷载 | 抗震设防烈度 | 设计洪水频率 | 设计单位/施工单位 | 建成年月 |
|---|---|---|---|---|---|---|---|---|---|---|---|---|---|
| 23 | 马塞尔特大桥 | G0615大久高速公路 | 果洛州甘德县 | 2168 | 90 | 预应力混凝土连续箱梁72×30 | 柱式墩+柱式/肋板式台+桩基础 | 30 | 公路-Ⅰ级 | 7度 | 1/300 | 青海省公路科研勘测设计院/中交隧道局 | 2017.10 |
| 24 | 循化特大桥 | 循隆高速公路 | 循化县 | 2382 | 90 | 装配式预应力混凝土小箱梁,先简支后结构连续95×25 | 柱式墩、柱式/肋板式台、钻孔灌注桩基础 | 25 | 公路-Ⅰ级 | 7度 | 1/300 | 中国公路工程咨询集团有限公司/中交三公局 | 2017.10 |
| 25 | 苏龙珠黄河特大桥 | 循隆高速公路 | 化隆县 | 327.6 | 90 | 钢管混凝土上承式桁架拱;钢筋混凝土π形梁9+3×12+1×220+3×12 | 柱式墩、重力式台、桩基础 | 220 | 公路-Ⅰ级 | 8度 | 1/300 | 中国公路工程咨询集团有限公司/中交三公局 | 2017.10 |
| 26 | 旦麻特大桥 | 大循高速公路 | 循化县 | 1117 | 90 | 装配式预应力混凝土连续箱梁;左幅孔跨36×30,右幅孔跨37×30 | 柱式墩、肋板式台和柱式台、钻孔灌注桩基础 | 30 | 公路-Ⅰ级 | 7度 | 1/300 | 中交路桥技术有限公司/中交路桥北方工程有限公司 | 2017.10 |
| 27 | 清水特大桥 | 大循高速公路 | 循化县 | 1008 | 90 | 装配式预应力混凝土连续T梁25×40 | 柱式墩、薄壁柱、柱式台、钻孔灌注桩 | 40 | 公路-Ⅰ级 | 7度 | 1/300 | 中交路桥技术有限公司/中交公路工程第四有限公司 | 2017.10 |

表 4-2-2

青海省高速公路 500m 以上（单跨 100m 以上）大桥一览表（截至 2017）

| 序号 | 桥梁名称 | 所在线路 | 地理位置 | 全长（m） | 交角（°） | 上部结构及跨径组合（m） | 下部结构 | 主跨（m） | 设计汽车荷载 | 抗震设防烈度 | 设计洪水频率 | 设计单位/施工单位 | 建成年月 |
|---|---|---|---|---|---|---|---|---|---|---|---|---|---|
| 1 | 沙塘川大桥 | G6平西高速公路 | 互助县 | 517 | 90 | 预应力混凝土连续梁(4×35+20)+10×35 | 预应力混凝土空心板、柱式桥墩、重力式U形桥台 | 35 | 汽车—超20级 | 7度 | 1/100 | 中交第一公路勘察设计研究院和青海省公路勘测设计研究院/汕头路桥公司 | 2001.7 |
| 2 | 民和县体育场湟水纵向大桥 | G6马平高速公路 | 民和县 | 545 | 0 | 预应力混凝土空心板27×20 | 独柱或双柱式墩 | 20 | 汽车—超20级 | 7度 | 1/100 | 中交第一公路勘察设计研究院和青海省公路勘测设计研究院/汕头路桥公司 | 2002.10 |
| 3 | 民和县高架桥 | G6马平高速公路 | 民和县 | 577 | 90 | 逐孔现浇预应力混凝土连续箱梁18×30 | 柱式墩、钻孔式灌注桩基础 | 30 | 汽车—超20级 | 7度 | 1/100 | 中交第一公路勘察设计研究院和青海省公路勘测设计研究院/汕头路桥公司 | 2003.10 |
| 4 | 莲花台湟河Ⅱ号大桥 | G6马平高速公路 | 民和县 | 518 | 90 | 预应力混凝土简装连续T形梁17×30 | 独柱式墩、桩基础、肋式合基础 | 30 | 汽车—超20级 | 7度 | 1/100 | 中交第一公路勘察设计研究院和青海省公路勘测设计研究院/中铁第十九工程局第一工程处 | 2003.6 |
| 5 | 大峡堂水河特大桥 | G6马平高速公路 | 乐都县 | 545.77 | 45 | 预应力连续箱梁5×30+4×30 | 柱式墩、重力式台、钻孔桩基础或扩大基础 | 30 | 汽车—超20级 | 7度 | 1/300 | 青海省公路勘测设计研究院/广东省基础工程公司 | 2003.6 |

续上表

| 序号 | 桥梁名称 | 所在线路 | 地理位置 | 全长(m) | 交角(°) | 上部结构及跨径组合(m) | 下部结构 | 主跨(m) | 设计汽车荷载 | 抗震设防烈度 | 设计洪水频率 | 设计单位/施工单位 | 建成年月 |
|---|---|---|---|---|---|---|---|---|---|---|---|---|---|
| 6 | 边墙湟水河大桥 | G6马平高速公路 | 民和县 | 685.8 | 90 | 预应力混凝土箱梁 17×40 | 柱式墩、钻孔灌注桩基础，重力式台，扩大基础 | 40 | 汽车—超20级 | 7度 | 1/100 | 中交第一公路勘察设计研究院和青海省公路科研勘测设计/邢台路桥建设总公司 | 2002.11 |
| 7 | 沙柳河大桥 | G6茶格高速公路 | 都兰县 | 607 | 90 | 预应力钢筋混凝土箱梁 20×30 | 柱式墩+桩式台+桩基础 | 20 | 公路-Ⅰ级 | 7度 | 1/100 | 青海省公路科研勘测设计院/中交一公局厦门工程有限公司 | 2016.10 |
| 8 | 香日德2号隧道 | G6茶格高速公路 | 都兰县 | 667 | 75 | 预应力钢筋混凝土箱梁 20×33 | 柱式墩+肋式台+桩基础 | 20 | 公路-Ⅰ级 | 7度 | 1/100 | 青海省公路科研勘测设计院/中交第二航务工程局有限公司 | 2016.10 |
| 9 | K2735+091公铁立交桥 | G6茶格高速公路 | 格尔木市 | 687 | 90 | 连续T梁/连续箱梁 13×20+3×40+15×20 | 柱式墩+台肋式+桩基础 | 40 | 公路-Ⅰ级 | 7度 | 1/100 | 青海省公路科研勘测设计院/正平路桥建设股份有限公司 | 2016.10 |
| 10 | 洛平藏沟大桥 | G0611阿李高速公路 | 化隆县 | 507 | 90 | 预应力混凝土小箱梁 1×25 | 柱式墩、桩式墩 | 25 | 公路-Ⅰ级 | 7度 | 1/100 | 中交第一公路勘察设计研究院青海公司/青海路桥建设工程有限公司 | 2012.11 |
| 11 | 红旗村黄河大桥 | G0611阿李高速公路 | 尖扎县 | 578.5 | 90 | 75+120+120+75变截面连续箱梁+6×30预应力混凝土小箱梁 | 桩基础，双柱式圆墩 | 120 | 汽车—超20级 | 7度 | 1/100 | 中交第二公路勘察设计研究院青海公司/青海路桥建设工程有限公司 | 2012.11 |

续上表

| 序号 | 桥梁名称 | 所在线路 | 地理位置 | 全长(m) | 交角(°) | 上部结构及跨径组合(m) | 下部结构 | 主跨(m) | 设计汽车荷载 | 抗震设防烈度 | 设计洪水频率 | 设计单位/施工单位 | 建成年月 |
|---|---|---|---|---|---|---|---|---|---|---|---|---|---|
| 12 | 黑城河大桥 | G0611牙同高速公路 | 化隆县 | 831.5 | 90 | T梁/悬臂梁13×30+(40+70+40)+7×40 | 桩柱式及薄壁墩、重力式桥台 | 70 | 公路-Ⅰ级 | 7度 | 1/100 | 中交第二公路勘察设计研究院有限公司/中铁十二局集团第二工程有限公司 | 2016.7 |
| 13 | 文卜具大桥 | G0611牙同高速公路 | 化隆县 | 547 | 90 | T梁连续梁18×30 | 桩柱式墩、重力式/轻型桥台 | 30 | 公路-Ⅰ级 | 7度 | 1/100 | 中交第二公路勘察设计研究院有限公司/中铁十二局集团第二工程有限公司 | 2016.7 |
| 14 | 哇加滩2号大桥 | G0611牙同高速公路 | 化隆县 | 546 | 90 | 箱形梁27×20 | 桩柱式墩及肋板式桥台 | 20 | 公路-Ⅰ级 | 7度 | 1/100 | 中交第二公路勘察设计研究院有限公司/中铁十二局集团第二工程有限公司 | 2016.7 |
| 15 | 隆务峡2号大桥 | G0611牙同高速公路 | 尖扎县 | 666.5 | 90 | T梁连续梁10×30+9×40 | 桩柱式墩、轻型桥台 | 40 | 公路-Ⅰ级 | 7度 | 1/100 | 中交第二公路勘察设计研究院有限公司/中铁十九局集团第二工程有限公司 | 2016.7 |
| 16 | 隆务峡4号大桥 | G0611牙同高速公路 | 尖扎县 | 564 | 90 | T梁连续梁9×30+7×40 | 桩柱式墩、重力式桥台 | 40 | 公路-Ⅰ级 | 7度 | 1/100 | 中交第二公路勘察设计研究院有限公司/中交第四公路工程局有限公司 | 2016.7 |

续上表

| 序号 | 桥梁名称 | 所在线路 | 地理位置 | 全长（m） | 交角（°） | 上部结构及跨径组合(m) | 下部结构 | 主跨（m） | 设计汽车荷载 | 抗震设防烈度 | 设计洪水频率 | 设计单位/施工单位 | 建成年月 |
|---|---|---|---|---|---|---|---|---|---|---|---|---|---|
| 17 | 隆务峡5号大桥 | G0611牙同高速公路 | 尖扎县 | 527 | 90 | T梁连续梁2×31+2×28.5+5×30+4×30+39+28.5+31+28.5 | 桩柱式墩、重力式桥台 | 40 | 公路-Ⅰ级 | 7度 | 1/100 | 中交第二公路勘察设计研究院有限公司/中交第四公路工程局有限公司 | 2016.7 |
| 18 | 北卡加1号大桥 | G0611牙同高速公路 | 尖扎县 | 644 | 90 | T梁连续梁2×(4×30)+5×30+2×(4×30) | 桩柱式墩、重力式桥台 | 30 | 公路-Ⅰ级 | 7度 | 1/100 | 中交第二公路勘察设计研究院有限公司/中交第四公路工程局有限公司 | 2016.7 |
| 19 | 唝巴大桥 | G0611牙同高速公路 | 同仁县 | 558.5 | 90 | 箱形梁3×(6×25)+4×25 | 无桥墩、重力式及轻型桥台 | 25 | 公路-Ⅰ级 | 7度 | 1/100 | 中交第二公路勘察设计研究院有限公司/中铁五局集团机械化工程有限公司 | 2016.7 |
| 20 | 下庄2号大桥 | G0611牙同高速公路 | 同仁县 | 857 | 90 | 箱形梁5×(6×25)+4×25 | 无桥墩、重力式及轻型桥台 | 25 | 公路-Ⅰ级 | 7度 | 1/100 | 中交第二公路勘察设计研究院有限公司/中铁五局集团机械化工程有限公司 | 2016.7 |
| 21 | 西格铁路大桥 | G0612西宁南绕城高速公路 | 湟中县 | 954.4 | 90 | 变截面连续箱梁5×20+5×20+5×20+(55+95+55)+小箱梁(20+5×24)+5×24+4×25+(26+30+26) | 柱式墩、肋板台 | 95 | 公路-Ⅰ级 | 7度 | 1/100 | 中交第一公路勘察设计研究院有限公司/陕西路桥集团有限公司 | 2015.10 |

续上表

| 序号 | 桥梁名称 | 所在线路 | 地理位置 | 全长(m) | 交角(°) | 上部结构及跨径组合(m) | 下部结构 | 主跨(m) | 设计汽车荷载 | 抗震设防烈度 | 设计洪水频率 | 设计单位/施工单位 | 建成年月 |
|---|---|---|---|---|---|---|---|---|---|---|---|---|---|
| 22 | 火烧沟大桥 | G0612西宁南绕城高速公路 | 西宁市城西区 | 927.4 | 90 | 连续箱梁 10×30+31×20 | 柱式墩,肋板台 | 30 | 公路-Ⅰ级 | 7度 | 1/100 | 中交第二航务工程局有限公司/中交第二航务工程局有限公司 | 2015.10 |
| 23 | 西城大街主线桥 | G0612西宁南绕城高速公路 | 西宁市城西区 | 1176 | 90 | 连续箱梁(3×25+23)+(2×20+24+3×21)+2×(4×25)+(4×24)+(3×25) | 柱式墩,肋板台 | 25 | 公路-Ⅰ级 | 7度 | 1/100 | 中交第二航务工程局有限公司/中国水电建设集团路桥工程有限公司 | 2015.10 |
| 24 | K4+581.75公铁立交大桥 | G0612察德高速公路 | 乌兰县 | 516.56 | 90 | 先简支后连续6×20空心板+30连续箱梁+18×20空心板 | 桥墩为柱式墩,基础为钻孔灌注桩 | 30 | 公路-Ⅰ级 | 7度 | 1/100 | 华杰咨询有限公司/青海威远路桥公司 | 2011.10 |
| 25 | K8+299公铁立交大桥 | G0612察德高速公路 | 乌兰县 | 666.12 | 135 | 先简支后连续2×20空心板+30连续箱梁+3×20空心板+3×40连续箱梁+22×20空心板 | 桥墩为柱式墩,基础为钻孔灌注桩 | 30 | 公路-Ⅰ级 | 7度 | 1/100 | 华杰咨询有限公司/青海威远路桥公司 | 2011.10 |
| 26 | 河卡山1号大桥 | G0613共玉高速公路 | 兴海县 | 518.2 | 90 | 预应力组合箱梁17×30 | 柱式墩,肋式,桩基础 | 30 | 公路-Ⅰ级 | 7度 | 1/100 | 青海省公路科研勘测设计院/陕西路桥集团有限公司,中铁十六局集团有限公司,中铁二十局集团有限公司,中铁十五局集团有限公司 | 2014.10 |

续上表

| 序号 | 桥梁名称 | 所在线路 | 地理位置 | 全长(m) | 交角(°) | 上部结构及跨径组合(m) | 下部结构 | 主跨(m) | 设计汽车荷载 | 抗震设防烈度 | 设计洪水频率 | 设计单位/施工单位 | 建成年月 |
|---|---|---|---|---|---|---|---|---|---|---|---|---|---|
| 27 | 河卡山2号大桥 | G0613共玉高速公路 | 兴海县 | 687 | 90 | 预应力组合箱梁 34×20 | 柱式墩,肋台式,桩基础 | 20 | 公路-Ⅰ级 | 7度 | 1/100 | 青海省公路科研勘测设计院/中铁十局集团第二工程有限公司,中铁十五局集团有限公司 | 2014.8 |
| 28 | 温泉大桥 | G0613共玉高速公路 | 兴海县 | 657.6 | 90 | 预应力组合箱梁 26×25 | 柱式墩,肋台式,桩基础 | 25 | 公路-Ⅰ级 | 7度 | 1/100 | 青海省公路科研勘测设计院/中铁二十一局集团有限公司,陕西路桥集团有限公司 | 2014.12 |
| 29 | K519+626野马滩大桥 | G0613共玉高速公路 | 玛多县 | 507.4 | 90 | 预应力空心板 25×20 | 桩柱式墩、台,钻孔灌注桩基础 | 20 | 公路-Ⅰ级 | 7度 | 1/100 | 中交第一公路勘察设计研究院有限公司/青海省兴利公路桥梁工程公司 | 2016.7 |
| 30 | K522+600野马滩二号大桥 | G0613共玉高速公路 | 玛多县 | 907.2 | 90 | 预应力空心板 45×20 | 桩柱式墩、台,钻孔灌注桩基础 | 20 | 公路-Ⅰ级 | 7度 | 1/100 | 中交第一公路勘察设计研究院有限公司/青海省兴利公路桥梁工程公司 | 2016.7 |
| 31 | K575+320查拉坪大桥 | G0613共玉高速公路 | 玛多县 | 807.76 | 90 | 预应力混凝土空心板 40×20 | 桩柱式墩,柱式/肋板台,钻孔灌注桩基础 | 20 | 公路-Ⅰ级 | 7度 | 1/100 | 中交第一公路勘察设计研究院有限公司/青海省第三路桥建设有限公司 | 2016.8 |

续上表

| 序号 | 桥梁名称 | 所在线路 | 地理位置 | 全长(m) | 交角(°) | 上部结构及跨径组合(m) | 下部结构 | 主跨(m) | 设计汽车荷载 | 抗震设防烈度 | 设计洪水频率 | 设计单位/施工单位 | 建成年月 |
|---|---|---|---|---|---|---|---|---|---|---|---|---|---|
| 32 | K779+282默武河6号大桥 | G0613共玉高速公路 | 称多县 | 627 | 90 | 预应力组合箱梁31×20 | 桩柱式墩,肋板台,钻孔灌注桩基础 | 20 | 公路-I级 | 7度 | 1/100 | 中交第一公路勘察设计研究院有限公司/中铁隧道集团有限公司 | 2014.8 |
| 33 | K781+307.15通天河大桥 | G0613共玉高速公路 | 称多县 | 837 | 90 | 组合箱梁+变截面预应力混凝土连续箱梁27×20+(62+110+62)+(18+20+18) | 柱式/薄壁墩,柱式/肋板台,钻孔灌注桩基础 | 110 | 公路-I级 | 7度 | 1/100 | 中交第一公路勘察设计研究院有限公司/中铁隧道集团有限公司 | 2013.12 |
| 34 | 黄清沟大桥 | G0613共玉高速公路 | 兴海县 | 407 | 90 | 预应力混凝土变截面连续刚构27×20+(62+110+62)+(18+20+18) | 矩形空心薄壁墩,桩式桥台,桩基础 | 125 | 公路-I级 | 7度 | 1/100 | 中交第一公路勘察设计研究院有限公司/正平公路桥梁工程集团有限公司 | 2015.6 |
| 35 | 下大武大桥 | G0615花大高速公路 | 玛沁县 | 528 | 90 | 预应力混凝土连续T梁13×40 | 实体薄壁/柱式墩+柱式/肋式台+桩基础 | 40 | 公路-I级 | 8度 | 1/100 | 中交第一公路勘察设计研究院有限公司/甘肃五环公路工程有限公司 | 2015.10 |
| 36 | 阴靠峡大桥 | G0615花大高速公路 | 玛沁县 | 928m | 90 | 预应力混凝土连续T梁23×40 | 柱式墩/空心薄壁+柱式/肋式台+桩基础 | 40 | 公路-I级 | 8度 | 1/100 | 中交第一公路勘察设计研究院有限公司/青海省果洛公路工程建设公司 | 2016.8 |

续上表

| 序号 | 桥梁名称 | 所在线路 | 地理位置 | 全长 (m) | 交角 (°) | 上部结构及跨径组合 (m) | 下部结构 | 主跨 (m) | 设计汽车荷载 | 抗震设防烈度 | 设计洪水频率 | 设计单位/施工单位 | 建成年月 |
|---|---|---|---|---|---|---|---|---|---|---|---|---|---|
| 37 | 玛西2号大桥 | G0615花大高速公路 | 玛沁县 | 545.6 | 90 | 预应力混凝土连续小箱梁 27×20 | 柱式墩+肋板台/柱式桩基础 | 20 | 公路-Ⅰ级 | 8度 | 1/100 | 中交第一公路勘察设计研究院有限公司/中铁十五局集团第一工程有限公司 | 2016.10 |
| 38 | 哇尔隆2号大桥 | G0615花大高速公路 | 玛沁县 | 517.6 | 90 | T梁6×40+预应力混凝土小箱梁 9×30 | 柱式墩/空心薄壁墩+柱式/肋板台+桩基础 | 40 | 公路-Ⅰ级 | 8度 | 1/100 | 中交第一公路勘察设计研究院有限公司/中铁十五局集团第一工程有限公司 | 2016.10 |
| 39 | 安诺尔2号大桥 | G0615花大高速公路 | 玛沁县 | 727.2 | 90 | 预应力混凝土连续小箱梁 24×30 | 柱式墩+柱式台+桩基础 | 30 | 公路-Ⅰ级 | 8度 | 1/100 | 中交第一公路勘察设计研究院有限公司/中交二公局第四工程有限公司 | 2016.10 |
| 40 | 扎隆大桥 | G0615花大高速公路 | 玛沁县 | 666.8 | 90 | T梁14×40+预应力混凝土小箱梁 5×20 | 柱式墩/空心薄壁墩+柱式台+桩基础 | 40 | 公路-Ⅰ级 | 8度 | 1/100 | 中交第一公路勘察设计研究院有限公司/中交二公局第四工程有限公司，青海第一路桥建设有限公司 | 2016.10 |
| 41 | 卡羊大桥 | G0615花大高速公路 | 玛沁县 | 607.2 | 90 | 预应力混凝土连续小箱梁 20×30 | 柱式墩+肋板台+桩基础 | 30 | 公路-Ⅰ级 | 8度 | 1/100 | 中交第一公路勘察设计研究院有限公司/青海省果洛公路工程建设公司 | 2017.6 |

## 第四章 高速公路桥梁隧道建设

续上表

| 序号 | 桥梁名称 | 所在线路 | 地理位置 | 全长(m) | 交角(°) | 上部结构及跨径组合(m) | 下部结构 | 主跨(m) | 设计汽车荷载 | 抗震设防烈度 | 设计洪水频率 | 设计单位/施工单位 | 建成年月 |
|---|---|---|---|---|---|---|---|---|---|---|---|---|---|
| 42 | 夏德尔大桥 | G0615大久高速公路 | 久治县 | 907 | 90 | 预应力混凝土连续箱梁 45×20 | 柱式墩+肋板台+桩基础 | 20 | 公路-Ⅰ级 | 7度 | 1/100 | 青海省公路科研勘测设计院/青海第三路桥建设有限公司 | 2017.10 |
| 43 | 隆酿河大桥(左幅) | G0615大久高速公路 | 久治县 | 653.2 | 90 | 预应力混凝土连续箱梁 21×30 | 柱式墩+肋板台+桩基础 | 30 | 公路-Ⅰ级 | 7度 | 1/100 | 青海省公路科研勘测设计院/中交第二公路工程局有限公司 | 2017.10 |
| 44 | 门堂黄河大桥 | G0615大久高速公路 | 久治县 | 758.2 | 90 | 预应力混凝土连续箱梁 25×30 | 柱式墩+肋板台+桩基础 | 30 | 公路-Ⅰ级 | 7度 | 1/100 | 青海省公路科研勘测设计院/青海路桥建设股份有限公司 | 2017.10 |
| 45 | 卡日1号大桥(右幅) | G0615大久高速公路 | 甘德县 | 848.2 | 90 | 预应力混凝土连续箱梁 28×30 | 柱式墩+肋板台+桩基础 | 30 | 公路-Ⅰ级 | 7度 | 1/100 | 青海省公路科研勘测设计院/中铁十一局集团第二工程有限公司 | 2017.10 |
| 46 | 卡日2号大桥 | G0615大久高速公路 | 甘德县 | 638.2 | 90 | 预应力混凝土连续箱梁 21×30 | 柱式墩+肋板台+桩基础 | 30 | 公路-Ⅰ级 | 7度 | 1/100 | 青海省公路科研勘测设计院/中铁十一局集团第二工程有限公司 | 2017.10 |
| 47 | 东柯曲1号大桥 | G0615大久高速公路 | 甘德县 | 647 | 90 | 预应力混凝土连续箱梁 32×20 | 柱式墩+肋板台+桩基础 | 20 | 公路-Ⅰ级 | 7度 | 1/100 | 青海省公路科研勘测设计院/甘肃弘盛路桥建筑工程有限公司 | 2017.10 |
| 48 | 达日连纳卡大桥 | G0615香沟高速公路 | 都兰县 | 967 | 90 | 预应力混凝土连续箱梁 48×20 | 柱式墩+肋板台+桩基础 | 20 | 公路-Ⅰ级 | 7度 | 1/100 | 青海省公路勘察设计院武路桥工程局第一工程处 | 2015.8 |

续上表

| 序号 | 桥梁名称 | 所在线路 | 地理位置 | 全长(m) | 交角(°) | 上部结构及跨径组合(m) | 下部结构 | 主跨(m) | 设计汽车荷载 | 抗震设防烈度 | 设计洪水频率 | 设计单位/施工单位 | 建成年月 |
|---|---|---|---|---|---|---|---|---|---|---|---|---|---|
| 49 | 卧龙沟1号大桥 | S22大循高速公路 | 循化县 | 707 | 90 | 装配式预应力混凝土连续箱梁35×20/32×20 | 柱式墩、柱式和助板桥台 | 20 | 公路-Ⅰ级 | 7度 | 1/100 | 中交路桥技术有限公司/中交第四公路工程局有限公司 | 2017.10 |
| 50 | 卧龙沟4号大桥 | S22大循高速公路 | 循化县 | 564 | 90 | 装配式预应力混凝土T梁14×40 | 柱式墩、空心墩、一字台 | 40 | 公路-Ⅰ级 | 7度 | 1/100 | 中交路桥技术有限公司/中交第四公路工程局有限公司 | 2017.10 |
| 51 | 卧龙沟8号大桥 | S22大循高速公路 | 循化县 | 764 | 90 | 装配式预应力混凝土T梁19×40/18×40 | 矩形实心墩、柱式墩、一字台 | 40 | 公路-Ⅰ级 | 7度 | 1/100 | 中交路桥技术有限公司/中交第四公路工程局有限公司 | 2017.10 |
| 52 | 西沟河大桥 | S22循隆高速公路 | 循化县 | 556 | 90 | 装配式/现浇预应力混凝土连续箱梁22×25 | 柱式板式墩、柱式台、钻孔灌注桩基础 | 25 | 公路-Ⅰ级 | 7度 | 1/100 | 中国公路工程咨询集团有限公司/中交三公局 | 2017.10 |
| 53 | 哇家滩1号大桥 | S22循隆高速公路 | 化隆县 | 552 | 90 | 装配式预应力混凝土连续T梁、先简支后结构连续14×39/13×38.5 | 柱式板式墩、柱式台、钻孔灌注桩基础 | 39 | 公路-Ⅰ级 | 7度 | 1/100 | 中国公路工程咨询集团有限公司/中交三公局 | 2017.10 |
| 54 | 哇家滩2号大桥 | S22循隆高速公路 | 化隆县 | 932 | 90 | 装配式预应力混凝土连续箱梁、先简支后结构37×25/33×25 | 柱式板式墩、柱式台、钻孔灌注桩基础 | 25 | 公路-Ⅰ级 | 7度 | 1/100 | 中国公路工程咨询集团有限公司/中交三公局 | 2017.10 |
| 55 | 公伯岭2号大桥 | S22循隆高速公路 | 化隆县 | 667 | 90 | 装配式预应力混凝土连续T梁、先简支后结构连续14×40.5/17×39 | 柱式门架墩、柱式台、钻孔灌注桩基础 | 40.5 | 公路-Ⅰ级 | 7度 | 1/100 | 中国公路工程咨询集团有限公司/中交三公局 | 2017.10 |

## 第四章
高速公路桥梁隧道建设

海黄特大桥

从所在路线分，G6 京藏高速公路有 9 座，其中，马平高速公路 5 座，平西高速公路 1 座，茶格高速公路 3 座。G0611 张汶高速公路有 11 座，其中，阿李高速公路 2 座，牙同高速公路 9 座。G0612 西和高速公路 5 座，其中，西宁南绕城高速公路 3 座，察德高速公路 2 座。G0613 西丽高速公路 9 座，位于共玉段。G0615 德马高速公路 14 座，其中，香花高速公路 1 座，花久高速公路 13 座。S22 大循隆高速公路 7 座。

从地理位置看，东部黄土山岭地带有 27 座，南部高山地区有 23 座，西北部柴达木盆地有 5 座。西宁市有 3 座，海东市有 17 座，黄南州有 7 座，海南州有 4 座，果洛州有 16 座，玉树州有 2 座，海西州有 6 座。

大循高速公路卧龙沟 4 号大桥

# 第三节 隧道建设情况

## 一、建设规模

截至2017年底,青海省已建成的高速公路隧道共计有55座,单幅合计长226503.478m。其中特长隧道15处,单幅合计长118073.79m;长隧道23处,单幅合计长92853.408m;中隧道8处,单幅合计长10530m;短隧道9处,单幅合计长5046.28m。最长的高速公路隧道是大循高速大力加山隧道,其左线长5461m,右线长5475.79m。见表4-3-1。

从所在路线看,G6京藏高速公路共7座。其中,马平高速公路4座,西宁西过境高速公路1座,倒共高速公路1座,茶格高速公路1座。G0611张汶高速公路有9座,其中,平阿高速公路1座,牙同高速公路8座。G0612西和高速公路5座,全部位于西宁南绕城高速公路。G0613西丽高速公路5座,位于共玉段。G3011当大高速公路1座。G0615德马高速公路10座,其中,香花高速公路1座,花久高速公路9座。S22大循隆高速公路11座。S307川大高速公路7座。

从地理位置看,东部黄土山岭地带35座,南部高山地区17座,西北部柴达木盆地3座(均为短隧道)。西宁市5座,海东市26座,海南州4座,黄南州6座,果洛州9座,玉树州2座,海西州3座。

从海拔看,青海省高速公路隧道中海拔2000m以上有50座,海拔3000m以上的有19座。

共玉高速鄂拉山隧道

青海省高速公路隧道中海拔4000m以上的共计8座,单幅合计长度59122m。其中,共玉高速公路有3座,分别为:鄂拉山隧道(左、右线),进口高程4300m,出口高程4294m;姜路岭隧道(左、右线),进出口高程均为4200m;雁口山隧道(左、右线),进口高程4333m,出

## 第四章 高速公路桥梁隧道建设

青海省高速公路隧道一览表（截至 2017 年）

表 4-3-1

| 序号 | 规模 | 隧道名称 | 所在线路 | 地理位置 | 左线长(m) | 右线长(m) | 净高(m) | 净宽(m) | 设计汽车荷载 | 抗震设防烈度 | 左线海拔(m) 进口 | 左线海拔(m) 出口 | 右线海拔(m) 进口 | 右线海拔(m) 出口 | 设计单位/施工单位 | 建成年月 |
|---|---|---|---|---|---|---|---|---|---|---|---|---|---|---|---|---|
| 1 | 特长隧道 | 柳梢沟隧道 | G6倒共高速公路 | 共和县 | 3810 | 3848 | 7.15 | 10.5 | 公路-I级 | 7度 | 3410 | 3610 | 3410 | 3610 | 青海省公路科研勘测设计院/中铁十二局集团公司,中铁十八局集团第三工程有限公司 | 2014.10 |
| 2 | 特长隧道 | 青沙山隧道 | G0611平阿高速公路 | 平安县、化隆县 | 3355 | 3340 | 5 | 9.25 | 公路-I级 | 7度 | 3045 | 3399 | 3045 | 3399 | 青海省公路科研勘测设计院/中铁隧道集团一处有限公司 | 2006.9 |
| 3 | 特长隧道 | 隆务峡3#隧道 | G0611牙同高速公路 | 尖扎县 | 3455 | 3434 | 5 | 10.25 | 公路-I级 | 7度 | 2071 | 2120 | 2071 | 2120 | 中交第二公路勘察设计研究院/中铁十九局集团第二工程有限公司 | 2015.5 |
| 4 | 特长隧道 | 通海隧道 | G0612 西宁南绕城高速公路 | 西宁市城西区 | 3225 | 3225 | 5 | 14.5 | 公路-I级 | 7度 | 2345 | 2340 | 2342 | 2340 | 中交第一公路勘察设计研究院/中交第二航务工程局有限公司 | 2015.10 |
| 5 | 特长隧道 | 鄂拉山隧道 | G0613共玉高速公路 | 兴海县 | 4695 | 4635 | 5 | 10.25 | 公路-I级 | 8度 | 4300 | 425 | 4300 | 4293 | 青海省公路科研勘测设计院有限公司/中铁五局集团二十一局集团有限公司 | 2016.10 |
| 6 | 特长隧道 | 雁口山隧道 | G0613共玉高速公路 | 称多县 | 4032 | 4000 | 5 | 10.25 | 公路-I级 | 8度 | 4333 | 4233 | 4333 | 4233 | 中交第二公路勘察设计研究院有限公司/中铁十二局集团有限公司,中铁十一局集团有限公司 | 2015.11 |

续上表

| 序号 | 规模 | 隧道名称 | 所在线路 | 地理位置 | 左线长(m) | 右线长(m) | 净高(m) | 净宽(m) | 设计汽车荷载 | 抗震设防烈度 | 左线海拔(m) 进口 | 左线海拔(m) 出口 | 右线海拔(m) 进口 | 右线海拔(m) 出口 | 设计单位/施工单位 | 建成年月 |
|---|---|---|---|---|---|---|---|---|---|---|---|---|---|---|---|---|
| 7 | 特长隧道 | 通天河隧道 | G0613共玉高速公路 | 玉树县 | 3032 | 3075 | 5 | 10.25 | 公路-Ⅰ级 | 8度 | 3574 | 3514 | 3574 | 3514 | 中交第一公路勘察设计研究院有限公司/中铁隧道集团有限公司,四川武通路桥工程局 | 2014.10 |
| 8 | 特长隧道 | 雪山1号隧道 | G0615花大高速公路 | 玛沁县 | 4570 | 4495 | 5.0 | 10.25 | 公路-Ⅰ级 | 8度 | 4462 | 4405 | 4462 | 4406 | 中交第一公路勘察设计研究院有限公司/中铁十八局集团第三工程有限公司,中铁五局(集团)有限公司 | 2017.6 |
| 9 | 特长隧道 | 雪山2号隧道 | G0615花大高速公路 | 玛沁县 | 4615 | 4615 | 5 | 10.25 | 公路-Ⅰ级 | 8度 | 4073 | 4040 | 4073 | 4040 | 中交第一公路勘察设计研究院有限公司/陕西路桥集团有限公司,青岛路桥建设集团有限公司 | 2017.6 |
| 10 | 特长隧道 | 久治1号隧道 | G0615大久高速公路 | 久治县 | 3559 | 3608 | 5 | 10.25 | 公路-Ⅰ级 | 7度 | 3920 | 3911 | 3920 | 3909 | 青海省公路科研测设计院/中交第三公路工程局有限公司,中铁十八局集团第三工程有限公司 | 2017.10 |
| 11 | 特长隧道 | 久治2号隧道 | G0615大久高速公路 | 久治县 | 3930 | 3880 | 5 | 10.25 | 公路-Ⅰ级 | 7度 | 3972 | 4082 | 3973 | 4082 | 青海省公路科研测设计院/中铁五局(集团)有限公司,中建路桥集团有限公司 | 2017.10 |

## 第四章 高速公路桥梁隧道建设

续上表

| 序号 | 规模 | 隧道名称 | 所在线路 | 地理位置 | 左线长(m) | 右线长(m) | 净高(m) | 净宽(m) | 设计汽车荷载 | 抗震设防烈度 | 左线海拔(m) 进口 | 左线海拔(m) 出口 | 右线海拔(m) 进口 | 右线海拔(m) 出口 | 设计单位/施工单位 | 建成年月 |
|---|---|---|---|---|---|---|---|---|---|---|---|---|---|---|---|---|
| 12 | 特长隧道 | 久治3号隧道 | G0615大大高速公路 | 久治县 | 4710 | 4720 | 5 | 10.25 | 公路-I级 | 7度 | 4039 | 4038 | 4044 | 4038 | 青海省公路科研勘测设计院/中交二公局第三工程有限公司,中铁五局集团路桥工程有限责任公司 | 2017.10 |
| 13 | 特长隧道 | 公伯岭1#隧道 | S22循隆高速公路 | 循化县 | 3048 | 3051 | 5 | 10.25 | 公路-I级 | 8度 | 2029 | 2049 | 2029 | 2048 | 中国公路工程咨询集团有限公司/中交三公局 | 2017.10 |
| 14 | 特长隧道 | 中咱隧道 | S22循隆高速公路 | 循化县 | 3621 | 3559 | 5 | 10.25 | 公路-I级 | 8度 | 2049 | 2037 | 2050 | 2038 | 中国公路工程咨询集团有限公司/中交三公局 | 2017.10 |
| 15 | 特长隧道 | 大力加山隧道 | S22大循高速公路 | 循化县 | 5461 | 5475.79 | 5 | 10.25 | 公路-I级 | 7度 | 3186 | 3111 | 3198 | 3110 | 中交路桥技术有限公司/中交路桥北方工程有限公司 | 2017.10 |
| 16 | 长隧道 | 老鸦峡2#隧道 | G6平高速公路 | 民和县 | 2835 | 2835 | 5 | 10.25 | 汽车—超20级 | 7度 | 1830 | 2390 | 1830 | 2390 | 中交第一公路勘察设计研究院有限公司/中铁十九局工程局第一工程处 | 2002.11 |
| 17 | 长隧道 | 阜台子2#隧道 | G6马平高速公路 | 民和县 | 1270 | 1242 | 5 | 10.25 | 汽车—超20级 | 7度 | 1824 | 1926 | 1824 | 1926 | 中交第一公路勘察设计研究院有限公司/中铁一局集团第一工程处 | 2002.11 |
| 18 | 长隧道 | 大西山隧道 | G6西宁西过境高速公路 | 西宁市城北区 | 2553 | 2535 | 5 | 10.75 | 公路-I级 | 5.6度 | 2315 | 2444 | 2315 | 2444 | 中交第一公路勘察设计研究院,青海省公路勘测设计院/中交三公路工程局 | 2010.10 |

续上表

| 序号 | 规模 | 隧道名称 | 所在线路 | 地理位置 | 左线长(m) | 右线长(m) | 净高(m) | 净宽(m) | 设计汽车荷载 | 抗震设防烈度 | 左线海拔(m) 进口 | 左线海拔(m) 出口 | 右线海拔(m) 进口 | 右线海拔(m) 出口 | 设计单位/施工单位 | 建成年月 |
|---|---|---|---|---|---|---|---|---|---|---|---|---|---|---|---|---|
| 19 | 长隧道 | 朵绐山隧道 | G0611牙同高速公路 | 化隆县 | 2253 | 2251 | 5 | 10.25 | 公路-Ⅰ级 | 7度 | 2064 | 2040 | 2064 | 2040 | 中交第二公路勘察设计研究院有限公司/中铁十二局集团有限公司 | 2016.7 |
| 20 | 长隧道 | 隆务峡1号隧道 | G0611牙同高速公路 | 尖扎县 | 1165 | 1164 | 5 | 10.25 | 公路-Ⅰ级 | 7度 | 2070 | 2067 | 2070 | 2067 | 中交第二公路勘察设计研究院有限公司/中交第二公路工程局有限公司 | 2016.7 |
| 21 | 长隧道 | 隆务峡4号隧道 | G0611牙同高速公路 | 尖扎县 | 2070 | 2053 | 5 | 10.25 | 公路-Ⅰ级 | 7度 | 2141 | 2190 | 2141 | 2190 | 中交第二公路勘察设计研究院有限公司/中交第四公路工程局有限公司 | 2016.7 |
| 22 | 长隧道 | 隆务峡5号隧道 | G0611牙同高速公路 | 尖扎县 | 1523 | 1545 | 5 | 10.25 | 公路-Ⅰ级 | 7度 | 2206 | 2215 | 2206 | 2215 | 中交第二公路勘察设计研究院有限公司/中交第四公路工程局有限公司 | 2016.7 |
| 23 | 长隧道 | 峡口隧道 | G0612西宁南绕城高速公路 | 海东市平安区 | 2980 | 2963 | 5 | 14.5 | 公路-Ⅰ级 | 7度 | 2187 | 2221 | 2187 | 2220 | 中交第一公路勘察设计研究院有限公司/中交二公路第三工程有限公司、中交第二公路工程局有限公司 | 2015.10 |
| 24 | 长隧道 | 凤凰山隧道 | G0612西宁南绕城高速公路 | 西宁市城东区 | 1458 | 1460 | 5 | 14.5 | 公路-Ⅰ级 | 7度 | 2332 | 2358 | 2332 | 2358 | 中交第二公路勘察设计研究院有限公司、中交第二公路工程局有限公司/中交第一公路工程有限公司 | 2015.10 |

# 第四章 高速公路桥梁隧道建设

续上表

| 序号 | 规模 | 隧道名称 | 所在线路 | 地理位置 | 左线长(m) | 右线长(m) | 净高(m) | 净宽(m) | 设计汽车荷载 | 抗震设防烈度 | 左线海拔(m) 进口 | 左线海拔(m) 出口 | 右线海拔(m) 进口 | 右线海拔(m) 出口 | 设计单位/施工单位 | 建成年月 |
|---|---|---|---|---|---|---|---|---|---|---|---|---|---|---|---|---|
| 25 | 长隧道 | 西山隧道 | G0612西宁南绕城高速公路 | 西宁市城中区 | 2558 | 2552 | 5 | 14.5 | 公路-Ⅰ级 | 7度 | 2390 | 2328 | 2390 | 2328 | 中交第一公路勘察设计研究院有限公司/中交第一公路工程局有限公司,中交第二航务工程局有限公司 | 2015.10 |
| 26 | 长隧道 | 姜路岭隧道 | G0613共玉高速公路 | 兴海县 | 2925 | 2860 | 5 | 10.25 | 公路-Ⅰ级 | 8度 | 4200 | 4200 | 4200 | 4200 | 青海省公路勘测设计院/中铁十一局集团有限公司 | 2016.10 |
| 27 | 长隧道 | 河卡山隧道(左线) | G0613共玉高速公路 | 兴海县 | 2270 | 2805 | 5 | 10.25 | 公路-Ⅰ级 | 8度 | 3600 | 3600 | 3600 | 3600 | 青海省公路勘测设计院/中铁十六局集团有限公司 | 2015.10 |
| 28 | 长隧道 | 大武隧道 | G0615大久高速公路 | 玛沁县 | 2770 | 1040 | 5 | 10.25 | 公路-Ⅰ级 | 7度 | 4125 | 4067 | 4125 | 4067 | 青海省公路科研勘测设计院/中铁十一局集团第二工程有限公司 | 2017.10 |
| 29 | 长隧道 | 甘德隧道 | G0615大久高速公路 | 甘德县、久治县 | 1025 | — | 5 | 10.25 | 公路-Ⅰ级 | 7度 | 3752 | 3763 | 3752 | 3763 | 青海省公路科研勘测设计院/中交隧道工程有限公司 | 2017.10 |
| 30 | 长隧道 | 久治4号隧道 | G0615大久高速公路 | 久治县 | 2845 | 2830 | 5 | 10.25 | 公路-Ⅰ级 | 7度 | 3844 | 3777 | 3844 | 3778 | 青海省公路勘测设计集团有限公司,中交二公局第三工程有限公司/中铁二十三局集团有限公司,中交二公局第三工程有限公司 | 2017.10 |

## 青海

续上表

| 序号 | 规模 | 隧道名称 | 所在线路 | 地理位置 | 左线长(m) | 右线长(m) | 净高(m) | 净宽(m) | 设计汽车荷载 | 抗震设防烈度 | 左线海拔(m) 进口 | 左线海拔(m) 出口 | 右线海拔(m) 进口 | 右线海拔(m) 出口 | 设计单位/施工单位 | 建成年月 |
|---|---|---|---|---|---|---|---|---|---|---|---|---|---|---|---|---|
| 31 | 长隧道 | 岘子隧道 | S201川大高速公路 | 民和县 | 1666 | 1772 | 5 | 10.25 | 公路-Ⅰ级 | 7度 | 2303 | 2343 | 2342 | 2306 | 青海省公路科研勘测设计院/中交一公局第一工程有限公司，中铁隧道集团三处有限公司 | 2016.12 |
| 32 | 长隧道 | 浪唐山3号隧道 | S201川大高速公路 | 民和县 | 2831.30 | 2862.00 | 5 | 10.25 | 公路-Ⅰ级 | 7度 | 2352 | 2351 | 2346 | 2348 | 青海省公路科研勘测设计院/中铁一局集团有限公司河北交通集团桥交通集团有限公司 | 2016.12 |
| 33 | 长隧道 | 浪唐山1号隧道 | S201川大高速公路 | 民和县 | 1383.59 | 1356.89 | 5 | 10.25 | 公路-Ⅰ级 | 7度 | 2301 | 2308 | 2998 | 2308 | 青海省公路科研勘测设计院/河北交通建设集团有限公司 | 2016.12 |
| 34 | 长隧道 | 街子隧道 | S22循隆高速公路 | 循化县 | 1421 | 1424 | 5 | 10.25 | 公路-Ⅰ级 | 8度 | 1954 | 1950 | 1954 | 1949 | 中国公路工程咨询集团有限公司/中交三公局 | 2017.10 |
| 35 | 长隧道 | 公伯峡隧道 | S22循隆高速公路 | 循化县 | 2069 | 2061 | 5 | 10.25 | 公路-Ⅰ级 | 8度 | 1971 | 2014 | 1971 | 2015 | 中国公路工程咨询集团有限公司/中交三公局 | 2017.10 |
| 36 | 长隧道 | 古什群隧道 | S22循隆高速公路 | 循化县 | 1931 | 1845 | 5 | 10.25 | 公路-Ⅰ级 | 8度 | 2015 | 2028 | 2015 | 2028 | 中国公路工程咨询集团有限公司/中交三公局 | 2017.10 |
| 37 | 长隧道 | 钦生岭隧道 | S22循隆高速公路 | 循化县 | 1206 | 1204 | 5 | 10.25 | 公路-Ⅰ级 | 8度 | 2037 | 2063 | 2039 | 2063 | 中国公路工程咨询集团有限公司/中交三公局 | 2017.10 |
| 38 | 长隧道 | 卧龙沟1号隧道 | S22大循高速公路 | 循化县 | 2626 | 2554.63 | 5 | 10.25 | 公路-Ⅰ级 | 7度 | 2965 | 3023 | 2964 | 3023 | 中交路桥技术有限公司/中交第四公路工程局有限公司 | 2017.10 |

## 第四章 高速公路桥梁隧道建设

续上表

| 序号 | 规模 | 隧道名称 | 所在线路 | 地理位置 | 左线长(m) | 右线长(m) | 净高(m) | 净宽(m) | 设计汽车荷载 | 抗震设防烈度 | 左线海拔(m)进口 | 左线海拔(m)出口 | 右线海拔(m)进口 | 右线海拔(m)出口 | 设计单位/施工单位 | 建成年月 |
|---|---|---|---|---|---|---|---|---|---|---|---|---|---|---|---|---|
| 39 | 中隧道 | 老鸦峡1号隧道 | G6马平高速公路 | 民和县 | 599 | 535 | 5 | 10.25 | 汽车—超20级 | 7度 | 1830 | 2390 | 1830 | 2390 | 中交第一公路勘察设计研究院有限公司/中铁十二局工程第三工程处 | 2002.11 |
| 40 | 中隧道 | 科木其隧道 | G0611牙同高速公路 | 化隆县 | 605 | 620 | 5 | 10.25 | 公路-I级 | 7度 | 2139 | 2136 | 2139 | 2136 | 中交第二公路勘察设计研究院有限公司/中铁十九局集团第二工程有限公司 | 2016.7 |
| 41 | 中隧道 | 隆务峡2号隧道(右线) | G0611牙同高速公路 | 尖扎县 | 510 | 500 | 5 | 10.25 | 公路-I级 | 7度 | 2068 | 2068 | 2068 | 2068 | 中交第二公路勘察设计研究院有限公司/中铁十九局集团第二工程有限公司 | 2016.7 |
| 42 | 中隧道 | 南西山隧道 | G0612西宁南绕城高速公路 | 西宁市城中区 | 869 | 900 | 5 | 14.5 | 公路-I级 | 7度 | 2352 | 2335 | 2348 | 2335 | 中交第一公路勘察设计研究院有限公司/中交第一公路工程局有限公司 | 2015.10 |
| 43 | 中隧道 | 噶噶山隧道 | C3011当大高速公路 | 德令哈市 | 740 | 740 | 5 | 10.5 | 公路-I级 | 7度 | 3479 | 3479 | 3479 | 3479 | 青海省公路科研勘测设计院 | 2011.12 |
| 44 | 中隧道 | 浪唐山隧道 | S201川大高速公路 | 民和县 | 619.00 | 617.00 | 5 | 10.25 | 公路-I级 | 7度 | 2301 | 2303 | 2301 | 2303 | 青海省公路科研勘测设计院/河北交建集团投向公司 | 2016.12 |
| 45 | 中隧道 | 满坪2号隧道 | S201川大高速公路 | 民和县 | 643.00 | 653.00 | 5 | 10.25 | 公路-I级 | 7度 | 2300 | 2301 | 2300 | 2301 | 青海省公路科研勘测设计院/中铁十九局集团第三工程有限公司 | 2016.12 |
| 46 | 中隧道 | 公哇岭隧道 | S201川大高速公路 | 民和县 | 911.00 | 984.00 | 5 | 10.25 | 公路-I级 | 7度 | 2347 | 2330 | 2346 | 2331 | 青海省公路科研勘测设计院/中铁十四局集团有限公司 | 2016.12 |

续上表

| 序号 | 规模 | 隧道名称 | 所在线路 | 地理位置 | 左线长(m) | 右线长(m) | 净高(m) | 净宽(m) | 设计汽车荷载 | 抗震设防烈度 | 左线海拔(m)进口 | 左线海拔(m)出口 | 右线海拔(m)进口 | 右线海拔(m)出口 | 设计单位/施工单位 | 建成年月 |
|---|---|---|---|---|---|---|---|---|---|---|---|---|---|---|---|---|
| 47 | 中隧道 | 享堂子1号隧道 | G6马平高速公路 | 民和县 | 255 | 80 | 5 | 10.25 | 汽车—超20级 | 7度 | 1882 | 1926 | 1882 | 1926 | 中交第一公路勘察设计研究院有限公司/中国水利水电工程局 | 2002.11 |
| 48 | 短隧道 | 隆务峡2号隧道(左线) | G0611牙同高速公路 | 尖扎县 | 485 | 505 | 5 | 10.25 | 公路-Ⅰ级 | 7度 | 2071 | 2072 | 2070 | 2072 | 中交第二公路勘察设计研究院有限公司/中铁十九局集团第二工程有限公司 | 2016.7 |
| 49 | 短隧道 | 久治5号隧道 | G0615大久高速公路 | 久治县 | 156 | 160 | 5 | 10.25 | 公路-Ⅰ级 | 7度 | 3650 | 3649 | 3650 | 3949 | 青海省公路科研勘测设计院/中交第二公路工程有限公司 | 2017.10 |
| 50 | 短隧道 | 满坪1号隧道 | S201川大高速公路 | 民和县 | 395 | 414 | 5 | 10.25 | 公路-Ⅰ级 | 7度 | 2301 | 2301 | 2301 | 2302 | 青海省公路科研勘测设计院/中铁十九局集团第三工程有限公司 | 2016.12 |
| 51 | 短隧道 | 絮汗盖隧道 | G0615香沟高速公路 | 都兰县 | 185 | 185 | 5 | 10.25 | 公路-Ⅰ级 | 8度 | 3120 | 3121 | 3120 | 3121 | 青海省公路科研勘测设计院/中交路桥梁建设集团有限公司 | 2015.8 |
| 52 | 短隧道 | 公伯岭2号隧道 | S22循隆高速公路 | 循化县 | 240 | — | 5 | 10.25 | 公路-Ⅰ级 | 8度 | 2046 | 2048 | — | — | 中国公路工程咨询集团有限公司/中交二公局 | 2017.10 |
| 53 | 短隧道 | 苏龙珠隧道 | S22循隆高速公路 | 化隆县 | 458 | 490 | 5 | 10.25 | 公路-Ⅰ级 | 8度 | 2064 | 2058 | 2064 | 2058 | 中国公路工程咨询集团有限公司/中交二公局 | 2017.10 |
| 54 | 短隧道 | 卧龙沟2号隧道 | S22大循高速公路 | 循化县 | 292.28 | 287 | 5 | 10.25 | 公路-Ⅰ级 | 7度 | 3049 | 3058 | 3050 | 3058 | 中交路桥技术有限公司/中交第四公路工程局有限公司 | 2017.10 |
| 55 | 短隧道 | 巴隆隧道 | G6茶格高速公路 | 都兰县 | 500 | 464 | 5 | 10.25 | 公路-Ⅰ级 | 7度 | 2940 | 2946 | 2939 | 2946 | 青海省公路科研勘测设计院/中交二公局第三工程有限公司 | 2016.1 |

口高程4233m;花久高速公路有5座,分别为:雪山1号隧道(左、右线),进口高程4462m,出口高程4406m;雪山2号隧道(左、右线),进口高程4073m,出口高程4041m;大武隧道(左、右线),进口高程4125m,出口高程4067m,久治3号隧道(左、右线),进口高程4039m、4044m,出口高程4038m,久治2号隧道(左、右线),进口高程3973m,出口高程4082m。

牙同高速公路隧道内景

海拔4000m以上的高速公路隧道中:海拔最高的是雪山1号隧道,其进口高程4462m;最长的是久治3号隧道,右线4720m。

## 二、建设特点

青海省境内的隧道,大多属于高寒高海拔地区隧道,隧道的修筑难度相对较大。与低海拔地区的隧道相比,其建设难度主要体现在:地质条件十分复杂,地层大小断裂带、破碎带众多;海拔高达3000m以上,终年冰雪,最低气温在-30~40℃,膨胀土和低温施工难以控制;空气含氧量仅为海平面的一半,低含氧对施工进展带来困难;隧道施工中不可避免地会遇到冰川、泥石流、大塌方、大涌水、大变形等特殊难题。隧道工程与其他工程的明显区别,在于隧道工程是地下工程,在勘察设计和施工过程中,会遇到各种不确定的因素。因此,各种监测手段和信息超前预报,成为隧道设计、施工和避免灾害发生的重要依据。特别是在青藏高原地区,面对高海拔、超低温和复杂的地质条件,隧道建设的围岩监测、超前地质预报和施工控制,成为高寒地区隧道建设的关键技术。

虽然高寒、高海拔、冻土条件等,给隧道施工带来了极大的难度和挑战,但工程建设施工人员不畏艰难,开拓创新,在施工中采取了多项技术创新和科研攻关,使得隧道建设能够保质保量地完成。

青海高速公路隧道工程,采用了国内比较先进的机电设备和监控管理措施,电视监视系统、供配电系统工程、照明系统、通风系统、紧急电话及广播系统、消防及火灾报警系统、交通检测、信号控制系统等,较为完善;对改善洞内环境,减少污染和事故,增强隧道的通行能力,延长隧道的使用期限,保证隧道的安全运营等,均起到了重要的作用。根据青海省隧道的特点,采用的主要通风方式有自然通风和机械通风。在较短隧道中,主要采用自然通风;而长隧道中则使用机械通风。

# 第五章
# 高速公路生态环保

## 第一节 概　况

### 一、青海生态地位

青海是三江之源、"中华水塔",是我国极其重要的水源保护地和生态屏障,在维护国家生态安全中,具有独特而不可替代的战略地位。据不完全统计,黄河总水量的49%、长江总水量的26%、澜沧江总水量的16%均源自青海。青海是我国淡水资源的重要补给地,关系到下游藏、甘、滇、川等十六个省、市、自治区的用水安全。青海最大的价值在生态、最大的贡献在生态、最大的责任也在生态。保护好青海的生态环境,既是服务全国大局的需要,也是青海自身可持续发展的需要。

设立在玉树的三江源自然保护区碑

党中央、国务院对青海省生态保护与建设工作,高度重视。习近平总书记多次作出重要批示,明确要求青海要保护好生态,要当好生态的保护神,筑牢国家生态安全屏障。习近平总书记在参加十二届全国人大四次会议青海代表团审议时强调:"在生态环境保护建设上,一定要树立大局观、长远观、整体观,坚持保护优先,坚持节约资源和保护环境的基本国策,像保护眼睛一样保护生态环境,像对待生命一样对待生态环境,推动形成绿色发展方式和生活方式。"2016年8月22日至24日,习近平总书记在青海考察时强调:必须把生态文明建设放在突出位置来抓,尊重自然、顺应自然、保护自然,筑牢国家生态安全屏障,实现经济效益、社会效益、生态效益相统一,并提出扎扎实实推进生态环境保护的重大要求。

"生态兴则文明兴,生态衰则文明衰"。面对特殊的省情,中共青海省委、青海省人民政府把生态保护作为重要责任,坚持生态保护优先理念,提出把坚持生态保护第一作为立省之要,以生态文明的理念统领经济社会发展全局,全力创建国家生态文明保护示范区,努力走向生态文明新时代,为建设美丽中国作出应有贡献。

2013年12月,青海省出台《青海省创建全国生态文明先行区行动方案》和《青海省生态文明建设制度方案》。2014年10月29日,国家发展与改革委员会等六部委批准《青海省生态文明先行示范区建设实施方案》,其战略定位为生态环境保护优先区、循环经济发展先行区、制度建设改革试点区,这为青海加强生态文明建设注入了新的动力。2014年召开的中共青海省委十二届七次全会明确提出,青海在维护国家生态安全中具有无可替代的重要地位,"坚持生态保护第一"是青海面向未来的战略抉择。2015年5月,青海省制定了《贯彻落实〈中共中央国务院关于加快推进生态文明建设的意见〉的实施意见》,明确加快推进生态文明建设的目标愿景、重大任务、制度体系,形成推进青海生态文明建设的纲领性文件。2015年12月,习近平总书记主持召开的中央全面深化改革领导小组第19次会议,审议通过了《中国三江源国家公园体制试点方案》,使三江源生态文明建设上升为国家战略,这对加快推进青海生态文明建设历史进程,具有里程碑意义。

2015年,中共青海省委、省人民政府在认真学习贯彻习总书记重要讲话,深刻分析把握青海发展的阶段性特征、历史经验、发展要求和规律的基础上,提出了"十三五"时期全省经济社会发展的"131"总体要求,即重点构筑国家生态安全屏障,建设生态文明先行区;加快转变发展方式,建设循环经济发展先行区。2016年12月,中共青海省委十二届十三次全会提出,要在认识省情和谋划发展上,努力实现从经济小省向生态大省、生态强省的转变等"四个转变"。2017年,青海省第十三次党代会对建设生态大省、生态强省做了进一步部署。

进入新世纪以来,在国家的大力支持和帮扶下,青海省以东部干旱山区、环湖地区、共和盆地、三江源区和柴达木盆地为重点,先后投资近百亿元资金,组织实施了生态环境综合治理、天然林保护、退耕还林还草、"三北"防护林、退牧还草、水土保持等生态环境建设工程,先后建立了森林、湿地、荒漠生态系统和野生动植物类型的国家级自然生态保护区7处,省级自然生态保护区4处,总面积$21.80 \times 10^4 km^2$,占省域国土面积的30.2%。使全省生态环境恶化的趋势得到很大程度的遏制,初步形成了建设、保护、管理协调结合、整体推进的生态治理新格局。

为保护脆弱的生态环境和优化国土资源开发,青海省主体功能区划分为重点开发区

## 第五章
### 高速公路生态环保

副省长韩建华(前排左四)调研高速公路建设情况

域、限制开发区域和禁止开发区域。重点开发区域,包括东部重点开发区域和柴达木重点开发区域,属国家级兰州—西宁重点开发区域。该区域占全省土地面积的 10.18%,总人口 397 万人,占全省总人口的 68.7%;限制开发区域,包括国家级三江源草原草甸湿地生态功能区、祁连山冰川与水源涵养生态功能区和省级东部农产品主产区、中部生态功能区。该区域占青海省国土面积的 57.71%,总人口 149 万人,占全省总人口的 25.8%;禁止开发区域,包括国家级自然保护区、国家风景名胜区、国家森林公园、国家地质公园等 20 处,面积 $22.11 \times 10^4 km^2$。限制开发区域和禁止开发区域占全省总面积的 89.82%。

青海主体功能区划图

## 二、青海公路建设主要环保措施

为全面落实中共青海省委、省人民政府"生态立省"战略和交通运输部"四个交通"发展要求,青海省交通运输厅牢固树立生态保护第一的理念,将生态环境可持续发展理念贯穿到规划、设计、建设、养护、运营、管理的全过程,坚持以生态文明、环境保护统领项目建设管理工作。在公路建设过程中,坚持在发展中保护、在保护中发展,落实低消耗、低排放、低污染、零破坏、高效率、高效益目标,坚持最大限度保护、最小限度扰动、最强力度恢复,确保了项目建设与生态保护、资源节约、环境友好发展。

### (一)建立健全环境保护制度体系

青海省交通运输厅高度重视环境保护工作,专门成立了节能减排与应对气候变化工作领导小组,建立了厅属单位党政领导干部绩效考核办法,加大生态环境保护工作在领导班子和领导干部目标责任考核中的权重。坚持做好顶层设计,通过系统研究,编制了《青海省绿色交通"十三五"发展规划》,提出高速公路及普通国省干线公路路面旧料回收率、隧道节能照明覆盖率、电子不停车收费(ETC)等"7个百分百"的目标,签订节能目标责任书,明确了全省交通运输行业生态环境保护工作目标和方向。2016年1月,省交通运输厅与省环境保护厅联合下发《青海省公路建设生态环境保护技术指南》,在行业内印发了《加快推进青海省绿色交通运输发展的指导意见》《青海省公路建设生态环境保护考核办法》《青海省公路建设生态环境事故应急预案(试行)》等管理办法。全行业基本形成了责任到人,落实到位,齐抓共管的生态环境保护工作新局面。在高速公路建设过程中,各建设单位多措并举,将生态环境保护纳入日常管理,建立了环保责任制,从项目招标到施工各个阶段,对环保工作提出明确要求,落实环保经费,将环保要求写进施工合同条款。落实环境保护"党政同责"和"一岗双责",并与施工单位签订环境保护责任书。根据沿线环境、气候、地质等特点,制订了《环境保护指南》《文明施工手册》,实行环保监理制,严格落实环境保护方案审批制度,有力地推进了生态环保工作的落实。

### (二)认真做好生态环保宣传工作

为深入贯彻"创新、协调、绿色、开放、共享"发展理念,让"四个扎扎实实"重大要求在青海交通运输系统落地生根,青海省交通运输厅牢牢把握生态环保新要求,认真做好宣传工作,利用"大讲堂"等专项培训,强化对从业人员生态文明建设理念教育,增强做好生态环境保护工作的自觉性和主动性。在世界环境日、全国节能宣传周和全国低碳日期间,组织安排各市(州)交通(运输)局、厅属各单位,通过电台、电视台、报刊、政务微博微信、网站、电子宣传屏、可变信息板、宣传栏以及长途客车、公交车、出租车上的车载声像设备等,播放文字、影音资料;通过客运站、收费站、服务区、码头、公路两侧、施工现场、办公楼等公共场所,悬挂张贴节能标语、横幅、宣传画等,大力宣传生态环保法律法规、交通运输节能减排和低碳发展的典型经验及节能成效。同时,加强对公路建设施工人员的教育,普及相关法律知识,使参建人员掌握本标段工程基本情况和必须遵守的环保事项及环保知识,提高施工人员的环保意识。通过一系列的宣传活动,全行业生态环境保护意识明显增强,资源节约、环境友好、绿色出行的理念不断深入人心。

(三)在项目规划设计阶段强化生态环保理念

围绕绿色交通发展目标,坚持规划引领,研究编制了《青海省道路运输业发展规划》《青海省公路交通节能"十二五"发展规划》等规划,配合完成了《国家公路网规划》青海境内路线布局方案,编制了《青海省高速公路网规划(调整)》《青海省省道网规划》《青海省农村公路网规划》等规划项目。在新调整规划路网中,坚持科学发展、注重生态保护的规划原则,尽最大可能避开了三江源、青海湖、可可西里和祁连山等自然保护区核心区。同时,根据青海高等级公路车辆行驶距离长、交通量小、横向干扰少的特点,灵活选用工程技术标准,适当采用不完全封闭、低路基、分期分幅建设等技术标准和建设模式,从源头上避免建设中的大填大挖现象,促进公路建设与生态环境协调发展。在工程设计阶段,认真开展环境影响评估,坚持生态选线、地形选线、地质选线相结合的原则,遵循区域特殊性、自然优先性、生态适应性的设计理念,突出地域特色,强调个性设计,合理进行路线布设,追求路、人、景的和谐统一。实行严格的耕地保护制度,合理设置服务设施,合理确定功能和规模,尽量利用废弃地、荒山和坡地或结合弃土场设置,原则上不占用耕地。在自然保护区或生态敏感地区公路设计中,做到能桥则桥、能隧则隧,尽可能节约土地资源,保护原始生态环境。同时,注重生态恢复设计,在相应路段合理设置了野生动物通道,建设湿地连通生态保护工程,降低工程建设对生态系统的扰动。为保护青海湖湿地资源,将丹拉国道主干线在青海湖保护区范围内的走廊带改移至青海湖南山南侧,避开了青海湖旅游区。在西部高速公路和共玉高速公路建设中,采用低路基、缓边坡、分离式路基的设计理念,既降低了工程造价,又有利于生态环境的恢复。

(四)在工程建设中始终坚持"不破坏就是最大保护"原则

青藏高原生态环境极其脆弱,植被一旦被破坏,就很难恢复。在高速公路建设中,参建单位针对高海拔、高寒地区、敏感区域生态系统的特点,坚持"最大努力的保护、最小限度的破坏、最大程度的恢复、最大能力的投入"原则,严格按照"保护优先,在保护中建设,在建设中保护"的总体思路,探索"无痕化"施工技术,全面创新和落实生态防护理念及环保措施。在共玉、花久等穿越"三江源"自然保护区的高速公路建设中,积极探索路基清

三江源地区公路边坡植草

表"草皮移植"技术,创造性地实施了"草皮搬家",将施工作业区的草皮等距成块切割,连同腐殖土一同搬到路基两侧养生区假植保存,分层集中整齐堆放,并采用黑色遮阳网和土工布覆盖,减少水分蒸发;同时,根据天气情况适时补充洒水养生。待路基成型后,再回植到已经完成的路基边坡或施工场地表面,与天然植被形成浑然一体。此外,在边坡防护中采用喷播植草技术,基本实现了"无痕化"施工的环保目标。

为防止环境污染和生态破坏,全面落实"环保设施与主体工程同时设计、同时施工、同时投产使用"的环保"三同时"原则。认真落实高速公路施工标准化活动,深入推进工地建设标准化和环境保护标准化,从细节入手,做好环保管控。施工尽量在公路征地范围内进行,按设计要求合理规划施工便道、施工场地、取弃土场和施工营地,尽量发挥路地公用功能,使便道、水池等设施造福当地群众。施工产生的污水,采取相应的处理措施,不直接排入牧草场、耕地,采用挖坑集中处理掩埋。临时用地结束后,认真清除混凝土等坚固设施,并同施工、生活垃圾一起运到指定地点进行处理。合理设计、设置表土堆放场,对于弃土弃渣场地,施工中设置安全排水通道,尽量减少水土流失;工程完成后,按环保要求对顶面进行平整,做到坡面平、顺、直,不对弃土场周围的建筑物、排水和其他设施产生干扰和破坏,并注重做好植被的保护和恢复,最大程度降低工程施工对环境的影响。切实做好对施工扬尘污染的防治工作,通过落实施工便道硬化、开挖创面、弃渣场和运输车辆覆盖、洒水降尘、配备车辆冲洗设备等措施,使施工中的扬尘污染明显降低。

(五)积极开展生态环保科研课题研究

首先依托重点科研平台、重大科研项目和重点建设工程,争取国家支持,实施重大科技专项,实现多年冻土地区公路建设及养护、高寒地区路面耐久性、高原公路建设与生态环境保护等方面重大关键技术突破。二是加强生态环保项目研究,"青海省公路建设生态环境保护对策及关键技术研究""青海省绿色交通发展研究""寒区温拌沥青混合料技术""冷拌沥青混合料在青海道路养护中的应用研究"等8个课题项目共获得交通运输部专项补助资金1700余万元,有力保障了工作开展。三是投入科研经费1.11亿元,开展了多年冻土地区、盐渍土地区公路修筑技术研究,形成了具有自主知识产权的成套修建技术。四是认真开展生态修复试点工作,依托共和至玉树高速公路建设工程,开展了"青藏高原G214线干线公路升级改造科技示范工程",推广应用"多年冻土地区公路修筑成套技术研究"等新技术、新方法3类24项;依托花久高速公路建设开展绿色循环低碳公路主题性项目示范,开展"多年冻土施工及耐久措施""高原草甸无痕化施工""三江源生态环保"等特色技术应用。四是加强标准化工作,认真贯彻落实国家标准和行业标准,结合实际制定了20多项地方性标准,其中大量标准涉及生态环保工作,如依托共玉高速公路编制的《高海拔高寒地区公路边坡生态防护技术》(设计、施工、验收、养护)四个地方标准等,为进一步推进青海省绿色交通发展,提供了有力支撑。

(六)扎实推进公路建设节能减排

积极推进温拌沥青混合料技术、就地热再生技术、就地冷再生技术等先进节能减排新技术、新工艺的应用,不断提升废旧沥青回收和循环利用率,高速公路沥青路面再生循环利用率达100%。持续推进高速公路重点用能设备节能改造工作,完成18处高速公路收费站、隧道的节能改造,改造后的照明设备年省电40%以上。在京藏高速曹家堡至朝阳段亮化工程中,共计安装LED太阳能路灯1698套。在高速公路收费站及服务区房建工程中,广泛采用节能产品,保温节能效果良好。实施了马场垣及乐都服务区清洁能源和水资源循环利用试点工程,采用以速生化反应器和生态土壤渗滤床为主体的污水回用循环处理系统,实现污水零排放。加快推进公路网运行监测与出行服务系统建设,建成高速公路运营路段联网收费系统,加强ETC收费系统建设,并顺利实现与全国联网。

# 第二节 典型生态环保工程

## 一、共和至茶卡高速公路

### (一)基本情况

共和至茶卡高速公路是京藏高速的组成部分,全长163.8km。为保护青海湖湿地资源,根据2007年12月29日国家发改委批复的《青海湖流域生态环境保护与综合治理规划》和丹拉国道主干线在青海湖保护区范围内的走廊带改移的要求,共茶高速公路项目的设计和实施避开了青海湖旅游区,改移至青海湖南山南侧。此举有利于湖区旅游资源的合理开发利用,很好地体现了保护生态环境的原则。本项目全线均采用低路堤、缓边坡的人性化设计理念(大部分路段路基高度 0.7~1.0m,边坡采用 1:6),80% 的路段采用分离式路基,使公路融入自然,行车更加安全便捷。

### (二)主要做法

(1)保护生态,做好水土保持工作,实行"三同时"制度。建设单位与黄河水土保持生态环境监测中心,就共茶公路沿线取土场、弃土和弃渣场、路基边坡、施工便道、植被恢复等工程的监测,签订了《水土保持监测委托合同》,严格按国家水土保持监测技术规范和有关标准规定要求,组织实施监测。工程竣工后,对弃土场、生产生活用地及施工便道等,按照当地水土保持主管部门的要求,进行复耕或绿化,力争将施工环境污染、水土流失降到最小限度。

(2)项目沿线由于高寒缺氧、年平均气温低、降水量少、风沙大,自然生态环境十分脆弱,做好后期绿化和植被恢复工作难度很大。因此,在建设过程中,要求各参建单位认真执行《环境保护指南》和《文明施工手册》,将施工作业面严格控制在公路用地界内,坚决杜绝乱挖滥弃现象,做到了公路界外无施工痕迹,有效保护了当地脆弱的生态环境,做到了文明施工、和谐施工。

(3)在工程建设中,体现"预防为主,保护优先,开发和保护并重"的原则。开展多种形式、多种内容的环保宣传,加强对施工人员的环保和水保教育,提高施工人员的环保和水保意识,使环保和水保理念深入人心,成为每个施工人员的自觉行动。

### (三)工作亮点

(1)全线路基设计符合"以人为本、安全至上"的典型示范勘察设计理念,以"公路宽容性设计"为指导,结合当地地形、地质条件,合理设置整体式或分离式的路基形式,在省内首次采用"低路堤、缓边坡"设计新理念(即路基填土高度为 0.7~1.0m,路基边坡坡率为 1:4~1:6)。不仅降低了工程造价,而且使公路自然地融入沿线广阔的半荒漠草原,与周边自然环境更加协调。

(2)共茶高速项目办在实施过程中,还根据当地野生动物和牧场的分布,与设计、施工、监理单位多次到现场调查研究,合理设置通道,增加牧道桥,方便野生动物和沿线牧场牛羊、骆驼的迁徙,增加安全警示标志,以提醒过往司乘人员注意行车速度,进而保证行车安全。

(3)项目在建设过程中,将清表腐殖土集中堆放,路基成型后全部用于边坡培土,并进行植草;全线边坡植草面积达 $6381875m^2$,使公路与大自然融为一体。沿线挖方路段及填土高度小于边沟深度的填方路段,设置了浅碟形边沟,并在边沟底部 20cm 深范围内,采用手摆块、卵石,防止冲刷。这种设计大大降低了工程造价,使高速公路平均造价由每公里 2000 多万元降低到 1200 多万元。

(4) 为保证路基边坡绿化工作质量,联系青海省草原总站派出专业植草技术人员,前往共和至茶卡公路施工路段进行现场勘查。根据施工地段的气象、土壤、海拔、植被类型和公路边坡植被的要求,选定土质较好、适宜植草的约 10km 路段,作为绿化实验段,并制定了详细的边坡绿化植草实施方案;选择垂穗披碱草、青牧 1 号老芒麦、青海冷地早熟禾、星星草等,进行试验。为确保出草率,大幅增加单位面积草种重量。经过合理安排、科学组织,采取机械播种,并认真做好浇水、施肥、防治病虫害等管护工作,使全线绿化成活率达到 90% 以上,边坡绿化植草获得成功。共完成植草绿化面积约 $830 \times 10^4 m^2$,完成投资约 3000 余万元。中央分隔带及边坡呈现黄绿相间、景观和谐的绿化效果,有效保护了公路沿线自然环境,发挥了绿色植被功能,实现了公路与自然的和谐统一,开创了高寒缺氧、年平均气温低、降水量少、风沙大等环境、气候恶劣地区,公路边坡绿化植草成功的案例。

共茶高速公路边坡绿化效果

(四)实施效果

共茶高速公路采用"低路堤、缓边坡"设计新理念,非常适合项目沿线地形地貌,使公路与沿线地形、地貌和生态浑然一体,路与周围自然生态的协调融合,社会各界反应非常好,项目设计获得交通运输部"交通优秀设计奖"。项目结合沿线草原土质和植被生长情况,在适宜路段进行绿化植草,达到美化公路边坡,并与草原景色协调融合的良好效果,实现公路与沿线自然环境的和谐、统一。

## 二、共和至玉树高速公路

### (一)基本情况

G0613共和至玉树段,一期路线全长635.61km,二期路线全长637.636km。全线穿越冻土区,其中穿越多年冻土区路线占路线总长的35.8%,是青藏高原多年冻土区修建的首条高等级公路。路线全线位于"三江源"区,部分路段位于"三江源"自然保护区的试验区。项目所在地区海拔高,空气稀薄,气候寒冷、干旱,为典型的青藏高原高山草甸气候,生态环境复杂而又脆弱。

共玉高速公路建设过程中,考虑到路基边坡防护的稳定性和生态环境保护要求,改变传统公路设计中一般采用混凝土、浆砌的路基防护理念,创新采用了草皮生态防护技术(草皮移植回贴技术),取得了明显的经济效益、生态环保效益和社会效益,为在今后青藏高原冻土地区工程施工中,做好生态环保工作积累了经验。

### (二)主要做法

(1)揭草皮:在路基、料场清表时,先用切割机对草皮进行1.0m×1.0m~1.5m×2.0m的切割,以便于装载机或其他平地清除设备,将清起的草皮规整堆放。清出时根据草皮厚度,保证根系的完整性;同时,将草皮下的腐殖土一并清出堆放。

(2)养生保养:清出的草皮若有成型路基边坡,及时回贴;若施工条件不容许,则需要堆放养生,即将清出的草皮在路基坡脚线外两侧平铺整齐堆放,草面朝上;其堆放高度控制在1.0~1.5m,草皮层数以4~5层为宜。养生时采用黑色防晒网覆盖(透水、透气、降雨时能吸收水分,黑色防晒网能有效隔断太阳辐射,减缓水分蒸发),并根据不同地区的天气、降雨情况,洒水养生。只要保持草皮有一定的水分,不完全晒干即可。

(3)移植铺设:将成型路基边坡进行平整(边坡坡率1:1~1:2),采用机械将腐殖土、草皮运到路基边坡处。草皮较薄的(10~20cm),先将腐殖土在路基边坡上,铺设厚10~15cm一层;草皮厚在20cm以上的,可以直接铺设。根据人力能搬动的重量估算,将草皮再进行切割成(20~40)cm×(20~40)cm进行人工铺设。块与块之间嵌挤密实,草皮接缝间用腐殖土填筑密实,以便于草皮能快速生长、交织为整体。

(4)养生:移植铺设后,在一周内需要定期洒水养生,以保证新铺草皮与地面的毛细水尽快联通,达到毛细水补水功能;后期可根据自然降水情况适时洒水,直至完全成活后融入自然生长。

草皮回贴移植

## (三)工作亮点

公路路基边坡草皮"生态防护"新技术,创新了高原公路防护理念,解决了高原地区公路建设路基防护与生态环境保护有机融合的难题,符合生态文明建设要求,推广前景广阔。

(1)充分利用了资源、节约了资源,节约了建设成本。高原上的草皮,是青藏高原经历几百年甚至上千年时间物理化学变化,才形成的宝贵资源,也是对公路环境进行恢复的有效资源。通过本项目技术,变废为宝,也节约了混凝土、浆砌等建筑材料,减少了水泥、钢材等能源消耗。

(2)提高了公路的耐久性。高海拔、高寒地区,由于其气候条件恶劣、大温差(日温差大、年温差大)等影响,混凝土结构冻融呈现高频高幅的特征,冻融循环对结构耐久性影响很大;采用草皮生态防护后,其对路基的保护效果可以说是永久性的,时间越长效果越好。

(3)施工质量容易保证。完成的 $150\times10^4 m^2$ 草皮移植,回帖成活率近100%;且有路基排水充足的水量补充,回帖草皮生长优于周边自然草皮,从而节约了由实施混凝土、浆砌工程等,所需要进行质量检测的人力、物力的费用。

(4)环境美观,生态良好。路基采用生态防护后,与周边环境形成很好的融合,实现"无痕迹"施工。当地群众反映说:路像是从草地里"长"出来似的。

(5)施工简单、方便,技术要求低,容易控制。与原常规设计的浆砌防护、窗孔式防护等相比,需要的劳动力减少较多,显著提高了劳动生产率。

(6)通过实施草皮"生态防护",可显著降低公路养护工人的劳动强度,体现"以人为本"理念。同时,降低公路养护成本,践行了公路建设可持续发展、全寿命周期成本的理念。

(四)实施效果

1. 经济效益

直接节约建设成本近 1.2 亿元。以按本技术完成 $150\times10^4\mathrm{m}^2$ 草皮移植回贴面积计算:原设计的混凝土、浆砌防护工程,预算价格为 110 元/$\mathrm{m}^2$;草皮回贴预算费用为 33 元/$\mathrm{m}^2$;节约投资 $1500000\times(110-33)=115500000$ 元。

降低运营期公路养护成本 10 亿元以上。(按每公里 3 万元计算,共玉公路全线 634km,每年节约养护经费约 1900 万元;再按公路路基使用 50 年计算,节约养护成本 95100 万元)。

2. 社会效益

变废为宝,充分利用资源,实现公路建设与环境的有机融合,生态环境效果显著,具有较高的推广意义。本项目获青海省职工科技创新成果一等奖。

## 三、香日德至花石峡高速公路

(一)基本情况

香日德至花石峡高速公路全长 155km,地处海西州和果洛州境内,位于柴达木盆地南缘。昆仑山支布尔汗布达山横旦于盆地之南,山脉走向大致为东西,群峦起伏,地势北高南低。沿线区域既具有高原内陆荒漠气候,也有高寒草原大陆性气候,生态环境脆弱,在青海省地域环境中具有代表性。项目建设中,始终把生态环保理念和相关环保措施,贯穿于施工全过程,抓细节,求实效,有效保护了沿线生态环境。

(二)主要做法

(1)香花公路自 2012 年 4 月开工建设之初,就建立、制定了环境管理保证体系、环境保护工作指南、环境保护文明施工制度和相应的生态保护保护措施。在招标文件和合同条款中,列入环(水)保管理和违约处罚条款,及时办理环境影响评价、水土保持变更手续。同时,引入环保监理、水保监理单位。

(2)为提高各参建单位的环境保护意识,加强环境保护宣传教育。项目办组织环境监理单位,对全线各参建单位开展"施工期环境保护知识培训",并结合项目建设实际,以图文并茂的形式详细阐述相关内容,宣贯新《环境保护法》,对工程施工期的各项环境保护要求和工作方式等,进行了介绍。组织培训各标段施工管理人员近 150 人,印发《施工期环境保护手册》50 份、《环境保护须知》150 份。

(3)在合同条款中,设立专项环保工程资金 5506.95 万元;在施工中,坚持"突出重点"的原则,对路基、桥梁桩基、互通立交、施工道路区、施工生产生活区、路基边坡、取弃土场等区域,进行重点治理;同时,香花公路做了专项景观工程设计,并实施单独招标。共投入资金1904.63万元,种植适合本地区生长的新疆杨18401棵、沙棘(白刺)34017棵、种草1268.86亩,改善行车景观和生态环境。

(三)工作亮点

(1)优化设计方案,将环保理念融入项目设计之初。为不阻碍路基两侧的水力联系,在水草地采用填石路基,确保水源径流不被切断;为保证野生动物通行迁徙,设置野生动物通道8座。

(2)全线各场(站)按标准化要求建设。按钢筋集中加工、混凝土集中拌和、梁片集中预制的"三集中"制度进行建设,有效发挥了管理集中的优势,提高了土地利用率。沥青、水泥拌和站全部采用除尘和水洗等措施,场区内进行场地平整、碾压,并利用水稳砂砾及沥青混凝土试拌料,将场内道路进行了硬化,使场区不扬尘,防止污染周边空气和环境。

香花高速公路

(四)实施效果

香花公路通过加强现场环境保护,严格落实"预防、恢复、治理"的环保措施,有效保证了良好的生态环境,实现了区域环境的可持续发展,使之成为一条蜿蜒在美景中的生态通道、绿色长廊、景观大道。

## 四、花石峡至久治高速公路

(一)基本情况

2013年7月开工建设的花久公路,全长389km,平均海拔4000m,横贯果洛藏族自治州玛多、玛沁、甘德、久治等4县10个乡镇。该公路地处青藏高原腹地，穿越三江源自然保护区的核心区和缓冲区、阿尼玛卿藏文化中心、阿尼玛卿雪山风景区等，沿线气候环境严酷，地质条件复杂，生态环境极为脆弱敏感。项目建设中始终将"绿色循环低碳"的理念，贯穿于规划、设计、施工、运营、养护等全寿命周期，取得了一定成效。2014年被交通运输部列为"绿色循环低碳公路"主题性项目。

（二）主要做法

（1）注重生态选线。在工程规划设计阶段，依据环境影响评估，为做好阿尼玛卿雪山区域生态环境保护工作，因地制宜，注重生态保护专项设计，做到宜桥则桥、宜隧则隧，避免大填大挖，降低了工程建设对生态系统的扰动，节约了土地资源、减少了对项目周边生态环境的影响。

（2）制定环保恢复方案。充分结合沿线自然环境和项目特点，制定切合实际的《生态环保恢复方案》，排查现场环保问题。制定问题清单，明确整改时限和主体责任，严格落实整改销号制度，要求各参建单位认真落实；并将落实情况纳入履约检查内容，进行严格奖惩，有力促进了生态环保恢复措施的落实。通过水土流失的综合治理，杜绝了工程弃土弃渣挤占河道、影响行洪等所造成的洪涝灾害。

（3）严格落实环保措施。项目实施中，推广项目驻地尽量利用就近房屋，拌和场站、梁场、驻地设置在取土场、路基主线、服务区等位置；施工时优先打通主线、减少施工便道；部分施工便道按农村公路标准建设，减少重复投资及二次占地；路面工程施工中，用罐装沥青代替袋装沥青，减少了储存占地；投资6800万元，施工期专门接入35kV专线，用大电代替自发电，减少柴油消耗及二氧化碳排放。此外，还运用了隧道运营节能通风、节能照明、高原服务区太阳能并网发电系统、公路运营生态环保工程、沿线附属设施清洁能源综合利用、公路附属设施运营水资源循环利用等30余项节能减排新材料、新技术和新工艺。

草皮移植养护

（4）加大环保机械设备投入。施工中尽量采用旋挖钻机,减少泥浆池;路面拌和设备选择大功率新拌和楼,减少对大气污染;路基施工时,大量投入洒水车等设备,减少施工扬尘的产生。

（三）工作亮点

1. 积极创建绿色低碳循环示范路

完成花久公路"绿色循环低碳"主题性项目课题,对高寒高海拔地区多年冻土施工及耐久性措施、寒区隧道防冻保温技术应用、严寒地区桥梁耐久性设计及措施、高原高寒地区路面耐久性设计、高原温拌沥青路面、施工区供电节能措施、隧道弃渣综合利用、草皮移植与腐殖土利用的高原草甸无痕化施工、公路生态建设和修复工程及高原地区施工机械节能措施等10个方面,积极探索创新,总结经验,提炼数据,并取得显著成效,为高寒高海拔地区绿色低碳公路的施工奠定了基础。

2. 草皮的移植养护

青藏高原高寒、干旱、缺氧,环境自我恢复能力较低;长期的低温和短暂的生长季节,使种草成活率低和生产成本过高。花久公路本着"预防为主、保护为先、开发与保护并重"的环保思路,对多年生草地植物的再生特性、影响牧草再生能力的因素、青藏高原气候情况和地表径流情况,进行综合研究;对草皮进行了移植养护、保证回铺成活的反复试验,掌握了草皮成活率高、再生能力强、植被恢复快的移植技术。此项技术在全线推广,大大降低了生产成本,缩短了施工工期,不仅保护了当地的生态环境,同时也造福了当地牧民,取得了较好的社会效益和经济效益。花久公路全线运用草皮移植养护技术,实施面积共约362$hm^2$(公顷),投入资金约1800万元。

3. 三维网植草

沿线边坡绿化,大多使用三维网植草方法。三维网植草防护,是在坡面构建一个具有自身生长能力的防护系统,通过植物的生长对边坡进行加固的一门新技术。经过生态护坡技术处理,可在坡面形成茂密的植被覆盖,从而大幅度提高边坡的稳定性和抗冲刷能力。全线利用三维网植草技术,实施面积共约50$hm^2$(公顷),投入资金约700万元。

4. 挂网喷浆

沿线部分边坡及部分料场,采用挂网喷浆技术,对较难恢复的场地进行最大程度的生态恢复;其中花石峡至大武段K14+700段,效果尤为显著。沿线部分边坡喷浆效果明显,与周边环境相协调。全线喷浆总面积约254$hm^2$(公顷),投入资金约3500万元。

#### 5. 椰丝纤维毯植草

椰丝纤维毯植草,是一种新型护坡生态工法。将绿维无纺布、椰丝壳纤维及植草布,通过先进设备复合,形成一种一体化草毯。利用此草毯进行护坡绿化,施工简单、易操作、植被绿化效果好,可抗水蚀、风蚀,固化地表,防治水土流失,储存地表水分。

花久高速公路边坡植草效果

#### 6. 骨架护坡

骨架护坡技术,是利用混凝土在坡面形成框架、在框架里铺填种植土,然后铺草皮、喷播草种的一种边坡防护措施。该技术能减轻坡面冲刷,保护草皮生长,从而避免了人工种植草坪护坡和平铺草坪护坡的缺点。该技术运用于道路两侧岩石边坡,既起到了绿化的作用,又对风化岩石进行了固定,有利于保障行车安全。全线利用骨架护坡技术,实施面积约为 235 hm²(公顷)。

#### 7. 土质边坡防护

对沿线土质边坡,采用湿法喷播技术和厚层基材喷播技术,进行防护绿化。这种生态防护不仅多样、美观,还能较好地体现当地自然风貌。

#### 8. 隧道进、出口透明通道

对于穿越阿尼玛卿雪山保护分区的隧道进、出口,采取透明通道设计,共实施透明通道 350 m。最大程度降低雪山隧道对冰川和阿尼玛卿雪山生态环境的影响。

### (四)取得成效

花久高速公路从设计到施工各个阶段,严抓生态保护措施的落实,积极打造绿色循环低碳示范公路,有效保护了沿线自然环境,使公路与周边环境相协调,建成了一条生态景观通道,为高海拔地区公路建设实施环境保护工作起到了示范作用。

## 五、循化至隆务峡高速公路

### (一)基本情况

循化至隆务峡高速公路,穿越黄河公伯峡库区,集路、桥、隧于一体,长大隧道和高墩大跨桥梁多,关键和控制性工程项目多;库区段桥隧比达到98.3%,施工难度大、安全风险高。同时,该项目地处黄河上游水源保护区,环(水)保要求高。项目建设中,认真贯彻落实"五大发展理念",以科技创新为手段,着力推进绿色交通建设,全力打造生态景观公路。

### (二)主要做法

(1)循隆项目在青海省内首次创新采用资本金融资、施工图设计+施工总承包模式,在招标文件和合同条款中列入环(水)保管理和违约处罚条款。开工之初,便建立健全环(水)保管理保证体系,及时办理环境影响评价、水土保持、林地使用手续,制定环(水)保管理目标,编制《项目管理办法》《环(水)保管理指南》等管理手册。在省内率先引入环保监理、水保监理、水保监测单位,配齐管理部门,并层层签订环保责任书,实施目标考核管理。全员全覆盖开展环(水)保教育培训,实施完善的内业资料管理,多次举办库区打捞垃圾、爱国卫生运动、世界环境保护日宣传咨询等活动。

(2)循隆项目从设计、设备、施工、建设管理等方面,全面采取有效措施,全面落实工程环评、水保批复要求,落实环保指南要求,力争不发生环境污染事件,争创国家"环境友好工程奖"和环境保护示范性工程。建设过程中,坚持因地制宜、实事求是的环(水)保施工原则和"最小程度的破坏、最大程度的恢复"的环保治理原则。在施工图设计中,进行专项环保、水保设计,采取工程措施、生物措施相结合的综合防治措施。在合同中,安排了专项环保工程资金1756万元。在施工中,坚持突出重点的原则,对路基、桥梁桩基、互通立交、施工道路区、施工生产生活区、路基边坡、取弃土场等区域,进行重点治理;在工程各阶段交工验收中,采取环保验收和工程验收同步的原则,环保不达标,验收不通过。

(3)循隆项目建设过程中,注重不遗留较大的植被破坏面(主要是取弃土场、砂石料场、施工驻地、施工便道等),原有的草皮及表层腐殖土全部得到利用。不切割项目两侧的野生动物过境及通行途径,野生动物数量及种类基本不减少。取弃土场、砂石料场不造成生态和景观影响,临时占地得到及时恢复,不造成项目沿线的湿地规模减小或者隔断湿地间的水力联系。不污染项目沿线的水体,不因弃渣等造成河道变窄;不因施工扬尘、沥青烟气造成项目沿线的空气污染;不因施工和通车运营造成项目沿线噪声扰民问题;施工产生的生产、生活垃圾及时回填至就近的取、弃土场,白色垃圾放置于指定位置并按时清运至有条件的填埋场。

（4）自开工以来，循隆项目环保自查工作开展16次，环水保监理综合检查4次，专项检查12次，环水保监理检查出存在问题共计12处，自查存在问题60处，整改率均为100%。

（三）工作亮点

（1）优化设计方案，将环保理念融入项目设计之初。面对山高水深、进出乘船、存在多处库岸再造和地质条件复杂的公伯峡库区段，建设者集思广益，组织专家多次深入库区，认真勘察现场，反复比较和分析，最终确定综合方案，成功避让了8处巨型滑坡和5处库岸再造危岩体，降低了安全风险和施工成本，避免了因处理地质灾害而破坏生态环境的代价，同时降低工程投资约0.885亿元。将全线唯一的服务区，从基本农田区调整到荒沟之内，少占用耕地300余亩；同时，对当地个体经营者因开挖料场而造成的环境破坏，进行了生态修复。

循隆高速公路公伯峡库区段船舶水运施工

（2）巧用船舶水运施工。变循隆高速公路公伯峡库区段初步设计的38km便道运输，为船舶水运施工，减少了便道挖填土石方量约$210\times10^4{\rm m}^3$，仅此一项节约投资1.4亿元，节省工期1年；不仅消除了进场难、施工难、安全隐患多等问题，同时避免了因便道开挖造成既有生态环境破坏和恢复费用巨大的难题。船舶水运施工，成为我国高原内地公路建设的一大创举，达到了事半功倍的预期效果，以实际行动践行了"不破坏就是最大的保护"的生态环保理念。

（3）创新思路，永临结合，建设电力专线。为提高了施工效率、保障施工安全、节能减排，建设单位改柴油发电机为架设永临结合的电力专线。共架设29.6km10kV双回路电力专线，削减了近40余台大型发电机进场、6000t以上燃油消耗，降低工程投资约0.16亿元，既保障了项目施工，又解决了后期运营用电问题，同时还防止了废油排放对库区的严重污染。

（4）注重施工过程中的节能减排。全线所有拌和站料仓及小型构件预制场,采用全封闭、采光保温的彩钢大棚和地暖设施,实现了冬、雨季全天候施工;全线碎石加工场,沥青、水泥拌和站,全部采用除尘和水洗等措施,不污染周边空气和环境;全线利用洞渣、路基挖方料加工碎石和砂砾石、中粗砂,减少外购需求,节约弃渣用地,杜绝浪费,降低社会综合资源消耗500万元;全线混凝土拌和站积极应用粉煤灰,做到废物利用,降低综合资源消耗200万元;全线混凝土全面应用聚羧酸高效减水剂,减少水泥用量$2 \times 10^4$t以及相应加工水泥的煤炭能源消耗。

（四）实施效果

循隆项目积极推进绿色交通建设,在公路建设项目环(水)保管理方面,做了一些积极探索;在设计和施工方案方面,降低社会综合资源消耗约2.445亿元;在节能减排工作中,减少综合资源消耗约700万元;注重施工后的恢复和绿化工作,生态环(水)保管理工作取得明显成效。

## 第三节　高速公路绿化美化工作

公路绿化美化工作,是公路建设的一个重要内容,是国土绿化的重要组成部分,也是可持续发展战略的具体内容。绿化美化不仅能使公路得到有效保护,而且可以提升公路等级,改善沿线生态环境,对促进生态文明建设、改善青海投资环境,具有重要意义。

党中央、国务院十分重视公路绿化美化工作,2000年10月,国务院下发了《关于进一步推进全国绿色通道建设的通知》(国发〔2000〕31号),对建设绿色通道的基本思路、目标任务、资金投入和组织领导等,提出了明确要求。中共青海省委、省人民政府高度重视公路绿化美化工作,制定并印发了《关于进一步加快全省绿色通道建设实施意见》,要求以改善和优化生态环境为目标,科学规划,先易后难,全面推进,为再造青海秀美山川,促进青海经济社会可持续发展奠定基础。

青海省交通主管部门,一直将公路绿化工作列入重要议事日程,在各级政府和林业部门的密切配合下,认真贯彻实施可持续发展战略,扎扎实实抓好公路绿化落实工作。从首条高速公路(平西高速公路)建设开始,就以恢复高速公路建设过程中对环境的破坏和提供优美舒适的行车条件为目的,对绿化设计和施工进行公开招标,体现以人为本、以车为本的服务观念,努力建设生态、文明、景观大通道,有效地控制和减少了项目建设过程中所产生的水土流失。

由于青海地处青藏高原,高寒缺氧,年平均气温低,昼夜温差大,土壤多为盐渍化土,生态极其脆弱,高等级公路绿化植物成活率低且后期养护成本高。为使公路绿化在这种特殊的地理条件下,达到应有的功能和美化环境的需求,省交通主管部门始终坚持因地制宜,确立了公路绿化"宜林则林、宜草则草"的原则,始终坚持公路与沿线自然生态的和谐统一。各公路建设单位克服困难,精心规划,对绿化景观进行合理的搭配和设置,置石塑山,配置植物群落,展示高原地域文化特点,实现"生态优、质量新、环境美、特色强"的绿色公路长廊。

针对青海特殊的地理气候条件和高速公路绿化美化的自身特点,在选择绿化树种时坚持以下几个原则:一是以乡土树种为主(丁香、刺枚等),选择适应性强、易养护、苗源有保障的树种,以提高成活率,体现青海地方特色。二是选择适于公路立地条件特点的树种,如抗逆性强、病虫害少、对有害气体有一定的吸抗力。三是在树种规划上,做到远期为主,远、近期结合;常绿为主,常绿与落叶相结合;慢生树为主,速生树与慢生树相结合。四是适当引种一些景观效果好、适应性强的园林绿化树种,以丰富和满足城市园林绿化及公路绿化的要求。五是结合高速公路站(区)建设,充分利用土地资源,规划、建设成为公路绿化服务的苗圃,提前对用量大及市场上冷缺的绿化苗木,进行育苗工作。

在公路绿化工作中,青海交通部门正确处理好建设和管护的关系,遵循"预防为主、防治结合"的原则,按照经常性、预防性、及时性的要求,及时组织人力做好树木的管护工作,加大浇灌力度,及时换土补植,同时加强病虫害防治工作和树木整修力度,努力提升绿化养护质量,致力打造"绿色景观长廊"。

据不完全统计,截至2016年底,全省高等级公路累计绿化面积约1103hm²(公顷),共种植各类苗木633万株(墩),草地(坪)$1191.6 \times 10^4 \text{m}^2$,东部地区适宜绿化路段绿化率100%。

平西高速公路立交区绿化美化

近年来,较为成功的高速公路绿化美化项目如下。

## 一、平西高速公路绿化美化工程

2001年,青海省交通部门在平西高速公路建设中,投资2000多万元,以"大通道、宽林带、多树种",乔、灌、花、草相配套,雕塑、景石相点缀的美化措施,实施了平西高速公路置石景观大道工程。工程突出青海奇石文化特色,利用高速公路沿线夹角空地、互通立交和收费站(区),实施景观置石1331$m^3$,塑石5800$m^2$,充分体现了青海地域特色和人文特点。此后,又结合在青海举办的环青海湖国际公路自行车赛、国际攀岩锦标赛等赛事活动,增加了自行车骑行、攀岩等景观雕塑,使平西高速公路成为交通生态景观的绿色大通道,实现了人文景观与周边环境的和谐统一,被青海省交通厅、省环保局授予"环境保护优秀建设项目"。

## 二、海西地区高速公路生态保护与建设试点工程

2012年,青海省交通厅积极探索公路绿化的有效途径,与海西州人民政府配合,采取共同出资、林业部门负责实施的办法,在海西州境内大水桥—德令哈—鱼卡段468km高速公路两侧100m范围内,实施了生态保护与建设工程。工程按照宜造再造、宜封则封的原则,对海西州境内大水桥、茶卡、上尕巴、乌兰西、德令哈东、德令哈西、饮马峡、鱼卡等8个高速公路收费站、服务区,实施了景观绿化;种植青杨26618株,柽柳65952株,枸杞99012株,乔木45732株,灌木70567株,累计投入资金3600余万元。通过绿化,使高速公路两侧沙化土地得到了治理,有效遏制了风沙对公路的侵害,保障了行车安全,形成了具有青海地域特色的生态高速通道。与此同时,还实施了绿化灌溉管线工程,营造出了与柴达木盆地背景山水互相协调、有机融合、舒适宜人的站区整体环境。

海西地区高速公路生态保护与建设

## 三、西塔、平西高速公路生态景观通道建设

2013—2014年,经青海省人民政府专题部署,青海省交通运输厅配合西宁市政府及林业部门,投资近2亿元,实施完成了西塔高速公路和平西高速公路共73km的环境综合整治项目防护林带工程。该工程在高速公路两侧建成36m宽的景观防护林,同时,对高速公路与铁路之间的993亩夹角地进行绿化美化;共新植各类苗木20余种,共计54.76万株(墩),其中针叶树(祁连圆柏、青海云杉、油松)21.05万株,阔叶树(白榆、河北杨、新疆杨等)23.33万株,花灌木(丁香、榆叶梅等)10.38万墩,形成了以大树组团、花灌木配置、层次分明、独具特色的高速公路永久性绿色公路走廊,有效提升了省会西宁市的城市品位和整体形象,促进了东部城市群和生态文明建设。

平西高速公路景观防护林

## 四、京藏高速公路曹家堡至朝阳段亮化工程

该工程项目路线东起西宁机场曹家堡收费站,西至西宁朝阳立交,全长34.31km,属平西高速中的一部分。工程由青海省发展改革委员会以青发改基础〔2012〕30号文批准,建设资金来自省交通厅自筹资金。工程内容含灯杆、灯臂、电池、太阳能板、光源及其连接构件、路灯基础及电池室、配电及景观照明系统。总计设置太阳能路灯1698套、景观线条灯7700个、点式灯1930个、电缆线槽4250m、各种电缆73000m,工程总投资为5300万元。该工程的实施,有效提升了西宁市主要迎宾大道的服务档次和品质,并取得了较好的节能减排效果。

## 五、西宁南绕城高速公路绿化提升工程

根据中共青海省委、省人民政府安排部署,青海省交通运输厅及所属省高管局认真谋

曹家堡至朝阳段太阳能路灯亮化工程

划,按照"规划护绿""均衡布绿""标准建绿"的原则,高起点、高标准地开展了南绕城高速公路绿化景观建设项目,先后分两期对绿化工程进行了提升。一期于2015年11月—2016年5月,对沿线互通立交区、护坡道、边坡、隔离栅内和外侧、隧道口、收费站等,实施了绿化;其中,隔离栅内绿化总投资为10743.9233万元,隔离栅外规划绿地总面积3748亩,总投资1.894亿元,由省交通运输厅和省林业厅各出资50%。二期于2016年11月—2017年5月,委托西宁市林业局对中央分隔带进行绿化提升,总投资2300万元。

西宁南绕城高速公路绿化提升工程

该项目是青海省投资最多、规模最大、首次突出主题的高速公路绿化景观建设项目。两期绿化提升工程累计投资3.1983亿元,共栽植各类苗木42.41万株(墩),植草$59.51 \times 10^4 m^2$,地被植物$3.62 \times 10^4 m^2$,一次性营造了"人在林中走,车在画中行"的高速公路绿色景观长廊。

## 第四节 高速公路文物保护

在高速公路建设项目选址、审批、勘探及建设过程中,青海省交通运输部门认真贯彻《文物保护法》的相关规定和《国务院关于加强文化遗产保护的通知》精神,积极与文物保护部门联系沟通,共同做好项目建设中涉及的古墓葬、古人类遗址等文物保护工作,实现基本建设和文物保护工作的协调发展。

### 一、马平高速公路建设为文化遗址"让路"

2001年,马场垣至平安高速公路在已完成初步设计的情况下,为保护马场垣文化遗址,再次修改设计方案,决定对文化遗址进行绕避,此举增加建设费用2000多万元。

马场垣文化遗址是全国重点文物保护单位,距今已有4000多年的历史,因其具有独特的古文化内涵而成为马家窑文化马场类型的命名地。早在马平高速公路初步设计之前,青海省交通厅就委托省文物保护单位,对沿线文化遗址情况进行调查、勘探,制定保护措施。但由于工作深度不够,设计方案出来后,工作人员发现马场垣文化中保存最为完整的甲、丙两个遗址,正处在探挖、拉槽地段,工程施工后将会对其造成巨大破坏。为此,省交通厅、省文化厅再次组织调查论证,本着"既有利于基本建设,又有利于文物保护"的原则,决定修改设计方案,绕道走湟水河谷,并在湟水河上新建一座长达600m以上的特大桥通过。此举深受社会各界的好评。

### 二、西宁南绕城高速公路建设中积极配合文物发掘

2011年10月,在西宁南绕城高速公路进行建设中,涉及平安县小峡镇三十里铺村大槽子古墓群。为保护文物,青海省高等级公路建设管理局积极与文物部门取得联系,与省文物考古研究所签订了《南绕城公路建设涉及大槽子汉墓群考古发掘工作委托合同》。在得到国家文物局的批准后,省文物考古研究所于2012年6月至8月完成了对南绕城高速公路涉及大槽子墓群的考古发掘工作。共发掘22座古代墓葬,其中土洞墓4座,砖室墓17座,竖穴土坑墓1座,发掘总面积756.8$m^2$。出土陶器、铜器、铁器、玻璃器、骨器等文物300余件,还采集了一批有研究价值的人骨及动植物标本。根据墓葬形制及出土遗物初步判断,此次发掘的墓葬有东汉至十六国时期的墓葬21座,宋元时期的墓葬1座。这批墓葬的发掘,对于研究青海这一时期历史文化有着重要的意义。

# 第六章
# 高速公路建设科技成果

青海省地处青藏高原,受特殊的气候环境和地质条件影响,公路施工难度大、养护病害多、运输条件艰苦。2000—2016年间,为有效解决高速公路建设中的突出技术难题,促进交通建设事业全面、协调、可持续发展,青海省交通部门针对特殊地质条件下的筑养路技术、公路水路交通运输、交通可持续发展和新技术、新材料的推广应用等方面,先后开展了《青海省高等级公路沥青路面合理结构的研究》《青海省高速公路湿陷性黄土路基处置技术研究》《青海省高等级公路路域生态恢复适用技术研究》《三江源区公路建设与生态环境保护研究》等近40项科研项目研究。在取得的研究成果中,有7项达到国际领先水平,15项达到国际先进水平,18项达到国内领先水平;其中《多年冻土青藏公路建设和养护技术》荣获2008年度国家科技进步一等奖,《盐渍土地区公路建设成套技术及工程应用》荣获2013年度国家科技进步二等奖。荣获中国公路学会科学技术一等奖1项、二等奖2项、三等奖3项,荣获青海省科技进步二等奖3项。参与制定《温拌沥青混凝土》(GB/T 30596)、《多年冻土地区公路设计与施工技术细则》(JTG/T D31-04—2012)等国家、行业标准2项,主持制定《寒区温拌沥青混合料路面技术规范》《高寒地区沥青路面施工技术规范》等地方标准9项。取得《一种路用沥青混合料矿物纤维复合颗粒及其制备方法》等专利37项,撰写《盐湖地区公路建设技术》和《多年冻土及盐渍土地区公路工程技术》等专著6本,编制《公路大直径袋装混凝土灌注桩施工工法》《预应力混凝土空心板梁钢木内模施工工法》等工法3项。

## 第一节 高速公路建设技术创新

青海省地处青藏高原东北部,广泛分布的冻土、盐渍土和湿陷性黄土等特殊地质及气候环境,给公路建设、养护和道路运输带来了极大的挑战。2001—2016年,在交通科学技术支撑下,青海省高速公路建设取得了一定的成就。实践证明,始终把科技作为发展交通的第一生产力,坚定不移地实施创新驱动发展战略,依靠科技进步,加强创新,才能较快实现青海省公路交通现代化。

## 一、应用科技

随着高速公路建设规模的不断扩大,国内外先进的新技术、新材料、新工艺的不断引进和广泛应用,有力支撑了青海省交通运输行业跨越式发展。青海省交通运输部门高度重视高速公路建设科技创新,依托青海省共和至玉树公路、西宁南绕城高速公路、茶卡至格尔木高速公路、牙什尕至同仁高速公路等工程建设,积极开展科技项目研究工作,大力推广新技术、新工艺和新材料,全面提升了项目建设质量。

### (一)新技术

目前,青海省高速公路建设飞速发展,多数高速公路路面为沥青混凝土,且多条高速公路已进入维修养护期。为了节约资源,降低造价以及减少环境污染,运用了沥青热再生、冷再生、微表处及雾封层预养护等技术,有效解决了高等级公路沥青路面表面层病害的修复问题。这些新技术的应用,对保护生态环境、节约资源、强化公路养护的预防性和科学性,确保高速公路良好的路况质量,提升高速公路的社会化服务水平提供了技术支撑。

### (二)新工艺

在多年冻土区修建公路,由于受多年冻土等不良地质影响,路基冻胀、融沉等病害较严重。如何控制冻土地基的融化速率,使其下沉量控制在允许变形范围之内,是解决多年冻土区公路修筑的关键问题。在青海高速公路建设中,针对多年冻土地区公路修筑中的难题,进行了大量的研究并提出了相应的工程措施,发明应用了通风管路基、片块石通风路基、隔热层路基、热棒路基、块石—通风管复合路基、热棒—隔热层复合路基等新工艺。这些新工艺,有效改善了路基总体温度场状况,降低了路基土体温度,保护了冻土路基的稳定性。对延长高寒地区高等级公路使用寿命,降低成本,提供了强力支撑。

盐渍土在青海海西(柴达木)地区广泛分布,对工程施工制约因素很多。盐渍土在环境条件变换过程中,表现出特有的工程特性,导致公路工程出现诸多病害,尤其是对结构物基础和地下设施,构成一种较严酷的腐蚀环境,严重影响其耐久性和安全性。为有效解决交通建设中突出的技术难题,研究提出了桥梁涵洞基础形式、耐腐蚀性混凝土施工技术、特殊路基的处治技术、地基加固处理技术等;这些新技术已在青海省交通建设中广泛应用,减少了盐渍土地区公路腐蚀、翻浆、盐胀和溶蚀等病害的发生率,提高了公路的服务水平,延长了道路使用寿命,降低了公路养护维修成本,取得了良好的经济效益和社会效益。

2015年,省委常委、时任省交通运输厅厅长马吉孝(中)调研高速公路建设情况

在青海省东部湟水河谷地区湿陷性黄土公路建设技术研究中,提出了湿陷性黄土地区以"防排水为主,地基处理为辅"的新型路基地基处理模式,建立了湿陷性黄土地区公路路基"止水帷幕+基底全封闭"的防排水系统,优化了湿陷性黄土地区公路路基的挤密桩复合地基检测体系。

在青藏高原地区,生态环境极其脆弱,一旦遭到破坏就极难恢复;草皮植被对当地生态环境保护起着至关重要的作用。为确保公路沿线施工环境与当地自然环境融为一体,体现"无痕化"环保施工理念,促进"资源节约、环境友好"的"两型"绿色公路建设,青海省公路建设首次采用草皮移植工艺及公路高边坡(20~50m)草皮生态防护技术、生态草皮边沟、排水沟及生态锥坡等技术,并总结归纳为成套技术("公路路基高边坡草皮生态防护技术"获青海省职工科技创新成果一等奖)。

(三)新材料

高寒地区复杂恶劣的气候环境条件,给青海省公路工程建设提出了更高的要求和极大的挑战。气温低,温差大,年冻融循环次数高,气候干燥,以及在高原强紫外线照射环境下,会导致公路沥青面层快速老化;持续低温作用,以及高、低温交替变化,使得沥青面层发生低温开裂与冻融、冻胀破坏,导致路用性能大幅降低,出现坑槽、剥落和开裂等早期病害。为提高路面的耐久性及服务水平,青海省在不同区域的多条高速公路中,采用温拌沥青、SBS改性沥青、SBR改性沥青、SBS/SBR复合改性沥青、纤维改性沥青、橡胶沥青等多种新材料,提高路面的使用品质和服役寿命。

## 二、软科学

在公路交通发展过程中,除了工程建设、应用技术领域的技术进步之外,交通软科学领域的科技进步,也起到了不可或缺的支撑作用。青海省交通运输厅紧紧围绕"四个交通"的发展理念,根据公路交通现代化的迫切要求,先后开展了《青海省道路运输车辆油耗研究》《青海省公路工程高原施工增加费费率测定》等一系列软科学研究,并取得了成果。积极推进了青海交通科学创新机制的建立和完善,加大公路交通技术成果的转化,加快国家信息网络平台建设,促进公路交通数据和知识产权等创新政策的制定出台,为青海省公路交通事业的快速健康发展和交通改革重大热点难点问题的解决,提供了重要的决策支撑。

## 第二节 高速公路建设科研项目

本节主要从交通运输部科技项目、青海省科技项目、青海省交通科技项目、代表性科技项目等4个层面,对青海省高速公路建设过程中开展的30个科研课题,进行简要介绍。

### 一、交通运输部科技项目

#### (一)重盐碱地区公路翻浆处置技术、材料及工艺的研究

1. 项目简介

自西部大开发战略实施以来,国家在西部公路建设中的投资日益加大,盐渍土地区的公路建设呈现出数量大、等级高的趋势。由于盐渍土物理化学性质的特殊性,在这些地区修筑的道路经常发生盐胀、翻浆、淋溶、湿陷等病害,交通运输部门每年消耗大量的人力、物力进行治理。这使得盐渍土地区的公路服务能力,严重滞后于非盐渍土地区。同时,由于交通运输的不畅,严重制约了当地经济发展。

本项目的研究,为盐渍土地区的公路建设提供了一系列可行的道路修筑和翻浆病害处治技术等,减少维修和养护费用,保障公路畅通,使公路运输更好地为经济建设服务。项目研究成果总体达到国际先进水平。

2. 推广应用效果

本研究课题为盐渍土地区公路建设提供可靠的技术保证,研究成果可治理盐渍土地区公路病害,减少养护投资。减轻养护工人劳动强度,保障公路畅通,提高公路使用效率,提高乘客舒适度,降低货物损失率,使公路运输更好地为经济建设服务。

3. 取得的经济效益

根据试验工程分析,治理1km盐渍土公路翻浆,需增加材料费人工费、机械费等8万元。较常规设计、施工投资的工程费200万元(二级公路)需增加投资4%。采用综合治理盐渍土翻浆措施,按每1km二级公路,路基宽12m计算,减少翻浆600$m^2$,治理公路翻浆

按青海省公路局提供的资料,治理盐渍土公路翻浆每 $1m^2$ 需材料费、人工费、机械费等200元,每1000m需12万元,在运营期内每1km可节约维修费4万元。

仅青海省柴达木盆地国道215线、315线、省道格尔木至茫崖公路、西部大通道库尔勒至西宁公路中的当金山至茫崖段等干线公路通过盐渍土地区的公路达1200km,按每1km在运营期内节约维修费4万元计算,即可节约投资4800万元。

(二)多年冻土地区公路病害和机理研究

1. 项目简介

在青海省南部的高海拔地区,存在着大面积的冻土地区。冻土地区的公路工程修筑技术,特别是高级路面及相适应的路基结构问题仍然是道路工程建设的关键,多年冻土地区公路工程修筑技术的研究对确保该地区公路工程的质量和安全稳定具有重要和深远的意义。

本研究是针对多年冻土地区这一特殊地质区域中公路病害和机理及其防治的一项实用性技术研究,其主要目标是解决多年冻土地区公路的特殊病害,保证多年冻土路基的稳定性,并对多年冻土地区病害的特征、类型、影响因素和病害的形成机理进行详细的分析研究,并提出有效治理多年冻土公路病害的防治措施。项目研究成果,对未来多年冻土地区公路工程的冻土防护措施提供可靠的设计、施工技术参数。减少维修和养护费用,保障公路畅通,使公路运输更好地为经济建设服务。项目研究成果总体达到国际先进水平。

穿越多年冻土区的花久高速公路

2. 推广应用效果

在青海省境内,仅109国道、214国道及227国道等,就有千余公里穿越多年冻土区。因此,本研究成果有着广泛的推广应用前景,也可在其他类似地区推广应用。

3. 取得的经济效益

从直观效益上讲,该项目科研成果能使多年冻土地区公路修筑的工程投资更为经济、合理,有效减少大修等养护投入,还可极大地减轻养护人员劳动强度。在节省投资的同时,公路的畅通还必将提高行车速度、减少运输时间、降低交通事故率,从而对增加国民经济收入,带动沿线的经济发展创造良好的社会效益。

## (三)多年冻土地区公路养护与维修技术的研究

1. 项目简介

通过对青藏公路、青康公路、黑大公路等多年冻土路段的全面调查,分析了多年冻土地区公路病害的形成原因及其病害类型,总结提出了多年冻土地区公路的养护与维修技术对策,并进行了相应的技术经济分析。针对多年冻土地区特殊的气候特点,提出了加强该地区公路预防性养护的理念,对路基路面主要病害——融沉、裂缝和坑槽的养护维修技术措施,进行了系统研究。在对国内外灌缝和冷补材料的试验分析基础上,自主研发了适合多年冻土地区的高性能路面灌缝材料和低温冷补材料。在大量试验基础上,提出了冷补沥青混合料的试验检测方法和路用性能评价指标。根据实际情况,开展了多年冻土地区桥涵构造物的混凝土裂缝快速修补试验研究。通过沥青混合料低温性能试验分析,综合专家咨询和现场调查,提出了多年冻土地区沥青路面主要结构形式的合理使用年限;开发了多年冻土地区公路养护管理信息系统;提出了《多年冻土地区公路养护与维修技术指南》,对多年冻土地区公路养护与维修工作具有指导性意义。项目研究成果总体达到国际先进水平。

2. 推广应用效果

根据多年冻土地区常年低温、冬季不能进行养护、适宜养护时间短(5—9月份)等特点,冷补材料的及时应用将发挥巨大的作用,它大大延长了养护时间,使路面较小破损得到及时养护,防止进一步扩大,降低综合养护成本。同时,采用冷补材料修补路面坑槽技术也避免了热拌沥青混合料施工对多年冻土地区的环境污染,现用现取、灵活方便。采用该项技术还可以大大降低养护工人劳动强度,避免热拌沥青对人体造成的损害,体现"以人为本"的养护理念。冷补材料也可以长期储存,取用方便,随取随用,提高多年冻土地区公路养护效率。

本项研究开发了一系列针对多年冻土地区公路养护与维修的成套技术和养护维修管理信息系统,为该地区公路养护管理部门提供了急需的工作手段和科学依据,其推广应用前景十分广阔。

3. 取得的经济效益

本项目的研究,使多年冻土地区公路使用年限的确定更加科学合理,为公路养护技术方案的科学性决策提供依据。通过路基路面及桥涵构造物养护与维修技术的研究,应用有效保护冻土路基的养护措施以及开发的新型高性能灌缝材料和低温冷补混合料养护与维修沥青路面的新技术,完善和提高了多年冻土地区公路养护维修技术的质量和水平,从而提高了多年冻土地区公路的使用寿命,大大降低了综合养护成本,在节省投资的同时,公路的畅通还必将提高行车速度、减少运输时间、降低交通事故率,从而对增加国民经济收入,带动沿线的经济发展创造良好的社会效益。多年冻土地区公路养护维修管理信息系统的开发研究,填补了国内多年冻土地区的空白,为该地区公路养护管理部门提供了急需的工作手段和科学依据。路基路面桥涵养护与维修新技术比传统技术效果更好,更适用于低温作业,且造价较为合理,延长使用寿命,降低综合养护成本,从而产生最大的经济效益。

### (四)盐渍土地区公路桥涵及构造物防腐蚀技术研究

#### 1. 项目简介

本研究项目旨在通过调查,了解国内盐渍土的分布情况及目前国内外对盐渍土地区公路构筑物防腐及腐蚀病害的处治技术;深入研究造成盐渍土公路路基路面及相关构筑物损坏的机理;研究各种构筑物防腐蚀的处治方式及效能,从而为不同类型的公路构筑物提供防腐蚀的建议。通过本项目的开展,将减少公路腐蚀病害的发生率,提高公路的质量水平,降低公路养护维修资金成本,使公路运输更好地为经济建设服务。项目研究成果总体达到国际先进水平。荣获2011年度青海省"科技进步二等奖"。

#### 2. 推广应用效果

盐渍土地区公路桥涵及相关构筑物腐蚀严重,已成为制约盐渍土地区道路整体使用寿命、经济发展的重大因素之一。

本研究课题为盐渍土地区公路桥涵及相关构筑物的防腐提供可靠的技术保证,并研究出盐渍土地区公路桥涵及相关构筑物的防腐混凝土及防腐涂料,此成果可明显减轻公路桥涵及相关构筑物的耐腐蚀能力,延长其使用寿命,提高盐渍土道路的整体服务质量,节省公路养护维修费用。

#### 3. 取得的经济效益

本研究成果,已应用于国道215线察尔汗盐湖至格尔木段、国道315线德令哈至大柴旦段和省道210线冷湖至乌图美仁公路马海叉口至涩北气田段盐渍土地段的工程勘测、设计、施工中。上述路段共有涵洞200多道,如按每道涵洞节约成本4.6万元计算,共计节约综合成本920万元。如果对于桥梁及其他构造物使用该项技术,则节约成本更为可观。

本研究成果可为盐渍土地区修筑公路及构筑物的防腐蚀措施，提供可靠的技术保证，为不同类型的公路构筑物提供工程建设与养护维修的依据。

### （五）干旱寒冷地区路面结构与材料研究

1. 项目简介

青海省气候干旱寒冷，海拔较高，加上特殊的地形、地质等条件，使得该地区道路修建过程中出现了很多难解的工程问题。例如：干旱寒冷地区高等级公路建设及其耐久性问题；高原强紫外线照射环境下公路沥青面层的快速老化问题；在多年冻土地区筑路和养路难的问题，这也是高原多年冻土地区筑路、养护的世界性难题；在青海省西部及盐湖地区、重盐渍土地区修筑高等级公路的问题等。

本项目通过开展干旱寒冷地区路面结构与材料的研究工作，结合青海省近年来在干线公路和高速公路路面修建和使用过程中的经验，吸收国内外路面技术研究的最新成果，通过大量的调查研究和试验分析，提出适应干旱寒冷地区不同区域气候、土质、水文、建材等条件，满足于具体交通荷载要求的路面结构组合和材料类型，对于全面提高全省公路路面工程整体质量，延长路面使用寿命具有重要的意义。项目研究成果总体达到国际领先水平。荣获2013年度中国公路学会"科学技术三等奖"

2. 推广应用效果

本项目研究成果可以有效解决干旱寒冷地区沥青路面修筑所面临的问题，大大改善沥青路面的使用状况，减少其早期损坏现象，明显延长其使用寿命，并降低全寿命周期费用。项目研究成果已成功用于青海省省道冷（湖）乌（图美仁）公路马海至鱼卡联络线、国道215线察（尔汗盐湖）至格（尔木）公路等工程中，路面使用状况良好。

3. 取得的经济效益

（1）直接经济效益

通过分析研究可以看出，目前由于干旱寒冷地区道路设计结构不够合理，道路运营过程中出现了各种形式的破坏现象。本课题通过试验和理论分析，得出一套符合干旱寒冷地区的典型路面结构，必然可以产生巨大的经济效益。主要表现在：

①降低材料成本所产生的经济效益；

②优化路面结构后减薄路面结构层厚度产生的经济效益；

③减少公路养护费用所产生的经济效益；

④延长路面寿命、减少公路建设投资产生的经济效益。

（2）间接经济效益

①可缩短公路建设工期，加快公路建设速度；

②促进当地经济发展；
③减少交通事故,降低生命财产损失；
④改善和提高该地区人民生活水平。

(六)盐渍土地区公路修筑技术推广与示范

1. 项目简介

青海省盐渍土分布广泛,土体盐渍化严重,许多地区属于重盐渍土地区。在盐渍土地区修筑公路,一般就地取材,筑路材料中含有较高的盐分,不含盐分的筑路材料长期在盐渍化环境中也会受到盐分的影响,产生次生盐渍化现象。由于硫酸盐的结晶膨胀性和氯化盐的溶蚀性等,公路极易受盐分的影响而出现一些特殊道路病害,如翻浆、盐胀、溶蚀、混凝土构筑物腐蚀等等。这些病害经常发生,严重影响道路使用寿命,需要投入大量资金进行经常性的维修养护。为此,公路主管部门及各级养护管理部门认识深刻,并立项进行专项研究,取得了大量科研成果。但这些成果的系统性与实用性还不够,许多研究还只停留在理论层面上,未予推广应用。

本项目将理论与室内研究总结出来的成果,应用到实际工程中去,由实际工程的实践对理论研究成果进行验证,并在应用过程中总结出实际使用的方法及工艺,为这些成果在工程建设中大规模推广打好基础。项目研究成果总体达到国际领先水平。

2. 推广应用效果

在未来20年间,青海省将要修建大柴旦—察尔汗、德令哈—察汗诺、德令哈—都兰等多条盐渍土地区高速公路,项目成果的应用前景十分广阔。

为进一步加大项目成果推广应用,下一步拟编制出台青海省地方标准《盐渍土地区公路修筑技术规范》,并在多条盐渍土地区高速公路的建设过程中,积极和项目建设、施工单位协调和沟通,确保道路设计方案达到最好的施工效果。

3. 取得的经济效益

通过开展公路大直径袋装混凝土灌注桩技术、特殊路基的处治技术、路面结构及材料组成设计研究、桥涵构造物基础防腐技术研究及盐渍土地质条件下混凝土结构抗腐蚀试验等示范研究项目,解决了察格高速公路及大柴旦至察尔汗公路实施过程中的所面临的设计、施工以及养护维修难题,取得了良好的社会经济效益。可为今后青海省盐渍土地区公路的修筑提供技术指导。

(七)察尔汗盐湖地区公路桥梁涵洞基础形式及耐久性研究

1. 项目简介

察尔汗至格尔木高速公路是国道215线的重要组成部分,是青海省"两横三纵三条"

公路主骨架网国道215线的组成部分,是《国家高速公路网规划》中规划为横线—连云港至霍尔果斯公路(G30)与第五条放射线北京至拉萨高速公路(G6)的联络线。路线总体走向由东北向西南,全长80.052km,公路通过严重不良地质段—察尔汗盐湖,长度为32.25km。

察格高速公路布袋桩施工

经分析研究,将岩盐看成一个漂浮的板块,那么,只要不人为地将其穿透、破坏,其上的任何建筑物在理论上都是安全的。根据上述思路,只要解决混凝土基础防水、防腐的问题,基础承载力及稳定性均可得到保证。基础采用明挖基础,充分利用岩盐结构的整体性及其自身承载力较高的特性,不需要对地基作深层处理,桥梁基础混凝土只通过较薄的砂夹片石垫层放置的岩盐层上,即可满足地基承载力要求,解决了盐湖地区桥梁基础类型选择问题;综合利用防水土工膜、防水卷材、沥青混凝土等材料的隔水作用,确保地基及基础四周(岩盐)不受淡水及非饱和卤水侵蚀;对混凝土采用了添加WQ8防腐剂、粉煤灰、适当增大混凝土保护层厚度、在台身混凝土表面涂刷RC-GUARD(堪能)防腐涂料的综合防腐施工技术,解决了盐湖地区基础混凝土的防水、防腐问题,达到了混凝土防腐的目的;盐湖地区桥梁工程采用浅基础施工,与桩基础相比减小了圬工量,降低了工程造价,缩短了施工工期,避免了桥梁深基础施工,大大减小对既有地基的扰动,环保节能,有效地保护了青藏高原脆弱的生态环境,经济、环保、社会效益显著。项目研究成果总体达到国际先进水平。

2. 推广应用效果

在未来20年间,青海省在戈壁荒漠区将要修建多条高速公路。课题相关研究成果,对于指导未来盐渍土地区公路建设意义重大。

3. 取得的经济效益

根据本项目研究成果和试验工程,从经济效益比较,察尔汗至格尔木高速公路通过盐渍土地区桥梁原设计为钢板混凝土打入桩,后通过研究改为大直径袋装混凝土灌注桩,每延米节省0.25万元,共节约3013万元,且施工简便,防腐蚀效果好,提高了工程质量。

察尔汗至格尔木高速公路通过盐渍土地区涵洞原设计为短桩基础,后通过研究改为基础地基采用砾石桩加固,再加以防腐蚀混凝土和外部涂防腐涂料的方式,平均每立方米混凝土节省0.05万元,平均每道涵洞可节省投资5.0万元,且施工质量易控制,防腐蚀效果好,提高了工程质量。

从以上试验工程经济分析,并通过研究阶段的跟踪观测结果来看,其桥梁和涵洞基础能达到设计要求,具有较好的使用效果;并同时依据当地自然气候条件、地质条件及室内试验结果分析,提高抗腐蚀性,延长桥梁及涵洞使用寿命,降低了养护维修费用,具有良好的经济效益。

(八)察尔汗盐湖地区软弱盐渍土公路路基稳定性研究

1.项目简介

"察尔汗"蒙古语的意思是"盐泽",察尔汗盐湖为内陆封闭高浓度现代湖盆,四周受昆仑山、阿尔金山、当金山、祁连山环绕,得不到海洋湿润气候的调节,属于典型的大陆性气候,表现为多风、干燥少雨、温差大等特点。区内多数湖面受强烈蒸发作用结晶成干硬盐壳,仅有部分区域有高矿化度水滞留成湖。干涸盐湖区域地表盐壳厚0.2~0.6m,盐壳以下为结晶盐粒,结构松散,再往下逐渐胶结紧密。盐晶空隙之间全部充满卤水,水位距地表0.2~0.8m,盐层厚度自湖心向南北两端逐渐变薄,厚度10~18m,最厚23.5m;岩盐遇淡水或低矿化度水极易溶解,会导致地基沉陷,工程病害较为突出。

察尔汗至格尔木高速公路是我国第一条在内陆盐湖上修建的高速公路。察尔汗盐湖主要分布着过盐渍土,盐湖南部边缘往格尔木方向逐渐变为强盐渍土,含盐类型以氯盐型为主,个别路段为亚氯盐型。公路所经路段为盐渍化软土地基,经技术分析,地基需进行处理。由于察尔汗盐湖工程水文地质条件显著区别于其他一般软弱地基的工程水文地质条件,公路盐渍化软土地基的处理可借鉴的经验较少,在公路修建过程中遇到了前所未有的技术困难。

针对项目设计和施工中出现的工程问题,本课题提出了察尔汗盐湖地区盐渍化软土地基处理关键技术。通过室内试验,并建立察尔汗盐湖地区公路现场温度、湿度和路堤稳定性监测站,对察尔汗盐湖地区盐渍化软弱土地基公路路堤稳定性进行研究,进一步验证地基处理效果。项目研究成果总体达到国内领先水平。

2.推广应用效果

在未来20年间,青海省戈壁荒漠区将要修建多条高速公路,课题相关研究成果对于指导未来青海省戈壁荒漠区的高等级公路的建设,意义重大。

3.取得的经济效益

从项目后期跟踪观测结果来看,各种地基处治方案均能达到设计要求,具有较好的使用效果;同时,依据当地自然气候条件、地质条件及室内试验结果分析,各种路基处治方案均可有效提高地基承载力,减少工后沉降,延长路基使用寿命,降低了养护维修费用,具有良好的经济效益。

## 二、青海省科技项目

### (一)青海省湟源至倒淌河一级公路连拱隧道设计与施工技术研究

1.项目简介

青海省首次实施的双连拱公路隧道项目位于丹东至拉萨国道主干线青海省境内一级公路湟源至倒淌河段,即药水峡1号、2号、3号隧道。药水峡隧道所处地域属低山剥蚀地貌,隧道最大埋深59~67m,均属浅埋隧道。隧道洞口段主要为第四纪松散堆积层,以亚黏土为主,下部为块碎石土,隧道洞身段地层主要为强风化花岗岩,节理发育,结构松散。隧道地形、地质条件之差实属少见。由于地质条件复杂,加之双连拱隧道复杂的结构形式给设计、施工带来一定的困难。认识连拱隧道在施工过程和运营期间的力学性状,解决连拱隧道设计、施工中的关键技术问题,保证此类隧道施工的顺利实施,是青海省高等级公路建设中的当务之急。

2.技术内容

(1)关键技术

①围岩、支护、衬砌的力学性状测试及数据采集、分析;

②施工过程的数学模型建立及检验;

③隧道设计敏感参数的筛选;

④施工质量的控制。

(2)主要技术指标

①选择1号、3号隧道,布设2个综合测试断面,共计钢筋应力计16只,表面应变计40只,混凝土应变计60只,沥青囊结构的弦式压力盒84只,实测中隔墙、初期支护、二次衬砌、仰拱的应力或应变值;

②进行连拱隧道Ⅰ、Ⅱ、Ⅲ类三种围岩类别实际工况下的数值仿真分析;

③根据药水峡1号隧道洞口处松散岩层特性,提出相应的处治方案,为隧道施工提供技术指导。

### 3. 推广应用效果

该研究成果填补青海省这方面研究的一个空白,不仅可有效指导松散岩层、偏压连拱隧道的设计与施工,具有明显的实用价值和经济价值;而且会推动连拱隧道在工程建设中的应用,具有节省土地,有利于环境保护等显著的社会效益。此外,在学科上也有重要的理论意义。

## (二)基于气候变化条件下冻土地区高等级公路路基变形控制设计理论研究

### 1. 项目简介

由于宽幅沥青路面的强烈吸热和封闭作用会严重影响其下部多年冻土热状态和稳定性,因此,本项目在对冻土冻胀和融沉机理研究的基础上,针对多年冻土区高等级公路设计中采用的块石路基、通风管路基和热管—XPS两种结构组合的复合型结构路基等,在青藏高等级公路建设中的适用性、降温效果及对气候变暖背景下的长期热稳定性,进行预测研究;以期为青藏高等级公路的修建提供科学依据,确保多年冻土区高等级公路的安全运行。

### 2. 推广应用效果

由于本项目成果可提高高海拔冻土区公路建设水平和质量,因此具有广阔的推广应用前景。

### 3. 取得的经济效益

(1)通过本项目研究,可为未来多年冻土区高等级公路的修筑提供技术支撑,既保证多年冻土区高等级公路的建设质量,又可大大降低后期的养护维修费用,节约人力、物力和财力。可使我国多年冻土区公路、特别是高速公路的建设,拥有更加切合实际的理论参数和科学依据。

(2)通过对设计施工方法的优化,来保护生态环境,将工程对周围环境的影响程度降至最低。

## (三)反复冻融条件下高等级公路路基填土的性质变化研究

### 1. 项目简介

路基作为公路的重要组成部分,路基填土的强度和整体稳定性是保证公路正常使用的基本条件;特别是在高含冰量与地下冰的多年冻土地区,以及季节性冻土地区,路基填土在季节冻结与融化的过程中,伴随发生着物理化学过程,导致路基填土的物理力学性质发生变化;同时,在交通荷载的反复作用下,路基土也会发生变形并导致上部结构路面的破坏,直接影响路面的使用性能。

本项目结合多年冻土地区高等级公路建设的发展,以青藏高原地区典型黏性土及其改良土为研究对象,在充分借鉴和吸取前人研究成果的基础上,以室内静、动力学试验为主要手段,通过理论分析及数据对比,开展冻土区改良土填料的力学特性试验研究,进行高等级公路路基填料的优选和配比,掌握路基填料自身的抗冻胀和抗冻融循环特性,从动力学角度和热力学角度进行优化分析,探讨基于回弹模量、临界动应力和累计变形的填料选择和调配方法,使路基填料能够达到高等级公路的承载、抗冻融作用和耐久性要求,从而减少路基病害发生,保持冻土区路基工程的稳定性。

2. 取得的经济效益

本项目的研究,将为冻土地区路基填料改良方法与掺入比的选择提供指导;将为路基土力学指标的确定提供参考;将为路基土抗冻融性能指标提供依据,对预防冻土区路基病害提供工程参考。

### (四)青海省茶格高速公路风积砂隧道设计与施工技术

1. 项目简介

风积沙隧道围岩承载力较低,围岩自稳能力极差、开挖后围岩容易失稳,跟进的初期支护沉降变形速率快,开挖存在很大安全、质量隐患,施工进度极慢。

本项目依托青海省茶格公路脱土山隧道,对风积沙地质地貌条件下隧道工程的设计与施工中的一系列技术问题进行研究,最终形成风积沙隧道设计与施工成套工程技术。采用理论与实践相结合、设计与施工紧密结合、现场试验和仿真模拟手段相结合的方法,系统地提出风积沙隧道设计和施工理论、技术措施,使得隧道设计技术先进、科学合理,施工安全、便捷,并为类似隧道工程的建设提供技术经验。

2. 取得的经济效益

本项目完成后,为青海省乃至国内其他风积沙隧道施工提供有益借鉴,同时也为承载力差的风积沙路基及软弱地基台背及桥涵基础加固处理,提供了一种思路。研究成果具有广阔的应用市场,因此,总结出风积沙隧道施工方案及施工工艺,为今后类似工程施工提供重要依据,有利于提高风积沙隧道施工技术管理水平,加快施工进度,提高工程质量,降低成本。

## 三、青海交通科技项目

### (一)青海省高等级公路沥青路面合理结构的研究

1. 项目简介

青海省地处西部高原地区,自然气候环境条件、交通状况与内地有较大的区别。因

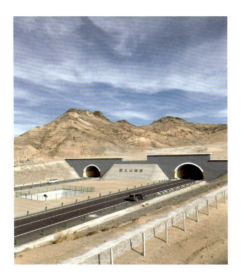
茶格高速公路风积砂隧道

此,青海省高等级公路建设应合理选择适宜的路面结构形式,尤其是减少路面裂缝,延长路面结构的使用寿命。本项目研究的主要目的,是因地制宜选材,研究开发技术上适合青海省情、经济上合理可行的路面结构。

2. 取得的经济效益

通过本项目的研究,推荐合理的路面结构形式,不仅能充分利用本省现有的筑路材料,降低公路建设的初期费用;而且保证了高等级公路运营期间的各项长期路用性能,延长了路面使用寿命,使高速公路的运输效益得到最大程度的发挥。

(二)青沙山公路隧道设计与施工技术研究

1. 项目简介

青沙山公路隧道系平安至阿岱高速公路重要控制工程之一,隧道为分离式双洞单向行驶隧道,全长3340m。该隧道隧址区属高山剥蚀地貌,海拔3044.59~3398.10m,最大相对高差354m。区内地形复杂,山坡陡峭,流水侵蚀强烈。由于受多期构造运动影响,围岩节理发育,岩体较为破碎,在隧址区发育有4条区域性断裂带,隧道进口处又位于古滑坡体中,地质条件复杂。同时,因隧道所处位置海拔高,温度变化大,围岩处于季节冻土地质,环境条件差。因此,青沙山公路隧道设计与施工技术是平阿高速公路建设中的关键技术之一。鉴于上述情况,本课题拟分4个子题开展研究工作,即:①隧道的受力性状及设计参数研究;②隧道温度场特性及防冻保温措施研究;③隧道防排水技术研究;④施工关键技术研究。

2. 取得的经济效益

本课题研究成果,不但对平(安)阿(岱)高速公路的建设具有重大现实意义,而且对青海省其他类似条件的公路隧道围岩支护方案选择、隧道结构、防冻保温和防排水设施设计优化和施工质量控制起到指导作用。

据初步调查测算,公路隧道由于施工过程对围岩支护不当或支护不及时,所造成的隧道超挖和塌方经济损失,约占工程总费用的7%～10%;因防排水措施不当和冻害而增加的维修费用,约占整个隧道运营养护费用的40%。本项目的研究成果可为及时支护围岩、防止冻害等病害发生、保障施工安全、提高工程质量、降低工程造价,提供科学依据,经济效益十分明显。

### (三)冲击压实技术在黄土路基施工中应用的研究

#### 1.项目简介

青海省高等级公路建设中,大部分路段位于黄土地基上,填筑路堤主要采用黄土料,黄土路基的压实和处理是主要技术问题。

本项目针对冲击压实技术在黄土路基分层压实施工、地基补强处理及路基顶面补强处理中应用的有关技术问题开展试验研究,提出适合本地区经济有效的施工工艺、质量控制与检测方法、费用定额以及适用条件和应用措施等技术指标和参数。

黄土地区冲击压实施工

#### 2.取得的经济效益

根据试验研究表明,采用冲击压实技术对黄土路堤分层压实施工,可提高路基压实质量,减少工后沉降,缩短路基压实施工工期,与常规碾压施工比较,工程费用也可望降低10%左右。

### (四)平西高速公路项目多媒体应用研究

#### 1.项目简介

平安至西宁高速公路是青海省首条高速公路。为探索高原地区公路修筑技术,总结环保与水保经验,提高工程质量、控制投资、缩短工期、促进施工技术进步,本项目对平安至西宁高速公路项目建设管理的全过程进行跟踪,充分运用数据库、互联网、动画、音、视频等多媒体技术,设计完成了多媒体软件。课题研究及其成果,不仅为今后青藏高原地区乃至全国的公路工程建设管理提供宝贵的经验;也为项目管理中计算机技术的应用开辟了广阔的前景。

2.取得的经济效益

本项目研究成果,不仅总结了高原地区公路修筑技术、环保水保经验,调动建设各方的积极性,在确保工程质量、控制投资等方面,有显著的经济与社会效益;也为我国项目管理中计算机技术的应用,逐步实现项目规划、进度跟踪、交流信息、分配资源等计算机管理,提高管理效率,实现与国际接轨等,进行了有益的探索。

(五)青海高等级公路长大下坡路段安全性评价及对策研究

1.项目简介

近年来,青海省高等级公路建设得到了快速发展。但由于省内地形、地质条件复杂,为满足经济、环保等要求,不可避免地在某些路段设置长大下坡。但由于长大下坡车速快,导致制动失灵的交通事故频发,虽然采取设置避险车道等措施,但由于缺乏进一步理论指导,难以科学地采取安全改善措施。

本课题根据青海省长大下坡的交通特点、地形特点和相关的车辆运行特性,并且在对大量公路交通事故产生机理分析和事故发生规律总结的基础上,建立事故预测、运行车速预测、制动温度等模型,对长大下坡路段的安全性进行合理分析与评价,并提出相应的交通安全改善措施,提高长大下坡路段的安全水平,确保交通可持续发展。

2.推广应用效果

本项目制定的《青海省长大下坡路段安全保障指南》,已应用于青海省国道315线湟源至西海二期工程、湟中至贵德二期工程设计与建设过程中,对路线安全设计具有指导作用。课题的研究成果,可用于其他公路设施与交通安全的关系研究中,而且课题的研究方法也可供其他相关研究及其他地区借鉴。

3.取得的经济效益

本课题通过对青海省交通事故与高等级公路长大下坡关系研究,深入揭示公路交通事故发生的机理,并且建立高等级公路长大下坡安全评价体系,可以发现拟建和已建公路的安全隐患,并且采取科学的安全改善对策和措施。因此,课题研究成果不仅可以提高公路设计的安全性,在设计期就可以发现事故,防患于未然;而且对于既有公路发现事故隐患,减少和避免交通事故的发生,实现交通可持续发展,具有重要的意义。

### (六)青海高原特殊条件下公路沿线大型滑坡和高边坡病害防治技术的研究

1. 项目简介

青海省地处我国第一阶梯与第二阶梯的过渡带,具有"高原隆升、河谷深切、构造活跃、地震频发、小气候差异明显、降雨量分布极为不均、第三系红层和高山垭口段、冻土分布广泛、生态环境脆弱"的高原特征,在许多山区已建、在建和拟建公路工程中,遇到了大量的滑坡和高边坡失稳破坏问题,有些大型病害的处置甚至成为整个建设项目的控制性工程。为解决高原山区公路建设和运营中的地质灾害难题,为今后公路工程地质灾害防治提供技术支持,本项目结合10余年来在青海高原山区公路建设中的200余处滑坡和高边坡病害治理工程实践,系统总结成功经验,并通过现场调查测试、理论分析、数值模拟和模型试验等方法,对高原第三系红层大型滑坡、高山垭口段的高含水斜坡病害的发生发展机理、滑坡和高边坡病害综合防治技术和微型桩组合抗滑结构等,进行了深入研究。

2. 推广应用效果

本课题部分成果,已在青海省公路沿线滑坡和边坡病害治理中广泛推广应用,其中尤以龙穆尔沟滑坡群、李家峡滑坡群、阿赛路麦秀山滑坡群以及何群峡高边坡等的治理为代表。在四川"5·12"地震灾区,如宝成线、江油等地区的10多处震害边坡的抢险救灾中,也得到成功应用,为灾后重建、恢复生产作出了贡献。

3. 取得的经济效益

本课题研究成果在青海高原山区公路建设中得到了成功应用,对确保省内主要公路沿线200多处滑坡和高边坡病害的安全稳定起到关键作用,创造了良好的经济效益和社会效益。仅西久公路龙穆尔沟滑坡群治理工程,就节约投资15570.78万元;在2008年"5·12"地震抢险救灾中,节约投资4754.92万元。成果的应用,有力地带动民族经济和旅游业的发展,累计新增利润35611.35万元,新增税收6284.30万元;与采用其他防治方案相比,累计节约投资33665.92万元。

### (七)青海玉树地震滑坡(公路)治理与边坡灾害防治技术研究

1. 项目简介

本项目结合玉树地震公路滑坡现状,采用现场震害调查、地质力学分析、大型振动台试验和数值模拟等多种方法研究,提出了高海拔地区地震滑坡(公路)及边坡灾害的系统化理论成果和关键技术。研究成果在青海省公路滑坡勘察、设计、施工及滑坡治理、应急咨询方面,具有重要指导意义。

2. 推广应用效果

本项目依托青海省 G214 线结古镇—机场—囊谦—多普马段、S308、S309 线改扩建工程和震后沿线地震边(滑)坡灾害勘察设计及治理工程,通过科技攻关,其研究成果有效解决了灾后重建中的诸多技术难题。

本项研究成果在青海高海拔山区公路灾后重建中得到了成功应用,创造了良好的经济和社会效益。特别在 G214 线当卡寺高位错落路段改线、公路沿线病害调查和应急咨询方面,对确保生命线的畅通起到了关键作用。在玉树州西杭水库震后泄流、库区抢险加固等方面得到应用,确保了下游结古镇抗震抢险的安全。

3. 取得的经济效益

本项目提出的地震触发堆积层缓斜坡的变形失稳机理和砂土路基开裂变形机理,适合于高原宽谷地区。提出的稳定性计算方法和新型抗滑支挡结构,普遍适用于高烈度地震区的边(滑)坡防治工程;经大型振动台试验验证,工作性能稳定,支挡效果明显。

## (八)青海省道路运输车辆油耗研究

1. 项目简介

交通运输业是节能减排的重要领域。研究道路运输车辆的油耗,探讨道路运输车辆的节能减排,对国民经济可持续发展,具有十分重要的意义。

本项目通过调查统计道路运输车辆燃料消耗的现状,分析影响燃料消耗的各种主观和客观因素,先期进行相应的车辆油耗指标研究,掌握青海省道路运输车辆油耗的基础数据,分析青海省道路运输车辆油耗的节能空间,为政府主管部门、企业节能减排提供决策依据。

2. 取得的经济效益

本项目的研究,将在对青海省道路运输车辆油耗基础数据分析的基础上,努力为出台道路运输油耗控制措施、政策提供技术支撑,促进青海省节能减排目标的实现。

通过本项目的研究,尽量量化分析影响道路运输车辆油耗水平的主要因素,为政府层面、企业层面的车辆节能减排,提供细致、准确的基础依据。

本课题通过实地调查,分析各型汽车的百公里油耗情况,提出促进运输企业节能减排的有效措施,不仅能推动青海省道路运输服务业转变经济增长方式,实现发展模式调整与优化结构;并能提高能源效率,推进能源结构调整,降低企业经营成本,提高市场竞争力。

### (九)共和至结古公路多年冻土路基工程关键技术研究

1. 项目简介

本项目针对共和至玉树高速公路既定的建设方案与建设形式,通过实体工程试验、监测,研究共玉公路走廊带多年冻土地区公路建设中的关键技术问题,提出最优化的线位布局和合理的路基技术保障措施,并构建共和至结古公路走廊内多年冻土分布模型,丰富高温极不稳定多年冻土区填土路基"模块化"设计理论、路基尺度效应等应用理论研究,积累高海拔特殊地区高速公路修筑经验。

2. 推广应用效果

本研究直接服务于共和至玉树(结古)高速公路,为多年冻土地区公路建设与管理提供科学依据、技术支撑和保障,有效保障多年冻土区公路建设质量和后续维修养护品质。

本项目研究成果,应用前景广阔,环境及社会经济效益显著,可直接服务于共玉公路二期工程建设,并为青藏高原高速公路建设提供技术储备与工程示范。

共和至玉树高速公路通风管路基

### (十)高温多年冻土区隧道设计与施工关键技术研究

1. 项目简介

冻土地区特殊的气候条件和地质条件,给公路隧道的设计、施工和运营管理带来了巨大困难。冻土地区隧道修筑,一直被视为世界性难题。

本课题通过研究和成果应用,最大限度减少多年冻土区隧道施工中的地质灾害,保证施工安全;控制运营期间冻害现象的发生,确保隧道车辆安全通行,降低隧道养护费用和病害整治费用;合理进行防震抗震设计,降低震害损失,保障抗灾救灾顺利开展;优化机电设施设计,节省能耗和工程投资,为我国高温多年冻土地区公路隧道设计和施工提供科学依据。

2. 推广应用效果

本项目成果的推广应用,将大大减少隧道施工中的地质灾害,最大限度地控制隧道运营期间冻害的产生,大大降低隧道养护费用和病害整治费用,有广泛的市场需求,可推广应用于我国青藏高原、东北和西北地区的多年冻土区和季节冻土区的公路隧道建设领域。

3. 取得的经济效益

(1)新型多年冻土段隧道三层衬砌结构,取消系统锚杆,节省工程投入约1880万元。测算依据:依托工程应用多年冻土段三层衬砌结构2680m,取消系统锚杆(3.5m长$\phi$25注浆锚杆,间距100cm×75cm),以210元/根计,合计减少投入约1880万元。

(2)新型多年冻土段排水系统,减少防寒泄水洞设置约1710m,节省工程投入约1590万元。测算依据:依托工程应用新型多年冻土段排水系统,将左右洞多年冻土段防寒泄水洞合并设置,减少防寒泄水洞设置约1710m,以9300元/延米计,合计减少投入约1590万元。

(十一)青海省收费公路建设市场化融资问题研究

1. 项目简介

随着青海高等级公路的迅速发展,建设资金相对短缺日益成为最重要的制约因素之一。在当前国家金融政策收紧的宏观经济背景下,青海省需借鉴其他省区高等级公路融资的成功经验,尽快完善高等级公路融资机制,拓宽融资渠道,探索新的融资方式。本课题正是在这一背景下提出,并在研究中力图做到:总结青海省历史重在提炼发展规律,把握现状合理分析问题与预测未来,借鉴国内其他省份经验意在启发思路,结合行业发展展望未来趋势,设计方案、对策重在实施操作。

2. 取得的经济效益

本课题成果以研究报告形式出现,主要供政府相关部门决策参考。通过课题研究,努力达到为青海省拓展融资渠道、解决资金问题、化解瓶颈制约、提供切实可行的政策建议的目标。

## 四、代表性科技项目

### (一)青海省高速公路湿陷性黄土路基处理技术研究

#### 1. 项目简介

黄土在青海省的黄河谷地、湟水河谷地中下游均有分布。青海黄土由于其特殊的地理、环境和气候条件,具有分布不连续性,岛状性质,属边缘黄土,黄土层变化大,颗粒粗粉性土含量高,钙质及盐性成分多,具有多种湿陷成因,物理力学性质变异较大。在高速公路路基修筑时遇到了较严重的温陷性黄土路基处理问题。

黄土地区挤密桩、强夯施工

本课题针对黄土地区高速公路建设情况,依托西宁至湟源一级公路、马场垣至平安高速公路,对湿陷性黄土路基处理的技术方案、施工工艺以及处理效果等问题,开展较系统的试验比较和理论评价。

#### 2. 取得的经济效益

本课题研究成果应用前景广阔,将有力地指导公路建设中对湿陷性黄土路基的处理;从而提高工程建设质量,降低造价,取得较大的经济和社会效益。

### (二)三江源区公路建设与生态环境保护研究

#### 1. 项目简介

三江源自然保护区位于有"中华水塔"之称的青海省境内,总面积$31.8 \times 10^4 km^2$。三江源区自然条件严酷,生态环境脆弱,不合理的人为活动和工程建设都将导致环境的严重恶化。

随着西部大开发战略的实施,三江源区需要建设大量的公路。公路作为一种线型构造物,需修建桥梁、涵洞,填筑路基,开挖路堑,取砂等,难免会对自然环境造成一定程度的破坏。通过本课题的研究,在公路建设和运营过程中采取切实可行的环境保护措施,降低对环境的破坏程度,达到加强边坡稳定性、防止水土流失、净化空气、调节微气候、改善周围环境、保持高寒生态系统相对稳定的目的,为经济建设和生态环境保护的同步进行,提供第一手的基础科学资料。

2. 推广应用效果

本项目研究紧密结合工程实际,研究成果具有重要的推广应用价值,植被恢复技术已运用于实际工程中,并取得了良好的社会、经济、生态效益。本研究成果也可在其他类似地区推广应用。

3. 取得的经济效益

本研究课题,建立了植被恢复集成体系,提出《三江源区公路建设生态环境保护技术指南》《公路路基护坡草坪建植技术规程》《公路建设水土保持草坪建植技术规程》《原生草皮移植培育技术规程》等技术性文件。对治理公路建设中被破坏的植被,增加其覆盖度,提高植物生物量,增加草地载畜量,推动畜牧业生产发展以及减少水土流失、防风固沙、美化环境,保护草地生态环境等,有着十分重要意义;同时对高寒地区公路的养护、延长其使用寿命、降低成本等,也将产生极大的社会和经济效益。

草皮移植施工

## (三)波纹钢腹板混凝土连续刚构桥梁设计与施工技术研究

1. 项目简介

近年来,我国西部地区新型的桥梁结构形式和工程实践不断涌现。2008年的西部交通科技项目——"钢—混凝土组合(箱)梁桥建设成套技术研究",针对波纹钢腹板混凝土组合梁桥,开展了相关理论分析、模型试验和工程应用工作;并结合科研工作,建成了波纹钢腹板混凝土组合梁桥—三道河中桥。该项目的研究,为该类桥型在国内的发展积累了一定的技术贮备,但这种结构只有真正应用在大跨连续刚构(梁)、斜拉以及悬索体系桥梁上,其力学性能的优越性和经济性才能充分体现出来。

本项目在《钢—混凝土组合(箱)梁桥建设成套技术研究》项目的研究基础之上,将整个项目的理论分析、计算方法和实桥设计与应用成果进一步总结,并推广应用在本项目之中;同时,针对这种结构应用在连续梁和连续刚构体系上所遇到的从计算分析、设计方法和施工技术等一系列问题,开展专题研究工作,并将这些研究成果综合应用在大跨度波纹钢腹板混凝土连续刚构桥的实体工程实施之中,编制了《波纹腹板混凝土连续刚构桥设计与施工技术指南》。

2. 取得的经济效益

采用波纹钢腹板混凝土组合连续梁及连续刚构桥这种结构,在我国西部地区可以大大加快施工进度,缩短工期。同时西部地区干旱少雨的自然环境,也降低了钢腹板结构的维护费用。将波纹钢腹板应用在大跨连续梁或连续刚构桥上,可以有效解决现在很多大跨连续梁或连续刚构桥出现的腹板开裂问题,提高结构的耐久性。

本项目研究成果对进一步规范和优化国内波纹钢腹板箱梁桥的设计、施工和维护将起到积极的推动作用,并将促进该种桥型在我国的发展应用,从而带来显著的社会效益和经济效益。

(四)大酉山黄土公路隧道施工安全保障技术研究

1. 项目简介

大酉山隧道是西宁过境公路西段的控制性工程。由于大酉山隧道独特的地质条件及其工程特点,该隧道在修筑过程中,面临以下几个突出问题:①软弱黄土公路隧道深浅埋如何界定、围岩压力设计该如何取值;②软弱黄土隧道各典型地貌特征段支衬体系受力有何特点;③浅埋段软弱地基承载力标准该如何取值、隧道塌方如何处治;④浅埋杂填土段隧道的围岩与荷载特征与一般路段有何区别;⑤软弱黄土隧道地表裂缝如何处治。

本项目主要结合大酉山黄土隧道建设工程的实际情况,通过对依托工程软弱黄土围岩性状与荷载作用特征、支衬体系受力性状、软弱地基处理技术、塌方处治措施、施工工法、浅埋杂填土段施工控制技术、地表裂缝、处治对策等的研究,提出一套较系统可靠的软弱黄土隧道施工安全保障技术,以减少施工中的灾害,为高速公路隧道的安全施工提供有效的技术支撑。同时,该课题研究成果也将为我国黄土公路隧道建设中的安全保障技术提高和相应规范(或规程)修订提供必要的基础数据和科学依据。

大西山隧道施工

2. 推广应用效果

本课题研究了软弱黄土隧道深浅埋界定、围岩压力设计取值、浅埋杂填土段及典型地貌特征对隧道支衬体系的影响、浅埋段软弱黄土地基承载力取值及处治技术、软弱黄土隧道地表裂缝与塌方处治、浅埋杂填土段隧道施工控制技术以及软弱黄土隧道施工工法等方面,并通过现场试验,验证有很好的效果。根据施工现场反馈信息,可以验证本课题得出了可靠结论,优化了设计施工,并很好地解决了工程难题,对黄土隧道的修建提供了技术支持。

本项目可直接服务于青海黄土地区公路建设,其研究成果是制定黄土地区隧道施工指南(或规范)的基础,为黄土地区公路建设与管理提供科学依据,也可对我国其他黄土地区公路隧道建设起到指导作用。

3. 取得的经济效益

采用本项目所提出的软弱黄土隧道深浅埋界定方法,能够在工程实际中快速判断出隧道围岩的深浅埋,进而能够准确地分析出围岩的变形情况及应力释放路径,为支护结构的设计及隧道开挖方式的选择,提供极大的便利,并大大提高隧道的施工效率,节约施工成本。本研究提出采用高压旋喷桩加固技术对软弱黄土隧道地基进行加固,加固效果显著,长期稳定性好,施工噪声小,对环境污染小,将该加固技术应用于类似的黄土隧道地基加固中,对确保隧道施工安全,减少后期病害发生,起到良好的作用,经济效果显著。

## （五）高温多年冻土区桥梁桩基础及大孔径波纹管涵关键技术研究

1. 项目简介

在多年冻土区桥梁工程建设中，多采用简支结构和桩基础。桩基具有施工简便，无须挖掘基坑，承载能力大，对多年冻土地基的热干扰小等优点。但由于对基础冻胀、融沉及结构构造设计与施工认识的不足，已修筑的桥涵工程相继出现了大量的病害现象。主要是基础冻拔、桥涵不均匀沉降变形及倾斜变形、桥梁墩台基础下沉、墩台混凝土碎落、墩台开裂、锥体护坡冻胀融沉、导流堤冻胀融沉、小桥涵冰塞、涵节错位、八字墙开裂、洞口建筑和涵底铺砌冻融破坏、波纹管涵锈蚀等病害，不仅影响行车安全，也给后期的养护维修带来极大的困难。

钢波纹管涵作为多年冻土地区涵洞建设的重要措施，在 G214 线得以大量采用，但口径均在 2m 以下。对于较大口径的波纹管涵，其对不同地质及水文条件、不同地温特征的多年冻土条件下的适应性，基础类型及设计参数选取是否合理，都须通过工程实践的验证。

本课题以 G214 线共和至结古公路项目为依托，开展青藏高原高温不稳定多年冻土区桥梁桩基础及大孔径波纹管涵关键技术研究，分析桥涵地基的稳定性和低温桩基混凝土的强度形成规律，研究多年冻土区桥梁桩基地温场的变化特点和沉降变形特点，研究大孔径钢波纹管涵在多年冻土区的适用性，并对建成后的桥涵稳定性进行评价。

2. 取得的经济效益

本研究成果可为高原高温多年冻土区高等级公路建设和养护管理，提供技术支撑，积累经验。本项目研究成果的应用，将提高多年冻土区公路工程的勘察、设计、施工与养护水平，节约工程投资，确保工程质量，改善行车条件。同时，本研究成果对多年冻土地区公路建设和运营期间的环境保护及可持续发展、季节性冻土地区公路建设以及我国多年冻土的基础理论研究，将起到巨大的促进作用；并为修订多年冻土地区公路工程规范、预报公路病害提供科学依据。

## （六）高寒地区高速公路沥青路面结构与施工控制技术研究

1. 项目简介

青海高寒地区以其低温、高海拔、大温差及太阳辐射强烈等特性，成为我国西部交通建设的重大难点之一。如何提高公路路面耐久性，已成为高寒地区交通建设的关键技术难题。

本项目通过对高寒地区沥青路面所处气候环境特征与路面使用情况的调查与分析，提出高寒地区沥青路面使用性能要求；开展高寒地区沥青路面不同类型基层材料的环境适应性研究，开发出具有优良抗裂性能的超早强半刚性基层材料，并提出适用于高寒地区超早强低收缩水泥稳定基层材料组成设计方法；针对高寒地区低温和光老化作用显著的特点，提出沥青结合料的适应性选型指标、适用的改性沥青材料及其技术指标；系统研究基于高寒地区路面使用功能的大粒径抗裂沥青碎石混合料和矿物复合纤维沥青混合料等在高寒地区的组成设计方法及应用技术；对高寒地区不同类型的沥青路面结构形式进行适用性分析，提出基于低温抗裂要求的沥青路面结构设计方法，推荐合理的路面结构，并提出相应的施工工艺与质量控制技术。研究成果将有效解决长期以来困扰该地区的沥青路面技术难题，成果达到国际先进水平。

2. 取得的经济效益

（1）采用自主研制的 SES－I 型水泥稳定基层超早强剂可在低温条件下使水稳基层 2～3d 达到设计强度，并且后期强度仍有较大幅度提高，大大缩短养生时间及开放交通时间，达到在低温或负温条件下正常施工的目标；同时，早强剂的使用，还能够降低基层的脆性与收缩性能，有效提高路面结构的抗疲劳性能与耐久性。

（2）大粒径抗裂沥青碎石混合料（LAASM）具有极佳的低温抗裂性和抗反射裂缝能力；与普通的 AC-16 混合料相比，因其是骨架嵌挤结构，且集料公称最大粒径较大，因此具有更优的高温抗车辙性能。

（3）通过全寿命周期成本分析，结构三[4cmAC-13C（掺加矿物纤维）沥青混合料 + 8cmLAASM25 沥青混合料 + 18cm 水泥稳定碎石（早强型） + 18cm 水泥稳定砂砾]尽管初期投资较高，但是由于结构设计科学合理，可以大大推迟养护时间，减少道路在其全寿命周期内的大修次数，从而降低整个工程造价，提高项目的经济效益。

（4）本项目研究成果可缩短公路建设工期，加快公路建设速度，减少交通事故，降低生命财产损失，具有良好的经济社会效益。

（七）青海省茶格高速公路交通工程安全设施研究

1. 项目简介

交通安全设施是高速公路不可缺少的基础设施，对于发挥高速公路的效能、排除各种纵横向干扰、提供视线诱导、预防和减少交通事故的发生、改善道路景观等，起着十分重要的作用。

茶卡至格尔木段高速公路位于柴达木盆地腹地，全长 470.757km。沿线地形相对平坦，主要以戈壁荒滩为主，自然景观单一，驾驶员容易疲劳。

本项目以茶卡至格尔木段高速公路为依托,对沿线标志、标线、隔离栅、防眩设施、线形诱导等设施设置,进行进一步研究。通过研究,以发现高速公路交通安全设施应用方面的隐患及已有安全设施的不足之处,并提出整改计划;分析相关因素对交通安全的影响,通过交通安全设施的有效设置,避免交通事故的发生;考虑与高速公路其他系统的协调及各安全设施的配合,提出高速公路全线交通工程设施的优化设置方法。

茶格高速公路

本项目研究成果,可以应用于新建、改建以及原有高速公路的交通工程设施的规划、设计与管理。

2. 取得的经济效益

本项目研究的玻璃钢防眩网,是采用优质无碱连续长玻璃纤维,通过拉挤工艺,在强力拉直预应力状态下与树脂浸润热固形成的高强度、抗弯折、抗冲击玻璃钢型材,经半机械化加工制成的网片结构。因原材料中掺加了抗紫外线吸收剂(抗氧化剂)、阻燃剂,外表再覆以油漆或塑层加以保护,故玻璃钢防眩网既具有较好的抗弯拉和抗冲击强度,又具有较好的刚度、弹塑性(柔韧性);既阻燃、防雷电、耐酸碱、不腐蚀,又耐高低温、抗老化,可适用于全省各地,且无盗用价值、防眩效果好、外观整齐美观、表面光滑、自洁性好、不易挂灰尘,少养护、少更换、使用寿命长,可大大减少维修养护费用、降低运营成本、提高运营效益,还可节约钢材、节约不可再生资源等优点。经计算,本项目每公里可节约11.5t钢材,相当于每公里节约煤炭6.325t、节约电1817kW·h、节约水14.26t、减少二氧化碳排放1.812t、减少废水排放3.6t、减少烟尘排放0.52t,符合国家"节能减排、技术创新、建设节约型社会"的新要求,是一项利国利民、造福子孙的新举措,具有较好的应用前景。

科研项目统计表见表6-2-1。

## 科研项目统计表

表 6-2-1

| 序号 | 项目名称 | 项目来源 | 研究单位 | 起止时间 | 成果形式 | 主要技术指标/内容 | 获奖情况及评价水平 |
|---|---|---|---|---|---|---|---|
| 1 | 重盐碱地区公路翻浆处置技术、材料及工艺的研究 | 交通运输部西部交通建设科技项目（项目编号：2001 318 795 69） | 青海省公路科研勘测设计院、同济大学、青海省公路建设管理局 | 2001.05—2004.08 | 提交项目研究总报告、分报告、《盐渍土地区道路翻浆处置技术指南》《青海省柴达木盆地公路沿线盐渍土分布图》 | (1) 提出了以相变理论为基础的盐渍土定义，同时给出了判别盐渍土与非盐渍土的诺谟图，并绘制了青海省柴达木盆地公路沿线盐渍土分布图；<br>(2) 提出适合青西部盐渍土地区的路面结构形式；<br>(3) 推断出影响盐渍土翻浆的因素排序为 $Na_4SO_4 < NaCl < Na_2CO_3 <$ 含水率 | 国际先进 |
| 2 | 多年冻土地区公路病害和机理研究 | 交通运输部西部交通建设科技项目（项目编号：2002 318 795 02） | 青海省公路科研勘测设计院、中国科学院寒区旱区环境与工程研究所、青海省公路建设管理局 | 2002.07—2004.08 | 提交研究报告、工作报告、《多年冻土地区公路病害防治技术指南》；公开发表学术论文 4 篇（其中 EI 检索 1 篇） | (1) 提出了以保温法、纵向通风管、抛碎石护坡、遮阳棚护坡、硅藻土护坡等措施治理多年冻土地区公路工程病害；<br>(2) 提出路基下冻土的融沉率随着冻土含冰量的增加而显著增加，随着年平均气温和地温的降低而线性降低 | 国际先进 |
| 3 | 多年冻土地区公路养护与维修技术的研究 | 交通运输部西部交通建设科技项目（项目编号：2002 318 795 08） | 青海省公路科研勘测设计院、吉林省交通科学研究所、中国科学院寒区旱区环境与工程研究所、吉林省公路管理局等 | 2002.08—2006.12 | 提交研究报告、工作报告、《多年冻土地区公路养护与维修指南》；公开发表学术论文 2 篇申请专利 1 项 | (1) 沥青路面合理使用年限的确定；<br>(2) 沥青路面裂缝修补材料和坑槽冷补材料的耐久性；<br>(3) 沥青路面冷补材料的试验评价方法和技术指标；<br>(4) 桥涵裂缝修补新材料的耐久性；<br>(5) 公路养护维修管理信息系统的开发 | 国际先进 |
| 4 | 盐渍土地区公路桥涵及构造物防腐蚀技术研究 | 交通运输部西部交通建设科技项目（项目编号：2003 318 795 52） | 青海省公路科研勘测设计院、同济大学 | 2003.05—2006.12 | 提交研究报告、工作报告、《盐渍土地区公路桥涵及构筑物防腐蚀技术指南》 | (1) 成功研发出具有养护、保护一体化的防腐蚀灰三掺、并掺加混合弹性强度调节剂，粉煤灰透气层、抗老化保护装饰层、弹性防水蚀层结构；<br>(2) 研发出具有养护、保护一体化的混凝土防腐蚀涂料；<br>(3) 提出防氯盐、硫酸盐地区的防腐蚀措施应用表 | 2011 年度青海省科技进步二等奖（国际先进） |

续上表

| 序号 | 项目名称 | 项目来源 | 研究单位 | 起止时间 | 成果形式 | 主要技术指标/内容 | 获奖情况及评价水平 |
|---|---|---|---|---|---|---|---|
| 5 | 干旱寒冷地区路面结构与材料研究 | 交通运输部西部交通建设科技项目（项目编号：2005 318 795 29） | 青海省公路科研勘测设计院，长安大学，青海省公路建设管理局 | 2005.07—2007.12 | 提交项目研究总报告、分报告、社会经济效益分析报告；《干旱寒冷地区沥青路面设计与施工指南》 | (1) 提出低收缩（早强）半刚性基层材料组成设计技术指标；(2) 提出级配碎（砾）石基层材料组成设计技术指标；(3) 提出干旱寒冷地区路面典型结构形式 | 2013年度中国公路学会科学技术三等奖（国际领先） |
| 6 | 盐渍土地区公路修筑技术推广与示范 | 交通运输部联合科技攻关项目（项目编号：2008 353 363 450） | 青海省交通科学研究所，青海路桥万畅工程有限公司，同济大学交通运输工程学院 | 2009.01—2012.12 | 提交项目研究报告、工作报告；《盐渍土地区公路修筑技术指南》 | (1) 提出盐渍土地区公路病害的处治措施；(2) 提出盐渍土地区公路施工技术；(3) 提出盐渍土地区公路的养护维修技术 | 国际领先 |
| 7 | 察尔汗盐湖地区公路桥梁涵洞基础形式及耐久性研究 | 青海交通科技项目（项目编号：2009-01） | 青海省交通科学研究所，青海省高等级公路建设管理局，中交第一公路勘察设计院有限公司 | 2009.04—2013.12 | 提交项目工作报告、研究报告、项目研究成果推广应用报告；《盐湖地区公路桥梁涵洞基础设计与施工技术指南》 | (1) 察尔汗盐湖地区桥梁涵洞基础形式；(2) 察尔汗盐湖地区桥梁基础防腐蚀技术 | 2011年度青海省科学技术二等奖（国际先进） |
| 8 | 察尔汗盐湖地区软弱盐渍土公路路基稳定性研究 | 青海交通科技项目（项目编号：2009-02） | 青海省交通科学研究所，青海省高等级公路建设管理局，中交第一公路勘察设计院有限公司 | 2009.04—2013.12 | 提交项目工作报告、研究报告；《软弱盐渍土公路路基设计与施工技术指南》 | (1) 以非饱和土力学和冻土力学交叉融合试验手段，研究察尔汗盐湖软弱盐渍土在干湿循环条件下的力学特性变化规律，揭示了以前不受重视的非饱和软弱盐渍土地基的强度降低原因，解释了察尔汗盐湖软弱盐渍土路基病害的发生机理；(2) 基于室内改良土的试验及现场试验路工程的处治效果，找出了加固察尔汗盐湖软弱盐渍土地基的有效措施 | 国内领先 |

续上表

| 序号 | 项目名称 | 项目来源 | 研究单位 | 起止时间 | 成果形式 | 主要技术指标/内容 | 获奖情况及评价水平 |
|---|---|---|---|---|---|---|---|
| 9 | 青海省湟源至倒淌河一级公路连拱隧道设计与施工技术研究 | 青海交通科技项目（项目编号：2002-03） | 青海省高等级公路建设管理局，长安大学 | 2002.03—2003.06 | 提交研究报告、工作报告：《药水峡1号，3号隧道典型断面处的同岩、支衬力学性状现场测试报告》《松散岩层洞口处的处理方案及连拱隧道施工技术总结报告》 | （1）选择1号、3号隧道，布设2个综合测试断面，共计钢筋应力计16只，表面应变计40只，混凝土应变计60只，实测中隔墙、初期支护、二次衬砌、仰拱的应力或应变值。（2）进行连拱隧道1，Ⅱ，Ⅲ类三种间岩类别实际工况下的数值仿真分析。（3）根据药水峡1号隧道洞口处松散岩层特性，提出相应的处治方案，为隧道施工提供技术指导 | 国际先进 |
| 10 | 基于气候变化条件下冻土地区高等级公路路基路基变形控制设计理论研究 | 青海省自然科学基金项目（项目编号：2011-319-795-110） | 青海省交通科学研究院，中国科学院寒区旱区环境与工程研究所 | 2011.06—2012.12 | 提交研究报告、工作报告：公开发表学术论文2篇（其中SCI检索1篇） | （1）提出高海拔地区高等级公路路基与结构相互作用的水-热-力耦合作用计算模型和工程应用数值计算方法；（2）提出基于气候变化条件下高海拔冻土地区高等级公路变形状态的调控理论与技术措施，从理论上分析路基与大气、基层和基层温度之间的相互作用机理 | 国际先进 |
| 11 | 反复冻融条件下高等级公路路基填土的性质研究 | 青海省自然科学基金项目（项目编号：2011-Z-910） | 青海省交通科学研究院，北京交通大学 | 2011.04—2013.12 | 提交研究报告、公开发表学术论文4篇（其中EI检索1篇） | （1）建立填土物理学性质与冻融循环的数学模型；（2）研究冻融破坏发生的机理与主要影响因素；（3）提出适用于多年冻土区高等级公路路基填土的改良方法和配合比设计；（4）提出适用于多年冻土区高等级公路路基填土物理学性质变化的一套试验机制 | 国际先进 |

续上表

| 序号 | 项目名称 | 项目来源 | 研究单位 | 起止时间 | 成果形式 | 主要技术指标/内容 | 获奖情况及评价水平 |
|---|---|---|---|---|---|---|---|
| 12 | 青海省茶格高速公路风积沙隧道设计与施工技术 | 青海省科技厅项目（项目编号2015-GX-207） | 青海省公路建设管理局，中交二公局第三工程有限公司，青海省公路科研勘测设计研究院 | 2015.02—2016.12 | 提交项目研究总报告、分报告、工作报告；申报专利1项 | (1)竖向旋喷桩护拱的设计与施工；(2)半风积沙半基岩隧道段落的设计与施工技术；(3)风沙隧道洞口段设计与施工技术；(4)明暗洞基础加固设计与施工技术；(5)风积沙地质条件下旋喷桩施工质量控制与检测技术 | 国内领先 |
| 13 | 青海省高等级公路沥青路面合理结构的研究 | 青海交通科技项目（项目编号：2001-1-5） | 青海省高等级公路建设管理局，交通部公路科学研究所，山东德州监理公司，青海省路桥公司 | 2001.07—2003.06 | 提交研究报告、工作报告 | (1)推荐青海省高等级公路的合理路面结构形式；(2)进行基层材料的配合比测试；(3)推荐低强度水泥稳定碎石基层 | 国内领先 |
| 14 | 青沙山公路隧道设计与施工技术研究 | 青海交通科技项目（项目编号：2002-02） | 青海省高等级公路建设管理局，长安大学 | 2003.01—2005.12 | 提交研究报告、工作报告；《青沙山隧道现场测试研究报告》《隧道施工过程的数学模型数值仿真分析报告》 | (1)围岩、支护、衬砌的力学性状和温度场测试及数据采集、分析；(2)隧道结构设计控制参数的确定及取值；(3)施工过程的数学模型建立及检验；(4)施工质量检验方法及评定标准 | 国内领先 |
| 15 | 冲击压实技术在黄土路基施工中应用的研究 | 青海交通科技项目（项目编号：2003-03） | 青海省高等级公路建设管理局 | 2002.06—2006.08 | 提交研究报告、工作报告；《黄土路基压实技术施工指南》 | (1)提出冲击压实技术在青海黄土地区路基施工中应用的有关技术标准及参数；(2)与相关技术比较，采用冲击压实技术使路基施工期缩短约30%；(3)与相关技术比较，采用冲击压实技术使路基施工费降低约10% | 国内领先 |

## 第六章 高速公路建设科技成果

续上表

| 序号 | 项目名称 | 项目来源 | 研究单位 | 起止时间 | 成果形式 | 主要技术指标内容 | 获奖情况及评价水平 |
|---|---|---|---|---|---|---|---|
| 16 | 平西高速公路项目多媒体应用研究 | 青海交通科技项目（项目编号：2003-02） | 青海省高等级公路建设管理局 | 2003.01—2004.03 | 提交研究报告、工作报告；《平西高速公路管理科研报告》《平西高速公路项目施工技术科研报告》 | （1）计算机多媒体技术在表现大规模、高等级公路项目建设过程方面的理论研究及多媒体软件的总体规划研究；（2）计算机多媒体软件开发软件平台在多媒体软件《平西高速公路项目建设管理系统》制作过程中的探索与研究；（3）计算机数据库、互联网技术在多媒体软件《平西高速公路项目建设管理系统》制作过程中的探索与研究 | 国内领先 |
| 17 | 青海高等级公路长大下坡路段安全性评价及改善对策研究 | 青海交通科技项目（项目编号：2005-01） | 青海省高等级公路建设管理局 | 2005.08—2008.11 | 提交研究报告、工作报告；制定《青海省长大下坡路段安全保障指南》 | （1）提出适合青海省特色的、科学的交通事故资料的收集和分析方法；（2）建立适合青海省特色的基于高等级公路长大下坡的交通事故预测模型；（3）建立适合青海省特色的高等级公路长大下坡安全评价方法；（4）提出青海省高等级公路长大下坡的安全改善对策和措施 | 2009年度青海省科学技术二等奖（国际先进） |
| 18 | 青海高原特殊条件下公路沿线大型滑坡和高边坡病害防治技术的研究 | 青海交通科技项目（项目编号：2006-04） | 青海省公路建设管理局、中铁西北科学研究院有限公司 | 2006.09—2008.11 | 提交项目工作报告、分报告；《青海省山区公路沿线滑坡和高边坡病害分布图》 | （1）红层大型滑坡不同阶段主控制因素的确定；（2）考虑重力场、温度场及渗流场变化条件下高含水斜坡病害发生发展机理；（3）新型支挡结构——微型桩组合抗滑结构的作用机理 | |
| 19 | 青海玉树地震滑坡（公路）治理与边坡灾害防治技术研究 | 青海交通科技项目（项目编号：2010-03） | 青海省交通科学研究院、青海省收费公路管理处、中铁西北科学研究院有限公司、西南交通大学 | 2010.04—2013.06 | 提交项目工作总报告、分报告；《青海省公路滑坡勘察设计指南》；申请国家发明新型专利3项、实用新型专利3项；发表专业学术论文9篇 | （1）依托青海省国道G214线古拉－机场－襄谦－多普马段、省道S308、S309线改扩建工程和震后沿线48处地震边（滑）坡灾害调查、地质动力学分析，大型振动台试验和数值模拟等多种方法研究，提出了高海拔地区地震滑坡（公路）及边坡灾害防治系统化理论成果和关键工程技术 | 2015年度中国公路学会科学技术二等奖（国际领先） |

续上表

| 序号 | 项目名称 | 项目来源 | 研究单位 | 起止时间 | 成果形式 | 主要技术指标/内容 | 获奖情况及评价水平 |
|---|---|---|---|---|---|---|---|
| 20 | 青海省道路运输车辆油耗研究 | 青海交通科技项目（项目编号：2010-04） | 青海省交通科学研究所长安大学、青海省公路运输管理局、青海交通职业技术学院 | 2010.12—2013.06 | 提交工作报告、研究报告 | (1)提出本课题报告期内，全省道路运输车辆典型车型的百公里燃料消耗统计调查指标；(2)提出1～2种典型车型在中等速度及中等配载，铺装路面，道路纵坡不大于2%，道路交通流为自由流，无横向干扰，百公里燃料消耗同海拔变情况下，百公里燃料消耗指标；(3)提出海拔分别在2000m、3000m、4000m时，青海省道路运输车辆燃料消耗指标的对比分析结果 | 2013年度中国公路学会科学技术三等奖（国内先进） |
| 21 | 共和至结古公路多年冻土路基工程关键技术研究 | 青海交通科技项目（项目编号：2011-04） | 青海地方铁路建设投资有限公司、中交第一公路勘察设计研究院有限公司、青海省交通科学研究所、中国科学院寒区旱区环境与工程研究所 | 2011.10—2014.12 | 提交项目研究报告、工作报告；《共和至结古段多年冻土区公路设计与施工技术指南》；发表学术论文10篇；申请专利1项 | (1)分析本地区公路走廊内G214"三线"空间、时间关系，对多年冻土区公路选线方案分析评价；(2)提出多年冻土区路基水分调控技术、特殊路段路基处治技术与填土路基模块化设计方法；(3)推荐适用于本地区的特殊结构路基，对其应用效果进行评价；(4)提出适用于本地区的宽幅路基稳定技术 | 国际领先 |
| 22 | 高温多年冻土区隧道设计与施工关键技术研究 | 青海交通科技项目（项目编号：2011-05） | 青海地方铁路建设投资有限公司、中交第一公路勘察设计研究院有限公司、青海省交通科学研究所、青海省公路科研勘测设计院 | 2011.10—2014.12 | 提交项目研究报告、工作报告；《高温多年冻土区公路隧道建设关键技术指南》；发表学术论文6篇；申请专利1项；申请工法1项 | (1)推动和提高我国在高温多年冻土区公路隧道建设技术水平；(2)可有效减小隧道冻害，降低辱处治费用，避免额外的防冻保温补救措施和费用，有效控制隧道运营成本；(3)可有效改善多年冻土区隧道行车环境，保证车辆通行安全 | 国际领先 |

续上表

| 序号 | 项目名称 | 项目来源 | 研究单位 | 起止时间 | 成果形式 | 主要技术指标内容 | 获奖情况及评价水平 |
|---|---|---|---|---|---|---|---|
| 23 | 青海省收费公路建设市场化融资问题研究 | 青海交通科技项目（项目编号：2012-02） | 青海省交通科学研究院、长安大学 | 2012.08—2013.12 | 提交项目工作报告、研究报告《青海省公路建设融资政策建议》 | （1）开展青海省高等级公路建设资金供求趋势分析；（2）创新性资金来源渠道及可行性评价（针对青海省）；（3）青海省公路建设融资方案设计及可行性分析；（4）青海省公路建设融资方案动态保障措施构建 | 国内先进 |
| 24 | 青海省高速公路湿陷性黄土路基处置技术研究 | 青海交通科技项目（项目编号：2001-1-3） | 青海省高等级公路建设管理局、青海省路桥公司、长安大学 | 2001.06—2003.06 | 提交研究报告、工作报告 | （1）湿陷性黄土的地质结构特点、主要的物理力学性质及其规律；（2）湿陷性黄土地基承载力及沉降变形评价和计算方法；（3）青海省高等级公路湿陷性黄土路基处理方案的评价及计算方法；（4）湿陷性黄土路基处理效果的评价及检测方法 | 国内领先 |
| 25 | 三江源区公路建设与生态环境保护研究 | 交通运输部西部交通建设科技项目（项目编号：2001 318 000 50） | 青海省公路科研勘测设计院、交通部水运科学研究所、青海省公路建设管理局 | 2001.10—2003.12 | 提交研究报告、工作报告《三江源区公路建设生态环境保护技术指南》《公路路基技术规程》《公路建设水土保持草坪建植技术规程》《原生草皮移植培育技术规程》 | （1）对公路建设中影响三江源区生态环境因素进行分析研究，提出三江源区公路建设中的环境保护对策；（2）对三江源区公路建设中植被恢复技术进行了全面系统的试验研究分析，编制了《公路路基护坡草坪建植技术规程》《公路建设水土保持草坪建植技术规程》《原生草皮移植培育技术规程》等技术性文件；（3）开发了三江源公路建设与生态环境保护信息系统软件 | 国内领先 |

续上表

| 序号 | 项目名称 | 项目来源 | 研究单位 | 起止时间 | 成果形式 | 主要技术指标/内容 | 获奖情况及评价水平 |
|---|---|---|---|---|---|---|---|
| 26 | 波纹钢腹板混凝土连续刚构桥梁设计与施工技术研究 | 交通运输部西部交通建设科技项目（项目编号：2008 318 223 67） | 青海省公路建设管理局，北京交通大学，清华大学，东南大学，河南海威工程咨询有限公司，山东东营黄河公路大桥投资有限公司，广西壮族自治区交通规划勘察设计研究院，北京公科固桥技术有限公司，长安大学 | 2008.10—2011.10 | 提交项目研究总报告、分报告；《波纹钢腹板混凝土连续刚构桥设计与施工技术指南》 | (1)开展波纹钢腹板桥梁构造特点的施工过程仿真模型的构造和程序开发；(2)波纹钢腹板混凝土连续刚构桥的动力性能及冲击系数的合理取值；(3)波纹钢腹板混凝土连续刚构桥施工过程中线形与应力计算及控制方法；(4)波纹钢腹板混凝土连续刚构桥施工工艺及相关技术 | 2013年度中国公路学会科学技术一等奖 |
| 27 | 大西山黄土公路隧道施工安全保障技术研究 | 青海交通科技项目（项目编号：2009-08） | 青海省高等级公路建设管理局，长安大学 | 2009.08—2015.04 | 提交研究报告、工作报告；提交《软弱黄土隧道施工工法》；公开发表学术论文3篇 | (1)软弱黄土公路隧道深浅埋界定与围岩压力设计取值；(2)埋杂填土段及典型地貌特征对隧道支护体系的影响规律；(3)浅埋段软弱黄土地基承载力取值标准及合理施工技术；(4)软弱黄土隧道地表裂缝与塌方处治措施；(5)浅埋杂填土段隧道施工控制技术 | |
| 28 | 高温多年冻土区桥梁桩基础及大孔径波纹钢管涵关键技术研究 | 青海交通科技项目（项目编号：2011-02） | 青海地方铁路建设投资有限公司，中交第一公路勘察设计研究院有限公司，江苏省交通科学研究院有限公司 | 2011.10—2014.12 | 提交项目研究报告、工作报告；《大孔径波纹钢管涵设计和施工技术指南》；发表学术论文8篇 | (1)提出高温多年冻土区桩土回冻规律和桩基承载力成形的有效控制措施；(2)提出高温多年冻土区桩基变形控制指标和技术对策；(3)提出提高低温混凝土强度成速率的材料和技术及低温混凝土养生技术；(4)提出G214线高温多年冻土区桥梁桩基设计和施工技术原则 | 国际先进 |

## 第六章 高速公路建设科技成果

续上表

| 序号 | 项目名称 | 项目来源 | 研究单位 | 起止时间 | 成果形式 | 主要技术指标内容 | 获奖情况及评价水平 |
|---|---|---|---|---|---|---|---|
| 29 | 高寒地区高速公路沥青路面结构与施工控制技术研究 | 青海交通科技项目（项目编号：2011-03） | 交通运输部科学研究院，青海省交通科学研究院，江苏省交通科学研究院，青海地方铁路建设投资有限公司，青海威远路桥有限责任公司，四川欣通公路工程部 | 2011.10—2014.12 | 提交项目研究总报告，分报告，工作报告和《高海地区高速公路沥青路面设计与施工技术指南》；发表学术论文5篇 | （1）提出高寒地区路面材料性能技术指标；（2）提出低温条件下低收缩超早强半刚性基层材料组成设计方法；（3）提出高寒地区高速公路沥青路面结构设计方法；（4）编制高寒地区高速公路沥青路面设计与施工技术指南 | 2012年度荣获青海省科技进步三等奖（国际先进） |
| 30 | 青海省荼格高速公路交通工程安全设施研究 | 青海省科技厅项目（项目编号：2014-GX-222） | 青海省公路科研勘测设计院，青海省公路建设管理局，黑龙江工程学院 | 2014.02—2016.10 | 提交研究报告，工作报告，编写《青海省荒漠地区交通安全设施设置指南》；公开发表论文3篇；培养博士研究生1人，本科学生2人；申请专利2项 | （1）提出了适合青海高原气候、多风沙、强日照条件下的交通标志标线的设置形式及设置方法；（2）针对青海地区高速公路植树防眩不易成活，养护费用高，防眩板易断，浪费钢铁资源等问题，提出使用以节能减排为主的玻璃钢材料的防眩网；（3）提出桥隧等特殊路段标志支架形式设计的新方法和新思路；（4）提出了中央分隔带跨线中墩保护路段护护栏活动护栏设计优化方法 | 国内领先 |

# 第三节　高速公路建设主要科技成果

回顾青海省高速公路建设所取得的巨大成就，离不开科技支撑和创新。长期以来，交通科技工作面向公路交通主战场，紧密结合青海省高速公路建设中的关键技术问题，集中力量，联合攻关，勇于创新，取得了突出成绩。高速公路建设为交通科技发展提供了广阔的空间，催生出了一整套高速公路建设技术。下面将高速公路建设中主要的地方规范、主要专著和主要专利，分三个层面进行介绍。

## 一、地方规范

为了更好地规范和指导青海省高速公路建设，保证高速公路质量，近年来，结合青海高速公路建设需要，参与编制国家标准《温拌沥青混凝土》（GB/T 30596）1项、行业推荐性标准《多年冻土地区公路设计与施工技术细则》（JTG/T D31-04—2012）1项；发布了《寒区温拌沥青混合料路面技术规范》《多年冻土区隔热层路基技术规范》《多年冻土区块石路基技术规范》和《多年冻土区块石—通风管复合路基技术规范》等9项地方标准，见表6-3-1。

地方规范、指导性意见统计表　　　　表6-3-1

| 序号 | 规范名称 | 文号 | 颁发单位 | 编制单位 | 颁发时间 | 类型 |
|---|---|---|---|---|---|---|
| 1 | 《寒区温拌沥青混合料路面技术规范》 | DB63/T 812—2009 | 青海省质量技术监督局 | 青海省公路科研勘测设计院、交通部公路科学研究院 | 2009.09 | 地方标准 |
| 2 | 《多年冻土地区公路设计与施工技术细则》 | JTG/T D31-04—2012 | 交通运输部 | 中交第一公路勘察设计研究院有限公司、中国科学院寒区旱区环境与工程研究所、青海省公路科研勘测设计院、长安大学等 | 2013.02 | 行业推荐性标准 |
| 3 | 《温拌沥青混凝土》 | GB/T 30596 | 中国国家标准化管理委员会 | 深圳市海川实业股份有限公司、青海省交通科学研究所、云南省公路开发投资有限责任公司等 | 2014.12 | 国家标准 |
| 4 | 《高寒地区沥青路面施工技术规范》 | DB63/T 1381—2015 | 青海省质量技术监督局 | 青海省公路建设管理局等 | 2015.07 | 地方标准 |
| 5 | 《公路滑坡勘察设计规范》 | DB63/T 1427—2015 | 青海省质量技术监督局 | 青海省公路建设管理局等 | 2015.12 | 地方标准 |
| 6 | 《多年冻土区隔热层路基技术规范》 | DB63/T 1485—2016 | 青海省质量技术监督局 | 青海省交通科学研究院、青海地方铁路建设投资有限公司、青海威远路桥有限责任公司等 | 2016.05 | 地方标准 |

续上表

| 序号 | 规范名称 | 文号 | 颁发单位 | 编制单位 | 颁发时间 | 类型 |
|---|---|---|---|---|---|---|
| 7 | 《多年冻土区 块石路基技术规范》 | DB63/T 1486—2016 | 青海省质量技术监督局 | 青海省交通科学研究院、青海地方铁路建设投资有限公司、青海威远路桥有限责任公司等 | 2016.05 | 地方标准 |
| 8 | 《多年冻土区 块石—通风管复合路基技术规范》 | DB63/T 1487—2016 | 青海省质量技术监督局 | 青海省交通科学研究院、青海地方铁路建设投资有限公司、青海威远路桥有限责任公司等 | 2016.05 | 地方标准 |
| 9 | 《多年冻土区 热棒—隔热层复合路基技术规范》 | DB63/T 1488—2016 | 青海省质量技术监督局 | 青海省交通科学研究院、青海地方铁路建设投资有限公司、青海威远路桥有限责任公司等 | 2016.05 | 地方标准 |
| 10 | 《多年冻土区 热棒路基技术规范》 | DB63/T 1489—2016 | 青海省质量技术监督局 | 青海省交通科学研究院、青海地方铁路建设投资有限公司、青海威远路桥有限责任公司等 | 2016.05 | 地方标准 |
| 11 | 《多年冻土区 通风管路基技术规范》 | DB63/T 1490—2016 | 青海省质量技术监督局 | 青海省交通科学研究院、青海地方铁路建设投资有限公司、青海威远路桥有限责任公司等 | 2016.05 | 地方标准 |

## 二、主要专著

围绕青海省高速公路建设中诸多施工和管理等难题,青海省交通科技工作者紧密联系工程实际,相继出版了《盐渍土微观图集》《寒区岩土工程引论》《多年冻土及盐渍土地区公路工程技术》和《盐湖地区公路修筑技术》等6本专著,见表6-3-2。

主要专著统计表  表6-3-2

| 序号 | 专著名称 | 主编 | 出版社 | 出版时间 |
|---|---|---|---|---|
| 1 | 《盐渍土微观图集》 | 李宜池、薛明、房建宏 | 同济大学出版社 | 2004年 |
| 2 | 《寒区岩土工程引论》 | 刘建坤、童长江、房建宏 | 中国铁道出版社 | 2005年 |
| 3 | 《多年冻土及盐渍土地区公路工程技术》 | 房建宏、霍明、章金钊、李东庆 | 兰州大学出版社 | 2011年 |
| 4 | 《盐湖地区公路修筑技术》 | 房建宏 | 人民交通出版社 | 2012年 |
| 5 | 《盐湖地区公路建设技术——察尔汗至格尔木高速公路工程建设纪实》 | 付大智、李永福、李积胜、房建宏、李群善 | 人民交通出版社 | 2014年 |
| 6 | 《多年冻土地区特殊路基工程措施应用技术》 | 房建宏、李东庆、徐安花、童长江 | 兰州大学出版社 | 2016年 |

## 三、主要专利

依托青海省高速公路建设,青海省交通部门申请专利37项,编写施工工法3项。这些成果在不同自然条件下,为不同路面材料,在设计、施工、养护和监测等诸多方面,对青海高速公路建设提供技术支撑。见表6-3-3、表6-3-4。

## 主要专利统计表

表 6-3-3

| 序号 | 专利名称 | 类型 | 专利号 | 专利发明人 | 授权单位 | 公开或授权时间 |
|---|---|---|---|---|---|---|
| 1 | 一种富冰、饱冰路段混凝土块型高速公路分离式路基 | 实用新型 | ZL2011203814662 | 刘戈、赵永国、李金平、朱东鹏、樊凯、袁堃、符进 | 中交第一公路勘察设计研究院有限公司 | 2012.06.06 |
| 2 | 一种富冰、饱冰路段块石护坡型高速公路分离式路基 | 实用新型 | ZL2011203814677 | 刘戈、赵永国、樊凯、朱东鹏、李金平、袁堃、符进 | 中交第一公路勘察设计研究院有限公司 | 2012.06.06 |
| 3 | 一种富冰、饱冰路段片块石型高速公路分离式路基 | 实用新型 | ZL2011203814785 | 章金钊、刘戈、李金平、樊凯、朱东鹏、袁堃、符进 | 中交第一公路勘察设计研究院有限公司 | 2012.06.06 |
| 4 | 一种富冰、饱冰路段热棒型高速公路分离式路基 | 实用新型 | ZL2011203814681 | 章金钊、刘戈、朱东鹏、李金平、樊凯、袁堃、符进 | 中交第一公路勘察设计研究院有限公司 | 2012.06.06 |
| 5 | 一种饱冰、含土冰层路段热棒型高速公路分离式路基 | 实用新型 | ZL2011203814709 | 樊凯、章金钊、刘戈、朱东鹏、李金平、袁堃、符进 | 中交第一公路勘察设计研究院有限公司 | 2012.06.06 |
| 6 | 饱冰、含土冰层路段热棒遮阳板型高速公路分离式路基 | 实用新型 | ZL2011203814554 | 朱东鹏、章金钊、刘戈、李金平、樊凯、袁堃、符进 | 中交第一公路勘察设计研究院有限公司 | 2012.06.27 |
| 7 | 饱冰、含土冰层路段热棒混凝土块型高速公路分离式路基 | 实用新型 | ZL20112381454X | 李金平、章金钊、刘戈、樊凯、朱东鹏、袁堃、符进 | 中交第一公路勘察设计研究院有限公司 | 2012.07.04 |
| 8 | 一种冻土区高速公路热棒隔热板组合型整体式路基 | 实用新型 | ZL2011205609770 | 霍明章、金钊、赵永国、刘戈、符进 | 中交第一公路勘察设计研究院有限公司 | 2012.08.29 |
| 9 | 一种冻土区高速公路片块石通风路基 | 实用新型 | ZL2011205603030 | 汪双杰、章金钊、朱东鹏、刘戈、樊凯 | 中交第一公路勘察设计研究院有限公司 | 2012.08.29 |
| 10 | 穿越多年冻土区与非冻土区的隧道排水系统及其设置方法 | 发明专利 | ZL2012101677424 | 韩常领、夏才初、纳启财、王掌军、王宇顺、陈红伟 | 中交第一公路勘察设计研究院有限公司、青海地方铁路建设投资有限公司 | 2012.09.19 |
| 11 | 一种透壁通风管碎块石复合式路基 | 实用新型 | ZL2011205602714 | 刘戈、樊凯、朱东鹏、李金平、袁堃 | 中交第一公路勘察设计研究院有限公司 | 2012.09.26 |
| 12 | 一种穿越多年冻土区与非冻土区的隧道排水系统 | 实用新型 | ZL2012202421158 | 韩常领、夏才初、纳启财、王掌军、王宇顺、陈红伟 | 中交第一公路勘察设计研究院有限公司、青海地方铁路建设投资有限公司 | 2013.01.23 |
| 13 | 一种适用于高温多年冻土区的隧道支护结构 | 实用新型 | ZL2012203894727 | 韩常领、史彦文、纳启财、王掌军、陈红伟、夏才初 | 中交第一公路勘察设计研究院有限公司、青海地方铁路建设投资有限公司 | 2013.02.27 |

续上表

| 序号 | 专利名称 | 类型 | 专利号 | 专利发明人 | 授权单位 | 公开或授权时间 |
|---|---|---|---|---|---|---|
| 14 | 一种多年冻土隧道边仰坡及路堑边坡截排水系统 | 实用新型 | ZL2013201336684 | 韩常领、夏才初、王掌军、纳启财、陆蒙、史彦文 | 中交第一公路勘察设计研究院有限公司、青海地方铁路建设投资有限公司 | 2013.08.21 |
| 15 | 一种寒区隧道格栅状离壁式保温结构 | 实用新型 | ZL201320475127X | 韩常领、夏才初、纳启财、张平阳、杨勇 | 中交第一公路勘察设计研究院有限公司、青海地方铁路建设投资有限公司 | 2014.02.05 |
| 16 | 用热棒群对多年冻土区隧道浅埋设段进行主动热防护的方法 | 发明专利 | ZL2013100675464 | 刘锟、纳启财、杨永鹏、马清祥、李奋、陈红伟 | 中铁西北科学研究院有限公司、青海地方铁路建设投资有限公司 | 2015.03.11 |
| 17 | 一种桥涵板桩结构 | 实用新型 | ZL2014206626156 | 刘强、徐峰、赵亚军、吴晓娟 | 青海省公路科研勘测设计院 | 2015.03.25 |
| 18 | 一种隧道立柱的支撑结构 | 实用新型 | ZL2014206626387 | 刘宁、杨启慧、苏志刚、刘建新 | 青海省公路科研勘测设计院 | 2015.03.25 |
| 19 | 一种隧道支撑结构 | 实用新型 | ZL2014206629559 | 杨启慧、邱勇、徐峰、包晓峰 | 青海省公路科研勘测设计院 | 2015.03.25 |
| 20 | 一种通风块石层宽幅路基结构 | 实用新型 | ZL2014207992588 | 房建宏、牛富俊、林战举、徐安花 | 青海省交通科学研究院、中国科学院寒区旱区环境与工程研究所 | 2015.06.03 |
| 21 | 一种混凝土搅拌站用改性水泥混凝土拌和系统 | 发明专利 | ZL2015101255924 | 陈华鑫、武书华、何锐、张中华、房建宏、徐安花 | 长安大学、青海省交通科学研究院 | 2015.07.15 |
| 22 | 多年冻土隧道边仰坡及路堑边坡截排水系统及其施工方法 | 发明申请 | CN2013100941706 | 韩常领、夏才初、王掌军、纳启财、陆蒙、史彦文 | 中交第一公路勘察设计研究院有限公司、青海地方铁路建设投资有限公司 | 2015.08.19 |
| 23 | 一种折叠式钢支架 | 实用新型 | ZL2015202425684 | 陈子敬、苗广营、王跃久、房建宏、徐安花、刘磊 | 青海省公路建设管理局、中铁十八局集团第三工程有限公司、青海一达交通科技有限公司 | 2015.08.12 |
| 24 | 一种可伸缩的折叠式钢支架 | 实用新型 | ZL2015202424662 | 陈子敬、苗广营、王振、王双成、韩敦、房建宏、徐安花、刘磊 | 青海省公路建设管理局、中铁十八局集团第三工程有限公司、青海一达交通科技有限公司 | 2015.08.12 |
| 25 | 一种米字型折叠式钢支架 | 实用新型 | ZL2015202426189 | 汪百辉、王晓俐、苑静、房建宏、张海水、徐安花 | 中铁十八局集团第三工程有限公司、青海省公路建设管理局、青海一达交通科技有限公司 | 2015.08.12 |

续上表

| 序号 | 专利名称 | 类型 | 专利号 | 专利发明人 | 授权单位 | 公开或授权时间 |
|---|---|---|---|---|---|---|
| 26 | 一种钢支架 | 实用新型 | ZL2015202425754 | 王晓俐、苑静、房建宏、王双成、徐安花、刘磊 | 中铁十八局集团第三工程有限公司、青海省公路建设管理局、青海一达交通科技有限公司 | 2015.08.12 |
| 27 | 防寒泄水洞 | 发明申请 | CN 2013 1 03123672 | 夏才初、黄继辉、范东方、张平阳 | 同济大学 | 2016.02.17 |
| 28 | 一种高寒地区路基边坡移植草皮防护施工方法 | 实用新型 | ZL2015106497690 | 纳启财、房建宏、陈红伟、徐安花、李元庆、张虎发 | 青海地方铁路建设投资有限公司、正平路桥建设股份有限公司、青海省交通科学研究院 | 2016.03.09 |
| 29 | 一种多年冻土填方施工方法 | 发明专利 | ZL2015106495411 | 房建宏、纳启财、徐安花、贺昌、张虎发、张军、陈红伟、任罗英 | 青海省交通科学研究院、青海地方铁路建设投资有限公司、正平路桥建设股份有限公司 | 2016.03.02 |
| 30 | 一种盐富集环境下水泥混凝土自然腐蚀特性的试验方法 | 发明专利 | ZL2013102016033 | 房建宏、徐安花、李祖仲、陈拴发 | 青海省交通科学研究所、长安大学 | 2016.04.27 |
| 31 | 一种公路中央分隔带护栏 | 实用新型 | ZL2016202430899 | 王振、姚常青、王宏丹、王毅、蔡军、李凌云、李海洋 | 青海交通投资有限公司、北京深华达交通工程检测有限公司 | 2016.09.07 |
| 32 | 一种氯氧镁水泥混凝土路面的施工方法 | 发明专利 | ZL201410544656X | 房建宏、关博文、徐安花、陈华鑫、王永维、熊锐 | 青海省交通科学研究院、长安大学 | 2016.12.21 |
| 33 | 一种防护边坡的钢管桩桁架 | 实用新型 | ZL2016207771052 | 苗广营、刘宁、郝军洲、叶飞、陈凯、姚冠兵 | 青海省公路建设管理局、青海省公路科研勘测设计院 | 2016.12.21 |
| 34 | 用于高寒重载下混凝土路面处治后加铺沥青层的施工方法 | 发明专利 | ZL2016107005645 | 田明有、李强、朱磊、王永维、凌晨、刘伟、张生贵、杨志鹏 | 青海省收费公路管理处、苏交科集团股份有限公司 | 2016.12.07 |
| 35 | 一种风积沙隧道洞口拱形门框式旋喷桩支护的方法 | 发明专利 | ZL2016108889183 | 苗广营、郝军洲、刘宁、刘德忠、李金龙、伏亚峰、李慧赞 | 青海省公路建设管理局、中交二公局第三工程有限公司、青海省公路科研勘测设计院 | 2017.01.25 |

续上表

| 序号 | 专利名称 | 类型 | 专利号 | 专利发明人 | 授权单位 | 公开或授权时间 |
|---|---|---|---|---|---|---|
| 36 | 一种复合型抗紫外耐久型彩色树脂薄层罩面铺装结构 | 实用新型 | ZL2016206234233 | 张生贵、田明有、李强、刘伟、杨志鹏、王永维 | 青海省收费公路管理处、苏交科集团股份有限公司 | 2017.01.04 |
| 37 | 一种用于测试干燥环境下混凝土收缩的装置 | 实用新型 | ZL2016208737379 | 王钅工、李涛、韩生虎、张学强、曹生业、张永平 | 青海地方铁路建设投资有限公司 | 2017.01.04 |

主要工法统计表　　　　　　　　表6-3-4

| 序号 | 工法名称 | 主编 | 出版社 | 出版时间 | 备注 |
|---|---|---|---|---|---|
| 1 | 《公路大直径袋装混凝土灌注桩施工工法》 | 青海省高等级公路建设管理局 | 人民交通出版社 | 2012.06 | |
| 2 | 《预应力混凝土空心板梁钢木内模施工工法》 | 青海省公路建设管理局 | 人民交通出版社股份有限公司 | 2015.03 | |
| 3 | 《骨架密实型水泥稳定碎石（砂砾）路面稳定基层施工工法》 | 青海省公路建设管理局 | 人民交通出版社股份有限公司 | 2015.03 | |

# 第七章
# 高速公路建设管理制度

青海省高速公路建设之初，全省尚未有规范高速公路建设、管理的法规制度。对高速公路的建设管理，主要沿用干线公路建设管理的经验和做法，如：公路建设四项制度、菲迪克条款、项目法人制等。随着高速公路的起步与发展，高速公路的建设与管理迫切需要与之相适应的制度来规范与指导，规章制度建设应运而生，并随着高速公路建设实践的发展而不断丰富、完善。

## 第一节　省级相关管理制度

1999—2016 年的 18 年间，青海省人大常委会、青海省人民政府以及省级相关职能部门，高度重视青海省高速公路建设，多次派员考察高速公路建设情况，实地调研高速公路建设中存在的具体困难和问题，专题研究并按规定程序制定出台了一系列有关高速公路建设、管理、运营等方面的管理制度。

### 一、《青海省人民政府关于对朝阳至马场垣高速公路建设工程给予优惠政策的通知》

1999 年，青海省首条高速公路——西宁朝阳至马场垣高速公路建设进入倒计时。公路穿越青海省东部农业区，人口稠密，村庄密集，征地拆迁难度大，建设费用高。为加快青海省交通基础设施建设，确保国家和青海省重点工程丹拉公路青海省境内朝阳至马场垣段高速公路建设顺利进行，青海省人民政府出台了《关于对朝阳至马场垣高速公路建设工程给予优惠政策的通知》（青政〔1999〕55 号）。

该通知指出，丹拉公路青海省境内朝阳至马场垣段高速公路是国家"五纵七横"国道主干线的重要组成部分，建设这条高速公路对青海省经济建设和社会进步将起到积极作用。

该通知要求，高速公路建设征地和临时用地，不计征"耕地占用税"；免征重点水利建设专项基金及新菜地开发基金；建设单位在建设过程中采取相应的水土保持措施，免交水土流失防治费和补偿费。青苗补偿按当年产值补偿。临时用地每年只补偿当年青苗补偿费。免交造地费。除土地补偿费和安置补助费外,其他政府性的收费一律免收。工程可就近采料(石、砂、土),免征矿产资源补偿费,若在耕地取土,按临时用地给予补偿并要复垦;无偿使用天然河道水;无偿使用粉煤灰等工业废料,不得收取其他任何费用;省内公路各收费站点对运送粉煤灰车辆免收过往通行费。高速公路交通工程设施的建设用地,免征市政配套费、城市道路建设费等;投资方面调节税按公路工程的税率执行。贷款偿还期免征所得税。对集体所有土地征用,其土地补偿费和安置补助费标准综合倍数进行了划分,对全民所有制单位、集体单位及私人所有的地上地下附着物的拆迁和拆迁补偿标准、征迁工作遇到困难及建设环境保障等工作提出了明确要求。

该通知的发布实施,体现了青海省人民政府对高速公路建设的关心支持,明确界定了高速公路建设中的各项优惠政策,降低了建设成本,加快了项目前期工作进度,不仅对西宁朝阳至马场垣高速公路建设起到了重要的推动作用,也为以后的青海省高速公路建设发挥着规范、指导作用。

## 二、《青海省人民政府关于加快全省公路建设的决定》

2000 年,国家实施的西部大开发战略迈开了实质性步伐。青海省第一条高速公路开工建设,干线公路、通县油路、县际公路等纷纷上马。为抢抓机遇,加快发展,尽快改变青海交通基础设施落后的面貌,中共青海省委、省人民政府把加快公路建设作为增速经济和改善民生的重要支点,积极动员社会各界力量支持和参与公路建设。2001 年,青海省人民政府制定出台了《关于加快全省公路建设的决定》,提出了加快全省公路建设的 11 条政策措施,并于 2001 年 4 月 10 日印发实施。

交通运输部部长李小鹏考察青海交通工作

## 三、《青海省人民政府关于加强高速公路管理的通告》

2001 年 7 月 1 日,平安至西宁高速公路中的曹家堡飞机场至西宁韵家口段 26km 高速公路建设工程,即将提前建成通车。为了维护高速公路的交通秩序,保护路产路权,保障高速公路快速、安全、畅通地发挥经济效益和社会效益,根据国家有关法律、法规的规定,青海省人大常务委员会发布《青海省人民政府关于加强高速公路管理的通告》,于2001年6月29日印发西宁市、各自治州人民政府、海东行署、省政府各委、办、厅、局等。

### 四、《青海省高等级公路管理办法》

2002年6月28日,青海省首条高速公路——平安至西宁高速公路建成通车。与其同时,高速公路的运营管理工作也提上议事日程。为保障高速公路安全畅通、高效运营,2003年8月,青海省人民政府根据《中华人民共和国公路法》,并结合本省实际,制定出台了《青海省高等级公路管理办法》。

该办法于2003年8月25日经青海省人民政府第3次常务会议审议通过,并由青海省人民政府以33号令公布,2003年11月1日起实施。

该办法对高等级公路管理主体、各有关部门的义务、养管部门的职责、公路两侧建筑控制限界、上路车辆的安全要求、免缴通行费车辆的范围等,都作了明确规定。

该办法的制定出台,标志着青海省高等级公路运营管理和行政执法工作有了具体依据。

2011年12月28日,青海省人民政府第94次常务会议审议通过的《青海省人民政府关于废止部分规章的决定》和《青海省人民政府关于修改部分规章的决定》,对该办法部分章节进行了修订。修订后,该办法分七章三十六条,于2012年1月5日公布实施。

### 五、《青海省人民政府关于加快全省交通运输基础设施建设的意见》

"十二五"时期,青海交通基础设施建设快速发展,公路建设已成为拉动经济增长、扩大内需、促进全省经济"稳增长"的重要引擎之一。同时,党的十八大提出全面建成小康社会的奋斗目标,中共青海省委、省人民政府为奋力打造"三区"、建设全面小康,需要继续发挥交通运输的先行引领作用,促进全省经济提质增效升级发展。为此,2015年8月31日,青海省人民政府制定出台了《关于加快全省交通运输基础设施建设的意见》(青政〔2015〕76号),以此推动全省交通运输基础设施建设健康、持续、快速发展,为青海与全国同步进入小康社会提供支撑。

该意见提出围绕青海经济社会发展战略部署,突出交通项目建设在"稳增长"方面的关键作用,采取加快项目审批进度、优先保障建设用地、落实生态环保等政策措施,全力推进交通运输基础设施建设。力争在"十三五"期间,基本建成以高速公路为主骨架,以国省干线公路网为支撑,以高密度农村公路网为基础,以运输枢纽为节点,旅游交通、区域交通、城乡交通协调发展,公路与铁路、民航有机衔接,物流通达能力、交通信息化水平和服务质量明显提高,适应经济社会快速发展的综合交通运输体系。

该意见明确规定,今后凡涉及交通运输基础设施建设的相关税费,严格按规定的项目和标准下限收取;对省政府权限范围内的行政事业性收费,严格按规定的项目和标准下限收取。对交通基础设施建设征收的施工营业税,在"营改增"前,继续由财政预算安排,用于交通建设;"营改增"后,由省财政预算安排当年建安投资3%的资金作为省财政配套资金,用于交通建设。省级以下政府不得出台针对交通运输基础设施建设项目的收费项目。

与此同时,拓宽交通建设融资渠道,设立交通发展基金,由省政府每年投入资本金,选择2~3个项目采用公私合营模式(PPP)融资建设。加大交通建设支持力度,对已建的非收费公路负债纳入政府性债务,由财政预算安排置换;对新建的非收费公路缺口资金,由财政预算或地方债安排。

### 六、《关于青海省基础设施和公用事业特许经营管理暂行办法》

为鼓励和引导社会资本参与基础设施和公用事业建设运营,提高公共服务质量和效率,保护特许经营者合法权益,促进经济社会持续健康发展,根据国家《基础设施和公用事业特许经营管理办法》和其他有关法律、法规的规定,省发展改革委结合本省实际,制定本办法,青海省人民办公厅以青政办〔2016〕12号转发。该办法分总则、特许经营协议履行、特许经营协议的变更和终止、监督管理和公共利益保障、争议解决、法律责任、附则等八章六十六条,于2016年2月4日,印发各市、自治州人民政府,省政府各委、办、厅、局,自2016年3月3日起施行,有效期至2018年3月2日。

该办法指出,青海省境内的能源、交通运输、水利、环境保护、市政工程等基础设施和教育、医疗、文化体育、养老等公用事业领域将实施特许经营。从事特许经营,要按照规定取得相应的特许经营权。经营者通过合法经营取得合理收益并承担相应风险。实施基础设施和公用事业特许经营的项目,必须符合节约能源、降低成本、提高效率、改善公共服务的要求。特许经营项目,必须符合国民经济和社会发展规划、主体功能区规划等专项规划、城乡规划和土地利用规划,并且建设运营标准和监管要求明确。

青海省基础设施和公用事业特许经营,将采取如下方式进行:在一定期限内,政府授予特许经营者投资新建或改扩建、运营基础设施和公用事业,期限届满移交政府;特许经营者投资新建或改扩建基础设施和公用事业并移交政府后,由政府授予其在一定期限内运营等。

该办法同时鼓励政策性、开发性金融机构,给予特许经营项目差异化信贷支持等。

## 第二节 部门相关制度建设

高速公路建设管理内容繁杂,涉及管理项目众多,市场建设与经济运营息息相关。

十几年来，青海省交通运输厅等相关部门本着规范交通建设市场的初衷，将交通建设市场在发展中的实践经验以及预期面临的问题，做了整体规划和理性分析，并遵从宪法原则，结合经济学、社会学等学科理论，制定了一系列交通建设市场管理的相关管理制度。

省政协视察团视察高速公路建设

## 一、市场管理制度

（一）《青海省国（省）道干线公路项目建设单位管理考评办法》（试行）

2013年，青海省交通厅为进一步加强公路项目建设管理工作，科学评价建设单位的管理水平，促进工程质量、安全生产水平再上新台阶，根据交通运输部《关于进一步加强公路项目建设单位管理的若干意见》，在征求各方面意见的基础上，以青交公〔2013〕352号文件印发《青海省国（省）道干线公路项目建设单位管理考评办法（试行）》。该办法共分二十九条，并附《青海省国（省）道干线公路项目建设单位管理考核评价标准》《青海省国（省）道干线公路项目建设单位管理考核评价计算公式》。印发厅属各建设单位，于2013年7月29日起试行。

（二）《青海省公路工程施工分包管理实施细则》

2016年，青海省交通运输厅为规范公路工程施工分包活动，促进施工标准化和专业化分工，保障工程质量和施工安全，维护市场秩序和当事人合法权益，根据《中华人民共和国公路法》《中华人民共和国招标投标法》《建设工程质量管理条例》《建设工程质量管理条例》《建设工程安全生产管理条例》等法律、法规和规章的规定，结合青海省公路建设实际，以青交建管〔2016〕123号文件印发《青海省公路工程施工分包管理实施细则》。该实施细则分总则、管理职责、分包条件、合同管理、行为管理、附则及附件等六章四十三条,于2016年5月21日起执行。

(三)《青海省交通运输建设工程不良行为和黑名单管理办法》

2016年,为加强交通运输建设工程的监督管理,促进青海省交通运输建设市场健康发展,根据《中华人民共和国政府采购法》《中华人民共和国招投标法》《中华人民共和国安全生产法》《中华人民共和国政府信息公开条例》《建设工程质量管理条例》《青海省交通运输建设工程质量责任追究办法》等法律、法规和规范性文件的规定,并结合青海省实际,青海省交通运输厅制定《青海省交通运输建设工程不良行为和黑名单管理办法》(青交建管〔2016〕347号)。该办法分总则、不良行为记录范围、黑名单记录范围、信息公开管理、信息的应用、附则等六章三十三条,于2016年10月17日印发厅属各单位。

## 二、信用管理制度

公路参建施工企业信用评价是公路建设市场诚信体系的基础,也是规范从业单位的从业行为,保障公路建设质量的有力手段。为加强全省公路施工企业信用评价工作,青海省交通运输厅按照国家和交通部的有关法律法规,先后制定下发了《关于完善青海省公路建设市场信用信息管理系统建设项目信息的通知》等4项制度。

(一)《青海省交通基础设施建设廉政信用制度(试行)》

2005年,青海省交通厅为加强交通基础设施建设中的廉政建设工作,杜绝在交通基础设施建设中发生收送现金、有价证券、贵重物品和支付凭证等突出问题,确保《廉政合同》条规的贯彻落实,以青交党〔2005〕7号文制定《青海省交通基础设施建设廉政信用制度(试行)》。该制度分十三条,自2005年1月31日起试行。

此外,为贯彻落实交通运输部《公路建设市场信用信息管理办法》,深入推进公路建设市场信用体系建设,青海省交通厅还组织开发了青海省公路建设市场信用信息管理系统,该系统已正式运行。为提高行政效率、实现信息公开、有效规范从业单位市场行为,奠定了坚实的基础。

(二)《关于完善青海省公路建设市场信用信息管理系统建设项目信息的通知》

2013年,青海省交通厅为客观、真实、准确地做好相关信息审核工作,以青交办公〔2013〕136号文件印发《关于完善青海省公路建设市场信用信息管理系统建设项目信息的通知》。该通知对青海省公路建设市场信用信息填报范围、信息审核范围、信息审核需提交的书面材料、信息审核流程、申请材料装订以及其他事项,作了明确要求,并附《从业单位信用信息申报承诺保证书》表格。自2013年9月22日起执行。

（三）《青海省公路建设（施工）市场信用评价实施细则》

2014年,青海省交通运输厅以青交办公〔2014〕81号文印发《青海省公路建设（施工）市场信用评价实施细则》。该实施细则分总则、信用评价、信用评价结果的应用、附则等第27条,及附件:1.《公路施工企业信用行为评定标准》;2.《公路施工企业信用行为评价计算公式》,于2014年6月13日起执行。原2013年3月7日印发的《青海省公路建设市场信用评价实施细则（修订）》（青交办公〔2013〕12号）同时废止。

2016年,为更好地公平、公正、客观地评价青海省公路从业单位和从业人员,总结近几年来的信用评价工作经验,对《青海省公路建设（施工）市场信用评价实施细则》（青交办公〔2014〕81号）部分条款做了修订。

2016年3月31日,青海省交通运输厅办公室印发《关于修订〈青海省公路建设（施工）市场信用评价实施细则〉的通知》（青交办建管〔2016〕51号）。

（四）《关于推行从业企业信息挂钩制度进一步完善青海省公路建设市场信用信息管理系统从业企业信息和建设项目信息的通知》

2014年,青海省交通运输厅为贯彻落实交通运输部《公路建设市场信用信息管理办法》,深入推进公路建设市场信用体系建设,进一步加大施工企业信息公开力度,增强施工企业诚信经营意识,提高交通建设市场透明度,促进青海交通建设市场规范有序发展,以青交办公〔2014〕83号文件印发《关于推行从业企业信息挂钩制度进一步完善青海省公路建设市场信用信息管理系统从业企业信息和建设项目信息的通知》。该通知对基本内容、施工招标评标规定、任务及要求等,作出了明确规定,于2014年6月17日起执行。

### 三、招投标管理制度

1999年初,随着首条高速公路平安至西宁高速公路开始建设,青海省交通厅放开公路交通基础设施建设市场,实行项目法人制度,对公路工程施工及施工监理实行国内公开招标。同时,在认真调研、学习其他省、市公路交通建设工程招投标和评标方法的基础上,严格依据交通建设招投标、评标法规运作,为招投标工作规范起步奠定了基础。《中华人民共和国招标投标法》颁布实施后,青海省交通厅在认真贯彻执行的基础上,根据青海省实际,先后制定了《关于进一步规范全省交通建设项目施工招投标活动的意见》《关于进一步加强青海省交通建设项目工程招投标工作的通知》等规范性文件。组织相关专家对交通运输部《公路工程标准施工招标文件(2009年版)》,进行了补充、细化,经审定形成了《青海省公路工程标准施工招标文件(2015年版)》。

(一)《关于进一步规范全省交通建设项目施工招投标活动的意见》

2009年,青海省发展改革委员会为贯彻落实中央办公厅、国务院办公厅印发的《关于开展工程建设领域突出问题专项治理工作的意见》(中办发〔2009〕27号),根据中共青海省委办公厅、省人民政府办公厅印发的《青海省关于开展工程建设领域突出问题专项治理工作的实施方案》的工作部署,按照中央治理工程建设领域突出问题工作领导小组《关于印发〈规范工程建设项目决策行为和招标投标活动指导意见〉的通知》的要求,结合青海省实际,会同青海省交通厅等有关部门制定印发了《关于进一步规范全省交通建设项目施工招投标活动的意见》(青交公〔2009〕490号)。该意见从工作目标、具体措施和责任单位、自查内容等三个方面提出了指导意见,印发各州(市、地)工程建设领域突出问题专项治理工作领导小组办公室、省直各单位,自2010年1月8日起执行。

(二)《青海省招标投标违法行为记录公告办法》

2010年,青海省发展和改革委员会为促进招标投标信用体系建设,规范招投标活动,营造诚实守信的市场环境,根据国家发展改革委等十部委《招标投标违法行为记录公告暂行办法》(发改法规〔2008〕1531号)和国家发展改革委《关于印发全国发展改革系统开展工程建设领域突出问题专项治理工作指导意见的通知》(发改法规〔2009〕3282号)精神,结合青海省实际,并经青海省人民政府同意,制定下发《青海省招标投标违法行为记录公告办法》(青发改法规〔2010〕393号)。该办法对适用范围、公告平台、公告期限、公告内容等,作出了明确规定,自2010年5月5日起施行。

(三)《关于进一步加强青海省交通建设项目工程招投标工作的通知》

2014年,青海省交通运输厅为加强工程招标投标监督管理,规范交通建设项目招标投标活动,根据国家有关法律法规和交通运输部的有关规定,结合青海省交通建设项目实际情况,印发《关于进一步加强青海省交通建设项目工程招投标工作的通知》(青交办公〔2014〕93号)。该通知对招标投标工作程序及相关工作用表作出明确规定,并附《青海省交通建设项目工程招标投标工作程序》《青海省交通建设项目工程招标投标工作用表》。自2014年7月8日起执行。

建设市场管理相关制度汇总见表7-2-1。

建设市场管理相关制度汇总表

表 7-2-1

| 序号 | 性质 | 名称 | 文号 | 颁发日期 | 颁发单位 | 备注 |
|---|---|---|---|---|---|---|
| 1 | 市场管理 | 《关于建立交通基础设施建设工程中违规企业"黑名单"制度的通知》 | 青交纪字〔2002〕19号 | 2002年11月25日 | 青海省交通厅 | |
| 2 | | 《青海省国(省)道干线公路建设项目建设单位管理考评办法》(试行) | 青交公〔2013〕352号 | 2013年7月29日 | 青海省交通厅 | |
| 3 | | 《青海省公路工程施工分包管理实施细则》 | 青交建管〔2016〕123号 | 2016年5月21日 | 青海省交通运输厅 | |
| 4 | | 《青海省交通运输建设工程不良行为和黑名单管理办法》 | 青交建管〔2016〕347号 | 2016年10月17日 | 青海省交通运输厅 | |
| 5 | | 《青海省交通基础设施建设廉政信用制度》(试行) | 青交党〔2005〕07号 | 2005年1月31日 | 青海省交通厅 | |
| 6 | 信用管理 | 《关于完善青海省公路建设市场信用信息管理系统建设项目信息的通知》 | 青交公〔2013〕136号 | 2013年9月22日 | 青海省交通厅 | 废止 |
| 7 | | 《青海省公路建设市场信用信息评价实施细则》(修订) | 青交公〔2013〕12号 | 2013年3月7日 | 青海省交通厅 | |
| 8 | | 《青海省公路建设(施工)市场信用评价实施细则》 | 青交办公〔2014〕81号 | 2014年6月13日 | 青海省交通运输厅 | |
| 9 | | 《关于推行从业企业信息挂钩制度进一步完善青海省公路建设信息管理系统从业企业信息和建设项目信息的通知》 | 青交办公〔2014〕83号 | 2014年6月17日 | 青海省交通运输厅 | |
| 10 | | 《关于修订〈青海省交通建设(施工)市场信用评价实施细则〉的通知》 | 青交建管〔2016〕51号 | 2016年3月31日 | 青海省交通运输厅 | |
| 11 | 招投标管理 | 《青海省招标投标违法行为记录公告办法》 | 青发改法规〔2010〕393号 | 2010年5月5日 | 青海省发展和改革委员会 | |
| 12 | | 《关于进一步规范全省交通建设项目施工招投标活动的意见》 | 青交公〔2009〕490号 | 2010年9月9日 | 青海省发展和改革委员会 | |
| 13 | | 《青海省交通建设项目评标专家和评标专家库管理实施细则》(试行) | 青交公〔2013〕397号 | 2013年9月3日 | 青海省交通厅 | |
| 14 | | 《关于进一步加强青海省交通建设项目工程招投标工作的通知》 | 青交办公〔2014〕93号 | 2014年7月8日 | 青海省交通运输厅 | |

### 四、项目管理相关制度

高速公路建设项目管理是高速公路建设的组成部分和基础工作,青海省高速公路建设的巨大成就,就是由一个个建设项目的实施完成而取得的。高速公路建设项目管理水平如何,不仅关乎高速公路的建设成本、工程安全质量和使用寿命,而且决定着高速公路建设事业的发展成败。青海省交通建设部门高度重视高速公路建设项目管理工作,并把重点放在建章立制、依法管理上,用法规制度规范行为、明定责任、提升素质,促进建设项目管理的标准化、程序化、常态化。同时,将综合管理、勘察设计管理、质量与安全管理以及环保与土地、廉政建设、资金与审计、农民工管理等,都纳入规范化的管理体系。先后制定、完善了一系列规章制度,形成了制度、监督与责任并重的管理模式,初步建立起较为完善的规范体系。

#### (一)综合管理制度

1.《青海省建设领域农民工工资支付保证金制度实施办法》

为规范建筑施工企业劳动用工行为,切实解决建设领域拖欠农民工工资问题,保障农民工通过劳动获得报酬的权益,维护社会稳定,根据《中华人民共和国劳动法》《国务院关于解决农民工问题的若干意见》(国发〔2006〕5号)和劳动保障部、建设部《关于印发〈建设领域农民工工资支付管理暂行办法〉的通知》(劳社部发〔2004〕22号)精神,结合青海省实际,青海省人民政府办公厅制定《青海省建设领域农民工工资支付保证金制度实施办法》(青政办〔2006〕143号),并印发西宁市、各自治州人民政府、海东行署、省人民政府各委、办、厅、局。该办法共分十八条,于2006年10月18日起执行。

2.《青海省高速公路施工标准化管理指南(工地建设、路面路基、桥梁、隧道)试用本》

2011年,青海省交通厅为规范高速公路工地建设、路面路基、桥梁、隧道工程施工,提高管理水平,保证施工质量,编制印发了《青海省高速公路施工标准化管理指南(工地建设、路面路基、桥梁、隧道)试用本》。该试用本适用于青海省新建、改(扩)建、在建高速项目路基路面工程施工。其中《工地建设标准化管理指南》分总则、项目部、监理驻地、工地试验室、施工设施、原材料、半成品、成品存放场及库房、施工便道、便桥、现场文明施工及附表、参考文献等。《路面路基标准化管理指南》分总则、施工准备(路基)、一般路基施工、特殊季节路基施工、特殊路基处理、排水工程、防护工程、小型构造物、路基整修与路床交验、监测与观测、取、弃土场、施工准备(路面)、碎石的开采与生产、水泥稳定碎石底基层、基层施工、级配碎石施工、透层施工、橡胶沥青同步碎石封层、黏层施工、沥青面层施工、桥面处理与防水、水泥混凝土路面等。《桥梁标准化管理指南》分总则、施工准备、桥梁基础、下部构造、上部构造。《隧道标准化管理指南》分总则、术语、施工准备、洞口与明洞工程、洞身开挖、初期支护与辅助工程措施、模注混凝土施工、防排水及保温层施工技术、路基、路面基层与路面、施工监控量测及质量监测、通风施工设计、机电工程施工技术、人员安全防护及环境保护、安全管理与文明施工、特殊地段施工。

3.《青海省高速公路施工标准化活动实施方案》

2011年,青海省交通厅为贯彻落实交通运输部《关于开展高速公路施工标准化活动的通知》精神,适应交通运输加快发展、转变发展方式的新形势,加快推行现代工程管理,全面提高公路建设管理水平,印发《青海省高速公路施工标准化活动实施方案》(青交公〔2011〕270号)。该实施方案分指导思想、活动目标、活动内容、活动安排、有关要求及主要措施等,并要求2011年及以后新开工的高速公路建设项目严格遵照落实,在建高速公路建设项目参照执行,于2011年5月19日起实施。

4.《关于进一步加强公路建设项目竣工验收阶段管理工作的意见》

2014年,青海省交通运输厅为进一步加强和规范全省公路建设项目交(竣)工验收阶段的管理工作,根据交通部《公路工程交(竣)工验收办法》《公路工程交(竣)工验收办法实施细则》《公路建设项目工程决算编制办法》,结合青海省公路建设实际,制定《关于进一步加强公路建设项目竣工验收阶段管理工作的意见》(青交办公〔2014〕110号),并印发厅属各建设单位。该意见从公路建设项目交工验收阶段工作、建设项目主体工程尾工及质量缺陷处理、辅助工程施工及交工验收、制定年度计划竣工验收项目、国家法规要求的单项验收、竣工决算文件编制、审计及认定、项目交竣工验收前质量检测、评定、鉴定、竣工文件编制、归档、建设项目竣工验收申请、项目竣工验收组织等10个方面提出了意见,自2014年8月12日起执行。

(二)勘察设计管理制度

1.《青海省公路工程建设项目设计文件审查实施细则》

2001年,青海省交通厅为认真做好公路工程建设项目设计文件审查工作,确保公路工程勘察、设计质量,根据国务院《建设工程质量管理条例》和交通部《公路工程质量管理办法》的有关规定,结合青海省实际,制定《青海省公路工程建设项目设计文件审查实施细则》(青交公〔2001〕156号)。该实施细则共分14条,规定凡属青海省行政区的新建、改建、扩建的公路工程建设项目各阶段的设计文件,均属本细则审查范围,工程建设项目各方主体必须认真执行。该实施细则印发各州、地(市)交通(工交)局、厅属有关单位,于2001年4月9日起执行。

2.《青海省公路建设项目设计变更管理办法(试行)》

2014年,青海省交通运输厅为提高全省公路项目建设管理水平,规范设计变更行为,保证工程质量,合理有效控制工程造价,根据《中华人民共和国公路法》《公路工程设计变更管理办法》等相关法律法规,结合青海省实际,在征求各方面意见的基础上,制定《青海省公路建设项目设计变更管理办法(试行)》(青交建管〔2014〕436号)。该办法分二十五条,附《青海省公路建设项目设计变更备案表》,于2014年10月13日印发厅属各建设单位。

(三)质量与安全管理制度

1.《青海省交通建设工程质量和安全生产督查办法(试行)》

2009年,青海省交通厅为贯彻落实国家和行业有关建设工程质量、安全生产法律法规,进一步加强交通建设工程质量和安全管理工作,有效督促参建单位履行好各自职责,预防和减少事故的发生,根据国务院《建设工程质量管理条例》《建设工程安全生产管理条例》和交通部《公路工程质量监督规定》以及《青海省公路建设质量管理办法》《青海省安全生产监督管理办法》等规定,印发《青海省交通建设工程质量和安全生产督查办法(试行)》(青交党〔2009〕22号)。该办法分总则、督查内容、督查方式、结果处理、附则等五章十八条,印发各州(地、市)交通局、厅直有关单位,自2009年3月24日起试行。

2.《青海省公路工程工地试验室管理办法(试行)》

2010年,青海省交通厅为加强青海省公路工程项目工地试验室监督管理,根据交通运输部《关于进一步加强公路水运工程工地试验室管理工作意见》(厅质监字〔2009〕183号)要求,下发《关于印发〈青海省公路工程工地试验室管理办法(试行)〉的通知》(青交公〔2010〕119号)。该管理办法分六章三十五条,印发各有关单位,于2010年1月1日起执行。

3.《青海省高速公路沥青面层施工指导意见(2011年)》

2011年,青海省交通厅为推行标准化施工,提高施工管理水平和工程质量,根据交通部《公路沥青路面施工技术规范》(JTG40—2004)规定,结合青海省已建高速公路的施工经验和研究成果,对青海省2011年实施沥青面层施工的高速公路,印发《青海省高速公路沥青面层施工指导意见》(青交公〔2011〕219号),印发至厅属各建设单位。该指导意见从材料要求、施工机械与质量检测仪器、配合比设计、铺筑前的准备、沥青面层施工等方面提出了指导意见。于2011年4月28日起执行。

4.《青海省交通厅安全生产约谈办法(试行)》

2012年,青海省交通厅为认真贯彻落实《国务院关于坚持科学发展安全发展促进安全生产形势持续稳定好转的意见》(国发〔2011〕40号)和《交通运输部安全生产约谈办法(试行)》(交安监发〔2011〕777号),进一步加强青海省交通行业安全生产监督管理,有效防范和遏制较大以上等级事故发生,制定印发《青海省交通厅安全生产约谈办法(试行)》(青交安〔2012〕158号)。该办法共分十四条,附安全生产约谈通知书、安全生产约谈记录,印发至各州(地、市)交通局、厅属各单位、厅机关有关处室,于2012年3月31日起试行。

5.《青海省交通工程建设安全生产监督管理办法(试行)》

为加强青海省交通工程建设安全生产监督管理工作,预防和减少施工生产安全事故,保障人身及财产安全,根据《中华人民共和国安全生产法》《建设工程安全生产管理条例》《公路水运工程安全生产监督管理办法》《安全生产许可证条例》《青海省安全生产监督管理规定》等有关法律法规、规章,青海省交通厅制定《青海省交通工程建设安全生产监督管理办法(试行)》(青交安〔2013〕143号)。该办法分总则、安全生产条件、安全责任、监督检查、附则等五章七十一条,于2013年4月3日印发厅属各工程建设单位、各州(地、市)交通局。

6.《青海省高速公路建设项目工程质量管理实施办法(试行)》

2013年,青海省交通厅为进一步规范青海省高速公路建设项目工程质量管理工作,根据《中华人民共和国公路法》《中华人民共和国招投标法》《中华人民共和国招投标法实施条例》、交通运输部《公路建设监督管理办法》《公路工程质量管理办法》《公路工程质量监督规定》等法律、法规和规章的有关规定,在征求各方面意见的基础上,制定了《青海省高速公路建设项目工程质量管理实施办法(试行)》(青交公〔2013〕348号),印发至厅属各建设单位。该办法分总则、交通主管部门及其所属质监机构的工程质量监督管理、项目法人(建设单位)质量管理、勘察设计单位质量管理、监理单位质量管理、施工单位质量管理、检测机构质量管理、材料、设备采购单位质量管理、工程质量事故报告与举报及附则,于2013年7月29日起试行。

7.《青海省高速公路工程质量责任追究办法(试行)》

2013年,青海省交通厅为提高高速公路工程质量,落实工程质量责任追究制度,查处和追究高速公路参建单位及人员质量不良行为责任,根据国务院《建设工程质量管理条例》、交通运输部《公路工程质量管理办法》等规定,在征求各方面意见的基础上,结合青海省实际制定了《青海省高速公路工程质量责任追究办法(试行)》(青交公〔2013〕349号),印发至厅属各建设单位,于2013年7月29日起试行。

8.《关于在全省交通重点建设项目施工标段试行安全总监制度的通知》

2016年,青海省交通运输厅为认真落实《中华人民共和国安全生产法》,加强全省交通建设工程施工安全生产工作,强化和落实施工单位安全生产主体责任,加强基层安全生产管理能力,促进青海省交通建设安全生产形势持续稳定,制定印发《关于在全省交通重点建设项目施工标段试行安全总监制度的通知》(青交安〔2016〕125号)。该通知共分试行目的、试行范围、安全总监任职条件、安全总监职责和工作要求等五个方面,于2016年4月25日开始执行。

9.《青海省交通运输建设工程质量责任追究办法》

2016年,为提高青海省交通运输建设工程质量,更好落实工程质量责任登记制,依法查处造成质量事故的单位及责任人,根据《中华人民共和国公路法》《建设工程质量管理条例》等,结合青海省实际,青海省交通运输厅制定《青海省交通运输建设工程质量责任追究办法》(青交办建管〔2016〕134号)。该办法分总则、质量事故鉴定和调查、质量责任追究范畴、责任追究及管理、附则等五章二十一条,印发厅属有关单位,自2016年9月1日起实施,原《青海省高速公路工程质量责任追究办法(试行)》(青交安〔2013〕349号文件)同时废止。

(四)环保与建设项目用地管理制度

1.《关于进一步加强公路建设环境保护工作的意见》

2002年,青海省人民政府办公厅为切实加强公路建设中的生态环境保护,防止生态破坏和环境污染,保护和改善公路沿线的生态环境,营造公路与自然环境相协调的优美景观,结合青海省公路建设与环境保护工作实际,印发《关于进一步加强公路建设环境保护工作的意见》(青政办〔2002〕60号)。该意见从进一步提高对公路建设环境保护工作的认识、严格执行公路建设项目环境影响评价审批制度;各公路建设管理单位在工程招标中,应将环境保护要求纳入招标文件;各施工单位要切实加强施工现场的环境保护工作;切实加大公路建设中环境保护的宣传教育力度;强化公路建设活动的环境保护执法监察,认真做好工程环境保护验收工作等方面,提出了意见。印发西宁市、各自治州人民政府、海东行署,省政府各委、办、厅、局,于2002年4月24日执行。

省人大代表团调研青海公路建设

## 2.《青海省公路建设生态环境保护技术指南》

2016年,青海省交通运输厅、青海省环境保护厅为进一步深化实施中共青海省委、青海省人民政府"生态立省"和"生态保护第一"的战略部署,联合编制印发了《青海省公路建设生态环境保护技术指南》(青交科〔2016〕28号)。该指南主要内容包括总则、术语、公路选线和选址阶段生态环境保护、公路设计阶段生态环境保护、公路施工阶段生态环境保护和公路运营阶段生态环境保护等。重点对公路选线选址阶段、设计阶段、施工阶段、运营阶段生态环境保护四项内容进行深度而详细的说明。附有青海省生态功能区划图;青海省生态环境敏感区分布图;青海省公路网规划图;青海省国家级重点保护野生动物名录;青海省国家级重点保护野生植物名录等。该指南主要适用于新建和改扩建公路工程的生态环境保护及污染防治,贯穿工程选线、选址、设计、施工和运营各阶段。该指南印发各市州交通(运输)局、厅属各单位、厅机关各处室,于2016年1月22日起执行。

该指南的编制,标志着青海省交通运输部门将进一步深入开展公路建设生态环境保护工作,体现了加快推进青海省绿色交通运输建设、更好地服务地方经济社会发展、服务人民群众安全便捷出行、着力促进生态环保和民生改善及经济社会协调发展的行动导向。

## 3.《关于加快推进青海省绿色交通运输发展的指导意见》

2016年,青海省交通运输厅为加强生态文明建设,做好大气污染防治,积极应对气候变化,加快推进青海省绿色交通运输发展,印发《关于加快推进青海省绿色交通运输发展的指导意见》(青交科〔2016〕241号)。该指导意见明确提出以"生态环保协调推进绿色交通运输发展"的优先理念,以"加快低碳交通基础设施网络构建、加快推进节能环保交通运输装备应用、加快高效交通运输组织体系建设、加快交通科技创新与信息化建设、加快绿色交通运输管理能力建设"为主要任务;以"试点示范和课题研究"为主要推进方式,实现交通运输绿色发展、循环发展、低碳发展。到2020年,初步形成绿色循环低碳交通运输体系。该指导意见是围绕大交通制定的绿色循环低碳发展指导意见,适用于铁路、公路、水路、民航、公交、城轨各个领域,对青海省交通运输的绿色循环低碳发展,作出了统筹安排和总体部署。

该指导意见提出了实现交通基础设施畅通成网、绿色循环低碳要求等5个方面21条具体任务,全面覆盖了交通运输行业资源节约、能源利用、控制排放、保护环境和运输装备、货运物流、科研成果转化、信息化建设等内容;提出了加强组织领导、强化资金保障、加强科技创新、深化试点示范、培育绿色文化等五条具体措施。该意见印发各市州交通(运输)局、厅属各单位、厅机关各处室,于2016年7月18日起执行。

## 4.《青海省建设项目用地预审管理办法》

2005年,青海省国土资源厅为确保土地利用总体规划的实施,充分发挥土地供应的宏观调控作用,逐步推进布局集中、用地集约和产业集聚,促进全省经济社会健康、协调、可持续发展,根据国土资源部《建设项目用地预审管理办法》,结合本省实际,制定《青海省建设用地预审管理办法》(青国土资源规〔2005〕6号)。该办法共分十五条,印发各州、地、市国土资源局,自2005年4月1日起施行。

5.《青海省征地工作纪律》

2005年,中共青海省国土资源厅纪律检查委员会为严格依法征收征用土地,切实维护群众利益,进一步规范全省各级人民政府职能部门和工作人员的行为,更好地为青海经济建设提供国土资源保证,根据有关法规、党纪政纪制定《青海省征地工作纪律》。该纪律分为"严格依法征地,坚持实事求是,以人为本,公开、公平、公正的原则,严格执行有关法律规定;切实加强思想政治工作,大力宣传有关法律规定,深入调查研究,注意工作方法,为群众释疑解惑,及时化解征地过程中出现的各种矛盾;征地前必须制定工作方案,严格按照法定程序进行土地的丈量、登记、汇总、核实、公告,不准弄虚作假;在征地工作中,切实保护被征地群众的合法权益,严格按照法定的标准予以补偿安置,依法足额测算,及时发放补偿费用,不得拖欠、挪用、截留和克扣;遵守群众工作纪律,尊重和保护权利人的利益,不重登、不漏登、不错登、不准吃、拿、卡、要,不准徇私舞弊;征地工作必须严格遵守以上纪律,对违反者将视情节依据有关规定给予纪律处分,情节严重、触犯刑律的移交司法机关处理"等六条。2005年4月12日,该纪律由中共青海省纪律检查委员会转发各州地市党委、政府及省级部门,要求遵照执行。

6.《关于印发青海省建设项目用地预审管理办法实施细则》的通知

2011年,青海省国土资源厅为保证土地利用总体规划的实施,充分发挥土地供应的宏观调控作用,积极服务全省经济社会发展,切实加强建设项目用地预审工作,根据《建设项目用地预审管理办法》(国土资源部第42号令),结合青海省实际,制定了《青海省建设项目用地预审管理办法实施细则》(青国土资〔2011〕68号),并印发西宁市、各自治州人民政府,海东行署,省政府各委、办、厅、局,自2011年3月28日起执行。

7.《省发展改革委 省财政厅 省国土资源厅关于调整耕地开垦费土地复垦费征收标准等有关事项的通知》

2015年,青海省发展与改革委员会、青海省财政厅 青海省国土资源厅为加大耕地保护力度,确保耕地占补平衡,保证新增耕地质量,结合青海省土地开发复垦实际成本投入,并考虑全省资源状况、经济发展水平和土地开发整理的发展趋势等因素,经省政府第41次常务会议审议同意,决定对全省耕地开垦费、土地复垦费征收标准进行调整,制定印发《省发展改革委 省财政厅 省国土资源厅关于调整耕地开垦费土地复垦费征收标准等有关事项的通知》(青发改价格〔2015〕276号),自2015年4月22日起执行。

(五)廉政制度

1.《关于在交通基础设施建设中加强廉政建设的若干规定(试行)》

2000年,青海省交通厅为进一步规范交通基础设施建设市场从业单位、从业人员的行为,预防和遏制交通基础设施建设中腐败现象的滋生,保障交通基础设施建设项目决策正确、方案科学、管理规范、质量可靠、建设资金安全和有效使用等,根据交通部《在交通基础设施建设中加强廉政建设的若干意见(试行)》和《青海省交通厅党风廉政建设责任制实施细则》《青海省交通厅领导干部及公务人员廉洁自律若干规定》等,制定了《关于在交通基础设施建设中加强廉政建设的若干规定(试行)》(青交监字〔2000〕第104号)。该规定从建立建设项目廉政建设责任制、抓好建设项目前期工作中的廉政建设、加强招投标过程中的廉政建设、加强工程实施过程中的廉政建设、强化建设项目投产后的效能监督、建立和健全廉政建设的监督机制等六个方面做出了规定,印发厅属各单位,自2000年3月1日起试行。

2.《关于在交通基础设施建设中推行〈廉政合同〉制度的意见》

2000年,青海省交通厅为确保工程质量和建设资金的有效运转,预防交通基础设施建设中的腐败现象,规范从业单位、从业人员行为,根据交通部《在交通基础设施建设中加强廉政建设的若干意见》,制定了《关于在交通基础设施建设中推行〈廉政合同〉制度的意见》(青交党字〔2000〕32号)。该意见从推行《廉政合同》的意义、《廉政合同》的实施时间及范围、《廉政合同》签订方法及附表做了规定,印发厅属有关单位党委(总支、支部)、纪委,自2000年9月7日起执行。

3.《关于在公路建设中严格招投标工作纪律的通知》

2000年,青海省交通厅为适应全面开放公路建设市场的新形势,进一步规范从业单位、人员的行为,保证廉政建设措施的实施,制定了《关于在公路建设中严格招投标工作纪律的通知》(青交纪字〔2000〕12号),印发厅属有关单位,自2000年10月12日起执行。

4.《关于对交(竣)工的交通基础设施项目〈廉政合同〉验收有关问题的通知》

2001年,青海省交通厅为认真贯彻落实《廉政合同》,做好工程完工后廉政方面有关文件资料整理归档工作,制定印发了《关于对交(竣)工的交通基础设施项目〈廉政合同〉验收有关问题的通知》(青交纪字〔2001〕23号)。该通知规定工程完工后应及时将廉政方面有关文件资料整理归档,待交(竣)工验收时同工程监测资料一并提交工程验收委员会。未按要求提交《廉政合同》资料的,作为工程缺项,不予验收通过,并明确了归档资料的范围、内容,印发至省公路建设开发中心、高管局、公路局、运管局、收费公路管理处、路桥集团公司,于2001年11月19日起执行。

5.《关于成立全省高等级公路建设项目纪检监察领导小组的通知》

2002年,青海省交通厅为加强重点公路建设项目监督管理,从源头上预防和遏制腐败,实现标本兼治向治本为主的转变,制定印发了《关于成立全省高等级公路建设项目纪检监察领导小组的通知》(青交监字〔2002〕第338号),决定向全省高等级公路建设项目派驻纪检监察机构,印发青海省高等级公路建设管理局、西宁市监察局、海东行署监察局,于2002年7月15日起执行。

2006年,时任省交通厅厅长周建新调研高速公路建设

6.《关于向全省高等级公路建设项目派驻纪检监察机构的实施意见》

2002年,为加大全省高等级公路建设纪检监察工作力度,进一步从源头上预防和遏制腐败,省纪委、省监察厅和省交通厅党委决定向全省高等级公路建设项目派驻纪检监察机构。为便于组织实施,制定印发《关于向全省高等级公路建设项目派驻纪检监察机构的实施意见》(青交监字〔2002〕第339号),从指导思想、派驻机构职责、机构设置、人员选配及待遇、有关要求等四个方面做了规定,于2002年7月15日起执行。

7.《派出机构工作制度》

2002年,青海省交通厅为加强派出机构管理,根据《关于向全省高等级公路建设项目派驻纪检监察机构的实施意见》,制定了《派出机构工作制度》(青交派驻〔2002〕第01号)。该工作制度从学习制度、工作联系制度、会议制度、信访工作制度、考勤制度等五个方面做了规定,印发至各驻地项目办纪检监察组,于2002年7月15日起执行。

8.《中共青海省交通运输厅纪委(监察处)谈话函询暂行办法》

为落实全面从严治党要求,进一步规范谈话函询工作,充分发挥谈话函询在纪律审查中的重要作用,促进主体责任和监督责任的落实,根据中央纪委、中央组织部《关于对党员领导干部进行诫勉谈话和函询的暂行办法》、中央纪委办公厅《关于对反映领导干部问题线索处置方式进行调整的通知》、中共青海省纪委、青海省监察厅《谈话函询暂行办法》等,结合纪检监察工作实际,青海省交通运输厅制定印发《中共青海省交通运输厅纪委(监察处)谈话函询暂行办法》(青交纪〔2016〕7号文件)。该办法分十二条,印发厅属各单位、厅机关各处室,于2016年2月22日起执行。

9. 中共青海省纪委驻省交通运输厅纪检组《组务会议制度》等五项制度

为进一步加强管理、规范工作,提高工作效率,根据有关规定,中共青海省纪委驻省交通运输厅纪检组结合实际,制定《省纪委驻省交通运输厅纪检组组务会议制度》《省纪委驻省交通运输厅纪检组公文、印信管理办法》《省纪委驻省交通运输厅纪检组信访举报和纪律审查信息管理工作办法》《省纪委驻省交通运输厅纪检组集体评估问题线索制度》《省纪委驻省交通运输厅纪检组信访举报交办件办理办法》等五项制度,并以驻青交纪〔2016〕6号文件制定印发各有关单位,于2016年10月9日起执行。

(六)资金管理与审计制度

1.《青海省交通运输厅内部审计工作规定》

2016年,青海省交通运输厅为进一步加强内部审计工作,建立健全内部审计制度,完善审计监督和约束机制,根据《中华人民共和国审计法》《审计署关于内部审计工作的规定》《中国内部审计准则》等有关法律法规,结合青海省交通运输工作实际,制定印发《青海省交通运输厅内部审计工作规定》(青交办审计〔2016〕118号)。该工作规定共七章三十二条,主要内容包括:内审工作的目的、原则,内审机构工作体制职责,内审人员的职责、审计权限、审计程序、奖惩以及附则等,印发厅属各单位、厅机关各处室,于2016年7月18日起执行。

该工作规定的实施,加快推进了省交通运输厅内部审计工作的法治化、规范化、科学化和信息化,规范了内部审计工作流程,使内部审计工作有章可循、促进了青海省交通运输厅内部审计工作质量和水平的全面提升。

2.《青海省交通运输建设项目竣工决算审计管理办法》

为进一步规范交通运输建设项目竣工决算审计工作,加强对建设项目竣工决算审计工作的管理,保证审计质量,根据《中华人民共和国审计法》《中华人民共和国审计法实施条例》(中华人民共和国国务院令第571号)等有关法律、法规,结合青海省实际,青海省交通厅制定《青海省交通运输建设项目竣工决算审计管理办法》(青交审〔2016〕394号)。该办法分总则、竣工决算审计的管理分工、竣工决算审计的主要内容及程序、附则等四章二十四条,印发各市州交通(运输)局,厅属各单位、厅机关各处室,于2016年12月1日起施行。

## 项目管理制度汇总表

表 7-2-2

| 序号 | 性质 | 名称 | 文号 | 颁发日期 | 颁发单位 | 备注 |
|---|---|---|---|---|---|---|
| 1 | 综合管理 | 《青海省建设领域农民工工资支付保证金制度实施办法》 | 青政办[2006]143号 | 2006年10月18日 | 青海省人民政府办公厅 | |
| 2 | | 《青海省交通厅国省道干线公路机械化施工管理要求》 | 青交公[2001]157号 | 2001年4月9日 | 青海省交通厅 | |
| 3 | | 《青海省公路建设管理奖惩办法》 | 青交公[2001]170号 | 2001年4月10日 | 青海省交通厅 | |
| 4 | | 《青海省公路建设管理奖惩办法》 | 青交公[2002]17号 | 2002年1月1日 | 青海省交通厅 | 修订 |
| 5 | | 《关于进一步加强公路基本建设管理的通知》 | 青交公[2001]415号 | 2001年8月10日 | 青海省交通厅 | |
| 6 | | 《青海省高速公路施工标准化管理指南(工地建设、路面路基、桥梁、隧道)试用本》 | | 2011年编制 | | |
| 7 | | 《青海省交通建设工程劳务人员维权卡实施办法》 | 青交公[2007]165号 | 2007年4月10日 | 青海省交通厅 | |
| 8 | | 《青海省公路工程施工分包管理办法》 | 青交公[2009]413号 | 2009年7月23日 | 青海省交通厅 | |
| 9 | | 《青海省高速公路施工标准化活动实施方案》 | 青交公[2011]270号 | 2011年5月19日 | 青海省交通厅 | |
| 10 | | 《青海省国(省)道公路建设项目管理办法》 | 青交公[2013]350号 | 2013年7月29日 | 青海省交通厅 | |
| 11 | | 《青海省国(省)道干线公路建设项目建设单位验收阶段管理考评办法》(试行) | 青交公[2013]351号 | 2013年7月29日 | 青海省交通厅 | |
| 12 | | 《青海省国(省)道干线公路建设项目竣工验收管理工作评价办法》(试行) | 青交公[2013]352号 | 2013年7月29日 | 青海省交通厅 | |
| 13 | | 《关于进一步加强公路建设项目标段管理的意见》 | 青交办[2014]110号 | 2014年8月13日 | 青海省交通运输厅 | |
| 14 | | 《青海省交通建设项目管理办公室标段管理工作暂行规定》 | 青交建管[2016]245号 | 2016年12月17日 | 青海省交通运输厅 | |
| 15 | | 《公路水运工程"平安工地"示范标段评选办法》 | 青交质监字[2016]56号 | 2016年4月7日 | 青海省交通建设工程质量监督局 | |
| 16 | | 《青海省公路建设管理局干线公路建设用自采材料准入制度》(试行) | 青公建工程[2009]20号 | 2009年1月21日 | 青海省公路建设管理局 | |
| 17 | | 《青海省公路建设管理局工程建设项目管理奖惩办法》(试行) | 青公建工程[2013]153号 | 2013年6月17日 | 青海省公路建设管理局 | |
| 18 | | 《关于进一步强化局管工程项目现场精细化管理工作的若干意见》 | 青公建安监字[2014]242号 | 2014年6月3日 | 青海省公路建设管理局 | |
| 19 | | 《青海省公路建设管理局专家信息库成员工作管理办法及成员名单》 | 青公建工程[2015]55号 | 2015年1月29日 | 青海省公路建设管理局 | |
| 20 | | 《青海省公路建设管理局群体性突发事件应急预案》 | 青工建安监[2015]220号 | 2015年6月3日 | 青海省公路建设管理局 | |
| 21 | | 《青海交通投资有限公司建设项目库人员办公室绩效考核评价办法》(试行) | 青交投[2015]103号 | 2015年7月1日 | 青海交通投资有限公司 | |
| 22 | | 《青海交通投资有限公司关于进一步规范人员变更手续办理工作的通知》 | 青交投建[2016]239号 | 2016年9月10日 | 青海交通投资有限公司 | |

续上表

| 字号 | 性质 | 名称 | 文号 | 颁发日期 | 颁发单位 | 备注 |
|---|---|---|---|---|---|---|
| 23 | 综合管理 | 《青海省交通投资有限公司建设项目约谈制度（试行）》 | 青交投建[2016]242号 | 2016年9月18日 | 青海交通投资有限公司 | |
| 24 | | 《监理工程师资格审核制度》 | 青共玉路建指12号 | 2011年3月1日 | 共和至玉树（结古）高速公路项目办 | |
| 25 | | 《关于下发〈青海省共和至玉树（结古）建设管理制度汇编〉（试行）的通知》 | 青共玉路建指[2011]12号 | 2011年3月1日 | 共和至玉树（结古）公路建设项目办 | |
| 26 | | 《共和至玉树（结古）公路建设工程现场管理办法》 | 青共玉路建指[2011]12号 | 2011年3月1日 | 共和至玉树（结古）公路建设项目办 | |
| 27 | | 《共和至玉树（结古）公路建设农民工及其工资支付管理办法》 | 青共玉路建指[2011]12号 | 2011年3月1日 | 共和至玉树（结古）公路建设项目办 | |
| 28 | | 《青海省高等级公路建设管理局科研课题管理制度》 | | 2014年3月 | 青海省高等级公路建设管理局 | |
| 29 | | 《青海省高等级公路建设管理局竣工资料编制管理制度》 | | 2014年3月 | 青海省高等级公路建设管理局 | |
| 30 | | 《青海省高等级公路建设管理局工程技术管理制度》 | | 2014年3月 | 青海省高等级公路建设管理局 | |
| 31 | | 《青海省建设工程勘察设计管理办法》 | 青海省人民政府令第110号 | 2015年10月1日 | 青海省人民政府 | |
| 32 | | 《青海省建设工程造价管理办法》 | 青海省人民政府令第79号 | 2011年10月1 | 青海省人民政府 | |
| 33 | 勘察设计管理 | 《青海省公路工程建设项目设计文件审查实施细则》 | 青交公[2001]156号 | 2001年4月9日 | 青海省交通厅 | |
| 34 | | 《青海省公路工程设计变更管理办法实施细则》 | 青交公[2006]12号 | 2006年1月10日 | 青海省交通厅 | |
| 35 | | 《青海省公路工程基本建设项目概算、预算编制办法补充规定》 | 青交公[2008]364号 | 2008年6月20日 | 青海省交通厅 | |
| 36 | | 《青海省公路建设项目设计变更管理办法（试行）》 | 青交建[2014]436号 | 2014年10月13日 | 青海省交通运输厅 | |
| 37 | | 《青海省公路科研勘测设计院公路勘测设计文件送审、初审办法》 | 青公设总[2006]24号 | 2006年3月23日 | 青海省公路科研勘测设计院 | |
| 38 | | 《青海省公路科研勘测设计院勘测外业验收办法》 | 青公设计[2006]26号 | 2006年3月27日 | 青海省公路科研勘测设计院 | |
| 39 | | 《青海省公路科研勘测设计院（勘察设计咨询）项目质量考核办法》 | 青公设总[2009]119号 | 2009年11月19日 | 青海省公路科研勘测设计院 | |

# 第七章 高速公路建设管理制度

续上表

| 序号 | 性质 | 名称 | 文号 | 颁发日期 | 颁发单位 | 备注 |
|---|---|---|---|---|---|---|
| 40 | 勘察设计管理 | 《青海省公路科研勘测设计院设计质量责任追究办法》 | 青公设总[2009]93号 | 2009年11月19日 | 青海省公路科研勘测设计院 | |
| 41 | | 《青海省公路科研勘测设计院设计文件装订出版规定》 | 青公设总[2009]13号 | 2009年2月10日 | 青海省公路科研勘测设计院 | |
| 42 | | 《青海省公路科研勘测设计院设计变更和设计代表管理办法》 | 青公设总[2009]91号 | 2009年12月17日 | 青海省公路科研勘测设计院 | |
| 43 | | 《青海省高等级公路建设管理局勘察设计管理制度》 | | | 青海省高等级公路建设管理局 | |
| 44 | | 《青海省公路建设管理局施工图设计现场考核办法(试行)》 | 青公建工程[2013]322 | 2013年11月18日 | 青海省公路建设管理局 | |
| 45 | | 《青海省公路建设管理局公路工程设计变更管理实施细则(试行)》 | 青公建工程[2014]508号 | 2014年11月27日 | 青海省公路建设管理局 | |
| 46 | | 《青海省公路建设管理局关于对监理计量支付表进行补充完善的通知》 | 青公建工程字[2014]16号 | 2014年1月1日 | 青海省公路建设管理局 | |
| 47 | | 《青海交通投资有限公司公路工程建设项目设计变更管理实施细则(试行)》 | 青公投[2015]97号 | 2015年6月25日 | 青海交通投资有限公司 | |
| 48 | | 《青海交通投资有限公司公路工程建设项目设计文件管理办法(试行)》 | 青交投[2015]128 | 2015年8月4日 | 青海交通投资有限公司 | |
| 49 | | 《青海交通投资有限公司公路勘察设计质量考核办法(试行)》 | 青交投[2015]129 | 2015年8月4日 | 青海交通投资有限公司 | |
| 50 | | 《共和至玉树(结古)公路建设项目办工程设计变更管理规定》 | 青共玉路建指[2011]12号 | 2011年3月1日 | 共和至玉树(结古)公路建设项目办 | |
| 51 | 质量与安全管理 | 《青海省重大安全事故行政责任追究办法》 | 青海省人民政府令第25号 | 2002年9月1日 | 青海省人民政府 | |
| 52 | | 《青海省安全生产监督管理规定》 | 青海省人民政府令第50号 | 2005年11月1日 | 青海省人民政府 | |
| 53 | | 《青海省交通建设工程质量和安全生产监督办法(试行)》 | 青交党[2009]22号 | 2009年3月24日 | 青海省交通厅 | |
| 54 | | 《青海省公路工程工地试验室管理办法(试行)》 | 青交公[2010]119号 | 2010年3月10日 | 青海省交通厅 | |
| 55 | | 《关于开展公路水运工程平安工地建设活动的通知》 | 青交安[2010]174号 | 2010年4月6日 | 青海省交通厅 | |
| 56 | | 《青海省公路抢险救灾工程管理办法》 | 青交公[2010]637号 | 2010年11月2日 | 青海省交通厅 | |
| 57 | | 《青海省高速公路沥青面层施工指导意见》(2011年) | 青交公[2011]219 | 2011年4月28日 | 青海省交通厅 | |
| 58 | | 《青海省公路水运工程"平安工地"建设达标标准》 | 青交安[2011]255号 | 2011年4月30日 | 青海省交通厅 | |
| 59 | | 《关于进一步规范全省交通建设工程安全生产费用使用管理的通知》 | 青交安[2011]368号 | 2011年6月16日 | 青海省交通厅 | |

续上表

| 字号 | 性质 | 名称 | 文号 | 颁发日期 | 颁发单位 | 备注 |
|---|---|---|---|---|---|---|
| 60 | 质量与安全管理 | 《青海省交通行业深入开展企业安全生产标准化建设实施方案》 | 青交安[2011]503号 | 2011年8月29日 | 青海省交通厅 | |
| 61 | | 《青海省交通厅安全生产约谈办法(试行)》 | 青交安[2012]158号 | 2012年3月31日 | 青海省交通厅 | |
| 62 | | 《关于进一步做好我省公路桥梁和隧道施工安全风险评估(试行)工作的通知》 | 青交安[2012]237号 | 2012年5月10日 | 青海省交通厅 | |
| 63 | | 《关于学习推广共和至玉树公路建设项目施工安全标准化建设经验的意见》 | 青交安[2012]452号 | 2012年8月22日 | 青海省交通厅 | |
| 64 | | 《青海省交通工程建设安全生产监督管理办法(试行)》 | 青交安[2013]143号 | 2013年4月3日 | 青海省交通厅 | |
| 65 | | 《青海省高速公路建设项目工程质量管理实施办法》(试行) | 青交公[2013]348号 | 2013年7月29日 | 青海省交通厅 | |
| 66 | | 《青海省高速公路建设项目工程质量责任追究办法》(试行) | 青交公[2013]349号 | 2013年7月29日 | 青海省交通厅 | |
| 67 | | 《青海省交通运输行业安全生产事故隐患和安全生产违法行为举报奖励的意见》 | 青交安[2014]181号 | 2014年5月8日 | 青海省交通运输厅 | |
| 68 | | 《青海省交通移动应急通信指挥平台管理办法》 | 青交安[2014]426号 | 2014年9月15日 | 青海省交通运输厅 | |
| 69 | | 《青海省交通运输行业突发事件总体应急预案》 | 青交应急组[2015]3号 | 2015年8月11日 | 青海省交通运输厅 | |
| 70 | | 《关于在全省交通重点建设项目施工标段试行安全总监制度的通知》 | 青交安[2016]125号 | 2016年4月25日 | 青海省交通运输厅 | |
| 71 | | 《青海省交通建设工程质量责任登记管理办法》 | 青交办建管[2016]133号 | 2016年9月1日 | 青海省交通运输厅 | |
| 72 | | 《青海省交通运输建设工程质量责任追究办法》 | 青交办建管[2016]134号 | 2016年9月1日 | 青海省交通运输厅 | |
| 73 | | 《青海省公路水运工程试验检测机构等级资质评审专家管理办法》 | 青交质监字[2013]26号 | 2013年4月16日 | 青海省交通建设工程质量监督局 | |
| 74 | | 《青海省公路建设项目危工程施工技术要求》 | 青交质监字[2014]80号 | 2014年7月15日 | 青海省交通建设工程质量监督局 | |
| 75 | | 《关于进一步加强公路沥青混合料路面施工质量的意见》 | 青交质监字[2015]36号 | 2015年5月25日 | 青海省交通建设工程质量监督局 | |
| 76 | | 《关于进一步加强公路沥青混合料路面施工质量的意见》 | 青交质监字[2015]36号 | 2015年5月25日 | 青海省交通建设工程质量监督局 | |
| 77 | | 《关于青海省公路水运工程建设项目工地试验室有关问题的通知》 | 青交质监字[2015]123号 | 2015年10月1日 | 青海省交通建设工程质量监督局 | |
| 78 | | 《关于进一步加强公路工程交工质量检测工作的意见》 | 青交质监字[2016]69号 | 2016年5月5日 | 青海省交通建设工程质量监督局 | |
| 79 | | 《青海省公路建设管理局公路建设安全生产监督管理办法》 | 青公建工程[2006]85号 | 2006年3月20日 | 青海省公路建设管理局 | |

# 第七章 高速公路建设管理制度

续上表

| 字号 | 性质 | 名称 | 文号 | 颁发日期 | 颁发单位 | 备注 |
|---|---|---|---|---|---|---|
| 80 | 质量与安全管理 | 《青海省公路建设管理局公路工程安全生产费用计量支付细则（试行）》 | 青公建安监字[2013]246号 | 2013年9月15日 | 青海省公路建设管理局 | |
| 81 | | 《青海省公路建设管理局关于进一步加强公路工程建设安全管理的若干规定》 | 青公建安监字[2014]143号 | 2014年3月28日 | 青海省公路建设管理局 | |
| 82 | | 《青海省公路建设管理局关于正式使用2014年青海省公路工程试验检测管理用表（工地试验室表格范本）的通知》 | 青公建工程字[2014]205号 | 2014年5月15日 | 青海省公路建设管理局 | |
| 83 | | 《青海省公路建设管理局关于做好施工路段安全管理及保洁工作的通知》 | 青公建安监字[2014]227号 | 2014年5月21日 | 青海省公路建设管理局 | |
| 84 | | 《青海省公路建设管理局关于加强在建施工路段施工和施工设施安全管理工作的通知》 | 青公建安监字[2014]491号 | 2014年11月5日 | 青海省公路建设管理局 | |
| 85 | | 《青海省公路建设管理局公路工程质量责任追究办法实施细则（试行）》 | 青工建工[2015]152号 | 2015年6月3日 | 青海省公路建设管理局 | |
| 86 | | 《青海省公路建设管理局恐怖袭击事件应急处置预案》 | 青工建安[2015]218号 | 2015年6月3日 | 青海省公路建设管理局 | |
| 87 | | 《青海省公路建设管理局公路工程建设施工安全生产险情应急救援处理预案》 | 青工建安[2015]219号 | 2015年6月3日 | 青海省公路建设管理局 | |
| 88 | | 《青海省公路建设管理局群体性案发事件应急预案》 | 青公建综[2015]220号 | 2015年6月3日 | 青海省公路建设管理局 | |
| 89 | | 《青海交通投资有限公司安全生产费用计量支付细则（试行）》 | 青交投[2015]93号 | 2015年6月23日 | 青海交通投资有限公司 | |
| 90 | | 《青海交通投资有限公司关于进一步加强公路建设施工合同签订工作的通知》 | 青交投[2015]213号 | 2015年11月10日 | 青海交通投资有限公司 | |
| 91 | | 《青海交通投资有限公司花久公路沥青质量控制管理办法》 | 青交投[2015]98号 | 2015年6月25日 | 青海交通投资有限公司 | |
| 92 | | 《青海交通投资有限公司建设项目工程施工隐蔽工程管理细则（试行）》 | 青交投[2015]204号 | 2015年10月31日 | 青海交通投资有限公司 | |
| 93 | | 《青海交通投资有限公司工程质量责任追究实施细则（试行）》 | 青交投[2015]205号 | 2015年10月31日 | 青海交通投资有限公司 | |
| 94 | | 《青海交通投资有限公司路用材料标准实施实施细则（试行）》 | 青交投[2015]206号 | 2015年10月31日 | 青海交通投资有限公司 | |
| 95 | | 《青海交通投资有限公司工程质量首件工作制实施细则（试行）》 | 青交投[2015]207号 | 2015年10月31日 | 青海交通投资有限公司 | |
| 96 | | 《青海交通投资有限公司公路房建工程质量管理实施细则（试行）》 | 青交投[2015]208号 | 2015年10月31日 | 青海交通投资有限公司 | |
| 97 | | 《青海交通投资有限公司公路建设项目检测技术服务单位管理的通知》 | 青交投[2015]211号 | 2015年11月7日 | 青海交通投资有限公司 | |
| 98 | | 《青海交通投资有限公司关于加强第三方检测技术服务单位管理的通知》 | 青交投建[2016]32号 | 2016年3月2日 | 青海交通投资有限公司 | |
| 99 | | 《青海交通投资有限公司关于规范交（竣）工项目验收程序的通知》 | 青交投建[2016]42号 | 2016年3月18日 | 青海交通投资有限公司 | |
| 100 | | 《青海交通投资有限公司公路建设项目危险性较大的分部分项工程专项方案安全管理办法（试行）》 | 青交投安监[2016]67号 | 2016年4月14日 | 青海交通投资有限公司 | |

续上表

| 字号 | 性质 | 名称 | 文号 | 颁发日期 | 颁发单位 | 备注 |
|---|---|---|---|---|---|---|
| 101 | | 《青海交通投资有限公司职(民)工驻地安全管理规定(试行)》 | 青文投安监[2016]68号 | 2016年4月14日 | 青海交通投资有限公司 | |
| 102 | | 《青海交通投资有限公司沥青路面质量控制的要点》 | 青文投建[2016]87号 | 2016年5月7日 | 青海交通投资有限公司 | |
| 103 | | 《青海交通投资有限公司房建工程质量控制要点工作手册》 | 青文投建[2016]103号 | 2016年5月17日 | 青海交通投资有限公司 | |
| 104 | | 《青海交通投资有限公司安全生产费用计量支付细则(试行)》 | 青文投[2015]93号 | 2016年6月23日 | 青海交通投资有限公司 | |
| 105 | | 《青海交通投资有限公司关于进一步加强项目转弯检测和审核工作的通知》 | 青文投建[2016]163号 | 2016年7月1日 | 青海交通投资有限公司 | |
| 106 | | 《青海交通投资有限公司关于加强建设项目冬季施工管理工作的通知》 | 青文投[2016]320号 | 2016年11月9日 | 青海交通投资有限公司 | |
| 107 | | 《共和至玉树(结古)公路建设项目办中心试验室试验检测工作制度》 | 青共玉路建咨[2011]12号 | 2011年3月1日 | 共和至玉树(结古)公路建设项目办 | |
| 108 | | 《共和至玉树(结古)公路建设项目办"首作产品"认证制度》 | 青共玉路建咨[2011]12号 | 2011年3月1日 | 共和至玉树(结古)公路建设项目办 | |
| 109 | | 《共和至玉树(结古)公路建设项目办公路用材材料准入制度》 | 青共玉路建咨[2011]12号 | 2011年3月1日 | 共和至玉树(结古)公路建设项目办 | |
| 110 | | 《共和至玉树(结古)公路建设项目办工程质量责任追究办法》 | 青共玉路建咨[2011]12号 | 2011年3月1日 | 共和至玉树(结古)公路建设项目办 | |
| 111 | | 《共和至玉树(结古)公路建设项目办施工、监理工作检查考核办法》 | 青共玉路建咨[2011]12号 | 2011年3月1日 | 共和至玉树(结古)公路建设项目办 | |
| 112 | | 《青海省高等级公路建设管理局技术资料及合同管理制度》 | | | 青海省高等级公路建设管理局 | |
| 113 | 环保与土地 | 青海省交通厅《关于进一步加强公路建设环境保护工作的意见》 | 青政办[2002]60号 | 2002年4月24日 | 青海省人民政府 | |
| 114 | | 《青海省人民政府办公厅转发省财政厅等部门关于青海省征耕地开垦费土地复垦费意见的通知》 | 青政办[2004]143号 | 2004年8月1日 | 青海省人民政府 | |
| 115 | | 《青海省耕地开垦费、土地复垦费、土地闲置费征收和使用管理暂行办法》 | 青财综字[2004]1055号 | 2004年8月1日 | 青海省财政厅 | |
| 116 | | 《青海省建设项目用地预审管理办法》 | 青国土资源规[2005]6号 | 2005年4月12日 | 青海省国土资源厅 | |
| 117 | | 《青海省征地工作纪律》 | 2005年4月15日经省政府第32次常务会议审议通过 | | 青海省国土资源厅 | |
| 118 | | 《青海省国有土地使用权租赁办法》 | 青海省人民政府令第71号 | 2005年6月1日 | 青海省人民政府 | |
| 119 | | 《青海省耕地占用税实施办法》 | 青发改收费[2010]1731号 | 2009年10月29日 | 青海省人民政府 | |
| 120 | | 《关于我省草原植被恢复费收费标准及有关问题的通知》 | | 2011年1月1日 | 青海省发展和改革委员会 | |

## 第七章 高速公路建设管理制度

续上表

| 字号 | 性质 | 名称 | 文号 | 颁发日期 | 颁发单位 | 备注 |
|---|---|---|---|---|---|---|
| 121 | 环保与土地 | 《关于印发青海省建设项目用地预审管理办法实施细则》的通知 | 青国土资[2011]68号 | 2011年3月28日 | 青海省国土资源厅 | |
| 122 | | 《青海省发展改革委 省财政厅 省国土资源厅关于调整耕地开垦费土地复垦费征收标准等有关事项的通知》 | 青发改价格[2015]276号 | 2015年4月22日 | 青海省发展改革委、省财政厅，省国土资源厅 | |
| 123 | | 《青海省征地统一年产值标准和征地区片综合地价》 | 青政[2015]61号 | 2016年1月1日 | 青海省人民政府 | |
| 124 | | 青海省交通运输厅《青海省公路建设生态环境保护指南》 | 青文科[2016]28号 | 2016年1月22日 | 青海省交通运输厅，青海省环境保护厅 | |
| 125 | | 青海省交通运输厅《关于加快推进青海省交通运输绿色发展的指导意见》 | 青文科[2016]241号 | 2016年7月18日 | 青海省交通运输厅 | |
| 126 | | 《青海省公路建设生态环境突发事故应急预案（试行）》 | 青文科[2016]263号 | 2016年7月27日 | 青海省交通运输厅 | |
| 127 | | 《新材料应用试点工程初步实施方案》 | 青交办科技[2016]166号 | 2016年9月7日 | 青海省交通运输厅 | |
| 128 | | 青海省交通运输厅《公路建设生态环境保护考核管理办法（试行）》 | 青文科[2016]355号 | 2016年10月24日 | 青海省交通运输厅 | |
| 129 | | 青海省交通运输厅《推进绿色公路建设实施方案》 | 青文办建设[2016]214号 | 2016年11月15日 | 青海省交通运输厅 | |
| 130 | 廉政建设 | 青海省交通运输厅《关于交通基础设施建设中加强廉政建设的若干规定（试行）》 | 青交监字[2000]第104号 | 2000年3月1日 | 青海省交通厅 | |
| 131 | | 青海省交通运输厅《关于在交通基础设施建设中推行〈廉政合同〉制度的意见》 | 青交党字[2000]32号 | 2000年9月7日 | 青海省交通厅 | |
| 132 | | 青海省交通运输厅《关于在公路建设中严格招投标工作纪律的通知》 | 青交纪字[2000]12号 | 2000年10月12日 | 青海省交通厅 | |
| 133 | | 青海省交通运输厅《关于对交（竣）工的交通基础设施项目〈廉政合同〉验收有关问题的通知》 | 青交纪[2001]23号 | 2001年11月19日 | 青海省交通厅 | |
| 134 | | 青海省交通运输厅《关于成立全省高等级公路建设项目纪检监察领导小组的通知》 | 青交监字[2002]第338号 | 2002年7月15日 | 青海省交通厅 | |
| 135 | | 青海省交通运输厅《关于向全省高等级公路建设项目派驻纪检监察机构的实施意见》 | 青交监字[2002]第339号 | 2002年7月15日 | 青海省交通厅 | |
| 136 | | 青海省交通厅《派出机构工作制度》 | 青交派驻[2002]第1号 | 2002年7月15日 | 青海省交通厅 | |
| 137 | | 《青海省交通厅八条禁令》 | | 2005年1月1日 | 青海省交通厅 | |
| 138 | | 《青海省交通基础设施建设廉政信用制度（试行）》 | 青交党[2005]07号 | | 青海省交通运输厅 | |
| 139 | | 《中共青海省交通运输厅纪检组（监察处）谈话函询暂行办法》 | 青纪[2016]7号 | 2016年2月22日 | 青海省交通运输厅纪检组 | |
| 140 | | 中共青海省纪委驻省交通运输厅纪检组《组务会议制度》等五项制度 | 驻青交纪[2016]6号 | 2016年10月9日 | 青海省纪委驻省交通运输厅纪检组 | |
| 141 | | 《青海省公路建设管理局"八不准"规定》 | | 2007年 | 青海省公路建设管理局 | |

续上表

| 字号 | 性质 | 名称 | 文号 | 颁发日期 | 颁发单位 | 备注 |
|---|---|---|---|---|---|---|
| 142 | 廉政建设 | 《青海省公路建设管理局开展廉情预警实施办法（试行）》 | 青公建党字[2011]42号 | 2011年9月19日 | 青海省公路建设管理局 | |
| 143 | | 《青海省公路建设管理局科级干部廉政档案制度（试行）》 | 青公建纪字[2011]44号 | 2011年11月17日 | 青海省公路建设管理局 | |
| 144 | | 《青海省公路建设管理局纪检监察工作制度》 | | 2012年 | 青海省公路建设管理局 | |
| 145 | | 《青海省公路建设管理局纪检监察信访工作办法》 | | 2012年 | 青海省公路建设管理局 | |
| 146 | | 《青海省公路建设管理局加强纪检监察部门履行监督执纪问责工作实施办法（试行）》 | 青公建党字[2014]44号 | 2014年8月28日 | 青海省公路建设管理局 | |
| 147 | | 《青海省公路建设管理局落实党风廉政建设党委主体责任、纪委监督责任实施办法》 | 青公建党字[2014]50号 | 2014年9月20日 | 青海省公路建设管理局 | |
| 148 | | 《青海省公路建设管理局干部职工廉政约谈实施办法》 | 青公建党字[2014]58号 | 2014年11月12日 | 青海省公路建设管理局 | |
| 149 | | 《青海省公路建设管理局加强和改进对党政主要领导干部行使权力制约和监督的暂行规定》 | 青公建党字[2014]59号 | 2014年11月12日 | 青海省公路建设管理局 | |
| 150 | | 《青海省公路建设管理局经验落实党风廉政建设纪委监督责任实施细则等四个文件的通知》 | 青公建党[2015]8号 | 2015年4月7日 | 青海省公路建设管理局 | |
| 151 | | 《青海省公路建设管理局廉政监督员管理实施办法》 | 青公建纪[2016]19号 | 2016年3月28日 | 青海省公路建设管理局 | |
| 152 | | 《青海交通投资有限公司做好节日期间廉洁自律工作的规定》 | 青交投纪[2015]5号 | 2015年6月17日 | 青海交通投资有限公司 | |
| 153 | | 《青海交通投资有限公司进一步加强厉行节约反对铺张浪费的规定》 | 青交投纪[2015]4号 | 2015年6月17日 | 青海交通投资有限公司 | |
| 154 | | 《青海交通投资有限公司党风廉政建设纪委监督责任的实施细则》 | 青交投党[2015]34号 | 2015年6月17日 | 青海交通投资有限公司 | |
| 155 | | 《青海交通投资有限公司党风廉政建设责任追究办法》 | 青交投党[2015]34号 | 2015年6月17日 | 青海交通投资有限公司 | |
| 156 | | 《关于对党风廉政建设主体责任和监督责任落实情况约谈提醒暂行办法》 | 青交投党[2015]34号 | 2015年6月17日 | 青海交通投资有限公司 | |
| 157 | | 《青海交通投资有限公司廉洁从业"九不准"的规定》 | 青交投纪[2015]7号 | 2015年6月29日 | 青海交通投资有限公司 | |
| 158 | | 《关于贯彻落实中央八项规定、省委省政府21条措施以及省委16条实施意见监督检查办法》 | 青交投党[2015]34号 | 2015年6月17日 | 青海交通投资有限公司 | |
| 159 | | 《青海交通投资有限公司纪检监察部门内部监督的规定》 | 青交投党[2015]34号 | 2015年6月17日 | 青海交通投资有限公司 | |
| 160 | | 《共和至玉树（结古）公路建设项目办党风廉政建设责任制实施办法》 | 青共玉路建[2011]12号 | 2011年3月1日 | 共和至玉树（结古）公路建设项目办 | |
| 161 | | 《共和至玉树（结古）公路建设项目办领导班子党风廉政建设责任制实施细则》 | 青共玉路指[2011]12号 | 2011年3月1日 | 共和至玉树（结古）公路建设项目办 | |

# 第七章 高速公路建设管理制度

续上表

| 字号 | 性质 | 名　称 | 文　号 | 颁发日期 | 颁发单位 | 备注 |
|---|---|---|---|---|---|---|
| 162 | 廉政建设 | 《共和至玉树(结古)公路建设项目办各职能部门党风廉政建设责任制实施细则》 | 青共玉路建指[2011]12号 | 2011年3月1日 | 共和至玉树(结古)公路建设项目办 | |
| 163 | | 《共和至玉树(结古)公路建设项目办工程建设举报监督制度》 | 青共玉路建指[2011]12号 | 2011年3月1日 | 共和至玉树(结古)公路建设项目办 | |
| 164 | | 《共和至玉树(结古)公路建设项目办党风廉政建设"三学三必讲三不腐败"制度》 | 青共玉路建指[2011]12号 | 2011年3月1日 | 共和至玉树(结古)公路建设项目办 | |
| 165 | | 《共和至玉树(结古)公路建设项目办党员干部廉政谈话制度》 | 青共玉路建指[2011]12号 | 2011年3月1日 | 共和至玉树(结古)公路建设项目办 | |
| 166 | | 《共和至玉树(结古)公路建设项目办党风廉政建设举报管理制度》 | 青共玉路建指[2011]12号 | 2011年3月1日 | 共和至玉树(结古)公路建设项目办 | |
| 167 | | 《共和至玉树(结古)公路建设项目办党风廉政建设学习教育制度》 | 青共玉路建指[2011]12号 | 2011年3月1日 | 共和至玉树(结古)公路建设项目办 | |
| 168 | | 《共和至玉树(结古)公路建设项目办事务公开制度》 | 青共玉路建指[2011]12号 | 2011年3月1日 | 共和至玉树(结古)公路建设项目办 | |
| 169 | | 《共和至玉树(结古)公路建设项目办党风廉政建设工作巡视检查制度》 | 青共玉路建指[2011]12号 | 2011年3月1日 | 共和至玉树(结古)公路建设项目办 | |
| 170 | | 《共和至玉树(结古)公路建设项目办领导班子和中层干部廉政报告制度》 | 青共玉路建指[2011]12号 | 2011年3月1日 | 共和至玉树(结古)公路建设项目办 | |
| 171 | 资金与审计 | 《青海省交通运输厅内部审计工作规定》 | 青交办审计[2016]118号 | 2016年7月18日 | 青海省交通运输厅 | |
| 172 | | 《青海省交通运输厅建设项目竣工决算审计管理办法》 | 青交审[2016]394号 | 2016年11月22日 | 青海省交通运输厅 | |
| 173 | | 《青海省交通运输厅厅属单位主要领导干部经济责任审计规定》 | 青交审[2016]395号 | 2016年11月22日 | 青海省交通运输厅 | |
| 174 | | 《青海省公路建设管理局基本建设财务管理办法》 | 青公建财[2015]87号 | 2015年2月11日 | 青海省公路建设管理局 | |
| 175 | | 《青海省公路建设管理局关于工程价款结算财务支付即发的通知》 | 青公建财[2015]85号 | 2015年2月11日 | 青海省公路建设管理局 | |
| 176 | | 《青海省公路建设管理局公路工程建设资金使用监督管理办法》 | 青公建财[2015]83号 | 2015年2月11日 | 青海省公路建设管理局 | |
| 177 | | 《青海省公路建设管理局财务报销审批及支付程序》 | 青公建财[2015]86号 | 2015年2月11日 | 青海省公路建设管理局 | |
| 178 | | 《青海省管理建设管理局会计电算化管理制度》 | 青公建财[2015]84号 | 2015年2月11日 | 青海省公路建设管理局 | |
| 179 | | 《青海省公路建设管理局员工工资支付管理暂行办法》 | 青公建安[2015]221号 | 2015年6月3日 | 青海省公路建设管理局 | |
| 180 | | 《青海交通投资有限公司财务支付管理办法》 | 青交设[2015]66号 | 2015年5月18日 | 青海交通投资有限公司 | |

续上表

| 字号 | 性质 | 名称 | 文号 | 颁发日期 | 颁发单位 | 备注 |
|---|---|---|---|---|---|---|
| 181 | 资金与审计 | 《青海交通投资有限公司驻地项目办食堂资金管理办法》 | 青交投〔2015〕66号 | 2015年5月18日 | 青海交通投资有限公司 | |
| 182 | | 《共和至玉树（结古）公路建设项目办工程资金监督管理办法》 | 青共玉路建指〔2011〕12号 | 2011年3月1日 | 共和至玉树（结古）公路建设项目办 | |
| 183 | | 《共和至玉树（结古）公路建设项目办资金监管规定》 | 青共玉路建指〔2011〕12号 | 2011年3月1日 | 共和至玉树（结古）公路建设项目办 | |
| 184 | | 《共和至玉树（结古）公路建设项目办财务管理办法》 | 青共玉路建指〔2011〕12号 | 2011年3月1日 | 共和至玉树（结古）公路建设项目办 | |
| 185 | | 《共和至玉树（结古）公路建设项目办固定资产管理规定》 | 青共玉路建指〔2011〕12号 | 2011年3月1日 | 共和至玉树（结古）公路建设项目办 | |
| 186 | | 《共和至玉树（结古）公路建设项目办财务报销制度》 | 青共玉路建指〔2011〕12号 | 2011年3月1日 | 共和至玉树（结古）公路建设项目办 | |

3.《青海省交通运输厅厅属单位主要领导干部经济责任审计规定》

为健全和完善经济责任审计制度,加强对厅属单位主要领导干部的管理监督,推进党风廉政建设,根据《中华人民共和国审计法》《党政主要领导干部和国有企业领导人员经济责任审计规定》(中办发〔2010〕32号)和其他有关法律、法规,青海省交通厅制定《厅属单位主要领导干部经济责任审计规定》(青交审〔2016〕395号)。该规定分总则、组织领导、审计职责、审计内容、审计实施、审计报告、审计评价与结果运用、附则等八章四十九条,印发厅属各单位、厅机关各处室,于2016年12月1日起执行。

项目管理制度汇总见表7-2-2。

# 第八章
# 高速公路运营管理

青海省高速公路的收费运营,起步于2001年7月首条高速公路——平西高速公路通车之后。16年来,随着高速公路建设的步伐加快和通车里程的不断增加,运营规模不断扩大,高速公路收费管理、路政和养护管理工作水平也在探索中不断提升,交通量与通行费收入稳步增长,收费服务功能不断完善,文明服务水平不断提升,取得了较好的经济和社会效益,树立了良好的形象。

## 第一节 基本情况

截至2016年底,全省高速公路通车总里程2878km,初步形成以省会西宁为中心,连接各市、州,辐射东部周边和西部地区的高速公路主骨架。全省共开通高速公路收费站56个,其中,主线收费站21个,匝道收费站45个。设监控分中心8个,隧道监控所8个,开通成对服务区7处,停车区1个。

青海省交通运输厅作为交通运输主管部门,对全省高速公路养护及运营工作高度重视,从各个方面,针对不同时期需求对高速公路运营职工队伍建设、管理能力提升、文明服务标准、窗口形象创建等提出具体要求,加大监管力度,使青海高速公路收费、养护、路政及信息化管理方面不断探索和创新,逐步走出了一条符合青海省情的运营管理模式。

### 一、收费管理

青海高速公路运营管理从一开始,就实行了集中、统一、特管的管理模式。全省高速(含一级)公路的运营和管理工作,由青海省高等级公路建设管理局(以下简称省高管局)负责。省高管局是省交通运输厅下属的自收自支县级事业单位,成立于1999年,在承担高等级公路建设任务的同时,负责全省高速公路的养护运营及收费还贷等工作。省高管局对基层收费站、监控分中心、隧道监控所实行垂直管理。2012年,在海西州设立了管理分局,具体负责海西地区高等级公路的收费运营工作。

### 二、养护管理

青海省高速公路主体工程的日常养护,采取合同委托养护、任务包干的模式,由青海省公路局所属的公路总段与省高管局签订《养护目标责任书》,实行合同化养护。具体养护工作由总段下属的高速公路养护处、公司、公路段承担。大、中修工程根据工程量大小、工程性质,通过招标形式选择具有一定资质的专业养护队伍或专业施工单位实施。交通安全设施作为专项养护及时维修,机电系统由省高管局路网监控指挥中心及各路段监控分中心,负责运行维护管理相关工作。

省委书记王建军调研高速公路运营管理工作

### 三、路政管理

2001年8月,为了适应高速公路路政管理工作需要,省交通厅授权委托青海省高管局组建了路政执法机构。燃油税费改革后,省编委于2009年12月批复成立青海省公路路政执法总队,实行总队、支队、大队三级垂直管理体制,统一行使全省公路路政管理职能。总队下辖西宁、海东、海南、海北、海西、格尔木6个高等级公路路政执法支队。

### 四、路网运行监测

2014年3月,青海省交通运输厅成立了青海省公路网运行监测与应急处置中心,为青海省交通运输厅管理的副县级全额预算事业单位。高速公路路网运行监测管理架构,采用"省中心→高管局中心→高管局分中心"三级模式。

### 五、交通安全

青海省公安厅交警总队下设高速公路交警支队,负责高速公路交通安全管理工作,支队下辖6个大队。2016年后,省公安厅交警总队将新开通运营高速公路纳入属地化管理。

青海高速公路收费站、分中心、隧道监控所、服务区设置见表8-1-1。

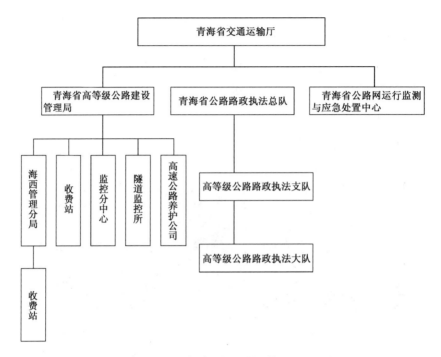

青海省高速公路运营管理体制

**青海高速公路监控收费站、分中心、隧道所、服务区设置一览表**(截至2016年底)  表8-1-1

| 序号 | 线路名称 | 路段 | 收费站名称 | 监控分中心 | 隧道监控所 | 服务区 |
|---|---|---|---|---|---|---|
| 1 | G6 京藏高速 | 马场垣至平安段 | 马场垣主线收费站 | 乐都监控分中心 | 马平隧道所 | 马场垣服务区、乐都服务区 |
| 2 | | | 马场垣匝道收费站 | | | |
| 3 | | | 民和匝道收费站 | | | |
| 4 | | | 乐都匝道收费站 | | | |
| 5 | | 平安至西宁段 | 平安匝道收费站 | 韵家口监控分中心 | — | — |
| 6 | | | 曹家堡匝道收费站 | | | |
| 7 | | | 海东主线收费站 | | | |
| 8 | S1113 宁贵高速 | 西宁至塔尔寺段 | 西宁南主线收费站 | | — | — |
| 9 | G6 京藏高速 | 西宁西过境段 | | 湟源监控分中心 | 大西山隧道所 | |
| 10 | | 倒淌河至共和段 | 倒淌河匝道收费站 | | 柳梢沟隧道所 | |
| | | | 倒淌河主线收费站 | | | |
| 11 | G0611 张汶高速 | 平安至阿岱段 | 窑房匝道收费站 | 乐都监控分中心 | 青沙山隧道所 | |
| 12 | | | 古城匝道收费站 | | | |
| 13 | | | 阿岱匝道收费站 | | | |
| 14 | | 阿岱至李家峡段 | 牙什尕主线收费站 | | — | 阿岱停车区 |
| 15 | | 西宁至大通段 | 大通主线收费站 | 韵家口监控分中心 | | |
| 16 | | | 老营庄匝道收费站 | | | |
| 17 | | | 黎明匝道收费站 | | | |

# 第八章
## 高速公路运营管理

续上表

| 序号 | 线路名称 | 路段 | 收费站名称 | 监控分中心 | 隧道监控所 | 服务区 |
|---|---|---|---|---|---|---|
| 18 | G0611 张汶高速 | 牙什尕至同仁段 | 团结临时主线收费站 | 团结监控分中心 | 团结隧道所、同仁北隧道所 | 群科服务区、保安服务区 |
| 19 | | | 团结匝道收费站 | | | |
| 20 | | | 群科匝道收费站 | | | |
| 21 | | | 同仁北匝道收费站 | | | |
| 22 | G0612 西和高速 | 南绕城高速 | 平安西主线收费站 | 南绕城监控分中心 | 南绕城隧道所 | — |
| 23 | | | 柳湾匝道收费站 | | | |
| 24 | | | 曹家堡西匝道收费站 | | | |
| 25 | | | 临空工业园匝道收费站 | | | |
| 26 | S307 川大高速 | 川口至大河家段 | 民和南主线收费站 | 川大监控分中心 | 古鄯隧道所 | 古鄯服务区 |
| 27 | | | 巴州匝道收费站 | | | |
| 28 | | | 古鄯匝道收费站 | | | |
| 29 | | | 满坪匝道收费站 | | | |
| 30 | | | 官亭主线收费站 | | | |
| 31 | G3011 柳格高速 | 当金山至大柴旦段 | 鱼卡主线收费站 | | — | 鱼卡服务区 |
| 32 | | | 鱼卡匝道收费站 | | | |
| 33 | G0612 西和高速 | 德令哈至大柴旦段 | 饮马峡主线收费站 | | — | 怀头塔拉服务区 |
| 34 | | | 饮马峡匝道收费站 | | | |
| 35 | | | 德令哈西主线收费站 | | | |
| 36 | G3011 柳格高速 | 察尔汗至格尔木段 | 鱼水河主线收费站 | 乌兰监控分中心 | — | — |
| 37 | | | 鱼水河匝道收费站 | | | |
| 38 | | 大柴旦至察尔汗段 | 锡铁山主线收费站 | | — | — |
| 39 | G0612 西和高速 | 德令哈至察汗诺段 | 德令哈东主线收费站 | | — | 乌兰西服务区 |
| 40 | | | 德令哈东匝道收费站 | | | |
| 41 | | | 乌兰西主线收费站 | | | |
| 42 | | | 乌兰西匝道收费站 | | | |
| 43 | G572 茶察路 | 茶卡至察汗诺段 | 茶卡主线收费站 | | — | — |
| 44 | G6 京藏高速 | 共和至茶卡段 | 大水桥主线收费站 | | — | 共和服务区、茶卡服务区 |
| 45 | | | 大水桥匝道收费站 | | | |
| 46 | G6 京藏高速 | 茶卡至格尔木段 | 茶卡西匝道收费站 | 香日德监控分中心 | — | 都兰服务区、伊克高里服务区、诺木洪服务区 |
| 47 | | | 都兰匝道收费站 | | | |
| 48 | | | 香日德东匝道收费站 | | | |
| 49 | | | 伊克高里匝道收费站 | | | |
| 50 | | | 诺木洪匝道收费站 | | | |
| 51 | | | 大格勒匝道收费站 | | | |
| 52 | | | 格尔木东匝道收费站 | | | |
| 53 | | | 格尔木主线收费站 | | | |

续上表

| 序号 | 线路名称 | 路段 | 收费站名称 | 监控分中心 | 隧道监控所 | 服务区 |
|---|---|---|---|---|---|---|
| 54 | G0615 德马高速 | 香日德至花石峡段 | 德令哈南主线收费站 | 香日德监控分中心 | — | 查干格勒服务区 |
| 55 | G0615 德马高速 | 香日德至花石峡段 | 香日德南匝道收费站 | | — | 沟里服务区 |
| 56 | | | 沟里临时主线收费站 | | | |
| 合计 | — | — | 56 | 8 | 8 | 16 |

注：牙同、川大、茶格、德香、香花高速公路 8 个服务区尚未开通。

## 第二节 养护管理

青海省高速公路养护工作以"整治病害、恢复路况、改善路容、提升形象"为工作目标，以加强全面养护、精细化养护为重点，不断加大投入，及时做好病害处置、桥隧加固、交通机电工程升级改造等养护工作，公路技术状况 MQI 值始终保持在良等水平，桥隧技术状况良好。截至 2016 年底，养护质量指数（MQI）为 92.4，优良路率达到 99.7% 以上，使用性能指数 PQI 值为 88。

### 一、养护队伍结构及养护装备情况

2004 年 3 月，根据高等级公路运营管理的需要，为培育青海省高等级公路养护市场，提高高等级公路养护水平和养护质量，在省交通厅的支持下，经省公路局批准成立了青海省湟源公路总段高速公路养护公司和青海省海东公路总段高速公路养护公司，承担东部地区高速（一级）公路养护任务。2011 年 7 月，两家高速公路养护公司更名为高速公路养护处。2014 年 8 月，为完善养护管理体制，省公路局按国有独资企业注册，成立了青海路畅公路养护有限公司和青海路通公路养护有限公司，分别隶属青海省湟源公路总段和海东公

日常养护作业

路总段。截至2016年底,4家养护单位共有职工442人,其中管理人员50人,高级工148人,中级工45人,初级工121人,临时性用工78人。拥有各类养护、工程机械共84台,其中大型扫路车8台,修路王3台,水车12台,中巴车13台,双排车13台,装载机4台,其他机械31台。省内海西地区高速公路委托省公路局海西、格尔木公路总段负责,没有成立专门的高速公路养护队伍。

## 二、推动规范化管理与精细化养护

日常养护中,以《青海省高等级公路养护管理办法》为基础,先后制定完善了路基路面、桥隧、交通工程、房建、绿化养护实施细则和桥隧管理、大中修工程管理、信息报送等20余项管理制度,逐步实现了养护管理工作的制度化、规范化,促进了养护水平的稳步提高。在具体实施中,省高管局以《养护合同》和《养护质量考核评定标准》为依据,按照年度计划任务和养护单位上报的月、季养护作业计划,每半年进行一次考评。对路面沉陷、裂缝、小坑槽等日常病害,做到限时处治,形成了巡查有记录、维修有方案、施工有记录、签认有审查、检查有考评的长效管理机制。专项养护工程严格按照施工技术规范和操作规程组织施工。对规模或技术难度较大的项目,委托有相应资质的设计单位进行勘测设计和咨询、审查,并结合本省实际情况,通过招标或比选方式委托省内外具有相应资质、施工经验丰富的专业队伍实施,实行养护工程监理制,确保各项工程质量。

## 三、加大科研和技术支持力度,实行科学养护

随着养护里程的不断增加和使用年限的增长,青海省高速公路养护部门积极从被动养护向预防性养护转变,编制出台了《青海省高等级公路科学养护实施指南及决策制度》,并积极学习和借鉴外省先进养护经验,推广应用新技术、新工艺、新材料,提高了养护质量,降低了养护运营成本。通过对热再生技术的考察学习,2012年以来,引入热再生机组进行了路面热再生养护,截至2016年底,已完成598km。为科学评价高速公路路段的路面技术状况,委托江苏交科院、西安公路研究院对公路和桥隧病害整治等专项工程开展技术咨询,公路路面和桥隧病害整治等专项工程取得良好效果。同时,开展了"高原高海拔地区高速公路沥青路面养护技术研究""高寒地区废旧沥青路面材料就地热再生技术推广应用研究""高寒地区高等级公路预防性养护技术研究"等课题研究,为科学养护提供了技术支持和保障。

## 四、加强桥隧养护管理,提升桥隧安全通行水平

认真贯彻落实公路桥隧养护的技术政策和管理制度,严格执行公路桥梁养护管理工作制度,全面加强对公路桥梁、隧道的养护、巡查、检查、检测和隐患排查治理等工作,研发

了青海省桥梁和隧道两个管理系统,建立健全了桥梁技术管理体系和相应的分级责任追究制度,并逐桥逐隧确定责任单位、监管单位和桥梁养护工程师,形成桥、隧养护管理长效机制。"十二五"期间,结合桥、隧安全隐患排查治理,委托有资质的桥梁检测机构,完成了 5 条高速公路 175 座大、中桥梁及 24 座隧道进行的专业定期检测,对 2 座大桥进行了专项检测和动静载试验。共施划公路标线近 $10 \times 10^4 \mathrm{m}^2$,安装桥梁信息公示牌 564 块,桥梁限载标志牌 110 块,保证了桥隧运营安全。

路面养护施工

### 五、平西高速公路应急中修工程

平安至西宁高速公路 2001 年建成通车,路线全长 36.78km,是我省的第一条高速公路。随着车流量的日益增加,全线设施老化严重,安全隐患逐渐增多。2016 年,经省交通运输厅部署,省高管局实施了平西高速公路应急养护中修工程。8 月底,委托陕西交通规划设计研究院对平西高速公路进行全面的病害调查,确定整治方案,主要内容为路面整治、桥涵、防排水、绿化、交安工程完善等,随后完成了中修工程初步设计和造价审查,并由省交通运输厅组织完成施工图设计审查,由青海路桥建设股份有限公司中标施工。于 2016 年 9 月 10 日开始施工,经参建单位和人员共同努力,至 2017 年 5 月,平西高速曹家堡西互通至朝阳间 30.18 公里中修养护任务全部完成。主线共铺筑 AC—13 沥青混凝土罩面 591.23km$^2$,立交匝道铺筑沥青混凝土 31.911km$^2$,完成路面病害处治 26.8km$^2$,沥青混凝土拦水带 23612m,路缘石更换 49248m,调整利用波形梁护栏 54000m,更换钢板护栏 72088m,调整利用立柱 4000m,安装防眩网 3962m。全线共新植各类乔灌木 5350 株(墩),移植乔灌木 2748 株(墩),换填土方 2000m$^3$ 以上,平整场地 47000m$^2$。中修后的平西高速公路标志标线清晰、线路顺适,交通安全设施齐备,通行速度大大提高,极大地缓解了西宁市的交通压力,方便了群众的出行。

### 六、大力开展路域环境综合整治

按照中共青海省委、省人民政府关于开展国、省道交通沿线周边环境综合整治的工作部署和青海省交通运输厅《青海省交通沿线路域环境综合整治实施意见》的要求,2014年以来,省高管局及时制定实施方案、奖惩办法、工作制度,分解任务,明确目标,开展了全省高等级公路路域环境综合整治工作。累计投入资金1560.87万元,出动人工91722工日,各类机械12607台辆,清理中央分隔带及边坡垃圾38946$m^2$,修复路面坑槽、沉陷病害35.838×$10^4 m^2$。同时,通过公路附属设施日常清洗、定期刷新、苗木补植、交通标志牌改造、开展车辆抛洒等不文明行为的专项打击治理行动,使全省高速公路路容路貌明显美化靓化,收费站环境全面改善,景观效果明显提升,公路养护质量显著提高,全面打造了"畅、安、舒、美"的交通通行环境,得到社会各界的一致好评。

### 七、高速公路机电系统运行维护管理

利用信息化管理手段,提高高速公路网联网机电设备运营管理的技术水平,制定了切实可行的维护维修标准,明确工作职责和内容。各分中心、隧道监控所严格按照《高速公路机电系统运维管理系统用户操作手册》,制定操作性、针对性强的日常维护计划和设备故障抢修与排除的预案,做到了计划、实施、检查、改进、总结的循环管理,保证高速公路机电设备完好和系统处于良好状态,充分发挥其功能。备品备件实行统一采购,进行精确管理,提高备件的利用率,减少浪费,缩短故障维修时间,保持零备件供应渠道的畅通,确保满足维修需要并降低备件采购成本。加强维护维修人员和管理人员的技术培训,培养建设了一支业务素质较高的专业维护维修技术团队。

## 第三节 收费管理

青海高速公路收费工作从2001年开始以来,由最初的非接触式IC卡、到联网收费及现在的ETC收费,收费设施和技术水平不断提升,同时,在服务理念上不断创新和深化,积极推行"您好工程""微笑服务",打造"青海高速雷锋班组"等服务品牌,高速公路收费站已成为展示青海交通文明形象的亮丽风景。

### 一、收费政策

青海省高速公路收费标准按照《收费公路管理条例》规定,测算后,经省发展和改革委员会、省财政厅、省交通运输厅共同审核,并报请青海省人民政府批准后实施。结合省情实际,青海省高等级公路收费分为联网路段收费制式和开放式收费制式,实行客车按车

型(根据座次划分)收费、货车计重收费(按照实际车、货总重计算)。2003年,青海高速公路率先在全国对货车实行计重收费。在收费管理工作中,严格贯彻落实国家的各项收费政策,坚持"应征不漏,应免不征"的原则,不断加强制度建设,从收费站岗位职责、工作权限、工作要求入手,制定了首问负责制、考评细则等60余项管理制度和管理办法,形成了职责明确、奖罚分明、监督有力的收费管理制度体系。同时,全面实行信息公开,在收费站显著位置设置了"收费六公开""收费服务承诺"等公示牌,自觉接受社会监督。

推行微笑服务

在认真贯彻落实国家收费政策、严格执行收费标准的同时,2004年以来,认真、准确地贯彻执行国家鲜活农产品"绿色通道"政策,积极开通"绿色专用通道",设置专用标识,建立健全"绿色通道"车辆查验登记放行制度,严格查验放行程序,确保符合规定的"绿色通道"车辆快速免费放行,使国家的惠民政策落到实处。2004—2016年底,青海省高等级公路累计免费放行"绿色通道"车辆550.84万辆次,免收车辆通行费2.557亿元。2012年以来,认真执行国务院关于春节、清明节、劳动节、中庆节期间7座及以下小型客车免收通行费政策,并采取多种行之有效的措施,提升重大节、假日高等级公路收费服务水平。2012—2016年底,重大节假日期间免费放行小型客车1255.06万辆次,免收通行费2.35亿元。为了使交通建设成果惠及于民,近年来还先后对西宁市出租车辆行驶特定路段,全省客运、旅游定线班车、海西地区重点生产企业合法运输车辆以及农村客运班车、公共交通等实施优惠411.21万辆次,累计免收车辆通行费9047.51万元。

## 二、通行服务

在抓好收费管理的同时,把保畅服务作为工作重点。秉承"最好的服务就是使车辆快速安全通行收费站"的工作和服务理念,通过开展"三快两准一及时"(收费快、发卡快、找零快,车型判断准、收费政策掌握准,及时为司乘人员提供帮助)活动,提高收费效率,突出通行快捷的服务功能。不断加强收费设施建设,针对近年来高速公路车流量大幅上升和收费站车道设计先天不足的情况,2012年投资1.6亿元,对西宁周边交通流量较大的收费站点进行改、扩建,新增车道42条。针对重大节假日、车流高峰期、重要活动开展期间车流集中的特点,通过增设复式收费亭、开启便携机以及适时变换出、入口方向等措施,不断增强收费站的通行能力,极大地满足了群众的出行需求,保障了正常的收费秩序。在"4.14"玉树强烈地震的抗震救灾期间,各收费站第一时间启动预案,开辟专用通道,增派专人值守,保证了救灾通道的安全畅通,受到兰州军区交通战备办公室和青海省红十字会的通报表彰。

### 三、收费秩序专项整治

针对部分收费站暴力抗法、恶意冲卡、逃避通行费等违法行为日益突出,收费环境持续恶化的情况,为切实维护收费公路运营管理秩序,青海省高等级公路建设管理局着力开展打击冲卡车辆工作。通过加大宣传力度、蹲点治理、建立"黑名单"等一系列行之有效的举措,冲卡行为总体势头基本得到遏制,收费秩序得到改善。2013年10月1日至12月31日,青海省公安厅、省交通厅联合组织公安、运政、路政和收费部门,在全省7个高速公路收费站开展为期3个月的收费公路交通秩序专项整治。各部门通力合作,重拳出击,共投入人员1.94万人(次),查处超载超限违法1.17万起,卸货1624.8t,查处涉牌涉证和假冒优惠证件517起,发放宣传材料16万份,挽回经济损失483万元,有力打击了不法分子的嚣张气焰,车辆恶意冲卡、过秤现象下降98.6%。此后,又通过在收费站设置警务室、安装车道阻车器等有效措施,逐步形成了打击治理冲卡车辆的长效机制。同时,密切关注封闭式高速公路上"中途倒卡"进行"跑长交短"的车辆,建立可疑车辆黑名单,形成全省范围内的追缴体系,有效净化了收费环境。

### 四、联网收费及ETC系统建设

2011年2月,通过统一收费软件和硬件升级改造,青海高速公路实现了全省联网收费。结合国内非现金支付应用与ETC技术的发展,2013年5月启动了首个ETC系统的研发和建设工作,同年10月在机场高速2个收费站建设了4条ETC专用车道进行试点,实现了青海省高速公路ETC零的突破。同期完成密钥管理系统、ETC结算系统、客服系统、IC卡管理系统建设工作。2013年12月开始与中国工商银行合作,面向社会公开发行青通联名卡及电子标签,青海省ETC车道正式开通运营。2014年,按照《全国高速公路电子不停车收费联网总体技术方案》,实施了高速公路ETC全国联网软件及配套设施工程项目,包含省际清分结算系统、ETC车道运行监控系统、数据资源系统等工程建设。2015年8月,青海省作为第三批全国ETC联网的省份,顺利完成与全国的联网工作。

截至2016年底,全省高速公路开通ETC车道收费站51个,收费站ETC覆盖率85%。其中,主线收费站开通23个,ETC覆盖率88.5%。匝道收费站开通28个,ETC覆盖率82.4%。建设收费车道611条,其中ETC收费车道132条,ETC车道占21.6%。实现全省高速公路联网收费和406条MTC车道非现金支付功能。同时,与工商银行、建设银行、农业银行、青海银行、邮储银行等金融机构建立了ETC业务合作代理关系,截至2016年底,累计发行青通卡19.6万张,安装OBU电子标签18.65万台,建立"一站式"代理网点179个,基本服务网点142个。随着"互联网+"课题的推进,探索多元化缴费方式,2016年5月开展了"互联网+高速公路收费及运营服务"技术及示范应用研究试点,设置了手机支付车道,用于车辆扫码支付通行费。

### 五、西宁周边高速公路收费制式调整

为贯彻落实中共青海省委、省人民政府关于构建西宁市"内成网,外成环"交通格局的要求,促进"畅通西宁"建设,省交通运输厅根据省人民政府安排部署,以南绕城高速公路建成为契机,从2013年10月起,开展了西宁周边高速公路收费制式调整方案的研究。通过反复研究、论证、分析、比较,从提高西宁市区道路通行能力、缓解城市交通压力和兼顾交通运输中长期发展规划的角度出发,立足西宁市交通实际状况,制定上报了《西宁周边地区高速公路收费制式调整方案》。2015年7月22日,经省人民政府第48次常务会议研究,通过了《关于西宁周边地区高速公路收费制式调整方案》。西宁南绕城高速公路杨沟湾互通至国寺营(多巴)主线段、北线京藏高速公路峡口互通至国寺营(多巴)主线收费站,作为西宁周边高速公路收费制式调整区域。调整区域内通行的车辆一律实施免费通行,调整区域以外的车辆按现有收费标准正常收费,进、出调整区域的车辆只收取调整区域以外的通行费。调整区域内的路段总里程为100.39km,共新建主线收费站2个,撤销调整区域内匝道收费站15处,2015年12月24日零点正式实施。此次收费制式的调整,让西宁周边地区高速公路网更多地承担起城市交通功能,大大缓解了西宁市区东西方向主干道的交通压力,影响区域内市区道路交通分流量达20%,对西宁市南北两翼柴达木路、祁连路、互助路、昆仑路等道路的交通量分流,效果十分显著。

### 六、文明服务

为强化收费文明服务工作,提升"窗口"形象,青海高速公路管理部门不断在服务理念上求深化,在服务内容上求外延,在服务形式上求实效,在服务方法上求创新。结合"高原千里文明通道"创建活动,省高管局在各收费站开展了"同心铸就文明路"劳动竞赛活动,广泛推行"您好工程"和"微笑服务",全面实行"三优五化"的工作目标。推行"四心三声""八个一样"文明服务标准,并于2008年推行了"规范化服务标准手势",通过规

范统一使用迎车、接递票款、送行等手势,从着装、肢体语言、表情、行为等方面,全方位地开展礼仪服务,严格按照"车队通行五部曲""文明发卡七步曲"和"文明收费八步曲"的要求,规范收费操作流程;通过实际工作,力求做到行为规范、服务规范。全面推行"十佳文明服务标兵""星级收费员""优秀监控维护员"等专项评比达标活动,制定了《星级收费员达标考核办法》《文明收费服务考核办法》等考核制度,有力地促进了工作质量的提高和服务理念的提升。同时建立了收费站便民服务箱,长年坚持为司乘人员免费提供开水、日常药品、行车指南、简易工具等服务,健全了便民服务监督机制,设立了投诉电话,全力为司乘人员提供优质、高效、贴心的文明服务。为认真落实交通运输部提升服务能力的要求,加强收费站形象建设,提升服务窗口新形象,结合青海省交通厅《青海省交通行业文明服务规范》和《关于进一步加强交通服务的决定》,从2013年开始,省高管局选择在具有广泛示范带动作用的西宁至机场高速公路,开展了"道德文明示范路"创建活动,从养护、收费、监控、清障、环境卫生、便民服务等方面,提出了具体工作要求。统一服务标准和标识,定期召开联席会议部署推进,通过以点带线,以线带面,有效提升了高速公路服务水平和行业形象。同时,对照"郭娜陆地航空班",积极打造具有自身特点的"青海高速雷锋班组"品牌,狠抓礼仪形体、业务技能培训,总结归纳出"四统一""四规范"等具有青海高原特色的文明服务标准,使高速公路窗口服务形象进一步提升,得到了交通运输部和青海省文明办相关领导的高度评价。

创建"雷锋班组"宣誓仪式

## 第四节　服务区建设与运营

### 一、服务区建设

由于受到客观条件的制约和影响,青海省高速公路服务区建设和发展相对较为滞后。

截至2016年底,全省高速公路开通运营服务区7对14处,分别是:马平高速乐都、马场垣服务区,当大高速鱼卡服务区,德小高速怀头塔拉服务区,茶德高速乌兰西服务区,共茶高速共和、茶卡服务区,阿李高速设阿岱停车区1处。服务区基本具备停车、加油、汽修、餐饮、购物等基本功能。根据部分路段坡长弯急的特点,设置多处加水停车点,为过往车辆提供安全服务。

马平高速乐都、马场垣服务区是青海建成运营较早的两个服务区。马场垣服务区地处甘、青两省交界处,2005年7月投入运营,素有青海"东大门"之称。2012年,在中共青海省委、省人民政府的关心支持下,青海省交通运输厅批准立项,于2013年对马场垣服务区进行改、扩建。改、扩建工程于2014年8月1日完工并投入试运营,成为青海省建筑规模最大、功能设施最全、现代化标准最高的高速公路服务区。该服务区总占地面积170.55亩,满足270台两轴以上车辆分区停放。新建了综合性超市、母婴室、休闲小吃区、健身区等,是一个集休息、购物、观光、文化为一体的综合服务区。同时,服务区设置了先进的污水处理设施,大大降低了对周边环境的污染和影响,实现了水资源循环利用。

乐都服务区于2006年2月建成运营,与乐都监控分中心合建,服务区总占地面积85亩,分为南北两区,经2009年、2015年两次改造升级,全面提升了服务区综合服务功能。

随着共茶、茶德、德小、当大等青海西部地区高等级公路的建成通车,公路沿线鱼卡、怀头塔拉、乌兰西、共和、茶卡服务区、陆续建成启用。

2017年计划建成运营的服务区有:牙同高速群科服务区、保安停车区,德香高速查干格勒服务区,茶格高速都兰、伊克高里、诺木洪服务区,花久高速花石峡服务区、雪山停车区、东倾沟停车区、门堂服务区,共玉高速河卡服务区、五道河停车区、温泉停车区、花石峡停车区、黄河沿服务区、野牛沟停车区、清水河停车区、珍秦服务区,香花高速沟里服务区、大循高速循化服务区、循隆高速道帏停车区、川大高速古郡服务区、平西高速曹家堡服务区,共计服务区14对28处,停车区9对18处。

## 二、服务区运营

为加强服务区管理考核工作,省高管局制定了《青海省高等级公路服务区管理办法》《青海省高等级公路服务区质量管理标准》等制度,修订完善各类突发事件应急处置预案12项,从岗位职责、工作标准、作业规范、安全措施、绩效考核等方面全面规范服务区管理,为各项工作良好开展提供了制度保证。2015年积极开展了服务区服务质量等级评定工作。严格按照《全国高速公路服务区服务质量等级评定标准》,逐条对照检查,制定整改方案,完成马场垣、乐都服务区近30余项硬件设施完善和服务功能拓展。2015年,马场垣服务区被评为全国百佳示范服务区。

# 第五节 路政执法

青海省首条高速公路通车运营后,根据路政管理需要,青海省高等级公路建设管理局于2001年8月组建了路政执法队伍,即青海省高管局路政支队,受青海省交通厅委托,负责全省高等级公路的路政管理工作。

燃油税费机构改革后,省编委于2009年12月批复成立青海省公路路政执法总队,为隶属于省交通厅管理的行政管理类县级事业单位。人员管理为全员参照公务员管理,依法履行路政执法监督检查职能。为解决路政管理机构重叠、职能交叉等问题,实施路政相对集中行政执法权,2013年5月,省交通厅撤销省公路局和省高等级公路建设管理局内设路政执法机构,将其路政执法职能划入省公路路政执法总队,实行总队、支队、大队三级垂直管理体制,统一行使路政管理职能。总队管辖西宁、海东、海南、海北、海西、格尔木6个高等级公路路政执法支队和海东、湟源、海西、格尔木、果洛、玉树6个干线公路路政执法支队、55个路政大队、13个治超站,路政执法人员943人,担负全省7条国道和33条省道共12397.55km(其中,高速公路为3732.88km,干线公路为8664.671km)的路政管理和治超工作任务。

"十二五"期间,在省交通运输厅的坚强领导下,省公路路政执法总队紧紧围绕构建安全、畅通、便捷公路服务体系总体目标,以严格规范公正文明执法为核心,以巩固完善和落实各项制度为先导,以公路安全保护管理为己任,以加强路政队伍建设为基础,坚持科学发展,深化改革,系统推进,重点突破,路政执法管理累计投入公路路政巡查车辆使用经费、办公经费、基础设施建设费共计49063.7万元,圆满完成了各项阶段性任务,执法管理水平有了较大的提高,各项工作不断迈上新台阶。

## 一、强化宣传,着力推进"阳光路政"品牌建设

以创新路政管理为落脚点,以多面服务管理为抓手,以公路路产路权监管为重点,努力提高"阳光路政"品牌质量。一是围绕开展阳光行动,转变工作模式,2015年1月创建活动以来,举办了"使命与担当"路政岗位业务技能练兵系列活动,500余名路政执法人员通过参与现场模拟办案、业务知识竞赛和队列风纪演练,促使全体干部职工的仪容风纪、执法行为、执法形象得到进一步规范;二是全省各级路政管理部门,结合辖区管理实际,划定管理难度较大的路段积极开展"路政执法严管示范路"活动,创建示范路了5487.38km,有效提升了"畅、安、舒、美"的道路通行环境。三是加强宣传引导。大力开展了宣传教育和警示提示,组织人员在"治理超限车辆宣传月""路政集中宣传日""12.4国家宪法日暨

12.4日法制宣传日"开展集中宣传,积极参与交通广播《政风行风》栏目,通过广播、电视、微信、微博等信息平台,诠释和公布了公路法律法规政策。深入乡镇及企业厂矿宣贯国家保护公路、维护公路运行秩序的相关政策。依托公路收费站、治超站,利用路政户外宣传牌、可变情报板、传单、展板、横幅、标语等各种形式广泛深入宣传路政"治超""治冲""劝返"专项整治的重要意义,提高沿线群众、单位、驾驶人员的法律意识,减少公路违法行为的发生。全省组织人员开展公路法律法规集中宣传1801次,发放宣传资料134万余份,媒体宣传517min/15次,出动宣传车4270台次,设置和更换户外路政宣传牌$256m^2/13$块,利用公路设施刷写路政标语$5043.56m^2/39$块,悬挂横幅1339余条。四是建立联动机制。为进一步开创政事剥离后养管工作统筹协调,配合有力的格局,根据《青海省公路路政管理与养护管理协调办法(试行)》,从明确工作职责、组织召开联席会议、强化报案与抄告、加强监督检查等具体细节上抓落实,抓成效。采取了公路巡查互补、信息相互反馈、完善联勤联动等工作措施,及时、准确、有效地制止和查处了路政案件,提高了公路路产路权保护的工作效率。同时,为发挥公路沿线群防群治的作用,所属各单位公布了本单位报警服务电话,加强了与当地政府、企事业单位的沟通,聘请了公路沿线责任心强的乡村干部、村民担任义务路政员,加大了对公路、公路建筑控制区、桥涵及附属设施的宏观监督管理。总队及所属单位与当地人民政府、公路局、高管局等单位召开联席、协调会议439次共计3174人,接到公路段、道班、义务路政员报案220次,通过协调、报案,先后解决了"3.31"特大油料污染高等级公路路面、"10.31"西湟、湟倒一级公路冰雪路阻等突发事件公路路产损害的诸多严重问题,以及涉路安全、公路重大许可等240余件。

规范路政执法行为

## 二、加强巡查,及时有效地查处路政案件

紧紧抓住路政管理机制改革的机遇,修订和出台了《青海省公路路政巡查规定》,明确了巡查人员职责及履行义务,细化了巡查时间及操作程序,严格提出了对各类路政案件

处理规定,加强了公路巡查执法监督力度,严查了公路建筑控制区构筑物、设置非公路标志、增设平交道口等严重违法行为,强化了对公路路产损坏调查处理。加快路政网上许可办理、超限运输全国网上联合审批的建设和运用,认真执行公路路政行政审批安全技术评价,严格落实路政许可责任,切实做到许可案件"零差错"。严格履行环保职责,将生态保护融入路政许可当中,积极开展行业环保。充分发挥公路巡查的主动性,及时查处各类涉路违法行为,及时追缴路产损失,确保路产得到有效监管。2014年3月31日,车号为"冀JL1512"的一辆半挂车载大量废油,在G6高速公路马平西路段由西向北行使,因车内大量袋装废油挤压车门致使废油泄漏,导致高速公路 $11 \times 10^4 m^2$ 以上污染。案件发生后,省路政总队积极与公安共同调查取证,并由公诉机关按法律规定向法院提起刑事附带民事诉讼,两位当事人承担相应的刑事责任,使一起较为典型的公路侵权案件,依法得到了查处,引起了强烈的反响,产生了强大的震慑力。2009—2016年的7年间,全省高速公路累计查处各类路政案件12273起,收取路产赔(补)偿费共计60532391.35万元。

### 三、集中治理,有力维护公路管理工作秩序

为建设沿线路域环境整洁、运行秩序良好、附属设施完好、路面平整畅通的"平安交通"形象工程,省路政执法总队根据青海省人民政府、省公安厅、省交通运输厅的要求,强化跨行业、跨部门协作,积极开展"国、省道交通沿线和旅游景区及周边环境综合治理""加强收费公路交通秩序专项整治""保护路桥、关爱生命,遏制超限运输反弹专项整治""高速公路超限超载车辆劝返工作专项治理"等行动,发布通告,先后组织公安、交通、运政、城管、养护、收费等部门联合执法,综合治理,采取管理与治理并举的方法,对占路为市、非公路标志、打场晒粮、污染公路、非法平交道口、非法超限运输违法行为,加大了查处力度,对威胁收费、治超人员安全、不法车辆野蛮冲卡行为,给予严厉有效地打击,打消了货运驾驶人的观望疑虑心理,使路容路貌得到明显改观,公路收费和超限检测秩序明显好转,公路通行能力明显提高。

### 四、尽职尽责,大力开展超限超载车辆治理工作

2011年以来,根据《青海省治理货运车辆超限超载办法》总体要求,省路政执法总队从建设"平安交通"的全局高度出发,认真落实全国治超电视电话会议精神,积极开展以源头治理为重点的专项治理行动,深入矿区、货物集散地等进行监管,使治超工作进一步向长效化、规范化发展。一是坚持部门联动,加强流动稽查,国、省道干线14个治超站联合公安部门对过往货运超限超载车辆实施24h不间断严格检测监控。二是根据青海省源头分布情况,省路政执法总队、省公路局对源头监管进行尝试,明确了源头进驻任务,先后召开专题协调会37次,对全省22个货源企业实施进驻,在各级政府的大力支持和有力配

合下,源头治理得以有效开展。2012年底,省路政执法总队与四川省交通运输厅就两省开展省际联合源头治超工作进行商谈,重点解决了四川阿坝等地大批无牌无证车辆集中来青非法超限运输的问题;联合公安、工商、安全等部门,取缔和关闭西宁地区非法煤炭集散地装载点140处。截至2017年6月,共检测货运车辆5613616辆,查处超限车辆92146辆,卸载120263.781t,路政罚款7301878万元,全省路面超限率有效控制在3%以内。三是根据青海省路网功能不断完善和发展的实际,在新、改建公路时同步考虑治超站点建设,新建了国道315线茫崖、国道G6线日月(上行)、省道202/203化隆、同仁、民和等5个高等级公路治超站,改建了海晏、天峻、倒淌河、格尔木西等4个治超站,撤销了失去监管功能的4个治超站。

路警联合开展"治超"工作

2015年,全省高速公路16个治超劝返站投入运营,交通、公安部门对进入高速公路行驶的货运车辆,实行24h不间断监测,并依据超限超载认定标准,进行称重检测。对超限超载车辆、驾驶人员和货物源头装载单位等基本信息,进行登记,发放违法行为告诫书,并将超限超载违法信息抄告相关部门,深查货运源头单位的法律责任。进一步落实道路运输管理部门的监管责任和道路运输企业的主体责任,严格执行道路运输法律法规,预防和遏制道路交通安全事故,使公路基础设施得到有效保护,道路运输市场得到进一步规范,形成了"统一领导、分级负责、依法严管、标本兼治、立足源头、科技支撑、长效治理"的工作机制。

### 五、规范行为,强化公路路政许可工作管理

一是按照有关法律规章规定和"简政放权、放管结合"工作要求,省路政执法总队保留"挖掘公路或使公路改线、超限运输"2项重大事项路政许可,其他许可项目均下发到路政执法支队及大队实施。解决了长期以来路政许可管理过紧、手续较多,以及重审批、轻

监管的突出矛盾和问题。截至2016年底,办理路政许可审批3538起,其中增设、改建平交道口254起,架(埋)设管线等设施157起,利用公路桥梁、隧道、涵洞铺设电缆等设施7起,办理不可解体大件运输许可2982件。二是完善和细化了相关管理制度,完善行政许可,规范管理行为,强化监督检查。三是针对公路沿线非公路标志牌乱设乱建的状况,按照青海省人民政府的要求,本着统一规划、规范管理、保证安全、确保与公路景观相协调的原则,推进了公路沿线非公路标志规划管理,明确了规划路线、数量、程序和具体要求,设立了一路一规划、先规划后许可的制度。同时,委托青海省交通科学研究院起草《青海省公路沿线非公路标志安全设置规范》地方标准,从公路技术、工程质量和设施材料等标准,以及设置区域、与公路的安全距离、安全视距、设置施工、竣工验收、定期检查、维护等方面作出明确规定,为依法治理路域环境提供了保障。2013年,全面清理整治平西高速公路(朝阳-曹家堡机场段)公路用地和公路两侧建筑控制区广告宣传牌,依法拆除广告牌72块,并对8块位置不合理的广告牌进行了调整和迁移。

### 六、以人为本,不断夯实路政管理的根基

#### (一)建章立制,力求各项工作规范化制度化

为使路政管理工作有法可依,有章可循,省路政执法部门相继制定了公路巡查、案件查处、程序审核、人员考核、目标管理、车辆管理、行为规范、监督检查、票据保管、工作协调、应急处置等68项制度、意见和办法。特别是经过几年努力,2011年由省政府发布出台的《青海省治理货运车辆超限超载办法》,形成了政府领导、部门负责、各方联动、综合治理的机制,有力推动和深化了治超工作。同时,立足路政管理实际,制定并印发了《青海省公路路政执法总队关于行政许可和行政处罚等信用信息公示工作实施方案》及《管理办法》,切实将路政管理工作做细、做深、做实,进一步加强了路政制度和管理方式创新。2015年,省政府将《青海省公路路政管理条例》修订工作纳入立法计划。2016年8月1日省人民政府第66次常务会审议通过,同年9月21日青海省十二届人大常委会第二十九次会议进行了分组审议。2017年7月27日,《青海省公路路政条例》由青海省第十二届人民代表大会常务委员会第三十五次会议通过,自2017年10月1日起施行。新条例首次提出公路路政实行统一管理、分级负责、综合治理的原则,并从立法理念、立法技术、解决实际问题等方面,对环保规划、科技治超、赔补偿费收取等工作确立了有特色、有亮点、有针对性和可操作性的各项制度,形成了科学完整的管理体系。

#### (二)固本培元,突出队伍建设实现路政管理持续发展

从狠抓路政执法人员思想政治教育,加强业务培训、进行准军事化训练入手。省路政

执法部门一是根据燃油税费改革和机构改革的总体要求,完成了省公路局、省高管局637名划转路政执法人员的身份过渡工作,实现了对全省路政执法人员的统一管理。二是2011年,重点对原征稽转岗人员集中的西宁、海东高速支队开展了"抓规范、强素质、树形象"为主题的岗位练兵活动使原征稽人员掌握了路政执法理论、法律文书制作、事故现场及突发事件处置工作。三是各路政执法单位以省公路局、省路政执法总队岗位业务技能练兵和省交通厅组织开展行政执法评议考核工作等活动为契机,采取个人自学与单位集中学习相结合的方式,分别组织开展了路政管理法规学习、路政执法文书制作及岗位练兵等活动。同时,采取"请进来、送出去"的方法,举办各类培训6159人/247次,参加省法制办、交通运输厅举办执法培训以及交通运输部支持西部地区培训1863人/78次。四是为强化路政执法人员的工作考核,总队按照《公务员法》的规定,制定并下发了《青海省公路路政执法人员评议考核办法》,坚持公开、平等、竞争、择优的原则,成立了评议考核领导小组,根据路政执法人员的日常表现和工作完成等情况,依法对全省执法人员进行年度考核。

路政岗位业务技能练兵活动

(三)改善条件,解决路政执法基础设施建设不完善的难题

为解决高寒缺氧地区路政执法基础设施简陋、执法设备短缺问题,省交通运输厅多方深入调研、多次召开专题会议,多渠道筹措资金,分期分批对总队21个基层单位办公场所进行改建修,新建6个治超站。投入专项资金1000万配置了执法记录仪、照相机等执法设施,改善了执法工作生活环境,提高了路政人员的工作积极性。同时,根据交通执法行政形象和"三基三化"建设试点工作要求,采取"先试点后推广"的方式,推进了全省基层路政执法站点外观场所统一建设步伐,完成了2个"三基三化"单位建设工作,提升了路政执法新形象。

### (四)便民利民,深入开展执法工作优质服务

为增强路政执法队伍的服务意识,全面提高路政执法水平,各执法基层单位设立了路政服务大厅,并在执法场所采用不同形式公示了执法主体、执法依据、执法程序、执法监督、执法结果、当事人权利,及时准确地向社会公开各类信息,保障群众的知情权、参与权、表达权和监督权。同时,设置了意见箱,提供了开水、针线包、医疗应急药品等便民措施,建立服务咨询台,开展满意度调查,广泛听取管理对象的意见,认真改进工作作风,提供更加优质的服务。

### (五)强化监督保稳定,促进严格规范公正文明执法

一是从建立完善路政执法监督制度着手,规范行政执法行为。进一步完善执法责任制、执法公示制度、信访举报制度、执法权限规定、执法程序规定、办案制度及大案要案报告等制度,以制度对执法人员形成明确有效的约束。二是从开展路政执法监督检查常态化着手,完善路政执法内部监督机制。把行政执法检查由突击式转化为常态化、制度化,采取定期检查、不定期抽查和专项调查三种方式,并将开展专项监督、个案监督和行政执法案卷评查活动引向深入,确保实效。三是从执法办案全过程监督着手,对做出的具体行政执法行为,严把立案、取证、审查、决定、执行"五关"。四是从强化路政执法工作监督检查"回头看"着手,重整改,重落实,确保路政执法监督检查取得实效。5 年来,省路政执法总队定期或不定期加大路域环境、超限车辆治理,履行法定职责和规范执法行为的监督力度,处理违规人员 3 次 9 人,督促督办事项 6 起,开展执法评议 4 次,受理投诉信件 67 封,电话咨询 5 起,来访 27 起,办结率 100%。

## 第六节 信息化建设和应急管理

结合省情特点和现行机构体制,青海交通运输主管部门坚持"统筹规划、统一设计、统一标准、数据共享、联合建设、分级管理"的原则,积极推动高速公路信息化和"互联网+交通"的发展,逐步建设完善了路网运行监测信息化体系,信息化建设得到了长足发展。同时,不断建立和完善高速公路路网监测和应急保障体系,有效提高了公路交通出行服务水平。

### 一、信息化建设

2013 年初,根据交通运输部《公路水路交通运输信息化"十二五"发展规划》,青海省交通运输厅启动实施了信息化建设"二期工程",于 2015 年 10 月交工并正式上线运行,初

步实现了全省部分公路重点路段事前可测、事中可视、事后可诱导的目标。为进一步提升全省交通信息化的整体水平,2014年,青海省交通运输厅启动实施了青海省交通运输管理信息平台及路网运行监测与服务支撑系统工程,即信息化"三期工程"。工程的实施使交通运输信息化形成了新的格局,迈上了新的台阶。

(一)完成了"五个联网"

一是顺利完成ETC与全国联网。

二是建成全省公路交通光纤通信专用网络。针对现有高速公路通信系统网络进行扩容、改造、升级,实现依托高速公路光纤主干网为主,覆盖各级公路、路政、运管等交通行业各管理单位公专结合的光纤网络。

三是建成全省路网运行监控网络。主要实现了普通干线公路、高速公路、客运站点、海事码头、超限检测站点及路政执法车辆、公路养护车辆的视频数据、交通量检测数据及可变情报板等外场设施的联网。截至2016年12月31日,青海省高速公路视频联网监控系统接入视频2800路,其中道路视频475路,隧道视频693路,收费站视频1291路,治超及劝返视频123路。全省高速公路运营路段实现95%以上视频联网覆盖,并实现按需调用实时视频、录像视频和云台控制等功能。重点路段可变情报板基本实现全覆盖,全省重点高速路段自动化一类交调监测站共计38个,偏远地方太阳能供电电池板137块,保证了设备的正常持续运作。

四是实现全省治超数据联网。建成集视频监控、超限检测、数据传输为一体的科技治超管理平台,实现全省各超限检测站、高速公路劝返站、非现场执法站点的数据联网运行,提升了治超工作的科技化水平。

五是实现12328电话系统部省联网。构建形成了以12328电话为主体,集网站、短信、微信、移动APP等为补充的部、省、市三级联网运行的青海省12328电话系统,实现交通运输服务监督"一号通",建立了"倾听民声、畅通民意、汇集民智、排解民忧"的政民互通新渠道,提升了综合交通运输行政效能和公共服务水平。

(二)建成"三大系统"

(1)路网运行监测管理系统。利用视频图像数据、交通量检测数据等,对重点路段以及特大桥梁、特长隧道及重要垭口等运行情况进行实时监测,实现交通重点部位和关键节点的动态可测、可视、可控。

(2)交通运输应急处置系统。通过对交通基础设施风险源信息的采集、更新和存储实现接警、警情初判、转警管理和信息报送等功能,同时围绕突发事件应急预案选择应急资源和救助力量,生成调配方案,并进行指挥调度,快速处置和辅助生成应急评估报告。

(3)公众交通出行信息服务系统。基于青海交通运输行业各类数据资源,依托互联网、短信、可变情报板、"12328"呼叫服务中心、青海交通12328微信、广播电台等平台,向社会公众发布实时交通状况、交通突发事件处置情况等综合性的出行服务信息,为社会公众出行提供全方位、多层次的信息服务。

(三)建设了"二个中心",即省级路网中心及省级交通行业数据中心

青海省省级路网中心的建设,为全省路网协调管理、应急处置和出行服务提供快速、准确、可靠的信息,利用程序化、标准化的应急处置运作机制,实现公路管理机构与公路运营管理单位间、不同地区间联动协作的路网管理和应急处置模式。

省级交通行业数据中心的建设是对全省交通行业数据资源进行顶层设计,搭建全省统一的交通数据中心,充分整合行业信息资源,实现数据的纵向贯通、横向共享。

(四)建成"一个平台",即建设了青海省交通运输信息管理平台

构建全省统一的交通运输政务管理系统、建设项目管理系统、养护管理系统、路政执法管理系统、青海交通移动协同办公系统(OA)、科技治超综合信息管理平台、交通气象服务系统综合信息业务平台等,同时该平台对交通行业的业务数据资源进行有效整合,提升行业管理水平,切实使各业务系统相互关联,形成整体效应,充分发挥交通信息化系统的合力作用。

**二、应急保障体系建设**

全省高速公路运营、路政、养护、交警等相关部门本着相互配合、分工协作的原则,不断加强应急保障和保通服务能力建设。针对各类公路交通突发事件,认真制订应急预案,配备必要的保通设备,建立反应快速、处置能力强的应急保通队伍,完善应急联动机制,做到职责明确、运转有序、反应迅速、处置有力。近年来,成功处置了高速公路泥石流水毁、冰雪恶劣天气保通、夏季高峰期保畅、化学品污染及重大交通事故等突发事件,圆满完成了"清食展""青洽会""环湖赛"等省内重大活动和抗震救灾、灾后重建的保通保障工作,多次受到上级部门的表彰。

2010年"4·14"玉树地震发生后,交通部门立即启动应急预案,开设抗震救灾专用通道,确保救援车辆及运送伤员和物资人员的车辆优先免费通行。各收费站积极做好文明服务工作,无偿为救灾人员提供药品、食品和饮用水。路政部门坚持24小时巡查,与交警配合疏导交通,无偿为救灾车辆实施清障救援,及时处置突发情况。各养护单位日夜坚守,加大人员设备投入,确保了救灾"生命线"安全畅通,为救灾及灾后重建物资运输创造良好的公路通行环境。

2014年3月,青海省机构编制委员会和青海省交通运输厅批准成立了青海省公路网运行监测与应急处置中心(简称"省路网中心")。2014年10月,省交通运输厅成立了"青海交通运输应急指挥中心",与省路网中心合署办公。2015年8月,青海省交通运输厅、青海省公安厅共同成立"青海省路警联合指挥中心",中心设在省路网中心。目前中心三块牌子一套人员,主要承担全省路网日常运行监测、重大突发事件预警与应急处置技术支持、公路交通出行信息服务等工作。

(一)加强运行监测,保障路网安全畅通

青海省路网运行已基本形成"中心→分中心→监控站"的三级管理构架,全省共下设5个局级中心,32个分中心,186个监控站,设置了189处各类情报板,实现了高速公路、国省干线公路、运管、海事、路政执法等子行业共计2100多路视频、122处交通量调查站点的接入,以及134辆养护、路政执法车辆和2300多辆"两客一危"的卫星定位与联网联控。

省路网中心应急处置大厅

中心采用集中管理方式,省公路局、省路政总队、省海事局、省运管局、公安交警等单位入驻路网中心应急处置大厅,省高管局在高速公路应急指挥大厅协同办公,各单位信息流自下而上,逐级汇聚,指令信息由上而下逐级发布,逐步形成交通运输系统各行业数据、监测、应急、决策、服务、信息收发、运行、管理于一体的集中、高效、联动的路网运行监测与应急处置体系。

(二)协调部门联动,做到事件快速处置

建立与多部门联动协助机制,基本形成了"纵向贯通、横向共享"联动处置机制。一是与省气象局建立长期合作机制,及时获取全省各地气象信息,并结合应急系统形成了灾害天气的预警体系,开通了青海交通专业气象信息服务网。二是建立"路警联动"协作机制,实现信息共享、勤务联合,在大、中修及扩建施工、节假日、重要活动日及特殊气候交通组织管理中,加强沟通协调,相互配合,分工协作,提高了工作效率。为更好地实现交通与公安的数据共享,双方根据工作需要,为公安交警相关人员手机安装青海交通移动手机APP软件。三是与武警交通部队一总队第一支队签订《警地应急救援合作协议》,加强警地合作,发挥部队应急救援骨干作用,共同推进青海省交通运输应急管理工作。四是与省卫计委建立应急协作联动工作机制,与省环保厅签订合作协议。五是完成与交通运输部路网中心、省人民政府应急办、武警交通一总队第一支队作战指挥中心及部分州(市)信息中心的系统互联互通,并将部分视频实现了共享。

2016年6月2日,省路网中心、省高管局、省路政执法总队等八部门共同开展了应对G0612南绕城高速公路交通突发事件联合应急实战演练,演练以实战与推演相结合,充分利用交通移动应急通信指挥平台,通过卫星及3G技术实时传送现场视频图像,实现与应急指挥大厅的协调指挥与工作联动,为省交通运输厅应急处置工作提供强有力的技术支撑。

截至2016年底,中心共接警2956起,其中路警双方共同处置突发事件394起,公安交警座席共接警2562起。

联合应急实战演练

(三)扩大信息发布渠道,服务群众安全出行

为加强路网运行监测与公众出行服务信息管理,提高交通运输行业公共服务能力,一是通过与4家广播电台签订合作协议,每日6档定时直播实时路况,或发送邮件提供计划性施工信息、西宁周边主要收费站高速公路拥堵情况、气象预警信息等;同时,在发生突发事件后可随时插播路况信息,对事态发展实时连线。二是利用公众出行服务网、青海交通12328微信公众平台发布各类信息,通过接听12328电话解决公众出行中的问题。三是

使用短信平台,向相关领导报送突发事件及气象预警信息;同时,要求各相关单位利用本单位信息发布渠道,及时发布相关信息,拓展发布渠道。四是创新"12328微信"图文消息内容,分别从旅游、路况、新闻等方面进行改版,增加公众关注度。

截至2016年底,利用网站发布信息1万余条、通过12328短信平台发布信息8万余条,广播电台发布信息7000余条,发送交通气象预警信息900万余条(次),"12328微信"关注人数达7000余人。

(四)热情耐心服务,打造"12328"交通服务品牌

为有序推进"12328"电话系统的建设与运行,全面提升青海省交通运输服务能力和水平,指挥中心制定了《青海交通运输服务监督电话12328运行管理办法(试行)》《12328管理大纲》等制度文件。针对青海省情特点,聘用汉藏双语话务员提供7×24小时双语服务。12328交通运输服务监督电话已在全省范围内开通,顺利实现部、省、市(州)三级联网运行,并在西宁市、海北州设立远端座席。

12328交通运输服务监督电话系统的建设及运行,畅通了人民群众对青海省交通运输行业服务监督的新渠道,为树立以人为本、优质服务的行业形象发挥了积极作用。截至2016年底,12328电话共接听社会群众及相关业务单位来电近6万余件(包含藏语服务电话25件);通过调查回访,群众对12328电话满意度达到98.3%,收到很好的社会反响。"青海交通12328"微信公众平台自2015年4月开通以来,发布信息79次,共计364条信息。

# 第九章
# 高速公路文化建设

文化是一定社会物质生产发展的反映,并随着社会物质生产的发展而发展。青海高速公路文化继承于源远流长的青海公路文化,并植根于如火如荼的高速公路建设实践。在多年的探索实践中,青海高速公路文化建设为促进高速公路科学、持续发展,提供了强大的精神动力和智力支持,使得行业价值理念深入人心,行业凝聚力不断增强,行业形象得到社会充分认可,行业发展环境更加和谐。

## 第一节 文明创建与文化活动

文化是软实力,文化建设对于引导社会思潮、满足人民需求,具有直接功效。多年来,青海高速公路建设和管理单位以提高交通运输的先导性、基础性、服务性水平为目标,按照青海省交通运输行业"畅行青海、美在交通"文化品牌的创建要求,通过一系列主题鲜明、形式多样的文化创建活动,着力培育先进的行业理念和健康文明的行为规范,夯实行业发展的文化软实力基础。

### 一、文化标识先行,凝练行业精神

文化标识是一个单位(群体)核心理念的形象诠释,是行业文化的凝练与概括。"畅行青海、美在交通",是青海省交通运输厅打造的行业文化品牌,按照"路畅心畅、路美人美"的创建目标,旨在以完善路网结构、加强管理服务、提升服务水平、优化路域环境、保障安全畅通为着力点,大力推进文明行业建设,不断提升职工文明素质,着力提升行业影响力、群众满意度和社会美誉度。随着四通八达的交通网络在大美青海的延伸,使人民群众畅享青海交通建设发展的成果。

标识内涵采用青海的"青""海"的汉语拼音首字母 Q 和 H 的演化,寓意图标源自青海;同时也是公路统一标识 中间部分的演化,寓意主体是交通运输行业。蓝色代表蓝天和青海湖,灰色代表公路,绿色代表青海的青山绿水,寓意大美青海的山山水水由四通八达的

交通网连接。

青海高速公路建设和管理单位继承、发扬青海交通的行业精神和优良传统,并不断创新、丰富和发展高速公路文化的内涵及外延,形成了各具特色的高速公路行业理念,设计出了具有丰富内涵的行业符号,将行业精神概括为主题突出、生动形象的视觉符号,传递给职工和服务大众,既便于识记,又彰显形象。

(一)青海省高等级公路建设管理局文化标识

青海省高等级公路建设管理局是高速建设、管理和运营的主力军,也是高速公路行业精神的展示窗。建局之初,就以"打造路畅人和交通环境、铸造青海高速文化品牌"为己任,大力开展文化创建活动。在不断发展进程中,又相继培育形成了以"和谐·奋进·创新·高效"为核心的价值观,以"三优五化"(优质服务、优良秩序、优美环境;工作程序化、服务规范化、管理科学化、分配合理化、行动军事化)的标准规范收费行为和管理行为,建立完善了"战略发展、理念创新、行为提升、视觉振奋"四大识别系统和"科学发展、理论武装、行为提升、核心创造、和谐共进"的文化发展理念,形成了"畅通、高效、安全、绿色"行业追求。

2012年开展形象标识征集活动,最终选用的标识采用汉字"青海高速"前3字(青海高)汉语拼音的首字母(Q、H、G)合成变形,表示"青海高速",彰显"高原大道、张弛有度",高速公路并行至远方,像翱翔的飞鸟,团队协作,前程远大。整体造型大方,一气呵成,具有动感,时代感强,易于记忆。颜色采用蓝色和绿色,适用性强,进而体现严谨务实的文化与服务于民的行业精神。主体寓意穿越青海高原的高速公路,点明"和谐·奋进·创新·高效"的青海高速核心价值观,突出"畅通、高效、安全、绿色"的行业特征。

(二)青海省公路建设管理局文化标识

青海省公路建设管理局根据公路建设多元、多样、多变的发展趋势,改变思维方式和管理模式,以培育和践行社会主义核心价值观、创建特色公路文化、强化"以人为本"的服务理念为核心,以服务人民、奉献社会为宗旨,在全力抓好公路建设管理的同时,因地制宜提出了"稳扎稳打、真抓实干、由浅入深、重点突破、整体推进"的公路文化建设思路,并在持续稳步发展中培育、提炼了"奉献、创新、进取、人本"的行业精神,引领全局干部职工不断学习、不断实践、不断提高、不断创新,实现了职工队伍素质硬、路网通行能力强、社会服务水平高的建设目标。

标识造型是汉语拼音字母"GJ"的组合,由红、蓝、绿3色组成。蓝色和绿色分别象征清洁、环保,寓意现代公路安全通畅、绿色环保、舒服怡人的特征;红色象征热情,寓意干部职工兴趣盎然、充满活力的精神风貌。红绿蓝三色相依,由外而内形成"GJ",表现了青海省公路建设管理局强大的凝聚力、战斗力和向心力,色带由近至远无限延伸,象征着公路建设在青藏高原广阔的发展前景。红绿蓝也分别寓意人、自然、社会,整体向世人传达"路畅人和、和谐共享"的行业发展理念。

（三）青海交通投资有限公司文化标识

青海交通投资有限公司紧紧围绕青海交通事业"四个发展"要求,以"服务交通大发展、壮大企业实力、实现企业价值最大化"为使命,以"行业领先、社会满意、员工自豪"为企业发展愿景和奋斗目标,将文化建设融入各项工作中,建设符合公司特色的企业文化,形成"严谨、专业、高效"的工作理念,提炼并培育了"敬业为本、创新为魂、奉献为荣"的企业精神。

标识将"交"和"投"的汉语拼音首字母"J""T"衔接组合,产生的造型形似"道路""立交桥",表示通畅、快速达到的含义,寓意在企业发展的道路上畅通无阻,顺利达到新期望的目标。

（四）青海地方铁路建设投资有限公司文化标识

青海地方铁路建设投资有限公司成立以来,坚持"团结奋进、务实创新、稳健经营、加快发展"的经营理念和"建设幸福铁投,成就发展伟业"的共同愿景,强化建章立制,规范工作流程,狠抓建设管理,全体职工自觉自强自律,敬业乐业精业,总结提炼了"忠诚实干·勇于跨越·追求卓越·和谐发展""建好一个项目·服务一方群众·培养一批人才·打造一个品牌"的企业精神和价值理念,把握机遇,创新投融资模式,开展多元化经营,努力实现公路建设管理、地方铁路运营、图文中心、铁路维管中心和区域经济的共同发展。

标识经广泛征集,最终采用安徽省合肥市赵圣松的设计,造型以青海、建设、投资的英文首字母"QCI"为元素,演绎成飞驰的列车造型,强化了企业行业特色与独特的品牌形象。图形中心的方形,代表服务窗口,又如一枚钱币,体现投资特征内涵。列车飞驰,寓意勇往直前、不断向上的发展动力和无限广阔的投资发展空间,象征铁路交通推动青海经济不断超越与发展。蓝色的标准色象征畅

通、高效、活力与发展,绿色寓意生态、环保,充满活力与勃勃生机。图案整体简洁大气,动感十足,符合现代设计理念,易于应用和识别。

(五)青海省共和玉树公路建设指挥部文化标识

2010年4月玉树发生强烈地震后,根据国务院《玉树地震灾后恢复重建总体规划》中关于提高国省干线公路技术等级、抗灾能力和西宁至玉树公路建设等级等要求,青海交通厅启动了共和至玉树高速公路建设工作。共玉公路穿越三江源自然保护区,气候恶劣、地质复杂、生态脆弱、多年冻土,项目建设要求高、难度大,共玉高速公路的建设者们冬战严寒、夏战酷暑,总结并提炼了"服务、创新、优质、环保、清廉"的核心价值观,铸造并践行了"奉献在共玉·实干在共玉"和"务实高效、守正拓新、攻坚克难、无私奉献"的共玉精神。

标识以"三江源"为核心,整个图案由"共玉公路"汉语拼音首字母"GYGL"象形组成,寓意通往素有"中华水塔""世界第三极"之称的"三江源"生命通道,公路建设与三江源自然保护相互交融、协调、和谐,融于自然,展示了共玉建设者的追求和梦想。

## 二、文明创建支撑,提供精神动力

青海高速公路建设和管理单位开展了形式多样、内容丰富的精神文明创建活动,将行业精神文明建设与高速公路建设管理工作紧密结合,不断丰富创建内涵,为高速公路事业的发展和形象塑造提供了重要的精神动力和思想保证。

(一)深入开展行业精神文明创建

开展行业文明创建活动,是推进精神文明建设工作的着力点和落脚点,也是推动高速公路事业跨越式发展的强大精神动力。在高速公路建设、养护、运输和管理等各个领域,文明建设、文明管理、文明运行、文明服务,最大限度地方便和服务人民群众安全、舒适、便捷出行。

扎实推进行业精神文明创建。1999年以来,青海高速公路建设和管理单位,以建设"六个一"工程(建设一流班子、培养一流队伍、创造一流管理、提供一流服务、树立一流形象、争取一流效益)为目标,积极开展创建"文明单位""文明示范窗口"活动,严格落实省交通厅9项文明服务规范,大力推行"微笑服务""您好工程",实行首问负责制、限时办结制、"一站式"服务等制度,持续开展丰富多彩的文明创建活动。截至2016年底,各相关单位共建成省、部级以上文明单位14家;共建成文明示范窗口单位25家,其中省、部级7

家,厅级18家。围绕"文明青海"和"西宁市创建国家文明城市"的目标和要求,积极主动参与驻地各项文明创建活动,履行社会义务、承担社会责任,讲述交通故事、传播交通好声音。青海地方铁路建设投资有限公司,积极参与办事处、社区各类公益活动,组织开展"进社区分民忧办实事"家庭愿望认领、"文明劝导"志愿服务、"结对帮扶、文明创城、关爱农民工"等活动,并累计投入资金上千万元为沿线藏族、蒙古族同胞维修房屋、牧民转场、修建乡村公路便道等,受到当地政府和农牧民群众的一致好评。

青海高速办公大楼

着力提升行业服务水平。青海高速公路建设和管理单位,始终坚持"交通是大民生"的理念,弘扬奉献精神,提高服务本领,不断增强惠民利民意识。在提升为民服务水平方面,认真贯彻落实中共青海省交通厅党委《关于进一步加强交通服务的决定》和全省交通行业九项文明服务规范,重点抓好"一区两站三车"服务工作,以推进服务区全国文明等级评定工作为契机,健全服务区硬件设施、完善服务区制度规范、推行"五最目标"服务法、开展"星级收费员评比"等活动,马场垣服务区被评为全国百佳示范服务区,成为展现"大美青海"的一张"新名片"。

高速公路建设和管理单位,广泛开展"讲文明、讲卫生、讲礼仪、树新风"主题实践活动。经过3年的创建,公共服务区域环境面貌明显改善,服务区、站、场、所、办公楼庭院干净卫生,场容站貌整洁美观,标牌、标志醒目,公益宣传温馨适时;职工礼仪素养明显提高,礼仪教育和实践活动持久开展,树立了明礼、诚信、友善的行业新风。

青海高速公路建设和管理单位,重点抓好文明素质、诚信建设、道德风尚、交通秩序、文化建设、窗口服务、环境整治等与高速公路密切相关的工作,有效提升了行业文明形象。

(二)积极培育和践行社会主义核心价值观

多年来,青海高速公路建设和管理单位,坚持把培育和践行社会主义核心价值观作为交通运输行业道德建设的基础性、战略性任务,常抓不懈,积极开展以"三个倡导"为基本内容的核心价值观宣传教育,把核心价值观融入弘扬"扎根高原、艰苦创业、献身交通、服务人民"的青海交通行业精神之中,贯穿到高速公路建设、养护、运输和管理等各个领域。

培育和践行社会主义核心价值观。2013年以来,青海高速公路建设和管理单位,广泛开展培育和践行社会主义核心价值体系活动,把社会主义核心价值观融入弘扬"扎根高原、艰苦创业、献身交通、服务人民"的青海交通行业精神之中,贯穿到高速公路建设投资、运营管理等各个环节。各单位积极参与"感动交通年度人物""最美高原交通人"评选和宣讲活动,以"道德讲堂""交通讲堂"为载体,先后开展了"培育和践行社会主义核心价值观宣传月""我的中国梦,我与交通共奋进""道德模范在身边""学习最美养路工——贺生兰""践行核心价值、开展公益活动"等主题实践活动,形成了"知荣辱、讲正气、学先进、促和谐"的道德文化,充分发挥榜样感召人、影响人、带动人的重要作用,形成了传承传统美德、弘扬先进精神、培养先进典型的浓厚氛围,促进了全行业道德水平和文明程度进一步提升。

重视职工思想道德建设。小胜靠智,大胜靠德,文明创建的保障是抓好思想道德建设。自2002年11月起,青海高速公路建设和管理单位,开展了以"爱国守法、明礼诚信、团结友善、勤俭自强、敬业奉献"为主要内容的基本道德规范教育和道德实践活动。

省高管局开展"青年文明号形象展示"活动

青海省高等级公路建设管理局在基层各收费站开展"道德讲堂"活动,把微笑服务、文明用语、奉献高速等内容融入道德讲堂中,引导干部职工自觉成为道德建设的传播者和践行者;组织开展"最美路哥路姐"评选活动,赵鹏、赵静、冯翱等20名职工获"青海高速最美路哥路姐"荣誉称号,推选赵鹏、赵静分获第一届、第二届"全国最美路姐"荣誉称号,并通过微信、QQ等载体宣传收费一线路哥路姐的先进事迹,向全社会传递行业正能量,充分展示新时期高速公路职工的精神和风采。青海省公路建设管理局连续开展6届"道德讲堂"和道德承诺接力棒活动,邀请先进代表赴施工现场做事迹报告,并将先进个人事迹制作成PPT在全局播放。青海交通建设投资公司举办了别开生面的"道德讲堂"活动,通过学唱《公民道德歌》、观看全国道德模范候选人事迹展播、聆听身边典型先进事迹等活动,教育广大党员职工坚定理想信念。青海地方铁路建设投资有限公司组织开展"奉献青春·点燃梦想"主题道德讲堂宣讲,通过作主题宣讲、重温圣贤古训、分享内心感悟等活动,达到了宣传先进、弘扬先进的效果。青海省公路路政执法总队以"道德讲堂"为主要阵地,分别举办"学榜样、倡榜样、树榜样"为主题的道德讲堂,并将"好人老马"、路政执法中的"娘子军"等身边典型的感人事迹,刻录成《我们身边的榜样》光盘,广泛宣讲,以构筑道德高地,传播汇聚正能量。

积极开展志愿服务活动。2000年3月起,每年开展"保护母亲河行动"志愿植树活动,将植树与育人相结合,为"南北两山生态绿化工程"和西宁市创建园林绿化及旅游城市,做出了积极贡献。2003年以来,每年开展"弘扬雷锋精神、参与志愿服务"主题系列活动。开展注册志愿者工作,各单位80%~95%的团员成为注册志愿者。

(三)扎实推进行业文化建设

青海高速公路建设和管理单位高度重视行业文化建设,开展主题活动、打造文化阵地,行业文化建设内容丰富、形式多样、成效显著。

青海交通投资公司以"显性传播,内化于心;隐性渗透,固化于制;磁性引导,强化于行;多维文化,聚合力量",作为企业文化的宣贯思路,实现员工对企业文化从不知到认知、再到认同的思想转变;将文化与制度、流程有机结合,让员工将企业文化的要求贯彻到日常行动中,实现文化落地生根。青海地方铁路建设投资公司以文化建设推动项目管理水平和队伍建设,延伸文化建设领域,成功创建了全省交通运输行业文化建设优秀单位。青海省公路路政执法总队大力加强文化践行和落地,从精神层面、制度层面、行为层面、形象层面四大方面入手,立足行业特点,完善管理制度,找准切入点,加强队伍管理和品牌建设,通过一系列文化建设工作的深入开展,最大限度地发挥出路政文化建设的凝聚、导向、激励和辐射作用。截至2016年底,青海高速公路建设管理各单位累计涌现出全省交通行业文化建设品牌单位7家、示范单位8家、优秀单位30家,全国交通运输企业文化建设优秀单位8家。

(四)大力建设文化阵地

青海高速公路建设和管理单位以唱响主旋律、弘扬交通精神为主旨,大力建设文化阵地,成功举办多次文艺会演、书画、摄影、征文等文化活动以及乒乓球、篮球、羽毛球比赛和趣味运动会、职工运动会等体育活动,陶冶了职工情操、愉悦了职工身心、增强了职工体魄,激发了广大干部职工爱岗敬业、乐于奉献、争为交通发展做贡献的热情。

为满足职工日益增长的文化生活需求,青海省高等级公路建设管理局开展了"文明服务"辩论赛、"青年文明号"形象展示、形象大使展示、"微笑天使"在行动、"微笑天使颂"、文艺创作评选等独具高速公路特色的文体活动,成立文艺宣传演出队、乐队、礼仪队、篮球队、羽毛球队、乒乓球队等;2005—2016年,先后开展4届"爱高速、展风采"活动、2届职工趣味运动会,全方位、多层面地展示青海高速公路干部职工精神风貌和服务理念,形象地再现青海高速公路的飞跃发展。青海交通建设投资公司通过制作"爱心卡"和开展"迎新春"职工联谊会、"体验生活之美,做阳光幸福女人""讲长征故事、诵清明诗歌、扬民族文化""共享读书快乐,构建和谐交投""徒步健体魄、凝心聚合力""畅想青春·唱响交通梦——交投杯青海交通好声音""青春扶贫"等主题活动,展示了交通职工风采,凝聚了合力,取得良好的行业和社会反响。青海地方铁路投资有限公司组织开展了"微视频"征集拍摄、主题演讲活动、主题摄影展、学习笔记评比、硬笔书法比赛、学习心得审核、优秀调研文章评比等活动,丰富了职工的文化生活,增强了凝聚力、向心力和战斗力。青海省公路路政执法总队通过举办"树形象、展风采"文体活动、"忆苦难党史,创路政辉煌"读书演讲比赛、"尊学守用法,百题千人答"竞赛、"书香交通"征文、"书画、摄影、手工作品展"等活动,极大地丰富了职工精神文化生活,有效地提高了路政文化的核心竞争力和示范影响力。2008年以来,青海省交通厅和高速公路建设运营单位,搭建网络宣传平台,陆续开通了"青海交通""青海高速""青海省公路建设管理局""青海交投""青海铁投"等门户网站和行业微博、QQ群等,形成职工互动、网络宣传的格局。

省高管局"送文化下基层"慰问演出

截至2016年底,青海高速公路建设和管理单位共建成"职工书屋"示范点38个,其中部级1个、省级6个、厅级31个,共创建"职工之家"30个,"职工小家"1个,厅级先进"职工之家"25个,高速公路各收费站建"家"率达95%以上。

## 三、文化品牌引领,提升行业形象

文化品牌,是行业文化的重要载体。青海高速公路各建设管理单位按照青海省交通运输行业"畅行青海、美在交通"文化品牌的创建要求,全面打造内涵丰富、特色鲜明的青海高速公路行业文化品牌,使得高速公路文化建设的内涵更加丰富,活力得到不断激活和增强,行业社会满意度、美誉度和影响力显著提升。

### (一)打造"畅行青海、美在交通"文化品牌

为深入培育践行社会主义核心价值观,全面加强行业精神文明建设,大力弘扬"扎根高原、艰苦创业、献身交通、造福人民"的青海交通行业精神,不断提升行业软实力,树立行业好形象,建设人民满意的交通,青海省交通运输行业精神文明指导委员会着力创建"畅行青海、美在交通"文化品牌。

创建的总体目标是,大力弘扬"两路"精神,积极培育践行交通运输行业核心价值观,按照"路畅心畅、路美人美"的创建目标,以完善路网结构、加强管理服务、提升服务水平、优化路域环境、保障安全畅通为着力点,大力推进文明行业建设,不断提升职工文明素质,着力提升行业影响力、群众满意度和社会美誉度。

"畅行青海、美在交通"宣传景观

具体目标是,按照启动年、建设年、深化年、完善年、示范年的步骤,以创建"最美交通文化品牌""最美交通文明窗口""最美高原交通人"为抓手,形成"最美系列"培树宣传机制,制定创建标准、完善创建工作机制,扩大创建工作覆盖面,不断提升交通运输行业社会影响力和美誉度,建设人民满意交通。

青海省交通运输行业精神文明建设指导委员会印发了品牌创建实施方案,召开了创建工作推进会,启动了"畅行青海、美在交通"微信平台,首次发布"畅行青海、美在交通"

行业形象宣传片,组织开展了文化品牌宣传推广活动,开展了"我眼中的大美青海交通""最美高速、国道、省道、小康路""最美交通瞬间"摄影创作、"畅行青海、美在交通"新媒体论坛等活动,有力提升了行业影响力。

(二)巩固"高原千里文明通道"服务品牌

"高原千里文明通道",是青海省交通运输系统打造的知名公路品牌。文明通道是指东起民和马场垣、西至格尔木的109线国道,以省会西宁为中心,辐射涵盖了青海省东部农业区和西部重点开发区,是青海经济发展的主动脉,也是青海对外开放的主要走廊。文明通道的核心内涵是以人为本,从道路设计、施工、养护、管理到运输、服务各个环节,最大限度地体现人文关怀,最大限度地体现人与人之间的互助互利,最大限度地体现道路与自然的和谐发展。通过实施"交通基础设施优质廉政工程""交通行政执法素质形象工程""交通运输通道文明畅通工程""交通运输企业安全效益工程"等,实现线型顺直流畅,设施配套完善,工程优质廉洁,养护争创一流,运输文明畅通,服务规范礼貌,管理有序有效,行业效益好,沿线重环保,无公路"三乱",军民关系、民族关系融洽,为国内外乘客和过境车辆提供安全、文明、便捷、高效服务的创建目标。

从2002年5月起,青海省交通厅成立活动领导机构和督导小组,召开动员大会,出台建设计划,印发宣传提纲,分解年度目标,落实单位责任,广泛发动并强化文明施工、文明运输、文明执法、文明养护、文明收费、文明管理,大力开展与公路沿线政府和军警民共建活动,使建设活动在公路沿线职工群众中家喻户晓。

在建设过程中,各有关单位严格执行高起点、高标准、高质量、高速度和决策科学化、管理精细化、作业标准化、施工规范化的"四高四化"工作标准,严格执行把好设计关,不留质量隐患;把好监理关,对施工过程中的每一道工序一丝不苟、严格监理;把好质量关,实行质监责任制,在施工单位开展以比质量、比速度、比管理、比环保、比安全为内容的"四化一创"劳动竞赛,保证工程合格率达100%,验收项目均为优良工程。在工作中,认真贯彻公路建设与环保工作同时设计、同时施工、同时投入使用的原则,加强通道沿线与环保工程建设,对施工中形成的取土坑、砂石料场等及时回填,废弃物资、废油及时回收,统一处理。为保证司机和旅客的行车安全,对事故易发地段实施安全保障工程或改线重建,累计投入安全保障工程资金1.4亿元。各相关单位都把建设活动的着眼点,放在便民、利民、富民上,积极开展"结对共建""扶贫帮困""义务助学"等活动,切实为沿线群众办好事、办实事。

通过广泛持久的共建活动,不仅使沿线广大群众得到了实惠,也为文明通道建设营造了良好的外部环境。2006年7月26日,文明通道被交通部、青海省人民政府命名为"高原千里文明通道"。随后,青海省交通厅制作了《高原千里文明通道电视专题片》《高原千里文明通道文集》《高原千里文明通道画册》,组织中央驻青媒体和省垣媒体记者进行前期动态报道,并在《青海日报》和《中国交通报》作了整版宣传。

"高原千里文明通道"命名仪式

2009年4月,青海省交通厅制定印发了《关于建立高原千里文明通道长效机制的若干意见》,明确今后工作目标是"确保路况设施美观完好,确保路产路权不受侵犯,确保文明通道环境优美,确保文明建设落实到位"。"高原千里文明通道"的创建,对促进青海对外开放、加快产业结构调整、发展旅游事业等,起到了重要作用,也为青海公路交通发展谱写了新的篇章。

(三)开展"青春在交通事业中闪光"青工岗位建功活动

"青春在交通事业中闪光"青工岗位建功活动,是青海省交通运输厅团委打造的品牌活动,由青年文明号活动、青年岗位能手活动、青年突击队立功竞赛活动、创新创效活动等品牌项目组成;旨在引导和激励广大青工立足本职岗位,敬业奉献,顽强拼搏,弘扬职业文明,提高职业素养,积极投身于青海交通事业又好又快地发展的进程中。

2002年6月21日,青海省交通厅团委在高速公路建设重点工程——朝阳互通式立交桥施工现场,举办"青春在重点工程中闪光"活动启动暨全省交通建设重点工程青年突击队授旗仪式,全省交通系统11支青年突击队被共青团青海省委命名为"全省青年突击队"。2006年4月26日,青海省交通厅团委在全省交通建设重点工程——宁互一级公路施工现场,举行以"青春在交通事业中闪光"为主题的青工岗位建功活动启动仪式暨全省交通系统青年突击队授旗仪式,全省交通系统30支青年突击队被共青团青海省委命名为"全省青年突击队"。

"青春在交通事业中闪光"青工岗位建功活动,倡导高度职业文明,追求一流工作业绩,实现社会效益、经济效益、人才效益的统一,为推动全省交通"四个发展",在构建安全、畅通、便捷、绿色交通运输体系的实践中发挥积极的推动作用。

"青春在交通事业中闪光"活动扎实有效的开展,激发了青年职工奋发向上的时代精神,在高速公路建设的重点工程中,面对"急、难、险、重、新"的艰巨任务,发挥了先锋突击作用,实现了岗位建功、岗位育人的活动宗旨。尤其在玉树抗震救灾和灾后重建中,青年突击队奋战在重点工程建设工地和保通一线,勇挑重担,英勇突击,为救灾和重建提供了坚强的保障。截至2016年,青海高速公路建设管理单位共5家集体荣获"青年突击队"称号、28家集体荣获"青年文明号"称号(包含国家级、省部级、厅级),6人荣获"青年岗位能手"称号(其中国家级1人、省部级5人)。

青工岗位练兵活动

## (四)创建"道德文明示范路"

"道德文明示范路",是青海省高等级公路建设管理局打造的路域文化品牌。示范路是指西宁至机场所辖高速公路,即以西宁为中心,辐射涵盖了西宁市城东、城中、城西、城北四个重点区域和平安县,是西宁市、海东地区经济社会发展的主动脉,也是青海省对外开放的重要"窗口"道路。

创建目标是,设施配套完善,养护、运输安全畅通,服务文明规范,管理有序有效,沿线整洁美观,征缴关系融洽,将高速公路重要路段建设成为道德长廊、文化长廊、绿色长廊和文明通道,为国内外乘客和过往车辆提供安全、文明、便捷、高效、舒适服务,把"道德文明示范路"建设成为社会各界群众满意的知名品牌。

创建的主要任务与措施是,实施"三项工程"和打造"一个品牌"(即实施高速公路设施配套完善工程、高速公路运输安全畅通工程、高速路政执法规范有效工程,打造"青海高速雷锋班组"服务品牌)。工作步骤是,1年内打基础见成效,2年上台阶规范化,3年巩固提高建成命名。

# 第九章
高速公路文化建设

2013年3月,青海省高等级公路建设管理局印发了《建设"道德文明示范路"实施方案》,创建工作开始起步。2014年3月,召开深化道德文明示范路创建活动动员大会,将创建活动引向深入。活动期间,青海省高等级公路建设管理局精心谋划,狠抓落实,广泛发动干部职工,内动外联,构建全方位创建环境;依法治路,构建安全畅通道路;种草植树,构建绿色通道;规范标准,构建激励约束机制。集中开展了路域环境整治工作,对所辖路段公路设施和收费设备进行了维修、更换和校正,对所辖路段路面车辙、拥包、沉陷、龟裂等公路病害及时进行了处置,统一在沿线收费站车道摆放鲜花,对路面、边坡、绿化带等重点部位清扫、美化、绿化;加强12122救援电话管理,实行24小时值班制度,利用可视情报板密集、循环播放道德名言警句、建设"道德文明示范路"标语口号和路况信息,营造浓厚的活动氛围。

开展便民服务

经过3年多的创建,"道德文明示范路"所辖路段路容路貌得到了有效改观,道路技术状况得到了明显提升,文明服务水平得到了显著提高,公路沿线形成了环境优美、绿树成荫、奇石点缀的绿化风景线,得到省内、外乘客和过往司乘人员的广泛赞誉。

(五)打造"青海高速雷锋班组"服务品牌

"青海高速雷锋班组",是指平西高速西宁(朝阳)至机场(曹家堡)段中的朝阳、韵家口、曹家堡3个收费站的收费班组,是青海省高等级公路建设管理局打造的服务品牌。

建设目标是:创新管理方式,丰富服务内容,提升窗口形象,培育一支业务水准高、道德品位高、素质层次高的收费员队伍,精心打造具有青海高原特色的、全省交通运输行业乃至全国交通运输行业的知名服务品牌。

基本特色是:扎根高原,艰苦创业;对标赶超,开拓创新;立足岗位,无私奉献;以人为本,优化服务;精益求精,规范管理;学习雷锋,传承美德。

"青海高速雷锋班组"成立于2012年8月,最初命名为"郭娜陆地航空班",2013年更名为"青海高速雷锋班组",2013年4月正式命名,班组共有成员62名。活动开展以来,以"航空管理理念、服务标准"为目标,制定了"郭娜陆地航空班"式文明示范班组标准、"文明优质服务标兵"标准、"微笑天使"标准、仪容仪表标准、示范班组成员初选标准、示范班组工作"十不准"、十佳文明服务标兵标准、四星级收费员标准、优秀监控维护员标准、服务方法、岗位工作流程、车队通行五部曲、文明发卡七部曲、文明收费八部曲等14项服务规范,固化了服务标准。同时,创新完善管理模式,建立了"青海高速雷锋班组"工作准则、考勤制度、考核制度和准入、淘汰、奖惩机制等;班组成员选拔公开公正、优中选优,并建立班组人员和工作台账资料,保证了班组的优秀性。为强化业务技能培训,提高文明礼仪素养,开展了文明礼仪、服务礼仪、仪容仪表、微笑服务、标准化手势等专题培训,塑造班员良好形象气质。为规范收费行为和文明用语,创办了职工互动、教学自主为基调的"微笑天使大课堂"活动,提升了服务水平。不断完善便民服务设施,推行便民服务活动,为过往司乘人员提供"方便、快捷、整洁、畅通、舒适"的行车环境,树立了良好社会形象。

经过3年的创建,"青海高速雷锋班组"建设活动取得明显成效。在其示范引领下,高速公路收费人员文明服务水平显著提升,社会满意度不断提高,青海高速交通服务群众、服务社会的文明形象大幅提升。如今,"青海高速雷锋班组"与"道德文明示范路",已经成为展示青海交通运输行业文明乃至全省行业文明的一张靓丽名片。

"青海高速雷锋班组"岗前准备工作

(六)开展"爱高速·展风采"系列活动

"爱高速·展风采"系列活动,是青海省高等级公路建设管理局打造的文化活动品牌,也是全省交通运输行业群众性文化活动中的标杆。

# 第九章
## 高速公路文化建设

活动的目标：是通过开展系列文化活动，凝聚人心，陶冶情操，增进交流，鼓舞干劲，展现青海高速公路人朝气蓬勃、奋发进取、务实奉献的良好精神面貌，弘扬高速公路文化，打造高速文化品牌。活动内容包括：岗位练兵、文艺会演、健美操比赛、摄影比赛、知识竞赛、读书演讲、体育竞技等文化体育活动。

2005年8月至2016年11月，青海省高等级公路建设管理局连续成功举办4届"爱高速·展风采"系列活动。第一届活动，包含文艺会演、健美操比赛、篮球比赛、"我是高速人"演讲比赛、票管现场填制报表比赛、知识竞赛、篮球比赛等七项内容，共11支代表队（包含路政、超限站、收费站共21家单位）参赛。第二届活动，分为开幕式、青工岗位技能大赛、篮球比赛、路政知识竞赛、演讲比赛、健身操表演、书法绘画摄影比赛、文艺会演八个部分，共13支代表队（包含收费站、分中心、路政大队共28家单位）参赛。第三届活动，设文艺会演、篮球比赛、乒乓球比赛、羽毛球比赛、知识竞赛、演讲比赛、青工岗位技能大赛、摄影比赛、工艺美术制作比赛、书画展10个项目，共7支代表队（包含收费站、分中心、海西分局共25家单位）参赛。第四届活动，以"同心同行、筑梦高速"为主题，设有青工岗位技能比赛、职工书画摄影手工作品展、知识竞赛、文艺会演等四个大项，共10支代表队（包含收费站、分中心、海西分局、机关项目办共32家单位）参赛。

"爱高速·展风采"系列活动——篮球比赛

"爱高速·展风采"系列活动，集中体现了文化活动的多元化，活动参与面广，影响面大，集中体现了奋发向上的团队精神和勇于进取的良好风尚以及"以人为本"的行业文化建设内涵，把文化的力量深深熔铸在"三个文明"建设工作中，使"三个文明"协调共同发展。同时，活动的开展体现了"繁荣、创新、精彩、圆满"的宗旨，展示了行业良好的人文环境，为干部职工提供了展示才华的舞台，发现并挖掘出一批具有文艺特长的优秀人才，有力推动了高速公路文化建设和精神文明建设的健康发展。

### (七)创建"三建三带三创"党建工作品牌

"三建(建立党建工作体系、建立基层临时党支部、建立党建帮扶制度)三带(领导成员带头、党员干部带头、先进模范带头)三创(以党建带动精神文明创建、民族团结进步创建、廉政文化建设品牌创建)",是青海省公路建设管理局打造的党建工作品牌,也是提升单位党建工作水平和服务基层能力、促进中心工作完成的党建工作联动机制。

"三建三带三创"工作机制,是围绕一个中心(公路建设管理中心任务),落实两项措施(管理绩效考核和信用等级考核),突出三个重点(质量、进度、安全),把握四项管理(现场管理、资金管理、合同管理、精神文明管理),推进五项工作(党风廉政建设、科研工作、节能减排、人事工作、党建工作)。

围绕"三建三带三创"的创建,青海省公路建设管理局广泛开展了形式多样的建设活动,形成了"项目党建"新模式,激发了党建活力,把党的政治优势转化为单位的发展优势、人才优势和文化优势,实现了党建工作与公路建设管理的互动双赢,做到了"哪里有项目建设,哪里就有党组织;哪里有重点工程,哪里就有共产党员"。创建工作开展以来,共建立党建联系点87个,蹲点调研260人次,直接服务群众近千人次。在茶格高速,S308线玉曲、曲不、治多经杂多至囊谦等少数民族地区公路建设项目中,落实征地拆迁补偿款2.04亿元,为施工单位制发《民族禁忌手册》10万余册,为沿线各族人民群众办了大量好事、实事。

"三建三带三推"的创建,有效推动了单位党组织建设,激发了党建工作活力,并有力促进了各项公路建设管理工作。创建期间,青海省公路建设管理局集中建设了一批对全省经济社会发展和人民生活水平改善有重大影响的重点工程,有力推动了全省经济结构调整和城镇化建设进程,为带动相关产业的发展、增加农牧民收入作出了积极贡献。2014年12月,"三建三带三推"党建活动被青海省省直机关工委选树为党建工作品牌,并被中共青海省委组织部命名为"首届高原先锋党建品牌"。

### (八)打造"阳光路政"文化品牌

"阳光路政",是青海省公路路政执法总队打造的文化品牌。"阳光",意味着公平、正义、温暖、和谐,充满着正能量。创建工作以基层党组织建设为支撑,以制度落实为保障,凝聚路政管理事业之"魂"、塑造路政执法队伍之"形"、规范路政管理工作之"道",全面提升路政管理和综合服务能力,塑造行业形象,推动路政管理事业发展。

建设目标是:通过创建品牌,满足社会公众对路政工作公开、透明的需求,展示路政管理为民服务的亮点,秉承"依法行政、文明执法、热情服务"的管理宗旨,传递"公平、公正、公开"的阳光执法理念,将热情、温馨、柔性服务理念与路政管理工作具体行动有机统一起来,做到路政执法过程公开化,让权力在阳光下规范运行,打造出"政治坚定、纪律严明、管理规范、执法严格、办事公开、服务温馨、队伍清廉、群众满意"的路政队伍。

2015年1月,青海省公路路政执法总队举行"阳光路政"品牌活动启动仪式,将西宁路政支队作为试点单位。2016年4月,总结推广试点经验,正式铺开创建"阳光路政"品牌活动。创建期间,青海省公路路政执法总队转变工作模式,开展了"使命与担当"路政岗位业务技能练兵系列活动和"路政执法严管示范路"创建活动,为交通运输提供"畅、安、舒、美"的环境。围绕积淀阳光文化,拓展服务理念,扎实开展"两学一做"学习教育六项活动,盘活资源,激活组织功能。积极践行社会主义核心价值观,通过开展形式多样的"学雷锋"活动,举办首届"路政杯"篮球赛及"凝心聚力—点燃青春激情、释放青春活力"户外拓展等各类文体活动,开展"好先佳优"评选活动("四好"基层党委、"十先"党支部、"十佳"党务工作者、"百优"共产党员)、"反对懒政、点燃激情"和"戴党徽、亮身份、作表率"主题活动等,提高路政执法队伍的宗旨意识和服务水平,营造"人人想干事、个个能干事、团结干成事"的工作氛围,树立了"阳光路政"好形象。

"阳光路政"品牌的创建,提升了青海公路路政执法总队的科学决策、民主管理和创新水平。路政队伍的先进事迹、活动开展情况,先后被中国交通报、腾讯等媒体刊播、转载,青海路政形象得到社会的普遍认可,党员的归属感、责任感和职工的获得感不断增强。2017年,"阳光路政"品牌内涵不断丰富,品牌创建继续深化和拓展,并被青海省交通运输厅直属机关党委作为党建项目进行立项申报。

**四、开展竞赛练兵,提升发展本领**

广泛深入地开展不同主题的劳动竞赛和岗位练兵活动,既为交通职工提供了一个相互学习、展现才华、岗位成才的机会和平台,也发挥了其在凝聚力量、强化管理、树立形象以及推动发展等方面的促进作用。

(一)劳动竞赛活动

青海高速公路建设和管理部门积极响应青海省交通厅印发的《关于实施群众性经济技术创新工程、动员全厅职工为"十五"交通计划建功立业的安排意见》,开展了形式多样的"建功立业"活动。

2002年以来,先后陆续开展了"当好主力军、建功十一五、和谐奔小康"、"当好主力军、建功十二五,为交通大发展做出新贡献""同舟共济保增长、建功立业促发展"等形式多样的社会主义劳动竞赛;同时,广泛动员,积极参加"全国(加快)交通基础设施重点工程建设劳动竞赛",有力推动了各项重点工作目标的顺利实现和技术进步,增强了职工创新意识、创新能力。

在高速公路建设中大力开展劳动竞赛

根据青海高速公路建设实际,大力开展"大干一百天"等阶段性劳动竞赛活动,组织开展"青年突击队"和"青春在重点工程中闪光"等活动,开展重点工程"五比一创""一创、两保、两抓""同心铸就文明路"等劳动竞赛活动,有力促进了工程建设任务的完成。

2002年以来,广泛开展了"安康杯"竞赛活动和"安全生产月"活动,建立了四级安全生产监管网络体系,实行"三同时"工作原则。2016年,启动"青年安全生产示范岗"创建活动,通过系列竞赛的持续开展,增长了广大干部职工的安全生产技术知识,提高了安全生产管理水平,有效预防了特大安全生产事故和职业病的发生。

截至2016年底,青海高速公路建设管理单位共有9家集体和10名个人,荣获"全国交通基础设施重点工程建设劳动竞赛优胜单位"(个人)荣誉称号,共有11家集体被授予全国"安康杯"竞赛优胜单位荣誉称号。

(二)岗位练兵和技能比武活动

2004年10月至12月,青海省交通厅团委举办全省交通系统青年职工岗位技能大赛;竞赛设置公路养护、公路测量、公路试验、汽车驾驶、汽车维修等5个项目。2014年9月,青海省交通运输厅开展以"岗位技能促发展,青春建功中国梦"为主题的职业技能比赛;竞赛设置公路设计、公路收费、计算机网络管理员等3个专业的职业竞赛项目;青海高速公路建设和管理单位结合中心工作,精心策划,认真组织,选派职工参加比赛,多名选手荣获"省级技术能手"和"全省优秀青年岗位能手"称号。2015年11月,青海省交通运输厅开展全省交通运输系统"公路收费及监控员技能"竞赛;竞赛分为理论知识笔试和实际操作笔试,青海省高等级公路建设管理局选派选手参赛,并取得优异成绩。

青海省高等级公路建设管理局紧紧围绕高等级公路建设管理及运营特点,先后开展了"大干一百天""创新立功""一创、两保、两抓""同心铸就文明路""安康杯""六型班组""五比一创""青年突击队建功劳动竞赛""花园式站区""路域环境整治""爱站义务劳动周"等竞赛活动,并制发了竞赛方案和考核标准,内容涵盖了工程建设、收费运营、路政管理、绿化养护、监控隧道等各个方面,还坚持每年年初召开专题表彰大会,对上一年度在竞赛活动中表现突出的先进集体、先进个人给予表彰。同时,持续开展"学习振超精神,青工岗位技能大赛""职工岗位技能练兵比武""收费技能比赛"等一系列岗位技能比赛活动。青海省公路建设管理局、青海交通投资有限公司和青海省地方铁路建设投资有限公司等,组织高速公路建设一线职工,广泛开展了"安康杯""平安工地""五比一创""六比六创""节能减排"等劳动竞赛,举办了安全知识竞赛、消防应急演练、技能比赛等活动。青海省公路路政执法总队以"岗位练兵、技能比武、业务提高、事业发展"为主线,先后举办了路政法律知识竞赛、综合业务培训、应急保通演练、学习培训班、全省路政岗位业务技能练兵活动、路政执法案卷集中评查等活动。

开展收费岗位技能比赛

上述活动的开展,对于提高干部职工的业务技术素质、促进高速公路建设管理和运营水平的提高,起到了十分重要的作用。

**五、强化廉政文化建设,保障交通运输健康发展**

"流水不腐,户枢不蠹"。交通基础设施建设步伐的加快和高速公路的兴建,为交通行业廉政建设和反腐败工作提出了新要求、新考验。青海省交通运输厅认真分析研判反腐败斗争的新情况、新特点,指导青海高速公路建设和管理单位,发挥廉政文化激浊扬清、祛邪扶正的功能,大力开展各种廉政文化建设活动,以"踏石留印、抓铁有痕"的决心着力解决一些深层次的矛盾和问题,在全社会树立了交通行业"为民、务实、清廉"的形象。

(一)交通基础设施建设领域防腐倡廉活动开展情况

2000年7月1日,青海交通厅在新开工的交通基础设施建设项目中,开始率先推行

《廉政合同》；同年12月底，已签订《廉政合同》239家，比交通部要求的时限提前半年施行。自此，开展《廉政合同》签订活动成为从源头预防交通建设领域腐败的一项重要措施。2002年7月，青海省交通厅开展预防交通基础设施建设中的职务犯罪活动，并建立联席会议制度。2002年7月15日，青海省交通厅首次向马平、西湟、湟倒、平阿、西塔等5个高等级公路建设项目办派驻了纪检组，开始在交通基础设施建设项目中开展监督、检查工作。2006年3月，青海省交通厅以在建工程项目为切入点，围绕工程招标投标、工程转包分包、工程设计变更、设备材料采购、质量监督以及公路经营权转让等主要环节，开展交通建设领域不正当交易行为的自查纠工作活动。

（二）廉政警示教育活动开展情况

2000年8月，青海省交通厅成立廉政警示教育工作领导小组，各高速公路建设管理单位也陆续成立工作小组，开展为期1月的警示教育活动。自此，每年以读书思廉、家庭助廉、活动促廉、案例警廉、躬行践廉、制度保廉为活动载体，通过廉文荐读、征集廉政警句格言、发送廉政短信、实行廉政承诺、签订廉政责任书、宣扬廉政典型、观看廉政影片等活动，营造廉政文化氛围；利用交通公共服务场所、公路宣传牌、建设工地等，设置廉政标牌标语，渲染廉政文化气氛；通过举办廉政为主题的文艺表演、演讲朗诵、书画摄影展、主题报告会、领导讲廉政党课、反腐倡廉征文评选、自创影视宣传广告等活动，增强了廉政文化的亲和力和感染力；发挥网络宣传作用，通过简报、信息等多种形式开辟反腐倡廉专栏，印制宣传手册，不断增强反腐倡廉教育的吸引力和渗透力；将廉政音像制品、图书报刊、文艺表演等，进入各公路段、队、站、所，提高群众的参与度，扩大反腐倡廉教育的社会面；充分发挥廉政文化在交通党风廉政建设的导向、凝聚、实践、约束作用，营造了"以廉为荣、以贪为耻"的廉政文化氛围。

交通廉政之声歌咏比赛

### (三)开展"抓作风、树行风"系列主题实践活动

2001年3月,青海省交通厅将治理公路"三乱",纳入到全省交通系统年度考核重点。2003年5月,开展以"转变工作作风、严格依法行政、树立行业新风、优化发展环境"为主题的民主评议行风活动;自此,各高速公路建设和管理单位按照省交通厅的部署,健全组织、加强领导、制定措施、落实责任,每年扎扎实实地开展治理公路"三乱"和民主评议行风工作。从2005年起,开展《行风建设责任书》签订活动,强化行风监督,严格问责程序。从2008年3月起,开展以"抓作风建设、促工作落实"为主题的实践活动,着力解决作风建设和工作落实方面存在的突出问题。

### (四)开展争当"廉内助"活动

2006年3月,青海省交通厅在全省交通系统开展以"打造廉政交通、构建和谐家园"为主题的争当"廉内助"活动;各高速公路建设和管理单位积极响应,认真组织,通过发放"家庭助廉"倡议书、赠送廉政教育书籍、观看电视廉政教育片、评选家庭助廉标兵、召开专题学习座谈会等家庭助廉活动,将廉政文化融入家庭文化活动中,以褒扬高雅业余爱好,净化家庭环境,营造良好家风,使家庭成为反腐倡廉的主要阵地,构筑起预防和抵制腐败的家庭防线。

### (五)组织"倡廉洁、树清风"优秀廉政公益广告集中展播活动

2012年11月至2013年4月,青海省交通厅组织开展"倡廉洁、树清风"优秀廉政公益广告集中展播活动。各高速公路建设和管理单位通过在门户网站和微信、QQ平台,循环展播《李雪健篇》《林丹篇》《朋友篇》《规矩方圆》等4部电视作品和《进去就出不来了》1部动漫作品,推动了廉政公益广告的创作与传播。

### (六)组织廉政文化"六进"系列活动

2013年4月,青海省交通厅举办廉政文化系列活动,充分发挥"大宣教"工作格局的优势,强化纪检监察部门组织协调职能,指导各高速公路建设和管理单位,搭建廉政文化建设平台,发挥党员活动室、职工书屋、职工之家等文化阵地在廉政文化建设中的作用,大力推进廉政文化"六进"(进机关、进工地、进学校、进车站码头、进医院、进家庭)活动。各单位采取党政"一把手"讲廉政党课、"六进"启动仪式、宣读倡议书、捐赠廉政书籍、推行使用电脑廉政桌面及屏保等形式,开展了廉政文化建设歌曲演唱会暨诗歌朗诵会、廉政演讲、发送廉政手机短信、进行"预防职务犯罪"和"依法治国与全民守法"专题讲座等活动,营造以廉为美、以廉为乐、以廉为荣的良好环境,逐步建立起与法律规范相一致、与社会主

义市场经济发展相适应、与构建和谐社会衔接、与中华民族优良传统相传承的、具有青海高速特色的廉政文化体系。

## 第二节 高速公路建设群英谱

依托波澜壮阔的高速公路建设实践,沐浴着高速公路文化建设的和煦春风,青海高速公路的建设者们,自警自励,自立自强,在创造出令人瞩目的建设成就同时,也涌现出灿若繁星的先进集体和典型人物。他们是一捧沙,一粒石,用自己的铮铮铁骨铺就交通发展的平坦大道;他们是火炬,是旗帜,用自己的奉献精神和感人故事,照亮人们前进的道路,为广大交通职工在实现交通跨越发展的征程中指路、导航

### 一、先进集体

【青海省交通运输厅】 "十二五"时期,青海省交通运输厅紧紧抓住国家"一带一路"、支持藏区发展、六盘山集中连片特困地区交通扶贫攻坚等历史机遇,统筹谋划交通发展全局,着力构建综合交通运输体系,不断优化完善交通基础设施网络。同时,积极争取中央补助资金,不断拓宽投融资渠道,多方引进社会资本,为交通运输和高速公路发展提供了资金保障。

截至2016年底,全省公路通车总里程达到$7.56 \times 10^4$km,其中高速公路2878km,一级公路622km,先后建成了西宁西过境、西宁南绕城、共和至茶卡等高速公路,基本形成以西宁为中心,连接7个市(州),辐射东部周边和西部地区的高速公路主骨架。在高速公路建设中,注重环境保护,积极探索"无痕化"施工技术,申报和实施节能减排示范项目,推广筑路材料回收利用等,先后完成西久公路、G227线、G109线生态修复工程和曹家堡机场至西宁高速公路等生态环保示范工程;依托花石峡至久治高速公路,开展绿色循环低碳公路主题性项目;建成路况信息发布、"12328"服务热线等公众出行服务系统和公路网运行监测与应急处置系统,实现ETC系统与全国联网,重点路段运行监测覆盖率达75%,覆盖高速公路、干线公路和重要县道的救援网络基本形成。推行养护管理规范化,干线公路养护质量指数为85.85,优良路率达到75.3%以上;高速公路养护质量指数为93.1,优良路率达到99.7%。积极践行社会主义核心价值观、弘扬"两路"精神,涌现出"感动交通十大人物""最美青海人""最美养路工"等先进典型,有效提升了交通职工素质和服务能力。

自1999年以来,青海省交通运输厅先后被中央文明办、青海省文明委、授予"全国文明单位""全省文明行业""民族团结进步先进集体"荣誉称号。

【青海省高等级公路建设管理局】 青海省高等级公路建设管理局按照建设"四个交

通"的要求,把培育高速公路行业文化作为凝心聚力、开拓创新的重要"软实力",以"同心同行、筑梦高速"为主题,以"标杆示范工程""窗口形象工程""品牌创建工程"为平台,实施以评选"形象大使""爱心大使"等先进典型为亮点的文化建设工程,打造出了"青海高原雷锋班组""道德文明示范路"等具有一定影响力和知名度的服务品牌。先后被中央文明办、交通运输部、青海省精神文明建设指导委员会、中华全国总工会、中共青海省委、青海省人民政府、青海省军区等,授予全国文明单位、全国交通系统"文明单位"、全国交通系统工会工作先进集体、全国"安康杯"竞赛优胜单位、青海省劳动模范集体等荣誉称号33项。

【青海省公路建设管理局】 青海省公路建设管理局全体干部职工,同心同德,务实创新,同各参建单位一道,致力于交通基础设施的改造升级,并在公路建设规模、等级、投资等方面,走在行业前列。截至2016年底,完成公路建设投资总计552.308亿元,修建公路11788.64km,其中建成高速1464.79km,一级48.65km;建成养护、收费、服务、治超设施$3.14 \times 10^4 m^2/23$处,先后建成海西4条高速公路(当大、大察、察德、德小)、二尕公路、同多公路、清关公路等重点工程,推广和应用新工艺、新技术,坚持绿色发展理念,创造了多项省内、外工程建设记录。内部管理严格有序,职工队伍综合素质稳步提升。先后被国务院办公室、中华全国总工会、中央文明委办公室、青海省精神文明建设指导委员会、交通运输部等,授予"第四届民族团结进步模范集体""全国模范职工之家""全国精神文明建设工作先进单位""全省文明单位标兵"等荣誉称号。

【青海交通投资有限公司】 青海交通投资有限公司成立以来,铭记"竭诚服务、发展交通"宗旨,始终坚持"敬业为本、创新为魂、奉献为荣"的企业精神,主动适应经济发展新常态,加快推进交通投融资体制改革,成为青海交通行业基础设施投融资、建设、运营、管理为一体的多元化新型综合经营主体,整体呈现出项目融资与建设管理齐头并进、资金监管和安全保障合理有序、内部管理与社会责任共同落实、经济效益和精神文明同步提高的良好局面。先后被交通运输部、中华全国总工会等,授予"全国交通运输系统先进集体""全国五一劳动奖状""全国交通运输行业文明单位"等荣誉称号。

【青海地方铁路建设投资有限公司】 青海地方铁路建设投资有限公司成立以来,不断提升企业经营管理能力,扎实推进项目建设、投融资、铁路运营及党风廉政建设等工作,加强安全生产管理,强化工程质量控制,全面落实生态环保理念,严格按程序和规章制度办事,使项目建设始终处于可控状态。同时,积极拓展企业多元经营模式,继续加大与各大商业银行和社会资本的沟通衔接,多方争取资金扶持和政策性支持,投资经营有新进展。坚持内部管理与业务经营"两手抓""两手"都要硬,夯实三大基础,推进公司内部管理日常化、规范化和制度化。结合"两学一做"学习教育活动,不断加强党组织建设,文明建设和群团工作统筹推进。落实党委主体责任与领导干部"一岗双责",围绕决策、执行、监督三个重点环节,严格落实党风廉政建设责任。先后被中国地方铁路协会、共青团青海省委等,授予"全国地方铁路先进单位""全省五四红旗团委"等荣誉称号。

【青海省共和至玉树公路建设指挥部】 共和至玉树公路建设指挥部在科技创新、生态防护、民族团结、应急保通工作中,取得阶段性成果。为建设好青藏高原高海拔高寒地区的首条高速公路,全面实施标准化管理,创新"大成本"管理理念,设立技术进步与创新奖,全员参与技术攻关,首次在高速公路建设中采用远程视频监控系统、网上银行监控资金、集成采集分析重难点工程数据、全自动远程数据采集系统、钢筋加工数控设备和智能张拉设备、单向9座隧道出入管理系统等,取得技术进步与创新成果15项以上,多项技术成果获得专利或正在申报专利,节约建设成本近5亿元。探索实践路基清表草皮移植技术、高寒高海拔地区植草技术,成功创新实施公路高边坡生态防护技术,节约建设成本近10亿元。公路沿线设立文明服务站,提供各项便民服务、道路救援180余次,救助遇困人员900余人,发放药品价值200余万元。积极开展捐资助学、扶贫济困、路地共建工作,累计投入资金1300余万元。先后被交通运输部、共青团中央、青海省人民政府、青海省总工会等授予"工人先锋号""全国安全生产先进集体""全国交通行业文明示范窗口"等荣誉称号。

【多年冻土公路建设与养护技术交通行业重点实验室青海研究观测基地】 自20世纪80年代末成立以来,已观测数据累计达10余万组,并全面建成集多年冻土区监测、试验、研究为一体的野外观测基地和全自动气象观测系统,完善了典型地区公路沿线多年冻土与生态环境变化综合监测网,建立了寒区隧道围岩热状况动态检测系统和数据共享平台;先后开展了30余项科研项目,其中5项达到国际领先水平、7项达到国际先进水平、4项填补了国内空白;1项荣获国家"科技进步奖"、3项荣获青海省"科技进步奖"、11项荣获国家"科学技术奖",为多条高速高速公路和国省干线的建设、升级、改造提供了有力的技术支撑。先后被青海省人民政府、交通运输部等,授予"科技工作先进集体""2014年感动交通年度人物(集体)"等荣誉称号。

【青海省公路科研勘测设计院桥隧设计室】 作为青海省公路科研勘测设计院的技术部门,先后为交通系统培养了多名优秀设计、管理人;1998先年,参与设计了青海省第一条高速公路——平安至西宁高速公路;2000年,独立设计了马场垣至平安高速公路;先后参与设计了湟源至倒淌河、共和至茶卡、茶卡至格尔木、共和至玉树、当金山至大柴旦、香日德至花石峡、大武至久治等多条高速公路的勘察设计工作。被共青团青海省委、中国海员建设工会等授予"青年文明号""工人先锋号"等荣誉称号。

【青海省公路科研勘测设计院设计三室】 先后完成了德小高速、香花高速、湟西一级公路、大久高速、民小一级公路等超过600km的高等级公路设计任务。承担的共和至茶卡公路工程可行性研究报告,荣获2011年青海省优秀工程咨询成果一等奖。2010年4

月玉树地震发生后,主动承担 S308 公路保通设计,深入灾区,在海拔 4500m 以上的灾区奋战两个月,出色地完成了曲麻莱至不冻泉公路的保通任务。曾被青海省总工会授予"青海省五一劳动奖状"荣誉称号。

【青海省高等级公路建设管理局德香高速公路项目办】 在德香高速公路建设中,建立健全各项规章制度,积极组织开展"五比一创""安康杯""质量月""当好主力军,建功十二五""建设管理提升年"等各项劳动竞赛活动,全体参建人员克服无路、无水、无电、无信号、筑路材料匮乏、地质条件复杂等诸多不利因素,团结奋进,顽强拼搏,圆满完成了公路建设任务。同时,积极开展"四新"应用工作和《地震液化及盐沼泽共生地基处理技术应用研究》科研课题研究,为后续工程的建设实施总结、积累了宝贵经验。先后被中国海员建设工会、青海省总工会等,授予"全国交通基础设施重点工程劳动竞赛先进单位""全省工人先锋号"荣誉称号。

【青海省公路建设管理局大察高速公路项目办】 在大察高速公路项目建设期间,克服管理任务重、气候干燥、沙尘暴频繁等困难,加班加点、超常规工作,全力以赴做好项目建设管理工作。先后提出"抓重点、攻难点、树亮点"的管理思路,第一次对土方工程施工机械提出了"4·3·2·1"的机械配套组合和数量的要求,首次对涵洞提出了土工布搭棚养生、管淋保湿养生法,对小型构件养生提出了搭设防晒棚、雾化喷淋设施、混凝土养生;着力打造"文明施工路段",不断强化文明施工的形象建设;研究采用低渗透高性能混凝土、外加剂和透水模板的使用、混凝土表面隔断层、墩底设置钢护筒、箱梁翼板滴水裙设计,在省内首次使用装配式波纹管等防腐技术,新技术、新工艺得到广泛应用。曾被中国海员建设工会授予"工人先锋号"荣誉称号。

【青海省公路建设管理局当大高速公路项目办】 在当大高速公路建设期间,全体工作人员以工程质量为中心,扎根戈壁,不畏艰险,全面落实各项制度,做好"三个服务",确保设备充足、配套得当、操作规范,并采用新技术、新工艺,严格控制混凝土各环节工艺,同时做好环境保护和生态恢复工作,从而确保了路基平整密实、纵坡顺适,混凝土工程质量高。努力建设环保、廉洁的优质工程,积极为民族地区群众办实事、办好事,项目环保验收合格率 100%,没有发生各类不廉洁现象,树立了良好公路建设形象。曾被中国海员建设工会授予"全国加快交通基础设施建设重点工程劳动竞赛优质工程"荣誉称号。

【青海交通投资有限公司花久高速公路花久项目办】 在花久高速建设期间,严格按设计文件和施工工艺组织施工,稳步推进工期和进度,严抓项目工程管理、质量达标、安全隐患排查治理、重大风险源监管等,实现安全教育全覆盖、安全事故预案演练常态化;创新机械焊接、蒸汽养生和智能张拉压浆技术、旋挖钻卵石地层钻孔技术等新技术、新工艺,对高填、深挖路段线位优化,避免大填大挖;在施工中采用"无痕化"施工技术,做好生态保护;加强制度建设,先后编印了涵盖管理规章制度、考核奖惩细则、绩效评定、岗位责任状等十几项内容的《施工项目管理大纲》和《工程施工规划》。先后被交通运输部、青海省总工会等授予"全国交通基础设施重点工程劳动竞赛优胜班组""青海高原工人先锋号"等荣誉称号。

【青海地方铁路建设投资有限公司共玉高速公路第一项目办】 在共玉高速公路建设中,紧密结合共玉公路建设特点,围绕管理、质量、环保、安全、科技、效能、廉政等重点工作,开展建设"规范型""实干型""创新型""奉献型"基层组织活动,实现了施工生产安全、工程质量良好、生态环境优良、干部清正廉洁的目标。先后被中国海员建设工会、共青团青海省委等,授予"工人先锋号""青海高原青年文明号"等荣誉称号。

【青海地方铁路建设投资有限公司共玉高速公路第二项目办】 在共玉公路建设期间,组织开展"五比一创""安康杯""平安工地""千里文明运输保障线"等劳动竞赛和创建活动,积极探索新工艺、新技术,取得多年冻土隧道开挖技术、多年冻土段隧道防寒泄水洞设计施工、隧道洞口段垂直旋喷桩地表处理技术、混凝土小矮墙加固拱脚技术等创新成果4项,为项目顺利建设打下了良好基础。同时,积极开展捐资助学、扶贫济困、党政军企共建活动,真情回馈社会,受到当地政府和群众的一致好评。先后被共青团中央、青海省总工会等授予"全国青年安全生产示范岗""全省重点工程重点项目建设青海高原工人先锋号"等荣誉称号。

【青海省高等级公路建设管理曹家堡收费站】 始终以收费工作和倡导行业文明为核心,以规范文明行为、打造文明队伍、营造和谐交通环境为己任,大力加强职工教育,提升青年职工整体素质,践行文明优质的收费行业服务。全站职工上下齐心,积极应对突发事件,圆满完成收费保通工作,用行动诠释"文明、优质、高效"的窗口服务内涵,受到社会各界好评。先后被交通运输部、青海省精神文明建设指导委员会、青海省总工会等授予"全国交通运输行业文明示范窗口""全省文明单位"等荣誉称号

【青海省高等级公路建设管理局平安西收费站】 以收费工作为中心,以争创省内一流"文明窗口单位"为目标,以"提高自身素质、树立服务品牌、构建和谐收缴关系"为主题,以收费"窗口"为阵地,通过"比爱岗敬业、比服务态度、比服务质量、比服务效率",坚持党群共建,发挥先锋的模范带头作用,创新举措,扎实推进,在全站范围内形成"抓共建、创先进、学典型、争优秀"的生动局面。先后被全国"巾帼建功"领导小组、交通运输部、共青团中央等授予"全国巾帼文明岗""全国青年文明号""全国交通建设和系统工人先锋号"等荣誉称号。

【青海省高等级公路建设管理局海东主线收费站】 固树立"内强素质、外树形象、热情服务、文明收费"的服务宗旨,将业务技能培训与职工道德教育相结合,实现业务技能日练、月考、年比武,切实提高收费技能和职工素质;实行"微笑工程""您好工程""温馨工程",为过往司乘人员提供贴心服务和便民服务;以"青海高速雷锋班组"为点挖掘文明服务内

涵,拓展服务的外延,成立志愿服务队,发起爱心志愿活动,以"让冬天不冷、让爱心永驻"为主题,为智障儿童送温暖,树立了良好的"窗口"形象。先后被共青团中央、交通运输部、青海省文明委等授予"全国青年文明号""全国交通系统工人先锋号"等荣誉称号。

【青海省高等级公路建设管理局西宁南收费站】 紧紧围绕收费运营中心工作,以"巾帼文明岗"创建工作为载体,以实际行动践行"巾帼文明同心,春风服务便民"的诺言,全站女职工"巾帼不让须眉",不断提高收费业务素质,积极开展"青海高速雷锋班组""十佳文明服务标兵"等活动,认真贯彻执行收费站标准化服务手势和"微笑服务",坚持标准化服务,统一着装,严格使用文明用语,设立便民服务台,免费提供开水、药品、简易工具等服务,24小时坚守岗位,确保了青洽会、环湖赛以及夏季旅游车流高峰期间所有车道的安全畅通。先后被全国妇联、青海省妇联授予"全国巾帼文明岗""青海省三八红旗集体"荣誉称号。

【青海省高等级公路建设管理局牙什尕收费站】 建站以来,全站职工以对外不断满足司乘人员出行需求和对内不断满足收费职工日益增长的文化需求为基准点,以"车主是收费公路的命脉,收费公路的发展来自于车主信赖"为发展理念,利用收费队伍年轻化的优势,组织团员职工大力开展"微笑服务、礼仪服务、便民服务、亲情服务、满意服务"等志愿服务和文明服务活动,为提升收费站的社会满意度添加动力,体现了收费站"适应社会需要,发展交通事业打造信用自我"的核心价值理念。先后被共青团中央、共青团青海省委授予"全国五四红旗团支部""全省五四红旗团支部"荣誉称号。

【青海省高等级公路建设管理局马场垣主线收费站】 将业务技能培训与职工道德教育相结合,实现业务技能日练、月考、年比武,切实提高收费技能和职工素质;成立志愿服务队,志愿保通保畅,帮扶贫困村民、孤儿,树立了良好的"窗口"形象。先后被共青团中央、交通运输部等授予"全国青年文明号""全国交通运输文明示范窗口"等荣誉称号。

【青海省高等级公路建设管理局老营庄收费站】 结合行业特点,加强职工教育,以"道德讲堂"为宣传阵地,普及日常文明礼仪常识,强化收费窗口文明服务礼仪,并定期开展业务知识、岗位技能培训,大力开展路域环境整治,优化车辆通行环境,设立"学雷锋便民服务岗",主动为车主提供车辆维修工具、常用药品、地图、开水等多项便民服务,实现了服务优质、秩序优良、环境优美的目标。先后被共青团青海省委、省文明委授予"五四红旗团支部""文明单位"等荣誉称号。

【青海省高等级公路建设管理局黎明收费站】 紧密结合交通行业工作特点,不断创新理念,创新思路,以提升业务技能为支撑,增强文明服务水平,强化收费人员自我服务意识,全面提高规范管理、优质服务和劳动技能水平,打造优秀收费队伍;积极开展"安康杯""安全生产月""百日安全大检查"等劳动竞赛活动,打造"平安高速""平安站区",赢得了过往司乘和社会各界的普遍赞誉。被青海省文明委授予"全省文明单位"荣誉称号。

【青海省高等级公路建设管理局民和匝道收费站】 将业务技能培训与职工道德教育相结合,实行"微笑工程""您好工程""温馨工程"等,为过往司乘人员提供贴心、便民服务,开展爱心志愿活动。被青海省精神文明建设指导委员会授予"全省文明单位"。

【青海省高等级公路建设管理局窑房收费站】 自建站以来,以"应征不漏、应免不征"为收费原则,将业务技能培训与职工道德教育相结合,坚持执行"五化"标准,为过往司乘人员提供贴心、便民服务;倡导职工爱岗敬业、无私奉献的道德风尚,强化职工"三德"教育,大力建设"奉献型""学习型""服务型"收费站。先后被共青团中央、青海省妇联、青海省精神文明指导委员会等,授予"全国青年文明号""青海省三八红旗集体""全省文明单位"等荣誉称号。

【青海省高等级公路建设管理局平安收费站】 加强职工道德教育,以素质促纪律、以纪律促发展、以发展促业绩,积极开展"收费技能大比武"活动,实行"微笑工程""收费服务三部曲",努力提高业务技能和服务水平;以"青春志愿行,温暖回家路"为主题,为过往驾乘人员送温暖。先后被共青团青海省委、青海省文明委等授予"全省五四红旗团支部""青海省文明单位"等荣誉称号。

【青海省公路路政执法总队西宁高等级公路路政执法支队】 紧紧围绕路政管理工作中心任务,以保护路产、维护路权、保障高等级公路安全畅通为己任,文明管理、文明执法,积极推动"管理型路政"向"服务型路政"的转变;结合"阳光路政"品牌创建活动,注重阳光文化塑造人、培育人、凝聚人的积极作用,用法治理念严执法、抓管理、带队伍;注重学习型、创新型、服务型单位建设,提高路域管控能力,形成路警联动治理超限超载的长效机制。先后被交通运输部授予"全国交通行政执法评议考核优秀单位""'十二五'建功立业先进集体"等荣誉称号。

【青海省公路路政执法总队海晏超限运输车辆监控检测站】 以"文明执法、热情服务"为宗旨,紧紧围绕"科学检测、卸载放行"的工作要求,以巩固完善和落实各项制度为先导,以公路安全保护管理为己任,克服困难,认真履责,通过抓管理、带队伍、强素质、树形象,各项工作不断迈上新台阶,较好地完成了各项治超任务,保护了路产路权,树立了良好的交通路政执法形象。先后被交通运输部授予"交通行政执法责任制示范单位""全国交通运输系统先进集体"荣誉称号。

【青海省公路局德令哈公路段】 养护着包括茶德高速、德小高速等在内的281.788km公路,所养护公路平均海拔3275m,自然环境恶劣。全段职工以"养好公路、服务社会"为目标,团结一致、求真务实、开拓进取,克服重重困难,全面科学处治各类公路病害,不断提升养护质量和服务水平,确保了管养公路的安全畅通。被青海省精神文明建设委员会授予"全省文明单位"荣誉称号。

## 二、先进人物

【韩建华】 男,撒拉族,中共党员,高级工程师。1985年7月参加工作,先后在青海省路桥公司、青海省高等级公路建设管理局、青海省交通运输厅工作,现任青海省人民政府党组成员、副省长。1999年,年仅33岁的韩建华被先后任命为青海省高等级公路建设管理局副局长、局长,凭借良好的专业素质和勤勉坚韧的性格,他率领全局干部职工,殚精竭虑,加班加点,仅用两年时间就打造出青海第一条(平安至西宁)高速公路,结束了青海省没有高速公路的历史。在高速公路建设中,韩建华善于把个人的领导才能和群体潜能的释放完美地结合起来,合理制定工程规划和施工布局,不断引进新技术、新工艺,凭着对"管好、用好国家投资资金"的强烈责任感,加强管理,严把工程质量、进度、安全、廉政关,不断打造出青海高速公路建设的经典之作;而他自己则不知疲劳,不分昼夜,顽强工作,经常带病坚持在建设一线,充分体现出一名领导干部的勤政作风和奉献情怀。先后被中华全国总工会、交通运输部、中共青海省委等授予"全国五一劳动奖章""全国交通系统先进个人""全省十大杰出青年"等荣誉称号。

【付大智】 男,汉族,中共党员,高级工程师。1989年参加工作,先后在青海省海西公路总段、青海省高等级公路建设管理局工作,从事公路建设施工、养护、高等级公路项目建设管理工作,现任青海省交通运输厅副厅长。主持并参与完成了"青沙山隧道设计与施工技术研究""青海省高等级公路GIS信息管理系统""冲击压实技术在青海省高等级公路黄土路基施工中应用研究""公路大直径袋装混凝土灌注桩施工工法"等多项科研课题研究,研究成果达到国内领先和国际先进水平。被中国公路学会聘为青年专家委员会委员和养护与管理分会常务理事。多年来,大力开展高速公路绿化工作,建成多条绿色走廊。被全国绿化委员会、全国总工会、青海省人民政府等授予"全国绿化奖章"、全国"安康杯"竞赛优秀组织个人、全省维护稳定工作先进个人等荣誉称号。

【韩忠奎】 男,撒拉族,中共党员,高级工程师。1980年参加工作,先后在青海省公路局、青海省公路建设管理局等工作,从事公路建设工程施工、设计、监理和项目建设管理工作,现任青海省交通运输厅副总工程师。多年来,他参与并完成了"土壤固化剂在青海省道路工程中的应用研究""青海万丈盐桥处治技术研究"等科研课题的研究,部分课题获"全省科学技术进步二等奖""中国公路学会科学技术奖特等奖"等;参与了对国家标准《特殊环境条件高原机械(第3部分)高原型工程机械选型、验收规范》内容的修订与编制工作,并在公路建设中被广泛采用。他主管的工程项目,曾3次被交通运输部授予"优质工程"称号。他本人先后被青海省人民政府、交通运输部、中国海员建设工会授予"青海省科学技术进步二等奖""公路工程施工评标专家""金桥奖"等荣誉称号。

【惠世元】 男,汉族,中共党员,高级工程师。1984年8月参加工作,现任青海省公路科研勘测设计院院长。先后主持参与省内、外公路桥梁勘测设计、工程可行性研究项目达40多个,累计里程3000km以上;其中高速公路近300km,并有1个项目获省级优秀设计奖、1个项目获交通部优秀设计奖。他在多年冻土、盐渍土、湿陷性黄土、西部荒漠等特殊地质地貌条件下的设计、施工方面,均有较为突出的设计理念和切实可行的解决办法;在公路勘测设计及管理中,不断优化设计方案,严把资金关,保质保量完成了设计任务;积极开展科技攻关,短时间内甩掉图板,实现计算机辅助设计CAD化,取得了显著的经济效益。先后被中华全国总工会、中国公路学会等授予"全国五一劳动奖章""第三届中国公路百名优秀工程师"荣誉称号。

【申孝昌】 男,汉族,中共党员,高级工程师。1997年参加工作,现任青海省公路科研勘测设计院副院长。参加工作以来,先后在青藏高原、帕米尔高原承担了公路勘测设计工作100余项,主持完成了京藏高速倒淌河至格尔木段高速公路、京藏高速西宁南绕城高速公路、国道215线当金山至大柴旦段公路等工程可行性研究报告等大型公路、桥梁设计20余项(约2000km),取得了显著的经济效益和社会效益。由他主持完成的"国道215线当金山至大柴旦公路工程可行性研究报告",获青海省2008年度优秀设计三等奖。被国家人力资源和社会保障部、交通运输部联合授予"交通运输部先进工作者"荣誉称号。

【刘强】 男,汉族,中共党员,高级工程师,现任青海省公路科研勘测设计院总工。2000年7月参加工作以来,先后参与或主持完成了省内外国、省干线公路的勘测设计、工程可行性研究等项目40多个,完成各等级公路可行性研究报告、公路勘察设计5000km以上,独立完成各类大、中、小桥施工图设计两百余座;他主持完成的《京藏高速共和至茶卡段公路工程可行性研究报告》《京藏高速倒淌河至共和段高速公路工程可行性研究报告》《国道215线当金山至大柴旦公路工程可行性研究报告》,分别荣获青海省优秀工程咨询成果一、二、三等奖。在玉树"4.14"抗震救灾中,他不分昼夜进行野外勘察和内业设计,仅用了12天就完成了300km以上的保通设计方案,为省道308线灾后应急保通提供了有力的技术保证。先后被交通部、中华全国总工会等,授予"全国交通系统青年岗位能手""玉树抗震救灾全国五一劳动奖章"等荣誉称号。

【房建宏】 男,汉族,中共党员,硕士研究生,研究员,中共十七大代表。自参加工作以来,曾先后主持完成科研项目8项,主要参与完成科研项目10项,其中5项达到国际领先水平,9项达到国际先进水平,5项达到国内领先水平。先后有2项荣获"国家科技进步奖",6项荣获"青海省科技进步奖",7项荣获"中国公路学会科学技术奖"。先后被国务院、交通运输部、青海省人民政府等授予"新世纪百千万人才工程国家级人选""享受政府特殊津贴专家""全国优秀科技工作者"等荣誉称号。

【徐安花】 女,汉族,九三学社社员,现任青海省交通科学研究院副院长。先后主持或参与完成10余项科研课题,其中3项达到国际领先水平,7项达到国际先进水平,3项达到国内领先水平,其中 1 项荣获"国家科技进步奖",5 项荣获"青海省科技进步奖",7 项荣获"中国公路学会科学技术奖",参编 7 项地方标准;发表 50 余篇科研论文。先后被国务院、交通运输部、青海省人民政府等授予"享受政府特殊津贴专家""新世纪百千万人才工程国家级人选""全国优秀科技工作者"等荣誉称号。

【苗广营】 男,汉族,中共党员,高级工程师,现任青海省公路建设管理局局长。参加工作以来,成功申报并获批了青海省公路勘测设计院在特大桥、特长隧道、交通工程专项设计和专项监理方面的资质申请,填补了青海省在特大桥、特长隧道设计方面的资质空白。主持完成公路工可研项目达 59 项(6800km),勘测设计项目 86 项(5700km),项目设计审查 30 余项。他主持设计的 G6 茶格、共玉高速等国家重点公路建设项目,争取立项资金 300 多亿元。在 G310 线大力加山经循化至隆务峡高速公路建设中,积极探索并成功实践资本金融资、施工图设计+施工总承包的建设管理模式。对多年冻土、盐渍土、湿陷性黄土、砂化地质等特殊地质条件下的公路施工技术,进行了探索研究,并攻克了多年冻土公路姜路岭隧道、鄂拉山隧道的设计技术难题,撰写并发表学术论文多篇。他主持完成的"多年冻土青藏公路建设养护成本",获国家科技进步一等奖;"多年冻土地区公路病害机理与养护维修研究",荣获青海省科学技术进步二等奖;《青海省阿岱至李家峡工程初步设计咨询报告》《倒淌河至共和公路工程可行性研究报告》《国道 315 线湟源至西海公路(二期工程)可行性研究报告》,分别荣获青海省优秀工程咨询成果奖一、二、三等奖;《共和至茶卡公路工程可行性研究报告》和《青海省 S312 线珍秦至称多公路工程初步设计技术咨询报告》,分别荣获青海省工程咨询协会一、二等奖。被中国海员建设工会授予"全国公路交通系统金桥奖"。

【纳启财】 男,汉族,中共党员,高级工程师,现任青海地方铁路建设投资有限公司董事长。自参加工作以来,负责完成青海 20 余个公路、桥梁大中、型项目的测设工作,设计、审查高速公路文件资料 600km 以上、一级公路 200km 以上、国省道干线公路 1600km 以上、桥梁 200 多座。致力于青海多年冻土地区、盐渍土地区、湿陷性黄土地区的桥梁设计、检测、加固及耐久性研究,撰写发表了多篇学术论文,在一定程度上更新了高寒地区公路生态防护设计和施工理念。在共玉公路建设中,主持开展科技创新工作,取得 15 项创新成果。他负责完成的"青海省阿岱至李家峡(高速)公路工程初步设计技术咨询",获青海省优秀工程咨询成果一等奖;主持参与完成的"用热棒群对多年冻土地区隧道浅埋段进行主动热防护的方法"获得发明专利,"一种穿越多年冻土区与非冻土区的隧道排水系统"和"一种适用于高温多年冻土区的隧道支护技术"获得实用新型专利;以第一完成人完成的"公路路基高边坡草皮生态防护技术",被青海省总工会、青海省科学技术厅、青海省科学技术协会等,评为"青海省职工科技创新成果一等奖";主要参与完成的"青海省共和至玉树(结古)公路关键技术研究"课题,荣获"中国公路学会科学技术特等奖";主持编写完成《高海拔高寒地区公路边坡生态防护技术》(设计、施工、验收、养护)四个地方标准。先后被青海省人民政府授予"青海省双争活动优秀专业技术人才""青海省优秀专业技术人才"荣誉称号。

【祝存芳】 男,汉族,中共党员,高级工程师,现任青海地方铁路建设投资有限公司总经理。先后参与了马平、平阿、湟贵等高速公路项目建设管理工作,在隧道施工方面积累了较为丰富的经验,解决了多项技术难题。他参与完成的《青沙山公路隧道设计与施工技术研究》,获青海省科学技术成果奖。他组织编制了《青海省交通运输"十三五"发展规划》《青海省交通精准扶贫规划(2016—2018年)》《青海省农村公路网规划》《青海省境内国省干线城镇过境方案研究(初稿)》,修编完成了《青海省东部城市群交通发展规划》,参与编制了《青海省交通运输信息化"十三五"发展规划》《青海省绿色交通"十三五"发展规划》《青海省交通运输"十三五"科技发展规划》《青海省"十三五"综合交通运输服务发展规划》《青海省交通运输"十三五"养护发展规划》《青海省航道规划(2016—2030年)》,并参与了《青海省"十三五"综合交通运输发展体系规划》和4省藏区交界地区发展规划的编制工作。被中国海员建设工会授予"全国公路交通金桥奖"。

【张虎发】 男,汉族,中共党员,高级工程师,现任青海地方铁路投资有限公司副总经理。在共玉高速公路建设中,他严格贯彻落实生态防护理念,带领参建单位实施"无痕迹"施工,完成草皮移植、生态植草 $400 \times 10^4 m^2$ 以上,节约建设成本近4亿多元,使共玉高速一期工程实现了"无痕化"的衔接。先后被国务院、共青团中央和交通运输部授予"全国民族团结进步模范个人""青年岗位能手"等荣誉称号。

【陈子敬】 男,汉族,中共党员,高级工程师,现任青海省公路建设管理局项目办主任。先后负责修建了多条干线公路和茶格高速公路,建设里程超过1000km,完成建设投资超过50亿元。带领团队开发研究用钢、木组合结构代替传统的充气胶囊或钢模结构,制作成16m、20m等不同规格的空心板芯模,简易了安装、拆卸程序,节省资金数百万元以上。他首次在全省率先使用液压夯实技术,有效解决了台背跳车现象。他大力推进路面施工标准化建设,总结创新路面基层施工工法,被省科技厅予以推广。针对柴达木地区风积沙、盐渍土等不良地质地段,推广《青海省公路沥青路面施工技术指南研究》科研成果,大胆采用新技术、新工艺,全面提高了在建项目施工标准化水平。在2014年格尔木沙尘暴灾害中,他第一时间赶赴现场,组织施工单位和人员抢险救灾,挽回群众财产损失140万元,受到当地政府和群众的赞扬。连续10年获"环青海湖国际公路自行车赛先进个人"称号。

【王建良】 男,汉族,中共党员,高级工程师,现任青海省公路建设管理局副局长。参加工作以来,他长期奋斗在玉树、果洛地区公路建设管理第一线,经历2次车祸后仍带伤坚守在公路建设管理岗位,精于业务,勇于创新,主持攻克了"改性沥青在高寒地区推广应用研究""高温多年冻土地区路面结构形式的适应性研究"等课题,撰写了多篇学术论文。被交通运输部授予"全国交通运输行业文明职工标兵"荣誉称号。

【韩连涛】 男,撒拉族,中共党员,高级工程师,现任青海省公路建设管理局循隆高速公路建设项目办主任。先后主持、参与了平大公路、环湖西路、察德公路、德大公路、国道214线以省道多杂公路等10余条国、省道干线、高速公路建设项目的施工、监理及项目管理工作,积累了丰富的实践经验。他以路为家,勇挑重担,出色地完成了各项建设项目的管理工作,赢得了地方政府和各参建单位好评。被交通运输部授予"全国交通运输行业文明职工标兵"荣誉称号。

【杨凤龙】 男,回族,高级工程师,现任青海省公路建设管理局专家办公室主任。他曾参与G214应急保通及香花高速公路的建设管理工作。2010年4月玉树发生强烈地震后,他临危受命,负责G214线鄂拉山至雁口山段抗震救灾和灾后重建工作。深处高海拔缺氧地区,他冲锋在前,任劳任怨,组织职工开展公路病害整治,排除隐患,改善路况,使西宁至结古的行车时间缩短近2个小时,为抗震救灾和灾后重建作出了贡献。被人力资源社会保障部等四部委,联合授予"玉树地震灾后恢复重建先进个人"荣誉称号。

【李群善】 男,汉族,中共党员,高级工程师,现任青海省交通建设工程造价站站长。自参加工作以来,他一直从事公路桥隧勘测设计及高等级公路建设管理工作,先后发表论文20余篇,其中在国家级刊物上发表4篇,论著2本。先后主持、参与了"高速公路早期病害预防措施的研究""西部地区合理路面厚度及结构形式研究""青海省高等级公路湿陷性黄土路基处理技术研究""青海省高等级公路路域生态恢复适用技术研究""青海省高等级公路沥青路面合理结构的研究""青沙山公路隧道设计与施工技术研究"等课题研究,其中"高速公路早期病害预防措施的研究""西部地区合理路面厚度及结构形式研究",获省(部)级二等奖。被青海省人民政府授予"青海省优秀专业技术人才"荣誉称号。

【赵雄章】 男,汉族,中共党员,高级工程师,1984年8月参加工作,现任青海省高等级公路建设管理局副局长。先后在青海省路桥股份有限公司、青海地方铁路管理局、省交通工程建设质量监督局任职工作。主持管理施工青海省首条平安至西宁高速公路,首条柴达木至木里地方铁路,独立完成西宁市五一路桥、贵德黄河大桥、格尔木雪水河大桥、楚玛尔河大桥等桥梁工程建设。2013年主持了全省交通工程质量监督局工作,在质量通病治理和工程质量提升方面做了较大贡献,发表了《湿陷性黄土路基强夯处理》《高速公路路面标准养护问题对策》等论文。参与了"柴达木至木里铁路热棒对路基冷却效果关键技术研究""青海省柴木铁路冻土沼泽湿地路基修筑综合技术""德香高速公路盐碱沼泽对桥涵下部结构腐蚀防治技术"等科研课题的研究,并获得省级二等奖。先后被省企工委、团省委、劳动和社会保障部等授予"省级优秀管理者""省企工委优秀党员""青海省青年岗位能手""全国青年岗位能手"等荣誉称号。

【王发平】 男,汉族,中共党员,工程师,现任青海省高等级公路建设管理局西塔改扩建项目办主任。他脚踏实地,锐意创新,先后参与了多条一级公路和共茶高速公路的建设管理工作。2006 年,为如期完成工程建设任务,新婚第 3 天就主动放弃婚假,奔赴工地,披星戴月地加班加点工作,顺利完成了 1.5 亿元的征地拆迁和 3000 多万元的行业拆迁登记工作,保证工程项目按期开工。先后被共青团中央、交通运输部、中共青海省委和省人民政府,联合授予"全国青年岗位能手""青海省先进工作者"荣誉称号。

【王克锦】 男,汉族,中共党员,高级工程师,现任青海省高等级公路建设管理局技术处处长。先后参与 G109、G315、G227 等各等级公路勘察设计项目 130 余项,总里程约 3900km;其中主持完成各类设计项目 60 余项、各类招标项目 62 项(包括省级重点工程 16 项,),招标金额约 49 亿元。组织开展了 8 项科研课题的研究工作,其中《盐碱沼泽对桥梁下部结构的腐蚀及处治技术研究》成果,达到国际先进水平。先后被交通运输部、青海省总工会等授予"全国交通运输青年科技英才""青海省五一劳动奖章"等荣誉称号。

【韩石】 男,撒拉族,中共党员,现任青海省高等级公路建设管理局副局长。先后参与了平阿高速公路、拉脊山隧道、阿李高速公路、德香高速公路的建设管理工作。在德香高速公路项目建设中,面对盐碱沼泽地、盐渍土、风积沙等不良地质地段,以及水电不通、手机信号不通、筑路材料匮乏等种种困难,他积极引进软件管理,建立并完善了项目综合管理、计量变更、试验室及拌和站数据自动采集、重点工程视频监控及工程资料网上自动生成等软件管理系统,使项目管理实现了自动化、信息化、及时化和全覆盖;仅用 2 年时间,就完成了土建工程的所有工程量。先后被交通运输部、中共青海省委和青海省人民政府等授予"全国公路交通系统金桥奖""全省创建民族团结进步先进区先进个人"等荣誉称号。

【武长贵】 男,汉族,中共党员,高级工程师,现任青海省公路局海东公路总段副总段长。先后参与了省内、外数十条高速公路的建设管理和科研工作,撰写发表多篇论文,解决了多个技术难题;尤其是在大跨径桥梁、软弱黄土隧道和路基变形沉降控制等方面,积累了较为丰富的管理经验。被中国公路学会授予"第三届中国公路百名优秀工程师"荣誉称号。

【王振】 男,汉族,中共党员,高级工程师,现任青海交通投资有限公司总经理。2000 年起,他先后参与负责平西、马平、察德、香花、茶格等 10 条高速公路和 5 条二级公路的建设管理工作,累计完成公路建设投资达 230 亿元。在每项工程建设中,他坚持"高起点、高标准、高质量、高速度"和"管理现代化、决策科学化、作业标准化、施工规范化"的管理思路,努力"创精品工程、名牌工程",出色地完成了各项建设任务。被人事部、交通部、青海省人民政府等授予"全国交通系统先进工作者""青海省优秀专业技术人才"荣誉称号。

【王毅】 男,汉族,中共党员,现任青海交通投资有限公司副总经理。他负责建设的花石峡至大武高速公路,被交通运输部确定为"绿色循环低碳示范路"。在玉树抗震救灾中,他不顾自身伤痛,带领职工夜以继日地开展抢险救灾工作,不到20h就恢复了结古镇至巴塘机场公路通车,为挽救受灾群众的生命财产赢得了宝贵的时间。先后被交通运输部、人力资源和社会保障部等授予"全国加快交通基础设施建设重点工程劳动竞赛先进个人""全国交通运输系统先进工作者"等荣誉称号。

【蔡军】 男,土族,中共党员,现任青海交通投资有限公司副总经理。先后完成了香花、花大、大久等多条高速公路和多条国、省道干线公路、旅游公路以及伊麻木黄河大桥、青根河大桥、河卡山隧道等控制性工程的建设管理工作,完成建设投资330多亿元。2005年,他负责G214线共姜公路的建设管理工作,为最大限度地保护当地脆弱的生态环境,长期驻守施工一线,主持编制了《环保指南》,并逐一确定取料场位置,利用弃土整平历史遗留的取土坑路段80km,有力地保护了沿线生态环境。先后被中共青海省委、省人民政府授予"青海省先进工作者""省级劳模"等荣誉称号。

【李小斌】 男,汉族,中共党员,高级工程师,现任青海交通投资有限公司建设管理部部长。先后在果洛、玉树、海南、海东等地,参与了多条国、省道路和大力加山至循化高速公路工程的建设管理工作,建设完成了900km以上。在玉树抗震救灾和灾后重建工作中,对国道214线全线桥涵排查、汇总、调查,为桥梁加固方案提供了第一手基础性资料。2014年,他主动承担大力加山至循化高速公路项目征迁工作;他深入一线,一个个突破征迁难题,提出同步设计、同步进场、同步征迁、同步建设的理念,最大限度地实现了设计与施工的合理衔接,缩短工期约1年。被青海省人民政府授予"青海省先进工作者"荣誉称号。

【韩伟学】 男,撒拉族,中共党员,高级工程师,现任青海交通投资有限公司花大项目办主任。先后参与了共玉、花久高速公路等一批重点公路建设项目的建设管理工作,以满腔热忱的敬业态度和无私奉献精神,完成了多项公路建设任务,用实际行动践行了青海交通人的责任和担当。被中华全国总工会、青海省总工会授予全国五一劳动奖章、青海省五一劳动奖章荣誉称号。

【李成龙】 男,汉族,高级工程师,现任青海省公路科研勘测设计院桥隧设计室副主任。参加工作以来,主要从事桥梁设计,曾在茶格高速、共玉高速、香花公路、大久公路测设中担任桥涵组组长。他认真踏实、勤学苦干、虚心请教、勇于创新,受到领导和同事的一致好评。被共青团青海省委授予"青年岗位能手"荣誉称号。

【刘国祥】 男,汉族,中共党员,现任青海省公路科研勘测设计院设计三室副主任。自参加工作以来,他脚踏实地,勤恳严谨,潜心钻研,锐意进取,先后完成了京藏高速西宁过境西段高速公路、德令哈至小柴旦湖高速公路、香日德至花石峡高速公路、大武至久治高速公路等重大项目的勘测设计工作,公路勘测设计里程约1300km。被交通运输部授予"文明职工标兵"荣誉称号。

【陈红伟】 男,汉族,中共党员,高级工程师,现任青海地方铁路建设投资有限公司工程技术部部长。长期从事公路工程项目勘测设计工作,专业技术能力突出。在参与的多项课题研究中,获国家"实用性专利"2项、"发明专利"1项;创新实施的《高原高边坡生态防护技术》,解决了高原高海拔地区公路防护技术难题,节约建设成本近10亿元,社会效益和经济效益显著。主持完成的《青海省阿岱至李家峡公路工程初步设计技术咨询报告》,荣获"青海省优秀工程咨询成果奖";"西宁至塔尔寺高速公路工程设计",荣获"青海省优秀工程设计奖";"公路路基高边坡草皮生态防护",荣获"全省职工科技创新成果奖";参与完成的"青海省共和至玉树(结古)公路建设关键技术研究"课题,荣获"中国公路学会科学技术奖特等奖"。被交通运输部授予"全国交通运输行业文明职工标兵"荣誉称号。

【曹生业】 男,汉族,中共党员,工程师,现任青海地方铁路建设投资有限公司共玉项目办副主任。在共玉公路建设期间,他面对工程施工专业性强、施工领域新的问题,不等不靠,多方收集查找资料,攻克了多年冻土公路施工难题;并积极探索创新,变废为宝,利用路基清表草皮进行路基边坡生态防护,探索出青藏高原公路建设中行之有效的环保技术。在一次道路抢险保通中,为疏通道路、抢救遇难伤员,连续工作8h,致使当场吐血被紧急送往医院。被中国海员建设工会授予"全国交通基础设施重点工程建设劳动竞赛先进个人"荣誉称号。

【张学强】 男,汉族,中共党员,现任青海地方铁路建设投资有限公司小大一办副主任。作为一名年轻的公路建设管理人员,他刻苦学习专业知识,勇于创新,针对隧道施工中出现的浅埋段突水涌泥问题,提出在进口碎石土段采用"三台阶+七步开挖法"施工,有效解决了围岩不稳定、施工过慢等问题。运用洞门一次性浇筑技术,加快了隧道洞门施工进度,提高了工作效率,达到了"内实外美"质量要求。创新提出隧道二衬养护台车,并在项目施工中推广使用,提高了高寒高海拔隧道结构养生效率。该发明已申报个人专利。被中国海员建设工会评为"全国交通基础设施重点工程建设劳动竞赛先进个人"。

【赵科】 男,汉族,中共党员,高级工程师,现任省公路建设管理局项目办主任。在从事公路勘测设计工作期间,先后参与西塔、宁大、茶格等多条高速公路的勘察设计工作。在从事公路建设管理期间,他在一线埋头苦干、脚踏实地,大胆使用新技术、新工艺、新设备,注重环保,对清表草皮进行集中堆放,覆盖遮阳网,集中养生,待路基成型后,将草皮铺筑在路基边坡;对已完成的取土场边坡铺筑草皮或三维网植草处理,恢复生态。被中国海员建设工会评为"全国交通基础设施重点工程劳动竞赛先进个人"。

【刘德忠】 男,汉族,中共党员,高级工程师,现任青海省公路建设管理局茶格项目办主任。在茶格高速公路建设中,他根据项目特点,编制了多项规章制度和施工指南,精心组织开展劳动竞赛活动,积极推行"五化"管理,扎实推进标准化施工,狠抓工程质量、进度、环保和安全生产工作,把现代管理理念贯穿于工程建设的全过程。被中国海员建设工会评为"全国交通基础设施重点工程劳动竞赛先进个人"。

【辛海生】 男,土族,中共党员,高级工程师,现任青海省公路建设管理局平互大项目办主任。在负责当大高速公路与平互大公路建设期间,坚持"生态发展、安全生产"的理念,追求"低排放、零破坏、高效率、高效益"的目标,对裸露边坡实行草皮回铺,宜草则草,宜林则林;开展废旧材料再生和综合利用,用隧道弃渣和路基弃方填充沟壑,进行草皮复植;组织施工单位制定安全生产事故应急救援预案,举行隧道塌方逃生应急救援综合演练5次。被中国海员建设工会评为"全国交通基础设施重点工程劳动竞赛先进个人"。

【赵鹏】 女,汉族,中共党员,现任曹家堡收费站副站长。从事收费工作10年,在收费员业绩考核中率先达到误操作为零、接车量第一、收费额第一、售票无差错、服务质量事故为零、投诉率为零、出勤率100%的"微笑服务标兵"考核标准。先后被中华全国总工会、青海省人民政府、青海省文明办等授予"全国五一巾帼标兵""青海省先进工作者""最美中国路姐"等荣誉称号。

【柳逢春】 女,汉族,共青团员,现任青海省高等级公路建设管理局收费站站长。在收费岗位上,她为了提升服务水平,苦练内功,坚持规范化和微笑服务。为给司乘人员提供正确的行车路线和更加全面的咨询服务,利用业余时间查询和了解西宁周边环境,研究《西宁地图》《青海地图》《中华人民共和国交通图》等,并组织班员一起刻苦练习,传授经验,提醒督促,摸索出使用文明用语"四个一"(一要想,二要巧,三要好,四要笑)工作法,受了干部职工的广泛赞誉。先后被青海省总工会、青海省妇联、交通运输部等授予"岗位奉献、建功立业技术能手""全国交通系统劳动模范"等荣誉称号。

【赵芙蓉】 女,汉族,2016年11月因病去世。工作期间,曾在青海省高等级公路建设管理局任收费员、站长等职。从事收费6年,接车量达38万辆(次)、征收通行费达1700万元、售票额约达21万张,创下了误操作为零、接车辆第一、收费额第一、售票无差错、服务质量事故为零、投诉率为零、出勤率为100%的纪录。被中华全国总工会授予"全国五一巾帼标兵"荣誉称号。

【王燕】 女,汉族,中共党员,现任平安西主线收费站副站长。在收费工作中,她除了努力提高收费效率外,还用一颗真诚的心对待每位服务对象,真诚地与司乘人员沟通,实现"沟通从心灵开始"承诺。被交通运输部和共青团中央授予"全国交通行业青年岗位能手"荣誉称号。

【王展荣】 男,汉族,现任青海省交通一卡通有限公司子公司青海智信交通一卡通机电系统有限公司技术主管。他在机电系统的维护维修方面独创了很多新的方法:对非接触式IC卡软件进行了再开发,修正了软件中的缺陷,提高了可靠性;在数据库维护方面,针对数据不上传、重复上传等问题,摸索出了一套行之有效解决方法;针对少数司机少缴或逃缴通行费的现象,分析、查找原因,并采用Delphi语言把数据库图像字段转化成数据流、再转化成图像,开发了超时卡查询软件,大大缩短了查询时间和工作量;与同事们一起修复了瘫痪的监控分中心服务器,节约了18万维修费用。先后被中华全国总工会、共青团青海省委、青海省总工会等授予"全国职工创新能手""全省青年岗位能手"等荣誉称号。

【韩玉华】 女,撒拉族,中共党员,现任海西高速路政支队党委书记。从事交通行政路政执法工作以来,数十次凭借自己的工作经验和勇敢精神,化解和解救交通事故,并带领职工在短短的几年间一举摘掉了"两化(循化、化隆)"路政队"老大难"的帽子,使路政执法工作走在了全省的前列。被交通运输部授予"全国文明执法标兵""全国先进工作者"荣誉称号。

【王宏建】 男,汉族,中共党员,现任南绕城高速路政大队大队长。自参加工作以来,他全身心地投入到路政管理工作中,文明执法,热情服务,济危帮困,用实际行动践行"打造阳光路政品牌"及"有困难找路政"的社会承诺,带领大队职工出色地完成各项工作任务,并在"全省规范化现场观摩会""十二五全国干线公路规范化检查"活动中,取得了优异的成绩。被共青团青海省委授予"最美青工""青年岗位能手"等荣誉称号。

【拾景海】 男,汉族,中共党员,现任韵家口高速路政大队党支部书记。多年来,他始终坚持"公正执法、阳光执法"的理念,奋战在路政执法工作第一线,时常冒着生命危险,全力做好路面清障、疏堵保畅、路产损坏统计等各项工作,查办的案件无行政诉讼、无投诉举报。被交通运输部、共青团中央等授予"春运'情满旅途'先进个人"。

【韩德忠】 男,撒拉族,现任青海省公路建设管理局征迁协调员。他在负责平阿高速公路40km的公路路政管理工作,推行准军事化管理,完善各种规章制度,带领路政人员始终如一维护着高速公路路产路权;先后共查处路政案件140多起,收取路产赔偿费250多万元,实施故障、事故车清障施救500多辆,处理交通事故600多起,查处擅自占用公路等违规案件20余起,保证了高速公路的安全畅通。被交通运输部评为"全国交通运输系统规范化文明执法标兵"。

【马桂香】 女,回族,1985年参加工作,曾任格尔木高养大队副队长。在职工作30年期间,把全部心血汗水倾注在公路养护事业上,自觉钻研高速公路养护技术,一心一意抓好养护质量,使路况路容发生很大改观,好路率3年保持在全段第一;她带领工区职工开展节能增效活动,每年为工区节约资金万元以上。2010年,格尔木突遭百年不遇的洪灾,国道215线K622~K623路段原拦水坝被冲垮,造成洪水改道下泄,她冲锋在前,带领工区职工克服困难,日夜奋战在抢险一线,编制铅丝笼,配合机械装沙袋,加固路基坡脚,出色完成了抗洪抢险任务,保障了公路的安全畅通。先后被交通运输部、青海省职业道德建设指导协调小组等,授予"巾帼建功标兵""先进工作者"等荣誉称号。

【王平】 男,汉族,中共党员,现为大柴旦公路段鱼卡养护工区工区长。2010年,他担负G3011线K417至K501段84公里高等级公路养护任务,面对自然环境恶劣、地质结构复杂、洪灾频发等各种困难,带领职工学习高速公路养护知识,战风沙、抢水毁,冲在前、干在前,确保了高速公路的畅通。先后被国务院、中华全国总工会等授予"全国先进工作者""五一劳动奖章"等荣誉称号。

【王元清】 男,汉族,中共党员,现任青海省海东高速公路养护处处长。在高速公路养护工作中,推广应用"新技术、新材料、新工艺",大大提高了工作效率和公路养护的科技含量。在各种紧急事件和自然灾害面前,他临危不乱,带领应急人员以最快的速度、最短的时间抢通受阻道路,被誉为"给公路养护工作插上翅膀的人"。先后被中华全国总工会、中共青海省委办公厅等授予"五一劳动奖章"等荣誉称号。

【申梅兰】 女,汉族,中共党员,现任希里沟公路段副段长。2012年,她所在工区养护的公路由二级路拓建成了高速公路,她带领职工边学边干,在最短时间内掌握了高速公路的养护技能。她虚心向专业技术人员请教,率先在海西地区实施了冷补沥青、灌缝机处治裂缝、沥青再生还原剂(LTC)等新技术、新工艺,大大提升了养护质量水平,加快了施工进度;同时,组织工区开展创建"戈壁文明通道"活动,为周边群众和过往司乘人员提供帮助,多次放弃节假日休息,投入到公路抢险排障中,解救受困司乘人员,保证公路畅通无阻。先后被交通运输部、中华全国妇女联合会等授予"全国百名模范养路工""全国三八红旗手"等荣誉称号。

## 第三节　高速公路中的文化符号

青海是中华民族文明的发祥地之一,也是"唐蕃古道""丝绸之路(南线)"等古代交通的必经之地,自古以来就是东、西方文明交汇交流的重要区域。青海境内的汉、藏、回、蒙古、土、撒拉等民族,历史悠久,民俗风情别具一格,各民族文化相互交融,形成了独具特色的地域文化。高速公路作为传承和弘扬青海地域文化的重要载体,将沿线丰富多样的自然景观、人文景观与历史文化串联起来,形成了一条条流光溢彩的"文化走廊"。

高速公路文化符号是高速公路文化的实物体现。青海高速公路在建设及运营管理中,努力将沿线独特的地域文化,转换成公路建设中的具象景观,融入高速公路的外在表现、空间布局、体量组合、色彩、质地以及视觉效果中,最终体现地域文化与交通建筑的完美结合、自然环境与公路景观和谐相处的本质特征。

为纪念"高原千里文明通道"的建成,青海省交通厅在马平高速公路马场垣服务区等地,设立"高原千里文明通道"标志性建筑雕塑。雕塑主题为挺拔向上的公路,主要由三部分组成。第一部分为两条连接在一起代表公路的灰色造型,腾空而起,直上云霄,顶部为三维立体公路标志,给人以雄伟高大的气势,突出"高原"通道,也象征着交通人积极向上的精神。标志高10.9m,寓意109国道平坦、畅通、直到远方。第二部分为红色"飘带",

代表公路的弯道,也象征着公路在高原山脉间的蜿蜒起伏。红色的另一层寓意为高原交通人用"心"呵护文明通道,也表示他们"扎根高原、献身交通"的一种精神境界。第三部分基座2.1m,象征着在新的21世纪里,青海交通人昂首向前,开创辉煌。

环青海湖国际公路自行车赛,是经国际自行车联盟批准的亚洲顶级公路自行车多日赛,也是世界上海拔最高的国际性公路自行车赛。由于公路自行车赛必须以良好的公路设施为依托,因此青海省的许多高速公路路段就成为赛事举办的必经场地。赛事活动从2002年开始举办,到2016年已成功举办了15届。由于环湖赛具有高海拔、长距离、多爬坡的特点,使得比赛尤为精彩,已成为青海名副其实的"金名片"。

高原千里文明通道标志

环青海湖国际公路自行车赛雕塑群

环青海湖国际公路自行车赛雕塑群设置于平安至西宁高速公路中段。雕塑群中间是赛事吉祥物"多吉",多吉原型取自青海省独有的珍稀物种藏羚羊"普氏原羚",进行适当卡通变形。雕塑中多吉头顶一双羚角,笑容可掬、形态可爱,以"自行车骑行冲刺姿态"耸立绿地中,迎接全世界热爱自行车运动的人。多吉身边有红、黄、蓝、绿、白等数名运动员骑行冲刺,领先的一名黄色运动员已到达终点,举起双手表现出胜利者的姿态,其后运动员奋力追赶,雕塑栩栩如生,刻画了体育健儿在赛场上奋勇拼搏、积极进取的瞬间,彰显了力与美的融合、体育和艺术的结合。

黄河,是中华民族的摇篮,也是中华文化的发祥地。黄河发源于青海省,并在境内流经1455km,是省内最大的河流之一。中华人民共和国成立之前,黄河作为一道不可逾越的障碍,成为长期阻碍各族人民相互往来的天堑。新中国成立后,青海交通部门在黄河上架起座座桥梁,使天堑变通途。一部青海交通的发展史,就是一部挑战黄河极限、人定胜天的奋斗史。

2004年,青海首次举办抢渡黄河极限挑战赛;2005年升级为国际性赛事。经过十几年的成功举办,目前已成为青海走向世界的又一重要平台。近年来,人们用艺术的手法创作出了中国·青海国际抢渡黄河极限挑战赛雕塑群,并将其放置于平西高速公路曹家堡机场附近的绿化带中。雕塑由红、黄、蓝三色带组成冲天而上的三股浪涛,浪涛的中间是深红圆柱,圆柱顶端弯曲成圆形,如船的形状,中间是一名运动员身体无限伸展、乘舟砥砺前行,形象展示了人类挑战黄河极限、不畏艰险、勇往直前的英勇气概,成为高速公路沿线一道亮丽的景观。

中国·青海国际抢渡黄河极限挑战赛雕塑群　　　　　海藏通衢历史文物景观

青海地理位置当中原内地与西部边陲之要冲,陆路交通历史悠久,境内的"丝路古道""唐蕃古道"久负盛名,是中西方交流和民族往来的重要通道。在青海省湟源县境内的湟源峡、药水峡等地,公路两侧的悬崖峭壁上,遗存了大量历史文物石刻。其中"海藏通衢""海藏咽喉""山高水长"等石刻,笔力遒劲,含义厚重,历史、文化价值极高,是我国海藏道路交通历史的实物见证。21世纪之初,该公路进行高等级公路改扩建,为保留这些历史遗存,青海省高等级公路建设管理局对文物进行了精心保护,并在公路建设完成后,对每一块石刻进行了复原、安置,在每一块石刻旁竖立相应的文物简介,建立起海藏道路交通标志历史实物档案,设置于西宁至倒淌河公路两边,成为人们抚今追昔、瞻仰古道文化的历史古迹。

西湟倒一级公路上的西石峡、湟源峡、药水峡,简称"三峡"。在"三峡"公路两侧,交通部门以石刻、壁画、雕塑为表现形式,绘制有以西王母传说故事和古陶文化为主题的壁画等,形成了长达几十公里的文化走廊。

"三峡"石刻壁画

传说西王母古国是古代以羌人为主的青藏高原大国,其经济政治中心地域位于黄河上游、湟水河、大通河流域(即"三河间")。据现代学者考证,距离青海省湟源县大华镇仅有十几公里的日月山下的宗家沟石洞群,就是早期的"西王母石室";"西王母"很有可能就是母系氏族社会时期的大酋长。有关西王母的传说故事,在青、甘、陕等地广为流传。在位于日月山下的西湟倒一级公路两侧,设置以西王母传说故事等为主题的壁画走廊,既表现了历史传说故事与当代公路文化的有机结合,又不悖于古"三峡"文、雅、幽、静的环境气质,为古老的"唐蕃古道"增添了一道亮丽的景观。

湟水是黄河上游最大的支流,而沿湟水走向布线的马场垣至西宁高速公路是青海省首条高速公路。青海交通部门为提高高速公路的景观效应和文化品位,在高速公路的建设中不仅大量植花、植绿、植草,而且创造性地将"黄河奇石"(即黄河、湟水河滩冲刷遗留下的石块)作为材料,经过巧妙构思与艺术置放,形成了既具审美价值、又不失文化韵味的高速公路置石景观。

高速公路置石景观

置石景观设于曹家堡至扎麻隆50km以上路段绿化带中,共设置12处黄河奇石群,用石量达1004m³。景观形态各异,淳朴自然,风韵独特。

彩陶雕塑景观群设置于马平高速乐都互通立交绿化带中。乐都是彩陶的故乡,柳湾遗址曾出土了大量的彩陶,其中裸体人像彩陶壶、连臂舞蹈纹彩陶盆、双人抬物彩陶盆、彩陶靴等文物,成为乐都柳湾彩陶文化的见证。立交带以彩陶雕塑为主体,在绿地中设置了造型多样、绚丽多彩的陶器,并辅以置石,以充分体现乐都悠久的历史文化,还在景观周围配置乔、灌、草相结合的植物景观,以求空间上达到高低错落,层次分明,色彩上达到四季各异,五彩缤纷的景观效果。

"万丈盐桥"标志矗立在柳格高速(G3011)大柴旦至格尔木段中部。标志由3部分组成,中间主体为方形柱体,柱体横切为18部分,似意为结晶盐粒;顶部有圆形短柱,下部为方形基座。主体方形柱体4面分别书有"万丈盐桥"金色黑体大字。"万丈盐桥"标志下面就是我国最大的盐湖——察尔汗盐湖。

"察尔汗"是蒙古语,意为"盐泽",地处青海省海西蒙古族藏族自治州柴达木盆地最低洼和最核心地带。几亿年前,这里曾是万顷汪洋大海,由于青藏陆地隆起导致海陆变迁,柴达木变成了盆地。盆地内有百余个大大小小的湖泊,其中察尔汗盐湖最大。由于这里气候炎热干燥,日照时间长,水分蒸发量远远高于降水量,长期的风吹日晒,湖内形成了高浓度的卤水,逐渐结晶成了盐粒,湖面板结成了东西长160km以上、南北宽20~40km、盐层厚为2~20m、总面积约5800km$^2$的巨大盐盖,异常坚硬;盐盖的下面是浩瀚的地下湖泊,由深达10~20m的结晶盐和晶间卤水组成,其间又分布着无数或明或暗、形状各异的溶洞、溶沟、溶塘等。

新中国成立之前,这里几乎无路可通。1954年,慕生忠将军率领修筑青藏公路的大军由北向南抵达这里,被湖区的盐盖、溶洞等挡住前进的道路。正当筑路员工一筹莫展时,有人无意中掀起了盐盖,发现如果将其打碎铺平,并用盐渍土将溶洞填实,则可以形成平坦的路面。这一意外发现启发了建设者的思路,于是他们选择路线,经过1个多月的艰苦奋战,终于筑起了一条盐盖路基,使汽车安全"渡"过了湖面。这就是最初的"万丈盐桥"。在此后的几十年间,青海公路养护人员因地制宜,总结出了一套"平整盐盖,填塞溶洞,铺筑盐块,晶盐路基,浇洒卤水"的养护方法和作业程序,使"万丈盐桥"始终保持着良好的路况,为青海交通运输事业发展作出了重要的贡献。

"万丈盐桥"标志

今天,这段长达32km(约合10600丈)的路段已经被修筑为高速公路,原来的盐盖路面也已被黑色的沥青混凝土路面所取代,但高速公路依然是像"桥"一样悬浮在浩瀚的察尔汗盐湖之上。"万丈盐桥"标志的矗立,一方面是作为地理标志,提醒人们这里下面是浩瀚无垠的察尔汗盐湖;另一方面是作为历史见证,向过往驾乘人员讲述青海公路交通的发展变迁和老一辈交通人不畏艰险、努力开拓进取的顽强奋斗精神。

## 第四节 高速公路新闻宣传与文化作品

高速公路建设是新闻发掘的"富矿",一直吸引着交通宣传部门和广大新闻工作者关注的目光。多年来,无论是项目的规划、立项、工程开工、施工进度、建设难点、技术创新、环保措施,还是资金筹集、奋斗精神、先进人物、民族团结、文明建设等等方面,中央驻青以及省垣新闻媒体都做了大量的宣传报道;新闻作品更是浩如烟海,灿若繁星。同时,青海省交通运输厅和高速公路建设管理单位,也十分重视新闻宣传报道工作,除联合新闻媒体对各条高速公路的建设、管理、运营等,进行不失时机地跟踪报道外,还在内部创办了一些期刊、杂志、简报;并适时组织一些征文、笔会、展览等活动,还根据时间节点及宣传需要,拍摄、制作和编录了大量的电视专题片、画册、文集、专著等。广大交通干部职工充分利用这些媒介与平台,结合自己工作生活实际,创作出大量脍炙人口的优秀作品。囿于篇幅限制,本书仅选取"冰山一角",以点带面,管窥一斑。见表9-4-1~表9-4-6。

新闻作品(选录)　　　　　表9-4-1

| 标　题 | 刊载媒体 | 刊出时间 |
| --- | --- | --- |
| 《高速公路不是梦——青海筹建首条高速公路纪实》 | 《中国交通报》 | 1998年11月13日 |
| 《勃兴经济大动脉——写在平西高速公路飞机场至韵家口即将试通车之际》 | 《青海日报》 | 2001年6月29日 |
| 《战马平——马场垣至平安段高速公路建设素描》 | 《青海日报》 | 2002年10月 |
| 《金色大道起宏图——写在平西高速公路全线通车之际》 | 《青海日报》 | 2002年6月28日 |
| 《巨龙在世界屋脊上穿行——丹拉国道主干线青海段建设走笔》 | 《中国交通报》 | 2007年12月24日 |
| 《圣洁的哈达献给"盐的世界"——献给所有为察格高速公路奉献了青春和热血的建设者们》 | 《中国高速公路》 | 2011年 |
| 《穿越梦想的戈壁新路——写在共茶、察格高速公路通车之际》 | 《中国高速公路》 | 2011年第1期 |
| 《青海建成千公里高速化公路》 | 《中国交通报》 | 2011年12月 |
| 《昆仑山下新天路　瀚海戈壁筑坦途——写在茶格高速通车之际》 | 《中国交通报》第5版 | 2016年10月17日 |
| 《舞动在瀚海戈壁的哈达——写在茶格高速通车之际》 | 《青海日报》专版 | 2016年10月19日 |
| 《香花高速公路——连接新青川大通道的绿色纽带》 | 《青海日报》 | 2016年10月20日 |
| 《青甘通道新门户,回土之乡发展路——青海川口至大河家高速公路建设纪实》 | 《中国交通报》 | 2016年12月26日 |
| 《飘扬在回土之乡的"金丝带"——写在川口至大河家高速公路通车之际》 | 《青海日报》 | 2016年12月30日 |
| 《巨龙昂首穿山来——写在沿黄公路循隆高速隧道群贯通之际》 | 《青海日报》 | 2017年5月23日 |

# 第九章

## 高速公路文化建设

### 电视专题片（选录）

表9-4-2

| 片　名 | 内　容　简　介 | 播出媒体及时间 |
|---|---|---|
| 《青春在交通重点工程中闪光》 | 由青海电视台摄制。该片再现了交通建设一线青年职工，在"急、难、险、重、新"任务中英勇突击，用青春铸就四通八达青海公路网的感人场景，讴歌了青年职工勇挑重担、敢于攻关、无私奉献的精神 | 2002年10月青海电视台《新闻聚焦》栏目 |
| 《高原千里文明通道》 | 由青海省电视台摄制。该片分为四集，从不同视角再现了千里文明通道建设过程中文明施工、文明养护、文明管理、文明运输、文明执法、文明收费、文明服务以及军民、警民、民族共建活动的感人场面；展现了交通职工奋发向上的精神面貌，弘扬了青海交通"扎根高原、艰苦创业、献身交通、造福人民"的行业精神 | 2005年11月青海电视台 |
| 《灵动天路　叙写传奇》 | 由青海电视台摄制。内容主要介绍茶格高速公路建设项目的概况、作用地位、施工建设进展情况，展示筑路员工克服困难、努力筑路的精神风貌 | 2014年青海卫视《大美青海》 |
| 《憧憬新青川大通道》 | 由青海电视台摄制。以香花高速公路建设工地为采访对象，内容介绍它作为新青川大通道的组成路段，其地位作用、建设规模、施工难点以及广大筑路员工克服困难、勇攀高峰、拼搏奉献的事迹 | 2014年青海卫视《大美青海》 |
| 《延续石道传奇》 | 由青海电视台摄制。以正在建设中的川大高速公路为采访对象，内容介绍它作为青海省重要高速出省通道，其地位、作用、意义、规模、进展状况、建设难点等，重点展示广大筑路员工不畏艰难、拼搏奉献的高尚情怀 | 2016年10月5日青海卫视《大美青海》 |
| 《铸路高原显风流》 | 青海电视台摄制。以正在建设中的花久高速公路为采访报道对象，重点宣传花久高速在全省高速路网中地位、作用、建设意义、难点亮点，展示筑路员工克服困难、战天斗地、勇筑青海首条多年冻土区高速公路的精神风貌 | 2016年9月12日青海卫视《大美青海》 |
| 《天堑变通途》 | 青海电视台摄制。以正在建设中的大循隆高速公路为采访报道对象，以循隆桥隧群的全面贯通为契机，系统介绍了项目概况、技术难点、地位作用以及采取的应对措施等，其中大电建设、船舶运输、生态环境保护、工程管理等，是建设中的亮点。该片热情讴歌了广大参建员工不怕困难、勇于担当、万众一心、开拓创新的精神风貌 | 2017年5月30日青海卫视《大美青海》 |
| 《畅行青海·美在交通》 | 是青海省交通运输行业首部行业形象宣传片，由青海省交通运输厅文明办组织拍摄。宣传片分为《畅行青海》和《美在交通》两个篇章，《畅行青海》以桥梁、隧道、公路为序，全方位地展示新时期交通大发展的辉煌成就及青海自然风光；《美在交通》按照交通科研工作者、交通建设者、交通执法卫士、交通服务标兵、公路养护工、交通管理者等为序，生动地再现交通职工科技创新、文明执法和优质服务的场景 | 2016年12月腾讯视频 |
| 《高原交通新动脉——筑梦路上谱新篇》 | 由青海省公路建设管理局组织摄制。宣传片从"保投资、稳增长""技术与创新保驾护航""创新不止步""安全与环保并驾齐驱""建设高原文明通道"5个专题，分别讲述了茶格高速公路建设投资、技术创新、安全环保、文明建设等方面采取的措施、取得的成效 | 内部资料 |
| 《青新川大通衢——带动西部新腾飞》 | 青海省公路建设管理局组织摄制。宣传片从"高海拔、高难度打造高质量""新技术、新工艺铺就新里程""重安全、重生态打造重点品质"4个专题，分别讲述了香花高速公路攻坚克难、技术创新、安全保障、生态环保等方面采取的措施、取得的成效 | 内部资料 |

续上表

| 片　名 | 内容简介 | 播出媒体及时间 |
|---|---|---|
| 《青甘两省新通途经济腾飞新动脉》 | 由青海交通投资有限公司组织摄制。宣传片分为"一条践行'精细管理'的品质之路""一条开创'工艺创新'的科技之路""一条播撒'绿色希望'的环保之路""一条重视'民族团结'的和谐之路""一条推动'聚力兴业'的发展之路"5个部分，宣传报道川大高速公路建设运营情况，再现了公路建设的精彩瞬间 | 内部资料 |
| 《共玉公路建设纪实》 | 由青海省共和至玉树公路建设指挥部组织拍摄。宣传片以全景视角的方式，展示共玉公路建设3年来取得的丰硕成果和广大建设者攻坚克难、创新进取的精神风貌 | 内部资料 |

内部期刊（选录）　　　　　　　表9-4-3

| 刊　名 | 主办单位（部门） | 创刊时间 | 内容简介 |
|---|---|---|---|
| 《交通文明建设》 | 青海省交通厅文明委 | 2000年6月 | 是青海交通行业精神文明建设的重要舆论阵地。刊物设置领导论述、要事动态、先进典型、经验交流、理论园地、交通风采、见闻博览、交通动态、文苑天地等9个栏目，以传播文明之花、培育道德之果为宗旨，探索新时期交通行业精神文明建设的特点和规律、方法与途径、内容与形式，倡导和谐、共建文明，从而起到褒扬先进、交流经验、研讨问题、交流信息的作用，为青海交通大发展提供舆论支持和思想保证 |
| 《青海高速公路》 | 青海省高等级公路建设管理局 | 2008年1月 | 期刊规格为16K杂志季刊，刊号：青内资刊K-049。内容设置：文化风采、新闻中心、最新动态、管理论坛、人物事迹、人力资源、领导信箱、它山之石、封面、封底等10个栏目。累计出刊39期，包括"爱高速，展风采"3期增刊及"文化建设特刊"1期 |
| 《巴颜喀拉雪》 | 青海省共和至玉树高速公路第二项目办 | 2013年 | 内部季刊。设置党的建设、建设动态、精神文明建设、创先争优、学术论坛、共玉风采等6个栏目。刊物紧跟共玉高速公路建设步伐，全方位、多角度地反映一线建设情况，旨在交流经验，推广做法，讴歌建设者无私奉献的精神 |
| 《青根河之窗》 | 青海正平路桥建设股份有限公司共和至玉树A3标项目部 | 2011年 | 内部季刊，累计出刊16期。内容设置：施工进步、技术论坛、简讯、生活舞台、艺术天地、开心一刻等6个栏目。旨在及时全面反映工作动态及工程建设过程，宣传涌现出的先进典型，丰富干部职工文化生活，陶冶情操 |
| 《奋进》 | 陕西路桥共和至玉树A4标项目部 | 2012年 | 内部季刊，累计出刊14期。内容设置：新闻简讯、高原梦、高原风采、工程管理、管理论道等栏目，每期根据需要调整栏目内容。旨在宣传企业文化、企业精神、企业发展管理理念，展示高速公路建设者勇往直前、无私奉献的精神 |

# 第九章
高速公路文化建设

文集(选录)　　　　　　　　　　　　　　　　　　　　　　　　　　表9-4-4

| 书　名 | 编撰单位 | 出版时间 | 内容简介 |
| --- | --- | --- | --- |
| 《青海高速第一路建设文集(马场垣—西宁)》 | 青海省交通厅 | 2005年1月 | 由人民交通出版社出版发行(中国版本图书馆CIP数据核字2004第142760号)。文集设有设计、施工、监理、管理、科研以及精神文明等篇章,并附有大事记。共收录各类文章108篇,近百万字。从各个角度对青海省第一条高速公路建设过程和所取得的经验教训、实际做法等,进行归纳分析和系统论述,全面反映公路的建设过程,讴歌建设者们的创业精神 |
| 《高原千里文明通道文集》 | 青海省交通厅 | 2005年8月 | 全书设有策划篇、创新篇、成果篇、情怀篇、人物篇、文学篇等版块,共收录各类体裁的文章89篇。系统记录了文明通道建设活动的谋划思路、组织领导、工作举措以及3年间文明通道建设的经验和成果,记录和讴歌青海交通人的感人事迹和高尚情怀 |
| 《山崩地裂　撼不断青海交通魂》 | 青海省交通厅人事处 | 2010年10月 | 全书分为代序、表彰决定、先进集体篇、先进人物篇等4个部分,收录了发生在玉树抗震救灾一线的34个先进集体和先进个人的感人事迹材料。弘扬了青海交通人"大爱无疆,千里驰援,保通保运,恪尽职守,舍生忘死,勇夺胜利"的抗震救灾精神 |
| 《青春在交通事业中闪光——青海省交通厅共青团工作纪实》 | 青海省交通厅团委 | 2011年 | 全书分为序、活动掠影、主题活动、经验交流、命名表彰、大事记等6个部分。系统总结了全厅共青团工作思路和基本经验,集中展示了"十五""十一五"期间交通系统共青团工作的主要成果,展现了当代青海交通青年的良好精神面貌 |
| 《青海省交通厅创先争优风采录》 | 青海省交通厅创先争优办公室 | 2012年10月 | 全书分4个部分,收录11个工作纪实、29个先进事迹和部分活动掠影,图文并茂、内容真实、事迹感人。总结了创先争优活动的经验和取得的成效,展现了一批先进典型事迹,为全行业交流经验、相互学习,搭建了桥梁 |
| 《三江源交通科技成果之苑》(2001—2010年青海省交通科技成果汇编) | 青海省交通厅科技处 | 2012年9月 | 全书收录了工程建设、交通运输、交通信息化、可持续发展等方面53篇科技成果论文,对西部大开发十年的科技工作进行了梳理和总结,展示青海交通在科技攻关、技术引进、科技成果推广应用及合作交流等方面取得的进展 |
| 《美在交通——青海交通职工文艺作品撷英》 | 青海省交通厅文明办 | 2013年1月 | 全书收录了全省交通行业职工"喜迎十八大谈变化赞成就"的征文作品66篇,以散文、诗歌、快板、小品、相声、青海花儿等形式,以"我手写我心,我心写我行"为主题,反映交通一线干部职工的生活工作面貌,从不同角度展示青海交通职工近年来文学创作成果 |
| 《青海高速青年风采》 | 青海省高等级公路建设管理局 | 2007年 | 全书收录了"青春风采"征文活动中不同体裁的优秀作品49篇,展示高速公路建设发展成果和职工文学特长 |

续上表

| 书　名 | 编撰单位 | 出版时间 | 内容简介 |
|---|---|---|---|
| 《先进人物事迹风采录》 | 青海省高等级公路建设管理局 | 2012年 | 全书收录"全国职工创新能手"王展荣、"全国交通系统劳动模范"柳逢春、"青年岗位能手"王发平、"全国五一巾帼标兵"赵芙蓉等13名同志的先进事迹材料,弘扬先进精神,营造"比学赶超"的氛围 |
| 《2012年理论研讨文集——青海省共和至玉树公路建设指挥部》 | 青海省共和至玉树公路建设指挥部 | 2012年 | 全书收录研讨论文28篇,内容围绕理论学习、人本管理、工程施工技术、作风建设、创先争优、创建共玉公路建设文化品牌等主题,文章朴实无华,浅显易懂,旨在起到学习借鉴和经验交流作用 |
| 《喜迎十八大 奉献在共玉》 | 青海省共和至玉树公路建设指挥部 | 2012年6月 | 全书为庆祝建党91周年华诞,收录了"喜迎十八大,奉献在共玉"主题演讲稿28篇,旨在展现高速公路建设者的奉献精神 |
| 《青海省共和至玉树公路建设管理宣传材料》 | 青海省共和至玉树公路建设指挥部 | 2012年 | 全书分为生态环保、民族团结进步创建、标准化管理、技术创新、创先争优5个板块。旨在宣传共玉公路建设管理过程中的先进管理理念、经验、好的做法和先进典型事迹,展示参建人员攻坚克难、创新进取的良好精神风貌 |

画册(选录)　　　　　　　　　　表9-4-5

| 题　名 | 编印出版单位(部门) | 印发(发行)时间 | 内容简介 |
|---|---|---|---|
| 《中国交通50年成就》(青海卷) | 青海省交通厅 | 1999年 | 画册由人民交通出版社出版发行,分为序言、青海交通成就、青海交通展望三个部分。文字采取中英文对照,整册图文并茂,全面再现了青海公路交通走过的半个世纪辉煌历程,展示了青海交通50年发展成就 |
| 《青海高速第一路画册》(平安—西宁) | 青海省交通厅 青海省高等级公路建设管理局 | 2003年 | 画册由领导关怀、建设者风采、精神文明和廉政建设、高速公路英姿、高速公路管理等5个部分组成;记录和再现了青海高速第一路的建设管理过程和广大参建队伍的风采 |
| 《高原千里文明通道画册》 | 青海省交通厅 | 2005年10月 | 画册再现了高原千里文明通道建设情景和动人瞬间,与《青海千里文明通道文集》配套,图文并茂,相得益彰 |
| 《全省交通职工书法绘画摄影作品集》 | 青海省交通厅 青海省交通工会 | 2004年10月 | 画册分为祝贺作品、职工书法、绘画、摄影4个部分,其中祝贺作品6幅,获奖书法作品18幅,绘画作品18幅,摄影作品25幅。从不同侧面、不同视角再现了青海交通发展的生动场面,反映出了交通职工扎根高原、乐于奉献的精神 |

# 第九章
## 高速公路文化建设

续上表

| 题 名 | 编印出版单位（部门） | 印发(发行)时间 | 内 容 简 介 |
| --- | --- | --- | --- |
| 《舞动三江源》 | 青海省交通厅 | 2011年 | 画册由序、一片温馨雪域情怀、五年铸造万里辉煌、长路奉献三江之源、老家印象、默默功德、肩上重担脚下路长、历史呼唤生命行动、公铁水运同谱新曲、时间歌者现在出发、文化闪烁璀璨光芒、追逐梦想紧握未来等11个部分组成。全面总结了"十一五"青海交通工作取得的辉煌成就，展示了交通发展成果 |
| 《跃动第三极》 | 青海省交通运输厅 | 2016年 | 画册由序、一片丹心展雪域情怀、五年奋战铸交通辉煌、精心养护提高运行效率、科学管理依法保畅、交通运输长足发展、绿色低碳佑美丽三江源、质量安全管理为公路建设保驾护航、文化建设为大美青海锦上添花、展望"十三五"交通建设释放潜力、青海交通运输"十二五"大事记等11个部分组成。全面总结"十二五"青海交通工作取得的辉煌成就，展示交通发展成果，讴歌交通系统广大干部职工自我加压、勇于担当、迎难而上、奋力拼搏的精神 |
| 《青海高速公路"十一五"成就》 | 青海省高等级公路建设管理局 | 2010年 | 《画册》分序言、大美青海、领导关怀、公路建设、收费运营、路政管理、养护管理、精神文明、后记等9个部分。记录了"十一五"以来青海高速公路建设管理成就，再现了高速人爱岗敬业、建功立业的风采 |
| 《辉煌》 | 青海省公路建设管理局 | 2010年 | 画册分为序、我们的足迹、光荣与梦想、肩负历史的责任、发展历程、我们的团队、亲切关怀、建设成就(高速公路)、党的建设、精神文明建设、文化建设等11个版块。记录了西部大开发10年来，青海干线公路建设的成就和发生的巨大变化，展示了公路建设者奋发有为的精神风貌 |
| 《追梦》 | 青海省公路建设管理局 | 2016年 | 画册分为概述、机构沿革、领导关怀、公路建设、生态环保、科技创新、制度建设、安全监管、党的建设、党风廉政建设、精神文明建设、辉煌成就、"十三五"规划、结束语等14个部分。回顾了"十二五"期间干线公路建设辉煌业绩，展示了青海"筑路人"勇于担当、砥砺奋进的精神风貌 |
| 《共玉高速公路建设纪实》 | 青海省共玉指挥部 | 2012年1月 | 画册分为工程概况、领导关怀、施工管理、信息化建设、生态环保、施工标准化建设、医疗保障、工程进度、安全生产、精神文明建设等10个部分，记录了青藏高原多年冻土地区第一条高速公路的建设过程，展现了建设者们"缺氧不缺精神、海拔高斗志更高"大无畏的奉献精神 |

艺术作品（选录） 表9-4-6

| 作品类型 | 作品名称 | 创作单位 | 内容简介 |
|---|---|---|---|
| 歌曲 | 《高原精灵——奥林匹克的梦》 | 青海省高等级公路建设管理局 | 2005年4月藏羚羊"申吉"，民和收费站职工谭进玉创作此歌曲。词曲优美，意境深远，充分表达了高原各族人民和广大交通职工保护生态环境、珍爱野生动物的情怀，被青海省人民政府和中国野生动物保护协会确定为在北京举行的藏羚羊"申吉"新闻发布会和藏羚羊"申吉"全国巡回宣传活动的宣传曲 |
| 歌曲 | 《风雨无悔公路建设人》 | 青海省公路建设管理局 | 青海省公路建设管理局局歌。歌曲凸显了公路建设者与公路同呼吸、共命运的精神追求，展示了公路建设人缺氧不缺精神的精神风貌 |
| 歌曲 | 《梦想在路上》 | 青海省高等级公路建设管理局 | 青海省高等级公路建设管理局局歌。由该局职工赵静、叶剑梅、李秀君、贾文丽、苏明春、雷蕾作词作曲。歌曲抒发了作为一名青海高速人的自豪之情，展现了青海高速人"365天为司乘人员提供优质服务"的庄严承诺 |
| 歌曲 | 《献给玉树的哈达》《高原之恋》《脚步》 | 青海省共玉公路建设指挥部 | 此3首歌曲都以共玉公路建设为背景，展现了建设者建青海首条青藏高原多年冻土区高速公路的情怀，浓缩了共玉文化精神，彰显了共玉建设者风采，成为共玉建设者们耳熟能详的赞歌 |
| 歌曲 | 《高原先锋》 | 青海交通投资有限公司 | 青海交通投资有限公司司歌。2015年，交通投资公司与原花久高速公路建设指挥部合并，创作此歌。歌曲以激扬豪迈的旋律、铿锵有力的词曲，展现了交投人投身建设青海交通、富裕文明和谐新青海和实现"中国梦"的豪情 |
| 乐器合奏 | 《青春飞扬》 | 青海省高等级公路建设管理局 | 民和收费站职工乐队原创作品。歌曲旋律清新、悠扬悦耳 |
| 音乐剧 | 《班长一路走好》 | 青海省高等级公路建设管理局 | 老营庄收费站职工自编自演的文艺节目。讲述了一位班长在当班期间，救助因车祸被困车内的老奶奶时，汽车发生爆炸、不幸牺牲的故事。故事情节感人，演绎真挚，催人泪下 |
| 舞蹈 | 《水姑娘》 | 青海省高等级公路建设管理局 | 平西联合党支部创作的舞蹈节目。作品利用人物肢体动作，在舞蹈过程中表现如一滴滴水，层层叠加，以身体的柔美表现出水的灵动，切合主题，优美动人 |
| 舞蹈 | 《鼓之韵》 | 青海省高等级公路建设管理局 | 该局职工原创作品。鼓韵生风，情无限；踏歌而舞，意更浓。高速儿女们伴鼓起舞，美丽的脸庞绽放出青春灿烂的风采，振奋人心的节拍带动身体的热情，轻快的舞步踏出祖国奋进的节拍 |
| 舞蹈 | 《交通梦·民族情》 | 青海地方铁路建设投资有限公司 | 是以公路、地方铁路建设为背景创作的舞蹈，由渴望、建设、欢庆、圆梦4个板块组成。舞蹈展现了交通建设者在"三江源"筑起高原天路，在"魔鬼城"架起钢铁巨龙，在"聚宝盆"开拓运营，在"新丝路"砥砺前行的建设场景；再现了建设者挑灯夜战、加班加点、顽强拼搏、战胜困难的真实场景和沿线少数民族群众载歌载舞、和谐共进的生动画面 |

第九章 高速公路文化建设

续上表

| 作品类型 | 作品名称 | 创作单位 | 内容简介 |
| --- | --- | --- | --- |
| 舞台剧 | 《四十八小时》 | 青海省高等级公路建设管理局 | 局路网中心职工原创作品。作品结合高速公路工作实际,以当代舞的形式,讲述一个突发事故救援故事。再现了高速维护人员在突发事件中,反应迅速、沉着应对、措施得当、敢于担当的工作实景 |
| 舞台剧 | 《青春family》 | 青海省高等级公路建设管理局 | 该局职工原创作品。作品幽默诙谐,寓教于乐,用喜剧的手法讲述一个收费站站长为男女职工介绍对象的小故事。作品以生活的语言、逼真的表演、夸张、幽默的表现手法,让观众在笑声中感受收费人员的辛苦和领导干部的不易,最后通过大写意的表现手法,展现了青海高速收费员爱岗敬业的精神风采 |
| 歌舞剧 | 《我的收费员老妈》 | 青海省高等级公路建设管理局 | 该局职工原创作品。作品以歌曲为主线,以孩子的歌声为引子,稚嫩的歌声、优美的舞蹈、配以工作中的视频剪辑,让观众感同身受;表现出女收费员们情系交通的情怀,歌颂她们爱岗敬业、舍小家为大家的无私奉献精神 |

# 第十章
# 高速公路建设项目

## 第一节 G6(京藏高速公路)青海段

G6(京藏高速公路)北京至拉萨高速公路是国家高速公路网规划7条首都放射线中的一条,青海段也是国家深入实施西部大开发战略重点公路规划方案"八纵八横"中"横三"(青岛—拉萨)公路中的组成部分。青海境内起自马场垣(甘青界),终于唐古拉山口(青藏界),规划里程1485km(其中,格尔木至唐古拉山口段由西藏自治区负责建管养)。沿线途经民和、乐都、平安、西宁、湟源、倒淌河、共和、茶卡、都兰、香日德、诺木洪、格尔木、不冻泉、五道梁、沱沱河、雁石坪等,横贯青海人口稠密、经济较发达的东部地区和资源富集的柴达木盆地,是青海、西藏沟通内地的主要通道,更是青海融入"一带一路"国家战略的重要通道,对促进沿线经济社会发展和民族团结,具有重要的作用。

G6(京藏高速公路)青海管养路段(马场垣—格尔木)共由7个项目组成,总里程890km,分别是：①马场垣至平安段,于2003年6月建成通车,全长83.87km,设计速度100km/h,双向四车道,路基宽度26.0m。②平安至西宁段,于2002年6月建成通车,全长34.78km,设计速度100km/h,双向四车道,路基宽度26.0m。③西宁过境公路西段,于2010年10月建成通车,全长20.85km,设计速度100km/h,双向四车道,路基宽度26.0m。④扎麻隆至倒淌河段,于2015年12月开工建设,全长66.5km,其中扎麻隆至湟源段采用双向八车道高速公路标准,设计速度100km/h,整体式路基宽度41m,分离式路基新建一幅宽度20.5m;湟源至倒淌河段采用双向六车道高速公路标准,设计速度80km/h,整体式路基宽度32m,分离式路基新建一幅宽度16m,计划于2018年建成。⑤倒淌河至共和段,于2013年8月建成通车,全长36.81km,设计速度80km/h,双向四车道,路基宽度26.0m。⑥共和至茶卡段,于2011年12月建成通车,全长164.0km,设计速度80km/h,双向四车道,路基宽度26.0/24.5m。⑦茶卡至格尔木段,于2016年11月建成通车,全长469.927km,设计速度100km/h,双向四车道,路基宽度26m。格尔木至唐古拉山口段属西藏自治区管养路段,目前尚未实施高速公路建设。

上述通车路段均由青海省高等级公路建设管理局负责运营管理,具体养护工作由青海省公路局下属海东、湟源、海西、格尔木公路总段负责。

# 第十章
## 高速公路建设项目

G6（京藏高速公路）青海段路网位置示意图

## 一、G6 马场垣至平安段（建设期2001.5—2003.6）

### （一）项目概况

#### 1. 功能定位

马场垣至平安高速公路位于青海省海东市民和县、乐都区、平安区境内，是国家高速公路网中G6（京藏高速公路）的重要组成路段之一，是青海省主要出省大通道，连接青海西宁与甘肃兰州两个省会城市的主要高速公路。交通部在初步设计阶段批复的项目名称是"丹拉国道主干线青海马场垣至平安公路"。本路段的建设，对完善国家高速公路网络，加快实施西部大开发战略，加强青海与甘肃地区的经济联系，促进兰西城市群组团发展，巩固国防，以及改善青海对外形象和投资环境，加快推进青海东部城市群建设，改善沿线人民群众生产生活条件，带动城镇建设等，都具有十分重要的意义。

#### 2. 技术标准及建设规模

采用双向4车道高速公路标准建设，设计速度100km/h，路基宽度26m。桥涵设计荷载采用汽车—超20，挂车—120。地震基本烈度7度，设计洪水频率1/100。

本项目路线全长83.87km，概算投资32.25亿元，竣工决算投资33.26亿元。路基土石方$1450 \times 10^4 m^2$，浆砌片石$36 \times 10^4 m^2$，设特大桥3721.98m/3座，大桥9771.87m/25座，中桥784m/14座，小桥551m/20座，互通式立交3处，分离式立交14处，隧道4座，单幅长9651m。涵洞248道，各类通道和天桥129道（座）。主线收费站1处，匝道收费站3处，服务区2处，并设监控分中心和隧道监控所各1处。房建工程总建筑面积$18933m^2$。

甘青界王家口特大桥

3. 地形地貌及主要控制点

本区域属湟水流域东段,是新生界碎屑岩充填的高原盆地一部分,为黄土覆盖的低山丘和宽广的第四系河谷平原。

主要控制点:马场垣乡、民和县城、乐都县城、大峡、平安县城。

4. 开工及通车时间

2001年4月20日正式开工,2003年6月28日试通车,2004年10月20日完成交工验收,2007年5月10日完成竣工验收。

G6马场垣至平安段桥梁汇总见表10-1-1,隧道汇总见表10-1-2,路面结构见表10-1-3。

G6马场垣至平安段桥梁汇总表　　　　　　　　　　　　表10-1-1

| 规模 | 序号 | 名称 | 桥长左(m) | 桥长右(m) | 主跨长度(m) | 结构类型 | 跨越障碍物 |
|---|---|---|---|---|---|---|---|
| 特大桥 | 1 | 王家口特大桥 | 1024.2 | 1024.2 | 40 | 预应力混凝土连续箱梁+连续T梁 | 道路、铁路 |
| 特大桥 | 2 | 老鸦峡Ⅰ号纵向特大桥 | 1234.84 | 1301.72 | 30 | 预应力混凝土简装连续T梁 | 河流 |
| 特大桥 | 3 | 大峡纵向特大桥 | 1396.06 | 1396.06 | 30 | 预应力混凝土连续箱梁 | 河流 |
| 大桥 | 1 | 民和县体育场湟水纵向大桥 | 544.7 | 544.7 | 20 | 预应力混凝土空心板 | 河流 |
| 大桥 | 2 | 民和县高架桥 | 547.2 | 577.2 | 30 | 预应力混凝土连续箱梁 | 道路、铁路 |
| 大桥 | 3 | 莲花台湟水河Ⅱ号大桥 | 518 | 518 | 30 | 预应力混凝土连续箱梁 | 河流 |
| 大桥 | 4 | 大峡湟水河特大桥 | 547.77 | 547.77 | 30 | 预应力混凝土组合连续箱梁 | 河流 |
| 大桥 | 5 | 边墙湟水河大桥 | 685.8 | 685.8 | 40 | 钢筋混凝土连续梁桥 | 河流 |
| 大桥 | 6 | 民和东湟水河Ⅱ号大桥 | 187.14 | 187.14 | 20 | 装配式部分预应力混凝土连续梁 | 河流 |
| 大桥 | 7 | 民和东湟水Ⅰ号大桥 | 226.2 | 226.2 | 20 | 装配式部分预应力混凝土连续梁 | 河流 |

# 第十章 高速公路建设项目

续上表

| 规模 | 序号 | 名 称 | 桥长左（m） | 桥长右（m） | 主跨长度（m） | 结 构 类 型 | 跨越障碍物 |
|---|---|---|---|---|---|---|---|
| 大桥 | 8 | 东岗大桥 | 493 | 493 | 20 | 装配式部分预应力混凝土连续梁 | 河流 |
| 大桥 | 9 | 山城河大桥 | 108.83 | 108.83 | 20 | 装配式部分预应力混凝土连续梁 | 河流 |
| 大桥 | 10 | 松树沟湟水河大桥 | 278.02 | 308.14 | 30 | 预应力混凝土简装连续T梁 | 河流 |
| 大桥 | 11 | 左线米拉沟大桥 | 194.977 | 192.4 | 30 | 预应力混凝土简装连续T梁 | 河流 |
| 大桥 | 12 | 莲花台湟水河1号大桥 | 268.97 | 268.97 | 20 | 装配式部分预应力混凝土连续梁 | 河流 |
| 大桥 | 13 | 杨家店湟水河大桥 | 428.03 | 428.03 | 30 | 预应力混凝土简装连续T梁 | 河流 |
| 大桥 | 14 | 莲花台湟水河Ⅳ号大桥 | 187.38 | 187.79 | 30 | 预应力混凝土简装连续T梁 | 河流 |
| 大桥 | 15 | 莲花台湟水河Ⅲ号大桥 | 158.328 | 159.981 | 30 | 预应力混凝土简装连续T梁 | 河流 |
| 大桥 | 16 | 鲁班亭湟水河大桥 | 149.4 | 149.4 | 20 | 装配式部分预应力混凝土连续梁 | 河流 |
| 大桥 | 17 | 老鸦峡湟水河Ⅱ号纵向大桥 | 398.16 | 369.3 | 30 | 预应力混凝土简装连续T梁 | 河流 |
| 大桥 | 18 | 双塔营湟水河大桥 | 184.44 | 184.44 | 20 | 先张法预应力混凝土空心板梁 | 河流 |
| 大桥 | 19 | 高庙湟水河大桥 | 187.1 | 187.1 | 30 | 预应力混凝土简装连续箱梁 | 河流 |
| 大桥 | 20 | 岗子沟大桥 | 128.2 | 128.2 | 30 | 预应力混凝土简装连续箱梁 | 河流 |
| 大桥 | 21 | 贾湾湟水河大桥 | 128.2 | 128.2 | 30 | 预应力混凝土简装连续箱梁 | 河流 |
| 大桥 | 22 | 河滩寨大桥 | 186.1 | 186.1 | 30 | 预应力混凝土简装连续箱梁 | 河流 |
| 大桥 | 23 | 水磨湾湟水河大桥 | 276.12 | 276.12 | 30 | 预应力混凝土简装连续箱梁 | 河流 |
| 大桥 | 24 | 东村湟水河大桥 | 145.08 | 145.08 | 20 | 先张法预应力混凝土空心板梁 | 河流 |
| 大桥 | 25 | 水磨湾大桥 | 237.84 | 237.84 | 20 | 先张法预应力混凝土空心板梁 | 河流 |
| 中桥 | 1 | 杨家店中桥 | 60.5 | 60.5 | 20 | 钢筋混凝土连续梁桥 | 道路、铁路 |
| 中桥 | 2 | 芦草沟中桥 | 32.04 | 32.04 | 20 | 钢筋混凝土连续梁桥 | 河流 |
| 中桥 | 3 | 羊肠子沟中桥 | 51.94 | 51.94 | 16 | 预应力混凝土空心板 | 河流 |
| 中桥 | 4 | 碾线沟中桥 | 48.54 | 48.54 | 13 | 钢筋混凝土空心板 | 河流 |
| 中桥 | 5 | 白崖子沟中桥 | 52.54 | 52.54 | 13 | 钢筋混凝土空心板 | 河流 |
| 中桥 | 6 | 五马沟中桥 | 52.44 | 52.44 | 16 | 先张法预应力混凝土空心板 | 河流 |
| 中桥 | 7 | 双塔营沟中桥 | 64.44 | 64.44 | 20 | 先张法预应力混凝土空心板 | 河流 |
| 中桥 | 8 | 羊官沟中桥 | 59.46 | 59.46 | 20 | 先张法预应力混凝土空心板 | 河流 |
| 中桥 | 9 | 沙沟中桥 | 84.44 | 84.44 | 20 | 先张法预应力混凝土空心板 | 河流 |
| 中桥 | 10 | 迭儿沟中桥 | 52.44 | 52.44 | 16 | 先张法预应力混凝土空心板 | 河流 |
| 中桥 | 11 | 卡岔沟中桥 | 52.44 | 52.44 | 16 | 先张法预应力混凝土空心板 | 河流 |
| 中桥 | 12 | 干沟中桥 | 52.44 | 52.44 | 16 | 先张法预应力混凝土空心板 | 沟谷 |
| 中桥 | 13 | 干渠中桥 | 36 | 36 | 30 | 预应力混凝土工型组合梁 | 沟谷 |
| 中桥 | 14 | 水磨沟中桥 | 84.44 | 84.44 | 20 | 先张法预应力混凝土空心板 | 沟谷 |
| 小桥 | 共20座 | | | | | | |

**G6 马场垣至平安段隧道汇总表**　　　　表 10-1-2

| 规模 | 名称 | 隧道全长左（m） | 隧道全长右（m） | 隧道净宽（m） | 隧道分类 | 洞门形式 | | | |
|---|---|---|---|---|---|---|---|---|---|
| | | | | | | 左线 | | 右线 | |
| | | | | | | 进口 | 出口 | 进口 | 出口 |
| 长隧道 | 老鸦峡 2 号隧道 | 2835 | 2835 | 10.25 | 石质山岭隧道 | 端墙式 | 端墙式 | 端墙式 | 端墙式 |
| | 旱台子 2 号隧道 | 1270 | 1242 | 10.25 | 石质山岭隧道 | 端墙式 | 端墙式 | 端墙式 | 端墙式 |
| 中隧道 | 老鸦峡 1 号隧道 | 599 | 535 | 10.25 | 石质山岭隧道 | 端墙式 | 端墙式 | 端墙式 | 端墙式 |
| 短隧道 | 旱台子 1 号隧道 | 255 | 80 | 10.25 | 石质山岭隧道 | 端墙式 | 端墙式 | 端墙式 | 端墙式 |

**G6 马场垣至平安段路面结构表**　　　　表 10-1-3

| 路面形式 | 起讫里程 | 长度（m） | 水泥混凝土路面 | 沥青路面 |
|---|---|---|---|---|
| 柔性路面 | 全线 K0+000～K83+939.896 | 78883（除隧道外） | | 4cm 中粒式沥青混凝土抗滑层+5cm 中粒式沥青混凝土+6cm 的粗粒式沥青混凝土+20cm 水泥稳定碎石+30cm 水泥稳定砂砾。总厚度 65cm |
| | 旱台子 1 号隧道 K16+600～K16+855 | 255 | 普通混凝土路面 | |
| | 旱台子 2 号隧道 K16+925～K18+150 | 1225 | 普通混凝土路面 | |
| | 老鸦峡 1 号隧道 K24+000～K24+672 | 672 | 普通混凝土路面 | |
| | 老鸦峡 2 号隧道 K24+720～K27+555 | 2835 | 普通混凝土路面 | |

5. 项目建设背景及前期决策情况

甘青公路沿线是青海人口最稠密、经济最发达的区域。为缓解该路段日益增长的交通压力，改善青海投资环境和对外形象，打通青海通往内地的快速通道，加快实施西部大开发战略，根据中共青海省委、省人民政府部署，1997 年 4 月，青海省交通厅启动了国道主干线丹东至拉萨公路西宁至兰州高速公路（青海段）建设前期工作，下达了项目预可行性研究任务。

1998 年 8 月 20 日，青海省人民政府召开甘青公路朝阳至马场垣段高速公路有关问题专题会议，研究决定了建设该段高速公路的主要事宜。同年 10 月，西兰高速公路朝阳至民和马场垣段项目前期预可行性研究报告，由青海省公路科研勘测设计院完成。

1998 年 10 月，青海省交通厅以青交计字〔1998〕第 644 号文，将马场垣至平安高速公路项目工程可行性研究任务，委托给交通部第一公路勘察设计院、青海省公路科研勘测设计院。1999 年 3 月，工程可行性研究报告完成。国家发展计划委员会于 2001 年 2 月 23 日，下发了《印发国家计委关于审批丹东至拉萨国道主干线青海马场垣至平安公路可行性研究报告的请示的通知》（计基础〔2001〕第 224 号），批复了马平高速公路可行性研究报告。

6. 参建单位主要情况

(1) 建设单位

青海省高等级公路建设管理局

(2) 设计单位

土建工程设计单位：交通部第一公路勘察设计院、青海省公路科研勘测设计院

交通工程设计单位：北京华景交通新技术开发公司（初步设计）、北京中路桥技术开发有限公司（施工图设计）

隧道机电工程设计单位：海东天润电力设计有限责任公司

绿化景观设计单位：西宁市园林规划设计处

房建地质勘察设计单位：青海省水文地质工程地质勘察院、青海省工程勘察院

(3) 招投标工作

依据相关招标投标法规及管理制度，马场垣至平安高速公路土建工程、路面工程、交通及房建工程的施工、监理招标工作，由项目法人单位组织了公开招标。土建工程施工及施工监理于2000年12月开标，路面工程施工及施工监理于2002年3月开标，交通工程施工及施工监理于2002年11月开标，房建工程于2002年10月开标，桥梁伸缩缝于2002年6月开标。

绿化工程针对青海气候条件和自然环境对草种、树种的特殊要求，考虑到项目规模小、工期短、施工季节性强等因素，经青海省发展改革委青计基础〔2003〕95号文批准采用了邀请招标，2003年3月开标，确定了中标单位。

(4) 施工单位

通过招投标，本项目由甘肃五环公路工程有限公司、中铁十九局第一工程处等57家施工单位参与建设，其中土建工程16家，路面工程5家，桥梁伸缩缝3家，房建工程10家，交通工程11家，绿化工程9家，供电2家，铁路下穿工程1家。

(5) 监理单位

本项目由山东德州市交通工程监理公司等10家监理单位参与建设，设置总监办公室1个，路基工程监理办公室5个，路面工程监理办公室2个，交通工程监理办公室1个，绿化工程监理办公室1个。

G6马场垣至平安段参建单位见表10-1-4。

(二) 建设情况

1. 项目审批

该项目严格执行了交通基本建设程序，从工程可行性研究、初步设计、施工图设计、环

境影响评价、建设用地的审批,各个环节手续齐全。具体如下：

**G6 马场垣至平安段参建单位表**　　　　表 10-1-4

| 序号 | 参建单位 | 单位名称 | 合同段编号及起止桩号 | 工程内容 | 主要负责人 |
|---|---|---|---|---|---|
| 1 | 项目管理单位 | 青海省高等级公路建设管理局 | K0+000~K83+914.391 | | 王永祥 |
| 1 | 勘察设计单位 | 青海省公路科研勘测设计院 | K0+000~K83+914.391 | 土建工程设计（高庙至平安段） | 李宜池 |
| 2 | | 交通部第一公路勘察设计院 | | 土建工程设计（马场垣至高庙段） | 崔宏 |
| 3 | | 北京华景交通新技术开发公司 | | 交通工程初步设计 | 王剑文 |
| 4 | | 北京中路桥技术开发有限公司 | | 交通工程施工图设计 | 李虹 |
| 5 | | 海东天润电力设计有限责任公司 | | 隧道 10kV 电源工程设计 | 刘小迎 |
| 6 | | 青海省水文地质工程地质勘察院 | | 收费站、服务区岩土工程勘察设计 | 赵永真 |
| 7 | | 西宁市园林规划设计处 | | 绿化景观设计 | 邹海棠 |
| 8 | | 青海省工程勘察院 | | 乐都服务区岩土、水文地质勘察设计 | 劳建华 |
| 1 | 施工单位 | 甘肃五环公路工程有限公司 | 路基 1 标 K0+000~K2+100 | 路基、桥涵 2.1km | 李发林 |
| 2 | | 邢台路桥建设总公司 | 路基 2 K2+100~K10+300 | 路基、桥涵 8.2km | 孙祥兆 |
| 3 | | 汕头公路桥梁工程总公司 | 路基 3 标 K10+300~K16+000 | 路基、桥涵 5.68km | 吴文雄 |
| 4 | | 中国水利水电第四工程局 | 路基 4 标 K16+000~K17+600 | 路基、桥涵 1.6km | 李小利 |
| 5 | | 中铁一局集团第一工程有限公司 | 路基 5 标 K17+600~K19+400 | 路基、桥涵 1.8km | 马新维 |
| 6 | | 中国建筑第四工程局 | 路基 6-A 标 K19+400~K21+600 | 路基、桥涵 4.2km | 郭爱平 |
| 7 | | 中国航空港建设总公司第七工程总队 | 路基 6-B 标 K21+600~K23+600 | 路基、桥涵 4.2km | 姚雪佳 |
| 8 | | 中铁第十九工程局第一工程处 | 路基 7 标 K23+600~K25+900 | 路基、桥涵 2.25km | 潘志学 |
| 9 | | 中铁第十二工程局第三工程处 | 路基 8 标 K25+900~K28+100 | 路基、桥涵 2.2km | 张永江 |
| 10 | | 铁道部大桥工程局第三桥梁工程处 | 路基 9 标 K28+100~K39+000 | 路基、桥涵 10.9km | 施邦元 |
| 11 | | 本溪市公路工程处 | 路基 10 标 K39+000~K48+000 | 路基、桥涵 9km | 田野 |
| 12 | | 中铁第十四工程局第三工程处 | 路基 11-A 标 K48+000~K54+000 | 路基、桥涵 8.15km | 孟繁亚 |
| 13 | | 中铁第十六工程局第一工程处 | 路基 11-B 标 K54+000~K56+150 | 路基、桥涵 8.15km | 张树军 |
| 14 | | 青海省公路桥梁工程公司 | 路基 12 标 K56+150~K68+000 | 路基、桥涵 11.85km | 刘志忠 |

## 第十章
### 高速公路建设项目

续上表

| 序号 | 参建单位 | 单位名称 | 合同段编号及起止桩号 | 工程内容 | 主要负责人 |
|---|---|---|---|---|---|
| 15 | 施工单位 | 西宁银龙铁道工程有限公司 | 下穿铁路立交 | 路基、桥涵5km | 巩顺羲 |
| 16 | | 广东基础工程公司 | 路基13标 K68+000~K73+000 | 路基、桥涵10.94km | 钟显奇 |
| 17 | | 青海省公路桥梁工程公司 | 路基14标 K73+000~K83+939.896 | 路基、桥涵2.1km | 魏军民 |
| 18 | | 邢台路桥建设总公司 | 路面A标 K0+000~K16+000 | 路面工程15.98km | 张靖 |
| 19 | | 铁道部第二工程局第五工程处 | 路面B标 K16+000~K39+000 | 路面工程22.95km | 周立新 |
| 20 | | 沈阳高等级公路建设总公司 | 路面C标 K39+000~K54+800 | 路面工程15.8km | 崔金玉 |
| 21 | | 路桥集团第二公路工程局第三工程处 | 路面D标 K54+800~K68+000 | 路面工程13.2km | 宋新华 |
| 22 | | 青海省公路桥梁工程集团有限公司 | 路面E标 K68+000~K83+939.896 | 路面工程15.94km | 王榕 |
| 23 | | 成都市新筑路桥机械有限公司 | 伸缩缝A标 K0+000~K23+600 | 桥梁伸缩缝23.6km | 蔡永智 |
| 24 | | 西安自力交通工程制品公司 | 伸缩缝B标 K23+600~K56+150 | 桥梁伸缩缝32.55km | 王西鹏 |
| 25 | | 衡水橡胶股份有限公司 | 伸缩缝C标 K56+150~K83+914.391 | 桥梁伸缩缝27.764km | 赵明 |
| 26 | | 青海万达建筑安装工程有限公司 | 房建1标 | 马场垣主线收费站监控楼 | 王日全 |
| 27 | | 四川崇州市科辉建筑安装有限公司 | 房建2标 | 马场垣停车区及附属设施 | 刘德明 |
| 28 | | 青海建筑工程总承包公司 | 房建3标 | 乐都服务区2号综合楼 | 赵维义 |
| 29 | | 青海三利建筑有限公司 | 房建4标 | 乐都服务区1号综合楼 | 侯宁春 |
| 30 | | 青海省建筑第二公司 | 房建5标 | 乐都监控通信所办公楼 | 刘西安 |
| 31 | | 青海省建筑工程总承包公司 | 房建6标 | 马场垣匝道收费站监控楼 | 蔡宏 |
| 32 | | 青海路桥集团宏基交通房建地产开发公司 | 房建7标 | 民和匝道收费站监控楼 | 蒋力 |
| 33 | | 青海省第一建筑工程公司 | 房建8标 | 乐都匝道收费站监控楼 | 王翔 |
| 34 | | 上海太设建设工程公司 | 房建9标 | 隧道监控站监控楼、变电所 | 朱卫毅 |
| 35 | | 河南现代交通工程有限公司 | 房建10标 | 收费大棚及收费岛 | 闫力 |
| 36 | | 北京路安交通科技发展公司 | 机电1标 | 监控、通信、收费三大系统的供货、施工与安装 | 藏晓虹 |
| 37 | | 广州海特天高信息系统工程公司 | 机电2标隧道运营合同段 K0+000~K83+914.391 | 隧道运营系统 | 胡志水 |
| 38 | | 清华紫光股份有限公司 | 通信管道3标 K0+000~K42+000 | 通信管道 | 高宏 |

续上表

| 序号 | 参建单位 | 单位名称 | 合同段编号及起止桩号 | 工程内容 | 主要负责人 |
|---|---|---|---|---|---|
| 39 | 施工单位 | 上海交技发展有限公司 | 通信管道4标 K42+000~K83+914.391 | 通信管道 | 罗文海 |
| 40 | | 陕西交通工贸公司 | 护栏5标 K0+000~RK27+555(RK27+555) | 波形梁护栏27.555km | 边海正 |
| 41 | | 福州京鹏交通实业工程公司 | 护栏6标 RK27+555(RK27+555)~K57+000 | 波形梁护栏29.445km | 储新天 |
| 42 | | 河北科力交通设施公司 | 护栏7标 K57+000~K83+914.391 | 波形梁护栏26.914km | 王海江 |
| 43 | | 河南现代交通工程公司 | 隔离栅8标 K0+000~K42+000 | 隔离栅42km | 黄疆平 |
| 44 | | 北京华凯交通科技公司 | 隔离栅9标 K42+000~K83+914.391 | 隔离栅41.897km | 张晓兵 |
| 45 | | 四川京川公路工程集团公司 | 标志10标 K0+000~K83+914.391 | 标志 | 何卫忠 |
| 46 | | 常州交通设施有限公司 | 标线11标 K0+000~K83+914.391 | 标线 | 周洪 |
| 47 | | 北京中交环通园林工程技术公司 | 绿化1标 K1+500马场垣主线中心绿化 | 中央分隔带及互通立交绿化 | 刘龙 |
| 48 | | 青海长城建筑装饰装潢公司 | 绿化2标 K0+000~K10+300 | 中央分隔带及互通立交绿化 | 梁军 |
| 49 | | 咸阳市花木公司 | 绿化3标 K10+300~K19+400 | 中央分隔带及互通立交绿化 | 王建国 |
| 50 | | 青海佳木种植有限公司 | 绿化4标 K19+400~K32+000 | 中央分隔带及互通立交绿化 | 王世新 |
| 51 | | 乐都县林业技术推广中心 | 绿化5标 K32+000~K44+000 | 中央分隔带及互通立交绿化 | 李建梅 |
| 52 | | 海东河湟园林苗木工程公司 | 绿化6标 K44+000~K54+800 | 中央分隔带及互通立交绿化 | 田林江 |
| 53 | | 杨凌玉祥园林绿化工程公司 | 绿化8标 K54+800~K71+000 | 中央分隔带及互通立交绿化 | 樊生祥 |
| 54 | | 海北门源森林调查规划队 | 绿化9标 K71+000~K83+914.391 | 中央分隔带及互通立交绿化 | 张晓勤 |
| 55 | | 乐都县林业综合贸易总公司 | 绿化10标 K83+160~K83+914.391 | 中央分隔带及互通立交绿化 | 禄文林 |
| 56 | | 青海源丰电力建筑安装公司 | 供电1标 | 10kV供电线路工程 | 汪维荣 |
| 57 | | 青海送变电工程公司 | 供电2标 | 10kV供电线路工程 | 范生良 |

续上表

| 序号 | 参建单位 | 单位名称 | 合同段编号及起止桩号 | 工程内容 | 主要负责人 |
|---|---|---|---|---|---|
| 1 | 监理单位 | 山东省德州市交通工程监理公司 | 总监办 K0+000～K83+914.391 | 全线监理 | 田光谱 |
| 2 | | 西安方舟工程监理有限公司 | 路基监理1标 K0+000～K16+000 | 路基、桥梁 | 王东刚 |
| 3 | | 山西省交通建设工程监理总公司 | 路基监理2标 K16+000～K23+600 | 路基、桥涵、隧道 | 焦建华 |
| 4 | | 铁道部科学研究院工程建设监理部 | 路基监理3标 K23+600～K28+100 | 路基、桥梁、隧道 | 张永防 |
| 5 | | 重庆中宇工程咨询监理公司 | 路基监理4标 K28+100～K56+150 | 路基、桥涵 | 辛大伟 |
| 6 | | 廊坊市冀民公路工程咨询有限公司 | 路基监理5标 K56+150～K83+939.896 | 路基、桥梁 | 刘东 |
| 7 | | 秦皇岛保神监理公司 | 路面监理A标 K0+000～K39+000 | 路面 | 张建华 |
| 8 | | 甘肃省交通建设监理总公司 | 路面监理B标 K39+000～K83+939.896 | 路面 | |
| 9 | | 北京华景交通新技术开发公司 | 交通工程监理 K0+000～K83+914.391 | 机电、房建、通信管道、护栏、标志、标线 | 王之国 |
| 10 | | 青海兴青工程监理咨询有限公司 | 绿化工程监理 K0+000～K83+914.391 | 全线绿化 | 靳玉德 |
| 1 | 设计咨询单位 | 北京中交京华公路工程技术有限公司 | | 全线设计审查 | 姚为民 |
| 2 | | 青海省交通建设工程质量监督站 | | 全线监督 | 杨云峰 |
| 3 | | 交通部中国公路研究所 | | 机电系统工程检测 | 张建平 |

（1）2001年3月，交通部下发《关于丹拉国道主干线青海马场垣至平安公路初步设计的批复》（交公路发〔2001〕第100号）。

（2）按照建设部和交通部对工程设计实行监理和咨询审查的要求，马平高速公路在青海首次引入了施工图设计咨询，委托中国工程咨询监理总公司对两阶段施工图设计土建工程进行技术咨询。2001年4月16日，青海省交通厅以青交公路〔2001〕第176号文批复《关于丹拉国道主干线青海马场垣至平安公路施工图设计》。

（3）2000年5月21日，国家环境保护总局下发《关于丹东至拉萨国道主干线青海省境内马场垣（甘青界）至平安公路环境影响报告书的批复》（环发函〔2000〕第188号）。

（4）2001年3月29日，国土资源部下发《关于丹东至拉萨国道主干线马场垣至平安段高速公路公路建设用地的批复》（国土资函〔2001〕第185号），批准建设用地576.142 $hm^2$（公顷）❶，划拨给青海省高等级公路建设管理局，作为丹东至拉萨国道主干线

---

❶ 1 $hm^2$（公顷）= $10^4 m^2$。

马场垣至平安段高速公路建设用地。

2. 资金筹措

本项目概算总投资32.25亿元,其中:国家专项基金安排12.6亿元,国债3亿元,其余为银行贷款。竣工决算为33.26亿元。

3. 征地拆迁

本项目沿线经过兰州市红古区、民和县、乐都县、平安县,共计4个县,11个乡镇。

征迁工作主要内容包括:签订协议、界定征地界限、办理永久性占地报批手续;永久占地界内房屋等各种构造物的搬迁,附着物的拆除;各种管线的迁移、改建;临时及借土占地的征用等。

遵循的政策法规主要有:青海省人民政府1999年7月6日印发的《关于对朝阳至马场垣高速公路建设工程给予优惠政策的通知》(青政〔1999〕55号);青海省国土资源厅印发的《关于平安至马场垣高速公路和西宁至湟源一级公路征地工作会议的纪要》。

主要做法是:1999年5月6日,青海省人民政府成立了西宁至兰州高速公路(青海段)建设领导小组。为使征地拆迁工作正常顺利地进行,2000年10月20日,受省人民政府委托,青海省国土资源厅在西宁召开了马场垣至平安高速公路、西宁至湟一级公路征地工作会议,并形成会议纪要,为征地拆迁及安置工作提供了明确的政策依据。省人民政府成立了以主管副秘书长为组长的征地拆迁领导小组及其办公室,高速公路经过的兰州市红古区、民和、乐都、平安各县相继成立了征地拆迁办公室或征地拆迁领导小组。会同建设单位制定工作方案,明确工作范围、程序和任务,深入现场进行土地和房屋的丈量工作,统一标准、统一口径,于2000年12月至2001年4月基本完成了征地拆迁工作任务。据统计,本项目共占用土地6782.7亩,其中耕地4901.1亩、林地324.4亩、建设用地416.4亩、菜地931.8亩、未利用地118亩、鱼塘91亩,拆迁房屋$20.6×10^4 m^2$,采伐树木49.6亩,支付补偿费用3.42万元。

4. 实施过程

马平高速公路工程深挖高填、桥隧相连,质量要求高,科技含量大。建设单位以创建一流形象、打造一流工程、做出一流贡献为宗旨,严格遵循基本建设程序,加强合同管理、工程监理和质量监管,强化施工现场管理,注重科技创新,强化环保意识和安全生产。比计划工期提前6个月顺利实现通车目标。

(1)主线土建工程于2001年4月20日开工,2003年6月28日通车。

(2)房建工程于2002年11月开工,2003年12月完工。

(3)收费大棚工程于2002年11月开工,2003年6月完工。

(4)机电工程于2002年11月开工,2003年6月完工。

(5)交通安全设施工程于2002年8月开工,2003年9月完工。

(6)绿化工程于2003年4月开工,2007年3月完工。

(7)2004年10月17-20日,青海省交通厅主持,厅属相关单位以及参建单位共同参与完成了马平高速公路的交工验收。

(8)2007年5月8-10日,青海省交通厅牵头组织相关单位对马平高速公路进行了竣工验收,工程质量评分为92.16分,等级为优良。

5. 重大变更

(1)在湿陷性黄土地段,将台背换填砂砾改为换填灰土。

(2)旱台子Ⅰ、Ⅱ号隧道和老鸦峡Ⅰ、Ⅱ号隧道围岩类别变化,增加相关费用。

(3)旱台子Ⅱ号隧道左、右线段塌方处理,增加相关费用。

6. 重大事件

(1)2000年12月28日,马场垣至平安高速公路开工典礼在乐都县城南隆重举行。

马平高速公路开工典礼

(2)2001年4月4日,青海省交通厅举行马场垣至平安高速公路施工、监理、廉政合同签约仪式。

(3)2001年4月15日,青海省交通厅厅长桑杰到马平高速公路现场检查指导工作。

(4)2001年7月8日,湟水谷地突降暴雨,正在建设中的马平高速公路遭到洪水袭击,造成沿线各施工单位重大经济损失,全线冲走砂石料35000$m^3$、钢模7700$m^2$,水泥3600t,损坏钻机580台,冲毁桩基5280m,施工便桥5280m,便道12.55km,防护工程16000$m^3$,直接经济损失2000万元。

(5)2001年上半年,根据青海省交通厅统一部署,开展了"大干40天"活动,2001年9月8日,青海省高管局召开马平高速公路"大干70天"劳动竞赛动员大会,要求各参建单位紧紧抓住有效施工期,确保年内完成土建工程70%。各单位积极安排,精心组织,迅速掀起施工热潮,顺利完成了全年计划任务。

(6)2001年8月9—11日,中共青海省委、省人民政府联合督查组对马平、平西高速公路进行现场督查。

(7)2001年8月20日、21日,交通部胡希捷副部长来青海视察了马平高速公路。

(8)2001年11月6日,马平高速公路征地工作总结表彰大会在乐都宾馆召开。

(9)2001年12月9日,交通厅厅长桑杰在省高管局有关领导陪同下,到马平高速公路冬季施工现场检查指导工作。对冬季施工的安全管理提出具体的要求。

(10)2002年,青海省交通厅开展全省公路建设"大干150天"劳动竞赛,省高管局在建设项目中发起了创优质、保工期、保安全、抓管理、抓廉政的"一创两保两抓"劳动竞赛活动。马平高速公路各参建单位积极落实竞赛内容,调整制定施工组织计划,加大人员和机械投入,倒排工期,交叉作业,实现了全线路基桥涵贯通,路面工程完成70%的目标。

(11)2002年6月29日,全长2850m的老鸦峡2号隧道比计划工期提前118天贯通,马平高速公路隧道实现全线贯通。

(12)2002年8月20日,青海省交通厅召开丹拉国道主干线青海境内全线提前建成通车动员大会,厅长桑杰作了动员讲话。会上,副厅长王廷栋代表省交通厅与省高管局局长韩建华,签订了确保马场垣至倒淌河段高等级公路2003年7月20日前建成的责任书。

(13)2002年10月3日,青海省人民政府省长赵乐际,率省交通厅、省计委、省政府办公厅等单位负责人,到马平高速公路视察工作并亲切看望一线职工。

(14)2003年3月15日,青海省交通厅厅长梁晓安、副厅长王廷栋,到马平高速公路施工现场检查工作。

(15)2003年5月9日,青海省人民政府省长赵乐际,在省政府办公厅、省交通厅领导陪同下,到马平高速公路建设工地调研,并强调要做好"非典"防控工作,确保职工生命安全。

(16)2003年6月28日,马平高速公路通车典礼举行。中共青海省委副书记、省人民政府省长赵乐际,省委常委张裔炯,省人大常委会副主任桑杰、贾国明,省人民政府副省长苏森、赵永忠,省政协副主席蔡巨乐等,应邀参加了典礼。

(三)复杂技术工程

复杂技术工程主要为旱台子2号隧道和老鸦峡2号隧道。

1.旱台子2号隧道

(1)工程概况

位于青海省民和县拉脊山脉和湟水河之间,地形东南低而西北高。属黄土丘陵地貌,山体坡度较陡,海拔1824~1926m,为分离式单向行车双线隧道,按照双向四车道高速公路单洞隧道设计,左洞全长1270m,右洞全长1242m,设计速度100km/h。隧道净宽10.25m,净高5m。地震烈度7度。

(2)技术特征及难点

旱台子隧道所处地区黄土覆盖层较厚,隧道洞口及个别段落通过黄土覆盖层,黄土陷穴、落水洞、采空区等病害严重,为典型的黄土隧道工程。在隧道施工中,首先根据不同的围岩类别,采取"新奥法"施工。对Ⅰ类围岩采取了人工配合反铲台阶法开挖,拱部开挖遵循"短进尺、强支护、早封闭、勤量测"的方法施工;对Ⅱ类围岩采取$\phi50$小导管超前支护,喷锚网钢拱架初期支护,遵循"弱爆破、短进尺、强支护、早封闭、勤量测"的方案施工;对Ⅲ类围岩地段采用短台阶松动爆破开挖,网喷锚格栅钢架初期支护,全断面灌注二次衬砌混凝土的施工方案。

①落水洞、采空区的处治措施

旱台子隧道黄土覆盖层,天然黄土在雨水的侵蚀下,形成了大大小小的落水洞,给施工造成很大困难。由于隧道主体施工与落水洞、采空区治理同时进行,造成了隧道洞内局部不均匀沉降,沉降达30cm,洞内有60m范围内出现了塌方。针对这一情况,及时改变设计方案,对落水洞与采空区均采用注水泥浆的加固处治措施,经过注浆处理后,在落水洞、采空区及上覆岩层的裂隙内形成凝固体,明显改善了围岩的自承强度,使隧道主体掘进顺利进行,保证了工程的施工质量。

②洞口滑坡的处治措施

根据对隧道洞口围岩体的调查、分析、计算,采用10~15m锚杆喷射混凝土,锚杆间距采用4~6m,同时采用钢筋网进行网喷支护,网孔间距25cm,混凝土喷射厚度12cm,保证了洞门上方土体稳定。

2. 老鸦峡2号隧道

(1)工程概况

位于青海省民和县莲花台背斜西端。为分离式单向行车双线隧道,按照双向四车道高速公路单洞隧道设计,左洞长2835m,右洞长2835m,设计行车速度100km/h。隧道净宽10.25m,净高5m。地震烈度7度。

(2)技术特征及难点

老鸦峡隧道由于靠近湟水,地下水相当丰富。隧道穿越整个老鸦峡峡谷段,地质构造较为复杂,个别段落出现卵砾石层。卵砾石层具有松散、无胶结、基本无自稳性、不易形成自然拱等特点,随时有坍塌的可能。在隧道施工中,首先根据不同的围岩类别,采取"新奥法"施工。对Ⅰ类围岩采取了人工配合反铲台阶法开挖,拱部开挖遵循"短进尺、强支护、早封闭、勤量测"的方法施工;对Ⅱ类围岩采取$\phi50$小导管超前支护,喷锚网钢拱架初期支护,遵循"弱爆破、短进尺、强支护、早封闭、勤量测"的方案施工;对Ⅲ类围岩地段采用短台阶松动爆破开挖,网喷锚格栅钢架初期支护,全断面灌注二次衬砌混凝土的施工方案。在卵砾石层内施工时,采用开设辅助导坑的方法,增加开挖工作面,来提高工作效率。同时,采取井点法降低地下水位,防止砂砾层稀释和挟走沙粒,采用化学药液注浆固结围岩,采用注浆锚杆加固拱脚,防止拱圈两侧不均匀沉降,并加快抑拱的浇筑速度,增加其刚度。

(四)科技创新

马场垣至平安高速公路的建设,在吸取其他省、区经验的基础上,采用了新材料、新技术、新工艺、新设备,同时,开展了多项科研工作。

马平高速公路施工场景

1. 技术创新主要有

(1)在隧道施工中,为保证喷锚混凝土的厚度和强度,减少回弹和粉尘污染,改善洞内作业环境,将传统的干喷工艺改为湿式喷锚作业技术,一次喷层厚度达 10cm,粉尘达到国际标准($10mg/m^2$);同时,二次衬砌采用了平移式全液压衬砌台车施工作业,保证了衬砌混凝土的外观质量。

(2)桥面防水处理采用了新型防水材料(TYZ-1 有机涂料),解决了传统桥面防水用乳化沥青、与桥面水泥混凝土黏结不好、摊铺施工时易碾压的问题,提高了桥面防水质量,保证了桥面的耐久性。

(3)路面上面层采用了 AC-13K 调整型级配,有效消除了碾压推移等现象。

(4)湿陷性黄土路段采用冲击压实处理,提高了路基稳定性,有效降低了工后沉降。

2. 科研课题主要有

(1)青海省高速公路湿陷性黄土路基处理技术研究

本课题针对青海省黄土地区高速公路建设情况,依托西宁至湟源一级公路、马场垣至平安高速公路对湿陷性黄土路基处理的技术方案、施工工艺以及处理效果等问题开展较系统的试验比较和理论评价。青海黄土由于其特殊的地理形式、环境和气候条件,具有分布范围不连续性、岛状性质,属边缘黄土,黄土层厚变化大,颗粒粗,粉性土含量高,钙质及盐性成分多,具有多种湿陷成因,物理力学性质变异性大的特点。课题通过研究湿陷性黄土的地质结构特点,主要的物理力学性质及其规律,湿陷性黄土地基承载力及沉降变形评价和计算方法,提出青海省高等级公路湿陷性黄土路基的处理方法、工艺及其适用条件和有关技术指标,有效地指导了公路建设中对湿陷性黄土路基的处理。

(2)青海省高等级公路路域生态恢复适用技术研究

本课题通过研究,提出了集环保设计、施工、监理和验收为一体的适合青海省高等级公路建设生态恢复工程管理制度及经济适用的公路路域植被恢复建植模式,筛选并应用了适合护坡的草灌混播组合,提出适合青海省湟水河流域公路路域的野生草本及乔灌木植物种,筛选出骆驼蓬、赖草、唐古特白刺等10种当地野生植物,首次应用于路域植被恢复工程,提高了公路护坡植物群落质量和稳定性及边坡防护效果,降低了植被养护成本。

(3)青海河湟区域厚层基材植被护坡技术应用试验研究

该项目以植被材料为研究对象,通过室内试验及室外边坡实验,结合青海河湟区域的地理气候特点和边坡植被防护要求,通过厚层基材的强度、保水性、耐雨水冲刷性、抗冻性、种子发芽率等试验研究结果,确定了厚层基材配方;并通过对植被材料筛选与配置3年的试验段研究,确定了适宜青海河湟区域厚层基材护坡植被建植的紫花苜蓿、披碱草、柠条、青海冷地早熟禾等多品种组合,试验段植被覆盖度达90%以上。该研究成果经济社会效益显著,推广应用前景广阔,总体达到国内先进水平,解决了青海河湟区域厚层基材植被护坡的新问题。

(五)运营养护管理

1.服务区设置

全线设置马场垣、乐都两处服务区(见表10-1-5)。根据交通流量增长情况,乐都服务区于2009年、2015年分别进行两次改造升级,全面提升了服务区综合服务功能。马场垣服务区2005年7月投入运营,经青海省交通厅批准于2013年进行改扩建,2014年8月1日投入试运营,成为青海省建筑规模最大、功能设施最全、现代化标准最高的高速公路服务区。2015年,马场垣服务区被交通运输部评为全国百佳示范服务区。

**G6 马场垣至平安段服务场区一览表**  表10-1-5

| 高速公路编码 | 服务区名称 | 桩　　号 | 所在区域 | 占地($m^2$) | 建筑面积($m^2$) |
| --- | --- | --- | --- | --- | --- |
| G6 | 马场垣服务区 | K1696+600 | 民和县马场垣乡 | 113754.15 | 5811.28 |
| G6 | 乐都服务区 | K1754 | 乐都县碾伯镇 | 56666.95 | 6295 |

2. 养护管理

马平高速公路由青海省海东公路总段下属的海东高速公路养护处负责养护。自建成通车以来，为恢复沿线设施的使用功能及原有的技术标准，2010至今每年对路面病害及车辙进行了整治。2011年在部分路段实施路面雾封层预防性养护工程；在民和马场垣金星湟水河大桥实施路面修复工程。2012年对乐都服务区混凝土路面实施了修复工程；在部分路段实施了CRF沥青再生剂、PMM沥青雾封层路面修复工程。2013年，为保证高速公路绿化景观效果，在K1751+000~K1753+300段实施中央隔离带换土换植工程。2014年实施K1723+167涵洞淤塞及进口处水毁修复工程；旱台子1号隧道病害整治工程；并对部分三类通道、涵洞进行了维修加固。2015年实施了旱台子1、2号隧道、老鸦峡1、2号隧道补换边沟盖板；2016年对马场垣主线收费站进行了扩建。

3. 收费设施

根据2003年5月12日青海省人民政府办公厅《关于同意丹拉国道主干线马场垣至平安高速公路贷款修路收费还贷及设置收费站点的复函》（青政办函〔2003〕59号文），本项目共设置收费站4座，其中在马场垣（甘青界）设置主线收费站1座，在马场垣、民和、乐都设置匝道收费站3座。截至2015年底，匝道出入口数量共计25条，其中ETC车道7条。见表10-1-6。

G6 马场垣至平安段收费设施一览表  表10-1-6

| 收费站名称 | 桩号 | 入口车道数 | | 出口车道数 | | 收费方式 |
|---|---|---|---|---|---|---|
| | | 总车道 | ETC车道 | 总车道 | ETC车道 | |
| 马场垣主线收费站 | K1697+198 | | | 7 | 1 | 封闭式联网收费 |
| 马场垣匝道收费站 | K1701+148 | 2 | 1 | 4 | 1 | |
| 民和收费站 | K1710+552 | 2 | 1 | 4 | 1 | |
| 乐都收费站 | K1752+86 | 2 | 1 | 4 | 1 | |

甘青省界马场垣主线收费站被称为"青海东大门"

## 第十章 高速公路建设项目

**4.监控设施**

本项目设置乐都监控分中心和马平隧道监控所,负责全线道路及隧道的运营监控、路况信息的收集、上传、发布等工作,其中乐都监控分中心与乐都服务区合建。

**5.交通流量**

马场垣至平安高速公路通车后,交通量增长迅速。2003年至2016年,各收费站日平均交通量总和从1947辆/日,增长至12991辆/日,见表10-1-7。

**G6 马场垣至平安段交通流量发展状况表**(单位:辆/日) 表10-1-7

| 年份(年) | 马平高速路段日平均流量 | 马场垣主线收费站 | 马场垣匝道收费站 | 民和收费站 | 乐都收费站 |
|---|---|---|---|---|---|
| 2003 | 1947 |  | 792 | 699 | 456 |
| 2004 | 2620 | 1101 | 793 | 312 | 414 |
| 2005 | 3797 | 1363 | 323 | 1674 | 437 |
| 2006 | 2698 | 1331 | 236 | 599 | 532 |
| 2007 | 3393 | 1674 | 244 | 718 | 757 |
| 2008 | 4562 | 2250 | 401 | 997 | 914 |
| 2009 | 4518 | 2298 | 275 | 902 | 1043 |
| 2010 | 5581 | 2767 | 356 | 1093 | 1365 |
| 2011 | 6800 | 3474 | 425 | 1298 | 1603 |
| 2012 | 7222 | 3576 | 486 | 1398 | 1762 |
| 2013 | 8217 | 3922 | 479 | 1677 | 2139 |
| 2014 | 9488 | 4387 | 565 | 1985 | 2551 |
| 2015 | 10833 | 4731 | 637 | 2283 | 3182 |
| 2016 | 12991 | 5332 | 828 | 2747 | 4084 |

交通量增长柱状图

## 二、G6 平安至西宁段（建设期 2000.2—2002.6）

### （一）项目概况

**1. 功能定位**

平安至西宁高速公路位于青海省海东市平安区及西宁市区，是国家高速公路网中 G6 京藏高速公路的重要组成路段之一，也是省会西宁与海东市之间重要的快速连接通道。交通部在初步设计阶段批复的项目名称是"丹拉国道主干线平安至西宁公路"。本项目功能定位同马平高速公路，同时作为青海省建设的第一条高速公路，在青海高速公路建设史上具有里程碑意义。

**2. 技术标准及建设规模**

采用双向四车道全封闭式高速公路标准设计，设计速度 100km/h，路基宽度 26m，路面为沥青混凝土路面。路线最小圆曲线半径 700m，最大纵坡 2.64%，桥涵设计荷载汽车超—20 级，挂车—120，设计洪水频率 1/100。

路线全长 34.78km，批准概算 10.86 亿元，竣工决算投资 10.7195 亿元。全线设大桥 1791.34m/9 座，中桥 778.84m/12 座，小桥 139.55m/5 座，涵洞 4515.3m/117 道，通道 60 道，分离立交 6 座，互通式立交 4 处，天桥 2 处，渡槽 1 处。

平西高速公路韵家口段

**3. 地形地貌、主要控制点**

本区域属湟水流域东段，是新生界碎屑岩充填的高原盆地一部分，为黄土覆盖的低山丘和宽广的第四系河谷平原。

主要控制点：平安县城、红崖子沟、曹家堡、小峡、西宁火车站、城北区朝阳。

4. 开工及通车时间

2000年2月17日开工建设，2002年6月28日建成通车，2002年10月17日完成交工验收，2003年12月完成竣工验收。

G6平安至西宁段桥梁汇总见表10-1-8，路面结构见表10-1-9。

**G6平安至西宁段桥梁汇总表** 表10-1-8

| 规模 | 序号 | 名称 | 桥梁左（m） | 桥梁右（m） | 主跨长度（m） | 结构类型 | 跨越障碍物 |
|---|---|---|---|---|---|---|---|
| 大桥 | 1 | 沙塘川大桥 | 517.24 | 517.24 | 35 | 预应力钢筋混凝土箱型梁 | 道路、铁路 |
| | 2 | 平安湟水河大桥 | 165.12 | 165.12 | 20 | 预应力混凝土空心板 | 河流 |
| | 3 | 红崖子沟大桥 | 105.04 | 105.04 | 20 | 预应力混凝土空心板 | 沟谷 |
| | 4 | 湟水河1号桥 | 157.1 | 157.1 | 30 | 预应力I型组合梁 | 河流 |
| | 5 | 湟水河2号桥 | 127.1 | 127.1 | 30 | 预应力I型组合梁 | 河流 |
| | 6 | 小峡湟水河纵向桥 | 342.36 | 342.36 | 30 | 预应力I型组合梁 | 河流 |
| | 7 | 曹家堡互通立交A匝道跨铁路桥 | 107.3 | 107.3 | 40 | 预应力混凝土连续箱梁 | 铁路 |
| | 8 | 峡口互通立交湟水河大桥 | 158.2 | 158.2 | 30 | 预应力混凝土连续箱梁 | 河流 |
| | 9 | 新春路分离式立交桥 | 111.88 | 111.88 | 42 | 预应力混凝土连续箱梁 | 道路 |
| 中桥 | 1 | 哈拉直沟中桥 | 84.44 | 84.44 | 20 | 预应力混凝土空心板 | 沟谷 |
| | 2 | 小峡电站引水渠中桥 | 58.62 | 58.62 | 35 | 预应力混凝土组合箱梁 | 河流 |
| | 3 | 大寺沟中桥 | 64.44 | 64.44 | 20 | 预应力混凝土空心板 | 沟谷 |
| | 4 | 电沟中桥 | 64.44 | 64.44 | 20 | 预应力混凝土空心板 | 沟谷 |
| | 5 | 平安互通式立交A匝道桥 | 92.9 | 92.9 | 30 | 预应力混凝土连续箱梁 | 铁路 |
| | 6 | 甘青铁路分离式立交 | 39.18 | 39.18 | 17.25 | 钢筋混凝土框架 | 铁路 |
| | 7 | 曹家堡互通桥K92+673.871 | 84.44 | 84.44 | 20 | 预应力空心板 | 道路 |
| | 8 | 机场路分离式立交桥 | 52.04 | 52.04 | 16 | 预应力空心板梁 | 道路 |
| | 9 | 峡口互通立交B匝道跨线 | 83.28 | 83.28 | 21 | 钢筋混凝土连续箱梁 | 道路 |
| | 10 | 互助路分离式立交 | 61.24 | 61.24 | 16 | 钢筋混凝土预应力空心板 | 道路 |
| | 11 | 韵家口互通立交K111+637跨线桥 | 64.44 | 64.44 | 20 | 预应力空心板 | 道路 |
| | 12 | 北山寺分离式立交 | 29.38 | 29.38 | 13 | 钢筋混凝土空心板 | 道路 |
| 小桥 | 共5座 | | | | | | |

**G6平安至西宁段路面结构表** 表10-1-9

| 路面形式 | 起讫里程 | 长度(m) | 沥青路面 |
|---|---|---|---|
| 柔性路面 | K87+590~K122+370.05 | 34780 | 4cm中粒式沥青混凝土抗滑层上面层+5cm中粒式沥青混凝土中面层+6cm粗粒式沥青混凝土下面层+20cm二灰稳定碎石基层+30cm二灰稳定土底基层，总厚度65cm |

**5. 前期决策情况**

1998年10月,交通部以交规划发〔1998〕第660号文对该项目建议书作了批复,同意先建设平安至西宁段高速公路。1998年12月14日,青海省交通厅以青交计字〔1998〕816号文《关于呈报〈丹拉国道主干线平安至西宁公路可行性研究报告〉的报告》,上报至交通部审批。1999年2月9日,交通部以交规划发〔1999〕68号文,对丹拉国道主干线平安至西宁公路可行性研究报告作了批复。

**6. 参建单位主要情况**

(1)建设单位

青海省高等级公路建设管理局

(2)设计单位

土建工程设计单位:中交第一公路勘察设计院、青海省公路科研勘测设计院

交通工程设计单位:中国公路工程咨询监理总公司

绿化景观设计单位:北京交科公路勘测设计院

设计咨询单位:北京中交京华公路工程技术有限公司

(3)招投标工作

依据相关法规和规定,平安至西宁高速公路土建工程、路面工程、交通及房建工程的施工、监理招标工作,均进行了公开招标。招标公告均在国家规定有关媒体上公开发布。土建工程招标工作从1999年6月4日开始,1999年12月17日正式开标;路面工程招标工作从2000年7月1日开始,2000年10月10日开标;交通工程招标工作从2000年12月1日开始,2001年1月20日开标;房建工程招标工作从2001年2月6日开始,2001年3月4日开标。

另外,根据工程特点及行业管理的范畴,按兰州铁路局的要求,将K90+234.43和K112+589.72两处下穿铁路路段,指令性分包给兰州铁路工程总公司施工;将K104+800～K106+400长1.6km靠近甘青铁路的路基工程,指令性分包给兰铁总公司负责施工,工程监理由兰州信达铁路工程监理公司负责监理。

(4)施工单位

通过招投标,本项目有22家施工单位参与建设;其中,土建工程6家,路面工程2家,伸缩缝2家,交通房建工程12家。

(5)监理单位

本项目设置路基工程监理办公室2个,路面工程监理办公室1个,交通工程监理办公室1个。

G6平安至西宁段参建单位见表10-1-10。

## 第十章 高速公路建设项目

**G6 平安至西宁段参建单位表**  表 10-1-10

| 序号 | 参建单位 | 单位名称 | 合同段编号及起止桩号 | 工程内容 | 主要负责人 |
|---|---|---|---|---|---|
| 1 | 项目管理单位 | 青海省高等级公路建设管理局 | K87+590~K122+370.05 | | 王永祥 |
| 1 | 勘察设计单位 | 青海省公路科研勘测设计院 | K87+590~K122+370.05 | 土建工程设计 | 何建民 |
| 2 | | 中国公路工程咨询监理总公司 | K87+590~K122+370.05 | 交通工程设计 | 李明 |
| 3 | | 北京交科公路勘测设计院 | K87+590~K122+370.05 | 绿化工程设计 | 丁京平 |
| 4 | | 中交第一公路勘察设计院 | K87+590~K122+370.05 | 土建工程设计 | 李淳 |
| 1 | 施工单位 | 铁道部第一工程局第一工程处 | 路基1标 K87+590~K90+330 | 路基、桥涵 2.74km | 李荣 |
| 2 | | 铁道部第十六工程局第一工程处 | 路基2标 K90+330~K96+050 | 路基、桥涵 5.72km | 刘玉良 |
| 3 | | 青海省公路桥梁工程公司 | 路基3标 K96+050~K104+200 | 路基、桥涵 8.15km | 张铁栋 |
| 4 | | 广东汕头公路桥梁工程公司 | 路基4标 K104+200~K110+000 | 路基、桥涵 5.8km | 余维欣 |
| 5 | | 中国航空港建设总公司第七工程总队 | 路基5标 K110+000~K116+050 | 路基、桥涵 6.05km | 王伦钰 |
| 6 | | 青海省公路桥梁工程公司 | 路基6标 K116+050~K122+370 | 路基、桥涵 6.32km | 李兆民 |
| 7 | | 青海省公路桥梁工程公司 | 路面1标 K87+590~K104+200 | 路面工程 16.61km | 陈昌海 |
| 8 | | 重庆渝通公路工程总公司 | 路面2标 K104+200~K122+370.05 | 路面工程 18.17km | 沈渝 |
| 9 | | 青海省房建工程公司 | 房建1标 | 平安、曹家堡收费站 | 蒋力 |
| 10 | | 青海西宁朝阳建筑工程公司 | 房建2标 | 峡口收费站 | 王发祥 |
| 11 | | 青海建设工程公司 | 房建3标 | 韵家口管理所、收费站 | 杨向东 |
| 12 | | 青海博道公路桥梁工程总承包有限责任公司 | 房建4标 | 朝阳主线收费站 | 星显平 |
| 13 | | 焦作市海宇公路工程有限公司 | 房建5标 | 各收费站大棚 | 闫力 |
| 14 | | 衡水橡胶股份有限公司 | 桥梁伸缩缝1标 K87+590~K104+200 | 桥梁伸缩缝 | 吴东亮 |
| 15 | | 衡水冀军桥闸工程橡胶有限公司 | 桥梁伸缩缝2标 K104+200~K122+370.05 | 桥梁伸缩缝 | 南雪迅 |
| 16 | | 北京路安交通科技发展有限公司 | 机电工程1标 K87+590~K122+370.05 | 监控、通信、收费系统 | 唐农 |
| 17 | | 中国港湾建设集团公司 | 通信管道工程2标 K87+590~K122+370.05 | 通信管道 | 耿志武 |
| 18 | | 中国公路咨询监理总公司 | 防护工程3标 K87+590~K104+200 | 波形梁护栏 16.61km | 储兆强 |
| 19 | | 福州京鹏交通工程有限公司 | 防护工程4标 K104+200~K122+370.05 | 波形梁护栏 18.17km | 王向阳 |
| 20 | | 山西交研科学试验工程有限公司 | 隔离栅5标 K87+590~K122+370.05 | 隔离栅 | 赵队家 |

续上表

| 序号 | 参建单位 | 单位名称 | 合同段编号及起止桩号 | 工程内容 | 主要负责人 |
|---|---|---|---|---|---|
| 21 | 施工单位 | 北京深华科交通工程有限公司 | 标志6标 K87+590~K122+370.05 | 标志 | 吕艳 |
| 22 | | 陕西交通工贸公司 | 7标 K87+590~K122+370.05 | 标线 | 孙建中 |
| 1 | 监理单位 | 山西省交通建设工程监理总公司 | 路基监理1标 K87+590~K104+200 | 路基 | 杨明德 |
| 2 | | 西安方舟工程监理有限公司 | 路基监理2标 K104+200~K122+370.05 | 路基 | 朱燕 |
| 3 | | 山东省德州市交通工程监理公司 | 路面监理 K87+590~K122+370.05 | 路面、伸缩缝 | 田光谱 |
| 4 | | 北京中路桥技术开发有限公司 | 交通工程监理 | 房建、机电、护栏、标志、机电等 | 蒙建民 |
| 1 | 设计咨询单位 | 北京中交京华公路工程技术有限公司 | | | 姚为民 |

## （二）建设情况

### 1. 项目审批

该项目严格执行了交通基本建设程序，从工程可行性研究、初步设计、施工图设计、环境影响评价、建设用地的审批，各个环节手续齐全。具体如下：

（1）1999年9月3日，交通部以交公路发字〔1999〕第459号文，批复《关于丹拉国道主干线平安至西宁公路初步设计》。同年11月11日，交通部公路司以公设技字〔1999〕第232号文《关于丹拉国道主干线平安至西宁公路大寺沟滑坡、火车站后滑坡技术设计的批复》，同意两处滑坡技术处理方案。

（2）2000年3月24日，青海省交通厅以青交建字〔2000〕155号文，批复《关于丹拉国道主干线平安至西宁公路施工图设计》。

（3）1999年8月13日，国家环保总局以环函〔1999〕第288号文，批复《关于丹拉国道主干线平安至西宁公路环境影响报告书》。

（4）1999年7月2日，青海省水保局以青水保字〔1999〕第061号文《关于编报丹拉国道主干线朝阳至平安段高速公路水土保持方案的函》，对水保进行了批复。

（5）1999年11月26日，国土资源部以国土资函〔1999〕第649号文《关于丹拉国道主干线平安至西宁公路项目建设征用土地的批复》，同意划拨233.9467公顷土地给青海省高等级公路建设管理局，用于本项目修建高速公路建设用地。

### 2. 资金筹措

本项目概算总投资10.86亿元，其中：中央投资4.27亿元，国债5.5亿元，其余为银行贷款。竣工决算为10.7195亿元。

3. 征地拆迁

本项目沿线经过平安县、西宁市,共计2个区、2个县。

征迁工作主要内容包括:签订协议、界定征地界限、办理永久性占地报批手续;永久占地界内房屋等各种构造物的搬迁,附着物的拆除;各种管线的迁移、改建;临时及借土占地的征用等。

遵循的政策法规主要有:青海省交通厅于1999年8月31日印发的《关于对平安至西宁段高速公路征地拆迁安置补偿标准的批复》(青交计字〔1999〕第616号)、青海省人民政府1999年7月6日印发的《关于对朝阳至马场垣高速公路建设工程给予优惠政策的通知》(青政〔1999〕55号)。

主要做法:1999年6月9日,成立了征地拆迁建设协调指挥部;沿线涉及的西宁市城东区、城北区、海东地区平安县、互助县,相继成立了征地拆迁协调办公室或征地拆迁领导小组。1999年10月,建设单位会同设计单位完成了全线公路用地定界工作。11月2日,各区、县土管局会同省高管局共同组织征地拆迁人员,分成四个小组,深入现场,开始进行房屋的丈量工作。到12月底,平西高速公路全长34.78km的土地和建筑物的丈量登记工作基本结束,共征地3501.84亩,其中耕地3027.81亩,林地102.49亩,非耕地120.54亩,建设用地251亩,拆迁房屋64439.52平方米,砍伐各类大小树木109418棵。

4. 实施过程

平西高速公路是青海首条高速公路。项目自2000年2月17日开工后,建设单位及时调整总体计划和施工布局,各施工单位大幅度增加人员和设备投入,交叉作业,倒排工期,坚持冬季施工,于2001年7月1日提前实现曹家堡机场至西宁(韵家口)段试通车;同年10月1日,实现曹家堡机场至平安段试通车,2002年6月实现全线通车。

平西高速公路施工场景

(1)主线土建工程于2000年2月17日开工,2002年10月1日通车。

(2)房建工程于2000年4月开工,2001年11月完工。

(3)机电工程于2000年4月开工,2001年11月完工。

(4)交通安全设施工程于2001年9月开工,2002年7月完工。

(5)绿化工程于2002年4月开工,2005年7月完工。

(6)2002年10月16日至17日,省交通厅组织有关部门及相关建设、设计、监理、施工单位代表,对平西高速公路进行了全面交工验收,评定结果为优良工程。

(7)2003年12月29日至30日,省交通厅组织有关单位及部门的专家、沿线地方政府代表及相关建设、设计、监理、施工单位代表,对平西高速公路进行了竣工验收,工程质量评分90.3分,被评定为优良工程。

5. 重大变更

(1)全线涵洞的台身,原设计为浆砌片石,考虑到石质欠佳、材料供应严重不足等因素,为便于施工、缩短工期,改为水泥混凝土台身。

(2)软土地基和淤泥的处理,改填土为换填砂砾或片石挤淤。

(3)由于工期的需要,进行冬季施工,将95区和局部路段90、93区的填土改为换填砂砾。

6. 重大事件

(1)2000年2月1日,举行平西高速公路工程合同签字仪式。省政府副秘书长王耀东、省交通厅厅长桑杰出席,省计委、省财政厅、省建设厅、省建行等部门有关负责同志和中标单位代表,参加了签字仪式。

(2)2000年2月17日,平安至西宁高速公路正式开工建设。中共青海省委、省政府领导赵乐际、李有慰、管雷、韩应选、王恩科、苏森等,为工程开工剪彩。

(3)2000年4月11日,省政府主持召开平西高速公路建设用地征迁工作专题会议。省政府副秘书长王耀东、胡先来、省土地管理局局长丁万良、省交通厅副厅长王廷栋、西宁市人民政府副市长郭汝琢、海东行署副专员靳生贵以及西宁市建设局、西宁市土地规划局、省高管局和沿线地方政府有关领导,参加了会议。

(4)2000年10月17日,省长赵乐际到平西高速公路施工现场检查指导工作。

(5)2001年5月13日,省长赵乐际视察平西高速公路,要求7月1日实现曹家堡飞机场至韵家口互通立交段建成通车。

(6)2001年7月1日,平西高速公路曹家堡飞机场至韵家口段举行试通车典礼。省党政领导赵乐际、冯敏刚、李津成、张裔炯、李明金、白玛、蔡巨乐以及省五大班子秘书长、各委、办、厅局负责人,西宁市、海东地区及中央驻青新闻单位领导、交通系统30名省部级劳模,参加了典礼并剪彩。省长赵乐际、全国"五一劳动奖章"获得者韩建华等,为高速公路通车剪彩。

(7)2001年8月9日至11日,省委、省政府联合督查组对马平、平西高速公路进行现场督查。

(8)2001年10月1日,平西高速公路曹家堡飞机场至平安段顺利实现试通车。

(9)2002年6月28日,平安至西宁高速公路顺利实现了全线通车。

(10)2003年4月11日,省长赵乐际在省林业局局长李三旦、省交通厅厅长梁晓安、副厅长王廷栋及省高管局负责同志的陪同下,视察了平西高速公路沿线绿化景观。

(三)复杂技术工程

复杂技术工程主要为:沙塘川大桥。

1. 工程概况

沙塘川大桥位于西宁市区,跨越东川煤场、西宁大染联合化工厂、骨胶厂路及沙塘川河,是平西高速公路跨越城市的高架大桥。全长517.24m,按上、下行两幅桥分开设计,桥梁上部构造采用$(4 \times 35 + 20)$m $+ 5 \times 35$m $+ 5 \times 35$m预应力混凝土连续箱梁,梁高1.8m,箱梁底板和腹板在支点处加厚。桥面横坡由箱梁腹板高度调整形成。位于曲线部分的主梁按曲线设计,采用支架逐孔现浇法施工。设计荷载:汽车—超20,挂车—120;桥面全宽$(12.5 + 1.0 + 12.5)$m;地震烈度7度。

2. 技术特征及难点

现浇时,首先为保证支架的稳定性、支架受力的均匀性,对地基进行处理,并进行荷载计算,支架布置,支架搭设要求,支架预压,预留拱度进行计算和工序安排,提出要求;其次对于模板的安装及拆除顺序作出详细安排。然后进行安放钢筋、钢绞线、浇筑混凝土,预应力钢绞线张拉;张拉完成后,紧接着进行孔道压浆。对于C50高标号混凝土,采用工地拌和及泵送施工技术,支架现浇箱梁采用局部预压及预设拱度技术。为加快施工进度,确保箱梁施工质量,经过仔细研究后决定,每一区段箱梁竖向按两次浇筑处理,纵向施工缝设在箱梁腹板顶面位置。当一个预应力梁段混凝土强度达到90%时进行张拉(施加预应力),再进行预应力筋接长和施工缝湿接头浇筑,从而形成逐段浇筑箱梁的连续化。由于两幅桥间距较小,右幅桥紧靠兰青铁路,无法在本桥两侧各安排一条施工通道。为使右幅桥材料运输便捷,上部结构从10号墩开始先进行第三联右幅桥施工,在搭设两孔半支架后,开始铺设底模、绑扎钢筋、浇筑混凝土。安装内模板、绑扎顶板钢筋、浇筑顶板混凝土、张拉灌浆等作业,依次流水循环。在浇筑第一孔底板、腹板混凝土的同时,开始搭设第三~四孔支架。在浇筑第一孔顶板混凝土时,开始左幅桥的支架施工。为了不影响右幅桥施工,左、右幅桥按相差3孔同时向前推进。张拉完成第二孔钢绞线后,拆除第一孔支架,从

10号墩开始进行第二联右幅桥施工,直至完成全桥施工。桩基及下部结构施工先从第二、三联开始,按平行作业法,分左、右幅两个钻孔施工队同时施工。墩台、身施工按流水作业法,分钢筋加工、模板支立、混凝土浇筑等专业班组流水作业。钢筋采用集中加工、现场组焊,混凝土配料拌和采用自动计量混凝土搅拌站,泵管输送至工作面,保证了质量和工期。

### (四)科技创新

平安至西宁高速公路建设,在吸取其他省区经验的基础上,采用了新材料、新技术、新工艺、新设备;同时,开展了多项科研工作。

**1. 技术创新主要有**

(1)路面上面层采用了AC-13K调整型级配,有效消除了碾压推移等现象,提高了路面抗车辙能力和路面集料嵌挤能力。

(2)湿陷性黄土路段采用换填土砂砾料和冲击压实处理,提高了路基稳定性,有效降低了工后沉降。

(3)在桥梁伸缩缝施工中,采用环氧树脂混凝土毛勒缝,不仅大幅度提高了伸缩缝的使用寿命,而且有效解决了困扰高速公路桥头跳车的问题。

(4)为加快施工进度,在桥梁施工中首次采用搭温棚、高压蒸气等冬季施工技术和工艺。

**2. 科研课题主要有**

(1)青海省高等级公路沥青路面合理结构的研究

该项目结合青海省的自然特点,依托平安—西宁高速公路建设,修筑了试验路;通过试验路的铺筑、室内试验和理论分析,对沥青混凝土表面层、沥青稳定碎石基层、级配碎石基层和低强度水泥稳定碎石基层的路用性能、材料组成、施工工艺进行了系统研究。项目推荐的AC-13K调整型沥青面层矿料级配、低强度水泥稳定碎石基层等,对提高路面使用性能、减少路面开裂、延长沥青路面使用寿命,具有重要意义。项目通过对试验路使用性能观测和分析、国内外沥青路面结构现状调研,研究推荐了青海省高等级公路的合理路面结构形式,对于沥青路面的设计施工,具有指导意义。项目研究成果总体达到国内领先水平。

(2)平西高速公路项目多媒体应用研究

本项目对平安至西宁高速公路项目建设管理的全部过程进行跟踪,设计完成充分运用数据库、互联网、动画、音、视频等计算机多媒体技术的多媒体软件,表现平西高速公路项目建设管理工作,并探索研究计算机多媒体技术在公路项目建设管理中的运用,填补了国内外项目管理相关领域的空白,为今后青藏高原地区乃至全国的公路工程建设管理提供了宝贵的经验,也为项目管理中计算机技术的应用开辟了广阔的前景。

(五)运营养护管理

1. 养护管理

平西高速公路由青海省海东公路总段下属的海东高速公路养护处负责养护。本项目自通车以来,为恢复沿线设施的使用功能及原有的技术标准,2010年至今每年对路面病害及车辙进行了整治;2011年,部分路段实施路面雾封层预防性养护工程;2012年,部分路段实施了CRF沥青再生剂、PMM沥青雾封层路面修复工程,并对朝阳主线、韵家口、峡口、曹家堡、平安收费站进行了扩建。2014年,实施了K1795+799~K1813+000绿化带两侧路缘石改造工程;并对部分三类通道、涵洞进行了维修加固。

2. 收费设施

根据2001年5月22日青海省人民政府办公厅《关于同意丹拉国道主干线平安至西宁高速公路贷款修路收费还贷及设置收费站点的复函》(青政办函〔2001〕57号文),平西高速公路设置朝阳主线收费站和平安、曹家堡、峡口、韵家口3座匝道收费站。根据2015年10月26日青海省人民政府《关于同意西宁周边高速公路收费制式调整后设置收费站的批复》(青政函〔2015〕90号文)和《关于同意西宁周边高速公路收费制式调整后相关收费站点停止收费的批复》(青政函〔2015〕91号文),平西高速公路设立海东主线收费站和高寨匝道收费站(未开通);同时,撤销峡口匝道、韵家口匝道、朝阳收费站。

本项目现共设置收费站3座,其中主线收费站1座,在曹家堡、平安设置匝道收费站2座。截至2016年底,匝道出入口数量共计30条,其中ETC车道7条,见表10-1-11。

G6平安至西宁段收费设施一览表　　　　　　　　　　　表10-1-11

| 收费站名称 | 桩号 | 入口车道数 | | 出口车道数 | | 收费方式 |
|---|---|---|---|---|---|---|
| | | 总车道 | ETC车道 | 总车道 | ETC车道 | |
| 平安收费站 | K1781+601 | 2 | 1 | 4 | 1 | 封闭式联网收费 |
| 曹家堡收费站 | K1786+556 | 4 | 1 | 6 | 1 | |
| 海东主线收费站 | K1793+211 | 7 | 3 | 16 | 3 | |

3. 监控设施

本项目设置韵家口监控分中心,与韵家口收费站合建;负责全线的道路运营监控工作、路况信息的收集、上传及发布工作。

4. 交通流量

平安至西宁高速公路自2002年全线开通至2015年,各收费站日平均交通量总和从

2688 辆/日,增长至 51440 辆/日。2015 年后部分收费站撤销,监测数据下降,见表 10-1-12。

**G6 平安至西宁段交通流量发展状况表**(单位:辆/日)　　表 10-1-12

| 年份(年) | 平西高速路段日平均流量 | 平安 | 曹家堡 | 峡口 | 韵家口 | 朝阳 | 海东主线 |
|---|---|---|---|---|---|---|---|
| 2001 | 976 | | | | | | |
| 2002 | 2688 | 809 | 384 | 160 | 811 | 524 | |
| 2003 | 4889 | 1576 | 496 | 142 | 1484 | 1191 | |
| 2004 | 4927 | 1169 | 618 | 118 | 1653 | 1369 | |
| 2005 | 5857 | 1211 | 821 | 345 | 1781 | 1699 | |
| 2006 | 7217 | 1350 | 1016 | 740 | 1882 | 2229 | |
| 2007 | 8974 | 1347 | 1205 | 1125 | 2417 | 2880 | |
| 2008 | 10609 | 1477 | 1407 | 1099 | 2899 | 3727 | |
| 2009 | 13141 | 1752 | 1819 | 1201 | 3707 | 4662 | |
| 2010 | 17294 | 2176 | 2391 | 1622 | 4997 | 6108 | |
| 2011 | 21207 | 2785 | 2963 | 1957 | 6626 | 6876 | |
| 2012 | 27603 | 3610 | 3864 | 2407 | 8573 | 9149 | |
| 2013 | 36920 | 4951 | 4841 | 2805 | 11879 | 12444 | |
| 2014 | 42057 | 5052 | 5275 | 2843 | 14086 | 14801 | |
| 2015 | 51440 | 5418 | 5381 | 2902 | 13849 | 13667 | 10223 |
| 2016 | 20282 | 5139 | 3737 | 0 | 0 | 0 | 11406 |

交通量增长柱状图

## 三、G6 西宁过境公路西段(建设期 2007.8—2010.10)

### (一)项目概况

**1. 功能定位**

西宁过境公路西段位于青海省西宁市,是国家高速公路网中 G6 京藏高速公路的重要组成路段之一,属交通部第二批典型示范工程之一。交通部在初步设计阶段批复的项目名称是"西宁过境公路西段"。本项目的建设,对完善国家高速公路网络,解决国道主干线在西宁市的过境交通"瓶颈"问题,缓解城市交通压力,进一步提升西宁青藏高原中心城市的交通辐射功能,加快推进青海东部城市群建设,拓展城市发展空间,提高城市品位,改善城市出行环境,提高市区居民生活质量等,具有重要的意义。

2.技术标准及建设规模

全线采用高速公路标准建设。其中宁大路改建段采用双向八车道,路基宽度33.5m;祁家城至项目终点上巴浪新建段采用双向四车道,路基宽度26m,设计速度100km/h。桥涵设计荷载公路-Ⅰ级,设计洪水频率1/100或1/300,地震基本烈度7度。

西宁过境公路西段天峻路高架特大桥

路线全长20.494km,其中利用宁大路改建3.427km,新建17.067km。另建西钢连接线0.6179km。批准概算投资17.03亿元,竣工决算投资25.46亿元。共设特大桥2246.3m/1座,大桥5722.99m/21座,中桥506.97m/8座,互通式立交5处,分离式立交4处,隧道2547.5m/(双洞)1处,涵洞43道,各类通道和天桥28道(座)。匝道收费站5处,房建工程总建筑面积7156m²。

3.地形地貌及主要控制点

本项目所经区域处于青藏高原东部祁连山南支脉达坂山东段南缘的西宁盆地,盆地内广泛发育河谷平原和低山丘陵地貌,地势大致西高东低,地形东西狭长呈带状。

主要控制点:祁家城、大酉山、马坊、西杏园、西钢、海子沟、宋家寨、晋家湾、鲍家寨、朱家寨。

4.开工及通车时间

2007年8月7日开工建设,2010年10月28日建成通车,2010年11月22日完成交工验收,2014年12月24日完成竣工验收。

G6西宁过境公路西段桥梁汇总见表10-1-13，隧道汇总见10-1-14，路面结构见表10-1-15。

G6西宁过境公路西段桥梁汇总表　　　　　　　　　　　表10-1-13

| 规模 | 序号 | 名　　称 | 桥梁左（m） | 桥梁右（m） | 主跨长度（m） | 结构类型 | 跨越障碍物 |
|---|---|---|---|---|---|---|---|
| 特大桥 | 1 | 天峻高架桥 | 2246.3 | 2245.9 | 100 | 预应力混凝土连续梁桥 | 道路 |
| 大桥 | 1 | 大崖沟大桥 | 288.8 | 208.8 | 40 | 预应力混凝土连续梁桥 | 沟谷 |
| | 2 | 郭家沟大桥 | 208.8 | 208.8 | 40 | 预应力混凝土连续梁桥 | 沟谷 |
| | 3 | 王家山大桥 | 208.8 | 208.8 | 40 | 预应力混凝土连续梁桥 | 沟谷 |
| | 4 | 西钢Ⅱ大桥 | 128.2 | 128.2 | 30 | 预应力混凝土连续梁桥 | 沟谷 |
| | 5 | 西钢Ⅲ大桥 | 158.2 | 158.2 | 30 | 预应力混凝土连续梁桥 | 沟谷 |
| | 6 | 西钢Ⅳ大桥 | 338.2 | 338.2 | 30 | 预应力混凝土连续梁桥 | 沟谷 |
| | 7 | 海子沟大桥 | 313.04 | 313.04 | 30 | 预应力混凝土连续梁桥 | 道路 |
| | 8 | 宋家寨高架桥 | 456.76 | 456.76 | 27 | 预应力混凝土连续梁桥 | 道路 |
| | 9 | 祁家城互通式立交A匝道2号桥 | 427.403 | 427.403 | 35 | 预应力混凝土连续梁桥 | 道路 |
| | 10 | 祁家城互通式立交B匝道桥 | 206 | 206 | 25 | 预应力混凝土连续梁桥 | 道路 |
| | 11 | 祁家城互通式立交C匝道1号桥 | 435.311 | 435.311 | 35 | 预应力混凝土连续梁桥 | 道路 |
| | 12 | 祁家城互通式立交C匝道3号桥 | 420.5 | 420.5 | 27 | 预应力混凝土连续梁桥 | 道路 |
| | 13 | 祁家城互通式立交D匝道桥 | 580 | 580 | 27 | 预应力混凝土连续梁桥 | 道路 |
| | 14 | 海湖路互通式立交AK0+291.531A匝道桥 | 305.136 | 305.136 | 35 | 钢筋混凝土连续箱梁/预应力混凝土连续箱梁 | 道路 |
| | 15 | 海湖路互通式立交AK0+680.5A匝道桥 | 122 | 122 | 22 | 预应力混凝土连续梁桥 | 道路 |
| | 16 | 海湖路互通式立交B匝道桥 | 211.546 | 211.546 | 30 | 预应力混凝土连续梁桥 | 道路 |
| | 17 | 海湖路互通式立交C匝道桥 | 368.894 | 368.894 | 35 | 预应力混凝土连续梁桥 | 道路 |
| | 18 | 海湖路互通式立交D匝道桥 | 105.2 | 105.2 | 17.6 | 钢筋混凝土连续梁桥 | 道路 |
| | 19 | 西钢互通式立交A匝道桥 | 147 | 147 | 18 | 钢筋混凝土连续梁桥 | 道路 |
| | 20 | 西钢互通式立交E匝道桥 | 165 | 165 | 18 | 钢筋混凝土连续梁桥 | 道路 |
| | 21 | 城西大道分离式立交 | 128.2 | 128.2 | 30 | 预应力混凝土连续梁桥 | 道路 |
| 中桥 | 1 | 祁家城互通式立交A匝道1号桥 | 32.4 | 32.4 | 25 | 预应力混凝土连续梁桥 | 道路 |
| | 2 | 祁家城互通式立交C匝道2号桥 | 33.37 | 33.37 | 25 | 预应力混凝土连续梁桥 | 道路 |
| | 3 | 马坊中桥 | 98.2 | 98.2 | 30 | 预应力混凝土连续梁桥 | 沟谷 |
| | 4 | 西钢Ⅰ号中桥 | 98.2 | 98.2 | 30 | 预应力混凝土连续梁桥 | 沟谷 |
| | 5 | 云谷川中桥 | 65.6 | 65.6 | 20 | 预应力混凝土连续梁桥 | 河流 |
| | 6 | 西钢互通式立交B匝道桥 | 75 | 75 | 18 | 钢筋混凝土连续梁桥 | 道路 |
| | 7 | 上吧浪互立交主线桥 | 65.2 | 65.2 | 25 | 预应力混凝土连续梁桥 | 道路 |
| | 8 | 鲁云三级路分离式立交 | 39 | 39 | 15 | 钢筋混凝土连续梁桥 | 道路 |

**G6 西宁过境公路西段隧道汇总表**  表 10-1-14

| 规模 | 名称 | 隧道全长左（m） | 隧道全长右（m） | 隧道净宽（m） | 隧道分类 | 洞门形式 | | | |
|---|---|---|---|---|---|---|---|---|---|
| | | | | | | 左线 | | 右线 | |
| | | | | | | 进口 | 出口 | 进口 | 出口 |
| 长隧道 | 大西山隧道 | 2560.00 | 2535.00 | 10.75 | 土质山岭隧道 | 削竹式 | 端墙式 | 削竹式 | 端墙式 |

**G6 西宁过境公路西段路面结构表**  表 10-1-15

| 路面形式 | 起讫里程 | 长度（m） | 水泥混凝土路面 | 沥青路面 |
|---|---|---|---|---|
| 柔性路面 | 全线 K0+000~K17+067.213 | 14507（除隧道外） | | 4cm 细粒式沥青混凝土层+6cm 中粒式沥青混凝土+8cm 的粗粒式沥青混凝土+36cm 水泥稳定碎石+18cm 水泥稳定砂砾 |
| | 隧道 K2+655~K5+208 | 2560 | 普通混凝土路面 | |

5. 项目建设背景及前期决策情况

丹（东）拉（萨）国道主干线西宁过境段主要由西湟一级公路柴达木路承担，沿线厂矿、居民区分布密集，混合交通流量较大，通行能力差，事故率高。为缓解西宁东西过境交通瓶颈，根据《国家高速公路网规划》，2003 年，青海省交通厅青交综规〔2003〕428 号文下达了《丹拉国道主干线西宁西过境段公路可行性研究》的任务通知。2005 年 8 月由青海省公路科研勘测设计院完成工程可行性研究报告。青海省交通厅以《关于上报丹（东）拉（萨）国道主干线西宁过境段公路可行性研究报告的请示》（青交综规〔2005〕38 号）和《关于丹（东）拉（萨）公路西宁过境高速公路路线方案的请示》（青交综规〔2006〕14 号），上报交通部。交通部于 2006 年 6 月 19 日，《关于丹拉国道主干线西宁过境公路西段可行性研究报告的批复》（交规划发〔2006〕282 号），批复了西宁过境公路西段可行性研究报告。

6. 参建单位主要情况

（1）建设单位

青海省高等级公路建设管理局

（2）设计单位

中交第一公路勘察设计研究院有限公司、青海省公路科研勘测设计院

（3）招投标工作

依据《中华人民共和国招标投标法》及相关法律法规，西宁过境公路西段土建工程、路面工程、房建工程、收费大棚工程、机电工程、交通工程、绿化工程的施工及施工监理招标工作，由省高管局委托华杰工程咨询有限公司进行了公开招标。土建工程施工及施工监理于 2007 年 5 月 14 日开标，路面工程施工于 2009 年 9 月 15 日开标，房建工程施工及施工监理和绿化工程施工监理于 2009 年 8 月 4 日开标，桥梁伸缩缝和收费大棚工程于

2009年10月11日开标,绿化工程施工2010年1月25日开标,机电工程施工及施工监理和交通工程施工于2010年3月3日开标。

(4)施工单位

通过招投标,本项目由海南公路工程公司、中国路桥工程有限责任公司等29家施工单位参与建设,其中,土建工程7家,路面工程1家,桥梁伸缩缝2家,房建工程3家,收费大棚工程3家,机电工程3家,交通工程5家,绿化工程5家。

(5)监理单位

本项目由山西交通工程监理总公司、陕西海嵘工程项目有限公司等6家监理单位参与建设,设置总监办公室1个,路基工程监理办公室2个,交通工程及房建工程(含收费大棚工程)监理办公室1个,机电工程监理办公室1个,绿化工程监理办公室1个。

G6西宁过境公路西段参建单位见表10-1-16。

G6西宁过境公路西段参建单位表　　　　表10-1-16

| 序号 | 参建单位 | 单位名称 | 合同段编号及起止桩号 | 工程内容 | 主要负责人 |
|---|---|---|---|---|---|
| 1 | 项目管理单位 | 青海省高等级公路建设管理局 | | | 李积胜 |
| 1 | 勘察设计单位 | 中交第一公路勘察设计研究院有限公司/青海省公路科研勘测设计院 | | | 张协 |
| 1 | 施工单位 | 海南公路工程公司 | 路基1标:NK0+570~NK4+008、K0+000~K0+425.427 | 路基桥涵3.852km | 王仕灼 |
| 2 | | 中国路桥工程有限责任公司 | 路基2标:K0+425.427~K1+755.627 | 路基桥涵1.33km | 杨红卫 |
| 3 | | 中铁十八局第三工程公司 | 路基3标:K1+755.627~K2+600 | 路基桥涵0.844km | 刘林北 |
| 4 | | 中交第三公路工程局 | 路基4-1标:K2+600~K4+175 | 路基桥隧1.575km | 张清华 |
| 5 | | 中铁十九局第二工程公司 | 路基4-2标:K4+175~K5+600 | 路基桥隧1.425km | 杨保旭 |
| 6 | | 中天路桥有限公司 | 路基5标:K5+600~K9+800 | 路基桥涵4.2km | 周剑峰 |
| 7 | | 青海路桥建设股份有限公司 | 路基6标:K9+800~K17+067.213 | 路基桥涵7.267km | 李春光 |
| 8 | | 青海路桥建设股份有限公司 | 路面工程:NK0+570~NK4+008、K0+000~K17+067.213 | 路面工程20.49km | 张强 |
| 9 | | 青海一建建筑工程有限责任公司 | 房建1标 | 朝阳收费站 | 王浩文 |
| 10 | | 青海省工达建筑总承包工程公司 | 房建2标 | 海湖匝道收费站 | 李白 |
| 11 | | 青海省土木建筑实业有限公司 | 房建3标 | 上吧浪匝道收费站、西钢匝道收费站 | 薛小军 |
| 12 | | 徐州中煤钢结构公司 | 收费大棚1标 | 朝阳收费站 | 马彬 |

# 第十章 高速公路建设项目

续上表

| 序号 | 参建单位 | 单位名称 | 合同段编号及起止桩号 | 工程内容 | 主要负责人 |
|---|---|---|---|---|---|
| 13 | 施工单位 | 汾阳市虹宇网架结构公司 | 收费大棚2标 | 海湖匝道收费站 | 李润梅 |
| 14 | | 山西建筑工程总公司 | 收费大棚3标 | 上吧浪匝道收费站、西钢匝道收费站 | 杨建时 |
| 15 | | 衡水恒力通工程橡胶有限公司 | 伸缩缝工程1标：NK0+570~NK4+008、K0+000~K1+755.627 | 伸缩缝工程 | 屈会杰 |
| 16 | | 衡水冀通工程橡胶有限公司 | 伸缩缝工程2标：K1+755.627~K17+067.213 | 伸缩缝工程 | 孙绍琨 |
| 17 | | 西宁园林建设开发公司 | 1绿化1标：NK0+570~NK4+008、K0+261.801~K0+480 | 绿化工程3.645km | 王海洪 |
| 18 | | 甘肃洮河园林绿化有限公司 | 绿化2标：K0+500~K2+655 | 绿化工程2.155km | 李玉莲 |
| 19 | | 西宁树景园林种植有限公司 | 绿化3标：K5+209~K9+800 | 绿化工程4.591km | 王英文 |
| 20 | | 西宁广绿绿化公司 | 绿化4标：K9+800~K13+000 | 绿化工程3.2km | 张国庆 |
| 21 | | 西宁市湟水林场 | 绿化5标：K13+000~K17+067 | 绿化工程4.067km | 张锦梅 |
| 22 | | 青海省路源工贸有限责任公司 | 交安1标：NK0+570~NK4+008、K0+000~K17+067.213 | 标志 | 张卫平 |
| 23 | | 四川金城栅栏工程有限公司 | 交安2标：NK0+579~NK3+534、K0+239.5~K17+086 | 标线、突起路标 | 王建成 |
| 24 | | 内蒙古通安特交通工程科技公司 | 交安3标：NK0+570~NK4+008、K0+000~K10+000 | 隔离栅、防落物网 | 李卫国 |
| 25 | | 衡水路航交通防护工程有限公司 | 交安4标：K10+000~K17+067.213 | 隔离栅、护栏等 | 崔长发 |
| 26 | | 甘肃圆峰交通设施制造有限公司 | 交安5标：NK0+570~NK4+008、K0+000~K17+067.213 | 声屏障 | 李德和 |
| 27 | | 北京路安交通科技发展有限公司 | 机电1标：NK0+570~NK4+008、K0+000~K17+067.213 | 机电工程 | 范俊松 |
| 28 | | 广州海特天高信息系统工程公司 | 机电2标：K2+655~K5+208 | 机电工程 | 杨俊 |
| 29 | | 青海金安建设工程有限公司 | 机电3标：NK0+570~NK4+008、K0+000~K17+067.213 | 机电工程 | 杨志宏 |
| 1 | 监理单位 | 山西交通工程监理总公司 | 总监办：NK0+570~NK4+008、K0+000~K17+067.213 | 路基、路面、机电、房建、交安、绿化、收费大棚 | 米慧杰 |
| 2 | | 陕西海嵘工程项目有限公司 | 第一驻地办：NK0+570~NK4+008、K0+000~K2+600 | 路基 | 陈京德 |

续上表

| 序号 | 参建单位 | 单位名称 | 合同段编号及起止桩号 | 工程内容 | 主要负责人 |
|---|---|---|---|---|---|
| 3 | 监理单位 | 重庆中宇工程咨询监理公司 | 第二驻地办：<br>K2+600～K17+067.213 | 路基 | 杨兵 |
| 4 | | 北京中资路捷工程技术咨询公司 | 第三驻地办：NK0+570～NK4+008、<br>K0+000～K17+067.213 | 房建、交安、收费大棚 | 杨运青 |
| 5 | | 青海省兴青监理咨询公司 | 绿化工程第四驻地办：<br>NK0+570～NK4+008、<br>K0+000～K17+067.213 | 绿化 | 何成云 |
| 6 | | 北京中交路通交通工程咨询公司 | 机电工程第五驻地办：<br>NK0+570～NK4+008、<br>K0+000～K17+067.213 | 机电 | 张铖 |

(二)建设情况

1. 项目审批

该项目严格执行了交通基本建设程序，从工程可行性研究、初步设计、施工图设计、环境影响报告、建设用地的审批，各个环节手续齐全。具体如下：

(1)2007年3月13日，交通部下发《关于西宁过境公路西段初步设计的批复》(交公路发〔2007〕114号)。

(2)2008年4月29日，青海省交通厅下发《关于丹(东)拉(萨)国道主干线西宁过境公路西段施工图设计的批复》(青交公〔2008〕404号)。

(3)2006年6月8日，青海省环保局下发《关于丹拉国道主干线西宁市西过境线公路项目环境影响报告表的批复》(青环发〔2006〕200号)。

(4)2008年3月6日，水利部下发《关于丹(东)拉(萨)国道主干线西宁过境公路西段工程水土保持方案的复函》(水保函〔2008〕64号)。

(5)2012年7月24日，国土资源部下发《关于丹拉国道主干线西宁市西过境公路西段工程建设用地的批复》(国土资函〔2012〕553号)，批准建设用地167.0291$hm^2$(公顷)，划拨为工程建设用地。

2. 资金筹措

本项目概算总投资17.03亿元，其中：交通部补助7.14亿元，国债补助2.5亿元，其余由省内筹措(银行贷款)。竣工决算为25.46亿元。

3. 征地拆迁

本项目沿线经过西宁市城北区朝阳、魏家城等18个行政村。

征地工作主要内容包括：签订协议、界定征地界限、办理永久性占地报批手续；永久占地界内房屋等各种构造物的搬迁，附着物的拆除；各种管线的迁移、改建；临时及借土占地的征用等。

遵循的政策法规主要有：青海省国土资源厅2007年4月2日印发的《关于印发丹拉国道主干线西宁过境公路工程建设征地拆迁补偿标准的通知》（青国土资〔2007〕13号）。

主要做法：该项目征地拆迁工作由青海省高等级公路建设管理局西宁过境公路西段项目办，会同城北区城建局共同开展。根据省国土资源厅印发的《关于印发西宁过境公路西段征地方案的通知》，按照先易后难的征迁步骤，先后分四个阶段对西宁过境公路西段沿线占用土地现场进行了大量登记。于2008年12月底完成了全线征迁拆迁工作任务。据统计，本项目共占用土地167.0291$hm^2$（公顷）。其中：征用农民集体所有农用地110.66公顷[耕地79.7095$hm^2$（公顷）]，另征收农民集体所有建设用地9.3681$hm^2$（公顷），未利用地5.7935公顷，国有农用地5.8248$hm^2$（公顷），国有建设用地34.7889$hm^2$（公顷），未利用地0.5938$hm^2$（公顷）；拆迁房屋71640.52$m^2$，共产生征地拆迁及外业拆迁费2.54亿元。

4. 实施过程

西宁西过境公路项目开工后，因征地拆迁、行业迁改、物价上涨及材料供应不足等不利因素，导致工期拖延。为此，建设单位积极与沿线政府及有关部门加大协调力度，推进征地拆迁，解决水泥、油料等供应问题。针对建材及人工工资大幅上涨的实际，青海省交通厅出台了《青海省公路建设物价上涨问题座谈会议纪要》，解决了施工单位后顾之忧。2008年底，中央扩大内需新增投资2.5亿元任务下达后，建设单位制订了冬季施工安排计划，加大人员、机械和材料的投入，于2009年2月底超额完成投资任务。此后，在中共青海省委、省人民政府的大力支持下，在西宁市及有关部门的积极配合下，努力克服困难，工程进度不断加快，如期完成了建设任务。

（1）主线土建工程于2007年8月7日开工，2010年10月28日通车。

（2）房建工程于2009年9月开工，2010年9月完工。

（3）机电工程于2010年4月开工，2010年9月完工。

（4）交通安全设施工程于2010年5月开工，2010年10月完工。

（5）绿化工程于2010年4月开工，2013年4月完工。

（6）2011年11月21日—22日，由青海省高等级公路建设管理局主持，厅公路处、质监站以及参建单位共同参与，完成了西过境公路的交工验收。

（7）2014年12月22日—24日，由青海省交通厅牵头，组织相关单位对西过境公路进行了竣工验收。工程质量评分为88.08分，等级为合格。

5. 重大变更

祁家城互通立交位置、规模及结构形式发生变化。

6. 重大事件

(1)2006 年 12 月 13 日,西宁过境高速公路西段工程开工典礼举行。省政协副主席王孝榆、省政府副秘书长徐连生、省交通厅、西宁市政府有关领导,参加了开工典礼。

(2)2008 年 5 月 1 日下午,副省长、西宁市市长骆玉林到西宁西过境公路施工现场,看望慰问筑路员工,并现场办公,协调解决施工中遇到的征迁问题。

(3)2008 年 7 月 9 日,省委常委、副省长马建堂到西宁西过境高速公路西段建设现场视察指导,并亲切慰问一线建设者。

(4)2008 年 11 月 6 日,省长宋秀岩、副省长徐福顺一行视察西过境公路工程建设情况。

2008 年 11 月 6 日,时任省长宋秀岩(左三)视察西过境公路建设情况

(5)2008 年 12 月 31 日,省委书记强卫,在省委常委、省委秘书长沈何、副省长邓本太以及省发改委、省交通厅、省高管局领导的陪同下,到正在进行冬季施工的西宁西过境高速公路施工现场,视察公路建设情况,亲切慰问一线施工人员。

(6)2010 年 4 月 27 日,西宁西过境公路大西山隧道顺利实现了左线贯通的目标。

(7)2010 年 3 月 30 日,西宁西过境公路大西山隧道右线顺利贯通。

(8)2009 年元月 18 日,由监察部、交通运输部等五部委领导、专家组成的联合督导组,检查西过境项目中央扩大内需新增投资计划的执行情况。

(9)2009 年 7 月 18 日,交通运输部副部长冯正霖,在青海省人民政府副省长骆玉林、省交通厅厅长杨伯让陪同下,调研西宁西过境公路建设情况。

(10)2009 年 9 月 2 日,省人大常委会副主任桑杰带领省人大代表团,在省交通厅厅长杨伯让、总工马忠英等领导陪同下,调研西宁西过境高速公路建设情况。

(11)2009年12月23日,省委书记、省人大常委会主任强卫,在省委常委、秘书长沈何,省委常委、副省长徐福顺等人陪同下,视察西宁西过境高速公路建设情况,并亲切慰问施工人员。

(12)2010年10月28日,北京至拉萨国道主干线西宁过境公路西段高速公路正式建成通车,北京至拉萨国道西宁过境段全部实现高速化。省委书记强卫、省委常委、秘书长沈何、省委常委、副省长骆玉林、省人大常委会副主任桑杰、省政协副主席陈资全等,出席通车仪式。

(三)复杂技术工程

复杂技术工程主要为天峻路高架特大桥和大酉山隧道。

1. 天峻路高架特大桥

(1)工程概况

天峻路高架特大桥位于西宁北川河河谷平原上,是西宁过境公路西段项目的特大型桥梁,高架于天峻路之上。全桥共划分十八联,左线全长2246.3m,右线全长2245.9m。桥梁宽度26m,设计荷载:公路-Ⅰ级,设计洪水频率:1/300,地震动峰值加速度系数:0.10$g$。

(2)技术特点及难点

该桥墩台地基上部为填土和黄土状土层,系不均匀地基,下部主要为卵石土和风化泥岩石地基。桥基采用摩擦桩,以弱风化泥岩层作为桩端持力层。上部施工采用现浇箱梁,大悬臂,桥墩选用花瓶墩。主跨30m的箱梁采用单箱室断面,边、中跨梁高均为1.7m;主跨40m的箱梁采用单箱单室断面,中跨梁高2.2m;为使箱梁外观一致,高度变化顺畅,边跨梁高由1.7m按直线变化到2.2m。两座主跨均为悬臂长3.5m,顶板宽13m,底板宽6m,箱梁顶板厚28cm,底板厚25cm,底板在支点附近逐渐加厚至45cm。

2. 大酉山隧道

(1)工程概况

位于西宁盆地,地貌单位属黄土塬梁地貌。设计荷载采用公路-Ⅰ级,设计速度100km/h。隧道左线全长2560m,右线全长2535m。按高速公路双向四车道分离式隧道设计。限宽10.75m,净高5.0m。

(2)技术特征及难点

大酉山隧道是西宁西段的控制性工程,主要地质为湿陷性黄土及人工回填土,土体松软,施工难度较大。隧址区地貌单元属黄土塬梁地貌,海拔2314.8~2444.2m,相对高差约130m。进口段为北川河两岸Ⅲ级阶地地貌,地形呈现阶梯状起伏,台面平整;

出口端为黄土塬梁深切沟谷斜坡地貌,坡面陡峻,

坡度在 45°~50°;在左 K2+960~K3+180 或右 K3+080~K3+240 洞身段为深切 U 沟谷。

大酉山隧道

施工单位根据其特点,采用现场测试、室内试验、理论分析和数值模拟的方法,采用高压旋喷桩隧道加固技术,提高隧道基础承载力。遵循"预加固、管超前、小断面、短开挖、强支护、早成环、快封闭、勤量测"的原则,做好塌方处治,达到了预期效果。由于受湿陷性黄土影响,隧道地基承载力不能满足明洞设计要求,设计时采用换填灰土及土工格栅,以提高基底承载力。由于黄土隧道自稳时间短、容易失稳,因此采用管超前、严注浆、及时支护;初期支护完成后,及时施做仰拱使其封闭成环,并尽快进行二次衬砌。

(四)科技创新

1. 技术创新主要有

(1)大酉山隧道因地处湿陷性黄土地段,为提高地基承载力,采用了旋喷桩技术进行地基处理。

(2)天峻路高架桥上部现浇箱梁,在青海公路建设中首次采用移动模架现浇工艺,确保了工程质量。

(3)项目沿途地基大部分为湿陷性黄土路段,分别采用了灰土挤密桩、强夯、冲击碾压等方法进行处理,并进行了大频率破损检测。

2. 管理创新有

(1)在青海公路建设项目中率先使用工程质量管理软件,实行网上快速查阅,有力推动了工程资料的规范化管理。

(2)全线优先采用整体式定型模板,拼装模板面积要求不少于 $1.5m^2$,混凝土全部进

行集中拌和生产,预制构件集中生产,确保了结构物质量。

3. 科研课题主要有

"黄土公路隧道施工安全保障技术研究"课题通过"软弱黄土围岩性状与荷载作用特征研究""隧道支衬体系受力性状研究""软弱黄土隧道施工工法适应性研究""浅埋杂填土段隧道施工控制技术""区段地表裂缝对隧道结构影响分析与处治对策研究"等5个子课题的研究,进一步明确了软弱黄土公路隧道各典型段围岩压力设计参数取值及荷载分布特征,进一步界定了土质隧道深浅埋状态;得出施工过程中支衬体系受力变化特征,揭示典型地貌特征对隧道支衬体系的影响规律;给出浅埋段软弱黄土地基承载力取值标准并提出合理有效的处理技术;揭示软弱黄土隧道塌方原因并给出有效的处治措施;得出浅埋杂填土段隧道围岩压力与荷载分布特征,并给出相应的施工控制技术;总结地表裂缝的分布特征,揭示地表裂缝影响规律,并提出切实可行处治对策,总结出不同条件下软弱黄土隧道的施工工法,解决了软弱黄土隧道安全施工的技术难题。

(五)运营养护管理

1. 养护管理

西宁西过境高速公路,由青海省湟源公路总段下属的湟源高速公路养护处负责养护。

2. 收费设施

根据2010年5月17日《青海省人民政府关于丹拉国道主干线西宁过境公路西段设立收费站和朝阳主线收费站变更为两个匝道收费站的批复》(青政函〔2010〕44号文),在西宁西过境西段依法设立海湖匝道收费站、西钢匝道收费站、上巴浪匝道收费站;并将原朝阳主线收费站变更为两个匝道(南、北)收费站。

根据2015年10月26日《青海省人民政府关于同意西宁周边高速公路收费制式调整后相关收费站点停止收费的批复》(青政函〔2015〕91号文),撤销朝阳北、朝阳南、海湖、西钢、上巴浪匝道收费站。

本项目现为西宁市免费高速环线的组成部分,车辆免费通行。

3. 监控设施

本项目设置大酉山隧道监控管理所,负责全线的隧道运营监控工作及路况信息的收集、上传及发布工作,全线道路运营监控工作由湟源监控分中心负责。

4. 交通流量

西过境高速公路自2010年开通至2014年,各收费站日平均交通量总和从7418辆/日,增长至13613辆/日,见表10-1-17。

**G6西宁过境公路西段交通流量发展状况表**（单位：辆/日）　　　表10-1-17

| 年份（年） | 西过境高速路段日平均流量 | 朝阳北 | 海湖 | 西钢 | 上巴浪 |
|---|---|---|---|---|---|
| 2010 | 7418 | 3208 | 1466 | 1157 | 1587 |
| 2011 | 8941 | 3807 | 2026 | 1002 | 2106 |
| 2012 | 11004 | 4934 | 3020 | 1105 | 1945 |
| 2013 | 13613 | 6220 | 4218 | 1408 | 1767 |
| 2014 | 16535 | 7023 | 5507 | 2480 | 1525 |

交通量增长柱状图

## 四、G6倒淌河至共和段（建设期：2009.6—2013.8）

### （一）项目概况

**1. 功能定位**

倒淌河至共和公路二期工程位于青海省海南州共和县境内，是国家高速公路网中G6京藏高速公路的重要组成路段之一。该项目建设打通了西宁至海南州的快速通道，是连接青海省东部与青南地区和柴达木循环经济区的重要通道之一，在国家、西部省区、青海省公路网中处于承东启西的关键地位。项目的建设，对完善国家高速公路网络、巩固国防、促进民族团结、加快实施西部大开发战略、进一步改善沿线人民群众生产生活条件、带动城镇建设、促进民族地区经济发展和社会进步等，都具有重要意义。

**2. 技术标准及建设规模**

采用双向4车道高速公路标准建设，设计速度80km/h，分离式路基宽度采用2×12m，整体式路基宽度26m。桥涵设计荷载采用公路-Ⅰ级，地震基本烈度7度，设计洪水频率1/100。

路线全长37.44km，概算投资19.5亿元，竣工决算投资16.43亿元。路基土石方

$212×10^4m^2$,隧道石方 $81.7×10^4m^2$,浆砌片石 $5×10^4m^2$;设大桥 186.6m/1 座,中桥 275.4m/4 座,小桥 109m/5 座,互通立交式 2 处,分离式立交 2 处,隧道 7658m/2 处(左右线),涵洞 57 道,通道 12 道;主线收费站 1 处,匝道收费站 1 处,隧道监控所 1 处。房建工程总建筑面积 $17488.7m^2$。

3. 地形地貌及主要控制点

路线起点段位于青海南山的北坡中部,地形平坦。中部地形、地貌属青海南山一般高山区地貌,地形多呈马鞍状、圆丘状,为构造剥蚀地貌,山体强烈隆升,沟谷发育,山顶平坦,并具独特的高原地貌景观。尕海滩段属平原地形,终点为一般高山构造剥蚀地形地貌,海拔变化在 3572～3010m 之间。

主要控制点:倒淌河镇、柳梢沟垭口、尕海滩、东巴台乡、共和县德吉滩。

4. 开工及通车、竣工时间

2009 年 6 月开工建设,2013 年 8 月建成通车,2013 年 10 月通过交工验收,2016 年 9 月 9 日通过竣工验收。

G6 倒淌河至共和段桥梁汇总见表 10-1-18,隧道汇总见表 10-1-19,路面结构见表 10-1-20。

G6 倒淌河至共和段桥梁汇总表　　　　表 10-1-18

| 规模 | 序号 | 名　称 | 桥长左(m) | 桥长右(m) | 主跨长度(m) | 结构类型 | 跨越障碍物 |
|---|---|---|---|---|---|---|---|
| 大桥 | 1 | 东巴一号大桥 | 186.6 | 186.6 | 20 | 预应力混凝土连续箱梁 | 沟谷 |
| 中桥 | 1 | 中桥 | 86.6 | 86.6 | 20 | 预应力混凝土连续箱梁 | 沟谷 |
| 中桥 | 2 | 东巴二号桥 | 53.08 | 53.08 | 16 | 预应力混凝土空心板 | 沟谷 |
| 中桥 | 3 | 东巴三号桥 | 66.6 | 66.6 | 20 | 预应力混凝土连续箱梁 | 沟谷 |
| 中桥 | 4 | 东巴四号桥 | 69.12 | 69.12 | 16 | 预应力混凝土空心板 | 沟谷 |
| 小桥 | 共 5 座 | | | | | | |

G6 倒淌河至共和段隧道汇总表　　　　表 10-1-19

| 规模 | 名称 | 隧道全长左(m) | 隧道全长右(m) | 隧道净宽(m) | 隧道分类 | 洞门形式 左线 进口 | 洞门形式 左线 出口 | 洞门形式 右线 进口 | 洞门形式 右线 出口 |
|---|---|---|---|---|---|---|---|---|---|
| 特长隧道 | 柳梢沟隧道 | 3810 | 3848 | 10.5 | 石质山岭隧道 | 削竹式 | 端墙式 | 削竹式 | 端墙式 |

5. 项目建设背景及前期决策情况

为加快国家高速公路网建设,发挥国家高速公路网的整体功能,同时,保护青海湖湿地资源,2008 年,青海省交通厅启动项目前期工作,委托青海省公路科研勘测设计院编制完成《倒淌河至共和公路工程可行性研究报告》。2008 年 8 月 6 日,青海省发展和改革委员会以青发改交通〔2008〕714号文《关于倒淌河至共和公路二期工程可行性研究报告的批复》，批准建设。

**G6 倒淌河至共和段路面结构表**　　　　　　　　　　　　　　　　　　　　表 10-1-20

| 路面形式 | 起讫里程 | 长度(m) | 沥青路面 |
|---|---|---|---|
| 柔性路面 | K0+530～K39+203.641 | 32959（除隧道外） | 5cm AC-13 沥青混凝土上面层+7cm AC-16 沥青混凝土下面层+18cm 水泥稳定碎石上基层+18cm 水泥稳定砂砾下基层+21cm 级配砂砾垫层。总厚度 69cm |
| | 隧道 K7+600～K11+448 | 3848 | 7cm AC-13 沥青混凝土面层+28cm 水泥混凝土+18cm 碾压混凝土。总厚度 53cm |

6. 参建单位主要情况

（1）建设单位

青海省高等级公路建设管理局

（2）设计单位

青海省公路科研勘测设计院

（3）招投标工作

依据相关招标投标法规及管理制度，倒淌河至共和公路土建工程、隧道工程、路面工程、机电、交安、房建、收费大棚、伸缩缝、通信工程的施工、监理招标工作，由项目法人单位组织了公开招标。土建工程施工及施工监理于 2009 年 1 月开标，隧道工程施工及施工监理于 2009 年 6 月开标，路面工程施工及施工监理于 2010 年 10 月开标，机电、交安、房建、收费大棚、伸缩缝工程施工及施工监理于 2011 年 5 月开标，通信工程于 2012 年 9 月开标。

（4）施工单位

通过招投标，本项目由中铁七局第三工程有限公司、四川武通路桥工程局等 16 家施工单位参与建设，其中土建工程 4 家、隧道工程 2 家、路面工程 1 家、机电工程 2 家、交安工程 2 家、房建工程 1 家、收费大棚 1 家、伸缩缝工程 1 家、通信工程 1 家、隧道路面 1 家。

（5）监理单位

本项目设置 1 个土建工程监理办公室，1 个隧道工程监理办公室，1 个路面工程监理办公室，1 个交安、房建、机电、通信工程监理办公室。

G6 倒淌河至共和段参建单位见表 10-1-21。

**G6 倒淌河至共和段参建单位表**　　　　　　　　　　　　　　　　　　　　表 10-1-21

| 序号 | 参建单位 | 单位名称 | 合同段编号及起止桩号 | 主要内容 | 主要负责人 |
|---|---|---|---|---|---|
| 1 | 项目管理单位 | 青海省高等级公路建设管理局 | | | 晁刚 |

续上表

| 序号 | 参建单位 | 单位名称 | 合同段编号及起止桩号 | 主要内容 | 主要负责人 |
|---|---|---|---|---|---|
| 1 | 设计单位 | 青海省公路科研勘测设计院 | | 工可、施工图设计 | 夏长青 |
| 1 | | 中铁七局三公司 | 路基A标 ZK0+530~ZK9+870；YK0+530~YK7+600 | 分离式路基左线4.265717km；右线长2km；整体式路基5.07km；隧道1.9125km | 刘红光 |
| 2 | | 四川武通路桥工程局 | 路基B标 YK11+950~YK12+649.911；ZK9+870~ZK12+664.326 K12+720~K13+900 | 分离式路基左线2.794326km；右线0.699911km；整体式路基1.18km；隧道1.8983km | 张玉峰 |
| 3 | | 西藏天地工程有限公司 | 路基C标 K13+900~K29+800 | 整体式路基14.729589km | 王雪强 |
| 4 | | 中交北方路桥工程公司 | 路基D标 K29+800~K39+203.641 | 整体式路基9.403641km | 李振富 |
| 5 | | 中铁二十局一公司 | 路基E标 YK7+600~YK9+800 | 路基280M；隧道1.925km | 张巍 |
| 6 | 施工单位 | 中铁十八局三公司 | 路基F标 YK9+800~YK11+950 | 路基230M；隧道1.9229km | 李万林 |
| 7 | | 四川武通路桥工程局第一工程处 | 路面工程 K0+530~K39+203.641 | 路面37.44km | 熊万君 |
| 8 | | 广州海特天高信息系统公司 | 机电1标 | 隧道机电 | 刘洋 |
| 9 | | 河南中天科技开发有限公司 | 机电2标 K0+530~K39+203.641 | 道路机电 | 陈会峰 |
| 10 | | 青海金运交通工程公司 | 交安3标 K0+530~K39+203.641 | 标志、标线 | 赵怀忠 |
| 11 | | 青海路桥建筑机械公司 | 交安4标 K0+530~K39+203.641 | 交通工程 | 周玉仓 |
| 12 | | 青海恒大建筑工程公司 | 房建5标 | 房建 | 施建平 |
| 13 | | 盐城市大鹏交通电力公司 | 大棚6标 | 收费大棚 | 王为龙 |
| 14 | | 衡水盛鼎橡胶工程公司 | 伸缩缝1标 K0+530~K39+203.641 | 伸缩缝 | 张书峰 |
| 15 | | 北京公科飞达交通工程发展有限公司 | 机电二期 K0+530~K39+203.641 | 通信工程 | 庄晓实 |
| 16 | | 青海省果洛公路工程建设公司 | 隧道路面 | 路面工程 | 李远升 |
| 1 | | 青海省公路工程咨询监理处 | K0+530~K39+203.641 | 土建工程监理 | 赵维涛 |
| 2 | 监理单位 | 青海省公路工程咨询监理处 | 隧道工程 | 隧道工程监理 | 耿跃平 |
| 3 | | 青海省公路工程咨询监理处 | K0+530~K39+203.641 | 路面工程监理 | 仲玉刚 |
| 4 | | 江苏智远交通科技有限公司 | K0+530~K39+203.641 | 交通工程、房建、通信、伸缩缝、收费大棚工程监理 | 成新东 |

## (二)建设情况

**1. 项目审批**

(1)2009年1月21日,青海省交通厅以青交公〔2009〕342号文下发《关于倒淌河至共和公路二期工程一阶段施工图设计的批复》。

(2)2008年7月30日,青海省国土资源厅以青国土资预审〔2008〕34号文批复建设用地。

(3)2014年8月29日,青海省环境保护厅以青环发〔2014〕435号文批复环境影响报告书。

(4)2008年12月22日,青海省水土保持局以青水保〔2008〕142号文批复水土保持方案。

**2. 资金筹措**

倒淌河至共和公路二期工程,估算总投资19.5亿元(含一期工程已投入资金1.4亿元),建设资金由青海省交通厅多渠道筹措解决。竣工决算投资16.43亿元,其中,中央投资7.75亿元,其余为银行贷款。

**3. 征地拆迁**

青海省国土资源厅于2009年5月13日以青国土资土〔2009〕32号文印发《关于倒淌河至格尔木一级公路工程建设征地拆迁补偿标准的通知》。全线公路用地涉及共和县倒淌河镇及恰不恰镇16个村委会,总占地面积372.6156公顷,其中国有土地346.5319hm²(公顷)[含农用地334.0029hm²(公顷)、建设用地10.6215hm²(公顷)、未利用地1.9075hm²(公顷)],集体土地26.0837hm²(公顷)[含农用地25.7033hm²(公顷),其中耕地16.9891hm²(公顷),建设用地0.3804hm²(公顷)],拆迁占地费用1938.22万元。全线涉及行业迁改单位有电力、电信、移动、联通、部队输油管道及部分单位的广告牌,行业迁改费用710.20万元。

**4. 实施过程**

(1)主线土建工程于2009年6月1日开工,2010年7月1日完工。

(2)隧道工程于2010年4月开工,2012年10月完工。

(3)路面工程于2010年7月开工,2011年10月完工。

(4)交通安全设施工程于2010年8月开工,2012年5月完工。

(5)2013年10月27日至28日,青海省交通厅组织有关单位和专家,对倒淌河至共和高速公路(二期工程)进行了交工验收。

(6)2016年9月9日,由青海省交通厅牵头,组织相关单位对倒淌河至共和公路进行了竣工验收。工程质量评分为81.69分,等级为合格。

5. 重大变更

(1)在K5+710~K5+880等3段边坡地质不良段,增设M10浆砌片石护面墙,发生费用402万元。

(2)柳稍沟隧道左、右线塌方处理,增加费用约为1076.2083万元。

(3)柳稍沟隧道围岩类别变化,增加费用约257.8232万元。

6. 重大事件

(1)2008年12月4日上午,倒淌河至共和公路开工典礼在倒淌河柳稍沟口隆重举行,中共青海省委常委、常务副省长徐福顺出席。

(2)2009年8月29日、9月17日、10月6日,省交通厅厅长杨伯让在省高管局负责同志陪同下,先后3次检查指导倒淌河至共和公路二期工程建设。

(3)2010年2月7日,省人民政府副省长骆玉林,到倒淌河至共和二期公路工程项目柳稍沟隧道施工现场,进行调研,并慰问施工人员。

(4)2010年5月9日,交通运输部部长李盛霖在青海省人民政府副省长骆玉林、省交通厅厅长杨伯让陪同下,视察倒淌河至共和公路柳稍沟隧道,并慰问一线建设者。

2010年5月9日,时任交通运输部部长李盛霖(右一)
视察倒淌河至共和公路

(5)2012年12月21日,国家高速北京至拉萨公路倒淌河至共和段(左线除隧道外)建成试通车。

(6)2013年8月25日,倒淌河至共和公路二期工程柳稍沟隧道双向通车,标志着本项目顺利实现全线贯通。

### (三)复杂技术工程

#### 1.柳梢沟隧道工程概况

柳梢沟隧道所处地形、地貌单元属于青海湖南山高山区,地形形态呈马鞍状、圆丘状,地形起伏大,植被丰富。隧道施工以新奥法为原理,采用柔性支护体系的复合式衬砌,即以喷、锚、网、拱架等为初期支护,以钢筋混凝土或素混凝土为二次衬砌;并视地层、地质条件增加超前小导管注浆第超前预支护措施,来配合新奥法施工。

#### 2.技术特征及难点

(1)隧道局部坍塌的处治措施

柳梢沟隧道由于岩土围岩风化严重,松散且没有强度,发生了几次局部坍塌,给施工造成很大困难。塌方处理采用大管棚注浆超前支护(小导洞法)。该方法主要采用注浆大管棚辅以注浆小导管,对塌方体进行预支护。采用短进尺、分阶段开挖,对塌方体的支护做到随挖随支。此处理措施充分考虑了隧道的工程地质条件与施工技术条件,充分发挥了注浆法和管棚法的优点。但管棚和注浆的施工必须达到预期效果,即形成一个能支撑上面松散岩石的壳体。针对这一情况,施工单位及时调整施工方案,对塌方段均采用小导洞法加固处治措施。经过处理后,隧道主体掘进顺利进行,保证了工程的施工质量。

(2)隧道断层破碎带、软弱膨胀围岩的处治措施

柳梢沟隧道断层破碎带主要为挤压性断层,其关键在于挤压性围岩大变形稳定控制的及时性和有效性,根据软弱流变性围岩的控制特点及挤压性围岩与支护结构相互作用的力学机理,采用先卸压后强支护的方案。初期支护采取二次支护的结构形式,一次初期支护采用超前自进式注浆管棚超前注浆加固拱部围岩,拱部采用自进式注浆锚杆、边墙及拱墙采用自进式注浆锚杆、钢拱架、早强喷射钢纤维混凝土联合支护。初期支护后预留15cm变形量,在拱顶、边墙、拱腰设置沉降、收敛位移观测点,当拱顶沉降或边墙收敛速率达到 $2\sim3mm/d$ 时,及时施作二次初期支护,二次初期支护采用C25早强混凝土加钢筋网,二次初期支护后预留15cm变形量;当水平收敛速率小于 $1.5\sim2mm/d$,或拱顶位移速率小于 $1mm/d$ 时,及时施作钢筋混凝土二次衬砌。

对于挤压性软弱破碎围岩,挤入变形大、收敛速度慢,因而根据监控量测信息合理确定二次衬砌的支护时机,对于控制围岩塑性变形的发展及确保支护结构安全,是至关重要的。施工过程中应加强监控量测、重视超前地质预报。如挤入变化大、难以收敛,应及时变更施工开挖方案,可采取弱爆破、短进尺、多循环分步开挖、支扩方案及可缩性钢拱架、喷钢纤维混凝土、加长锚杆、设置纵向变形缝等措施,施工中应及时提前施作仰拱衬砌及二次衬砌封闭成环,以期有效改善围岩及支护结构的不利变形、受力情况。

柳稍沟隧道

## (四)运营养护管理

### 1. 养护管理

倒淌河至共和高速公路养护管理单位,是青海省高等级公路建设管理局;具体由湟源公路总段下属路畅养护公司负责养护。2014年6月,委托共和养路段对全线路面坑槽病害进行了修补整治;2015年,对全线路面病害进行统一整治。

### 2. 收费设施

根据2011年7月20日《青海省人民政府关于同意设立倒淌河至共和高速公路收费站的批复》(青政函〔2011〕86号)文件,本项目依法设置倒淌河主线和匝道收费站各1座。截至2015年底,出入口车道数量共计33条,其中ETC车道4条,见表10-1-22。

G6倒淌河至共和段收费设施一览表　　　表10-1-22

| 收费站名称 | 桩号 | 入口车道数 | | 出口车道数 | | 收费方式 |
|---|---|---|---|---|---|---|
|  |  | 总车道 | ETC车道 | 总车道 | ETC车道 |  |
| 倒淌河主线收费站 | K1912+746 | 8 | 1 | 8 | 1 | 开放式双向收费 |
| 倒淌河匝道收费站 | K1913+428 | 6 | 1 | 11 | 1 | 开放式双向收费 |

### 3. 监控设施

本项目设置柳稍沟隧道监控所,负责全线的隧道运营监控工作、路况信息的收集、上传及发布工作。道路运营监控管理由湟源监控分中心负责。

### 4. 交通流量

倒淌河至共和高速公路自2013年至2016年,各收费站日平均交通量总和从8477辆/日,增长至11922辆/日,见表10-1-23。

G6 倒淌河至共和段交通流量发展状况表（单位：辆/日）　　　　表 10-1-23

| 年份（年） | 倒共高速路段日平均流量 | 倒 淌 河 |
| --- | --- | --- |
| 2013 | 8477 | 8477 |
| 2014 | 9392 | 9392 |
| 2015 | 10937 | 10937 |
| 2016 | 11922 | 11922 |

交通量增长柱状图

## 五、G6 共和至茶卡段（建设期：2009.7—2011.12）

### （一）项目概况

1．功能定位

共和至茶卡公路项目位于青海省海南州共和县及海西州乌兰县境内，是国家高速公路网中 G6 京藏高速公路的重要组成路段之一。项目的建设，对完善国家高速公路网络、加快柴达木盆地资源开发、推动柴达木循环经济试验区建设、实现柴达木循环经济区与西宁这两大重点工业经济区之间的紧密相连、促进项目沿线区域城镇化进程以及柴达木循环经济区优势资源和青海湖、茶卡盐湖等旅游资源的开发，都具有重要意义。

2．技术标准及建设规模

采用以向四车道高速公路标准建设，设计速度 80km/h，路基宽度 26m。路面为沥青混凝土路面。桥涵设计荷载采用公路—Ⅰ级。地震基本烈度 7 度，设计洪水频率 1/100。

路线全长 163.8km，概算投资 21.35 亿元，竣工决算投资 29.39 亿元。路基设计填方 $825 \times 10^4 m^3$、挖方 $249.7 \times 10^4 m^3$。设大桥 2414.28m/12 座、中桥 1600.2m/24 座、小桥 1262m/52 座、互通式立交 4 处、分离式立交 6 处、通道 46 道、涵洞 564 道。路面层 $3531.6km^2$、防护工程 $7.1 \times 10^4 m^3$、边沟、排水沟 $9.3 \times 10^4$ 延米。设主线收费站 1 处、匝道收费站 1 处、服务区 2 处，房建总面积 $27744.8m^2$。

共茶高速公路开工典礼

3. 地形地貌及主要控制点

路线所经地区,沟壑纵横,但地势开阔,地面横坡不大,为草原戈壁地貌,无相对制高垭口,海拔在 2900～3230m 之间,多数路段纵面起伏。

主要控制点:德吉滩、恰切公路、共和机场、甘地乡、英德尔乡、觉古寺沟、切吉乡、哇玉香卡农场、小水桥、茶卡镇。

4. 开工及通车时间

2009 年 7 月 15 日开工建设,2011 年 12 月 6 日试通车,2012 年 7 月 3 日完成交工验收。

G6 共和至茶卡段桥梁汇总见表 10-1-24,路面结构见 10-1-25。

**G6 共和至茶卡段桥梁汇总表**   表 10-1-24

| 序号 | 规模 | 名称 | 桥梁左（m） | 桥梁右（m） | 主跨长度（m） | 结构类型 | 跨越障碍物 |
|---|---|---|---|---|---|---|---|
| 1 | 大桥 | 东香卡高架桥 | 458.2 | 458.2 | 30 | 钢筋混凝土连续箱梁 | 村庄 |
| 2 | 大桥 | 恰卜恰大桥 | 146.16 | 146.16 | 20 | 钢筋混凝土连续箱梁 | 河流 |
| 3 | 大桥 | 加什达琼哇大桥 | 166.16 | 166.16 | 20 | 钢筋混凝土连续箱梁 | 河流 |
| 4 | 大桥 | 浪什干沟大桥 | 125.08 | 125.08 | 20 | 钢筋混凝土连续箱梁 | 河流 |
| 5 | 大桥 | 觉古寺大桥(左) | 105.04 | 105.04 | 20 | 钢筋混凝土连续箱梁 | 河流 |
| 6 | 大桥 | 觉古寺大桥(右) | 105.04 | 105.04 | 20 | 钢筋混凝土连续箱梁 | 河流 |
| 7 | 大桥 | 然去乎大桥(左) | 105.04 | 105.04 | 20 | 钢筋混凝土连续箱梁 | 河流 |
| 8 | 大桥 | 然去乎大桥(右) | 105.04 | 105.04 | 20 | 钢筋混凝土连续箱梁 | 河流 |
| 9 | 大桥 | 小水河大桥(左) | 166.16 | 166.16 | 20 | 钢筋混凝土连续箱梁 | 河流 |
| 10 | 大桥 | 小水河大桥(右) | 166.16 | 166.16 | 20 | 钢筋混凝土连续箱梁 | 河流 |
| 11 | 大桥 | 大水桥互通 | 128.2 | 128.2 | 30 | 钢筋混凝土连续箱梁 | 河流 |
| 12 | 大桥 | 盐场铁路高架桥 | 638 | 638 | 35 | 钢筋混凝土连续箱梁 | 铁路 |
| 1 | 中桥 | 德吉滩互通 | 68.62 | 68.62 | 20 | 钢筋混凝土连续箱梁 | 道路、铁路 |
| 2 | 中桥 | 新寺分离立交 | 85.62 | 85.62 | 20 | 钢筋混凝土连续箱梁 | 道路、铁路 |

续上表

| 序号 | 规模 | 名　称 | 桥梁左（m） | 桥梁右（m） | 主跨长度（m） | 结　构　类　型 | 跨越障碍物 |
|---|---|---|---|---|---|---|---|
| 3 | 中桥 | 西香卡互通 | 85.62 | 85.62 | 20 | 钢筋混凝土连续箱梁 | 道路、铁路 |
| 4 | 中桥 | 扎多塘中桥 | 66.08 | 66.08 | 20 | 钢筋混凝土连续箱梁 | 河流 |
| 5 | 中桥 | 尼格寨木中桥 | 67.08 | 67.08 | 20 | 钢筋混凝土连续箱梁 | 河流 |
| 6 | 中桥 | 二十地中桥 | 66.08 | 66.08 | 20 | 钢筋混凝土连续箱梁 | 河流 |
| 7 | 中桥 | 加什达哇陇哇中桥 | 86.12 | 86.12 | 20 | 钢筋混凝土连续箱梁 | 河流 |
| 8 | 中桥 | ZK75+000 中桥 | 66.08 | 66.08 | 20 | 钢筋混凝土连续箱梁 | 河流 |
| 9 | 中桥 | YK75+010 中桥 | 66.08 | 66.08 | 20 | 钢筋混凝土连续箱梁 | 河流 |
| 10 | 中桥 | 陇什干中桥 | 66.08 | 66.08 | 20 | 钢筋混凝土连续箱梁 | 河流 |
| 11 | 中桥 | YK82+548 中桥 | 26.08 | 26.08 | 20 | 钢筋混凝土连续箱梁 | 河流 |
| 12 | 中桥 | ZK82+562 中桥 | 26.08 | 26.08 | 20 | 钢筋混凝土连续箱梁 | 河流 |
| 13 | 中桥 | YK84+220 中桥 | 51.08 | 51.08 | 20 | 钢筋混凝土连续箱梁 | 河流 |
| 14 | 中桥 | ZK84+240 中桥 | 51.38 | 51.38 | 20 | 钢筋混凝土连续箱梁 | 河流 |
| 15 | 中桥 | 哈尔梗中桥 | 86.12 | 86.12 | 20 | 钢筋混凝土连续箱梁 | 河流 |
| 16 | 中桥 | 豪然沟中桥 | 65.04 | 65.04 | 20 | 钢筋混凝土连续箱梁 | 河流 |
| 17 | 中桥 | 白土沟中桥 | 65.04 | 65.04 | 20 | 钢筋混凝土连续箱梁 | 河流 |
| 18 | 中桥 | ZK148+613 中桥 | 86.12 | 86.12 | 20 | 钢筋混凝土连续箱梁 | 河流 |
| 19 | 中桥 | YK158+010 中桥 | 66.08 | 66.08 | 20 | 钢筋混凝土连续箱梁 | 河流 |
| 20 | 中桥 | ZK158+017 中桥 | 66.08 | 66.08 | 20 | 钢筋混凝土连续箱梁 | 河流 |
| 21 | 中桥 | 小水河中桥 | 60.88 | 60.88 | 16 | 钢筋混凝土连续箱梁 | 河流 |
| 22 | 中桥 | 茶卡东互通 | 70.08 | 70.08 | 16 | 钢筋混凝土连续箱梁 | 道路、铁路 |
| 23 | 中桥 | 茶卡互通 | 86.6 | 86.6 | 20 | 钢筋混凝土连续箱梁 | 道路、铁路 |
| 24 | 中桥 | 茶卡西互通 | 70.08 | 70.08 | 16 | 钢筋混凝土连续箱梁 | 道路、铁路 |
| 小桥 | 共52座 | | | | | | |

**G6 共和至茶卡段路面结构表**　　　　　　　　　　　　　表 10-1-25

| 路面形式 | 起讫里程 | 长度（m） | 沥青路面 |
|---|---|---|---|
| 柔性路面 | K40+020～K200+789.5 | 164000 | 20cm 水稳层,5cm 中粒式沥青混凝土下面层,4cm 细粒式沥青混凝土上面层 |

5. 项目建设背景及前期决策情况

原丹拉国道主干线（G109 线）位于青海湖南岸，不利于青海湖湿地资源的保护。根据 2007 年 12 月 29 日国家发改委正式批复的《青海湖流域生态环境保护与综合治理规划》的要求,为保护生态环境,进一步加强对青海湖及周边地区的开发建设,促进湖区旅游资源的合理开发利用,青海省交通厅将丹拉国道主干线在青海湖保护区范围内的走廊带进行改移,避开了青海湖旅游区。2008年8月6日,青海省发展改革委员会下发《关于共和至茶卡公路工程可行性研究报告的批复》(青发改交通〔2008〕713号),批准该项目立项。

6. 参建单位主要情况

(1) 建设单位

青海省高等级公路建设管理局

(2) 设计单位

青海省公路科研勘察设计院

(3) 招投标工作

共茶高速公路建设项目土建工程划分6个合同段,于2009年5月份开始进行招投标工作;采用邀请招标的方式,按照"公开、公正、公平、诚信"的原则,于2009年6月15日开标并确定中标单位,2009年6月23日发出中标通知书;于2009年6月29日、7月3日,完成了合同谈判并与各中标单位签订了监理和施工合同协议书。

本项目交通工程及房建施工设1个施工监理标,并划分2个交通安全工程标段(含标志、标线、防撞护栏、隔离栅等工程内容),2个通信管道施工标段,1个机电工程(含收费、通信、监控等工程内容)和1个收费站房建施工标段,1个收费大棚施工标段。以上工程各施工、监理标段均采用公开招标、资格后审的方式进行。

(4) 施工单位

通过招投标本项目有17家施工单位参与建设,其中土建工程6家,机电工程2家,通信管道2家,交通安全2家,服务区2家,挡风墙工程1家,房建工程1家,收费大棚1家。

(5) 监理单位

本项目设置总监办公室1个,土建工程监理办公室2个,交通工程监理办公室1个。

G6共和至茶卡段参建单位见表10-1-26。

**G6共和至茶卡段参建单位表** 表10-1-26

| 序号 | 参建单位 | 单 位 名 称 | 合同段编号及起止桩号 | 工 程 内 容 | 主要负责人 |
|---|---|---|---|---|---|
| 1 | 项目管理单位 | 青海省高等级公路建设管理局 | | | 唐文峻 |
| 1 | 勘察设计单位 | 青海省公路科研勘测设计院 | K40+020~K200+789.95 | | 纳启财 |

续上表

| 序号 | 参建单位 | 单位名称 | 合同段编号及起止桩号 | 工程内容 | 主要负责人 |
|---|---|---|---|---|---|
| 1 | 施工单位 | 青海路桥建设股份有限公司 | 土建A标 K40+020~K65+970 | 路基路面桥涵 25.95km | 王彬 |
| 2 | | 四川武通路桥工程局 | 土建B标 K65+970~K95+000 | 路基路面桥涵 32.14km | 何四新 |
| 3 | | 青海油田路桥建设有限责任公司 | 土建C标 K95+000~K130+800 | 路基路面桥涵 35.8km | 王洪辉 |
| 4 | | 青海省公路工程建设总公司 | 土建D标 K130+800~K166+900 | 路基路面桥涵 36.1km | 陈忠宇 |
| 5 | | 青海省正平公路桥梁工程集团有限公司 | 土建E标 K166+900~K200+789.5 | 路基路面桥涵 33.811km | 金生辉 |
| 6 | | 青海省正平公路桥梁工程集团有限公司 | 大水桥至茶卡右幅土建工程 K163+700~K191+386.851 | 路基路面桥涵 25.7km | 马健 |
| 7 | | 山东中创软件工程股份有限公司 | 机电1标 K40+020~K200+789.95 | 机电工程 163.88km | 杨秀娥 |
| 8 | | 陕西汉唐计算机有限责任公司 | 机电二期 K40+020~K122+000 | 通信管道工程 81.98km | 王主华 |
| 9 | | 北京路安交通科技发展有限公司 | 通信管道2标 K122+000~K200+789.95 | 通信管道 78.79km | 代寿邦 |
| 10 | | 贵州省交通工程有限公司 | 通信管道3标 K40+020~K122+000 | 交通安全设施 81.98km | 徐明 |
| 11 | | 杭州萧山金鹰交通设施有限公司 | 交通安全4标 K122+000~K200+789.95 | 交通安全设施 78.79km | 程希杰 |
| 12 | | 北京公科飞达交通工程发展有限公司 | 交通安全5标 K40+020~K200+789.95 | 共和服务区 | 李敬峰 |
| 13 | | 临汾市天邦钢结构有限公司 | 挡风墙工程大水桥 | 茶卡服务区 | 黄家杰 |
| 14 | | 青海二建筑工程有限公司 | 共和服务区6标 | 收费站 | 王旭光 |
| 15 | | 青海西部建业有限责任公司 | 茶卡服务区7标 | 收费大棚 | 刘峰 |
| 16 | | 西宁市朝阳建筑工程有限公司 | 房建工程8标大水桥 | 光览 | 王发祥 |
| 17 | | 青海方园建筑工贸有限责任公司 | 收费大棚9标大水桥 | 防风墙 | 田孝征 |
| 1 | 监理单位 | 北京中交安通工程技术咨询有限公司 | 总监办 K40+020~K200+789.95 | 全线监理 | 孙天元 |
| 2 | | 青海省公路工程咨询监理处 | 土建工程 K40+020~K95+000 | 土建 | 何清伉 |
| 3 | | 青海省交通工程监理处 | 土建工程 K95+000~K200+789.95 | 土建 | 王小林 |
| 4 | | 北京泰克华诚技术信息咨询有限公司 | 交通工程 K40+020~K200+789.95 | 房建、收费大棚、机电、护栏、通信管道 | 王志国 |
| 1 | 设计咨询单位 | 青海省交通工程咨询中心 | K40+020~K200+789.95 | 全线设计审查 | 王晓东 |

## (二)建设情况

**1. 项目审批**

(1)2008年8月6日,青海省发展改革委员会以青发改交通〔2008〕713号文,批复

《关于共和至茶卡公路工程可行性研究报告》。

(2)2008年12月31日,青海省交通厅以青交公〔2008〕864号文,批复《关于共和至茶卡公路初步设计》。

(3)2009年3月21日,青海省交通厅以青交公〔2009〕341号文,批复《关于共和至茶卡公路一阶段施工图设计》。

(4)2008年12月22日、2009年9月11日,青海省水保局分别以青水保〔2008〕143号文和青水保〔2009〕657号文,批复《关于青海境内共和至切吉段公路工程水土保持方案》《关于青海境内切吉至茶卡段公路工程水土保持方案》。

(5)2014年8月29日,青海省环保厅以青环发〔2014〕436号文,批复《关于共和至茶卡公路环境影响报告书》。

(6)2010年9月6日,青海省人民政府以青政土函〔2010〕82号文《青海省人民政府关于共和至茶卡公路(乌兰段)项目建设用地的批复》和青政土函〔2010〕83号文《青海省人民政府关于共和至茶卡公路(共和段)项目建设用地的批复》,批准同意该项目建设用地。

(7)2009年5月27日,青海省交通厅批准办理《共和至茶卡高速公路建设项目开工报告》。2009年12月12日,青海省交通建设工程质量监督站以QJZJ2009—007号文下发《共和至茶卡高速公路工程质量监督通知书》。

2. 资金筹措

本项目概算总投资21.35亿元,其中:约47%的建设资金申请交通运输部车购税专项补助资金解决,其余53%的建设资金由省内自筹解决。竣工决算为29.39亿元。

3. 征地拆迁

本项目沿线经过海南州共和县、海西州乌兰县茶卡镇,共计2个县4个乡2个镇。

征迁工作主要内容包括:签订协议、界定征地界限、办理永久性占地报批手续;永久占地界内房屋等各种构造物的搬迁,附着物的拆除,各种管线的迁移、改建;临时及借土占地的利用等。

遵循的政策法规主要有:青海省国土资源厅2009年5月13日《关于印发倒淌河至格尔木一级公路工程建设征地补偿标准的通知》。

主要做法:项目沿线共和县、乌兰县政府,分别成立了征地拆迁领导小组。为进一步做好征迁工作,共和县政府于2009年7月22日印发《关于切实做好倒淌河至茶卡一级公路征地拆迁工作的通知》,为征迁安置工作提供了明确的政策依据,并会同建设单位制定工作方案,统一标准、统一口径,采用勘测定界图计算征地面积的方法,现场进行土地丈量和房屋的丈量工作,征地拆迁工作得以顺利进行。共茶公路项目实际占地面积1055.8243hm$^2$

（公顷），其中征用耕地 40.035hm²（公顷）、牧草地 903.5354hm²（公顷）、林地 32.1903hm²（公顷）、农村道路 1.4457hm²（公顷）、农田水利用地 0.2849hm²（公顷）、建设用地 65.1994hm²（公顷）、未利用地 13.1336hm²（公顷），产生征拆迁费用 6648 万元。

4. 实施过程

(1) 主线土建工程于 2009 年 7 月 15 日开工，2011 年 10 月 30 日完工。

(2) 房建工程于 2010 年 6 月 20 日开工，2011 年 9 月完工。

(3) 机电工程于 2010 年 6 月 20 日开工，2011 年 9 月完工。

(4) 交通安全设施工程于 2010 年 6 月开工，2011 年 9 月完工。

(5) 绿化工程于 2011 年 4 月开工，2011 年 7 月完工。

(6) 2011 年 12 月 6 日共茶公路试通车。

(7) 2012 年 7 月 2—3 日，由青海省交通厅主持，厅属相关单位以及参建单位，共同参与完成了共茶公路的交工验收。

5. 重大变更

(1) 原设计分离式路基（挖方段）中间按原地面形状予以保留，为提高司乘人员的视野通透性，利于行车安全，给予挖除。全线增加路基挖方（土方）约 $120 \times 10^4 m^3$，石方约 $15 \times 10^4 m^3$。

(2) 根据施工图批复意见，将全线原设计中桥、大桥上部结构空心板，变更为 20m、30m 预应力箱梁，相应对部分中桥、大桥原设计柱式墩尺寸进行扩大。

(3) 为统一施工工艺、提高施工效率、降低工程造价，全线涵洞、通道八字墙均统一变更为浆砌片石，由此减少混凝土工程量约 $3.97 \times 10^4 m^3$，增加浆砌片石工程量 $4.71 \times 10^4 m^3$。

(4) 对全线交通工程相关设施进行优化，沿线增设标志、标牌 300 余块，增加波形梁钢护栏 5000 余延米，增划标线 $1.2 km^2$。

(5) 大水桥至茶卡东段长约 25.7km 左幅原设计利用现有国道 109 线，后决定在大水桥至茶卡路段现已建成右幅右侧再新建 25.7km 路段。

(6) 为保证行车安全，增加部分联络线、停车港湾。为减少茶卡服务区及茶卡镇洪水隐患，增加茶卡防洪渠工程。

(7) 为完善项目终点处作为 G6 与国道 315 线交通枢纽的作用，增加相应连接线，路线全长 4.552km。

(8) 为解决共茶高速公路沿线牧民横穿，增设 8 座分离式立交牧道跨线桥。

6. 重大事件

(1) 2009 年 8 月 29 日，北京至拉萨高速公路青海境内共和至茶卡段正式开工建设。省委副书记、省长宋秀岩宣布开工，副省长骆玉林，省政协副主席、海西蒙古族藏族自治州州委书记罗朝阳等,出席开工仪式。

共茶高速公路

(2)2009年9月29日,副省长骆玉林在省交通厅领导陪同下,看望慰问共和至茶卡高速公路D标段工作人员。

(3)2010年8月25日,交通运输部副部长冯正霖,在省交通厅厅长杨伯让、副厅长胡滨的陪同下,调研共茶高速公路建设情况,并看望慰问参建人员。

(4)8月19日,省交通厅厅长杨伯让,检查共和至茶卡高速公路建设。

(5)2011年10月26日至27日,省政协主席白玛、副主席鲍义志、韩玉贵、马志伟等组成的省政协主席视察团,到倒淌河至共和公路柳梢沟隧道、共和至茶卡高速公路和共和至玉树高速公路一期工程施工现场进行视察,并听取青海交通事业发展情况汇报。

(6)2011年12月6日,京藏高速共和至茶卡公路试通车。

(三)科技创新

共和至茶卡高速公路在设计中采用了"低路堤、缓边坡、宽中央分隔带、分离式路基"的设计理念。在建设过程中,积极应用新技术、新工艺、新材料和新设备,努力实现施工标准化活动与施工机械化、精细化有机结合,提高公路建设管理水平。在工程建设中积极开展群众性技术创新活动,使用了直旋螺纹钢筋机械连接方法、先张法空心板预制梁采用群拉群放施工工艺、混凝土养生采用高分子塑料薄膜保湿养护工艺等,保证了工程质量,加快了施工进度,取得了一定的经济效益。

1. 先张法预应力混凝土空心板梁(群锚张拉)

空心板梁预制场改变以往单根张拉、单根放张的方法,采用群锚张拉法。该张拉法优点是整体张拉,整体放张节约钢绞线、方便放张、节省人工。

## 2. 滚轧直螺纹接头技术

钢筋加工采用直螺纹连接套筒进行机械连接。该技术特点是：适用于承受拉、压双向作用力的各类钢筋混凝土结构中的钢筋连接，操作简单，方便快捷，施工连接时不用电、气，无明火作业、无污染，可全天候施工，集中生产，解决了钢筋焊接的质量问题。

## 3. 混凝土节水保湿养护膜

为解决当地水资源缺乏的问题，减少成本，使用混凝土节水保湿养护膜，可保持混凝土表面湿润 9d 以上，保湿效果直观明显，简单有效，高倍节水。在铺设时，只需养护一次水，便能使现浇混凝土在一个养护周期内保持湿润，并保持混凝土的青灰本色。

## （四）运营养护管理

### 1. 服务区设置

全线设置共和、茶卡两处服务区。共和服务区于 2014 年 8 月投入运营；茶卡服务区于 2014 年 9 月投入运营。见表 10-1-27。

G6 共和至茶卡段服务场区一览表　　　　表 10-1-27

| 高速公路编码 | 服务区名称 | 桩号 | 所在区域 | 占地(m²) | 建筑面积(m²) |
|---|---|---|---|---|---|
| G6 | 共和服务区 | K1952 | 共和县恰卜恰镇 | 62003.1 | 9793 |
| G6 | 茶卡服务区 | K2108 | 乌兰县茶卡镇北 | 333350 | 7818 |

### 2. 养护管理

共和至茶卡高速公路 K1948+921～K2031+324 段 82.403km 由湟源公路总段路畅养护公司负责养护；K2031+324～K2112+721 段 81.397km 由格尔木公路总段茶卡公路段负责养护。

### 3. 收费设施

根据 2011 年 6 月 20 日《青海省人民政府关于同意设立共和至茶卡高速公路收费站的批复》（青政函〔2011〕75 号）文件，本项目在大水桥设置主线和匝道收费站各 1 座。截至 2015 年底，出入口车道数量共计 20 条，其中 ETC 车道 2 条，见表 10-1-28。

G6 共和至茶卡段收费设施一览表　　　　表 10-1-28

| 收费站名称 | 桩号 | 入口车道数 | | 出口车道数 | | 收费方式 |
|---|---|---|---|---|---|---|
| | | 总车道 | ETC 车道 | 总车道 | ETC 车道 | |
| 大水桥主线收费站 | 2074.989 | 6 | 1 | 6 | 1 | 开放式双向收费 |
| 大水桥匝道收费站 | 2075.106 | 4 | 0 | 4 | 0 | 开放式双向收费 |

### 4. 监控设施

本项目设置乌兰监控分中心，负责全线的道路运营监控工作及路况信息的收集、上传及发布工作。

5. 交通流量

共和至茶卡高速公路自 2011 年至 2016 年,各收费站日平均交通量总和从 78 辆/日,增长至 3811 辆/日,见表 10-1-29。

G6 共和至茶卡段交通流量发展状况表(单位:辆/日)　　表 10-1-29

| 年份(年) | 共茶高速路段日平均流量 | 大　水　桥 |
| --- | --- | --- |
| 2011 | 78 | 78 |
| 2012 | 692 | 692 |
| 2013 | 1683 | 1683 |
| 2014 | 2411 | 2411 |
| 2015 | 2832 | 2832 |
| 2016 | 3811 | 3811 |

交通量增长柱状图

## 六、G6 茶卡至格尔木段(建设期 2013.8—2016.10)

(一)项目概况

1. 功能定位

茶卡至格尔木公路改扩建工程,位于青海省海西州乌兰县、都兰县及格尔木市境内,是国家高速公路网中 G6 京藏高速公路的重要组成路段之一,是青海省通往西藏自治区的交通要道,也是西藏地区连接西北、华北地区的主要公路通道,维稳促边功能突出,国防意义重大。本项目的建设,对于完善国家高速公路网和充分发挥路网功能,提升西部地区公路运输大通道服务能力,加快藏区发展、让藏区人民尽早享受改革开放成果,服务柴达木循环经济实验区、开发柴达木盆地资源,拓展、优化格尔木城市空间结构布局、确立其作为西藏后勤基地和进出西藏门户的战略枢纽地位,加快区域旅游事业发展,促进公路沿线区域经济社会发展等,都具有重要意义。

2.技术标准及建设规模

主线采用《公路工程技术标准》(JTGB01—2003)高速公路标准,设计速度分别采用100km/h、80km/h。路基宽度:整体式路基26m,分离式路基13m。地震基本烈度7度,设计洪水频率1/100。

路线全长493.058km,批复工程投资106.9124亿元。全线设:互通式立交10处、分离式立交18处、大桥2737.48m/11座、中桥2730.29m/42座、小桥1352.32m/66座、涵洞905道。路基土石方$3594×10^4m^3$、沥青混凝土路面共$2660×10^4m^2$。路基防护工程$77.5×10^4m^3$,路基排水工程$45.7×10^4m^3$。隧道1座双幅长950m。服务区4处,收费站10座,房建工程总建筑面积$89582.68m^2$。

3.地形地貌及主要控制点

本项目位于青海省海西州柴达木盆地,地势相对平坦,地貌由盐湖沼泽地(水草地)渐变为冲洪积平原和戈壁沙滩地貌。

主要控制点:茶卡、旺尕秀垭口、沙柳河、德都路口、都兰、香日德、乌兰山小垭口、脱土山、伊克高里、宗加乡岔口、诺木洪、大格勒、尕牙合、乌兰沟、格尔木。

茶格高速公路

4.开工及通车时间

2012年11月10日开工,2016年11月12日建成通车。

G6茶卡至格尔木段桥梁汇总见表10-1-30,隧道汇总见表10-1-31,路面结构见表10-1-32。

## 第十章 高速公路建设项目

**G6 茶卡至格尔木段桥梁汇总表**  表10-1-30

| 规模 | 序号 | 名称 | 桥长左(m) | 桥长右(m) | 主跨长度(m) | 结构类型 | 跨越障碍物 |
|---|---|---|---|---|---|---|---|
| 大桥 | 1 | K2300+912.0 野马滩大桥 | 107.16 | 107.16 | 20 | 钢筋混凝土连续梁桥 | 河流 |
| 大桥 | 2 | 沙柳河大桥 K2321+725 | 607 | 607 | 20 | 钢筋混凝土连续梁桥 | 河流 |
| 大桥 | 3 | K2374+667 沙丘河大桥 | 207 | 207 | 20 | 钢筋混凝土连续梁桥 | 河流 |
| 大桥 | 4 | K2390+340 察汗乌苏河大桥 | 127.4 | 127.4 | 20 | 混凝土简支梁桥 | 河流 |
| 大桥 | 5 | K2428+450 科学图河1号大桥 | 167 | 167 | 20 | 混凝土简支梁桥 | 河流 |
| 大桥 | 6 | K2430+490 科学图河2号大桥 | 187 | 187 | 20 | 混凝土简支梁桥 | 河流 |
| 大桥 | 7 | K2433+700 科学图河3号大桥 | 207 | 207 | 20 | 混凝土简支梁桥 | 河流 |
| 大桥 | 8 | K2444+370 香日德1号大桥 | 147 | 147 | 20 | 钢筋混凝土连续梁桥 | 河流 |
| 大桥 | 9 | K2448+390 香日德2号大桥 | 667 | 667 | 20 | 钢筋混凝土连续梁桥 | 河流 |
| 大桥 | 10 | K2486+180 伊克高里大桥 | 146.92 | 146.92 | 20 | 钢筋混凝土连续梁桥 | 道路 |
| 大桥 | 11 | K2518+325 清水河大桥 | 167 | 167 | 20 | 钢筋混凝土连续梁桥 | 道路 |
| 中桥 | 1 | K2263+368 莫河中桥 | 67 | 67 | 20 | 钢筋混凝土连续梁桥 | 河流 |
| 中桥 | 2 | K2279+900 旺尕秀中桥 | 87 | 87 | 20 | 钢筋混凝土连续梁桥 | 河流 |
| 中桥 | 3 | K2298+532 中桥 | 45.08 | 45.08 | 16 | 钢筋混凝土连续梁桥 | 河流 |
| 中桥 | 4 | K2310+990 中桥 | 38.28 | 38.28 | 16 | 钢筋混凝土连续梁桥 | 沟谷 |
| 中桥 | 5 | K2316+751.5 沙柳河跨线桥 | 67 | 67 | 20 | 钢筋混凝土连续梁桥 | 道路 |
| 中桥 | 6 | K2317+675 沙柳河1号中桥 | 67 | 67 | 20 | 钢筋混凝土连续梁桥 | 河流 |
| 中桥 | 7 | K2318+675 沙柳河2号中桥 | 67 | 67 | 20 | 钢筋混凝土连续梁桥 | 河流 |
| 中桥 | 8 | K2319+280.GK0+131 中桥(矿山路) | 53.08 | 53.08 | 16 | 钢筋混凝土连续梁桥 | 河流 |
| 中桥 | 9 | K2321+720.GK0+475 中桥(矿山路) | 37.08 | 37.08 | 16 | 钢筋混凝土连续梁桥 | 河流 |
| 中桥 | 10 | K2356+320 夏日哈水电站1号中桥 | 67 | 67 | 20 | 钢筋混凝土连续梁桥 | 河流 |
| 中桥 | 11 | K2356+776 夏日哈水电站2号中桥 | 67 | 67 | 20 | 钢筋混凝土连续梁桥 | 河流 |
| 中桥 | 12 | K2361+158 夏日哈河1号中桥 | 67 | 67 | 20 | 钢筋混凝土连续梁桥 | 河流 |
| 中桥 | 13 | K2362+705 夏日哈河2号中桥 | 67 | 67 | 20 | 钢筋混凝土连续梁桥 | 河流 |
| 中桥 | 14 | K2364+357 夏日哈河3号中桥 | 67 | 67 | 20 | 钢筋混凝土连续梁桥 | 河流 |
| 中桥 | 15 | K2376+107 沙丘河中桥 | 67 | 67 | 20 | 钢筋混凝土连续梁桥 | 河流 |
| 中桥 | 16 | K2387+605 上庄跨线桥 | 128.2 | 128.2 | 30 | 钢筋混凝土连续梁桥 | 道路 |
| 中桥 | 17 | K2389+419 中桥 | 39.58 | 39.58 | 16 | 钢筋混凝土连续梁桥 | 道路 |
| 中桥 | 18 | K2419+380 曲日岗1号中桥 | 54.27 | 54.27 | 16 | 钢筋混凝土连续梁桥 | 河流 |
| 中桥 | 19 | K2419+740 曲日岗2号中桥 | 54.28 | 54.28 | 16 | 钢筋混凝土连续梁桥 | 河流 |
| 中桥 | 20 | K2440+947.5 科学图中桥 | 67 | 67 | 20 | 钢筋混凝土连续梁桥 | 河流 |
| 中桥 | 21 | K2441+310 香日德1号中桥 | 67.08 | 67.08 | 20 | 钢筋混凝土连续梁桥 | 河流 |
| 中桥 | 22 | K2444+630 香日德2号中桥 | 87 | 87 | 20 | 钢筋混凝土连续梁桥 | 河流 |
| 中桥 | 23 | K2446+783 香日德3号中桥 | 87 | 87 | 20 | 钢筋混凝土连续梁桥 | 河流 |

续上表

| 规模 | 序号 | 名称 | 桥长左(m) | 桥长右(m) | 主跨长度(m) | 结构类型 | 跨越障碍物 |
|---|---|---|---|---|---|---|---|
| 中桥 | 24 | K2462+300 科尔中桥 | 87 | 87 | 20 | 钢筋混凝土连续梁桥 | 河流 |
| 中桥 | 25 | K2469+590 干沟中桥 | 67 | 67 | 20 | 钢筋混凝土连续梁桥 | 河流 |
| 中桥 | 26 | K2455+097.3 沱海跨线桥 | 114 | 114 | 35 | 钢筋混凝土连续梁桥 | 道路 |
| 中桥 | 27 | K2485+730 伊克高里中桥 | 87 | 87 | 20 | 钢筋混凝土连续梁桥 | 道路 |
| 中桥 | 28 | K2517+665 清水河中桥 | 38.28 | 38.28 | 16 | 钢筋混凝土连续梁桥 | 河流 |
| 中桥 | 29 | K2535+311 洪水河中桥 | 87 | 87 | 87 | 钢筋混凝土连续梁桥 | 河流 |
| 中桥 | 30 | K2592+492.5 诺木洪中桥 | 70.28 | 70.28 | 16 | 钢筋混凝土连续梁桥 | 河流 |
| 中桥 | 31 | K2656+420 大格勒中桥 | 38.28 | 38.28 | 16 | 钢筋混凝土连续梁桥 | 沟谷 |
| 中桥 | 32 | K2682+183 中桥 | 38.28 | 38.28 | 16 | 钢筋混凝土连续梁桥 | 沟谷 |
| 中桥 | 33 | K2694+092.2 中桥 | 70.28 | 70.28 | 16 | 钢筋混凝土连续梁桥 | 沟谷 |
| 中桥 | 34 | K2696+210 中桥 | 38.28 | 38.28 | 16 | 钢筋混凝土连续梁桥 | 沟谷 |
| 中桥 | 35 | K2705+472 中桥 | 54.28 | 54.28 | 16 | 钢筋混凝土连续梁桥 | 道路 |
| 中桥 | 36 | K2709+682.3 中桥 | 54.28 | 54.28 | 16 | 钢筋混凝土连续梁桥 | 道路 |
| 中桥 | 37 | K2712+255 中桥 | 54.28 | 54.28 | 16 | 钢筋混凝土连续梁桥 | 道路 |
| 中桥 | 38 | K2729+955 中桥 | 54.28 | 54.28 | 16 | 钢筋混凝土连续梁桥 | 河流 |
| 中桥 | 39 | LK3+150 鱼水河中桥 | 87 | 87 | 20 | 钢筋混凝土连续梁桥 | 河流 |
| 中桥 | 40 | LK9+678.8 中桥(2-16) | 38.28 | 38.28 | 16 | 钢筋混凝土连续梁桥 | 河流 |
| 中桥 | 41 | LK16+421 中桥(4-16m) | 70.28 | 70.8 | 16 | 钢筋混凝土连续梁桥 | 河流 |
| 小桥 | | 共66座 | | | | | |

**G6 茶卡至格尔木段隧道汇总表**　　　　表 10-1-31

| 规模 | 名称 | 隧道全长左(m) | 隧道全长右(m) | 隧道净宽(m) | 隧道地质条件 | 洞门形式 | | | |
|---|---|---|---|---|---|---|---|---|---|
| | | | | | | 左线 | | 右线 | |
| | | | | | | 进口 | 出口 | 进口 | 出口 |
| 短隧道 | 巴隆隧道 | 500 | 464 | 10.5 | 风积沙隧道 | 端墙式 | 端墙式 | 端墙式 | 端墙式 |

**G6 茶卡至格尔木段路面结构表**　　　　表 10-1-32

| 路面形式 | 路段 | 长度(m) | 水泥混凝土路面 | 沥青路面 |
|---|---|---|---|---|
| 柔性路面 | 全线 K2260+700~K2738+087 | 469768 | | 沥青混凝土路面,级配砂砾垫层(20~25cm)+水稳基层(17+18)cm+面层(4+5)cm |
| | 隧道 | 450 | 普通混凝土路面 | |

**5. 项目建设背景及前期决策情况**

原有茶卡至格尔木公路为国道 109 线,二级公路标准,无法满足交通量进一步增长要求和国家公路运输大通道的功能要求。根据《国家高速公路网规划》《青海省高速公路网规划》和《青海省公路网中长期发展规划》,青海省交通厅委托青海省公路科研勘测设计院进行工程可行性研究工作,并于2010年4月完成了《北京至拉萨高速公路青海境内倒淌河至格尔木段公路工程可行性研究报告》。2012年7月23日,国家发展和改革委员会以发改基础〔2012〕2196号文,批复了该工程可行性研究报告。

6．参建单位主要情况

(1) 建设单位

青海省公路建设管理局

(2) 设计单位

青海省公路科研勘测设计院

(3) 招投标工作

项目路基、路面、桥涵工程,交安、机电、绿化及房建工程的施工和施工监理招标工作,按照招投标制度,青海省公路建设管理局委托有资质的招标代理机构依法进行了招标。土建工程施工及施工监理于2012年10月28日开标,通信管道工程施工合同段于2015年5月8日开标,交通工程施工及施工监理于2015年5月8日开标,房建工程施工及监理合同段于2015年4月17日开标,机电工程施工及监理合同段于2016年2月22日开标,绿化工程施工及监理合同段于2015年3月6日开标,确定了中标单位。

茶格高速公路施工场景

(4) 施工单位通过招投标,本项目由四川攀峰路桥建设集团有限公司、青海路桥建设股份有限公司等48家施工单位参与建设,其中土建工程13家,房建工程10家,交通工程15家,通信管道5家,绿化工程3家,机电2家。

(5) 监理单位

本项目由山西晋达交通建设工程监理有限公司、青海省交通工程监理处等参与建设;设置土建工程监理办公室5个,房建总监办公室2个,交通工程监理办公室2个,绿化工程监理办公室1个,机电工程监理办公室1个。

G6茶卡至格尔木段参建单位见表10-1-33。

## G6 茶卡至格尔木段参建单位表

表 10-1-33

| 序号 | 参建单位 | 单位名称 | 合同段编号及起止桩号 | 工程内容 | 主要负责人 |
|---|---|---|---|---|---|
| 1 | 项目管理单位 | 青海省公路建设管理局 | | | 陈胜利 |
| 2 | 勘察设计单位 | 青海省公路科研勘测设计院 | K2260+700～K2738+087.7、LK0+000～LK22+840（北连接线） | 土建工程设计 | 申孝昌 |
| 3 | 施工单位 | 四川攀峰路桥建设集团有限公司 | 路基1 K2260+700～K2303+000 | 路基、桥涵42.3km | 袁宏 |
| 4 | | 中交一公局厦门工程有限公司 | 路基2 K2303+000～K2347+000 | 路基、桥涵44km | 刘长富 |
| 5 | | 中交一公局第六工程有限公司 | 路基3 K2347+000～K2390+000 | 路基、桥涵43km | 申福先 |
| 6 | | 中铁五局(集团)有限公司 | 路基4 K2390+000～K2434+000 | 路基、桥涵41.43km | 廖令军 |
| 7 | | 中交第二航务工程局有限公司 | 路基5 K2260+700～K2303+000 | 路基、桥涵42.3km | 吴圣兵 |
| 8 | | 中交二公局第三工程有限公司 | 路基6 K2303+000～K2347+000 | 路基、桥涵、隧道44km | 蔡周利 |
| 9 | | 中交第四公路工程局有限公司 | 路基7 K2347+000～K2390+000 | 路基、桥涵43km | 宋大成 |
| 10 | | 陕西路桥集团有限公司 | 预制1 K2260+700～K2575+000 | 桥涵307.257km | 梁栋 |
| 11 | | 临沂市政工程有限公司 | 路基8 K2575+000～K2631+000 | 路基、桥涵56km | 许金飞 |
| 12 | | 中铁十一局集团第二工程有限公司 | 路基9 K2631+000～K2686+000 | 路基、桥涵55km | 董瑞武 |
| 13 | | 正平路桥建设股份有限公司 | 路基10 K2686+000～K2738+087.7 | 路基、桥涵52.0877km | 苏志宝 |
| 14 | | 青海路桥建设股份有限公司 | 路基11 LK0+200～LK23+039.719 | 路基、桥涵22.84km | 韦安祥 |
| 15 | | 中铁十八局集团第三工程有限公司 | 预制2 K2575+000～K2738+087 | 桥涵163.087km | 梁栋 |
| 16 | | 青海世翔建筑工程有限公司 | 房建CGFJ-1(二期) | 茶卡收费站 | 刘世炯 |
| 17 | | 青海工达总承包建筑工程有限公司 | 房建CGFJ-A | 都兰服务区 | 李白 |
| 18 | | 青海祥达建设工程有限公司 | 房建CGFJ-B | 都兰收费站 | 张继洲 |
| 19 | | 西宁鑫海丰建筑有限公司 | 房建CGFJ-C | 香日德东收费站 | 陈生隆 |
| 20 | | 陕西祥隆建设工程有限公司 | 房建CGFJ-D | 伊克高里服务区 | 张盟 |
| 21 | | 重庆群洲实业(集团)有限公司 | 房建CGFJ-E | 伊克高里收费站 | 周义华 |
| 22 | | 青海二建筑工程有限公司 | 房建F标 | 诺木洪服务区 | 孟志平 |
| 23 | | 青海省明大建设安装有限公司 | 房建G标 | 诺木洪匝道收费站 | 赵海刚 |
| 24 | | 青海长胜工程建设有限责任公司 | 房建H标 | 大格勒匝道收费站 | 席双博 |
| 25 | | 重庆市宏贵建设有限公司 | CGFJ-J(二期) | 格尔木东收费站 | 夏川 |
| 26 | | 陕西公路交通科技开发咨询公司 | CGTX-A K2260+700～K2363+000 | 通信管道 | 牛世兴 |
| 27 | | 江苏安防科技有限公司 | CGTX-B K2363+000～K2468+000 | 通信管道 | 徐振田 |
| 28 | | 黑龙江省北龙交通工程有限公司 | CGTX-C K2468+000～K2575+000 | 通信管道 | 马德军 |

## 第十章 高速公路建设项目

续上表

| 序号 | 参建单位 | 单位名称 | 合同段编号及起止桩号 | 工程内容 | 主要负责人 |
|---|---|---|---|---|---|
| 29 | | 哈尔滨交研交通工程有限责任公司 | CGTX-D<br>K2575+000~K2670+000 | 通信管道 | 郑秀伟 |
| 30 | | 陕西高速交通工贸有限公司 | CGTX-E<br>K2670+000~K2738+087<br>LK0+200~LK23+039.719 | 通信管道 | 廖咏梅 |
| 31 | | 云南云桥建设股份有限公司 | CGJA-BZA<br>K2260+700~K2363+000 | 标志、标线 | 李立新 |
| 32 | | 成都市路桥工程股份有限公司 | CGJA-BZB<br>K2363+000~K2468+000 | 标志、标线 | 宋安文 |
| 33 | | 陕西现代公路机械工程有限公司 | CGJA-BZC<br>K2468+000~K2575+000 | 标志、标线 | 王宝 |
| 34 | | 江苏润达交通养护有限公司 | CGJA-BZD<br>K2575+000~K2670+000 | 标志、标线 | 严承俊 |
| 35 | | 兰州金路交通设施有限责任公司 | CGJA-BZE<br>K2670+000~K2738+087<br>LK0+200~LK23+039.719 | 标志、标线 | 席小平 |
| 36 | 施工单位 | 北京路桥方舟交通科技发展有限公司 | CGJA-A<br>K2260+700~K2314+000 | 护栏、隔离栅 | 孙宝富 |
| 37 | | 北京华凯交通科技有限公司 | CGJA-B<br>K2314+000~K2366+000 | 护栏、隔离栅 | 曹志忠 |
| 38 | | 湖南省永州公路桥梁建设有限公司 | CGJA-C<br>K2366+000~K2415+000 | 护栏、隔离栅 | 李三江 |
| 39 | | 河北路桥交通工程有限公司 | CGJA-D<br>K2415+000~K2461+000 | 护栏、隔离栅 | 王成伟 |
| 40 | | 辽宁省交通工程有限公司 | CGJA-E<br>K2461+000~K2517+000 | 护栏、隔离栅 | 张雷 |
| 41 | | 杭州萧山金鹰交通设施有限公司 | CGJA-F<br>K2517+000~K2575+000 | 护栏、隔离栅 | 刘仲春 |
| 42 | | 辽宁大通公路工程有限公司 | CGJA-HLG<br>K2575+000~K2620+000 | 护栏、隔离栅 | 王永泰 |
| 43 | | 苏州交通工程集团有限公司 | CGJA-HLH<br>K2620+000~K2670+000 | 护栏、隔离栅 | 苟永斌 |
| 44 | | 辽宁省路桥建设第一有限公司 | CGJA-HLI<br>K2670+000~K2713+000 | 护栏、隔离栅 | 田玉江 |

续上表

| 序号 | 参建单位 | 单位名称 | 合同段编号及起止桩号 | 工程内容 | 主要负责人 |
|---|---|---|---|---|---|
| 45 | 施工单位 | 中国公路工程咨询集团有限公司 | CGJA-HLJ<br>K2713+000～K2738+087<br>LK0+200～LK23+039.719 | 护栏、隔离栅 | 靳思勇 |
| 46 | | 北京盈达园林工程有限公司 | 绿化-A<br>K2260+700～K2400+000 | 绿化 | 蔡明耀 |
| 47 | | 新乡市园林绿化工程有限公司 | 绿化-B<br>K2400+000～K2440+000 | 绿化 | 王有峰 |
| 48 | | 河南省豫南园林绿化有限责任公司 | 绿化-C<br>K2440+000～K2738+087<br>LK0+200～LK23+039.719 | 绿化 | 王云虎 |
| 49 | | 中铁一局集团电务工程有限公司 | 机电1标 K2260+700～K2575+000 | 机电 | 左传文 |
| 50 | | 青岛海信网络科技股份有限公司 | 机电2标<br>K2575+000～K2738+087<br>LK0+200～LK23+039.719 | 机电 | 王海胜 |
| 51 | 监理单位 | 山西晋达交通建设工程监理有限公司 | 土建1监办 | 1、2标路基、路面、桥涵 | 谢利军 |
| 52 | | 河北华达公路工程咨询有限公司 | 土建2监办 | 3、4标路基、路面、桥涵和预制1标 | 安郁田 |
| 53 | | 湖南湖大建设监理有限公司 | 土建3监办 | 5、6、7标路基、路面、桥涵 | 董泽福 |
| 54 | | 中国公路工程咨询集团有限公司 | 土建4监办 | 8、9标路基、路面、桥涵 | 颜家莽 |
| 55 | | 青海省交通工程监理处 | 土建5监办 | 10、11标路基、路面、桥涵和预制2标 | 张海水 |
| 56 | | 青海百鑫工程监理咨询有限公司 | 房建1监办 | 1、3、A、B、C、D、E标 | 王普照 |
| 57 | | 青海省国宏工程咨询监理有限公司 | 房建2监办 | F、G、H、J、房建2标 | 赵金兰 |
| 58 | | 山西省交通建设工程监理总公司 | 交安1监办 | 通信管道、标志.标线、护栏.隔离栅 | 梁丽斌 |
| 59 | | 四川公路工程咨询监理公司 | 交安2监办 | BZD、BZE；HLG、HLH、HLI、HLJ | 竺成 |
| 60 | | 西安华兴公路工程咨询监理有限公司 | 绿化总监办 | A、B、C标 | 袁远代 |
| 61 | | 中咨公路工程监理咨询有限公司 | 机电总监办 | 1、2标 | 张毅 |

## (二)建设情况

1. 项目审批

(1)2012年10月15日,青海省交通厅印发《关于茶卡至格尔木公路改扩建工程初步设计的批复》(交公路发〔2012〕521号)。

(2)2013年4月13日,青海省交通厅印发《关于茶卡至格尔木公路改扩建工程施工图设计的批复》(青交公〔2013〕148号)。

(3)2012年2月23日,国土资源部印发《关于京藏高速茶卡至格尔木段公路建设用地预审意见的复函》(国土资预审字〔2012〕36号)。

(4)42011年12月15日,环境保护部印发《关于京藏高速(G6)青海境内茶卡至格尔木段公路环境影响报告书的批复》(环审〔2011〕378号)。

(5)2011年3月8日,水利部印发《关于京藏高速茶卡至格尔木段公路工程水土保持方案的复函》(水保函〔2011〕56号)。

(6)2012年11月10日,青海省交通厅同意开工。

2. 资金筹措

本项目施工图预算总投资106.91亿元,其中:国家安排中央专项基金(车购税)44.52亿元,青海省安排财政专项资金7.98亿元,共计52.5亿元,其余资金利用国内银行贷款。

3. 征地拆迁

本项目沿线经过青海省海西蒙古族藏族自治州乌兰县、都兰县、格尔木市,共计1市2县、9个乡镇。

征迁工作主要内容包括:签订协议、界定征地界限、办理永久性占地报批手续;永久占地界内房屋等各种构造物的搬迁,附着物的拆除;各种管线的迁移、改建;临时及借土占地的征用等。

遵循的政策法规主要有:青海省人民政府批准公布的《征地统一年产值标准和片区综合地价的通知》(青政〔2010〕26号)。

主要做法:2012年12月初,在乌兰县、都兰县、格尔木市分别召开了征地拆迁动员会,成立征地拆迁工作领导小组。在领导小组和省建管局的共同努力下,征迁工作顺利完成。征迁费用28506.02003万元,征用草地11290$hm^2$、耕地1653$hm^2$、林地114$hm^2$、房屋1862$m^2$,迁改电杆828根。

4. 实施过程

茶格高速公路工程开工后,参建单位以青海省交通运输厅"公路建设管理提升年"活动实施方案为引领,认真执行各项管理办法、规章制度,积极开展"四比一创"活动,全面推动公路建设项目的标准化管理,强化工程质量管理。为了保障工程顺利施工,青海省公路建设管理局根据项目建设需求,分别设立了茶卡至诺木洪段、诺木洪至格尔木段项目管理办公室,并明确工作职责和岗位分工,规范了建设管理行为。在公路建设中大力推进标准化施工工艺,建立并推行"首件工程认可制",通过对路基工程、防护工程、桥涵工程、隧道工程等关键工程实行首件工程认可制,以"样板"工程指导下一步工程施工,及时分析总结施工要点,明确质量标准,统一工艺流程,不断创新技术措施和管理方法。

(1)土建工程于2013年4月开工,2015年11月完工。

(2)房建工程于2015年6月开工,2016年11月完工。

(3)机电工程于2016年4月1日开工,2016年11月完工。

(4)交通安全设施工程于2015年5月开工,2016年10月完工。

(5)绿化工程于2015年5月开工,2016年10月完工。

(6)2016年10月15日至17日,由青海省公路建设管理局组织,对茶格高速公路进行了交工验收。

5. 重大事件

2012年12月7日,茶格公路召开征地拆迁动员会,明确了征地拆迁方案。

2013年7月11日,省交通厅副厅长王永祥检查指导茶格高速公路建设。

2014年4月14日,省交通厅厅长韩建华一行,赴茶格高速公路检查指导工作。

2014年7月24日,省交通运输厅总工程师马忠英一行,赴茶格高速公路调研指导工作。

2014年8月9日,省交通运输厅副厅长王永祥,赴茶格高速公路检查指导工作。

2015年5月29日,巴隆隧道实现全线贯通。

2016年4月1日,省交通运输厅副厅长陶永利率厅建管处等有关单位领导,调研茶格公路茶诺段收费站建设。

2016年5月5日,副省长韩建华在省交通运输厅厅长马吉孝等陪同下,赴茶卡盐湖景区道路建设施工现场检查指导工作。

2016年8月14日,省交通运输厅副厅长王永祥赴茶格高速公路施工现场检查指导工作。

2016年9月18日至19日,副省长韩建华在省政府副秘书长马骥、省交通运输厅厅长马吉孝、副厅长王永祥以及省建管局相关领导陪同下,赴茶格高速公路诺格段进行实地调研。

(三)复杂技术工程

(1)巴隆隧道工程概况

位于青海省海西蒙古族藏族自治州都兰县巴隆乡(又名脱土山隧道),为双洞单向分离式隧道,其中左洞起讫里程为 ZK2476+350～ZK2476+850,全长 500m;右洞起讫里程为 YK2476+475～YK2476+939,全长 464m。隧道右洞明洞 54m,左洞明洞 170m,均为风积沙地质。设计速度 100km/h。隧道建筑限界:净宽 10.5m,净高 5.0m,横断面组成为:0.75m 左侧检修道 +0.5m 左侧侧向宽度 +3.75m×2 行车道 +1.0m 右侧侧向宽度 +0.75m 右侧检修道,设计荷载:公路—Ⅰ级。

巴降隧道

(2)技术特征及难点

隧道左线Ⅵ围岩段长度 150m,右线Ⅵ围岩段长度 120m,全部为风积沙夹杂破碎石头。隧道左线Ⅴ围岩段长度 78m,右线Ⅴ围岩段长度 138m。隧道左线Ⅳ围岩段长度 152m,右线Ⅵ围岩段长度 102m。

隧道属于低中山地貌,为一弧形的山脊,山势较缓,坡面植被不发育,有零星分布高寒草,隧道进、出口坡度较缓,进口在 20°～30°左右,出口在 25°左右,隧址区海拔 2930m。

①明洞施工

因风积沙段明洞施工周期较长,边坡暴露时间较久,在不防护的情况下容易失水、风吹流动,在雨水直接冲刷下容易形成冲沟和溜塌。开挖时,在第一级边坡采用防护效果好的护面墙防护,将在洞门回填浆砌片石中先施工 1m。第二级边坡通过对风积沙自然稳定坡率进行量测确定的坡率形成自然稳定体,确保了边坡的安全稳定。

②暗洞施工

风积沙段落:在风积沙隧道明、暗洞交界段,从地表进行竖向旋喷桩加固。沿隧道轴线长度布置 10m,隧道横断面布置 17.4m。旋喷桩桩径 80cm,横向和纵向间距为 60cm。拱圈范围的旋喷桩底部高程为隧道初期支护拱圈高度,隧道中心线拱顶旋喷桩长度为 2m。通过旋喷桩桩体互相咬合,形成门框式地下混凝土整体结构,避免风积沙隧道暗洞开挖而产生的边仰坡滑塌情况,为风积沙隧道暗洞洞口开挖创造条件。隧道开挖采取三台阶小循环人工配合小型机具的施工方法。

半风积沙半基岩段落:为解决半风积沙半基岩地层隧道施工难题,有效预防结合面不同地质有可能发生的滑移问题。通过方案比选,使用了风积沙地层隧道施工的竖直旋喷桩超前支护技术和三台阶预留核心土结合临时支撑联合施工开挖技术;前者的技术关键是超前预支护技术,后者的技术关键是各台阶施工长度、上下核心土临时加固质量以及两侧墙角仰拱结合部快速跟进。有效控制了风积砂地层的变形,快速、安全地通过高风险施工带,确保了施工安全和施工进度。

基岩段落:基岩部分开挖,遵循尽量减小爆破产生的震动对超前支护影响的原则,采取上、下台阶法施工。对基岩破碎部分,采用破碎锤施工;基岩及半基岩(半风积沙半基岩段落)完整部分,采用短进尺、少装药、多打眼、分步爆破等形式,以减少爆破对上部风积沙的震动效应。

(四)科技创新

茶卡至格尔木高速公路建设中,在吸取其他省(区)经验的基础上,采用了新材料、新技术、新工艺、新设备;同时,开展了多项科研工作。

技术创新主要有:

(1)采用预应力混凝土空心板梁钢木内模施工工法,保证了空心板梁的断面尺寸及工程质量。该工法获得了国家实用型专利。

(2)采用骨架密实型水泥稳定碎石(砾石)路面稳定基层施工工法,有效保障和提高了路面基层的施工质量。

(3)《青海省茶格高速公路风积沙隧道施工技术研究》课题经青海省科技厅立项,课题中期汇报阶段完成,正在实施课题最后的结题完善阶段。在两项实用新型专利中,"风积沙隧道洞口门框式旋喷桩超前支护技术"已申报,另一项专利文字部分正在完善。

(五)运营养护管理

1. 服务区设置

本项目设置服务区4处,见表10-1-34。

G6 茶卡至格尔木段服务场区一览表　　　　　表10-1-34

| 高速公路编码 | 服务区名称 | 桩号 | 所在区域 | 占地(m²) | 建筑面积(m²) |
|---|---|---|---|---|---|
| G6 | 茶卡三站合一服务区 | | 茶卡 | 47538.95 | 4892.77 |
| G6 | 都兰服务区 | | 都兰 | 259605.78 | 12316.46 |
| G6 | 伊克高里服务区 | | 伊克高里 | 110244.3 | 3577.42 |
| G6 | 诺木洪服务区 | | 诺木洪乡 | 134718.78 | 8160.68 |

## 2.收费设施

本项目共设置收费站8座,其中在格尔木设置主线收费站1座,在茶卡西、茶卡东(暂未开通)、都兰、香日德东、伊克高里、诺木洪、大格勒、格尔木东各设匝道收费站1座。截至2015年底,匝道出入口数量共计57条,其中ETC车道18条,见表10-1-35。

G6 茶卡至格尔木段收费设施一览表　　　　　　　　　表10-1-35

| 收费站名称 | 桩号 | 入口车道数 | | 出口车道数 | | 收费方式 |
|---|---|---|---|---|---|---|
| | | 总车道 | ETC车道 | 总车道 | ETC车道 | |
| 茶卡西匝道收费站 | K2111+995 | 3 | 1 | 3 | 1 | 封闭式联网收费 |
| 都兰匝道收费站 | K2235+699 | 3 | 1 | 4 | 1 | |
| 香日德东匝道收费站 | K2289+755 | 3 | 1 | 3 | 1 | |
| 伊克高里匝道收费站 | K2331+959 | 3 | 1 | 3 | 1 | |
| 诺木洪匝道收费站 | K2434+620 | 3 | 1 | 3 | 1 | |
| 大格勒匝道收费站 | K2499+257 | 3 | 1 | 3 | 1 | |
| 格尔木主线收费站 | K2560+440 | 3 | 2 | 10 | 2 | |
| 格尔木匝道收费站 | K2561+030 | 3 | 1 | 4 | 1 | |

## 3.监控设施

本项目设置香日德东监控分中心,负责全线的运营监控工作。

# 第二节　G3011(柳格高速公路)青海段

G3011(柳格高速公路)柳园—格尔木高速公路是国家高速公路网京藏和连霍高速公路主要联络线之一,也是国家深入实施西部大开发战略重点公路规划方案53条重点经济区干线公路中的一条。青海境内起自当金山(甘青公路养护界),途经花海子、鱼卡、大柴旦、察尔汗等地,终于格尔木市(格尔木与G6匝道连接处),全长389km。该公路贯穿柴达木盆地资源富集区,北通敦煌、新疆,南连拉萨,将京藏高速与连霍高速衔接起来,是青海省资源开发重点地区干线公路之一,也是青海省连接肃、新省(区)的捷径通道之一,对服务于甘、青、新3省(区)交通运输业,加快青海融入"一带一路"战略,促进沿线资源开发、民族团结及经济社会发展等,均具有重要意义。

G3011(柳格高速公路)青海段由3个项目组成,分别是:①当金山至大柴旦段,于2012年11月建成通车,全长178.103km,设计速度100km/h,双向四车道,路基宽度26.0m。②大柴旦至察尔汗段,于2011年12月建成通车,全长146.8km,设计速度100km/h,双向四车道,路基宽度26.0m。③察尔汗至格尔木段,于2011年12月建成通车,全长64.522km,设计速度100km/h,双向四车道,路基宽度26.0m。

上述路段均由青海省高等级公路建设管理局负责运营管理,具体养护工作由青海省公路局下属海西、格尔木公路总段负责。

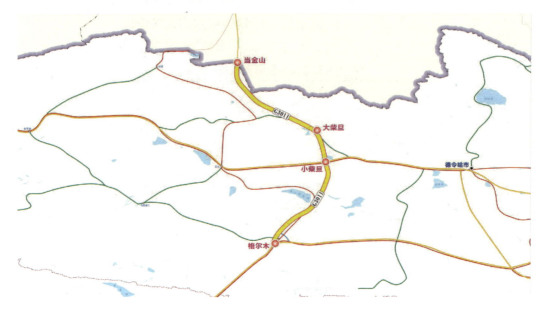

G3011(柳格高速公路)青海段路网位置示意图

## 一、G3011 当金山至大柴旦段（建设期:2008.6—2011.12）

### (一)项目概况

**1. 功能定位**

当金山至大柴旦段高速公路,位于青海省海西州大柴旦行委境内,是 G3011 柳园至格尔木联络线的重要组成路段之一,是青海省连接甘肃、新疆的捷径通道之一。它的建设,对于优化提升青海省路网结构和公路运输能力,推进柴达木盆地资源开发和国家级循环经济试验区建设,促进区域经济协调发展等,均具有十分重要的意义。

**2. 技术标准及建设规模**

当大公路分为一、二期工程。一期为分离式高速公路左幅,设计速度100km/h,路基宽度13m,桥涵设计汽车荷载采用公路-Ⅰ级,地震基本烈度7度,设计洪水频率1/100。二期工程为分离式高速公路右幅,设计速度为100km/h,路基宽度13m,桥涵设计荷载公路-Ⅰ级,地震基本烈度7度,设计洪水频率1/100。

一期工程路线全长194.263km,其中老路整治工程15.317km,转点分离式路基左幅178.947km,批复概算11.46亿元,竣工完成投资9.2390亿元。路基土方6227055$m^3$,石方81136$m^3$,防护工程167497.2$m^3$,排水工程11433.5$m^3$,路面工程4629383$m^2$,隧道工程

740m/1座,大桥305.2m/1座,中桥37.04m/1座,小桥166.08m/11座,涵洞1591.82m/116道,通道227m/29道。

二期工程路线全长178.9856km,批准概算11.2365亿元,竣工完成投资11.1683亿元。路基土方5828958m³,石方113246m³,防护工程79171m³,排水工程25419m³,路面工程4411148m²,大桥305.2m/1座,中桥37.04m/1座、小桥141.86m/12座,涵洞1697.69m/115道,通道238.5m/30道,平面交叉5处,互通式立交2处,管线交叉15处,交通工程路面标线208120m²,交通工程标志牌408块,通信工程196.608km,收费站服务区房建工程114865.92m²/1处。

3. 地形地貌及主要控制点

项目所在地位于柴达木盆地的西北部。依据地形成因及形态,可分为山地、山间盆地两大类,两者呈交替出现。

主要控制点:当金山与当黄公路交叉口、花海子、青山、嗷唠山、鱼卡、大柴旦镇。

当大高速公路

4. 开工及通车时间

一期工程于2008年6月开工建设,2009年6月路基工程完成,2009年10月路面工程全线贯通,2009年11月交付使用。

二期工程2009年10月开工建设,2011年12月通车,2012年11月通过了交工验收,2015年10月完成竣工验收。

G3011当金山至大柴旦段桥梁汇总见表10-2-1,隧道汇总见表10-2-2,路面结构见表10-2-3。

5. 项目建设背景及前期决策情况

原有当金山至大柴旦公路修建于20世纪90年代,老路技术标准低,坡陡弯急,为沥青表处路面;经多年运营,已千疮百孔,安全隐患较大,沿线群众出行及社会车辆通行极为不便。随着国家西部大开发战略的实施,在国家交通运输部和中共青海省委、省人民政府的关怀下,青海省交通厅于2007年完成该项目前期工作。

G3011当金山至大柴旦段桥梁汇总表　　　　表10-2-1

| 规模 | 序号 | 名称 | 桥长左(m) | 桥长右(m) | 主跨长度(m) | 结构类型 | 跨越障碍物 |
|---|---|---|---|---|---|---|---|
| 中桥 | 1 | 敖唠河中桥 | 37.04 | 37.04 | 16 | 简支梁桥 | 河流 |
| 大桥 | 2 | 鱼水河大桥 | 305.2 | 305.2 | 20 | 简支梁桥 | 河流 |
| 立交 | 3 | 高泉煤矿互通立交 | 125.12 | 125.12 | 20 | 简支梁桥 | 道路 |
| 立交 | 4 | AK0+612.42匝道跨线桥 | 94.08 | 94.08 | 20 | 简支梁桥 | 道路 |
| 小桥 | 共12座 | | | | | | |

G3011当金山至大柴旦段隧道汇总表　　　　表10-2-2

| 规模 | 名称 | 隧道全长(m) | 隧道净宽(m) | 隧道分类 | 洞门形式 | | | |
|---|---|---|---|---|---|---|---|---|
| | | | | | 左线 | | 右线 | |
| | | | | | 进口 | 出口 | 进口 | 出口 |
| 中隧道 | 敖唠山隧道 | 740 | 10.5 | 石质山岭隧道 | 翼墙式 | 翼墙式 | 翼墙式 | 翼墙式 |

G3011当金山至大柴旦段路面结构表　　　　表10-2-3

| 路面形式 | 起讫里程 | 长度(m) | 沥青路面 |
|---|---|---|---|
| 柔性路面 | 一期工程 K259+430~ZK453+700 | 194263 | 4cm AC13沥青混凝土上面层+5cm AC16沥青混凝土下面层+20cm水泥稳定砂砾上基层+20cm水泥稳定砂砾下基层 |
| | 二期工程 YK275+000~YK453+734.196 | 178985.6 | 5cm AC-13沥青混凝土上面层+7cm AC-16沥青混凝土下面层+20cm水泥稳定砂砾基层+级配砂砾底基层 |

2007年7月,交通部以《关于当金山至大柴旦公路可行性研究报告的批复》(交规划发〔2007〕386号),批准一期工程立项。

2009年6月,青海省省发改委以《关于当金山至大柴旦公路可行性研究报告的批复》(青发改交通〔2009〕522文),批准二期工程立项。

6.主要参建单位

(1)建设单位

青海省公路建设管理局

(2)设计单位

中国公路工程咨询集团有限公司、青海省公路科研勘测设计院

(3)招投标工作

一期工程:2007年7月,青海省公路建设管理局委托华杰工程咨询有限公司,对当大公路工程勘测设计进行公开招标,并严格遵照公路基本建设程序,按照《中华人民共和国招投标法》,本着公开、公正、公平、诚信的原则,对工程施工单位和监理单位,面向国内进行公开招标,择优选择施工和监理单位,并分别签订了合同,实行合同管理。土建工程施工及监理于2008年5月开标,路面工程施工及监理于2008年5月开标,房建工程于2009

年11月开标。

二期工程:土建工程施工及监理于2009年9月开标,路面工程施工及监理于2009年9月开标,交通工程施工及监理于2011年8月开标,房建工程于2014年9月开标。

(4)施工单位

一期工程:通过招标,由胜利油田胜利工程建设(集团)有限责任公司、青海第三路桥建设有限公司等9家施工单位参与建设;共划分9个施工标段,其中路基路面标5个,路基标3个,隧道标1个。

二期工程:通过招标,由中铁十局集团第二工程有限公司、青海第二路桥建设有限公司等10家施工单位参与建设;全线共划分10个施工标段,其中路基路面标3个,交安工程标2个,通信工程标1个,收费站工程4个。

(5)监理单位

一期工程:全线共划分2个监理标段,分别由内蒙古交通建设监理咨询公司和西安方舟交通工程监理公司承担监理任务。

二期工程:全线共划分4个监理标段,分别由内蒙古交通建设监理咨询公司、山西晋达交通建设工程监理有限公司、陕西众成建设管理咨询服务有限责任公司、北京路恒源交通工程技术开发有限公司等,承担监理任务。

G3011当金山至大柴旦段参建单位见表10-2-4。

**G3011当金山至大柴旦段参建单位表**　　　　　　　　表10-2-4

| 序号 | 参建单位 | 单位名称 | 合同段编号及起止桩号 | 工程内容 | 主要负责人 |
|---|---|---|---|---|---|
| 1 | 项目管理单位 | 青海省公路建设管理局 | | | 冯文阁 |
| 1 | 勘察设计单位 | 中国公路工程咨询集团有限公司 | | | 胡全保 |
| 2 | | 青海省公路科研勘测设计院 | | | 惠世元 |
| 1 | 施工单位 | 胜利油田胜利工程建设(集团)有限责任公司 | 一期A标 K259+430～K274+746 K275+000～K305+000 | 路基路面工程45.316km | 陈军亭 |
| 2 | | 中铁十局集团第二工程有限公司 | 一期A1标 K290+000～K305+000 | 路基工程15km | 武兴耀 |
| 3 | | 青海第二路桥建设有限公司 | 一期B标 K305+000～K340+000 | 路基路面工程35km | 唐兴权 |
| 4 | | 青海省海西公路桥梁工程有限责任公司 | 一期B1标 K320+000～K340+000 | 路基工程20km | 张军 |
| 5 | | 青海第三路桥建设有限公司 | 一期C标 K340+000～K375+000 | 路基路面工程35km | 张永平 |
| 6 | | 青海省兴利公路桥梁工程公司 | 一期C1标 K364+000～K385+000 | 路基工程20km | 马青龙 |
| 7 | | 中铁七局集团第三工程有限公司 | 一期D标 K385+000～K394+000 | 路基、隧道工程9km | 史贵章 |

续上表

| 序号 | 参建单位 | 单位名称 | 合同段编号及起止桩号 | 工程内容 | 主要负责人 |
|---|---|---|---|---|---|
| 8 | 施工单位 | 青海金运交通工程有限责任公司 | 一期E标 K375+000～K409+000 | 路基路面工程34km | 李元洪 |
| 9 | | 武通路桥工程局第一工程处 | 一期F标 K409+000～K469+502 | 路基路面工程44.7km | 王俊海 |
| 10 | | 山西长达交通设施有限公司 | 一期交通安全设施及预埋管线 | 交通安全设施 | 李志柏 |
| 11 | | 中铁十局集团第二工程有限公司 | 二期A合同段 TK275+000～TK340+000 | 路基路面及水毁工程65km | 郭文革 |
| 12 | | 青海第三路桥建设有限公司 | 二期B合同段 TK340+000～TK409+253.648 | 路基路面工程69.25364km | 巨正祥 |
| 13 | | 武通路桥工程局第一工程处 | 二期C合同段 TK409+000～TK453+734.196 | 路基路面工程44.73419km | 田勇 |
| 14 | | 山西长达交通设施有限公司 | 二期交通工程A标 K259+430～K453+700标志标线 | 标志标线194km | 徐明 |
| 15 | | 河南高速发展路桥工程有限公司 | 二期交通工程B标 K259+430～K453+700隔离栅、护栏 | 隔离栅、护栏194km | 钟通道 |
| 16 | | 陕西汉唐计算机有限责任公司 | 二期通信管道C标 | 通信管道工程 | 张博 |
| 17 | | 陕西汉唐计算机有限责任公司 | 二期鱼卡收费站、服务区工程 | 收费站土建工程 | 杨建新 |
| 18 | | 西宁万丰工贸有限公司 | 二期鱼卡收费站机电工程 | 收费站机电工程 | 苑元强 |
| 19 | | 中铁二十局集团第四工程有限公司 | 二期鱼卡收费站大棚工程 | 收费站大棚工程 | 郭祥军 |
| 1 | 监理单位 | 内蒙古交通建设监理咨询有限责任公司 | 一期K259+430～K364+000 | 路基、路面 | 李朝辉 |
| 2 | | 西安方舟工程咨询有限责任公司 | 一期K364+000～K469+502 | 路基、路面 | 丁永林 |
| 3 | | 内蒙古交通建设监理咨询有限责任公司 | 二期TK275+000～TK453+734.196 | 路基、路面 | 李朝辉 |
| 4 | | 山西晋达交通建设工程监理有限公司 | 二期交通安全设施、通信管道工程 | 通信管道工程 | 李江 |
| 5 | | 陕西众成建设管理咨询服务有限责任公司 | 二期鱼卡收费站、服务区土建工程 | 收费站、服务区土建工程 | 郑南平 |
| 6 | | 北京路恒源交通工程技术开发有限公司 | 二期鱼卡收费站机电、大棚工程 | 收费站机电、大棚工程 | 刘少源 |
| 1 | 设计咨询单位 | 青海交通工程咨询中心 | 一期K259+430～ZK453+700 二期TK275+000～TK453+734.196 | 工程咨询 | 周正德 |

## (二)建设情况

**1. 项目审批**

一期工程:

(1)2008年5月13日,交通部印发《关于当金山至大柴旦公路初步设计的批复》(交公路发〔2008〕74号)批复。

(2)2009年6月15日,青海省交通厅印发《关于国家高速连云港至霍尔果斯公路柳格联络线当金山至大柴旦段一期工程施工图设计的批复》(青交公〔2009〕510号)。

(3)2007年3月16日,青海省环境保护局印发《关于国道215线当金山至大柴旦公路环境影响报告书的批复》(青环发〔2007〕61号)。

(4)2010年12月30日,青海省人民政府印发《关于国道215线当金山至大柴旦公路建设用地的批复》(青政土函〔2010〕142号)。

(5)2007年12月10日,青海省水土保持局印发《关于国道215线当金山至大柴旦段公路水土保持方案的批复》(青水保〔2007〕193号)。

(6)2008年7月12日,省交通厅批复开工报告。

二期工程:

(1)2009年7月15日,青海省交通厅印发《关于国家高速连云港至霍尔果斯公路柳格联络线当金山至大柴旦段二期工程施工图设计的批复》(青交公〔2009〕516号)。

(2)2009年3月1日,青海省环境保护局印发《关于当金山至察尔汗段公路公路环境影响报告书的批复》(青环发〔2009〕525号)。

(3)2011年3月11日,青海省人民政府印发《青海省人民政府关于当金山至大柴旦段公路二期项目建设用地的批复》(青政土函〔2011〕23号)。

(4)2010年2月2日,青海省水利厅印发《关于国家高速连云港至霍尔果斯公路柳格联络线当金山至察尔汗段公路工程水土保持方案的批复》(青水农〔2010〕74号)。

(5)2010年1月5日,青海省交通厅批复开工报告。

**2. 资金筹措**

一期工程施工图批复概算为11.46亿元;其中交通部安排专项资金8.58亿元,作为国家投入的资本金,其余资金由青海省筹措。

二期工程施工图批复概算11.2365亿元;其中交通部安排专项资金8.58亿元,作为国家投入的资本金,其余资金通过银行贷款解决。

**3. 征地拆迁**

本项目途经花海子、大柴旦。

征迁工作主要内容包括：签订协议、界定征地界限、办理永久性占地报批手续；永久占地界内房屋等各种构造物的搬迁，附着物的拆除；各种管线的迁移、改建；临时及借土占地的征用等。

遵循的政策法规主要有：青海省国土资源厅《关于察汗诺至德令哈、当金山至大柴旦等四条公路建设项目征地补偿有关事项的通知》（青国土资土〔2009〕71号）。

主要做法：当大公路为交通部典型示范工程，也是青海省重点建设项目，青海省人民政府、省交通厅及地方政府非常重视。在建设过程中，地方政府及有关部门在征地拆迁工作中给予了积极协助和大力支持，及时办理了公路用地申请报批手续，按省人民政府有关文件及时补偿征地拆迁费用，使征地拆迁工作没有受到任何阻拦，为施工单位创造了良好的施工环境。本项目共占用土地8989.7535亩，支付补偿费用11862392.8元。

4. 实施过程

一期工程于2008年6月15日开工建设。在交通部、青海省交通厅的领导和有关单位及沿线各级地方政府的积极配合支持下，经建设、设计、施工、监理单位的共同努力，路基工程于2009年6月完成，路面工程于2009年10月完成，并于2009年11月24日交付使用。

二期工程2009年10月15日开工建设。2012年1月12日交付使用，交安工程于2012年11月29日通过了交工验收，收费站服务区工程于2013年8月完成。

2015年10月，由青海省交通运输厅牵头，组织相关单位对当大高速公路进行了竣工验收。工程质量评分为86.8分，等级为合格。

5. 重大事件

（1）2009年9月29日，国家高速公路连云港至霍尔果斯公路柳格联络线当金山至大柴旦段开工建设。

（2）2010年7月31日凌晨，G215线当大高速公路（二期）A标段突降暴雨，引发洪水，部分路基被洪水冲坏，特别是正在施工的K315+400、K322+746.5、K322+436.8的涵洞和机具材料受损严重，施工现场被迫停工。

（3）2011年12月，当大高速公路建成通车。

（三）科技创新

（1）嗷唠山隧道处于高寒高海拔地区，必须在隧道内采用保温措施，使围岩水保持一定的温度才能不被冻结而排出。因此，设计在隧道二次衬砌中设置了福利凯隧道保温系统（FLOLIC SDBW）。同时，嗷唠山隧道照明系统采用太阳能发电诱导分流标，有效节约能源及利用新能源，系省内隧道工程首次使用。

路基隔断层施工

（2）本项目沿线生态环境极其脆弱，植被覆盖率低，荒漠化严重，沿线有部分野生动物迁徙觅食。为更好的保护环境，使公路与自然和谐共处，设计中坚持贯彻环保理念，路基横断面设计采用缓边坡设计，坡率由 1∶4 变更为 1∶6，并减少圬工防护，贴近自然设计，减少了石料的开采，有利于环境保护。

（3）海西地区气候干燥、天气炎热、多风、风沙大，浆砌工程和桥涵混凝土养生采用两层覆盖滴管养生的方法。第一层采用土工布养生，第二层采用塑料覆盖养生；同时，采用PVC 管滴水养生工艺，并根据需要用水车随时补水，确保了结构物养生到位，保证了结构物工程质量。

### （四）运营养护管理

1. 服务区设置

全线设置鱼卡服务区，总占地面积 41 亩，建筑面积 6548.33m²。

2. 养护管理

当金山至大柴旦高速公路由海西公路总段负责养护。

3. 收费设施

根据 2009 年 10 月 9 日《青海省人民政府关于同意设立国道 215 线当金山至大柴旦段公路收费站的批复》（青政函〔2009〕78 号），当大高速公路设置鱼卡主线和鱼卡匝道收费站各 1 座。截至 2015 年底，出入口车道数量共计 20 条，其中 ETC 车道 2 条，见表10-2-5。

4. 监控设施

本项目运营监控工作由青海省高等级公路建设管理局海西管理分局乌兰监控分中心负责。

G3011 当金山至大柴旦段收费设施一览表　　　　表 10-2-5

| 收费站名称 | 桩　号 | 入口车道数 | | 出口车道数 | | 收 费 方 式 |
|---|---|---|---|---|---|---|
| | | 总车道 | ETC 车道 | 总车道 | ETC 车道 | |
| 鱼卡主线收费站 | 426.235 | 6 | 1 | 6 | 1 | 开放式双向收费 |
| 鱼卡匝道收费站 | 427.409 | 4 | 0 | 4 | 0 | |

5. 交通流量

当金山至大柴旦高速公路自 2010 年至 2016 年，各收费站日平均交通量总和从 536 辆/日，增长至 1289 辆/日。见表 10-2-6。

G3011 当金山至大柴旦段交通流量发展状况表（单位：辆/日）　　　　表 10-2-6

| 年份(年) | 当大高速路段日平均流量 | 鱼　卡 |
|---|---|---|
| 2010 | 536 | 536 |
| 2011 | 594 | 594 |
| 2012 | 665 | 665 |
| 2013 | 1037 | 1037 |
| 2014 | 1180 | 1180 |
| 2015 | 1243 | 1243 |
| 2016 | 1289 | 1289 |

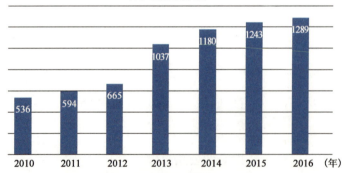

交通量增长柱状图

## 二、G3011 大柴旦至察尔汗段（建设期：2009.9—2011.10）

（一）项目概况

1. 功能定位

大柴旦至察尔汗高速公路，位于青海省海西州大柴旦行委、格尔木市境内，是 G3011

柳园至格尔木联络线的重要组成路段之一。项目连接大柴旦工业区和察尔汗盐湖工业区,是支撑柴达木循环经济实验区建设的重要基础设施。该公路的建设,对于完善国家高速公路网、提高海西地区公路网整体服务水平、促进区域资源开发和经济发展、加强大柴旦工业区和察尔汗盐湖工业区的运输联系、促进区域旅游事业发展等,都具有非常重要的意义。

2. 技术标准及建设规模

采用双向4车道高速公路标准建设,设计速度:采用100km/h、80km/h,整体式路基宽度26m、分离式路基宽度13m。桥涵设计荷载:公路-Ⅰ,地震设防烈度7度,设计洪水频率1/100。

路线全长146.8km,概算投资16.6144亿元,竣工决算投资15.280亿元。路基土石方$768 \times 10^4 m^3$,浆砌片石$7.6 \times 10^4 m^3$,大桥250.24m/2座,中小桥626.66m/11座,涵洞88道,通道19道。主线收费站1处,总建筑面积9747$m^2$。

3. 地形地貌及主要控制点

本区域具有典型的内陆湖盆地貌特征,为构造剥蚀山前冲洪积扇倾斜平原区(K515+000~K560+000),及盐湖沼泽区(K560+000~K565+000),两者在项目区内呈带状展布。

主要控制点:大柴旦镇、锡铁山北岔口、青海盐湖集团厂区。

4. 开工及通车时间

2009年10月开工,2011年12月试通车,2015年10月完成竣工验收。

G3011大柴旦至察尔汗段桥梁汇总见表10-2-7,隧道汇总见表10-2-8,路面结构见表10-2-9。

**G3011大柴旦至察尔汗段桥梁汇总表** 表10-2-7

| 序号 | 规模 | 名称 | 桥梁左(m) | 桥梁右(m) | 主跨长度(m) | 结构类型 |
|---|---|---|---|---|---|---|
| 1 | 大桥 | K464+605八里沟大桥 | 125 | 125 | 20 | 钢筋混凝土梁桥—简支梁桥 |
| 2 | 大桥 | 大柴旦东互通立交 | 125 | 125 | 20 | 钢筋混凝土梁桥—简支梁桥 |
| 3 | 中桥 | K463+588.086大柴旦西互通立交 | 85.12 | 85.12 | 20 | 钢筋混凝土梁桥—简支梁桥 |
| 4 | 中桥 | K515+252.651小柴旦互通立交(单幅) |  | 64 | 16 | 钢筋混凝土梁桥—简支梁桥 |
| 5 | 中桥 | K532+124.124锡铁山互通立交(单幅) |  | 80 | 20 | 钢筋混凝土梁桥—简支梁桥 |
| 6 | 中桥 | K576+809.054达布逊互通立交(单幅) |  | 118.1 | 25 | 钢筋混凝土梁桥—简支梁桥 |
| 7 | 中桥 | K574+117.673涩北气田互通立交(单幅) |  | 131 | 25 | 钢筋混凝土梁桥—简支梁桥 |
| 8 | 中桥 | K593+599.2跨盐湖铁路立交桥(单幅) |  | 44 | 30 | 钢筋混凝土梁桥—简支梁桥 |
| 9 | 小桥 | 共5座 |  |  |  |  |

G3011 大柴旦至察尔汗段隧道汇总表  表10-2-8

| 规模 | 名称 | 隧道左全长（m） | 隧道右全长（m） | 隧道净宽（m） | 隧道分类 | 洞门形式 左线 进口 | 洞门形式 左线 出口 |
|---|---|---|---|---|---|---|---|
| 短隧道 | 铁石关隧道 | 64.7 | 0 | 11.3 | 石质山岭隧道 | 翼墙式 | 翼墙式 |

G3011 大柴旦至察尔汗段路面结构表  表10-2-9

| 路面形式 | 起讫里程 | 长度（m） | 路面结构（沥青混凝土路面） |
|---|---|---|---|
| 柔性路面 | 一期 K462+250~K595+105.988 | 132690 | 4cm AC-16 型沥青混凝土+5cm AC-20 型沥青混凝土 |
| | 二期 K453+700~K600+500 | 146800 | 4cm AC-16 型沥青混凝土+5cm AC-20 型沥青混凝土 |

**5. 项目建设背景及前期决策情况**

本项目北接连云港至霍尔果斯高速公路,南接北京至拉萨高速公路,是青海连接甘肃、新疆、西藏的一条重要大通道。2009年6月11日,青海省发展和改革委员会以青发改交通〔2009〕524号文批复了《关于大察旦至察尔汗公路可行性研究报告》。

**6. 参建单位主要情况**

(1)建设单位:青海省公路建设管理局

(2)设计单位:中交第一公路勘察设计院有限公司

(3)施工、监理单位:

根据本项目的特点,由项目法人于2009年8月进行了公开招标。通过招投标,本项目由青海省正平公路桥梁工程集团有限公司、哈尔滨交研交通工程有限责任公司等9家施工单位参与工程建设,其中土建工程4家,房建工程2家,交通工程3家。

本项目由青海省交通工程监理处、太原市华宝通监理公司等3家监理单位参与建设,设置路基、路面工程监理办公室1个,交通工程监理办公室1个,房建工程监理办公室1个。

G3011 大柴旦至察尔汗段参建单位见表10-2-10。

G3011 大柴旦至察尔汗段参建单位表  表10-2-10

| 序号 | 参建单位 | 单位名称 | 合同段编号及起止桩号 | 工程内容 | 主要负责人 |
|---|---|---|---|---|---|
| 1 | 项目管理单位 | 青海省公路建设管理局 | 一期 K462+250~K595+105.988<br>二期 K453+700~K600+500 | | 冯文阁 |
| 1 | 设计单位 | 青海省公路科研勘测设计院 | 一期 K462+250~K595+105.988 | | 李宜池 |
| 2 | 设计单位 | 中交第一公路勘察设计研究院有限公司 | 二期 K453+700~K600+500 | | 闫大江 |

# 第十章
高速公路建设项目

续上表

| 序号 | 参建单位 | 单位名称 | 合同段编号及起止桩号 | 工程内容 | 主要负责人 |
|---|---|---|---|---|---|
| 1 | 施工单位 | 青海省公路工程建设总公司 | 一期 A 标 K462+250～K488+000 | | 马银祥 |
| 2 | | 青海省第三路桥建设公司 | 一期 A1 标 K475+000～K488+000 | | 高海涛 |
| 3 | | 云南第二公路桥梁公司 | 一期 B 标 K488+000～K518+000 | | 赵怀忠 |
| 4 | | 广东中人集团建设公司 | 一期 B2 标 K500+000～K513+000 | | 楚海涛 |
| 5 | | 青海省路桥机械工程公司 | 一期 C 标 K513+000～K518+000 | | 李长旭 |
| 6 | | 青海省乐都升翔路桥公司 | 一期预制 1 标 K462+250～K518+000 | | 孙士龙 |
| 7 | | 湖南东方建设股份公司 | 一期 D 标 K518+000～K531+000 | | 陈秀梅 |
| 8 | | 湖南邵阳公路桥梁建设公司 | 一期 D1 标 K531+000～K543+000 | | 乔功荣 |
| 9 | | 青海油田路桥公司 | 一期 E 标 K531+000～K569+000 | | 王洪辉 |
| 10 | | 青海省第六路桥建设公司 | 一期 E1 标 K556+000～K569+000 | | 王成和 |
| 11 | | 青海省湟源公路工程建设公司 | 一期 F 标 K569+000～K582+000 | | 张顶 |
| 12 | | 核工业西北工程建设总公司 | 一期 F1 标 K582+000～K595+105.988 | | 李长东 |
| 13 | | 甘肃金昌金桥路业有限公司 | 一期预制 2 标 K518+000～K595+105.988 | | 姜海成 |
| 14 | | 江苏华夏交通工程集团有限公司 | 一期 K462+250～K595+105.988 交通工程 | | 刘英 |
| 15 | | 青海省交通房建公司 | 一期大柴旦工区 | | 闫辉 |
| 16 | | 青海省祥达建设工程有限公司 | 一期加尔苏工区 | | 王发祥 |
| 17 | | 青海省正平公路桥梁工工程集团有限公司 | 二期 A 标 K453+700～K515+000 | 路基路面 | 苏志宝 |
| 18 | | 西藏天地工程建设有限公司 | 二期 B 标 K515+000～K565+000 | 路基路面 | 姜林 |
| 19 | | 青海省海南天和路桥工程有限公司 | 二期 C 标 K565+000～K600+500 | 路基路面 | 任国忠 |
| 20 | | 青海金运交通工程有限责任公司 | 二期连接线 | 路基路面 | 祝年安 |
| 21 | | 青海金运交通工程有限责任公司 | 二期交安 A | 路基路面 | 苟成学 |
| 22 | | 广州市番安交通设施工程有限公司 | 二期交安 B | 交安 | 陈永强 |
| 23 | | 哈尔滨交研交通工程有限责任公司 | 二期交安 C | 交安 | 王兵 |
| 24 | | 四川蓝天网架钢结构工程有限公司 | 二期房建 A | 交安 | 程雁 |
| 25 | | 陕西汉唐计算机有限责任公司 | 二期房建 B | 交安 | 邓联峰 |
| 1 | 监理单位 | 青海省公路工程监理咨询处 | 一期监 1 标 K462+250～K595+105.988 | 路基路面 | 耿跃平 |
| 2 | | 北京华路捷公路工程技术咨询有限公司 | 一期交通监 2 标 K462+250～K595+105.988 | 房建 | 王仰华 |

续上表

| 序号 | 参建单位 | 单 位 名 称 | 合同段编号及起止桩号 | 工 程 内 容 | 主要负责人 |
|---|---|---|---|---|---|
| 3 | 监理单位 | 青海省力天建设监理有限公司 | 一期 K259+430-ZK453+700 | 房建 | 严家莽 |
| 4 | | 青海省交通工程监理处 | 二期 K453+700~K600+500 | 路基路面 | 李福山 |
| 5 | | 太原市华宝通监理公司 | 二期 K453+700~K600+500 | 交安 | 刘军 |
| 6 | | 北京路恒源交通工程技术开发有限公司 | 房建 K531+000 | 收费站大棚、机电 | 李旭辉 |

## (二)建设情况

1. 项目审批

(1)2009年6月11日,青海省发展和改革委员会印发《关于大察旦至察尔汗公路可行性研究报告的批复》(青发改交通〔2009〕524号)。

(2)2009年6月25日,青海省交通厅以《关于国家高速连云港至霍尔果斯公路柳格联络线大柴旦至察尔汗段二期工程施工图设计的批复》(青交公〔2009〕478号),对施工图进行了批复。

(3)2009年12月31日,青海省环境保护厅印发《关于当金山至察尔汗段公路环境影响报告书的批复》(青环发〔2009〕525号)。

(4)2010年3月2日,青海省水利厅印发《关于国家高速连云港至霍尔果斯公路柳格联络线当金山至察尔汗段公路工程水土保持方案的批复》(青水农〔2010〕74号)。

(5)青海省人民政府以《关于大柴旦至察尔汗公路建设用地》(青政土函〔2011〕91号),对大察公路建设用地予以批复。

大察高速公路

**2. 资金筹措**

大察一期工程、二期工程项目总投资 22.10 亿元，以交通部投入的 4.869 亿元为资本金，其余 17.231 亿元资金通过银行贷款解决。大察二期工程批准的施工图预算为 16.614 亿元，竣工决算为 15.280 亿元。

**3. 征地拆迁**

本项目沿线经海西州大柴旦镇、锡铁山镇至察尔汗镇共 3 个县（镇）。

征迁工作主要内容包括：签订协议、界定征地界限、办理永久性占地报批手续；永久占地界内房屋等各种构造物的搬迁，附着物的拆除；各种管线的迁移、改建；临时及借土占地的征用等。

遵循的政策法规主要有：青海省国土资源厅《关于察汗诺至德令哈、当金山至大柴旦等四条公路建设项目征地补偿有关事项的通知》（青国土资土〔2009〕71 号）

主要做法：大察公路二期工程是青海省的重点建设项目，地方政府及有关部门在征地拆迁工作中，给予了积极协助和大力支持，成立了协调领导小组。建设单位及时办理了公路用地申请报批手续，并按省人民政府、省国土资源厅有关文件及时补偿征地拆迁费用，使征地拆迁工作没有受到任何阻拦，减少了外围干扰，为施工单位创造了良好的施工环境。全线共占用草地 4733.09 亩，宅基地 3.528 亩。支付补偿费用 4946.172 万元。

**4. 实施过程**

大察高速公路在建设过程中，实行合同管理，明确各项工程和材料的质量标准、合同双方的质量责任。同时，结合工程建设的重点与难点，制定针对性的管理措施，管理规范、措施得当、协调有力。加强设计、监理、施工等参建单位的沟通与协调，营造良好的建设环境，使各项工作始终处于受控状态，较好地控制了施工质量和安全。

（1）主线土建工程于 2009 年 10 月 1 日开工，2011 年 10 月通车。

（2）房建工程于 2011 年 6 月开工，2012 年 10 月完工。

（3）交通安全设施工程于 2011 年 7 月开工，2012 年 6 月完工。

（4）2012 年 1 月，由省公路建设管理局组织厅属相关单位以及参建单位，共同完成了大察高速公路的交工验收。

（5）2015 年 11 月，由青海省交通运输厅组织相关单位，对大察高速公路进行了竣工验收。工程质量评分为 87.7 分。

**5. 重大变更**

（1）原设计锡铁山平交、达布逊火车站平交、大柴旦东平交、涩格平交、盐湖专用铁路平交、察尔汗火车站平交均改为互通立交。

(2)路面结构及边坡坡度调整变更。

(3)全线交安设施及新增通信设置变更。

(4)锡铁山收费站改扩建变更。

(5)察尔汗盐湖过盐渍土地基处理变更。

6.重大事件

(1)2009年9月29日,国家高速公路连云港至霍尔果斯公路柳格联络线大柴旦至察尔汗公路二期工程等4条高速公路项目,同时开工建设。

(2)2010年3月30日,省交通厅莫重明副厅长到大察公路调研。

(3)2010年5月22日,省交通厅总工程师马忠英对大察公路检查指导工作。

(4)2010年7月5日,省交通厅厅长杨伯让到大察公路检查指导工作。

(5)2010年8月8日,省交通厅纪委书记刘自山到大察公路检查指导工作。

(6)2010年9月10日,省交通厅副厅长周勇智到大察公路检查指导精神文明建设工作。

(7)2011年7月14日,省交通厅厅长杨伯让在厅相关处室及省公路建设管理局陪同下,到大察公路检查指导工作。

(8)2011年10月1日,大察高速公路建成通车。

(三)科技创新

1.路基土方施工

针对大察公路土方量较大的实际,为了确保土方施工质量,增强压实功效,减少路面施工后的工后沉降,在路基土方施工中,采取了"4 3 2 1"的机械配套组合施工模式,使路基压实功效得到了显著提高,确保了路基稳定,减少了工后沉降,为保证路基工程质量起到很好作用。

2.桥涵工程混凝土养生

针对柴达木地区天气干旱、蒸发量较大、多风且缺水的实际情况,在涵洞养生中采用透水土工布和防水土工布相结合的土工布搭棚工艺,并采用PVC管注水的管淋保湿法养生。根据对现场桥涵实体工程的查看,通过管淋保湿、喷淋设施等养生方法的实施,使桥涵混凝土在强度增长期一直保持潮湿状态,保证了混凝土养生的湿度要求,确保了混凝土水化热及早期强度的形成,避免了桥涵混凝土裂缝的产生,确保了桥涵工程质量。

3.混凝土防腐措施

针对K561+500至终点段为过盐渍土地区、所处的环境为V3盐结晶环境、环境作用

盐渍土地段路基隔断层施工

等级为F级的实际情况,在混凝土工程中采用低渗透性高性能混凝土,增加混凝土保护层;同时,针对不同的结构部位,采用相应的附加防腐蚀措施,如:掺加钢筋阻锈剂、防腐涂层,采用透水模板等。

4. 省内首次使用装配式波纹管

察尔汗盐湖内的涵洞,皆为跨越天然气管道和水管等管线设施之用。针对这种情况,在省内首次采用了适合这种地质条件的分片装配式钢波纹管涵洞,并且对波纹管外壁采用2层防水土工布、涂刷3层沥青包裹,内侧壁涂刷环氧树脂并热涂1层沥青的防腐蚀措施,增强了波纹管的抗腐蚀能力,并有效解决了公路跨越管道的涵洞施工周期长、施工困难的难题,加快了施工进度。

5. 特殊路基处理

大察高速公路经过著名的"万丈盐桥",特殊工程主要为盐渍土地段路基填筑和地基处理。处理措施包括,清表碾压、砂砾换填、砾石挤密桩和强夯置换等方式。施工工艺处理如下:K565+000～K594+500段为万丈盐桥盐盖段,路基设计时采用了隔断层+岩盐填筑方案,80cm路床采用砾石土填筑,下设隔水土工布加40cm砂砾隔断层,隔断层以下路基及护坡道采用岩盐填筑,此段共设置厚40cm砂砾隔断层366088$m^3$;K594+500～K600+500段位于达布逊盐湖边缘区域,此段为盐渍化软弱土段,局部下覆有薄层盐盖,路基土层持力层不能满足路堤设计要求,地下水位较浅,工程地质条件较差,设计时采用了强夯置换方案,在原地表上分层填筑1.0m厚砂砾,采用3000kN·m夯击能点夯,并在夯点回填砂砾,形成砾石墩,此段强夯置换砾石桩(墩长5m、夯点间距4m)123109$m^2$,砾石挤密桩(桩径50cm)313430m,墩体回填砂砾181293$m^3$。

## (四)运营养护管理

### 1. 养护管理

大柴旦至察尔汗高速公路养护管理工作,由青海省高等级公路建设管理局负责,具体委托省公路局海西、格尔木公路总段养护。

### 2. 收费设施

根据2011年7月20日《青海省人民政府关于同意设立大柴旦至察尔汗高速公路收费站的批复》(青政函〔2011〕85号),大察高速公路利用现有锡铁山主线收费站,并增设锡铁山匝道收费站(未开通)。

根据2016年4月14日《青海省人民政府关于同意撤销平安至阿岱大寨子和大柴旦至察尔汗高速公路锡铁山匝道两处收费站的批复》(青政函〔2016〕34号),撤销锡铁山匝道收费站。

本项目在锡铁山设置主线1座。截至2016年底,出入口车道数量共计12条,其中ETC车道2条。见表10-2-11。

G3011 大柴旦至察尔汗段收费设施一览表　　　　表10-2-11

| 收费站名称 | 桩号 | 入口车道数 | | 出口车道数 | | 收费方式 |
| --- | --- | --- | --- | --- | --- | --- |
| | | 总车道 | ETC车道 | 总车道 | ETC车道 | |
| 锡铁山主线收费站 | 533.187 | 6 | 1 | 6 | 1 | 开放式双向收费 |

### 3. 监控设施

本项目运营监控工作,由青海省高等级公路建设管理局海西分局乌兰监控分中心负责。

### 4. 交通流量

大柴旦至察尔汗高速公路自2012年至2016年,收费站日平均交通量总和从1130辆/日,增长至1630辆/日。见表10-2-12。

G3011 大柴旦至察尔汗段交通流量发展状况表(单位:辆/日)　　　　表10-2-12

| 年份(年) | 大察高速路段日平均流量 | 锡铁山 |
| --- | --- | --- |
| 2012 | 1130 | 1130 |
| 2013 | 1115 | 1115 |
| 2014 | 1411 | 1411 |
| 2015 | 1520 | 1520 |
| 2016 | 1630 | 1630 |

交通量增长柱状图

### 三、G3011察尔汗盐湖至格尔木段(建设期:2009.6—2011.10)

#### (一)项目概况

1. 功能定位

察尔汗盐湖至格尔木高速公路,位于青海省海西州格尔木市境内,是G3011柳园至格尔木联络线的重要组成路段之一。本项目打通了海西州通往西藏、新疆及甘肃西部等地的快速通道,对完善国家路网,提高公路运输能力、开发柴达木盆地优势资源,加强国防建设,改善格尔木市区域交通状况,确立格尔木市作为西藏后勤基地和进出西藏门户的战略地位等,具有重大意义。

2. 技术标准及建设规模

采用双向四车道高速公路标准,设计速度100km/h,整体式路基宽26m,分离式路基宽13m;桥涵设计荷载为公路-Ⅰ级,地震动峰值加速度系数0.10$g$,设计洪水频率1/100。

路线全长74.462km,批准预算20.7618亿元,实际完成投资19.5748亿元。土石方553.6244×$10^4 m^3$,底基层192.7110×$10^4 m^3$,基层259.8560×$10^4 m^3$,连接层171.7356×$10^4 m^3$,下面层168.1133×$10^4 m^3$,上面层164.2907×$10^4 m^3$,另建鱼水河连接线2.565km(北连接线)。设大桥1000.8m/3座,中桥85.08m/1座,通信井59个,通道25道,涵洞39道,倒吸虹2道,互通式立交3处。主线收费站1处,匝道收费站1处,房建总面积6290.17$m^2$。

3. 地形地貌及主要控制点

项目所在地海拔2600~2800m之间。察尔汗至格尔木高速公路全线地势相对平坦,地貌由起点的盐湖地貌,在鱼水河附近渐变为沼泽(水草地)后,至终点格尔木河附近为冲洪积平原和戈壁沙滩地貌。

主要控制点：察尔汗盐湖、加尔苏站、察尔汗行委、郭勒木德乡、格尔木。

**4. 开工、通车时间及竣工时间**

2009年6月开工，2011年10月试通车，2015年1月完成竣工验收。

G3011察尔汗盐湖至格尔木段桥梁汇总见表10-2-13，路面结构见表10-2-14。

G3011察尔汗盐湖至格尔木段桥梁汇总表　　　　表10-2-13

| 规模 | 序号 | 名称 | 桥梁左（m） | 桥梁右（m） | 主跨长度（m） | 结构类型 | 跨越障碍物 |
|---|---|---|---|---|---|---|---|
| 大桥 | 1 | 格尔木河Ⅰ号大桥 | 206.4 | 206.4 | 20 | 简支梁桥 | 河流 |
| 大桥 | 2 | 西干渠大桥 | 463 | 463 | 30 | 简支梁桥 | 河流 |
| 大桥 | 3 | 格尔木河Ⅱ号大桥 | 331.4 | 331.4 | 20 | 简支梁桥 | 河流 |
| 中桥 | 1 | 鱼水河中桥 | 85.08 | 85.08 | 20 | 简支梁桥 | 河流 |

G3011察尔汗盐湖至格尔木段路面结构表　　　　表10-2-14

| 路面形式 | 起讫里程 | 长度（m） | 路面结构（沥青混凝土路面） |
|---|---|---|---|
| 柔性路面 | K585+000～K664+769.064 | 74462 | 4cm细料式混凝土+5cm中粒式沥青混凝土15cm级配碎石连接层+20cm水泥稳定砂砾+30cm级配砂砾 |

**5. 前期决策情况**

为完善国家路网、改善格尔木市区域交通状况、提高公路运输能力，青海省交通厅于2007年启动察尔汗盐湖至格尔木公路工程可行性研究。2007年11月，青海省发展和改革委员会以发改交通〔2007〕907号文，批复《关于国道215线察尔汗盐湖至格尔木公路工程可行性研究报告》。

**6. 参建单位主要情况**

（1）建设单位

青海省高等级公路建设管理局

（2）设计单位

中交第一公路勘察设计研究院有限公司

（3）招投标工作

依据《中华人民共和国招标投标法》、交通部《公路建设四项制度实施办法》《公路建设市场准入规定》《公路工程施工招标投标管理办法》《公路工程施工招标资格预审办法》《公路工程施工招标评标办法》等，察尔汗盐湖至格尔木高速公路土建工程、路面工程、交通及房建工程的施工、监理招标工作，由青海省高等级公路建设管理局委托青海路达交通建设招标有限公司进行了公开招标，招标公告均在国家规定有关媒体上公开发布。

本项目设计于2007年12月开标，土建工程施工及监理于2009年5月开标，路面工程施工及监理于2010年3月开标,交通工程施工及监理于2011年1月开标。

(4)施工单位

通过招投标,本项目有13家施工单位参与建设;其中土建工程3家,路面工程2家,鱼水河连接线1家,机电工程1家,交安工程2家,绿化工程1家,收费站工程1家,大棚工程1家,桥梁伸缩缝工程1家。

(5)监理单位

本项目设置1个总监办公室,2个土建工程监理办公室,1个路面工程监理办公室,1个交通工程监理办公室。

G3011察尔汗盐湖至格尔木段参建单位见表10-2-15。

**G3011察尔汗盐湖至格尔木段参建单位表**　　　　　　　　表10-2-15

| 参建单位 | 单位名称 | 合同段编号及起止桩号 | 工程内容 | 主要负责人 |
|---|---|---|---|---|
| 项目管理单位 | 青海省高等级公路建设管理局 | | | 李群善 |
| 勘察设计单位 | 中交第一公路勘察设计研究院有限公司 | K591+700~K664+769.064 | 工可、初设、施工图设计 | 王福生 |
| 施工单位 | 新疆兴达公路工程部 | 路基A标 K591+700~K623+000 | 土建施工,32.693km | 郑庆军 |
| | 云南阳光道桥股份有限公司 | 路基B标 K623+000~K653+260 | 土建施工,30.26km | 赵大虎 |
| | 青海路桥建设股份有限公司 | 路基C标 K653+260~K664+769.064 | 土建施工,11.509km | 胡炳山 |
| | 中铁十局集团第二工程有限公司 | 路面1标 K591+700~K630+000 | 路面施工,38.3km | 韩东明 |
| | 科达集团股份有限公司 | 路面2标 K630+000~K664+769.064 | 路面施工,34.769km | 陈兰传 |
| | 青海省海西公路桥梁工程有限责任公司 | 鱼水河连接线 | 路基路面施工,2.565km | 肖继铭 |
| | 成都曙光光纤网络有限责任公司 | 机电标 | 全线机电工程 | 胡宏 |
| | 贵州省交通工程有限公司 | 交安2标 K591+700~K628+700 | 交安设施,37km | 何恒 |
| | 青海省湟源公路工程建设公司 | 交安3标 K628+700~K664+769.064 | 交安设施,36.07km | 杨明达 |
| | 青海方圆建筑工贸有限公司 | 房建彪段 | 鱼水河收费站房建工 | 郑建统 |
| | 四川蓝天网架钢结构工程有限公司 | 收费大棚标段 | 收费站大棚施工 | 孔蓉 |
| | 青海省路源工贸有限责任公司 | 绿化6标 K591+700~K664+769.064 | 中央分隔带、互通区、收费站区绿化工程 | 刘天柱 |
| | 衡水盛鼎橡胶工程有限公司 | K618+242.62 K631+508.28 K658+729 | 全线桥梁伸缩缝 | 许言平 |
| 监理单位 | 青海省交通工程监理处 | 总监办 K591+700~K664+769.064 | 全线监理 | 张海水 |
| | 青海省公路工程咨询监理处 | 路基监理-1 K591+700~K623+000 | 路基监理 | 仲玉刚 |
| | 西安方舟工程咨询有限公司 | 路基监理-2 K623+000~K664+769.064 | 路基监理 | 史寿福 |

续上表

| 参建单位 | 单位名称 | 合同段编号及起止桩号 | 工程内容 | 主要负责人 |
|---|---|---|---|---|
| 监理单位 | 青海省交通工程监理处 | 路面监理-3 K591+700~K664+769.064 | 路面监理 | 李富山 |
| | 北京兴通交通工程监理有限责任公司 | 交通工程监理-4 K591+700~K664+769.064 | 交通工程监理 | 李定超 |
| 设计咨询单位 | 青海省交通工程咨询中心 | K591+700~K664+769.064 | 全线设计审查 | 王晓东 |

### (二)建设情况

1. 项目审批

(1)2007年11月,青海省国土资源厅印发了《青海省国土资源厅关于察尔汗盐湖至格尔木段公路建设用地预审的复函》(青国土资预审〔2007〕28号)。

(2)2008年4月,青海省水土保持局以青水保〔2008〕29号文,批复《关于察尔汗盐湖至格尔木公路水土保持方案》。

(3)2009年6月,青海省交通厅以青交公〔2009〕668号文,批复《关于国道215线察尔汗盐湖至格尔木公路工程施工图设计》。

(4)2009年7月,青海省交通厅和青海省发改委以青交工〔2009〕411号文,批复《关于察尔汗盐湖至格尔木公路初步设计》。

2. 资金筹措

本项目概算投资20.7618亿元,竣工决算为19.5748亿元。其中:国家投资50%,省内投资50%。

察格高速公路

### 3. 征地拆迁

察尔汗盐湖至格尔木高速公路建设项目作为青海省重点工程之一,青海省、格尔木市人民政府给予了高度重视,多次召开协调会,要求必须集中力量尽快解决该工程的拆迁问题。自2009年6月开始,青海省高等级建设管理局积极配合拆迁人员,完成占地红线放样、维护以及地表附着物的清点等工作。行业迁改方面,积极主动与电力、通信、管线等主管部门取得联系,协调沿线有关各种电力、通信设施及管线的迁改工作,并与地方政府进行沟通协调,配合地方政府给拆迁户做工作,推进拆迁问题的解决。

在地方人民政府的积极推动和各乡(镇)的大力支持下,通过各方的努力,察尔汗盐湖至格尔木高速公路的征地拆迁工作于2009年9月顺利完成。拆迁占地补偿完全按照青海省国土资源厅《关于印发青藏线西宁至格尔木段新增二线应急工程拆迁补偿方案的通知》的标准及时补偿到位。

征地拆迁和行业迁改共发生费用为4064.5409万元,工程永久占地6303.68亩,其中水浇地274.127亩、育林地149.402亩、盐碱地2043.042亩、未利用地724.479亩、菜地29.72亩、麦地27.02亩、枸杞苗地125.57亩、天然草场2787.32亩、半荒漠地143亩、树木23676棵,支付赔偿费用783.9955万元。

### 4. 实施过程

察格高速公路是青海高海拔、盐渍土地区第一条高速公路。公路途经察尔汗盐湖中心地带,处于重盐渍土地区,地质条件复杂,主要是软弱地基,并且重盐渍土中的氯离子对桥梁桩基腐蚀严重,成为困扰察格高速公路建设的主要问题。经多次论证,决定采用袋装混凝土灌注桩施工工艺。在没有成熟的施工工艺和经验可以借鉴的情况下,项目办及参建单位多次对布袋桩施工工序进行讨论和研究。经过近半年的探索和实践,前期进行了3次试桩工作,不断积累经验,完善施工工艺。2010年5月22日,在察格高速公路B合同段(云南阳光道桥股份公司)施工的K631+508.27分离式立交桥,试桩工作从钻孔到下钢筋笼直至灌桩第一次成功,施工工艺得以解决,全线袋装混凝土灌注桩全面开工建设。

(1)路基工程于2009年6月开工。

(2)2009年12月,征地拆迁工作基本完成。

(3)2010年12月,工程建设整体推进,一期工程基本完成。

(4)2010年5月,二期工程全面铺开。

(5)2011年10月,二期工程全部交工,并试通车。

(6)2012年7月4日至5日,青海省高管局组织相关部门及专家,对察格高速公路进行了交工验收。

(7)2015年1月13日至16日,青海省交通运输厅组织相关单位和专家,对国道215

线察尔汗盐湖至格尔木高速公路进行了竣工验收。工程质量评分为82.9分,等级为合格。

5. 重大变更

(1)K607~K608路段风沙堆积路面。为防止风沙上路,在路线右侧增设柴草防沙障。

(2)根据图纸,基础开挖至-9.2m,但没有持力层;直至-10.7m,增加相关费用。

6. 重大事件

(1)2008年12月21日,国道215线察尔汗盐湖至格尔木高速公路开工典礼在格尔木市举行。省委常委、常务副省长徐福顺宣布工程开工,省政协副主席、海西州委书记罗朝阳出席。

(2)2009年7月10日,察格高速公路派驻纪检监察机构及项目廉政工作会议召开,省交通厅纪委书记石耀明参加会议。

(3)2009年7月20日至10月30日,察格高速公路开展"大干一百天,确保完成年度进度目标"劳动竞赛活动。

(4)2009年10月12日,省委书记强卫在省委常委、省委秘书长沈何,副省长骆玉林,省政协副主席、海西州委书记罗朝阳以及省交通厅、海西州等有关领导的陪同下,到察尔汗盐湖至格尔木高速公路建设工地,看望慰问工程建设者。

(5)2009年10月13日,察格高速公路召开专家技术研讨会,青海省交通厅总工马忠英以及省高管局、中交一院有关专家参加了会议。会议对察格高速公路布袋桩施工工艺、盐渍土地区混凝土耐久性等问题进行了探讨,明确了施工方法和科研段施工方案,提出了合理意见。

(6)2010年5月22日,经不断探索和实践,察格高速公路"袋装混凝土灌注桩技术"试桩成功。

(7)2010年1月6日至8日,省交通厅厅长杨伯让一行,前往察格高速公路建设现场检查指导工作。

(8)2010年4月14日,玉树7.1级地震发生后,根据青海省交通厅安排,省高管局第一时间从距灾区较近的察格高速公路项目抽调25人、6台大型机械组成救援队赶赴灾区。作为第一支进入灾区的交通救援队伍,在极度困难的情况下参与抢险救援、道路保通和后期废墟清理工作。

(9)2010年6月至7月,格尔木地区发生洪水灾害。察格高速公路项目遭受严重水毁,冲毁建成路基5km,造成经济损失4500万元。察格项目办投入各种机械设备662台(套),水泥540t,碎石及砂料690m³,投入救灾资金1420万元,受到格尔木市人民政府高度评价。

(10) 2011年3月22日至24日,省交通厅厅长杨伯让在省高管局负责人陪同下,检查指导察格高速公路建设。

(11) 2011年4月30日至9月30日,察格高速公路开展了"大干一百天"劳动竞赛活动。

(12) 2011年12月4日,察格高速公路举行试通车典礼,省交通厅厅长杨伯让、海西州人民政府副州长张敏出席仪式并剪彩。

## (三)复杂技术工程

袋装混凝土灌注桩施工工艺

袋装混凝土钻孔灌注桩工艺技术,在我国交通建设领域中属首次采用;基本解决了盐湖等重盐渍土地区的桥涵基础混凝土耐久性问题,是桥梁防腐蚀技术方面的重大突破。

袋装混凝土桩施工工艺流程:平整场地→施工放点→埋设护筒→复核桩位→钻机就位→钻进→清孔→制作及安装防腐布袋→制作及安装钢筋笼→安装导管→水下灌注混凝土→处理桩头→桩头养护。

### 1. 测放桩位

根据桩位平面布置图测放出控制点,利用控制点采用全站仪、水准仪、钢尺测放出桩位。在桩位点以外做控制点,作为校核桩位的基准点。

袋装混凝土灌注桩施工

### 2. 护筒安装

护筒采用Q235级10mm的钢板卷制加工,护筒内径按照设计桩径增加10cm加工。测量并标出护筒的位置和开挖范围,人工开挖至高程,埋入护筒,四周用黏土和现场土料等材料填充夯实。

3.成孔

在桩位旁边合适位置开挖泥浆池、沉淀池，同时连接泥浆循环管道和泥浆泵。钻机安装就位后，采用CZF-2000型钻机正循环钻进成孔，钻进过程中跟踪检查钻渣以了解地层，并根据地层情况调整泥浆比重及进尺速度。成孔完成后检查孔深、孔径和孔垂直度，符合规范和设计要求后，配备足够的泥浆及清水进行清孔。

4.防腐布袋加工与安装

防腐布袋采用中交第一公路勘察设计研究院有限公司与陕西长嘉实业发展有限公司联合研发的专利技术，为复合高强防腐型材料，亲和力强，容易热压成一体，使用寿命长、耐腐蚀、强度高、耐磨损、耐低温、无毒性、防渗功能强。选用的防腐布袋依据设计桩径和桩长，在生产厂内一次性制作。

防腐布袋采用"注水排浆法"工艺进行安装。先把防腐布袋绑扎成收口型，然后在防腐布袋底部绑扎混凝土配重。吊车起吊，人工配合将防腐布袋沉入孔中，确保配重完全沉至孔底后，用吊车将防腐布袋悬挂静置，将防腐布袋拉直，将卡盘固定在孔口。开启排浆泵，从袋外抽排孔内泥浆，袋外泥浆面逐步降低，形成一定水位差，然后开启注浆泵，向袋内注淡水泥浆，使防腐布袋缓慢均匀撑开，使袋体与孔壁紧密贴合。

5.钢筋笼制作与安装

人工配合吊车吊装钢筋笼，从孔中心垂直吊装钢筋笼慢慢下入孔中。在井口采用搭接焊连接钢筋笼，在声测管中灌满水后，再焊接声测管。

6.灌注混凝土

将导管安装至孔内，导管底距孔底50cm。放置隔水栓，隔水栓位于导管内泥浆面上50~100mm处，并用铁丝悬挂于初灌料斗上。灌入$2m^3$混凝土（首灌料）后剪断隔水栓铁丝，然后用小料斗灌注。灌注过程连续进行，尽量缩短灌注时间，以防止孔内混凝土流动性降低，发生埋管事故。灌注过程中，用专用泵管将袋内可利用淡水回收至淡水池。浇筑完成后应及时对桩头进行清平，同时采用防护措施进行保护。

（四）科技创新

察格高速公路修建伊始，就配合省交通科学院，进行了《盐湖地区软弱盐渍土公路路基稳定性研究》和《盐湖地区公路桥梁涵洞基础形式及混凝土耐久性研究》两项课题的研究，创新了公路大直径袋装混凝土灌注桩施工工法，并在沿线建立了四个混凝土暴露试验场地。

1.《察尔汗盐湖地区软弱盐渍土公路路基稳定性研究》

该项目开展了软弱盐渍土公路路基稳定性研究，并取得了如下主要成果：根据地层温度监测数据,确定了温度上下限幅值,并对其进行了冻融循环试验研究,得出了循环幅度与循环次数对盐渍土强度的影响规律;分析研究了砾石桩、强夯置换、冲击碾压等多种处置措施在软弱盐渍土地基处理中的使用范围、施工技术要点及使用效果;针对察尔汗盐湖地区软弱盐渍土路基工程特点,提出了软弱盐渍土地区路基的设计与施工技术。该项目解决了察尔汗至格尔木高速公路在修建过程中遇到的软弱盐渍土地基处理等技术难题。

2.《察尔汗盐湖地区公路桥梁涵洞基础形式及耐久性研究》

该项目开展了公路桥梁涵洞基础形式及耐久性研究,并取得了如下主要成果:提出了察尔汗盐湖地区公路桥梁涵洞基础形式的施工技术,以及在施工中对钢筋混凝土构筑物的防腐蚀设计及保护措施。对察尔汗盐湖地区公路桥梁涵洞基础形式在内部进行埋置检测腐蚀性的试验设备,有效掌握基础构筑物的工作状态,起到对构筑物起到防腐蚀的长期性能检测。解决了察尔汗至格尔木高速公路在修建过程中遇到的盐渍化软土地基等技术难题。

3.《公路大直径袋装混凝土灌注桩施工工法》

由于察尔汗盐湖至格尔木高速公路项目所经区域有广泛的盐渍土分布,所经路段多为软弱地基,全线路基特殊路段采用了多种施工工艺,如:冲击碾压、砾石桩、强夯置换、袋装混凝土钻孔灌注桩(其中砾石桩施工 $49.2640 \times 10^4$ 延米、强夯置换 $50.0797 \times 10^4 m^3$、冲击碾压 $97.8484 \times 10^4 m^2$),有效解决了盐渍土软弱地基处理和构造物的防腐处理。成果首次将公路大直径袋装混凝土灌注桩施工技术应用于察尔汗至格尔木高速公路,初步解决了防腐袋将钢筋混凝土与盐渍土隔离、桩与桩周土的相互作用摩阻力、防腐袋与混凝土的粘合力等技术难题。提高了过盐渍土地区混凝土灌注桩的使用寿命,系统提出了公路大直径袋装混凝土灌注桩施工工法的原理、适用范围、施工工艺、防腐材料与设备以及质量控制、安全、环保措施等,为"公路大直径袋装混凝土灌注桩施工工法"在盐湖等过盐渍土地区高速公路桥涵工程的应用,提供了科学依据和技术支撑。该成果达到国际先进水平。

(五)运营养护管理

1. 养护管理

察尔汗盐湖至格尔木高速公路,由青海省格尔木公路总段负责养护。

2. 收费设施

根据 2011 年 6 月 20 日《青海省人民政府关于同意设立察尔汗盐湖至格尔木高速公路收费站的批复》(青政函〔2011〕76 号),本项目在鱼水河设置主线和匝道收费站各 1 座。截至 2016 年底,出入口车道数量共计 20 条,其中 ETC 车道 4 条。见表 10-2-16。

G3011 察尔汗盐湖至格尔木段收费设施一览表    表10-2-16

| 收费站名称 | 桩号 | 入口车道数 | | 出口车道数 | | 收费方式 |
|---|---|---|---|---|---|---|
| | | 总车道 | ETC车道 | 总车道 | ETC车道 | |
| 鱼水河主线收费站 | 643.398 | 5 | 1 | 5 | 1 | 开放式双向收费 |
| 鱼水河匝道收费站 | 643.996 | 5 | 1 | 5 | 1 | |

3.监控设施

本项目运营监控工作,由青海省高等级公路建设管理局海西分局乌兰监控分中心负责。

4.交通流量

察尔汗盐湖至格尔木高速公路自2011年至2016年,各收费站日平均交通量总和从1194辆/日,增长至2890辆/日。见表10-2-17。

G3011 察尔汗盐湖至格尔木段交通流量发展状况表(单位:辆/日)    表10-2-17

| 年份(年) | 察格高速路段日平均流量 | 鱼水河主线 | 鱼水河匝道 |
|---|---|---|---|
| 2011 | 1194 | 106 | 1088 |
| 2012 | 1892 | 193 | 1699 |
| 2013 | 2703 | 363 | 2340 |
| 2014 | 2634 | 462 | 2172 |
| 2015 | 2657 | 529 | 2128 |
| 2016 | 2890 | 668 | 2222 |

交通量增长柱状图

## 第三节　G0611(张汶高速公路)青海段

G0611(张汶高速公路)张掖至汶川高速公路,是国家高速公路网G6京藏高速的重要联络线,连接京藏、连霍两条国家高速,在规划中属远期展望线。青海段,是国家深入实施西部大开发战略重点公路规划方案"八纵八横"中"纵六"策克－打洛公路中的组成部分,青海境内起自扁都口(青甘界),途经青石嘴、门源、大通、西宁、平安、尖扎、同仁、泽库、河南等县(镇),终于赛尔龙(青甘界),规划里程590km。该路线北接甘肃张掖,南通甘肃碌曲、四川阿坝,纵贯海北、西宁、海东、黄南4个地(州、市),是沟通甘肃、青海与成渝经济区的区域便捷大通道。它的建设,对于青海省融入"一带一路"国家战略、加强甘肃、青海与成渝经济区之间的沟通联系、优化区域路网结构、开发利用沿线丰富的自然资源和旅游资源以及带动沿线民族地区经济社会发展等,都具有十分重要的意义。

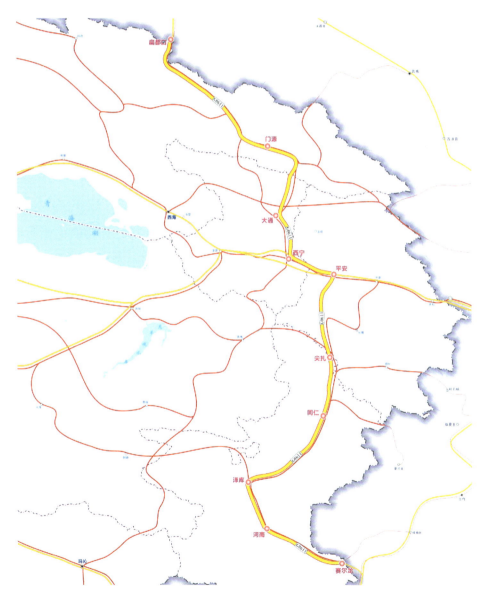

G0611(张汶高速公路)青海段路网位置示意图

G0611(张汶高速公路)青海段(扁都口—赛尔龙)共有7个项目组成:①扁都口至大通段,此段目前尚未开工建设。②大通至西宁段,于2004年11月建成通车,全长36.512km,设计速度100km/h,双向四车道,路基宽度26.0m。③西宁至平安段,此段为G6共用段,见G6项目介绍。④平安至阿岱段,于2006年10月底建成通车,全长41.022km,设计速度分100km/h和60km/h两段,双向四车道,路基宽26/22.5m。⑤阿岱至牙什尕段,于2012年12月建成通车,全长16.46km,设计速度80km/h,双向四车道,路基宽24.5m。⑥牙什尕至同仁段,于2016年7月建成通车,全长62.8km,采用双向四车道,设计速度80km/h,路基宽度24.5m。⑦同仁至赛尔龙段,此段尚未开工建设。

上述通车路段均由青海省高等级公路建设管理局负责运营管理,具体养护工作由青海省公路局下属海东、果洛公路总段负责。

## 一、G0611大通至西宁段(建设期2002.11—2004.11)

### (一)项目概况

#### 1.功能定位

大通至西宁高速公路,位于青海省西宁市大通县及西宁市区,是国家高速公路网规划中G0611张掖至汶川公路的重要组成部分之一,是西部开发省际公路的主要通道之一,也是西宁市连接青海省北部区域的重要快速通道。本项目建设,对于加快西部大开发、促使青海融入"一带一路"国家战略、提升西宁市青藏高原中心城市的交通辐射功能、促进青海对外联系和带动沿线城乡经济发展等,有着极其重要的作用。

#### 2.技术标准及建设规模

项目起点至老营庄段长5.3km,按二级公路标准建设,设计速度80km/h,路基宽度18.5m。老营庄至终点段长31.212km,按4车道全封闭全立交高速公路标准建设,设计速度100km/h,路基宽度26m。全线桥涵设计车辆荷载采用汽车-超20级,挂车-120级,地震基本烈度7度,设计洪水频率特大桥1/300,其他1/100。

项目路线全长36.5383km。概算7.85696亿元,竣工决算投资8.22665亿元。路基土石方$580\times10^4m^3$,浆砌工程$19\times10^4m^3$,特大桥1050.36m/1座,大桥464.94m/3座,中桥679.65m/12座,小桥480m/23座,互通立交2处,涵洞、通道129道。设置收费站3处,房建工程总建筑面积$7535.3m^2$。

#### 3.地形地貌及主要控制点

位于大通盆地,总体地势为西北高而东南低。依据地貌成因类型,区内地貌类型大致为河谷平原地貌单元。沿北川河呈带状分布,地形相对开阔,由河漫滩、I级阶地组成,海拔高程 2443～2454m，是城镇建设和农业发展的主要地带。

主要控制点：大通县桥头镇、桥头镇二号桥、一号桥、老营庄、黎明化工厂、鲍家庄、双苏堡。

宁大高速公路开工典礼

4. 开工及通车时间

2002 年 11 月开工建设，2004 年 11 月高速公路段建成通车，2005 年 10 月二级公路段通车，2005 年 9 月完成交工验收，2008 年 5 月完成竣工验收。

G0611 大通至西宁段桥梁汇总见表 10-3-1，路面结构见表 10-3-2。

**G0611 大通至西宁段桥梁汇总表**   表 10-3-1

| 规模 | 序号 | 名　称 | 桥长左（m） | 桥长右（m） | 主跨长度（m） | 结构类型 | 跨越障碍物 |
|---|---|---|---|---|---|---|---|
| 特大桥 | 1 | 大通县桥头镇纵向桥 | 1050.36 | 1050.36 | 30 | 预应力混凝土空心板、连续箱梁 | 河流 |
| 大桥 | 1 | 北川河大桥 | 104.4 | 104.4 | 20 | 预应力空心板墙式护栏 | 河流 |
| 大桥 | 2 | 分离立交桥 | 216.1 | 216.1 | 30 | 预应力箱梁 | 道路 |
| 大桥 | 3 | 公铁分离式立交桥 | 144.44 | 144.44 | 20 | 预应力空心板墙式护栏 | 道路 |
| 中桥 | 1 | 甘沟中桥 | 66.82 | 66.82 | 16 | 预应力混凝土空心板 | 沟渠 |
| 中桥 | 2 | 电沟中桥 | 64.44 | 64.44 | 20 | 先张法预应力空心板梁 | 道路 |
| 中桥 | 3 | 九家湾中桥 | 64.44 | 64.44 | 20 | 先张法预应力空心板梁 | 道路 |
| 中桥 | 4 | 黎明半桥、中桥 | 52.18 | 52.18 | 30 | 预应力箱梁 | 道路 |
| 中桥 | 5 | 殷家沟中桥 | 52.44 | 52.44 | 16 | 预应力空心板 | 道路 |
| 中桥 | 6 | K33+483.5 分离式立交 | 24.44 | 24.44 | 2 | 预应力空心板 | 道路 |
| 中桥 | 7 | 八一路分离立交 | 96.1 | 96.1 | 30 | 预应力箱梁 | 道路 |
| 中桥 | 8 | 老营庄互通匝道跨线桥 | 84.44 | 84.44 | 20 | 预应力空心板 | 道路 |
| 中桥 | 9 | 老爷山分离立交 | 34.06 | 34.06 | 20 | 预应力空心板 | 道路 |
| 中桥 | 10 | 黎明立交匝道桥 | 24.44 | 24.44 | 20 | 预应力空心板 | 道路 |

续上表

| 规模 | 序号 | 名称 | 桥长左（m） | 桥长右（m） | 主跨长度（m） | 结构类型 | 跨越障碍物 |
|---|---|---|---|---|---|---|---|
| 中桥 | 11 | 大互路中桥 | 63.41 | 63.41 | 16 | 预应力空心板 | 道路 |
| 中桥 | 12 | 康家庄分离式立交 | 52.44 | 52.44 | 16 | 预应力空心板 | 道路 |
| 小桥 | 共23座 | | | | | | |

**G0611 大通至西宁段路面结构表**　　　　　表10-3-2

| 路面形式 | 起讫里程 | 长度(m) | 沥青路面 |
|---|---|---|---|
| 柔性路面 | K0+000～K36+538.361 | 31277 | 二级公路,路面采用满铺式,双层式沥青混凝土总厚度9cm,基层为20cm,水泥粉煤灰碎石,底基层为21cm水泥粉煤灰砂砾。结构层总厚度为50cm<br>高速路段,路面采用三层式沥青混凝土总厚15cm,基层为20cm水泥粉煤灰碎石,底基层为21cm水泥粉煤灰砂砾,结构层总厚度65cm |

5. 项目建设背景及前期决策情况

国道227线是青海省会西宁通往河西走廊、新疆的重要通道,根据该段观测资料,2000年,大通至西宁段公路交通量各种车辆折合成中型车的年平均昼夜交通量为5192辆,远已超过二级公路的上限指标。为适应日益增长的交通运输需求,青海省交通厅启动了大通至西宁高速公路项目前期工作。2002年4月18日,交通部下发了《关于大通至西宁公路可行性研究报告的批复》（交规划发〔2002〕158号）。

6. 参建单位主要情况

（1）建设单位

青海省高等级公路建设管理局。

（2）设计单位

①工可、初设、施工设计:青海省公路科研勘测设计院

②交通工程施工设计:上海交通设计院

③绿化工程设计:北京中交国路环境景观园林工程技术有限公司

④老爷山高边坡勘测设计:中铁西北科学院

⑤主线出口连接线道路恢复工程一阶段施工设计:青海昆仑交通工程设计有限责任公司

（3）招投标工作

依据《中华人民共和国招标投标法》及相关招投标管理法律法规及制度,青海省高等级公路建设管理局委托青海路达交通建设招标有限公司,对该项目路基工程、路面工程、交通工程、房建工程、绿化工程的施工、监理招标进行了公开招标。土建工程施工及施工

监理于2002年9月开标,路面工程施工及施工监理于2003年12月开标,交通工程施工及施工监理于2004年1月开标,房建工程施工及施工监理于2004年4月开标。

（4）施工单位

通过招投标,本项目由26家施工单位参与建设;其中土建工程6家,路面工程2家,伸缩缝1家,路缘石1家,交通工程6家,房建工程4家,绿化工程6家。

（5）监理单位

本项目设置总监办公室1个,土建高级驻地办2个,路面监理办公室1个,交通工程监理办公室1个,绿化工程监理办公室1个。

G0611大通至西宁段参建单位见表10-3-3。

G0611大通至西宁段参建单位表　　　　　表10-3-3

| 序号 | 参建单位 | 单位名称 | 合同段编号及起止桩号 | 工程内容 | 主要负责人 |
|---|---|---|---|---|---|
| 1 | 项目管理单位 | 青海省高等级公路建设管理局 | | | 付大智 |
| 1 | 勘察设计单位 | 青海省公路科研勘测设计院 | K0+000~K36+538.361 | 工可、初设、施工图设计 | 何建民 |
| 2 | | 上海交通设计院 | | 交通工程施工图设计 | 甘久彤 |
| 3 | | 北京中交国路环境景观园林工程技术有限公司 | | 绿化工程设计 | 梁晋学 |
| 4 | | 中铁西北科学院 | | 老爷山高边坡勘测设计 | 张国帅 |
| 5 | | 青海昆仑交通工程设计有限责任公司 | | 主线出口连接线道路恢复工程一阶段施工图设计 | 汪淑玲 |
| 1 | 施工单位 | 中铁一局集团有限公司 | K0+000~K2+700 | 路基 | 王小民 |
| 2 | | 广东省佛山公路工程公司 | K2+700~K7+900 | 路基 | 庄奕忠 |
| 3 | | 河北省张家口路桥建设集团有限公司 | K7+900~K11+300 | 路基 | 徐哲文 |
| 4 | | 中铁十九局第一工程局 | K11+300~K20+300 | 路基 | 张洪杰 |
| 5 | | 中铁四局集团第一工程公司 | K20+300~K28+300 | 路基 | 王祥玉 |
| 6 | | 广东基础工程公司 | K28+300~K36+538.361 | 路基 | 钟显奇 |
| 7 | | 长庆石油勘探局筑路工程总公司 | K0+000~K19+300 | 路面 | 王建国 |
| 8 | | 中铁四局集团第一工程有限公司 | K19+300~K36+538.361 | 路面 | 刘若群 |
| 9 | | 常熟橡胶厂 | K0+000~K36+538.361 | 伸缩缝 | 孙伟 |
| 10 | | 青海省海东总段工程队 | K0+000~K36+538.361 | 路缘石 | 李明 |
| 11 | | 西安金路交通工程科技发展有限公司 | K0+000~K36+538.361 | 交通工程 | 孙芙灵 |
| 12 | | 成都曙光光纤网络有限责任公司 | K0+000~K36+538.361 | 交通工程 | 赵永平 |
| 13 | | 河南现代交通工程有限公司 | K0+000~K36+538.361 | 交通工程 | 闫力 |
| 14 | | 陕西高速交通工贸有限公司 | K0+000~K36+538.361 | 标志 | 孙建忠 |

续上表

| 序号 | 参建单位 | 单位名称 | 合同段编号及起止桩号 | 工程内容 | 主要负责人 |
|---|---|---|---|---|---|
| 15 | 施工单位 | 北京市高速公路交通工程公司 | K0+000~K36+538.361 | 交通工程 | 王会明 |
| 16 | | 武安市交通安全设备有限公司 | K0+000~K36+538.361 | 隔离栅 | 郝利梅 |
| 17 | | 浙江省建工集团有限公司 | 大通主线 | 主线收费站 | 徐伟 |
| 18 | | 青海交通房建公司 | 老营庄匝道 | 收费站 | 安康 |
| 19 | | 西宁市朝阳建筑有限公司 | 黎明匝道 | 收费站 | 王发祥 |
| 20 | | 江苏省建筑工程公司 | 各站收费岛及收费大棚 | 收费大棚 | 陈荣跃 |
| 21 | | 青海阳光花卉有限责任公司 | K0+000~K7+500 | 绿化 | 滕建信 |
| 22 | | 青海路源工贸工程有限公司 | K7+500~K12+500 | 绿化 | 邹海棠 |
| 23 | | 西宁市城市园林绿化公司 | K12+500~K18+500 | 绿化 | 肖海东 |
| 24 | | 天津绿洲园林有限公司 | K18+500~K24+500 | 绿化 | 王志刚 |
| 25 | | 青海乐都林业综合贸易公司 | K24+500~K30+500 | 绿化 | 张鹏 |
| 26 | | 西宁西山园林绿化有限公司 | K30+500~K36+538.361 | 绿化 | 廖东 |
| 1 | 监理单位 | 河北华达公路工程咨询监理有限公司 | K0+000~K36+538.361 | 总监办 | 安郁田 |
| 2 | | 重庆中宇工程咨询监理公司 | K0+000~K11+300 | 路基监理 | 辛大伟 |
| 3 | | 山东德州监理咨询公司 | K11+300~K36+538.361 | 路基监理 | 王同福 |
| 4 | | 山东德州监理咨询公司 | K0+000~K36+538.361 | 路面监理 | 田光谱 |
| 5 | | 山西兴路交通工程监理技术咨询有限公司 | K0+000~K36+538.361 | 交通工程监理 | 常新生 |
| 6 | | 青海兴青工程监理咨询公司 | K0+000~K36+538.361 | 绿化工程监理 | 靳玉德 |

(二)建设情况

1. 项目审批

(1)2002年4月18日,交通部以交公路发〔2002〕309号文批复《关于大通至西宁公路初步设计》。

(2)2002年5月,交通部以交公路发〔2002〕208号文批复《关于大通至西宁公路施工图设计》。

(3)2002年11月29日,青海省环保局以青环发〔2002〕201号文批复《关于西部通道大通至西宁段高速公路环境影响报告书》。

(4)2004年1月30日,青海省人民政府以青政土函〔2004〕征7号文批复《关于大通至西宁高速公路工程建设用地》,批准建设用地209.3036 $hm^2$(公顷),划拨给青海省高等级公路建设管理局作为大通至西宁高速公路建设用地。

(5)2002年9月19日,青海省水土保持局以青水保〔2002〕50号文印发《关于对G227线大通至西宁公路水土保持方案的批复》。

2.资金筹措

本项目概算总投资7.85696亿元,资金由本省多渠道筹集解决(含利用国内银行贷款)。竣工决算为8.22665亿元。

3.征地拆迁

本项目沿线经过大通县、西宁市城北区。

征迁工作主要内容包括:签订协议、界定征地界限、办理永久性占地报批手续;永久占地界内房屋等各种构造物的搬迁,附着物的拆除;各种管线的迁移、改建;临时及借土占地的征用等。

遵循的政策法规主要有:青海省国土资源厅《关于印发西宁至大通高速公路征地方案的通知》(青国土资土〔2002〕52号)。

主要做法:大通县国土资源局、城北区国土资源局、省高管局共同派出人员参加,县、区相继成立了征地拆迁办公室或征地拆迁领导小组,明确了工作范围、程序和任务,制定工作方案,严明工作纪律,统一标准,为保质保量地完成征地拆迁安置工作提供了明确的政策依据。截至2004年底,征迁工作基本结束,全线共征用土地3139.554亩,其中农用地3060.2265亩,建设用地22.6245亩,未利用地56.703亩,拆迁房屋25400m²,征迁费用1.44亿元。

4.实施过程

宁大高速公路工程质量要求高,建设单位以"创建一流形象、打造一流工程、作出一流贡献"为宗旨,严格遵循基本建设程序,加强合同管理、工程监理和质量监管,强化施工现场管理,注重科技创新,强化环保意识和安全生产,圆满完成了建设任务。

宁大高速公路大通县城高架桥

（1）土建工程于2002年11月20日开工，2005年8月完工。

（2）路面工程于2003年12月开工，2005年9月底完工。

（3）房建工程于2004年4月开工，2005年9月底完工。

（4）机电工程于2004年4月开工，2004年10月底完工。

（5）交通安全设施工程于2004年4月开工，2005年9月底完工。

（6）绿化工程于2004年4月开工，2005年9月底完工。

（7）2005年9月25日至28日，青海省交通厅组织厅有关部门及建设、设计、监理、施工单位代表，对大通至西宁高速公路工程进行了交工验收。工程质量评分为92.4分，等级为合格。

（8）2008年5月24至25日，由省交通厅牵头，组织省发改委、大通县政府及相关部门，根据《公路工程质量鉴定办法》，对国道227线大通至西宁高速公路进行了竣工验收。工程质量评分为88.96分，等级为合格。

5. 重大变更

（1）全线因路基、桥涵地基问题，采取换填砂砾、抛填片石等处理措施，增加相关费用。

（2）K35～K36段，路基因湿陷性黄土和盐渍土，导致构造物沉降，后灌浆加固处理，增加相关费用。

6. 重大事件

（1）2002年10月31日，国道227线大通至西宁高速公路开工典礼，在大通县广场隆重举行，省政协副主席蔡巨乐等领导出席开工典礼并剪彩。

（2）2003年5月15日，农行青海省分行向大通至西宁高速公路项目贷款3.5亿元签字仪式在西宁举行。省人民政府副省长刘伟平、农行青海省分行行长陈致良、省交通厅厅长梁晓安等领导出席仪式。

（3）2004年4月27日，省交通厅厅长梁晓安在宁大高速公路施工现场检查工作。

（4）2004年11月6日，西宁至大通高速公路通车典礼举行。青海省人民政府秘书长胡先来、省交通厅厅长梁晓安、国家开发银行青海分行行长赵奎明、省农行副行长张要武、省交警总队长袁存孝等，出席典礼并剪彩。

（5）2005年9月25日至28日，省交通厅组织厅有关部门及建设、设计、监理、施工单位代表，对大通至西宁高速公路工程进行了交工验收。

（6）2008年5月24至25日，由交通厅牵头，组织省发改委、大通县政府及相关部门参加，对国道227线大通至西宁高速公路进行了竣工验收。

## (三)科技创新

(1)湿陷性黄土地段强夯处理。在路基施工中,对湿陷性黄土地段的软基处理,采用了强夯处理。强夯具有适应土质范围广、施工工艺简便,施工周期短、质量容易控制、经济易行等特点。施工单位采用了起重机配合门字支架,将大吨位(10~13t)重锤起吊到8~30m高度后,自由落下给地基以强大的冲击能量的夯击。路基填筑时,主要控制土的含水量,以及含水量的均匀性,在含水量均匀且接近最佳含水量时,加强压实。高填方路基预防路基下沉、防治跳车,施工中主要采取了早开工,慢填筑,使高填方路基有充分的沉降时间;同时,全线凡填土高度大于4m的地段,均在路床下60cm处进行40t冲击碾压补压,以加速路基沉降,使之稳定。桥头填土除严格按设计填筑透水性材料外,并在路基基本成形后,采用超填预压的措施,以加快桥头处路基的沉陷稳定。加强对基底的压实或对基底进行加固处理,施工时要严格分层填筑,分层压实,软弱地基上要进行必要的处理,原地面以上1~2m高度范围内不填筑细粒土,有的还换填了砂砾或采取抛石挤淤等工程措施。

(2)路面施工。对沥青搅拌站的改造,首先是供给系统,通过对沥青管道、沥青泵和控制系统的改造,加大了沥青泵的供给量,增加了沥青系统的沥青喷射压力,缩短了喷射时间,提高了搅拌效率。其次是沥青加温系统,通过对沥青管汇的调整集中及对进出阀口的再加工,使加温系统的效率得到有效提高,缩短了加温时间,使生产得到了有效保障。沥青面层横缝碾压新工艺,碾压时,先用双钢轮压路机沿横缝45°角方向碾压两遍,超过中线后再反方向45°角碾压两遍,然后横向碾压一遍。沥青原材料采用固体沥青,溶化采用电热熔炉,既有利于环保要求,又节约能源。

(3)桥梁施工。各单位对小桥结构物及梁板现浇混凝土施工中,采用定型大钢模板,加快施工进度,提升形象;对桥梁支座垫块,采用环氧树脂砂浆施工。对于大桥施工混凝土,施工单位采取了真空脱水和开泵脱水施工工艺,采取了联合捣固,设专人看模,使现浇梁或预制梁都达到了设计要求。为确保质量,各单位坚持样板引路,通过试验段、试验区以点带面、整体创优。

(4)开展了《青海省高等级公路湿陷性黄土路基处理技术研究》。在对国内外资料调研的基础上,对青海省典型的湿陷性黄土物理力学性质较全面系统的工程调查和取样试验,总结了青海省湿陷性黄土地基的地质结构特点和主要的物理力学性质,提出了湿陷性黄土地基采用强夯法处理时,夯击功能、夯击次数与有效处理深度的关系,采用冲击压实方法处理时碾压遍数与有效处理深度及影响深度的关系及不同方法处理前后地基土的物理力学性质变化规律,结合试验段地基及路堤的沉降变形结果,分析了地基与路堤的沉降规律,比较了不同处理措施的优缺点及适用条件,提出了高速公路湿陷性黄土路基的处理方法、施工工艺、检测方法、适用条件及有关技术指标,解决了湿陷性黄土路段沉陷问题。

## (四)运营养护管理

### 1. 养护管理

大通至西宁高速公路由湟源公路总段高速公路养护处负责养护。

### 2. 收费设施

根据2004年9月14日《青海省人民政府关于同意设立大通至西宁高速公路收费站（点）的批复》（青政办函〔2004〕74号），本项目在黎明设置匝道收费站1座、老营庄设置匝道收费站1座、大通设置主线收费站1座。截至2016年底，出入口车道数量共计18条，其中ETC车道4条，见表10-3-4。

G0611大通至西宁段收费设施一览表　　　　表10-3-4

| 收费站名称 | 桩号 | 入口车道数 | | 出口车道数 | | 收费方式 |
| --- | --- | --- | --- | --- | --- | --- |
| | | 总车道 | ETC车道 | 总车道 | ETC车道 | |
| 黎明匝道收费站 | 30.349 | 2 | 0 | 2 | 0 | 封闭式联网收费 |
| 老营庄匝道收费站 | 34.755 | 3 | 1 | 3 | 1 | 封闭式联网收费 |
| 大通主线收费站 | 37.566 | 3 | 1 | 5 | 1 | 封闭式联网收费 |

### 3. 监控设施

本项目设置大通监控分中心，负责全线的道路运营监控及路况信息的收集、上传及发布工作。

### 4. 交通流量

大通至西宁高速公路自2004年至2016年，各收费站日平均交通量总和从1195辆/日，增长至13275辆/日，见表10-3-5。

G0611大通至西宁段交通流量发展状况表（单位：辆/日）　　　　表10-3-5

| 年份（年） | 宁大高速路段日平均流量 | 大通 | 黎明 | 老营庄 |
| --- | --- | --- | --- | --- |
| 2004 | 1195 | | 244 | 951 |
| 2005 | 1403 | | 263 | 1140 |
| 2006 | 2061 | 206 | 351 | 1504 |
| 2007 | 2719 | 527 | 515 | 1677 |
| 2008 | 3160 | 802 | 526 | 1832 |
| 2009 | 3746 | 1171 | 598 | 1977 |
| 2010 | 4838 | 1548 | 891 | 2399 |
| 2011 | 3300 | 1091 | 720 | 1489 |

续上表

| 年份(年) | 宁大高速路段日平均流量 | 大 通 | 黎 明 | 老营庄 |
| --- | --- | --- | --- | --- |
| 2012 | 3943 | 1272 | 824 | 1847 |
| 2013 | 4839 | 1618 | 933 | 2288 |
| 2014 | 5225 | 1861 | 966 | 2398 |
| 2015 | 5898 | 2140 | 1025 | 2733 |
| 2016 | 13275 | 5294 | 2157 | 5824 |

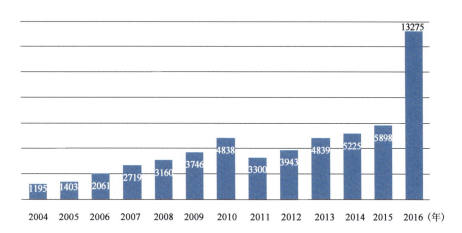

交通量增长柱状图

## 二、G0611 平安至阿岱段(建设期:2002.06—2006.10)

(一)项目概况

1. 功能定位

平安至阿岱高速公路位于青海省海东市平安区、化隆县境内,是国家高速公路网规划中 G0611 张掖至汶川公路的重要组成部分之一。该路段是省会西宁经平安前往化隆、循化、黄南州尖扎、同仁、泽库等州、县的重要路段之一,连通青海省海东和甘肃省临夏地区。它的建设,对完善国家和青海省公路网、加强对外联系、提高青海东部地区车辆通行能力和改善服务环境、加快东部城市群建设等,都具有重大意义。

2. 技术标准及建设规模

全线采用双向全封闭四车道,设计速度 100km/h,路基全幅宽 26m(除 K20 + 100 ~

K40+500段,设计速度60km/h,路基宽22.5m);隧道净宽9.25m,净高5m,隧道设计速度60km/h;桥涵荷载汽车—超20,挂-120;设计洪水频率1/100。

路线全长41.022km(左幅30.68km),另建连接线1.45km。批准概算投资18.42563161亿元,工程决算投资18.6730亿元。全线路基土石方$703×10^4m^3$,设大桥4872.04m/17座,中桥668.28m/12座,小桥221.4m/5座,通道涵洞155座,互通立交4处;右幅隧道长3340m,左幅隧道长3355m。全线设主线收费站1处、匝道收费站4处、隧道监控所1处,房建工程总建筑面积$9008m^2$。

3. 地形地貌及主要控制点

主要地貌类型分为:高中山剥蚀地貌区、低中山侵蚀地貌区、山前冲、洪积倾斜平原区及侵蚀、堆积河谷平原区四类。

主要控制点:园艺场立交、窑房立交、大寨子立交、古城立交、青沙山隧道,阿岱平交。

4. 开工及通车时间

平安至阿岱高速公路右幅路基工程2002年6月开工,左幅路基工程2004年6月开工,2006年10月1日全线通车,2007年7月11日完成交工验收,2008年11月完成竣工验收。

G0611平安至阿岱段桥梁汇总见表10-3-6,隧道汇总见表10-3-7,路面结构见表10-3-8。

G0611平安至阿岱段桥梁汇总表　　　　表10-3-6

| 序号 | 规模 | 名　称 | 桥梁左(m) | 桥梁右(m) | 主跨长度(m) | 结构类型 | 跨越障碍物 |
|---|---|---|---|---|---|---|---|
| 1 | 大桥 | 白沈家沟大桥 |  | 164.4 | 20 | 连续梁桥 | 沟谷 |
| 2 | 大桥 | 新庄大桥(左幅) | 204.44 |  | 20 | 连续梁桥 | 河流、沟谷 |
| 3 | 大桥 | 新庄大桥(右幅) |  | 204.44 | 20 | 连续梁桥 | 河流、沟谷 |
| 4 | 大桥 | 古城互通主线 |  | 1000 | 20 | 连续梁桥 | 道路 |
| 5 | 大桥 | 扎门大桥(左幅) | 252.88 |  | 20 | 连续梁桥 | 道路 |
| 6 | 大桥 | 扎门大桥(右幅) |  | 256.59 | 20 | 连续梁桥 | 沟谷 |
| 7 | 大桥 | 六台沟大桥(左幅) | 310.24 |  | 20 | 连续梁桥 | 沟谷 |
| 8 | 大桥 | 六台沟大桥(右幅) |  | 316.04 | 20 | 连续梁桥 | 沟谷 |
| 9 | 大桥 | 总门大桥(左幅) | 354.04 |  | 20 | 连续梁桥 | 沟谷 |
| 10 | 大桥 | 总门大桥(右幅) |  | 345 | 20 | 连续梁桥 | 沟谷 |
| 11 | 大桥 | 全藏大桥(左幅) | 277.04 |  | 20 | 连续梁桥 | 沟谷 |
| 12 | 大桥 | 全藏大桥(右幅) |  | 277.04 | 20 | 连续梁桥 | 沟谷 |

# 第十章 高速公路建设项目

续上表

| 序号 | 规模 | 名称 | 桥梁左（m） | 桥梁右（m） | 主跨长度（m） | 结构类型 | 跨越障碍物 |
|---|---|---|---|---|---|---|---|
| 13 | 大桥 | 阿岱大桥（左幅） | 213.06 | | 20 | 连续梁桥 | 河流 |
| 14 | 大桥 | 阿岱大桥（右幅） | | 213.04 | 20 | 连续梁桥 | 河流 |
| 15 | 大桥 | 黑岭滩大桥 | 111.02 | | 20 | 连续梁桥 | 沟谷 |
| 16 | 大桥 | AK0+101湟水河大桥 | | 186.4 | 20 | 连续梁桥 | 河流 |
| 17 | 大桥 | BK0+718.618湟水河大桥 | | 186.4 | 20 | 连续梁桥 | 河流 |
| 1 | 中桥 | 沈家中桥（左幅） | 42.04 | | 20 | 连续梁桥 | 河流 |
| 2 | 中桥 | 沈家中桥（右幅） | | 42.04 | 20 | 连续梁桥 | 河流 |
| 3 | 中桥 | 窑房跨线桥 | | 43.44 | 13 | 连续梁桥 | 道路 |
| 4 | 中桥 | 主线跨河 | | 64.64 | 20 | 连续梁桥 | 河流 |
| 5 | 中桥 | 主线跨线 | | 64.64 | 20 | 连续梁桥 | 道路 |
| 6 | 中桥 | 大寨子互通C匝道桥 | | 50.64 | 20 | 连续梁桥 | 道路 |
| 7 | 中桥 | 大寨子互通E匝道桥 | | 50.64 | 20 | 连续梁桥 | 道路 |
| 8 | 中桥 | K23+784中桥 | | 52.44 | 16 | 连续梁桥 | 道路 |
| 9 | 中桥 | 祁家川中桥（左幅） | 64.44 | | 20 | 连续梁桥 | 沟谷 |
| 10 | 中桥 | 祁家川中桥（右幅） | | 64.44 | 20 | 连续梁桥 | 河流 |
| 11 | 中桥 | 泵站中桥（左幅） | 64.44 | | 20 | 连续梁桥 | 河流 |
| 12 | 中桥 | 泵站中桥（右幅） | | 64.44 | 13 | 连续梁桥 | 河流 |

**G0611平安至阿岱段隧道汇总表** 表10-3-7

| 规模 | 名称 | 隧道全长左（m） | 隧道全长右（ms） | 隧道净宽（m） | 隧道分类 | 洞门形式 | | | |
|---|---|---|---|---|---|---|---|---|---|
| | | | | | | 左线 | | 右线 | |
| | | | | | | 进口 | 出口 | 进口 | 出口 |
| 特长隧道 | 青沙山隧道 | 3355 | 3340 | 9.25 | 石质山岭隧道 | 端墙式 | 端墙式 | 端墙式 | 端墙式 |

**G0611平安至阿岱段路面结构表** 表10-3-8

| 路面形式 | 起讫里程 | 长度(m) | 水泥混凝土路面 | 沥青路面 |
|---|---|---|---|---|
| 柔性路面 | 全线K0+000~K41+068 | 39162（除隧道外） | | 30cm水稳砂砾底基层+20cm水稳碎石基层+6cm粗粒式混凝土下面层+6cm中粒层沥青混凝土中面层+4cm沥青混凝土抗滑层<br>路面总厚度66cm |
| | 隧道（左幅）K30+695~K34+050<br>隧道（右幅）K30+660~K34+000 | 3355　3340 | 普通混凝土路面 | |

5. 前期决策情况

青海省交通厅于2000年启动该项目建设前期工作。2001年9月29日，交通部以交规划发〔2001〕575号文批复《平安至阿岱公路可行性研究报告》。2004年4月9日,青海省发改委以青发改基础〔2004〕228号文,批复《平安至阿岱公路二期工程可行性研究报告》,同意修建平安至阿岱高速公路二期工程(左半幅)。

6.参建单位主要情况

(1)建设单位

青海省高等级公路建设管理局

(2)设计单位

①土建工程设计单位:青海省公路科研勘测设计院

②交通工程设计单位:中国公路工程咨询监理总公司、北京华景交通新技术开发公司

③房建地质勘察设计单位:青海省水文地质工程地质勘察院

④高边坡防护勘测设计单位:中铁西北科学研究院有限公司

⑤青沙山隧道施工图设计单位:交通部第二公路勘察设计院

(3)招投标工作

平安至阿岱高速公路右半幅土建路基工程(施工与监理)招标工作,于2002年4月13日完成;左半幅土建路基工程招标工作,于2004年6月14日完成。路面工程(施工与监理)招标工作,于2005年11月17日完成。交通工程招标工作,于2006年1月14日完成。高路堤病害治理工程招标工作,于2006年6月4日完成。

绿化工程采用公开招标资格后审,2007年3月5日完成招标工作。

监理单位因两次招标失败,故与青海省兴青咨询监理公司议标、并确定为平安至阿岱高速公路绿化工程监理单位。

平阿高速公路六台沟大桥

(4)施工单位

通过招投标,本项目共有44家施工单位参与建设;其中路基工程14家,路面工程2家,机电工程3家,护栏工程2家,标志工程1家,标线工程1家,隔离栅工程1家,高路堤病害整治工程1家,伸缩缝工程1家,房建工程6家,绿化工程6家,配电设备工程1家,

污水处理工程1家,锅炉工程1家,变配电工程1家,柴油发电机组1家,计重收费设备1家。

(5)监理单位

本项目设置总监办公室1个,路基工程监理办公室3个,路面工程监理办公室1个,交通、房建、机电工程监理办公室1个,绿化监理办公室1个。

G0611平安至阿岱段参建单位见表10-3-9。

**G0611平安至阿岱段参建单位表** 表10-3-9

| 序号 | 参建单位 | 单位名称 | 合同段编号及起止桩号 | 工程内容 | 主要负责人 |
|---|---|---|---|---|---|
| 1 | 项目管理单位 | 青海省高等级公路建设管理局 | | | 李群善 |
| 1 | 勘察设计单位 | 青海省公路科研勘测设计院 | 右幅:K3+200~K40+500;<br>左幅:K0+700~K40+355 | 工可、初设、施工图设计 | 惠世元 |
| 2 | | 中国公路工程咨询监理总公司、北京华景交通新技术开发公司 | | 交通工程施工图设计 | 王晓明 |
| 3 | | 青海省水文地质工程地质勘察院 | | 沿线收费站、监控所岩土工程勘测设计 | 赵永真 |
| 4 | | 中铁西北科学研究院有限公司 | | 高边坡防护勘测设计 | 张国帅 |
| 5 | | 中交第二公路勘察设计院 | | 青沙山隧道施工图设计 | 赵国安 |
| 1 | 施工单位 | 云南第五公路工程处 | 右幅路基1标 K3+200~K8+000 平安连接线 | 平安连接线1.45km(二级),k3+200~K8+000全长4.8公路(高速) | 樊兴文 |
| 2 | | 中铁十六局一公司 | 右幅路基2标 K8+000~K17+700 | K8+000~K18+000全长10km | 宋新春 |
| 3 | | 青海省公路桥梁工程有限公司 | 右幅路基3标 K17+700~K23+700 | K18+000~K23+800全长5.8km | 刘文军 |
| 4 | | 汕头公路桥梁有限责任公司 | 右幅路基4标 K23+700~K27+000 | K23+800~K27+000全长3.2km | 李纯侠 |
| 5 | | 本溪市公路工程处 | 右幅路基5标 K27+000~K30+100 | K27+000~K30+000全长3.0km | 黄成武 |
| 6 | | 中铁隧道局集团一处有限公司 | 右幅路基6标 K30+100~K32+300 | K30+000~K32+300全长2.3km | 高海宏 |
| 7 | | 中铁二局集团第三工程有限公司 | 右幅路基7标 K32+300~K34+500 | K32+300~K34+500全长2.2km | 金大鹏 |
| 8 | | 朝阳建设集团有限公司 | 右幅路基8标 K34+500~K40+500 | K34+500~K43+300全长5.875km | 郝彦斌 |

续上表

| 序号 | 参建单位 | 单位名称 | 合同段编号及起止桩号 | 工程内容 | 主要负责人 |
|---|---|---|---|---|---|
| 9 | | 中铁十七局集团有限公司 | 右幅路基9标 K0+000~K3+200 | K0+000~K3+200 全长3.2km | 连国柱 |
| 10 | | 中铁十四局集团有限公司 | 左幅路基A标 K0+700~K2+900 K4+000~K12+750 | K0+700~K2+900 全长11.472532km | 栾昌信 |
| 11 | | 中铁十五局集团有限公司 | 左幅路基B标 K13+750~K20+750、 K21+750~K30+100 | K13+750~K20+750、 k21+750~K30+100 全长8.95km | 赵天熙 |
| 12 | | 中铁十九局集团第二工程有限公司 | 左幅路基C标 K30+100~K32+500 | K30+100~K32+500 全长2.4km | 郑自刚 |
| 13 | | 中铁十二局集团第三工程有限公司 | 左幅路基D标 K32+500~K34+545.192 | K32+500~K34+545.192 全长2.045192km | 何定高 |
| 14 | | 中铁一局集团有限公司 | 左幅路基E标 K34+545.192~K40+355 | K34+545.192~K40+355 全长5.809808km | 焦广盈 |
| 15 | | 中国路桥集团西安实业发展有限公司 | 路面A标 K0+000~K17+000 | K0+000~K17+000, 全长17km | 肖军 |
| 16 | | 路桥集团第一工程局第三工程公司 | 路面B标 K17+000~K41+068 | K17+000~K41+068, 全长24.068km | 林玉栋 |
| 17 | | 成都曙光光纤网络有限责任公司 | 机电1标 K0+000~K40+500 | 机电、通信管道、安全设施、房建、大棚等交通工程 | 陈霞 |
| 18 | | 广东海特天高信息系统工程有限公司 | 机电2标 K0+000~K40+500 | 道路机电 | 罗渊鸿 |
| 19 | | 甘肃紫光智能交通与控制技术有限公司 | 机电3标 K0+000~K40+500 | 隧道机电 | 苗葳 |
| 20 | | 陕西省成通机械化公路工程有限责任公司 | 护栏1标 K0+000~K40+100 | 护栏工程 | 钟强 |
| 21 | | 河北恒通交通安全设施有限公司 | 护栏2标 K0+000~K40+500 | 护栏工程 | 王志军 |
| 22 | | 兰州金路交通设施有限责任公司 | 标志3标 K0+000~K40+500 | 标志工程 | 刘平基 |
| 23 | | 青海省路源工贸有限责任公司 | 标线4标 K0+000~K40+500 | 标线工程 | 张剑 |
| 24 | | 青海省路源工贸有限责任公司 | 隔离栅5标 K0+000~K40+500 | 隔离栅工程 | 张剑 |
| 25 | | 青海省地质基础工程施工总公司 | 高路堤病害整治工程 K27+000~K27+225 | 高路堤病害治理 | 李发林 |
| 26 | | 衡水中铁建橡胶有限责任公司 | 伸缩缝工程 | 桥梁伸缩缝采购与安装 | 赵敏 |
| 27 | | 广厦重庆第一建筑集团有限公司 | 房建1标 | 青沙山隧道监控所 | 张里春 |
| 28 | | 青海省交通房屋建筑工程有限公司 | 房建2标 | 窑房站区 | 安康 |

# 第十章 高速公路建设项目

续上表

| 序号 | 参建单位 | 单位名称 | 合同段编号及起止桩号 | 工程内容 | 主要负责人 |
|---|---|---|---|---|---|
| 29 | | 青海二建建筑工程有限责任公司 | 房建3标 | 大寨子站区 | 戴海平 |
| 30 | | 西宁朝阳建筑工程有限公司 | 房建4标 | 古城站区 | 王发祥 |
| 31 | | 青海四建建筑工程有限责任公司 | 房建5标 | 阿岱站区 | 朱国祥 |
| 32 | | 铁道部第一工程局建筑安装工程总公司 | 房建6标 | 收费岛和收费大棚等 | 杨志明 |
| 33 | | 青海省路源工贸有限责任公司 | 绿化1标 K0+000~K8+000 | 绿化工程 | 赵海军 |
| 34 | | 西宁草坪植生带工程有限公司 | 绿化2标 K8+000~K14+100 | 绿化工程 | 马生辉 |
| 35 | | 西宁绿地生态科技开发有限公司 | 绿化3标 K14+100~K21+000 | 绿化工程 | 徐成体 |
| 36 | | 西宁贝叶生态建设有限公司 | 绿化4标 K21+000~K27+000 | 绿化工程 | 苏延秀 |
| 37 | | 西宁金叶花卉园林有限公司 | 绿化5标 | 绿化工程 | 郭军 |
| 38 | | 西宁市园林工程队 | 绿化6标 K27+000~K35+300 | 绿化工程 | 何海燕 |
| 39 | | 上海奇一变压器有限公司 | 配电设备 | 配电 | 朱章文 |
| 40 | | 山东鲁润水务科技有限公司 | 污水处理 | 污水 | 王忠山 |
| 41 | | 西宁开利成套设备有限公司 | 锅炉 | 锅炉 | 靳建国 |
| 42 | | 上海交大电器集团有限公司 | 变配电 | 变配电 | 朱章文 |
| 43 | | 东莞市康菱机电设备工程有限公司 | 柴油发电机组 | 发电机组 | 欧阳彬 |
| 44 | | 北京万集科技有限责任公司 | 计重收费设备 | 收费 | 甄红伟 |
| 1 | 监理单位 | 武汉大通公路桥梁工程咨询监理有限责任公司 | 总监办 K3+200~K40+500 | 全线监理 | 刘汉良 |
| 2 | | 西安方舟工程咨询监理有限公司 | 右幅路基第一监理办 K3+200~K27+000 | 路基监理 | 焦建华 |
| 3 | | 贵州省交通建设咨询监理有限公司 | 右幅路基第二监理办 K27+000~K40+500 | 路基监理 | 熊明政 |
| 4 | | 北京华路捷公路工程技术咨询有限公司 | 左幅路基监理 K0+700~K40+355 | 路基监理 | 杨玺昌 |
| 5 | | 山西交通建设工程监理总公司 | 路面工程监理 K3+200~K40+500 | 路面监理 | 马念本 |
| 6 | | 中国公路工程咨询监理总公司 | 交通、机电、房建工程监理办 K3+200~K40+500 | 交通工程监理 | 龚英武 |
| 7 | | 青海兴青监理公司 | 绿化工程监理办 K3+200~K40+500 | 绿化工程监理 | 杜献增 |
| 1 | 设计咨询单位 | 青海省交通工程咨询中心 | | 全线设计审查 | 陶国新 |
| 2 | | 中交第一公路勘察设计院 西安立德公司 | | 滑坡、高边坡地质灾害治理、分离式立交施工图设计咨询及桥梁结构验算等建设工程咨询 | 费良 |

## (二)建设情况

### 1. 项目审批

(1)2002年3月5日,交通部下发《关于平安至阿岱公路初步设计的批复》(交公路发〔2003〕63号)。2002年12月24日,交通部下发《关于平安至阿岱公路青沙山隧道技术设计的批复》(交公路发〔2002〕613号)。2004年5月12日,青海省交通厅下发《关于平安至阿岱公路二期工程初步设计的批复》(青交公〔2004〕234号)。

(2)平安至阿岱高速公路两阶段施工图设计,由青海省公路科研勘测设计院完成,经青海省交通厅委托青海交通工程咨询中心审查,并组织有关部门和专家会审。2002年4月18日,青海省交通厅以青交发〔2002〕50号文批复《关于平安至阿岱高速公路右半幅两阶段施工图设计》。2004年8月18日,青海省交通厅以青交发〔2004〕514号文《关于平安至阿岱高速公路左半幅两阶段施工图设计的会议纪要》对施工图进行了批复。

(3)2001年12月,交通部环境保护中心针对平阿高速公路,以国环评证甲字第1038号文编制了《环境影响报告书》。2002年3月22日,国家环保总局,发下《关于青海省平安-大力加山公路平安至阿岱公路环境影响报告书审查意见的复函》(预审〔2002〕69号),原则同意交通部预审意见及青海省环境保护局审查意见。

2005年12月,青海省环境科学研究院以过环评证甲字第3901号文,编制了二期工程《环境影响报告书》。2006年1月19日,青海省环境保护局以青环发〔2006〕12号文,批复《关于青海省平安至阿岱高速公路(左半幅)二期工程环境影响报告书》。

(4)2001年10月,黄河水利委员会西峰水土保持科学试验站与宁夏回族自治区水利水电勘测设计院,共同以"水保资证甲字第035号"完成了《水土保持方案大纲》的编制。2002年11月21日,水利部下发《关于青海平安至大力加山公路平安至阿岱段水土保持方案的复函》(水函〔2002〕134号)。2006年4月13日,青海省水土保持局以青水保〔2006〕41号文,批复《关于对平安至阿岱(左半幅)二期工程水土保持方案报告书》。

(5)2003年7月23日,国土资源部以国土资函〔2003〕243号文,批复《关于平安至阿岱高速公路工程建设用地》,批准建设用地224.1695$hm^2$(公顷),划拨给青海省高等级公路建设管理局,作为平安至阿岱高速公路建设用地。

### 2. 资金筹措

本项目概算总投资18.4256亿元,其中:中央投资9.82亿元,银行贷款8.85亿元。

竣工决算为 18.673 亿元。

3. 征地拆迁

平安至阿岱高速公路途径互助、平安、化隆 3 县,小峡、平安、沙沟、古城、扎巴 5 个乡镇及园艺场。

征迁工作主要内容包括:签订协议、界定征地界限、办理永久性占地报批手续;永久占地界内房屋等各种构造物的搬迁,附着物的拆除;各种管线的迁移、改建;临时及借土占地的征用等。

遵循的政策法规主要有:青海省国土资源厅印发的《关于印发平安至阿岱一级公路征地方案的通知》(青国土资土〔2001〕170 号);青海省国土资源厅印发的《平安至阿岱高速公路征地工作会议的纪要》。

主要做法:2001 年 10 月 26 日,青海省国土资源厅在海东地区召开征地拆迁工作会议,并成立征地拆迁领导小组及办公室,海东行署、平安县、化隆县的主要领导担任领导小组组长,对征地拆迁工作实行分级负责制;具体地类的认定、土地丈量登记等工作,由县土地行政主管部门牵头,乡、村主管单位和公路建设管理部门参加,地区土地行政主管部门具体参与;地类由县土地行政主管部门会同建设单位,按有关规定确定;地上附着物等级标准和成新度的确定,由县土地行政主管部门配合有关部门会同建设单位评定,如有争议,聘请有关部门专家评定。全线征地拆迁工作任务,自 2001 年 10 月至 2006 年 6 月基本完成。共占用土地 3362.5425 亩,其中农用地 2504.37 亩,集体建设用地 196.4295 亩,未利用地 661.743 亩,拆迁房屋 43531.3m²,共付征地拆迁及行业拆迁费 10026.867326 万元。

4. 实施过程

(1)右半幅路基工程于 2002 年 6 月开工,2004 年 7 月底完工;左半幅路基工程于 2004 年 6 月开工,2006 年 9 月底完工。

(2)路面工程 2005 年 12 月开工,2006 年 9 月底完工。

(3)房建工程于 2005 年 8 月开工,2006 年 9 月底完工。

(4)机电工程于 2006 年 6 月开工,2006 年 9 月底完工。

(5)交通安全设施工程于 2006 年 4 月开工,2006 年 9 月底完工。

(6)绿化工程于 2007 年 3 月开工,2007 年 8 月完工。

(7)2007 年 7 月 11 日,由青海省交通厅主持,厅属相关单位以及参建单位共同参与,完成了平阿高速公路全部工程的交工验收工作。工程评定为合格工程。

(8)2008 年 11 月 10 日至 13 日,青海省交通厅组织相关单位,对平安至阿岱高速公路建设项目进行了竣工验收。工程质量评分为 92.33 分,等级为优良。

5. 重大变更

（1）K34+625～K39+993 段分幅修建路基，此路段横断面为半填筑填挖段，为利用右幅挖方填筑左幅路基，经研究此段采用全幅修筑。

（2）园艺场互通立交 C 匝道辅助车道设计长度为 600m，按现有设计已进入曹家堡立交区，且拆迁房屋难度较大；考虑到平阿路交通量不大，缩短原设计的 C 匝道辅助车道长度 440m。

（3）本康沟大桥原设计为 13～20m 预应力钢筋混凝土空心板，由于该桥处于青沙山隧道左幅洞出口处，为了利用隧道弃渣填筑路基，减少隧道弃渣，同时考虑到上游右幅采用 1～13m 小桥，经研究取消原设计的本康沟大桥，变更设计为利用隧道弃渣高填方路基。

（4）由于地质复杂、围岩变化频繁，隧道Ⅲ类围岩变更为Ⅰ类，Ⅳ类围岩变更为Ⅱ类围岩施工。

6. 重大事件

（1）2002 年 6 月，平安至阿岱高速公路右半幅开工建设，2004 年 4 月 9 日左半幅开工建设。

（2）2003 年 7 月 2 日，交通部部长张春贤视察平阿高速公路青沙山隧道。

（3）2004 年 6 月 19 日，省交通厅厅长梁晓安，检查指导平阿高速公路右幅路段和青沙山隧道施工。

（4）2004 年 8 月 16 日，平安至阿岱高速公路青沙山隧道（右幅）贯通。

（5）2005 年 2 月 28 日，副省长马建堂在省交通厅、海东行署负责同志陪同下，到平安至阿岱高速公路施工现场调研。

（6）2005 年 6 月 21 日，省交通厅厅长周建新、副厅长韩建华和总工马忠英一行，前往平阿高速公路施工现场检查指导工作。

（7）2005 年 11 月 2 日，省交通厅厅长周建新、副厅长王廷栋、韩建华一行，到平阿高速公路检查指导工作，并看望慰问参建单位。

（8）2006 年 5 月 26 日，交通部副部长翁孟勇调研平安至阿岱高速公路建设情况，并看望慰问广大参建人员。

（9）2006 年 10 月 1 日，平安至阿岱高速公路完成施工任务，实现试通车。

（三）复杂技术工程

青沙山隧道，穿越青海省海东地区平安县与化隆县的分水岭——青沙山。右线全长 3340m，左线全长 3355m。

隧址区位于青沙山区，属中高山剥蚀地貌，海拔3044.59～3398.81m，最大相对高差354m。区内地形复杂，山势陡峭，流水侵蚀强烈，沟谷发育，多呈"U"字形，山脊走向北西西—南东东向，与隧道轴线近垂直。根据地质资料揭示，隧址区内出露的地层从新到老依次为：第四系全新统黄土、亚砂土河洪积、坡积碎石土、白垩系砂质泥岩、寒武系上统安山岩、玄武岩、蚀变玄武岩河玄武岩夹火山角砾岩、寒武系中统安山岩、加里东期石英闪长岩及闪长玢岩。

本地区属高原半干旱大陆气候，寒长暑短。受地形制约，平安、化隆多风少雨，日温差较大，日照充足，四季分明，最大冻深1.48m。

青沙山隧道

隧道衬砌结构除洞口段结合地形条件设置明洞外，其余均按新奥法原理设计，采用柔性支护体系结构的复合式衬砌；即以锚杆、喷射混凝土、钢拱架、格栅钢架等为初期支护，二次衬砌采用AEA抗裂防水膨胀剂的模筑混凝土或钢筋混凝土衬砌，并在两次衬砌之间敷设双层土工布加EVA防水板；衬砌结构设计方案，采用工程类比法，结合构造要求，根据围岩类别和洞室埋深条件，拟定相应的支护类型，确定支护的衬砌模式。Ⅰ类（新Ⅵ级）围岩段，采用侧壁导坑法或台阶分部施工法；Ⅱ类（新Ⅴ级）围岩段，采用台阶分部施工法；Ⅲ类（新Ⅳ级）围岩段，采用台阶法，Ⅳ、Ⅴ类（新Ⅲ、Ⅱ级）围岩段，采用全断面法。

（四）科技创新

1.《青沙山公路隧道设计与施工技术研究》

《青沙山公路隧道设计与施工技术研究》依托青沙山公路隧道建设，针对复杂地质条件及寒区特长公路隧道特点,采用现场测试、理论分析和数值模拟方法,进行了地质超前预报应用研究、结构受力性状测试与数值模拟、温度场研究。

该研究为复杂地质条件下高寒地区特长隧道的设计与施工提供了理论和技术指导;对青海省类似条件公路隧道围岩支护方案选择、防冻保温和防排水设施设计优化以及施工质量控制等,具有指导作用;解决了复杂地质条件下高寒地区特长隧道的设计与施工难题。

2.《青海省高等级公路长大下坡路段安全性评价及改善对策研究》

该项目通过标准车试验及实地车型测试,建立了刹车毂温度与纵坡关系模型;提出了长大下坡的定义及不同道路等级、纵坡与车重关系的安全坡长;建立了长大下坡路段事故预测模型、运行车速预测模型;提出了基于聚类分析法的长大下坡安全性综合评价方法;制定了依托工程的安全保障工程实施方案,并编制了《青海省长大下坡路段安全保障指南》。该研究成果,对于青海省高等级公路建设和公路安全水平提高,具有重要指导意义;解决了长大下坡路段的安全性问题。

(五)运营养护管理

1. 养护管理

平安至阿岱高速公路由海东高速公路养护处负责养护。本项目自通车以来,为恢复沿线设施的使用功能及原有的技术标准,2010至今,每年对路面病害及车辙进行整治;2013年,对K30+130浆砌片石边沟、急流槽、K26+750浆砌片石截水沟、护面墙等,进行了修复重建;2014年,对K30+200、300护面墙进行拆除重建,并对部分三类通道、涵洞进行了维修加固。

2. 收费设施

根据2006年3月31日《青海省人民政府关于设立平安至阿岱高速公路收费站的批复》(青政函〔2006〕38号)文件,在平阿高速公路上依法设置阿岱主线收费站,大寨子、窑房和古城匝道收费站。根据2011年6月20日《青海省人民政府关于同意设立阿岱至李家峡高速公路收费站的批复》(青政函〔2011〕74号)文件,取消原阿岱主线收费站,保留原阿岱主线收费站入口车道。根据2016年4月14日《青海省人民政府关于同意撤销平安至阿岱大寨子和大柴旦至察尔汗高速公路锡铁山两处收费站的批复》(青政函〔2016〕34号)文件,撤销大寨子匝道收费站。截至2016年底,出入口车道数量共计18条,其中ETC车道6条,见表10-3-10。

**G0611 平安至阿岱段收费设施一览表**　　　　表 10-3-10

| 收费站名称 | 桩 号 | 入口车道数 | | 出口车道数 | | 收 费 方 式 |
|---|---|---|---|---|---|---|
| | | 总车道 | ETC 车道 | 总车道 | ETC 车道 | |
| 阿岱匝道收费站 | 40.983 | 5 | 1 | 5 | 1 | 封闭式联网收费 |
| 古城匝道收费站 | 22.268 | 2 | 1 | 2 | 1 | |
| 窑房匝道收费站 | 3.864 | 2 | 1 | 2 | 1 | |
| 大寨子匝道收费站 | 14.31 | | | | | |

3. 监控设施

本项目设置窑房监控分中心和青沙山隧道监控所,负责全线的道路及隧道运营监控工作;负责路况信息的收集、上传及发布工作。

4. 交通流量

平安至阿岱高速公路自 2006 年至 2016 年,各收费站日平均交通量总和从 1445 辆/日,增长至 3943 辆/日,见表 10-3-11。

**G0611 平安至阿岱段交通流量发展状况表**(单位:辆/日)　　表 10-3-11

| 年份(年) | 平阿高速路段日平均流量 | 阿岱 | 古城 | 大寨子 | 窑房 |
|---|---|---|---|---|---|
| 2006 | 1445 | 889 | 173 | 68 | 260 |
| 2007 | 1758 | 1176 | 223 | 98 | 261 |
| 2008 | 2009 | 1358 | 251 | 131 | 269 |
| 2009 | 2514 | 1714 | 268 | 196 | 336 |
| 2010 | 2984 | 2010 | 312 | 221 | 441 |
| 2011 | 3418 | 2429 | 227 | 181 | 581 |
| 2012 | 4050 | 2835 | 200 | 180 | 835 |
| 2013 | 3024 | 1785 | 285 | | 954 |
| 2014 | 3598 | 2276 | 320 | | 1002 |
| 2015 | 3788 | 2295 | 327 | | 1166 |
| 2016 | 3943 | 2385 | 328 | | 1230 |

## 三、G0611 阿岱至李家峡(牙什尕)段(建设期 2010.4—2012.12)

(一)项目概况

1. 功能定位

阿岱至牙什尕高速公路位于青海省海东市化隆县境内,是国家高速公路网规划中

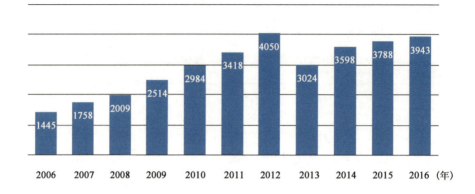

交通量增长柱状图

G0611 张掖至汶川公路的重要组成部分之一。该路段与平阿高速公路、原省道阿赛公路、平大公路及李家峡专用公路等连接,形成纵横交织的交通网络和独具特色的文化生态旅游精品线路。它的建设,对于改善区域路网结构、提高公路通达性、推动坎布拉及李家峡库区旅游资源和黄河上游水电资源的综合开发利用、加快城镇建设进程、改善少数民族地区群众出行条件、巩固和加强民族团结等,具有十分重要的意义。

2. 技术标准及建设规模

采用双向 4 车道高速公路标准建设,设计速度 100km/h,路基宽度 26m。桥涵设计荷载:汽车—超 20 级,挂车—120。地震基本烈度 7 度,设计洪水频率特大桥 1/300,其他 1/100。

路线全长 27.919km,概算投资 10.68 亿元,竣工决算投资 16.44 亿元。路基土石方 $5065.994 \times 10^4 m^3$,设特大桥 1418m/1 座,大桥 5805.5m/20 座,中桥 327m/5 座,小桥 52m/4 座;互通式立交 2 处;涵洞、各类通道 106 道;其中桥梁总长度为 7.4085km,占路线总长度的 27.23%。收费站 2 处,停车加水区 1 处,房建工程总面积 $8473.37m^2$。

3. 地形地貌及主要控制点

本区域地处青海省东部黄河谷地流域,大部分路段通过湿陷性黄土地区。主要控制点:扎巴、阿岱、宗尕堂、城车村、拉公麻、谷子滩、牙什尕镇、保下藏、直岗拉卡水电站、下李家村。

4. 开工及通车时间

2010 年 4 月开工,2012 年 12 月试通车,2014 年 8 月完成交工验收,2016 年 12 月完成竣工验收。

# 第十章 高速公路建设项目

G0611 阿岱至李家峡(牙什尕)段桥梁汇总见表 10-3-12,路面结构见表 10-3-13。

**G0611 阿岱至李家峡(牙什尕)段桥梁汇总表**　　　　表 10-3-12

| 规模 | 序号 | 名称 | 桥长左(m) | 桥长右(m) | 主跨长度(m) | 结构类型 | 跨越障碍物 |
|---|---|---|---|---|---|---|---|
| 特大桥 | 1 | 黑城河特大桥 | 1388 | 1418 | 30 | 连续钢构预应力混凝土 T 梁 | 黑城河阿赛公路 |
| 大桥 | 1 | 浪龙河大桥 | 488 | 488 | 30 | 预应力混凝土 T 梁 | 冲沟阿赛公路 |
| 大桥 | 2 | 卡什加沟大桥 | 206 | 186 | 20 | 预应力混凝土小箱梁 | 冲沟 |
| 大桥 | 3 | 拉曲滩大桥 | 386 | 366 | 20 | 预应力混凝土小箱梁 | 冲沟 |
| 大桥 | 4 | 扎让沟大桥 | 146 | 146 | 20 | 预应力混凝土小箱梁 | 冲沟 |
| 大桥 | 5 | 挡挡沟大桥 | 128 | 128 | 30 | 预应力混凝土 T 梁 | 冲沟 |
| 大桥 | 6 | 拉公麻左幅大桥 | 466 | 466 | 20 | 预应力混凝土小箱梁 | 冲沟 |
| 大桥 | 7 | 拉公麻右幅 1 号大桥 | 108 | 108 | 20 | 预应力混凝土小箱梁 | 冲沟 |
| 大桥 | 8 | 洛乎藏沟大桥 | 507 | 507 | 25 | 预应力混凝土小箱梁 | 冲沟 |
| 大桥 | 9 | 爬尔沟大桥 | 332 | 332 | 25 | 预应力混凝土小箱梁 | 冲沟 |
| 大桥 | 10 | 完干滩 1 号大桥 | 338 | 338 | 30 | 预应力混凝土 T 梁 | 冲沟 |
| 大桥 | 11 | 完干滩 2 号大桥 | 157 | 157 | 25 | 预应力混凝土小箱梁 | 冲沟 |
| 大桥 | 12 | 完干滩 3 号大桥 | 248 | 278 | 30 | 预应力混凝土 T 梁 | 冲沟 |
| 大桥 | 13 | 完干滩 4 号大桥 | 157 | 182 | 25 | 预应力混凝土小箱梁 | 冲沟 |
| 大桥 | 14 | 完干滩 5 号大桥 | 157 | 157 | 25 | 预应力混凝土小箱梁 | 冲沟 |
| 大桥 | 15 | 谷子滩大桥 | 207 | 207 | 25 | 预应力混凝土小箱梁 | 冲沟 |
| 大桥 | 16 | 子沟大桥 | 207 | 207 | 25 | 预应力混凝土小箱梁 | 子沟 |
| 大桥 | 17 | 曲家沟大桥 | 382 | 382 | 25 | 预应力混凝土小箱梁 | 冲沟 |
| 大桥 | 18 | 红旗村黄河大桥 | 578.5 | 578.5 | 30 | 连续箱梁 + 预应力混凝土 T 梁 | 黄河 |
| 大桥 | 19 | 卡什加沟 D 匝道桥 | 286 | 286 | 20 | 预应力混凝土小箱梁 | 冲沟 |
| 大桥 | 20 | 滩拉沟 M 匝道桥 | 266 | 266 | 20 | 预应力混凝土小箱梁 | 冲沟 |
| 中桥 | 1 | 下多巴中桥 | 82 | 82 | 25 | 预应力混凝土小箱梁 | 冲沟 |
| 中桥 | 2 | 上多巴中桥 | 38 | 38 | 25 | 预应力混凝土小箱梁 | 冲沟 |
| 中桥 | 3 | 保藏下中桥 | 75 | 75 | 25 | 钢筋混凝土连续箱梁 | 冲沟 |
| 中桥 | 4 | 上李家中桥 | 41 | 41 | 25 | 预应力混凝土小箱梁 | 冲沟 |
| 中桥 | 5 | 下扎巴 M 匝道桥 | 91 | 91 | 30 | 连续箱梁 | 冲沟 |
| 小桥 | 共 4 座 | | | | | | |

G0611 阿岱至李家峡(牙什尕)段路面结构表　　　表10-3-13

| 路面形式 | 起讫里程 | 长度(m) | 沥青路面(按备注要求填写) |
|---|---|---|---|
| 柔性路面 | K39+000~K55+700（高速公路） | 16700 | 普通沥青混凝土路面。4cm SMA13 上面层,5cm AC16C 中面层,6cm AC20C 下面层,1cm SBS 改性沥青青处封层,20cm 厚水泥稳定碎石基层,32cm 厚水泥稳定砂砾底基层,总厚度68cm |

5. 项目建设背景及前期决策情况

阿岱至李家峡公路,是青海省高速公路路网规划"3410"中平安至大力加山高速公路的重要组成部分。2009年3月,青海省交通厅为改善区域交通条件、完善青海公路网、带动和促进沿黄河流域地区经济社会发展,以青交综规〔2009〕31号文上报《关于阿岱至李家峡公路可行性研究报告的请示》。2009年4月2日,青海省发展改革委员会以青发改交通〔2009〕261号文批复《关于阿岱至李家峡公路可行性研究报告》。

6. 参建单位主要情况

(1)建设单位

青海省高等级公路建设管理局

(2)设计单位

中交第二公路勘察设计研究院有限公司

(3)招投标工作

依据《中华人民共和国招标投标法》及相关招投标管理法律法规及制度,阿岱至李家峡公路土建工程、机电工程、交通工程、房建及环保景观工程的施工、监理招标工作,由青海省高等级公路建设管理局委托青海路达交通建设招标有限公司进行了招标。招标公告均在国家规定有关媒体上公开发布。

2008年12月完成勘察设计招标工作。2009年9月完成土建工程施工及监理招标工作。2011年7月完成阿岱收费站房建工程、机电工程施工招标工作。2012年3月完成交通工程、环保景观工程施工招标工作。2012年4月完成牙什尕收费站及阿岱停车区房建工程施工招标工作。2011年4月、5月,在对本项目交通安全设施、房建、收费大棚、机电、景观绿化工程施工监理分别进行两次招标失败后,经省发改委以青发改函〔2011〕288号文批准,采用了邀请招标;并于2011年7月通过竞争性谈判,确定了中标单位。

(4)施工单位

通过招投标,本项目由四川武通路桥工程局、青海路桥建设股份有限公司等7家施工单位参与建设;其中土建工程2家,房建工程2家,交通工程1家,机电工程1家,绿化工程1家。

(5)监理单位

本项目由北京中咨路捷工程技术咨询有限公司、重庆中宇工程咨询监理有限责任公司 2 家监理单位参与建设,设置总监办 1 个,驻地办 1 个。

G0611 阿岱至牙什尕段参建单位见表 10-3-14。

G0611 阿岱至牙什尕段参建单位表　　　　　　　　　　表 10-3-14

| 序号 | 参建单位 | 单位名称 | 合同段编号及起止桩号 | 工程内容 | 主要负责人 |
|---|---|---|---|---|---|
| 1 | 项目管理单位 | 青海省高等级公路建设管理局 | | | 付大智 |
| 1 | 勘察设计单位 | 中交第二公路勘察设计研究院有限公司 | K39+000~K69+035 | 工程设计 | 刘邦权 |
| 1 | 施工单位 | 四川武通路桥工程局 | K39+000~K50+580 | 路基、路面、桥涵 | 王晓忠 |
| 2 | | 青海路桥建设股份有限公司 | K50+580~K67+820 | 路基、路面、桥涵 | 王成红 |
| 3 | | 北京诚达交通科技有限公司 | K39+000~K69+035 | 机电工 | 刘国法 |
| 4 | | 青海正平建设工程有限公司 | 阿岱收费站 | 房建 | 马金山 |
| 5 | | 青海紫恒建设工程有限公司 | 牙什尕收费站、停车加水区 | 房建 | 蔡宝山 |
| 6 | | 青海省湟源公路工程建设公司 | K39+000~K69+035 | 交安 | 杨明达 |
| 7 | | 青海金叶园林景观建设有限公司 | K39+000~K69+035 | 绿化 | 何得龙 |
| 1 | 监理单位 | 北京中咨路捷工程技术咨询有限公司 | K39+000~K69+035 | 总监办 | 杨运青 |
| 2 | | 重庆中宇工程咨询监理有限责任公司 | | 驻地办 | 辛大伟 |

(二)建设情况

1. 项目审批

(1)2009 年 8 月 7 日,省交通厅下发《关于阿岱至李家峡公路初步设计的批复》(青交公〔2009〕362 号)。

(2)2011 年 5 月 6 日,省交通厅下发《关于青海省阿岱至李家峡公路工程两阶段施工图设计审查的批复》(青交公〔2011〕242 号)。

(3)2009 年 12 月 7 日,省环境保护厅下发《关于阿岱至李家峡公路环境影响报告书的批复》(青环发〔2009〕441 号)。

(4)2014 年 7 月 21 日,省人民政府下发《青海省人民政府关于阿岱至李家峡公路工程建设用地的批复》(青政土函〔2014〕40 号),批准建设用地 132.2528hm$^2$(公顷),划拨给青海省高等级公路建设管理局,作为阿岱至李家峡公路建设用地。

(5)2009 年 6 月 9 日,省水利厅下发《关于对青海境内阿岱至李家峡公路工程水土保持方案的批复》(青水水保〔2009〕411 号)。

**2. 资金筹措**

本项目概算总投资 10.68 亿元,其中:交通运输部专项基金安排 4 亿元,其余由省交通厅自筹。竣工决算 16.44 亿元。

**3. 征地拆迁**

本项目沿线经过化隆、尖扎 2 个县及扎巴、牙什尕 2 个乡(镇)。

征迁工作主要内容包括:签订协议、界定征地界限、办理永久性占地报批手续;永久占地界内房屋等各种构造物的搬迁,附着物的拆除;各种管线的迁移、改线;临时及借土占地的征用等。

遵循的政策法规主要有:青海省国土资源厅 2009 年 11 月 16 日印发的《关于印发阿岱至李家峡高速公路项目工程征地拆迁补偿标准的通知》(青国土资土〔2009〕76 号)。

主要做法:2009 年 11 月 25 日,省高管局成立阿岱至李家峡公路征地拆迁小组。为使征地拆迁工作正常顺利进行,省高管局按照项目的地域位置,指派专人并分组积极配合化隆、尖扎两县国土部门开展征地拆迁工作,明确工作范围、程序和任务,深入现场进行土地和房屋的丈量工作。据统计,本项目共占用土地 1983.792 亩,其中集体所有农用地 1255.4505 亩(其中耕地 1166.727 亩),建设用地 105.9915 亩,未利用地 59.5747 亩,拆迁房屋 20538.43m²,支付土地及拆迁补偿费 1.45 亿元。

**4. 实施过程**

阿岱至李家峡公路在建设过程中,建设单位以"创建一流形象、打造一流工程、做出一流贡献"为宗旨,严格遵循基本建设程序,加强合同管理、工程监理和质量监管,强化施工现场管理,注重科技创新,强化环保意识和安全生产,圆满完成了建设任务。

(1)主线土建工程于 2010 年 4 月 2 日开工,2012 年 12 月通车。

(2)房建工程于 2012 年 4 月开工,2012 年 12 月完工。

(3)机电工程于 2012 年 3 月开工,2012 年 12 月完工。

(4)交通安全设施工程于 2012 年 3 月开工,2012 年 12 月完工。

(5)绿化工程于 2012 年 7 月开工,2013 年 5 月完工。

(6)2014 年 8 月 13 日至 14 日,青海省高等级公路建设管理局组织相关单位以及参建单位,共同参与完成了项目公路的交工验收。

(7)2012 年 12 月 19 日至 20 日,由青海省交通厅牵头,组织相关单位对阿岱至李家峡公路进行了竣工验收。工程质量评分为 76.7 分,等级为合格。

**5. 重大事件**

(1)2009 年 9 月 19 日,阿岱至李家峡公路开工典礼,在尖扎县康杨镇隆重举行。

(2)2010 年 9 月 15 日,省交通厅厅长杨伯让、副厅长胡滨一行,到阿岱至李家峡公路

建设现场检查指导工作

(3)2011年3月29日,省交通厅厅长杨伯让一行,在海东行署副专员王发昌、黄南藏族自治州副州长李庆林等人陪同下,到阿岱至李家峡公路施工现场进行工作调研,重点解决施工中存在的问题。

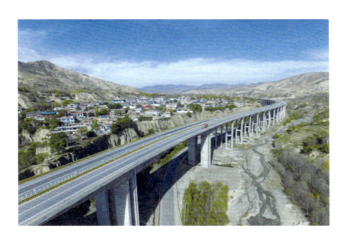

阿李高速公路黑城河特大桥

(4)2012年7月18日,交通运输部工程质量检查局李彦武局长一行,赴阿岱至李家峡公路开展工程质量安全督查。

(5)2012年11月6日,交通运输部督察组一行对阿李公路全线进行安全督查。

(6)2012年12月27日,阿岱至李家峡公路试通车。

(三)科技创新

依托阿岱至李家峡公路工程,开展了黑城河特大桥施工监控课题研究。桥梁施工监测与控制,是对施工中的重要环节过程进行检测与控制,以保证施工过程结构处于安全状态;根据结构的实际状态,对利用各种测试及监测手段获取的数据进行跟踪修正计算,给出后续各施工阶段的高程及内力反馈数据,用以指导和控制施工,以保证桥梁线型和内力最大限度地接近设计理想状态。对实桥进行及时有效的监控,不仅可以避免施工过程中的不安全因素,而且可以为丰富设计理论和完善施工技术,积累第一手资料。

(四)运营养护管理

1. 停车区设置

本项目设置阿岱停车区1处,占地13300$m^2$,建筑面积884.96$m^2$,于2012年12月正式投入运营。

## 2. 养护管理

阿岱至李家峡高速公路由青海省高等级公路建设管理局委托海东公路总段路通养护公司养护。本项目自通车以来,为恢复沿线设施的使用功能及原有的技术标准,在2015年对全线路面病害进行了治理。

## 3. 收费设施

根据2011年6月26日《青海省人民政府关于同意设立阿岱至李家峡高速公路收费站的批复》(青政函〔2011〕74号)文件,在阿岱至李家峡高速公路依法设置牙什尕主线收费站。截至2016年底,出入口车道数量共计8条,其中ETC车道2条,见表10-3-15。

G0611 阿岱至牙什尕段收费设施一览表　　　　表10-3-15

| 收费站名称 | 桩 号 | 入口车道数 | | 出口车道数 | | 收费方式 |
| --- | --- | --- | --- | --- | --- | --- |
| | | 总车道 | ETC车道 | 总车道 | ETC车道 | |
| 牙什尕收费站 | K58+260 | 3 | 1 | 5 | 1 | 联网收费 |

## 4. 监控设施

本项目运营监控工作由牙同高速公路团结分中心代管。

## 5. 交通流量

阿岱至李家峡高速公路自2012年至2016年,各收费站日平均交通量总和从1016辆/日,增长至1562辆/日,见表10-3-16。

G0611 阿岱至牙什尕段交通流量发展状况表(单位:辆/日)　　　　表10-3-16

| 年份(年) | 阿李高速路段日平均流量 | 牙 什 尕 |
| --- | --- | --- |
| 2012 | 1016 | 1016 |
| 2013 | 1677 | 1677 |
| 2014 | 1485 | 1485 |
| 2015 | 2134 | 2134 |
| 2016 | 1562 | 1562 |

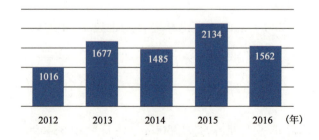

交通量增长柱状图

## 四、G0611 牙什尕至同仁段（建设期 2012.12—2017.9）

### (一)项目概况

**1. 功能定位**

牙什尕至同仁高速公路位于青海省东部的海东市化隆县和黄南州尖扎县、同仁县境内，是国家高速公路网规划中 G0611 张掖至汶川公路的重要组成部分之一，也是黄南藏族自治州境内的第一条高速公路。它的建设，可实现西宁、海东与黄南州府的高速公路连通，对于加强甘肃、青海与成渝经济区之间的沟通联系、优化区域路网结构、加快形成黄南州南北向旅游大通道和连接西南旅游市场的战略通道、带动沿线地区经济社会发展等，都具有十分重要的意义。

**2. 技术标准及建设规模**

采用双向四车道，设计速度 80km/h，路基宽度 24.5m，路面采用沥青混凝土，圆曲线最小半径采用 700m，最大纵坡采用 4.0%。全线桥梁设计荷载采用公路-Ⅰ级、地震动峰值加速度系数 0.10g；设计洪水频率：特大桥 1/300，大、中、小桥、涵洞 1/100。

路线全长 62.757km，批准概算 66.983 亿元。全线设互通式立交 5 处、隧道 11556.5m/7 座、特大桥 6599.5m/4 座、大桥 11622m/31 座、中桥 1715.9m/28 座、涵洞 91 道。全线有服务区 2 处，收费站 4 座，房建总面积 28752.76m²。

**3. 地形地貌**

项目沿线走廊带可分三个地貌单元：路线南部、北部均为构造剥蚀河谷地貌区，中部为构造剥蚀中山地貌区。

**4. 开工及通车时间**

2012 年 12 月开工建设，2016 年 6 月底基本建成通车（除海黄大桥），2017 年 9 月全线建成通车。

G0611 牙什尕至同仁段桥梁汇总见表 10-3-17，隧道汇总见表 10-3-18，路面结构见表 10-3-19。

G0611 牙什尕至同仁段桥梁汇总表　　　表 10-3-17

| 规模 | 序号 | 名　称 | 桥长左(m) | 桥长右(m) | 主跨长度(m) | 结构类型 | 跨越障碍物 |
|---|---|---|---|---|---|---|---|
| 特大桥 | 1 | 山尕滩特大桥 | 1182.5 | 1177 | 40 | 预应力混凝土 T 梁 | 道路 |
| 特大桥 | 2 | 河东村特大桥 | 2422 | 2422 | 40 | 预应力混凝土 T 梁 | 道路 |

续上表

| 规模 | 序号 | 名称 | 桥长左（m） | 桥长右（m） | 主跨长度（m） | 结构类型 | 跨越障碍物 |
|---|---|---|---|---|---|---|---|
| 特大桥 | 3 | 海黄特大桥 | 1768 | 1733 | 560 | 钢混叠合梁双塔双索面斜拉桥 | 黄河 |
| 特大桥 | 4 | 隆务峡特大桥 | 1187 | 1227 | 40 | 预应力混凝土T梁 | 道路、隆务河 |
| 大桥 | 1 | 牙什尕1号大桥 | 307 | 277 | 30 | 预应力混凝土T梁 | 道路 |
| 大桥 | 2 | 黑城河大桥 | 801.5 | 831.5 | 70 | 钢筋混凝土连续梁桥 | 道路 |
| 大桥 | 3 | 牙什尕2号大桥 | 247 | 247 | 30 | 预应力混凝土T梁 | 河谷 |
| 大桥 | 4 | 盘龙曲玛1号大桥 | 307 | 307 | 30 | 预应力混凝土T梁 | 沟谷 |
| 大桥 | 5 | 盘龙曲玛2号大桥 | 427 | 427 | 30 | 预应力混凝土T梁 | 沟谷 |
| 大桥 | 6 | 群科1号大桥 | 157 | 157 | 30 | 预应力混凝土T梁 | 沟谷 |
| 大桥 | 7 | 群科2号大桥 | 337 | 337 | 30 | 预应力混凝土T梁 | 沟谷 |
| 大桥 | 8 | 文卜具大桥 | 547 | 547 | 30 | 预应力混凝土T梁 | 河流 |
| 大桥 | 9 | 科木其1号大桥 | 266 | 266 | 20 | 预应力混凝土分体小箱梁 | 沟谷 |
| 大桥 | 10 | 科木其2号大桥 | 246 | 266 | 20 | 预应力混凝土分体小箱梁 | 沟谷 |
| 大桥 | 11 | 乙沙水库大桥 | 346 | 366 | 20 | 预应力混凝土分体小箱梁 | 乙沙水库 |
| 大桥 | 12 | 工农兵大桥 | 126 | 126 | 20 | 预应力混凝土分体小箱梁 | 沟谷 |
| 大桥 | 13 | 团结大桥 | 286 | 286 | 20 | 预应力混凝土分体小箱梁 | 沟谷 |
| 大桥 | 14 | 牙曲滩1号大桥 | 187 | 187 | 20 | 预应力混凝土分体小箱梁 | 沟谷 |
| 大桥 | 15 | 牙曲滩2号大桥 | 171.5 | 171.5 | 40 | 预应力混凝土T梁 | 沟谷 |
| 大桥 | 16 | 河东村1号大桥 | 152 | 152 | 20 | 预应力混凝土分体小箱梁 | 沟谷 |
| 大桥 | 17 | 河东村2号大桥 | 236 | 236 | 20 | 预应力混凝土分体小箱梁 | 沟谷 |
| 大桥 | 18 | 哇加滩1号大桥 | 355 | 355 | 20 | 预应力混凝土分体小箱梁 | 沟谷 |
| 大桥 | 19 | 哇加滩2号大桥 | 546 | 546 | 20 | 预应力混凝土分体小箱梁 | 坡地 |
| 大桥 | 20 | 隆务峡1号大桥 | 366 | 366 | 20 | 预应力混凝土分体小箱梁 | 沟谷 |
| 大桥 | 21 | 隆务峡2号大桥 | 637 | 626.5 | 40 | 预应力混凝土T梁 | 道路、隆务河 |
| 大桥 | 22 | 隆务峡3号大桥 | 334 | 364 | 100 | 钢筋混凝土连续梁桥 | 道路 |
| 大桥 | 23 | 隆务峡4号大桥 | 564 | 534 | 40 | 预应力混凝土T梁 | 道路 |
| 大桥 | 24 | 隆务峡5号大桥 | 523 | 527 | 40 | 预应力混凝土T梁 | 隆务河 |
| 大桥 | 25 | 北卡加1号大桥 | 644 | 644 | 30 | 预应力混凝土T梁 | 隆务河 |
| 大桥 | 26 | 北卡加2号大桥 | 166 | 166 | 25 | 预应力混凝土分体小箱梁 | 冲沟 |
| 大桥 | 27 | 麻巴大桥 | 533.5 | 558.5 | 25 | 预应力混凝土分体小箱梁 | 河流 |
| 大桥 | 28 | 东干木大桥 | 427 | 427 | 30 | 预应力混凝土T梁 | 坡地 |
| 大桥 | 29 | 下庄1号大桥 | 261.5 | 261.5 | 25 | 预应力混凝土分体小箱梁 | 河流 |

续上表

| 规模 | 序号 | 名 称 | 桥长左（m） | 桥长右（m） | 主跨长度（m） | 结 构 类 型 | 跨越障碍物 |
|---|---|---|---|---|---|---|---|
| 大桥 | 30 | 下庄2号大桥 | 857 | 857 | 25 | 预应力混凝土分体小箱梁 | 隆务河 |
| 大桥 | 31 | 向阳村大桥 | 132 | 132 | 25 | 预应力混凝土分体小箱梁 | 冲沟 |
| 中桥 | 1 | 木哈村中桥 | 33 | 33 | 20 | 预应力混凝土分体小箱梁 | 道路 |
| 中桥 | 2 | 水库滩1号中桥 | 32 | 32 | 20 | 预应力混凝土分体小箱梁 | 道路 |
| 中桥 | 3 | 水库滩2号中桥 | 26 | 26 | 20 | 预应力混凝土分体小箱梁 | 冲沟 |
| 中桥 | 4 | 水库滩3号中桥 | 66 | 66 | 20 | 预应力混凝土分体小箱梁 | 冲沟 |
| 中桥 | 5 | K12+746.7中桥 | 30 | 30 | 20 | 预应力混凝土分体小箱梁 | 道路 |
| 中桥 | 6 | 新二村中桥 | 86 | 86 | 20 | 预应力混凝土分体小箱梁 | 冲沟 |
| 中桥 | 7 | 新一村1号中桥 | 72 | 72 | 20 | 预应力混凝土分体小箱梁 | 冲沟 |
| 中桥 | 8 | 新一村2号中桥 | 86 | 86 | 20 | 预应力混凝土分体小箱梁 | 冲沟 |
| 中桥 | 9 | 新一村3号中桥 | 66 | 66 | 20 | 预应力混凝土分体小箱梁 | 冲沟 |
| 中桥 | 10 | 群科服务区中桥 | 32 | 32 | 20 | 预应力混凝土分体小箱梁 | 道路 |
| 中桥 | 11 | K16+867中桥 | 30 | 30 | 20 | 预应力混凝土分体小箱梁 | 道路 |
| 中桥 | 12 | K17+050中桥 | 30 | 30 | 20 | 预应力混凝土分体小箱梁 | 道路 |
| 中桥 | 13 | 日兰村中桥 | 34 | 34 | 20 | 预应力混凝土分体小箱梁 | 道路 |
| 中桥 | 14 | 团结村1号桥 | 86 | 86 | 30 | 现浇箱梁 | 道路 |
| 中桥 | 15 | 团结村2号中桥 | 36 | 36 | 20 | 预应力混凝土分体小箱梁 | 道路 |
| 中桥 | 16 | 牙曲滩1号中桥 | 92 | 92 | 20 | 预应力混凝土分体小箱梁 | 沟谷 |
| 中桥 | 17 | 牙曲滩2号中桥 | 72 | 72 | 20 | 预应力混凝土分体小箱梁 | 沟谷 |
| 中桥 | 18 | 河东村1号中桥 | 34 | 34 | 20 | 预应力混凝土分体小箱梁 | 冲沟 |
| 中桥 | 19 | 河东村2号中桥 | 34 | 34 | 20 | 预应力混凝土分体小箱梁 | 冲沟 |
| 中桥 | 20 | 河东村3号中桥 | 93 | 93 | 20 | 预应力混凝土分体小箱梁 | 冲沟 |
| 中桥 | 21 | 河东村4号中桥 | 96 | 96 | 20 | 预应力混凝土分体小箱梁 | 冲沟 |
| 中桥 | 22 | 哇加滩中桥 | 88 | 88 | 20 | 预应力混凝土分体小箱梁 | 沟谷 |
| 中桥 | 23 | 隆务峡中桥 | 67 | 67 | 30 | 预应力混凝土T梁 | 沟谷 |
| 中桥 | 24 | 峡口中桥 | 95.5 | 94 | 30 | 预应力T梁 | 沟谷 |
| 中桥 | 25 | 北卡加中桥 | 88 | 88 | 30 | 现浇箱梁 | 道路 |
| 中桥 | 26 | 卡加村中桥 | 73 | 73 | 20 | 预应力混凝土分体小箱梁 | 冲沟 |
| 中桥 | 27 | 东干木中桥 | 98 | 98 | 20 | 预应力混凝土分体小箱梁 | 冲沟 |
| 中桥 | 28 | 尕沙日中桥 | 40.4 | 40.4 | 25 | 预应力混凝土分体小箱梁 | 冲沟 |

G0611 牙什尕至同仁段隧道汇总表　　　　　　　　　　　表10-3-18

| 规模 | 隧道名称 | 隧道全长左(m) | 隧道全长右(m) | 隧道净宽(m) | 隧道分类 | 洞门形式 | | | |
|---|---|---|---|---|---|---|---|---|---|
| | | | | | | 左线 | | 右线 | |
| | | | | | | 进口 | 出口 | 进口 | 出口 |
| 特长隧道 | 隆务峡3#隧道 | 3455 | 3429 | 10.25 | 石质山岭隧道 | 端墙式 | 削竹式 | 端墙式 | 削竹式 |
| 长隧道 | 朵给山隧道 | 2258 | 2251 | 10.25 | 石质山岭隧道 | 端墙式 | 端墙式 | 端墙式 | 端墙式 |
| | 隆务峡1#隧道 | 1165 | 1164 | 10.25 | | 端墙式 | 端墙式 | 端墙式 | 端墙式 |
| | 隆务峡4#隧道 | 2070 | 2053 | 10.25 | | 端墙式 | 端墙式 | 端墙式 | 端墙式 |
| | 隆务峡5#隧道 | 1523 | 1545 | 10.25 | | 端墙式 | 端墙式 | 端墙式 | 端墙式 |
| 中隧道 | 科木其隧道 | 600 | 620 | 10.25 | | 端墙式 | 端墙式 | 端墙式 | 端墙式 |
| 短隧道 | 隆务峡2#隧道 | 485 | 500 | 10.25 | | 端墙式 | 端墙式 | 端墙式 | 端墙式 |

G0611 牙什尕至同仁段路面结构表　　　　　　　　　　　表10-3-19

| 路面形式 | 起点里程 | 讫点里程 | 长度(m) | 沥青路面 |
|---|---|---|---|---|
| 柔性路面 | K1+032.422 | K9+819.5 | 8787.078 | 4cm AC-13C 改性沥青混凝土+5cm AC-16C 改性沥青混凝土+6cm AC-20C 粗粒式沥青混凝土+0.6cm 厚稀浆封层+18cm 厚5%水泥稳定碎石基层+18cm 厚5%水泥稳定砂砾基层+18cm 厚级配砂砾底基层 |
| | K20+133.4 | K25+223.5 | 5100.1 | |
| | K9+819.5 | K20+133.4 | 10244.1 | 4cm AC-13C 改性沥青混凝土+5cm AC-16C 改性沥青混凝土+6cm AC-20C 粗粒式沥青混凝土+0.6cm 厚稀浆封层+18cm 厚5%水泥稳定碎石基层+18cm 厚5%水泥稳定砂砾基层+18cm 厚级配砂砾底基层 |
| | K25+223.5 | K63+906.773 | 38703.3 | |

5. 前期决策情况

牙什尕至同仁高速公路为青海省"十二五"重点建设项目之一。2011年,青海省交通厅为优化区域路网结构,加强黄南藏族自治州、海东地区的沟通联系,促进沿线自然资源和旅游资源开发利用,带动民族地区经济社会发展,启动了牙什尕至同仁段高速公路建设的前期工作。2011年10月10日,青海省发展和改革委员会以《关于牙什尕至隆务峡公路工程可行性研究报告的批复》(青发改基础〔2011〕1611号)及《关于隆务峡至同仁公路工程可行性研究报告的批复》(青发改基础〔2011〕1612号),对本项目作了批复。

6. 参建单位主要情况

(1) 建设单位

青海省高等级公路建设管理局

(2) 设计单位

中交第二公路勘察设计研究院有限公司

牙同高速公路开工仪式

(3) 招投标工作

按照《招投标法》和《公路工程施工招标投标管理办法》、《公路工程施工招标资格预审办法》、《公路工程施工招标评标办法》的要求,由项目法人单位组织招标工作。

勘察设计于 2011 年 7 月 4 日开标,土建工程施工(A 标、B 标、C 标、E 标、F 标、G 标)及施工监理于 2012 年 9 月 4 日开标,技术服务于 2012 年 8 月 13 日开标,土建工程施工(D 标)于 2012 年 10 月 25 日开标,中心试验室、哇加滩黄河特大桥施工监控、隧道地质超前预报及监控量测标段于 2012 年 8 月 22 日开标,环境保护监理服务标段于 2014 年 1 月 20 日开标,哇加滩黄河特大桥防雷及航空障碍灯工程施工于 2014 年 3 月 25 日开标,哇加滩黄河特大桥钢结构制造与安装施工于 2015 年 2 月 3 日开标,哇加滩黄河特大桥伸缩缝装置采购安装施工于 2015 年 2 月 6 日开标,哇加滩黄河特大桥斜拉索及其外置式减振装置采购、大桥主桥阻尼器采购标段于 2015 年 2 月 3 日开标,路面工程施工及施工监理于 2015 年 3 月 9 日开标,养护管理用房工程施工及施工监理于 2015 年 3 月 10 日开标,哇加滩黄河特大桥索塔内电梯采购安装、大桥钢结构焊缝及高强螺栓检测项目于 2015 年 5 月 14 日开标,机电工程施工及施工监理于 2015 年 8 月 17 日开标,交通安全设施工程施工及施工监理于 2015 年 8 月 17 日开标,绿化工程施工及施工监理于 2015 年 9 月 28 日开标,隧道变电所房建工程于 2016 年 3 月 29 日开标。

(4) 施工单位

通过招投标,本项目有 22 个施工单位参与建设,其中土建标 9 个、房建工程 3 个、机电工程 6 个、交通安全设施 2 个、绿化工程 2 个。

(5) 监理单位

设路基监理 2 个、路面监理 1 个、房建监理 1 个、机电监理 1 个、交安监理 1 个、绿化监理 1 个。

G0611 牙什尕至同仁段参建单位见表 10-3-20。

## 青 海

### G0611 牙什尕至同仁段参建单位表

表 10-3-20

| 序号 | 参建单位 | 参建单位名称 | 合同段编号及起止桩号 | 主 要 内 容 | 主要负责人 |
|---|---|---|---|---|---|
| 1 | 项目管理单位 | 青海省高等级公路建设管理局 | | | 阿明仁 |
| 1 | 勘察设计单位 | 中交第二公路勘察设计研究院有限公司 | | 主线所有工程 | 胡正荣 |
| 1 | 施工单位 | 中铁十二局集团第四工程有限公司 | 1：K1+032.4～YK9+700 | 路基、桥涵 | 唐征武 |
| 2 | | 中铁十局集团第二工程有限公司 | 2：YK9+700～K19+900 | 路基、桥涵、隧道 | 郭文革 |
| 3 | | 中铁十二局集团有限公司 | 3：K19+900～K32+000 | 路基、桥涵、隧道 | 韩壮龙 |
| 4 | | 中交第二公路工程局有限公司 | 4：K32+000～K37+000 | 路基、桥涵、隧道 | 毛奎 |
| 5 | | 中铁十九局集团第二工程有限公司 | 5：K37+000～YK44+300 | 路基、桥涵、隧道 | 郑自刚 |
| 6 | | 中交第四公路工程局有限公司 | 6：YK44+300～K52+000 | 路基、桥涵、隧道 | 方么生 |
| 7 | | 中铁五局集团机械化工程有限责任公司 | 7：K52+000～K64+000 | 路基、桥涵 | 彭福山 |
| 8 | | 吉林省建设集团有限公司 | YTLM-1，K1+032.422～K30+000 | 路面工程 | 王野 |
| 9 | | 青海省公路工程建设总公司 | YTLM-2，K30+000～K37+000，K37+000～K63+906.733 | 路面工程 | 林瑛 |
| 10 | | 山东博安智能科技股份有限公司 | JD1，K1+032.422～K37+000，K37+000～K63+906.773 | 机电工程 | 张宇翔 |
| 11 | | 广西交通科学研究院 | JD2-1，K1+032.422～K37+000 | 机电工程 | 刘阳 |
| 12 | | 福建新大陆电脑股份有限公司 | JD2-2，K1+032.422～K37+000 | 机电工程 | 关志伟 |
| 13 | | 浙江省机电设计研究院有限公司 | JD3-1，K37+000～K63+906.773 | 机电工程 | 吴饶才 |
| 14 | | 广东新粤交通投资有限公司 | JD3-2，K37+000～K63+906.773 | 机电工程 | 左鹏 |
| 15 | | 北京路安交通科技发展有限公司 | JD4，K1+032.422～K37+000，K37+000～K63+906.773 | 机电工程 | 范俊松 |
| 16 | | 云南景升建筑工程有限公司 | YTFJ1 | 房建工程 | 王之国 |
| 17 | | 青海省明大建设安装有限公司 | YTFJ2 | 房建工程 | 赵元辉 |
| 18 | | 江西省斐然天成景观工程有限公司 | YTFJ3 | 隧道变电所 | 吴有聪 |
| 19 | | 河南江海园林绿化产业有限责任公司 | YTLH-SG1，K1+032.422～K19+900 | 中央分隔带、路基两侧、服务区绿化 | 汪灿 |
| 20 | | 河南省豫广市政园林工程有限公司 | YTLH-SG2，K19+900～K63+906.773 | 中央分隔带、路基两侧、服务区绿化 | 石国停 |
| 21 | | 江苏兴路交通工程有限公司 | YT-JASG1：K1+032.422～K37+000 | 交通标志、交通标线、护栏、隔离设施 | 范琴 |
| 22 | | 河北龙威交通工程有限公司 | YT-JASG2：K37+000～K64+906.733 | 交通标志、交通标线、护栏、隔离设施 | 张云爽 |

续上表

| 序号 | 参建单位 | 参建单位名称 | 合同段编号及起止桩号 | 主要内容 | 主要负责人 |
|---|---|---|---|---|---|
| 1 | 监理单位 | 湖南湖大建设监理有限公司 | K1+032.422~K37+000 | 路基工程 | 李少华 |
| 2 | | 四川国际工程监理有限公司 | K37+000~K64+906.733 | 路基工程 | 何刚 |
| 3 | | 西安方舟工程咨询有限责任公司 | K1+032.422~K37+000，K37+000~K63+906.773 | 路面工程 | 赵永辉 |
| 4 | | 青海百鑫工程监理咨询有限公司 | K1+032.422~K37+000，K37+000~K63+906.773 | 房建工程 | 杨志武 |
| 5 | | 山西省交通建设工程监理总公司 | K1+032.422~K37+000，K37+000~K63+906.773 | 机电工程 | 陈翔 |
| 6 | | 山东省滨州市公路工程监理咨询公司 | K1+032.422~K37+000，K37+000~K63+906.773 | 交安工程 | 孙在峰 |
| 7 | | 陕西天雄建设工程项目管理有限公司 | K1+032.422~K37+000，K37+000~K63+906.773 | 绿化工程 | 刘向程 |
| 8 | | 陕西建安工程监理有限公司 | K1+032.422~K37+000，K37+000~K63+906.773 | 环境保护 | 张晓丽 |
| 9 | | 西安黄河工程管理有限公司 | K1+032.422~K37+000，K37+000~K63+906.773 | 水土保持 | 王博 |
| 10 | | 黄委会绥德水土保持科学试验站 | K1+032.422~K37+000，K37+000~K63+906.773 | | 艾绍周 |

## （二）建设情况

### 1. 项目审批

（1）初步设计批复：2011年11月2日，青海省交通厅以《关于青海省隆务峡至同仁段公路工程初步设计的批复》（青交公〔2011〕609号）及《关于青海省牙什尕至隆务峡段公路工程初步设计的批复》（青交公〔2011〕610号），作了批复。

（2）施工图设计批复：2013年12月20日，青海省交通厅以《关于青海省牙什尕至隆务峡段公路工程施工图设计的批复》（青交公〔2013〕553号）及《关于青海省隆务峡至同仁段公路工程施工图设计的批复》（青交公〔2013〕554号），作了批复。

（3）水保批复：2012年5月3日，青海省水土保持局以《关于张掖至河南公路牙什尕至同仁段水土保持方案的批复》（青水水保〔2012〕47号），作了批复。

（4）环保批复：2012年4月13日，青海省环境保护厅以《关于张掖至河南公路牙什尕至同仁段环境影响报告书的批复》（青环发〔2012〕156号），作了批复。

（5）采伐林木批复：2013年10月22日，青海省林业厅以《关于隆务峡至同仁公路建设工程采伐林木的批复》(青林资〔2013〕612号),作了批复;2013年8月6日,以《关于牙什尕至隆务峡公路建设工程采伐林木的批复》(青林资〔2013〕453号),作了批复。

(6)建设用地批复:2012年10月8日,青海省人民政府以《青海省人民政府关于牙什尕至同仁公路建设项目先行用地的批复》(青政土函〔2012〕213号),批准同意该项目建设用地。

(7)质量安全监督手续批复:2012年12月12日,青海省交通建设工程质量监督局以《青海省牙什尕至同仁段公路工程质量安全监督通知书》(干线公路〔2012〕006号),进行了批复受理。

2. 资金筹措

本项目概算总投资66.983亿元,资金来源为国家投资和省内自筹。

3. 征地拆迁

本项目沿线经过海东地区的化隆县和黄南州的尖扎县、同仁县。

征迁工作主要内容包括:签订协议、界定征地界限、办理永久性占地报批手续。永久占地界内房屋等各种构造物的搬迁。永久占地内附着物的拆除。各种管线的迁移、改建,既有通信管线的改建、加高、迁移,还有电力线路的改建、加高、迁移。临时及借土占地的征用。

遵循的政策法规:《中华人民共和国土地管理法》《青海省土地管理条例》青海省人民政府《关于公布征地统一年产值标准和区片综合地价的通知》(青政〔2010〕26号)、青海省国土资源厅《关于印发阿岱至李家峡高速公路项目工程征地拆迁补偿标准的通知》(青国土资土〔2009〕76号)、青海省国土资源厅《关于明确牙什尕至同仁公路征地拆迁补偿标准的通知》(青国土资土〔2012〕333号),确定的补偿原则和标准。

牙同高速公路征地拆迁包干协议签字仪式

主要做法:征地拆迁工作由建设单位与化隆县、尖扎县、同仁县签订《征地拆迁包干协议书》,采取委托包干的方式,将征地拆迁和安置补偿工作包干给化隆县、尖扎县及同仁县。县人民政府成立统征办,负责协调征地工作。

征迁工作于 2013 年 5 月开始,2015 年 12 月基本结束。共占地 4415.01 亩,征用房屋 36058.34 平方米,支付补偿费用 10 亿元。

4. 实施过程

牙同高速公路于 2012 年 12 月 26 日动工,在广大高速公路建设者的不懈努力下,按工程标准化建设,实行项目科学管理,广泛运用先进工艺,严抓生态环保工作,于 2016 年 6 月 30 日实现基本通车。由于海黄大桥控制性工程因素,按照省委、省政府要求,牙同高速公路基本通车后使用了过渡连接线,沿 S203 平赛公路从化隆县德恒隆乡哇加滩村到尖扎县措加村进行绕行。2017 年 9 月,海黄大桥建成通车,牙同高速公路实现全线贯通车。

(1)主线土建工程于 2012 年 12 月 26 日开工。

(2)房建工程于 2015 年 3 月开工。

(3)机电工程于 2015 年 10 月开工。

(4)交通安全设施工程于 2016 年 3 月开工。

(5)绿化工程于 2016 年 3 月开工。

(6)2016 年 7 月 1 日,青海省高等级公路建设管理局组织专家,对牙同高速公路路基、路面、交安、房建等工程进行了交工验收。

5. 重大变更

应化隆县人民政府要求,取消滩心互通建设,核减费用 2383 万元。

6. 重大事件

(1)2012 年 6 月 29 日,牙同公路建设项目洼加滩黄河特大桥初步设计评审会召开,确定了设计方案:哇加滩黄河特大桥采用 K 线设计(即主跨 560m 的钢—混叠合梁斜拉桥方案)。

(2)2012 年 12 月 12 日,省交通厅厅长杨伯让,赴海东行署及化隆县调研牙同高速公路建设前期准备情况。

(3)2012 年 12 月 26 日,牙什尕至同仁高速公路开工建设,省委常委、副省长骆玉林宣布工程开工,并慰问参建员工。

(4)2013 年 8 月 20 日,交通部安全监督司王金付司长率安全检查组,到牙什尕至同仁高速公路建设项目进行安全大检查。

(5)2013 年 9 月 11 日,全国政协常委、省政协副主席马志伟率调研组,到牙什尕至同仁高速公路施工现场调研。

(6)2014年7月1日,黄南州人民政府副州长尕玛朋措,率领由尖扎、同仁两县领导及州、县交通、国土部门负责人组成的慰问组,到牙什尕至同仁高速公路建设工地,看望慰问施工一线的干部职工。

(7)2014年7月18日,省国土资源厅副厅长朱小川、省交通厅总工马忠英、海东市副市长王发昌率有关方面负责人,到牙什尕至同仁高速公路征地拆迁现场调研,并慰问化隆、尖扎、同仁3县和牙同项目办一线工作人员。

(8)2015年3月17日,牙什尕至同仁公路哇加滩黄河特大桥双主墩塔座施工全部完成。

(9)2015年8月12日,省交通运输厅党委书记、厅长马吉孝一行,赴牙什尕至同仁高速公路施工现场调研,并亲切看望慰问一线建设员工。

(10)2015年8月19日,副省长韩建华调研牙什尕至同仁高速公路建设情况。

(11)2015年8月27日,省交通运输厅副厅长付大智一行,到牙什尕至同仁高速公路项目进行调研。

(12)2015年10月23日,省交通运输厅副厅长马忠英赴牙什尕至同仁公路施工现场调研工程建设情况。

(13)2015年12月4日,副省长韩建华一行,调研牙什尕至同仁高速公路建设情况。

(14)2016年3月21日,哇加滩黄河特大桥主墩21号上游索塔顺利完成封顶。

(15)2016年4月5日,副省长韩建华在省交通运输厅厅长马吉孝等人陪同下,调研指导牙什尕至同仁高速公路建设工作。

(16)2016年4月25日,省交通运输厅副厅长王永祥、陶永利,到牙同高速公路调研指导工作。

(17)2016年6月30日,牙什尕至同仁高速公路(除海黄特大桥外)通过交工验收,并实现基本通车。

(18)2016年12月30日,海黄特大桥合龙。

(19)2017年9月14日,海黄特大桥通车,牙同高速公路实现全线通车。

(三)复杂技术工程

复杂技术工程主要为海黄特大桥、黑城河大桥、隆务峡3号特大桥、朵给山隧道、隆务峡1号隧道。

1.海黄特大桥

1)工程概况

海黄大桥是青海省首座大跨径斜拉桥,也是西北地区最大跨径的斜拉桥。大桥主桥桥体为双塔双索面钢混叠合梁斜拉桥,桥长1743.5m,主跨560m;主塔分别高186.2m和

193.6m,桥梁全宽28m。该桥建成后,将成为牙什尕至同仁高速公路上的标志性建筑。

(1)上部结构

主桥104+116+560+116+104m,为钢混叠合梁斜拉桥,斜拉索扇形布置,梁上索距12m或8m,塔上索距3.5~2.5m,桥面全宽28m。

引桥采用30m预应力混凝土先简支后连续T梁及现浇箱梁,同仁侧引桥为7孔,牙什尕侧引桥为18孔。

建设中的海黄特大桥

(2)下部结构

主桥桥塔采用H形桥塔,下接承台;基础采用钻孔灌注桩,桩径2.8m。引桥桥墩采用柱式桥墩、桩基础,柱径采用1.6m/1.8m,桩径采用1.8m/2.0m。桥台采用桩柱式桥台,钻孔灌注桩基础,桩径采用1.20m。

2)主桥设计思路

该桥主桥全长1000m,边中跨比为0.393,主梁边中跨采用相同的断面,根据受力需要,为确保在正常运营荷载下,过渡墩及辅助墩支座不出现拉力,在边跨墩顶附近钢梁横梁间施加压重。

(1)主梁设计

考虑到项目所在地仅具备公路运输条件、不具备水运条件,因此设计时主梁未采用施工速度快、使用较广的钢箱梁断面,而是采用了双边"上"字形边主梁结合混凝土桥面板的整体断面,单侧边主梁采用"上"字形截面,下翼缘水平设置,上翼缘设2%单向横坡,腹板采用直腹板,主梁横向中心距26m,桥梁全宽28m,路线中心线处梁高3.76m,边主梁中心线处梁高3.5m。

"上"字形边主梁与横梁、小纵梁工地连接均采用高强螺栓连接方式,以快速形成结构体系,有效减少施工风险;然后再架设预制桥面板,现浇混凝土湿接缝,通过焊接于钢梁顶面的抗剪栓钉组成组合梁体系。根据本桥主梁特点,斜拉索梁上采用锚拉板锚固,锚拉板与边主梁腹板顶缘对焊连接。

钢主梁与锚拉板均采用 Q390E 高强度钢板,根据计算结果,钢主梁上翼缘采用 50mm、60mm 厚钢板,下翼缘采用 60mm、80mm 厚钢板,腹板采用 40mm 厚钢板。

混凝土桥面板采用 C60 混凝土,根据计算结果,桥面板板厚采用 28、80cm 两种规格。

(2)主塔设计

本桥采用"H"形主塔,主塔塔身由上塔柱、中塔柱、下塔柱、上横梁、下横梁等组成,北岸、南岸主塔总高度(塔座顶至塔顶)分别为 186.2m、193.6m,塔身采用箱形变截面,从上至下分为 3 段(上、中、下塔柱),上塔柱两塔均为 68.45m,中塔柱两塔均为 79m,下塔柱两塔分别为 38.75m、46.15m。上塔柱为等截面,截面尺寸为 8.0m×5.0m(顺×横),横桥向壁厚 0.8m,顺桥向壁厚 1.1m;中塔柱为变截面,截面尺寸由 8.0m×5.0m(顺×横)变化至 8.0m×6.0m(顺×横),横桥向壁厚由 0.8m 变化至 1.2m,顺桥向壁厚 1.3m;下塔柱为变截面,北岸主塔截面尺寸由 8.0m×6.0m(顺×横)变化至 11.0m×8.0m(顺×横),男岸主塔截面尺寸由 8.3m×6.0m(顺×横)变化至 11.573m×8.382m(顺×横),横桥向壁厚 1.2m,顺桥向壁厚 1.5m,桥塔均采用 C50 混凝土。

斜拉索塔端采用钢锚梁的锚固方式,钢锚梁主要承受斜拉索的平衡水平力,每套钢锚梁锚固 1 对斜拉索。钢锚梁支撑于钢牛腿上,钢牛腿通过塔壁预埋钢板与桥塔连接。同时,结合项目所在地的环境和索塔的受力特点,在上塔柱混凝土塔壁中设置环向预应力钢束。

主塔基础采用桩径 2.8m 的群桩基础,单个主塔墩基础共 24 根钻孔桩,桩基础按端承桩设计,桩端嵌入中风化砂岩不小于两倍桩径,根据计算,北岸、南岸主塔基桩桩长分别采用 50m、62m,顺桥向桩中心间距 7.0m,横桥向 7.5m。承台采用整体式,承台尺寸为 42m×25.5m(横×顺),高 6m,承台之上设 3m 厚塔座。

3)技术特征及难点

(1)为克服南岸机械设备、材料、人员运输的困难,保证南北两岸的交通畅通,项目根据现场实际情况进行了方案比选。若采用轮渡方案则无法保证大体积混凝土施工时浇筑连续性,若采用栈桥方案,因库区水深较深,栈桥的结构安全性难以保证,最终选定搭设一座浮桥作为跨黄河通行方案。既安全合理,又经济美观。

浮桥采用双体承压舟组成的双体承压舟浮桥,浮桥共计 34 件河中双体承压舟,浮桥总长 512m,车行道宽度 6m,设计荷载 60t。有效地满足了南北岸机械设备、材料以及施工人员的通行需要。

(2)项目南塔地处冲积斜坡上,水深接近20m,水上施工难度较大,项目因地制宜,在主墩承台周围搭设了安全可靠的型钢施工平台,将南塔的桩基、承台、塔柱施工由水上施工变为"陆上施工",保障了施工进度及安全。

(3)本桥址具有高原高寒气候环境和低湿度地区的鲜明特点。目前,我国还没有在高寒地区设计建造同等跨度桥梁的经验,恶劣的气候条件和桥址环境,给该桥的结构安全及耐久性提出了新的要求。同时,我国高寒气候条件下大跨度斜拉桥的结构耐久性问题及安全控制问题研究起步较晚,作为西北地区在建的最大跨度的钢—混凝组合梁斜拉桥,通过对该桥混凝土防裂措施及耐久性的研究,可为提高该桥的耐久性提供强有力的技术支持,为该桥的高质量安全建造提供保障,对指导今后同类大跨径桥梁的设计与施工,具有较大现实的意义。

项目承担了《高原、高寒、干旱地区高塔混凝土性能研究》科研课题,针对当地气候条件对主塔进行"晚拆模、早包裹、勤补水"的混凝土养护措施,有效地克服了大风、干旱、高温差等极端气候,对主塔混凝土不利影响,保障了主塔混凝土的施工质量;并将塔柱分节高度由常规的4.5m/节调整至6m/节,有效地压缩了主塔施工工期。将主塔的封顶时间由项目初期计划的2016年6月,提前至了2016年4月,节约了两个月工期。

(4)受地形限制,海黄大桥上构无法进行节段整体吊装,而是需要采用动臂吊机分构件拼装,耗费工期较长;而当地冬季气温寒冷,不能进行混凝土施工,每年有近3个月的冬休期。项目抓住这一气候特点,精心组织,打好时间差,于2015年冬季进行了存梁支架及A、B、C梁段的钢梁吊装施工,有效地压缩了主桥施工这一关键线路的工期,为2016年主桥合龙奠定了基础,并于2016年12月30日顺利合龙。

2. 黑城河大桥

1)工程概况

黑城河大桥,位于青海省牙什尕至隆务峡段公路工程A标段内,是跨越互通内匝道的一座大桥。设计中心桩号为K1+742,桥梁布孔为2×30m+(40+70+40)m+5×30m+4×30m+4×40m+3×40m+2×30m,桥长831.5m。

(1)上部结构

主桥40+70+40m为预应力混凝土连续箱梁,上部结构采用单箱双室变截面预应力混凝土现浇箱梁,箱梁宽6.8m,两侧悬臂各2.6m。

引桥采用30m和40m预应力混凝土先简支后连续T梁,T梁横断面由5片T梁组成,梁间距2.40m。

(2)下部结构

主桥桥墩采用薄壁墩,下接承台,基础采用钻孔灌注桩。

引桥桥墩采用柱式桥墩、桩基础,柱径采用1.80m,桩径采用2.0m。

桥台采用桩柱台和 U 台，钻孔灌注桩基础和扩大基础，桩径采用 1.50m。

2）技术特征及难点

（1）上部结构

①主桥跨越 M 匝道，为满足跨度要求，主梁采用(40＋70＋40)m 预应力混凝土连续梁。该桥型跨越能力大，受力合理，结构整体性能好，桥面连续行车舒适，造型简洁且不失美感。主墩采用薄壁桥墩，其受力体系主要是长悬臂体系，全跨以承受负弯矩为主，可有效减小跨中的弯矩。同时，主梁连续，既保持了连续梁无收缩缝、行车平顺的优点，而且较大的顺桥向抗弯刚度和横向抗扭刚度能很好地满足较大跨径桥梁的受力要求。

主梁采用变截面，梁底曲线为二次抛物线，主墩支点处梁高为 4.7m，主跨跨中梁高为 2.2m，可有效减小建筑高度，提高桥下净空，使桥下视野开阔。

②为了减少预应力损失、节约材料，采用挂篮施工方法，全桥逐段浇筑，逐段张拉预应力束。第一段混凝土浇筑时，宜先浇筑双薄壁顶处混凝土，然后向两侧延伸，最后在中跨跨中合拢，合拢温度控制在 10～15℃。

③墩梁结合部断面复杂，顶、底及横隔板钢筋稠密，预应力管道稠密，高标号混凝土一次浇筑量大，对预应力孔道、预埋件定位及安装精度要求高，同时对高标号混凝土材料选择、配合比选定、浇筑工艺及质量控制都有严格要求。

（2）下部结构

主桥下部结构采用薄壁墩，壁厚 250cm，宽度 680cm。

3. 隆务峡 3 号大桥

1）工程概况

隆务峡 3 号大桥，位于青海省牙什尕至隆务峡段公路工程 E 标段内，跨越隆务河、203 省道，设计中心桩号为 ZK42＋770，桥梁布孔为(60＋100＋60＋100)m，桥长 334m。

牙同高速公路施工场景

(1)上部结构

上部结构采用(60+100+100+60)m,为单箱双室变截面预应力混凝土现浇箱梁,箱梁宽6.85m,两侧悬臂各2.7m。

(2)下部结构

桥台采用桩柱式桥台,钻孔灌注桩基础,桩基直径1.50m。

桥墩采用薄壁墩,下接承台,基础采用钻孔灌注桩。

2)技术特征及难点

(1)上部结构

①主桥跨越隆务河和省道S203线,为满足跨度要求,主梁采用(60+100+100+60)m预应力混凝土连续梁。该桥型跨越能力大,受力合理,结构整体性能好,桥面连续行车舒适,造型简洁且不失美感。主墩采用薄壁桥墩,其受力体系主要是长悬臂体系,全跨以承受负弯矩为主,可有效减小跨中的弯矩。同时,主梁连续,既保持了连续梁无收缩缝、行车平顺的优点,而且较大的顺桥向抗弯刚度和横向抗扭刚度能很好地满足较大跨径桥梁的受力要求。

主梁采用变截面,梁底曲线为二次抛物线,主墩支点处梁高为6.6m,主跨跨中梁高为2.8m,可有效减小建筑高度,提高桥下净空,使桥下视野开阔。

②为了减少预应力损失、节约材料,采用挂篮施工方法,全桥逐段浇筑,逐段张拉预应力束。第一段混凝土浇筑时宜先浇筑双薄壁顶处混凝土,然后向两侧延伸,最后在中跨跨中合龙,合龙温度控制在10~15℃。

③墩梁结合部断面复杂,顶、底及横隔板钢筋稠密,预应力管道稠密,高标号混凝土一次浇筑量大,对预应力孔道、预埋件定位及安装精度要求高,同时对高标号混凝土材料选择、配合比选定、浇筑工艺及质量控制都有严格要求。

(2)下部结构

主桥下部结构采用薄壁墩,壁厚400cm,宽度685cm。

4. 朵给山隧道

1)工程概况

朵给山隧道,位于化隆县团结村及牙曲滩村中间。设计为分离式隧道,净空10.25m×5.0m。隧道左右洞起讫里程桩号分别为:ZK20+395~ZK22+662、YK20+395~YK22+660,长度分别为2267m、2265m。属长隧道,隧道洞底最大埋深约252.0m。隧道轴线总体走向约为170°。

隧道洞身衬砌按照新奥法原理采用复合式衬砌进行设计和施工,以锚杆、钢筋网喷混凝土、钢拱架为初期支护,模筑混凝土或钢筋混凝土为二次支护,共同组成永久性承载结构。洞口设计结合隧道的特点及洞口地形、地貌、工程地质及水文地质条件等,力求简洁,并与洞口的地形、地貌、自然景观协调一致。

2)技术特征及难点

(1)工程地质条件复杂。隧址区发育区域断层尖扎东断裂,产状为 NW320°~340° NE∠50°~75°,上游在隧洞进口外侧通过,中部在公路边局部出露,出口部位亦出露与隧洞外侧,断层宽,两盘有数米的破碎影响带。进口段揭露数条小规模的断层。隧址区基岩地层以尖扎东断裂为界,断层上盘出露的为前震旦系尕让群下亚群的片麻岩,下盘出露的为第三系上新统临夏组(N21)的红层黏土岩。受尖扎东断裂影响,隧道进、出口边坡岩体较破碎,隧道穿越地层岩体破碎,隧道工程地质条件差,整个隧道穿越地层均为Ⅴ级围岩。

(2)隧道出口为陡崖,与哇家滩特大桥相接,施工场地布置、隧道进洞均存在很大困难。该端洞口距沟底高差约25m,需要在狭小的空间修建施工便道至洞口。洞口桥隧相接,施工干扰大、工序多,隧道开挖、出渣、支护,回填与桩基、桥台施做相互交织,必须做好详细的分项、分部施工组织设计,才能保证施工的安全性和高效性。

(3)坡面防护施工困难。隧洞出口位于下游杂什给沟沟口,沟宽15~30m,沟深25~40m,沟谷狭窄陡峭,洞口处斜坡坡角约70°,坡顶距洞口高差200m以上。边坡岩体较破碎,局部可能产生小块的塌滑破坏,因此对洞口边仰坡采取了抗滑桩、锚索框架、主、被动防护网相结合的防护形式。由于洞口坡陡沟深,岩体破碎,因此洞口边仰坡的防护施工具有一定的难度和危险性。

5.隆务峡1号隧道

1)工程概况

隆务峡1号隧道位于尖扎县隆务峡口。设计为分离式隧道,净空10.25m×5.0m。隧道左右洞起讫里程桩号分别为:ZK35+265~ZK36+430、YK35+266~YK36+430,长度分别为1165m、1164m。属长隧道,隧道洞底最大埋深约200m。隧道轴线总体走向约为190°。

隧道洞身衬砌按照新奥法原理采用复合式衬砌进行设计和施工,以锚杆、钢筋网喷混凝土、钢拱架为初期支护,模筑混凝土或钢筋混凝土为二次支护,共同组成永久性承载结构。洞口设计结合隧道的特点及洞口地形、地貌、工程地质及水文地质条件等,力求简洁,并与洞口的地形、地貌、自然景观协调一致。

2)技术特征及难点

(1)进口地质条件差,成洞困难。洞口所在边坡坡度较陡,自然坡度45°~60°,上覆土层较厚,植被覆盖较差。洞口右侧发育1处小规模滑坡,现状稳定性较差;此外,洞口位于坡洪积扇边缘,洪坡积扇规模约700m×950m,表层为碎块石覆盖,充填粉质黏土、砾砂及卵石,结构松散,厚度约为10~25m,坡度约为30°,雨季、暴雨时易引发泥石流。洞口见

牙同高速公路桥隧群

多条深切冲沟。隧道围岩主要由角砾、全风化板岩及强风化板岩组成,坡积角砾层结构松散,下伏基岩岩体极破碎,属浅埋段,成洞条件极差,处理不当可能出现大体积坍塌及冒顶。

设计中在洞顶设置截导流槽,做好防水排水措施,将暴雨时可能引发的泥石流引致洞外,避免地表水对洞口的冲刷破坏,危及洞口安全;洞顶设置锚索框架防护,预防坡面松散层下滑或崩塌;洞口施工采取反压回填暗挖进洞方案,避免对洞口现有边仰坡大挖大刷,确保洞口稳定安全。

(2)破碎地层超小净距隧道设计与施工。隧道进洞口最小测线间距7.4m,中夹岩体厚度仅3.4m,加之隧道洞口围岩主要由角砾、全风化板岩及强风化板岩组成,结构松散,岩体极破碎,成洞条件极差。为此,设计中对中夹岩柱采用超前小导管注浆加固,小导管左右洞交错、同侧梅花形布置,浆液扩散范围相互叠加,确保注浆加固效果,同时对穿R25预应力锚杆锁固中夹岩柱;初期支护型钢采用I20b,间距50cm,二次衬砌采用55cm厚钢筋混凝土结构。施工中遵循"少扰动、快加固、勤量测、早封闭"的原则,先行主洞采用中隔壁法(CD法),后行主洞采用交叉中隔壁法(CRD法)施工,并做好监控量测,确保中夹岩柱的稳定。

总体而言,该项目的每个隧道都有各自的技术特征和难点,如科木其隧道洞身正处于第四系卵石层与第三系泥岩的接触面,围岩地质条件极差,部分段落为软岩偏压超浅埋段;隆务峡3号、4号、5号隧道位于构造剥蚀中山地貌区,地形起伏大,洞口段地势陡峭,交通不便,桥隧相接,洞口防护设计与施工方面均存在一定的难度。

(四)科技创新

海黄大桥主桥跨径布置为(104+116+560+116+104)m,边中跨为不对称设计。为保证边主跨结构自重平衡,在边跨设置了配重混凝土,配重混凝土比重为35kN/m³,总量为1002m³,分两次加载,第二次加载重量约为1500t,在桥面板吊装完成后进行,为封闭舱加载,在国内叠合梁桥梁加载设计中尚属首次。原设计为预制配重块加载,受限于封闭空间且吊机无法吊装,若采用人工加载则耗时耗力,且安全风险较大。经建设单位牵头,设计、监理、监控及施工单位多次讨论研究后决定,配重混凝土通过现场泵送浇筑。

结合海黄大桥主桥边跨配重混凝土现场条件和施工特点,配重混凝土采用现场泵送浇筑,同时受限于封闭空间,浇筑时混凝土无法振捣,这就要求泵送的重混凝土应具有很好的流动性。因此,通过对混凝土配合比的研究,实现重混凝土的自动流平是很有必要的。为保证桥梁配重的均匀性,达到设计配重的目的,项目攻克如下难关:

(1)设计出能够自流平的重混凝土配合比,实现密封舱内重混凝土浇筑,满足均匀加载的设计意图。

(2)通过配合比优化,重混凝土性能控制,实现长距离(超200m,泵管需沿主墩上桥,在桥面上布置)重混凝土泵送。

### (五)运营养护管理

**1. 服务设施**

全线设置群科服务区1处(一期建设),保安停车区1处(二期建设),全线服务设施间距约42km,见表10-3-21。

G0611牙什尕至同仁段服务场区一览表    表10-3-21

| 高速公路编码 | 服务区名称 | 桩 号 | 所 在 区 域 | 占地(m²) | 建筑面积(m²) |
|---|---|---|---|---|---|
| G0611 | 群科服务区 | K16+200 | 群科 | 50984.45 | 7654.39 |
| G0611 | 保安停车区 | K58+150 | 北卡加 | 二期建设 | 二期建设 |

**2. 收费设施**

本项目共设置收费站4座,其中在团结设主线收费站1座,在群科、团结、同仁北设匝道收费站3座。匝道出入口数量共计20条,其中ETC车道6条。见表10-3-22。

G0611牙什尕至同仁段收费设施一览表    表10-3-22

| 收费站名称 | 桩 号 | 入口车道数 | | 出口车道数 | | 收费方式 |
|---|---|---|---|---|---|---|
| | | 总车道 | ETC车道 | 总车道 | ETC车道 | |
| 群科匝道收费站 | K8+500 | 4 | 1 | 6 | 1 | 封闭式联网收费,同仁北为开放式收费。 |
| 团结主线收费站 | K18+853 | 2 | 0 | 2 | 0 | |
| 团结匝道收费站 | K19+100 | 3 | 1 | 3 | 1 | |
| 同仁北匝道收费站 | K53+000 | 3 | 1 | 5 | 1 | |

**3. 养护管理**

本项目养护里程62.9km,设置团结养护工区1处,负责全路段的养护工作,见表10-3-23。

G0611 牙什尕至同仁段养护设施一览表　　　　　表 10-3-23

| 序　号 | 养护工区名称 | 桩　号 | 路段长度(km) | 占地面积($m^2$) | 建筑面积($m^2$) |
|---|---|---|---|---|---|
| 1 | 团结养护工区 | K18+990 | 62.9 | 16308.79 | 1915.08 |

4. 监控设施

本项目设置团结监控分中心、团结和同仁北隧道监控所,负责全线道路及隧道运营监控及路况信息的收集、上传及发布工作,见表 10-3-24。

G0611 牙什尕至同仁段监控设施一览表　　　　　表 10-3-24

| 序　号 | 监控设施名称 | 桩　号 | 占地面积($m^2$) | 建筑面积($m^2$) |
|---|---|---|---|---|
| 1 | 团结监控中心 | K18+990 | 29779.16 | 8267.83 |

5. 交通流量

牙什尕至同仁高速公路通车后,交通量增长迅速,2016 年各收费站日平均交通量总和 4974 辆/日,见表 10-3-25。

G0611 牙什尕至同仁段交通流量发展状况表(单位:辆/日)　　　　　表 10-3-25

| 年份(年) | 牙同高速路段日平均流量 | 群科 | 团结 | 同仁北 |
|---|---|---|---|---|
| 2016 | 4974 | 612 | 1803 | 2559 |

## 第四节　G0612(西和高速公路)青海段

G0612(西和高速公路)西宁至和田高速公路是国家高速公路网 G6 京藏高速的一条重要联络线,在规划中属远期展望线。其中青海境内路段,也是国家深入实施西部大开发战略重点公路规划方案"八纵八横"中"横二"天津—喀什公路中的组成部分,青海境内起自西宁曹家堡西立交,途经湟源、海晏、西海、刚察、天峻、乌兰、德令哈市、小柴旦、一里坪、黄瓜梁、茫崖等,终于茫崖石棉矿[青、新两省(区)交界处],规划里程 1206km。该公路东接西宁,西通新疆,是内地经青海通往新疆南部地区的区域大通道,也是新"丝绸之路"在青海境内的重要路段,该公路串联青海省会西宁市、海北藏族自治州州府西海镇、海西蒙古族藏族自治州州府德令哈市,连接西宁和柴达木盆地两大经济区,对优化和提升青海省路网水平和通行能力,促进沿线经济社会发展及民族团结,具有重要作用。

G0612(西和高速公路)青海段(西宁—茫崖省界)由 7 段组成:①西宁南绕城段,于 2015 年 12 月建成通车,全长 59.988km,设计速度 100km/h,双向六车道,路基宽度 50/33.5m。②扎麻隆至湟源段,与 G6 共线,目前正在建设。③湟源至西海镇段,目前为一级公路。④西海镇至察汉诺段,目前尚未实施建设。⑤察汉诺至德令哈段,2012 年 11 月建成通车,全长166.063km,设计速度分别采用60km/h和80km/h,路基宽度分别采用整幅24.5m、分幅12m。⑥德令哈至小柴旦湖(大柴旦)段,2011年10月建成通车,全长169.611km,设计行车速度80km/h。路基宽度分别采用整幅24.5m、分幅12m。⑦小柴旦至茫崖段,目前尚未实施高速公路建设。

上述通车路段,均由青海省高等级公路建设管理局负责运营管理,具体养护工作由青海省公路局下属海东、湟源、海西公路总段负责。

G0612(西和高速公路)青海段路网位置示意图

## 一、G0612 西宁南绕城段(建设期 2011.9—2015.12)

### (一)项目概况

**1. 功能定位**

西宁南绕城高速公路,位于青海省海东市平安区和西宁市区,是国家高速公路网中G0612西宁至和田公路的重要组成路段之一。该路段的建成,形成了以西宁市主城区为核心,向四周辐射的高速公路主骨架网络,构成西宁市"内成网格外成环"的城市交通格局,兼具国家高速公路城市过境线及城市快速干线的双重功能。通过南绕城公路的建设,湟水河南岸形成一条连接机场和海东地区、穿越西宁多个园区的高标准快速绕城通道,较好地解决了城市车辆快速进出问题,对于缓解城市交通拥堵、方便人们出行、提高车辆过境通行能力、提升西宁市路网布局功能,起到十分重要的作用。同时,该公路将曹家堡机场空港经济区、东川经济技术开发区、城南综合区、城南新区、海湖新区、西城新区、甘河工业园区等几个园区连接起来,使东、西两川内的各新兴经济组团的交通联系更加紧密,便于各组团之间的交通物流和客、货交通便捷转换,对促进西宁市经济社会发展和青海东部城市群建设,具有重大意义。

**2. 技术标准及建设规模**

采用双向六车道高速公路标准,设计速度100km/h,路基宽度33.5m,桥涵与路基同宽,荷载标准采用公路-Ⅰ级。地震基本烈度7度,设计洪水频率1/100、特大桥1/300。

路线全长59.765km,概算投资102亿元。路基土石方$1850 \times 10^4 m^3$、防护工程$23.7 \times 10^4 m^3$,设特大桥13498.298m/3座,大桥9952.503m/15座,中桥3737.428m/29座,通道33道,涵洞63道,互通式立交11处。隧道共6座,均为分离式隧道,单洞合计22717m,其中特长隧道6516m/1座,长隧道13944m/3座,中隧道1769m/1座,短隧道488m/1座,桥隧比例41.5%。主线收费站3处,监控分中心1处,房建工程总建筑面积$26310.45m^2$。

### 3. 地形地貌及主要控制点

本项目位于西宁盆地,大部分路段位于湟水河南侧的阶地上,路线南侧为低山丘陵区,北侧为湟水河谷谷底。地形相对平坦、开阔,沿河呈带状分布,地势西高东低,阶地表面微向河床倾斜。

西宁南绕城高速公路多巴互通立交

主要控制点:互助、平安、西宁市东川经济开发区、西宁市城东区、西宁市城中区、西宁市城西区、湟中县。

### 4. 开工及通车时间

2011年5月30日开工,2015年12月22日交工验收,2015年12月24日通车。

G0612西宁南绕城段桥梁汇总见表10-4-1,隧道汇总见表10-4-2,路面结构见表10-4-3。

**G0612西宁南绕城段桥梁汇总表** 表10-4-1

| 规模 | 序号 | 名　　称 | 桥长左(m) | 桥长右(m) | 主跨长度(m) | 结 构 类 型 | 跨越障碍物 |
|---|---|---|---|---|---|---|---|
| 特大桥 | 1 | 湟水河特大桥 | 1681.243 | 1680.85 | 40 | 预应力混凝土连续箱梁 | 河流 |
| 特大桥 | 2 | 南川特大桥 | 2866.4 | 2875 | 80 | 预应力混凝土连续箱梁+组合桥梁 | 道路、铁路 |
| 特大桥 | 3 | 通海特大桥 | 2197.4 | 2197.4 | 30 | 预应力混凝土连续箱梁 | 沟谷 |

续上表

| 规模 | 序号 | 名称 | 桥长左（m） | 桥长右（m） | 主跨长度（m） | 结构类型 | 跨越障碍物 |
|---|---|---|---|---|---|---|---|
| 大桥 | 1 | 西沟大桥 | 398.2 | 398.2 | 30 | 预应力混凝土连续箱梁 | 沟谷 |
| 大桥 | 2 | 乱路子沟 | 106.6 | 186.6 | 20 | 预应力混凝土连续箱梁 | 沟谷 |
| 大桥 | 3 | 白涯子东沟 | 206.6 | 206.6 | 20 | 预应力混凝土连续箱梁 | 沟谷 |
| 大桥 | 4 | 蔡家沟 | 146.6 | 146.6 | 20 | 预应力混凝土连续箱梁 | 沟谷 |
| 大桥 | 5 | 铁骑沟 | 386.6 | 366.6 | 30 | 预应力混凝土连续箱梁 | 沟谷 |
| 大桥 | 6 | 湟中路主线2号桥 | 107.2 | 107.2 | 33 | 预应力混凝土连续箱梁 | 沟谷 |
| 大桥 | 7 | 凤凰山2号大桥 | 106.6 | 86.6 | 20 | 预应力混凝土连续箱梁 | 沟谷 |
| 大桥 | 8 | 火烧沟 | 841.768 | 847.4 | 30 | 预应力混凝土连续箱梁 | 沟谷 |
| 大桥 | 9 | 西川大桥 | 126.866 | 126.6 | 20 | 预应力混凝土连续箱梁 | 沟谷 |
| 大桥 | 10 | 泉沟大桥 | 106.5 | 107.269 | 20 | 预应力混凝土连续箱梁 | 沟谷 |
| 大桥 | 11 | 西城大街主线桥 | 603.4 | 603.4 | 25 | 预应力混凝土连续箱梁 | 道路、铁路 |
| 大桥 | 12 | 西城大街大桥 | 112 | 112 | 32 | 预应力混凝土连续箱梁 | 道路、铁路 |
| 大桥 | 13 | 西格铁路桥 | 954.4 | 954.4 | 95 | 预应力混凝土连续箱梁＋组合桥梁 | 道路、铁路 |
| 大桥 | 14 | 丰盛村大桥 | 326.6 | 326.6 | 20 | 预应力混凝土连续箱梁 | 道路、铁路 |
| 大桥 | 15 | 扎麻隆主线大桥 | 423.2 | 423.2 | 30 | 预应力混凝土连续箱梁 | 道路、铁路 |
| 中桥 | 1 | 1号跨线桥 | 44.2 | 45.2 | 36 | 预应力混凝土连续箱梁 | 沟谷 |
| 中桥 | 2 | 2号跨线桥 | 67.45 | 67.4 | 30 | 预应力混凝土连续箱梁 | 沟谷 |
| 中桥 | 3 | 3号跨线桥 | 67.45 | 67.4 | 30 | 预应力混凝土连续箱梁 | 沟谷 |
| 中桥 | 4 | 4号跨线桥 | 97.4 | 97.4 | 25 | 预应力混凝土连续箱梁 | 沟谷 |
| 中桥 | 5 | 洪水泉中桥 | 72.4 | 72.4 | 25 | 预应力混凝土连续箱梁 | 沟谷 |
| 中桥 | 6 | 小峡1号中桥 | 66.6 | 66.6 | 20 | 预应力混凝土组织连续箱梁 | 沟谷 |
| 中桥 | 7 | 小峡2号中桥 | 54.28 | 54.28 | 16 | 预应力混凝土连续箱梁 | 沟谷 |
| 中桥 | 8 | 分离式立交桥 | 97.06 | 97.06 | 30 | 预应力混凝土连续箱梁 | 沟谷 |
| 中桥 | 9 | 下店中桥 | 38.2 | 38.2 | 30 | 预应力混凝土连续箱梁 | 沟谷 |
| 中桥 | 10 | 李家庄中桥 | 31.68 | 31.68 | 13 | 预应力混凝土连续箱梁 | 沟谷 |
| 中桥 | 11 | 三十里铺中桥 | 44.698 | 44.698 | 13 | 预应力混凝土连续箱梁 | 沟谷 |
| 中桥 | 12 | 杨沟湾互通主线 | 62.4 | 62.4 | 25 | 预应力混凝土连续箱梁 | 沟谷 |
| 中桥 | 13 | 杨沟湾主线红叶谷 | 98.2 | 98.2 | 30 | 预应力混凝土连续箱梁 | 沟谷 |
| 中桥 | 14 | 杨家子沟 | 86.6 | 123.7 | 20 | 预应力混凝土连续箱梁 | 沟谷 |
| 中桥 | 15 | 白涯子西沟 | 66.6 | 103.7 | 20 | 预应力混凝土连续箱梁 | 沟谷 |
| 中桥 | 16 | 金源路 | 66.6 | 66.6 | 20 | 预应力混凝土连续箱梁 | 沟谷 |
| 中桥 | 17 | 东民和互通主线 | 98.2 | 98.2 | 30 | 预应力混凝土连续箱梁 | 沟谷 |
| 中桥 | 18 | 湟中路主线1号桥 | 49.4 | 49.4 | 40 | 预应力混凝土连续箱梁 | 沟谷 |
| 中桥 | 19 | 凤凰山1号中桥 | 83.7 | 86.6 | 20 | 预应力混凝土连续箱梁 | 沟谷 |

续上表

| 规模 | 序号 | 名称 | 桥长左（m） | 桥长右（m） | 主跨长度（m） | 结构类型 | 跨越障碍物 |
|---|---|---|---|---|---|---|---|
| 中桥 | 20 | 主线1#中桥 | 74.4 | 74.4 | 27 | 预应力混凝土连续箱梁 | 沟谷 |
| 中桥 | 21 | 主线2#中桥 | 66.6 | 66.6 | 20 | 预应力混凝土连续箱梁 | 沟谷 |
| 中桥 | 22 | 对坡山中桥 | 86.6 | 86.6 | 20 | 预应力混凝土连续箱梁 | 沟谷 |
| 中桥 | 23 | 双寨西沟1号桥 | 26.6 | 26.6 | 20 | 预应力混凝土连续箱梁 | 沟谷 |
| 中桥 | 24 | 双寨西沟2号桥 | 86.6 | 86.6 | 20 | 预应力混凝土连续箱梁 | 沟谷 |
| 中桥 | 25 | LK50+461.8中桥 | 26.6 | 26.6 | 20 | 预应力混凝土连续箱梁 | 沟谷 |
| 中桥 | 26 | K52+886桥 | 26.702 | 26.702 | 20 | 预应力混凝土连续箱梁 | 沟谷 |
| 中桥 | 27 | 多鲁中桥 | 46.56 | 46.56 | 20 | 预应力混凝土连续箱梁 | 沟谷 |
| 中桥 | 28 | 甘河二期中桥 | 66.6 | 66.6 | 20 | 预应力混凝土连续箱梁 | 沟谷 |
| 中桥 | 29 | 国寺营渠桥 | 29.334 | 29.334 | 20 | 预应力混凝土连续箱梁 | 沟谷 |

**G0612西宁南绕城段隧道汇总表** 表10-4-2

| 规模 | 隧道名称 | 隧道全长左（m） | 隧道全长右（m） | 隧道净宽（m） | 隧道分类 | 洞门形式 | | | |
|---|---|---|---|---|---|---|---|---|---|
| | | | | | | 左线 | | 右线 | |
| | | | | | | 进口 | 出口 | 进口 | 出口 |
| 特长隧道 | 通海隧道 | 3255 | 3261 | 14.5 | | 削竹式 | 削竹式 | 削竹式 | 削竹式 |
| 长隧道 | 峡口隧道 | 2980 | 2963 | 14.5 | 石质山岭隧道 | 削竹式 | 端墙式 | 削竹式 | 端墙式 |
| | 凤凰山隧道 | 1458 | 1460 | 14.5 | | 端墙式 | 端墙式 | 端墙式 | 端墙式 |
| | 西山隧道 | 2558 | 2525 | 14.5 | | 端墙式 | 端墙式 | 端墙式 | 端墙式 |
| 中隧道 | 南西山隧道 | 869 | 900 | 14.5 | | 削竹式 | 削竹式 | 削竹式 | 削竹式 |
| 短隧道 | 蔡家山隧道 | 245 | 243 | 14.5 | 土质山岭隧道 | 端墙式 | 端墙式 | 端墙式 | 端墙式 |

**G6西宁南绕城段路面结构表** 表10-4-3

| 路面形式 | 适应路段 | 长度（m） | 路面结构 |
|---|---|---|---|
| 柔性路面 | 主线及枢纽互通匝道行车道、路缘带及硬路肩 | 双幅69866.257 | 4cm AC-13（F）细粒式SBS改性沥青混凝土+SBR改性乳化沥青黏层+6cm AC-20（C）中粒式SBS改性沥青混凝土+SBR改性乳化沥青黏层+8cm ATB-25密级配沥青稳定碎石+同步沥青碎石下封层+高渗透乳化沥青透层+20cm 5%水泥稳定碎石基层+18cm 3.5%水泥稳定碎石底基层+18cm 3.5%水泥稳定碎石底基层 |
| | 互通立交匝道 | 21640.363 | 4cm AC-13（F）细粒式SBS改性沥青混凝土+SBR改性乳化沥青黏层+6cm AC-20（C）中粒式SBS改性沥青混凝土+同步沥青碎石下封层+高渗透乳化沥青透层+20cm 5%水泥稳定碎石基层+18cm 3.5%水泥稳定碎石底基层+18cm 3.5%水泥稳定碎石底基层 |
| | 桥面铺装、短隧道 | 桥：双幅33896.549 隧道：双幅488 | 4cm AC-13（F）细粒式SBS改性沥青混凝土+SBR改性乳化沥青黏层+6cm AC-20（C）中粒式SBS改性沥青混凝土+SBS改性沥青同步碎石下封层 |

续上表

| 路面形式 | 适应路段 | 长度(m) | 路面结构 |
|---|---|---|---|
| 柔性路面 | 中隧道、长隧道、特长隧道进出口400m范围内 | 双幅8000 | 4cm AC-13(F)细粒式SBS改性沥青混凝土+SBR改性乳化沥青黏层+6cm AC-20(C)中粒式SBS改性沥青混凝土+SBS改性沥青同步碎石下封层+24cm水泥混凝土+18cm C20混凝土基层 |
| | 中隧道、长隧道、特长隧道除进出口400m范围内 | 双幅14229 | 4cm AC-13(F)细粒式SBS改性沥青混凝土+SBR改性乳化沥青黏层+6cm AC-20(C)中粒式沥青混凝土+SBR改性乳化沥青黏层+16cm水泥混凝土+18cm C20混凝土基层 |
| 刚性路面 | 收费站广场 | 328.2 | 26cm水泥混凝土+同步沥青碎石下封层+20cm 5%水泥稳定碎石基层+30cm 3.5%水泥稳定碎石底基层 |

5. 项目建设背景及前期决策情况

西宁南绕城公路项目，是国家高速公路网的重要组成部分，兼具国家高速公路城市过境线及城市快速干线的双重功能。2010年，青海省交通厅启动该项目建设工作。2012年9月，国家发展改革委以《关于青海省西宁南绕城公路工程可行性研究报告的批复》(发改基础〔2012〕3104号)，批准本项目立项。

6. 参建单位主要情况

(1) 建设单位

青海省高等级公路建设管理局

(2) 招投标工作

按照《招投标法》《公路工程施工招标投标管理办法》《公路工程施工招标资格预审办法》《公路工程施工招标评标办法》的要求，由项目法人单位组织招标工作。

工程勘察设计于2011年5月20日开标，设计施工总承包项目施工监理于2011年5月31日开标，机电工程施工监理于2014年7月8日开标，环境保护监理服务于2014年1月20日开标，水土保持监理于2012年10月29日开标，水土保持监测于2012年10月29日开标。

(3) 设计施工总承包单位

本项目是青海省第一条采用设计施工总承包模式管理的项目，设计施工总承包单位为中交第一公路勘察设计研究院有限公司和中交第二公路工程局有限公司联合体。下设12个分经理部、2个路面分经理部、2个伸缩缝分经理部、6个房建分经理部、1个机电交安分经理部和绿化分经理部。

(4) 监理单位

本项目设置1个总监办(设中心试验室)；四个监理驻地办，其中包括3个土建项目驻地办和1个交通机电项目驻地办。同时,通过招标设立环保和水保监理。合同段划分见表10-4-4。

**G0612国家高速西宁至拉萨线西宁南绕城公路合同段划分一览表**　　　表10-4-4

| 序号 | 类型 | 单位名称 | 合同段编号及起讫桩号 | 工程内容 | 主要负责人 |
|---|---|---|---|---|---|
| 1 | 项目管理单位 | 青海省高等级公路建设管理局 | | | 唐文峻 |
| 1 | 总承包单位 | 中交第一公路勘察设计研究院有限公司与中交第二公路工程局有限公司联合体 | K1+360~K61+246.113 | 路基、路面、桥梁、隧道等 | 赵久柄 |
| 1 | 总监办 | 陕西海嵘工程项目管理公司 | K1+360~K61+246.113 | 路基、路面、桥梁、隧道等 | 常青 |
| 1 | 驻地办 | 四川公路工程咨询监理公司 | 第一驻地办 K1+360~K21+300 | 路基、路面、桥梁、隧道等 | 陈志彬 |
| 2 | | 内蒙古交通建设监理咨询有限公司 | 第二驻地办 K21+300~K40+095 | 路基、桥梁、隧道等 | 曹国彬 |
| 3 | | 北京正立监理咨询有限公司 | 第三驻地办 K40+095~K61+246.113 | 路基、路面、桥梁、隧道等 | 王延刚 |
| 4 | | 江苏智远交通科技有限公司 | 第四监理办 K1+360~K61+246.113 | 机电交安 | 施勇军 |
| 1 | 路基工程 | 中铁十六局集团第一工程有限公司 | 第一合同段 K1+360~K3+850 | 路基、桥梁等 | 李虎 |
| 2 | | 中交二公局第三工程有限公司 | 第二合同段 K3+850~K13+750 | 路基、桥梁、隧道等 | 张根合 |
| 3 | | 中交第二公路工程局有限公司 | 第三合同段 K13+750~K21+300 | 路基、桥梁、隧道等 | 刘宗海 |
| 4 | | 中交第二公路工程局有限公司 | 第四合同段 K21+300~K26+835 | 路基、桥梁、隧道等 | 郭继光 |
| 5 | | 中交第一公路工程局有限公司 | 第五合同段 K26+835~K30+657.5 | 路基、桥梁、隧道等 | 李永 |
| 6 | | 中交第一公路工程局有限公司 | 第六合同段 K30+657.5~K35+190 | 路基、桥梁、隧道等 | 李永 |
| 7 | | 中交第二航务工程局有限公司 | 第七合同段 K35+190~K37+400 | 路基、桥梁、隧道等 | 王鹏 |
| 8 | | 中交第二航务工程局有限公司 | 第八合同段 K37+400~K41+720 | 路基、桥梁、隧道等 | 王鹏 |
| 9 | | 陕西路桥集团有限公司 | 第九合同段 K41+720~K43+600 | 路基、桥梁、隧道等 | 徐金托 |
| 10 | | 中国水电建设集团路桥工程有限公司 | 第十合同段 K43+600~K48+000 | 路基、桥梁等 | 冯涛 |
| 11 | | 陕西路桥集团有限公司 | 第十一合同段 K48+000~K52+500 | 路基、桥梁等 | 史安放 |
| 12 | | 中交第四公路工程局有限公司 | 第十二合同段 K52+500~K61+246.113 | 路基、桥梁等 | 王策略 |
| 1 | 路面工程 | 中交二公局第三工程有限公司 | 路面一合同段 K1+360~K32+100 | 路面工程 | 张根合 |
| 2 | | 中国路桥工程有限责任公司 | 路面二合同段 K32+100~K61+246.113 | 路面工程 | 任博君 |

续上表

| 序号 | 类型 | 单位名称 | 合同段编号及起讫桩号 | 工程内容 | 主要负责人 |
|---|---|---|---|---|---|
| 1 | 机电、交通工程 | 西安金路交通工程科技发展有限责任公司 | 机电交安 K1+360～K61+246.113 | 机电交安工程 | 黄长久 |
| 1 | 房建工程 | 陕西武功建筑工程总公司 | 房建1标 | 曹家堡西、平安收费站、峡口隧道进出口变电所 | 刘选选 |
| 2 | | 中交第四公路工程局有限公司 | 房建2标 | 临空工业园区收费站、杨沟湾收费站、东民和路收费站 | 李胜旺 |
| 3 | | 青海泰丰建筑工程有限责任公司 | 房建3标 | 湟中路收费站、凤凰山隧道进出口变电所、南西山隧道进口变电所、西山隧道进口变电所 | 卜佑强 |
| 4 | | 青海捷程建设有限公司 | 房建4标 | 西山隧道出口变电所、通海收费站、通海隧道进出口变电所 | 周德 |
| 5 | | 青海捷程建设有限公司 | 房建5标 | 多巴收费站 | 周德 |
| 6 | | 陕西路桥集团有限公司 | 房建6标 | 西城大街收费站、多鲁收费站 | 张长江 |
| 1 | 绿化工程 | 西安中交环境工程有限公司 | 绿化 K1+360～K61+246.113 | 绿化工程 | 杨波 |

## (二)建设情况

### 1. 项目审批

本项目严格执行公路建设程序，各阶段审批和建设依据为：

(1)2011年5月，省国土资源厅以青地灾评〔2011〕150号文批复《地质灾害危险性评估报告备案登记表》。

(2)2011年10月，省国土资源厅以青国土资矿〔2011〕458号文批复《关于国家高速北京至拉萨线西宁南绕城公路建设工程压覆矿产资源调查评估报告的审查意见》。

(3)2012年1月，交通运输部以交函规划〔2012〕2号文批复《关于国家高速北京至拉萨线西宁南绕城公路环境影响报告书预审意见的函》。

(4)2012年2月，国土资源部以国土资预审〔2012〕39号文批复《关于国家高速北京至拉萨线西宁南绕城公路工程建设用地预审意见的复函》。

(5)2012年3月,水利部以批复《关于国家高速北京至拉萨线西宁南绕城公路工程水土保持方案的批复》(水保函〔2012〕55号),予以批复。

(6)2012年5月,环境保护部以《关于国家高速北京至拉萨线西宁南绕城公路环境影响报告书的批复》(环审〔2012〕139号),予以批复。

(7)2012年9月,省发改委以《国家发展改革委关于青海省西宁南绕城公路工程可行性研究报告的批复》(发改基础〔2012〕3104号文),批复本项目工可报告。本项目正式立项。

(8)2013年2月,交通部以《交通运输部关于西宁南绕城公路初步设计的批复》(交工路发〔2013〕148号),批复本项目的建设规模、技术标准和总投资。

(9)2013年7月,国土资源部办公厅以国土资厅函〔2013〕663号文批复《关于国家高速北京至拉萨线西宁南绕城公路控制性工程先行用地的复函》。

(10)2013年7月,省国土资源厅以青国土资函〔2013〕172号文批复《关于国家高速北京至拉萨线西宁南绕城公路(西宁市境内)先行用地的函》。

(11)2013年7月,国家林业局以林资许准〔2013〕266号文批复《使用林地审核同意书》。

(12)2013年12月,省交通厅以《关于西宁南绕城公路施工图设计的批复》(青交工〔2013〕484号文),批复本项目施工图设计。

2. 资金筹措

本项目概算投资约为95.8亿元。其中静态投资90.4亿元中,国家安排中央专项基金(车购税)48.12亿元,西宁市安排财政性资金9.36亿元,此两项共计57.48亿元作为项目的资本金,约占总投资的60%;其余38.32亿元资金,利用国内银行贷款解决。

3. 征地拆迁

本项目占地共涉及7个区(县)、10个乡(镇)、49个村庄,涉及企事业单位约50余家。因地处城市周边,占地面积大,征迁单位和居民多,牵扯面广,征迁协调难度大;同时,工程实施过程中存在解决城市施工路段与其他道路交叉施工路段的安全防护、行车干扰、场地受限、保通等问题以及上跨铁路的安全防护专项方案审批等,给工程建设带来难度。

征迁工作主要内容包括:签订协议、界定征地界限、办理永久性占地报批手续;永久占地界内房屋等各种构造物的搬迁,附着物的拆除;各种管线的迁移、改建;临时及借土占地的征用等。

遵循的政策法规主要有:征地补偿,按照青海省人民政府《关于公布征地统一年产值标准和区片综合地价的通知》(青政〔2010〕26号文)执行;附着物补偿标准,按照青海省国土资源厅《关于印发兰新铁路第二双线工程建设征地拆迁补偿标准的通知》执行。

主要做法：该项目作为国家重点建设项目，各级政府及领导给予了高度重视。在历时5年的建设期间，多次召开协调会，全力解决该工程的征地拆迁问题。行业迁改方面，涉及电力、通信、燃气管线、自来水、排水、部队、文物局等多家单位，省高管局积极与所涉及行业的主管部门取得联系，协调沿线的迁改工作；同时，积极主动与地方政府进行沟通协调，配合推进拆迁问题的解决。

在地方政府的积极推动和大力支持下，经2011年6月至2015年8月间的努力，基本完成了征地拆迁工作任务。本项目共占用土地7479.0225亩，其中耕地3240.1935亩、林地1660.179亩、建设用地1809.252亩、未利用地500.088亩；拆迁房屋$99.483×10^4 m^2$，采伐树木194.991亩，支付补偿费用23.99亿元。

4. 实施过程

土建工程于2011年9月开工，2015年12月完工。路面工程于2014年3月开工，2015年12月完工。房建工程于2013年8月开工，2016年7月完工。交通安全设施工程于2014年3月开工，2016年10月完工。机电工程于2014年3月开工，2016年10月完工。

2015年12月14日，青海省高等级公路建设管理局组织专家，对西宁南绕城公路路基、桥梁、路面、隧道工程进行了交工验收。2016年10月10日，交安工程通过交工验收。2016年11月10日，房建工程通过交工验收。

5. 重大变更

（1）根据青海省海东地区交通局要求，湟水河特大桥大桩号方向延孔150m桥长。

（2）借鉴国内外隧道施工和运营经验，将原设计隧道洞内水泥混凝土路面调整为沥青复合式路面结构。

2013年8月7日，时任交通运输部部长杨传堂调研西宁南绕城公路

（3）南川特大桥处于西宁市区，为改善夜间城市景观效果，南川特大桥增加景观轮廓灯。

6. 重大事件

（1）2011年5月30日，西宁南绕城高速公路开工典礼举行。省委副书记、省长骆惠宁宣布开工，省委副书记、西宁市委书记王建军主持仪式，省委常委、副省长骆玉林讲话，省人大常委会副主任桑杰、省政协副主席马志伟、省政府秘书长高华、副秘书长莫重明、中国交通建设股份有限公司总裁刘起涛、副总裁陈玉胜等领导出席仪式。

（2）2012年4月17日，省委常委、副省长骆玉林在省交通厅有关领导陪同下，调研指导西宁南绕城高速公路海东工业园区连接线建设工作。

（3）2012年6月26日，省委常委、副省长骆玉林在海东地区和省交通厅有关领导陪同下，调研指导西宁南绕城高速公路海东工业园区连接线1号路建设工作。

（4）2012年7月28日，西宁市委副书记、市长王予波、副市长许国成等调研西宁南绕城高速公路建设情况。

（5）2013年2月16日，省委书记强卫，在省委常委、省委秘书长王小青及西宁市、省交通厅负责人陪同下，到西宁南绕城高速公路小峡隧道建设工地看望慰问节日期间坚持施工的工程建设者。

（6）2013年8月7日，交通运输部部长杨传堂，在副省长骆玉林及省交通厅领导的陪同下，调研西宁南绕城公路建设项目。

（7）2014年11月2日，省人民政府省长郝鹏对西宁南绕城项目进行调研。

（8）2014年11月7日，省委常委、副省长马顺清一行到西宁南绕城公路工程项目现场调研。

（9）2015年10月26日，省人民政府副省长韩建华在西宁市、海东市、省交通运输厅有关领导陪同下，调研西宁南绕城公路工程进展情况。

（10）2015年11月1日，西宁南绕城公路实现左幅全线贯通。

（11）2015年12月15日，省人民政府副省长韩建华，调研指导西宁南绕城高速公路建设和通车准备工作。

（12）2015年12月24日零时，国家高速公路网青海境内G0612西宁南绕城高速公路正式通车。

（13）2015年12月26日，省人民政府省长郝鹏、副省长韩建华，对西宁南绕城公路通车及运行情况进行调研。

（三）复杂技术工程

复杂技术工程主要为隧道工程、湟水河特大桥、南川特大桥、西格铁路大桥。

1. 隧道工程

本项目隧道工程,属于3车道大跨径隧道,是目前青海省设计标准最高的公路隧道。隧址区地质、地貌、水文等因素较为复杂,设计与施工、管理难度较大。在项目建设中,隧道设计针对各种不利因素,采取了相应的技术措施,施工中严格控制工程质量和安全,管理科学规范,取得了良好的建设成果。

主要技术难点:

(1)本项目隧道全部为单洞3车道隧道,隧道最大开挖宽度达到17.16m,均为大断面隧道;隧道地质主要为软弱泥岩和黄土,围岩稳定性很差,强度低,施工中容易发生大变形和塌方等工程事故。为此,隧道设计技术人员查阅大量国内黄土隧道工程资料,汲取近年来黄土隧道科研成果和工程实践经验,采取了科学合理的技术措施。针对黄土Ⅴ级围岩和岩石Ⅴ级围岩在稳定性、围岩强度等方面的不同,设计中进行了分别设计,有针对性地采取了不同技术措施。施工中主要采用了取消系统锚杆,加强初期支护和超前支护,仰拱加厚,设置初期支护大拱脚等技术措施,有效地控制了黄土隧道在开挖后易变形和易塌方的情况,取得了良好的效果。

西宁南绕城高速公路凤凰山隧道

(2)部分隧道路线由于受到前后路线展线情况的限制,隧道洞口段设置了小间距隧道。小间距隧道的设计,主要考虑了左右两线隧道在开挖时,隧道围岩变形互相影响,后行隧道的开挖对先行隧道初期支护产生影响。因此在小间距隧道结构设计中,采用了加强初期支护,加固中间岩体,控制隧道围岩变形等技术措施。坚硬岩石爆破开挖时,要求少装药,多打眼,分步起爆,控制爆破对先行隧道初期支护的震动速率。两线掌子面位置纵向距离不小于30m。软弱围岩开挖时,要求及时进行初期支护施工,快速成环,减小围岩变形和沉降。设计技术措施和施工开挖方法综合考虑,确保小间距隧道的顺利施工。

## 2. 湟水河特大桥

该桥全长1566.503m。采用先简支后连续装配式箱梁及现浇预应力连续箱梁。预制箱梁采用折线布梁,曲线引起的弓弦差采用外边梁悬臂调整。曲线引起的跨径增减由调整预制梁长度和现浇中横梁宽度来实现。下部结构桥墩为柱式墩,桥台为肋、柱式台,基础采用摩擦桩。

该桥技术难点主要在桥梁横跨兰青铁路施工上,桥梁横跨兰青铁路两侧里程K151+350~K151+550;桥梁桥墩外侧距兰青铁路线路外侧最小距离(垂距)7.967m;桥梁梁底距兰青铁路钢轨顶面垂距8.840m。为此,项目部制定专项施工方案,上报上级部门及铁路部门审批、研究,并组织相关领导小组积极与铁路部门进行协调沟通。调配大吨位专用架桥机进行桥梁架设。由于此桥与铁路立交,架设时需向铁路部门要点封锁线路,但要点时间较短,所以在要点封锁线路前必须充分作好架梁的各项准备工作,调试好架桥机,完成每日试吊工作,使其保持良好状态。当现场接到线路封锁命令后,方能按既有线路施工要求设防护,然后进行架梁作业,确保施工安全。

## 3. 南川特大桥

桥梁全长2875m。引桥前半部分上部结构采用单箱多室现浇箱梁,下部桥墩采用实体花瓶墩;跨西塔高速公路采用(55+95+55)m悬浇变截面混凝土连续箱梁;引桥后半部分上部结构采用单箱多室现浇箱梁,下部桥墩采用柱式墩;桥台采用柱式台,基础采用摩擦桩。

该桥技术难点,主要集中跨公路悬臂箱梁施工上。悬臂箱梁工程量大,支架投入多,技术要求高,上跨施工比较困难。为此,主要在支架投入、地基处理、支架稳定性等方面,加强进度与技术控制;悬臂箱梁采用挂篮施工,提前考虑挂篮设计方案,本着"安全可靠,经济合理"的原则,进行挂篮方案比选。针对底板厚度较小,张拉开裂控制难,在张拉过程中监控底板混凝土拉应力,若有异常,将停止张拉,待方案确定后再进行张拉。在施工过程中,严格按照设计要求测量高程,确保高程误差在设计及规范要求范围之内。

## 4. 西格铁路大桥

桥梁全长954.4m。引桥前半部分上部结构采用装配式预制20m箱梁,先简支后连续;跨西格铁路部分采用(55+95+55)m悬浇变截面混凝土连续箱梁;引桥后半部分采用单箱多室现浇箱梁。下部桥墩为柱式墩、空心薄壁墩,桥台为肋板台,基础采用摩擦桩。

该桥主要控制难点为,该桥K51+279.852分左右两幅跨越青藏铁路线,与铁路线交汇距离长达64m,梁体底面与承力索距离2.54m,挂篮底与接触网承力索只有1.95m。如何确保施工过程中铁路既有线的运营安全、防止桥梁施工人员触电,是本桥的控制难点。由于施工场地受限、无法安装塔吊施工,只能用吊车在指定区域进行安装、运输材料。工期紧、任务重,施工难度加大。经过方案比选,最终采用"四防"托盘防护,在挂篮底部安装防护托盘平台,在托盘周围用防电板绝缘密封,具有防水、防电、防火、防坠物作用。安装在1号块段进行,无须在既有线上空作业,减少在天窗封锁施工,降低触电风险和对运营线造成安全隐患。具有施工进度快、耗材少、成本低的特点。

西格铁路大桥

(四)科技创新

西宁南绕城公路项目是青海省一次性投资规模最大、公路等级和技术含量最高的高速公路建设项目之一。在项目建设过程中,应用了诸多新技术、新工艺、新设备。主要有:

(1)在隧道初期支护喷混凝土中采用了喷浆车,保证了平整度,减少了浪费,节约了人工。

(2)钢筋焊接采用了二氧化碳气体保护焊,确保了焊接质量和焊接点外形美观。

(3)隧道二衬钢筋和桩基钢筋采用机械连接接头,确保了钢筋连接的可靠性。

(4)隧道施工中使用了有毒气体检测仪,在安全防护方面做到了科技化和人性化。

(5)预制梁施工采用智能张拉设备、专用压浆剂和真空压浆技术,确保了预制箱梁的质量。

(6)全线路面水稳基层施工中,采用掺加粉煤灰来降低水泥水化热。减缓水泥凝结时间,从而减少由于温差大而导致的收缩裂缝,提高基层的掺粉煤灰后施工性能、耐久性和物理力学特性。中面层采用SBS改性沥青;水稳各层之间撒布水泥或水泥浆。

(7)为提高隧道内行车舒适性,将隧道内路面调整为沥青混凝土复合式路面。采用复合式路面可达到设计对施工控制简单化的要求,路面平整度易达到规范要求。复合式路面车辆抗滑性优于水泥混凝土路面,路面平整度较好,行车舒适。

(8)桥面、隧道路面拉毛处理采用精铣刨工艺,使水泥混凝土铺装层和沥青路面层间黏结性能大幅提高,可有效减轻沥青混凝土路面产生拥包、推移、龟裂等病害。经检测,铣刨面构造深度、摩擦系数、平整度、层间粘附有大幅度提高。

(9)碎石加工整型。路面各结构所用集料采用不同加工设备组合整型后,测得沥青混合料中的针片状含量控制在4.6%以内,高于《公路沥青路面施工技术规范》(JTG F40—2004)要求,混合料针片状颗粒含量表层不大于15%的要求,从而提高了沥青混合料的压实度、路用性能。

此外,还采用了数控钢筋弯箍机、桥面现浇调平层脱空检测、"帷幕注浆"施工、隧道"防霉阻燃装饰"涂料、台背注浆预加固、绿化植生袋、高耐久环保型混凝土防护涂层等新技术、新工艺、新设备,有效保证了施工质量。

### (五)运营养护管理

1. 养护管理

西宁南绕城高速公路 K1+360~K23+515 段,由青海省海东高速公路养护处负责养护;K23+515~k61+246 段,由青海省湟源高速公路养护处负责养护。

2. 收费设施

根据青海省人民政府《关于同意西宁周边高速公路收费制式调整后设置收费站的批复》(青政函〔2015〕90号文),本项目共设置收费站4座;即平安西主线收费站,曹家堡西、平安(柳湾)、临空经济园三个匝道收费站。截至2016年底,匝道出入口数量共计56条,其中ETC车道14条,见表10-4-5。

G0612 西宁南绕城段收费设施一览表　　表10-4-5

| 收费站名称 | 桩号 | 入口车道数 | | 出口车道数 | | 收费方式 |
|---|---|---|---|---|---|---|
| | | 总车道 | ETC车道 | 总车道 | ETC车道 | |
| 平安西主线收费站 | K10+029.986 | 8 | 3 | 18 | 3 | 封闭式联网收费 |
| 曹家堡西匝道收费站 | K1+485 | 4 | 2 | 6 | 2 | |
| 平安(柳湾)匝道收费站 | K5+000 | 4 | 1 | 6 | 1 | |
| 临空经济园匝道收费站 | K8+960 | 4 | 1 | 6 | 1 | |

3. 监控设施

本项目设置南绕城监控分中心,负责全线的道路、隧道运营监控工作以及路况信息的收集、上传及发布工作。

4. 交通流量

西宁南绕城高速公路2015年、2016年各收费站日平均交通量总和分别为6866辆/日、

14841辆/日,见表10-4-6。

**G0612南绕城高速公路交通流量发展状况表**(单位:辆/日)　　　　　表10-4-6

| 年份(年) | 南绕城高速路段日平均流量 | 平安西 | 临空 | 柳湾 | 曹家堡 |
|---|---|---|---|---|---|
| 2015 | 6866 | 5182 | 0 | 1189 | 495 |
| 2016 | 14841 | 10156 | 327 | 2181 | 2177 |

## 二、G0612察汗诺至德令哈段(2009.9—2013.10)

### (一)项目概况

**1. 功能定位**

察汉诺至德令哈公路位于青海省海西州乌兰县、德令哈市境内,是国家高速公路网中G0612西宁至和田公路的重要组成路段之一。该路段的建设,对完善国家高速公路网络、提升海西地区区位优势和战略地缘优势、形成现代化的综合交通网络、构建海西州旅游黄金通道、提升德令哈市城市功能、带动柴达木地区资源综合开发、促进沿线乡镇经济社会发展等,有着重要作用。

**2. 技术标准及建设规模**

本项目为二期工程建设,与已竣工的察德一期工程形成分向行驶四车道高速公路。全线分为一级公路和高速公路,设计速度分别采用60km/h和80km/h,路基宽度分别采用整幅24.5m、分幅12m和连接线10m。桥涵设计荷载为公路-Ⅰ级,且与各区段路基同宽,设计洪水频率1/100。

路线全长200.899km,其中:主线全长166.05km,支线茶卡至察汗诺连接线全长34.360km。概算投资39.870796亿元,竣工决算投资35.01亿元。路基土石方14941468m³,大桥4074.7m/12座,中桥2027m/32座,小桥1213m/74座,分离式立交234.1m/3座,涵洞11758.54m/506道,圆管涵328m,互通式立交5处。收费站4座,服务区1处。

**3. 地形地貌及主要控制点**

项目区域位于柴达木盆地东缘,北邻南祁连山系过渡地带,呈现山丘与盆地相间的地貌景观;路线所经地区以平原微丘区为主,局部路段有山丘,地形平坦开阔,海拔在2800～3400m之间;除乌兰县范围内有农田、林地外,其余基本为戈壁荒漠地段。

主要控制点:青海庆华煤化集团门前、都兰寺南、上尕巴北、希里沟镇北、乌兰火车站北、赛什克村北、柯柯镇北、柴凯火车站南、尕海、德令哈市。

**4. 开工及通车时间**

2009年9月开工,2013年10月试通车,2015年10月完成竣工验收。

察德高速公路

G0612 察汉诺至德令哈段桥梁汇总见表10-4-7，路面结构见表10-4-8。

**G0612 察汉诺至德令哈段桥梁汇总表**　　表10-4-7

| 规模 | 序号 | 名　称 | 桥长左（m） | 桥长右（m） | 主跨长度（m） | 结　构　类　型 | 跨越障碍物 |
|---|---|---|---|---|---|---|---|
| 大桥 | 1 | 哈尔郭勒河大桥 | 126 | | 20 | 预制预应力混凝土空心板 | 河流 |
| 大桥 | 2 | 公铁立交大桥 | 426 | | 20 | 预制预应力混凝土空心板 | 铁路 |
| 大桥 | 3 | 公铁立交大桥 | 516 | | 30 | 预制预应力混凝土空心板/小箱梁 | 铁路 |
| 大桥 | 4 | 公铁立交大桥 | 666 | | 30 | 预制预应力混凝土空心板/小箱梁 | 铁路 |
| 大桥 | 5 | 都兰河1号大桥 | 150 | | 20 | 预制预应力混凝土空心板 | 河流 |
| 大桥 | 6 | K34+817大桥 | 106 | | 20 | 预制预应力混凝土空心板 | 公路 |
| 大桥 | 7 | K44+609大桥 | 170 | | 20 | 预制预应力混凝土空心板 | 公路 |
| 大桥 | 8 | K46+700大桥 | 110 | | 20 | 预制预应力混凝土空心板 | 公路 |
| 大桥 | 9 | 柴凯公铁立交大桥 | 736 | | 80 | 连续箱梁 | 铁路 |
| 大桥 | 10 | 公铁立交大桥 | 526 | | 40 | 预应力混凝土箱梁 | 铁路 |
| 大桥 | 11 | 巴音河1号桥 | 132 | | 20 | 预制预应力混凝土空心板 | 河流 |
| 大桥 | 12 | 巴音河2号桥 | 410 | | 20 | 预制预应力混凝土空心板 | 河流 |
| 大桥 | 13 | 柯鲁柯互通立交大桥 | 130 | | 22 | 预制预应力混凝土空心板 | 公路 |
| 中桥 | 1 | 哈尔郭勒河中桥 | 86 | | 20 | 预制预应力混凝土空心板 | |
| 中桥 | 2 | 公铁立交 | 66 | | 20 | 预制预应力混凝土空心板 | |
| 中桥 | 3 | K2+609中桥 | 69 | | 16 | 预制预应力混凝土空心板 | |
| 中桥 | 4 | K15+702中桥 | 76 | | 16 | 预制预应力混凝土空心板 | |
| 中桥 | 5 | FK356+063中桥 | 94 | | 22 | 预制预应力混凝土空心板 | |
| 中桥 | 6 | LK3+816中桥 | 90 | | 20 | 预制预应力混凝土空心板 | |
| 中桥 | 7 | K24+887中桥 | 86 | | 20 | 预制预应力混凝土空心板 | |
| 中桥 | 8 | K46+175中桥 | 90 | | 20 | 预制预应力混凝土空心板 | |

续上表

| 规模 | 序号 | 名称 | 桥长左（m） | 桥长右（m） | 主跨长度（m） | 结构类型 | 跨越障碍物 |
|---|---|---|---|---|---|---|---|
| 中桥 | 9 | AK0+819中桥 | 82 | | 22 | 连续箱梁 | |
| 中桥 | 10 | XK89+500中桥 | 45 | | 13 | 预制预应力混凝土空心板 | |
| 中桥 | 11 | XK91+700中桥 | 44 | | 13 | 预制预应力混凝土空心板 | |
| 中桥 | 12 | XK99+813中桥 | 36 | | 13 | 预制预应力混凝土空心板 | |
| 中桥 | 13 | 德孞分离立交 | 76 | | 20 | 预制预应力混凝土空心板 | |
| 中桥 | 14 | 环城西路分离立交 | 75 | | 20 | 预制预应力混凝土空心板 | |
| 中桥 | 15 | K165+644中桥 | 82 | | 13 | 预制预应力混凝土空心板 | |
| 中桥 | 16 | 德孞互通 | 66 | | 18 | 预制预应力混凝土空心板 | |
| 中桥 | 17 | 长江路互通 | 94 | | 20 | 预制预应力混凝土空心板 | |
| 中桥 | 18 | 都兰河2号大桥 | 72 | | 20 | 预制预应力混凝土空心板 | 河流 |
| 中桥 | 19 | 察汗诺互通立交 | 86 | | 24 | 预应力混凝土现浇箱梁 | 公路 |

**G0612察汉诺至德令哈段路面结构表**　　　　　　　　　　　　　　表10-4-8

| 路面形式 | 起讫里程 | 长度(m) | 路面结构 |
|---|---|---|---|
| 柔性路面 | K0+000~K200.899 | 200899 | 沥青混凝土路面5cm AC16下面层+4cm AC13上面层 |

5. 项目建设背景及前期决策情况

2009年7月，青海省发改委以青发改交通〔2009〕586号文，批复《关于察汗诺至柴凯管护站段公路可行性研究报告》。2009年12月，青海省发改委以青发改交通〔2009〕1423号文，批复《关于关于地方高速S2013线柴凯管护站至德令哈段公路可行性研究报告》。

6. 参建单位主要情况

（1）建设单位

青海省公路建设管理局

（2）设计单位

北京华杰工程咨询有限公司

（3）招投标工作

依据相关招标投标法规及管理制度，察德公路路基路面工程、交通及房建工程的施工、监理招标工作，由青海省公路建设管理局委托有资质的招标代理机构进行了公开招标。路基、路面及施工监理于2009年8月开标，交通工程施工及施工监理于2011年5月开标，房建工程于2011年6月开标。

（4）施工单位

通过招投标，本项目由中铁十六局集团公司、青海省路桥机械工程有限公司等15家施工单位参与建设，其中路基路面工程5家、房建工程5家、交通工程3家、通讯管道工程

1家、机电工程1家。

(5)监理单位

本项目监理单位,有青海路翔工程监理有限公司、山西晋达交通建设工程监理有限公司等4家,设置4个总监理办公室,15个驻地监理办公室。

G0612察汉诺至德令哈段参建单位见表10-4-9。

**G0612察汉诺至德令哈段参建单位表**  表10-4-9

| 序号 | 参建单位 | 单位名称 | 合同段编号及起止桩号 | 工程内容 | 主要负责人 |
|---|---|---|---|---|---|
| 1 | 项目管理单位 | 青海省公路建设管理局 | | | 冯文阁 |
| 1 | 勘察设计单位 | 北京华杰工程咨询有限公司 | K0+000~K200.899 | 工程项目设计 | 王建力 |
| 1 | 施工单位 | 青海威远路桥有限公司 | A标 K0+000~K34+000、K0+000~K20+000 | 路基、路面、桥涵 | 刘顺旭 |
| 2 | | 青海省公路工程建设总公司 | B标 K20+000~K75+000 | 路基、路面、桥涵 | 马银祥 |
| 3 | | 中铁十六局集团公司 | C标 K75+000~K130+000 | 路基、路面、桥涵 | 史小章 |
| 4 | | 青海省路桥建设机械工程有限公司 | D标 K130+000~K166+900 | 路基、路面、桥涵 | 贺洪泉 |
| 5 | | 青海金运交通工程有限公司 | 德令哈机场支线 K0+000~K22+827 | 路基、路面、桥涵、交安工程 | 武年勇 |
| 6 | | 青海省公路工程建设总公司 | 交安A标 K0+000~K34+000、K0+000~K166+053 | 标志、标牌、标线 | 叶伟 |
| 7 | | 河北特里特交通设施有限公司 | 交安B1标 K0+000~K34+000、K0+000~K50+000 | 波形梁钢护栏、防眩板 | 朱学良 |
| 8 | | 青海省路桥建设机械工程有限公司 | 交安B2标 K50+000~K166+053 | 波形梁钢护栏、防眩板 | 孟英鹏 |
| 9 | | 北京诚达交通建设有限公司 | 通信管道C标 K0+000~K34+450、K0+300~K166+900 | 通信管道及光缆 | 刘国法 |
| 10 | | 青海省瑞昇建筑有限公司 | 房建A标尕巴收费站工程 | 收费站房建、收费大棚 | 苟学宏 |
| 11 | | 青海省西部建业有限责任公司 | 广场A标段茶卡收费大棚及广场土建 | 茶卡收费天棚及收费广场土建 | 田孝征 |
| 12 | | 青海省瑞昇建筑有限公司 | 房建B标段乌兰服务区 | 收费站房建、收费大棚 | 马学林 |
| 13 | | 青海省集协建筑工程有限公司 | 房建C标段乌兰西收费站工程 | 收费站房建、收费大棚 | 郝玉盛 |
| 14 | | 青海方圆建筑工贸有限责任公司 | 房建D标段德都路收费站工程 | 收费站房建、收费大棚 | 韩立新 |
| 15 | | 北京路安交通科技发展有限公司 | 收费站机电工程 | 机电 | 代寿邦 |

续上表

| 序号 | 参建单位 | 单位名称 | 合同段编号及起止桩号 | 工程内容 | 主要负责人 |
|---|---|---|---|---|---|
| 1 | 监理单位 | 北京德通达监理咨询公司 | K0+000～K34+000<br>K0+000～K75+000 | 施工监理 | 雷宝 |
| 2 | | 青海路翔监理有限公司 | K75+000～K166+900 | 施工监理 | 金天柱 |
| 3 | | 山西晋达监理咨询有限公司 | K0+000～K22+827 | 施工监理 | 李江 |
| 4 | | 北京中资路捷咨询监理有限公司 | K0+000～K34+450<br>K0+300～K166+900 | 交安监理 | 韩昕 |
| 5 | | 北京泰克华城技术信息咨询有限公司 | 上尕巴收费站工程、茶卡收费大棚及广场、乌兰西服务区、乌兰西收费站工程、德都路收费站工程、机电工程 | 房建监理 | 孙悦 |

(二)建设情况

1. 项目审批

(1)2009年7月,青海省交通厅以《关于地方高速S2013线察汗诺至柴凯管护站段公路初步设计的批复》(青交公〔2009〕671号)予以批复;2010年1月,青海省交通厅以《关于地方高速S2013线柴凯管护站至德令哈段公路初步设计的批复》(青交公〔2010〕551号),正式批复察德高速公路初步设计。

(2)2009年10月,青海省交通厅以《关于国道315线察汗诺至德令哈公路二期工程施工图设计的审查意见》(青交公〔2009〕671号),对施工图进行了批复。

(3)2009年8月,青海省环保厅以《青海环境保护厅关于国道315线察汗诺至德令哈段及茶卡至察汗诺连接线公路(二期)工程环境影响报告书的批复》(青环发〔2009〕273号),对本项目环境影响报告书做了批复。

(4)2011年6月,青海省人民政府以《关于察汗诺至柴凯管护站段公路工程建设用地的批复》(青政土函〔2011〕107号)予以批复。2012年,青海省人民政府以《关于地方高速S2013线柴凯管护站至德令哈段公路建设用地的批复》(青政土函〔2012〕227号),批复了建设用地。

2. 资金筹措

本项目批复概算为39.870796亿元,其中交通部车购税补助资金20.6700亿元,其余由青海省交通厅自行筹措解决。

3. 征地拆迁

本项目沿线经过德令哈市、柯柯镇、乌兰县、察汗诺镇、茶卡镇等。

征迁工作主要内容包括：签订协议、界定征地界限、办理永久性占地报批手续；永久占地界内房屋等各种构造物的搬迁，附着物的拆除；各种管线的迁移、改建；临时及借土占地的征用等。

遵循的政策法规主要有：青海省国土资源厅《关于察汗诺至德令哈、当金山至大柴旦等四条公路建设项目征地补偿有关事项的通知》（青国土资土〔2009〕71号）。

2009年9月，成立了征地拆迁领导小组，并于2010年5月圆满完成了征迁协调工作，为施工提供了良好的外部环境。共征用土地13613.4435亩，其中耕地923.9085亩、草地10489.0485亩、林地2167.881亩，征地拆迁费用共计13418.58万元。

4. 实施过程

（1）主线路基路面工程于2009年9月开工，2011年9月完工。

（2）房建工程于2011年4月开工，2013年10月完工。

（3）机电工程于2011年4月开工，2013年10月完工。

（4）交通安全设施工程于2011年9月开工，2012年9月完工。

（5）2012年4月，由省交通厅组织，厅属相关单位以及参建单位共同参与完成了察德高速公路的交工验收。

（6）2015年10月，省交通厅组织相关单位对察德高速公路进行了竣工验收。工程质量评分为87.10分，等级为合格。

5. 重大变更

K84+502.5柴凯公铁立交大桥原设计桥长为686.06m（主跨35m+60m+35m），调整桥长为736.06m（主跨改为40m+80m+40m）。

6. 重大事件

（1）2009年9月29日，G315线察汗诺至德令哈高速公路项目开工建设，副省长骆玉林宣布开工，省人大常委会副主任桑杰、省政协副主席、海西州委书记罗朝阳，出席开工典礼。

（2）2010年5月19日，省交通厅总工程师马忠英一行，到察德高速公路施工现场检查指导工作。

（3）2010年6月4日，省交通厅副厅长王廷栋一行，对察德高速公路进行了现场调研。

（4）2010年7月，由于持续降雨，使格尔木市温泉水库发生险情，严重影响和威胁格尔木市人民的生命和财产安全。省交通厅接到省人民政府的救援通知后，委派青海省公路建设管理局组织察德项目办，于7月9日组织机械6台、25t翻斗自卸车30辆、技术工人60人，奔赴格尔木市温泉水库参加抗洪抢险活动。经过8天8夜的奋战，确保了格尔木市人民的财产和生命安全，受到格尔木人民和政府的好评和赞扬。

(5) 2010年11月13日，副省长骆玉林在省交通厅厅长杨伯让等陪同下，到国道315线察德高速公路建设工地现场检查指导工作。

(6) 2011年3月21日，省交通厅厅长杨伯让一行，到国道315线察德高速公路建设工地现场检查指导工作。

### （三）科技创新

#### 1. 路基土方施工

针对察德公路土方量较大的实际，为确保土方施工质量、增强压实功效、减少路面施工后的工后沉降，在公路路基土方施工中，采取了一系列保证路基土方施工质量的措施。

(1) 根据路基土石方具体的施工内容、工程量大小、施工进度要求以及施工条件，对土方工程施工机械做出了合理配套组合模式和数量要求。施工单位在土方作业施工时，每个工作面必须具备"4 3 2 1"的机械配套组合和数量（即4台20t以上的压路机，3台20t以上的洒水车，2台140型以上的推土机，1台160型以上的平地机）。凡达不到上述机械条件的土方工作面不能开工，监理工程师不签发分项工程开工令，并且严禁夜间施工。

(2) 针对路基完成后紧接着路面施工的实际，为尽量减少工后沉降，土方施工时严格按照20cm的松铺厚度进行填筑，并双侧挂线施工。

#### 2. 混凝土养生

混凝土养生采用节水保湿养护膜。混凝土节水保湿养护膜，是以新型可控高分子材料为核心，以塑料薄膜为载体，黏附复合而成。高分子材料可吸收自身重量200倍的水分，吸水膨胀后变成透明的晶状体，把液体水变为固态水，然后通过毛细管作用，源源不断地向养护面渗透；同时，又不断吸收养护体在混凝土水化热过程中的蒸发水。因此，在一个养生期内，养护膜能保证养护体面保持湿润，相对湿度大于或等于90%。混凝土浇筑完成拆模后，将养护膜粘贴在混凝土的养护面后，就能确保养护面的湿润。在节约了人力、物力、洒水车的同时，更能保证混凝土的强度形成。但在粘贴后，要保证不让风刮开或不使节水保湿养护膜与混凝土养护面分离。

#### 3. 桥梁预制厂

预制场采用标准化规范建设。预制场首次采用蒸汽养生技术，加速了混凝土早期强度的形成，加快了工程进度，提高了桥涵混凝土施工的质量。

### （四）运营养护管理

#### 1. 服务区设置

全线设置乌兰服务区1处，见表10-4-10。

### G0612察汉诺至德令哈段服务场区一览表

表10-4-10

| 高速公路编码 | 服务区名称 | 桩号 | 所在区域 | 占地(m²) | 建筑面积(m²) |
|---|---|---|---|---|---|
| G315 | 乌兰服务区 | K76 | 海西州乌兰县 | 399039.42 | 4074.86 |

2. 养护管理

本项目由青海省高等级公路建设管理局负责管理及养护，具体委托青海省海西公路总段进行养护。

3. 收费设施

根据2011年10月20日《青海省人民政府关于同意设立察汗诺至德令哈高速公路收费站的批复》（青政函〔2011〕87号文），同意在察德高速设置上尕巴匝道收费站（未开通）、德都路混合收费站、乌兰西混合收费站、茶卡主线收费站。截至2016年底，匝道出入口数量共计46条，其中ETC车道4条，见表10-4-11。

### G0612察汉诺至德令哈段收费设施一览表

表10-4-11

| 收费站名称 | 桩号 | 入口车道数 | | 出口车道数 | | 收费方式 |
|---|---|---|---|---|---|---|
| | | 总车道 | ETC车道 | 总车道 | ETC车道 | |
| 乌兰西主线收费站 | K384+431 | 6 | 1 | 6 | 1 | 开放式双向收费 |
| 乌兰西匝道收费站 | K385+158 | 4 | 0 | 4 | 0 | |
| 德都路主线站 | K461+132 | 6 | 1 | 6 | 1 | |
| 德都路匝道收费站 | K461+33 | 4 | 0 | 4 | 0 | |
| 茶卡收费站 | K330+727 | 3 | 0 | 3 | 0 | |

4. 监控设施

本项目设置乌兰监控分中心，负责全线的运营监控工作。

5. 交通流量

察汗诺至德令哈高速公路自2012年至2016年，各收费站日平均交通量总和从4971辆/日，增长至7323辆/日；其中茶卡收费站车流量最大，2016年达到2683辆/日，见表10-4-12。

### G0612察汉诺至德令哈段交通流量发展状况表（单位：辆/日）

表10-4-12

| 年份(年) | 察德高速路段日平均流量 | 乌兰西主线 | 乌兰西匝道 | 茶卡 | 德都路主线 | 德都路匝道 |
|---|---|---|---|---|---|---|
| 2012 | 4971 | 1120 | 302 | 1746 | 1541 | 262 |
| 2013 | 5197 | 1125 | 256 | 1637 | 1656 | 523 |
| 2014 | 6251 | 1312 | 290 | 2067 | 1960 | 622 |
| 2015 | 6599 | 1361 | 370 | 2299 | 2110 | 459 |
| 2016 | 7323 | 1526 | 393 | 2683 | 2253 | 468 |

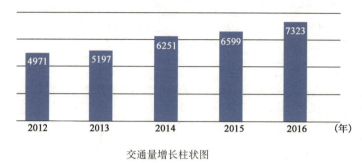

交通量增长柱状图

## 三、G0612 德令哈至大柴旦段（建设期：2007.9—2011.9）

### （一）项目概况

**1. 功能定位**

德令哈至大柴旦高速公路位于青海省海西蒙古族藏族自治州德令哈市、大柴旦行委境内，交通部在初步设计阶段批复的项目名称是"国道315线德令哈至大柴旦公路"。该公路是国家高速公路网中G0612西宁至和田公路的重要组成路段之一，也是连通德令哈市和格尔木市、甘肃西部地区的重要通道，同时又是新青川大通道的主要组成部分。它的建设，对完善国家公路网、加强青海与甘肃、新疆地区的经济联系，提升青海省西部地区路网水平，带动柴达木地区资源开发利用，改善沿线人民群众生产生活条件等，都具有十分重要的意义。

**2. 技术标准及建设规模**

采用双向4车道高速公路标准建设，设计速度80km/h，路基宽度24m。桥涵设计荷载采用汽车—超20级，挂车—120。地震基本烈度7度，设计洪水频率1/100。

一期工程全长226.967km，批准概算17.0319亿元，竣工决算投资13.1211亿元。路基土石方712.6万m³，防护工程10.8万m³，大桥254.1m/1座，中、小桥818m/33座，涵洞8425.23m/493道。

二期工程全长228.316km，批准概算15.9213亿元，竣工决算投资15.0899亿元。路基土石方602.9m³，防护工程9.8万m³，大桥286m/2座，中桥255m/6座，小桥120m/20座，涵洞工程7810.53m/491道；收费站2处，综合服务区1处，房建工程总建筑面积24243.87m²。

**3. 地形地貌及主要控制点**

项目区域位于柴达木盆地东缘，北邻南祁连山系过渡地带，呈现山丘与盆地相间的地貌景观。

主要控制点有：德令哈农场、可鲁克湖、怀头塔拉镇、大煤沟、饮马峡火车站路口、波门河、大头羊煤矿岔口。

4. 开工及通车时间

一期工程 2007 年 9 月开工，2009 年 9 月试通车。二期工程 2009 年 10 月开工，2012 年 1 月试通车。2015 年 10 月，完成竣工验收。

G0612 德令哈至大柴旦段桥梁汇总见表 10-4-13，路面结构见表 10-4-14。

G0612 德令哈至大柴旦段桥梁汇总表　　　　表 10-4-13

| 规模 | 序号 | 名　　称 | 桥长左（m） | 桥长右（m） | 主跨长度（m） | 结构类型 | 跨越障碍物 |
|---|---|---|---|---|---|---|---|
| 大桥 | 1 | AK0+373.805 大桥 | 126.1 | 126.1 | 20 | 钢筋混凝土连续梁桥 | 道路 |
| 大桥 | 2 | K111+417.9（右）大桥 |  | 159.981 | 20 | 钢筋混凝土连续梁桥 | 道路 |
| 中桥 | 1 | K1+934 大桥 | 20 | 20 | 20 | 钢筋混凝土连续梁桥 | 河流 |
| 中桥 | 2 | K2+810 大桥 | 25.04 | 25.04 | 20 | 钢筋混凝土连续梁桥 | 河流 |
| 中桥 | 3 | K1+393 大桥 | 20.04 | 20.04 | 20 | 钢筋混凝土连续梁桥 | 河流 |
| 中桥 | 4 | K0+760 大桥 | 52.54 | 52.54 | 16 | 钢筋混凝土连续梁桥 | 河流 |
| 中桥 | 5 | K112+740 大桥 | 52.54 | 52.54 | 16 | 钢筋混凝土连续梁桥 | 河流 |
| 中桥 | 6 | K111+417.9（左）大桥 | 85.04 |  | 20 | 钢筋混凝土连续梁桥 | 道路 |

G0612 德令哈至大柴旦段路面结构表　　　　表 10-4-14

| 路面形式 | 起讫里程 | 长度（m） | 路面结构 |
|---|---|---|---|
| 柔性路面 | K0+000~K208+100.517（一期） | 226967 | 4cm AC-16 型沥青混凝土 +5cm AC-20 型沥青混凝土 |
|  | GK0+000~ZK48+650（二期） | 228316 | 4cm AC-16 型沥青混凝土 +5cm AC-20 型沥青混凝土 |

5. 项目建设背景及前期决策情况

德令哈至大柴旦（小柴旦湖）高速公路沿线，是青海省矿产资源丰富、产业经济较发达的区域。为缓解该路段日益增长的交通压力，改善青海投资环境和对外形象，打通青海通往新疆的快速通道，根据中共青海省委、省人民政府部署，青海省交通厅于 2006 年 4 月，启动了国道 315 线高速公路（青海段）建设前期工作，并下达了项目预可行性研究任务。

2007 年 4 月，青海省发展和改革委员会以《关于国道德令哈至大柴旦（盐湖北）公路可行性研究报告的批复》（青发改交通〔2007〕48 号），对一期工程进行立项。

2009 年 7 月，青海省交通厅组织召开国道 315 线德令哈至大柴旦（盐湖北）公路修改为高速公路二期工程主要方案汇报会议。

2009 年 7 月，青海省发展和改革委员会以《德令哈至小柴旦湖段公路可行性研究报告的批复》（青发改交通〔2009〕587 号），批准二期工程进行立项。

德大高速公路

6. 参建单位主要情况

（1）建设单位

青海省公路建设管理局

（2）设计单位

青海省公路科研勘测设计院

（3）招投标工作

依据相关招标投标法规及管理制度，德令哈至大柴旦公路路基工程、路面工程、交通及房建工程的施工、监理招标工作，由青海省公路建设管理局委托青海路达交通建设招标代理中心，进行了公开招标。招标公告均在国家规定有关媒体上公开发布。

一期工程土建工程施工及监理于2007年8月29日开标。

二期工程土建工程施工及监理于2009年9月19日、2010年8月1开标，交通工程施工及监理于2011年8月24日开标，房建工程施工及监理于2010年10月2日开标。

（4）施工单位

通过招投标，一期工程由青海省路桥建设股份有限公司、中铁二十局集团第四工程公司等13家施工单位参与建设，其中路基工程5家，路基、路面工程7家，交通工程1家。

二期工程由青海正平路桥工程集团有限公司、中铁十四局集团有限公司等9家施工单位参与建设，其中路基、路面工程4家，房建工程4家，交通工程3家。

（5）监理单位

一期工程由西安方舟工程监理公司、青海省交通工程监理有限公司等3家监理单位参与建设，设路基、路面工程监理办公室2个、交通工程监理办公室1个。

二期工程由山西晋达交通建设工程监理有限公司、河北华达公路工程咨询监理有限公司等4家监理单位参与建设，设路基、路面工程监理办公室2个、房建工程监理办公室2个。

G0612 德令哈至大柴旦段参建单位见表 10-4-15。

**G0612 德令哈至大柴旦段参建单位表**　　　　表 10-4-15

| 序号 | 参建单位 | 单位名称 | 合同段编号及起止桩号 | 工程内容 | 主要负责人 |
|---|---|---|---|---|---|
| 1 | 项目管理单位 | 青海省公路建设管理局 | | | 冯文阁 |
| 1 | 勘察设计单位 | 青海省公路科研勘测设计院 | K0+000~K208+100 | | 苗广营 |
| 1 | 一期施工单位 | 青海省路桥建设股份有限公司 | A 标段德令哈城市 10 条支线 | 18.15km 路基路面工程 | 武永春 |
| 2 | | 青海省路桥机械工程有限公司 | B1 标段 K0+000~K6+016.5（路基） | 6km 路基工程 | 贺洪泉 |
| 3 | | 中铁二十局集团第四工程公司 | B 标段 K6+016.5~K40+000（路基、收费站）K0+000~K40+000（路面） | 34km 路基、40km 路面程 | 刘智杰 |
| 4 | | 青海第六路桥建设有限公司 | C1 标段 K40+000~K59+700（路基） | 19.7km 路基 | 陈生元 |
| 5 | | 青海省湟源公路工程建设公司 | C 标段 K59+700~K80+000（路基）K40+000~K80+000（路面） | 19.7km 路基、40km 路面 | 马银祥 |
| 6 | | 甘肃路桥建设集团有限公司 | D 标段 K80+000~K99+000（路基）K80+000~K118+000（路面） | 19km 路基工程、38km 路面工程 | 张明之 |
| 7 | | 青海第一路桥建设有限公司 | D1 标段 K99+000~K109+000（路基） | 10km 路基工程 | 马鹏飞 |
| 8 | | 青海省果洛公路工程建设公司 | D2 标段 K109+000~K118+000（路基） | 9km 路基路面工程 | 楚海涛 |
| 9 | | 青海省海西公路桥梁工程公司 | E 标段 K118+000~K137+000（路基）K118+000~K155+700（路面） | 9km 路基工程、38.49km 路面工程 | 朱顺元 |
| 10 | | 安通建设有限公司 | E1 标段 K137+000~K155+700（路基） | 19.49km 路基路面工程 | 张玉峰 |
| 11 | | 西宁市政建设集团有限公司 | F 标段 K156+900~K181+000（路基路面） | 21.4km 路基路面工程 | 王建军 |
| 12 | | 宁夏路桥工程股份有限公司 | G 标段 K181+000~K208+100（路基路面） | 27.1km 路基路面工程 | 刘振峰 |
| 13 | | 陕西高速诚信交通工程有限公司 | 交 A 标段 K0+000~K208+100（隔离栅） | 43969m 隔离栅 | 张毅 |

## 青　海
高速公路建设实录

续上表

| 序号 | 参建单位 | 单位名称 | 合同段编号及起止桩号 | 工程内容 | 主要负责人 |
|---|---|---|---|---|---|
| 1 | 二期施工单位 | 青海正平路桥工程集团有限公司 | A标GK0+000~GK65+065（路基路面） | 65.065km路基路面工程 | 史贵章 |
| 2 | | 中铁十四局集团有限公司 | B标GK70+000~GK135+100（路基路面） | 65km路基路面工程 | 张东令 |
| 3 | | 青海省果洛公路工程建设公司 | C标GK135+100~ZK184+018.304（路基路面） | 48.918km路基路面工程 | 王明军 |
| 4 | | 青海省第三路桥公司 | 绿大A标ZK0+000~ZK49+000（路基路面） | 48.454km路基路面工程 | 李刚 |
| 5 | | 科达集团股份有限公司 | 交A标GK0+000~ZK49+000（标志标线） | 232.2km标志标线工程 | 张远志 |
| 6 | | 河北龙威交通工程有限公司 | 交B标GK0+000~ZK49+000（隔离防护） | 232.2K防护工程 | 韩高鹏 |
| 7 | | 北京路安交通科技发展有限公司 | 交C标GK0+000~ZK49+000（通行管道） | 232.2km通信管道工程 | 范俊松 |
| 8 | | 青海集协建筑工程有限公司 | K589+200 | 德令哈西收费站及综合服务区 | 熊国庆 |
| 9 | | 青海工达建筑总承包工程有限公司 | K6+700 | 饮马峡收费站及综合服务区 | 李白 |
| 1 | 一期监理单位 | 西安方舟工程咨询有限责任公司 | Ⅰ标K0+000~K80+000 | 路基路面 | 金刚 |
| 2 | | 青海省交通工程监理有限公司 | Ⅱ标K80+000~K208+100 | 路基路面 | 李福山 |
| 3 | | 北京中咨路捷工程咨询有限公司 | 交通Ⅰ标K0+000~K208+100 | 交通工程 | 李旭辉 |
| 1 | 二期监理单位 | 山西晋达交通建设工程监理有限公司 | GK0+000~ZK+065（路基路面） | 路基路面 | 李超 |
| 2 | | 河北华达公路工程咨询监理有限公司 | GK0+000~ZK+065（交通工程） | 交通工程 | 安郁田 |
| 3 | | 陕西众成建设管理咨询服务有限公司 | 德令哈西、饮马峡收费站收费站房建及综合服务区 | 房建 | 郑南平 |
| 4 | | 北京路恒远交通工程技术开发有限公司 | 德令哈西和饮马峡收费站收费大棚、收费广场、机电工程 | 房建 | 李旭辉 |

## (二)建设情况

1. 项目审批

该项目严格执行了交通基本建设程序,各个环节手续齐全。具体如下:

一期工程:

2007年1月,青海省公路科研勘测设计院完成初步设计。

2007年7月,青海省交通厅以青交公〔2007〕388号文批复《关于G315线德令哈至大柴旦(盐湖北)公路一阶段施工图设计》。

2007年11月,青海省国土资源厅以《青海省国土资源厅关于G315德令哈至大柴旦段公路建设用地预审的复函》(青国土资预审〔2007〕32号),对一期工程用地予以批复。

2009年8月,青海省环境保护厅以青环发〔2009〕274号文批复《关于国道315线德令哈至大柴旦(小柴旦湖)段公路工程环境影响报告书》。

二期工程:

2009年7月,青海省交通厅以青交公〔2010〕381号文批复《关于G315线德令哈至小柴旦湖公路二期一阶段施工图设计》。

2010年7月,青海省国土资源厅以青政土函〔2010〕89号文对《G315德令哈至小柴旦湖公路建设用地预审》,进行了批复。

2. 资金筹措

一期项目:概算总投资17.5亿元,其中:国家专项基金安排5.25亿元,其余为银行贷款。竣工决算为17.03亿元。

二期项目:概算总投资17.92亿元,其中:国家专项基金安排5.25亿元,其余为银行贷款。竣工决算为17.08亿元。

3. 征地拆迁

本项目沿线经海西州德令哈市、大柴旦行委。

征迁工作主要内容包括:签订协议、界定征地界限、办理永久性占地报批手续;永久占地界内房屋等各种构造物的搬迁,附着物的拆除;各种管线的迁移、改建;临时及借土占地的征用等。

遵循的政策法规主要有:青海省国土资源厅《关于察汗诺至德令哈、当金山至大柴旦等四条公路建设项目征地补偿有关事项的通知》(青国土资土〔2009〕71号)。

主要做法:

一期工程:2007年10月,德令哈市国土资源局及大柴旦国土资源局会同建设单位,共同组成征地拆迁工作班子,分成两个大组深入现场进行土地和房屋的丈量工作。共占用土地11152.8亩。拆迁电力线140处、通信线21处。支付补偿费用2257.1478万元。

二期工程:2009年7月,征地拆迁人员深入现场进行土地和房屋的丈量工作。共占用土地5329.99亩,其中耕地580.7895亩、建设用地766.245亩、未利用地3982.962亩。拆迁电力线160处、通信线30处。支付补偿费用1721.800万元。2010年7月,圆满完成了征地拆迁工作,为施工提供了良好的外部环境。

4. 实施过程

德大公路实施过程中,严格实行合同管理,明确各项工程和材料的质量标准和合同双方的质量责任。结合工程建设的重点与难点,制定针对性的管理措施,管理规范、措施得当、协调有力。同时,加强设计、监理、施工等参建单位工作的沟通与协调,营造良好的建设环境,使各项工作始终处于受控状态,较好的控制了施工质量和安全。

一期工程:

(1)主线工程于2007年9月5日开工,2009年9月30日完工。

(2)交通安全设施工程于2011年4月1日开工,2012年5月1日完工。

(3)2009年12月19日至30日,青海省公路建设管理局组织相关单位,完成了一期公路的交工验收。

(4)2015年10月29日至30日,由青海省交通厅牵头,组织相关单位对一期公路进行了竣工验收。工程质量评分为85.95分,等级为合格。

二期工程:

(1)主线工程于2009年10月3日开工,2010年10月30日完工。2012年1月,青海省公路建设管理局组织相关单位,完成了二期公路主线交工验收。

(2)交通安全设施工程于2011年9月20日开工,2012年7月15日完工。2012年11月完成了交工验收。

(3)收费站及综合服务区2011年3月开工建设,2012年7月完工。2012年7月完成交工验收。

(4)2015年10月29日至30日,由青海省交通厅牵头,组织相关单位对二期公路进行了竣工验收。工程质量评分为86.49分,等级为合格。

5. 重大变更

根据青海省交通厅《关于对G315线德令哈至大柴旦(盐湖北)公路路面水稳基层料级配问题请示的批复》(青交公〔2009〕119号),德大公路水泥稳定砂砾基层级配按《公路路面基层施工技术规范》(JTJ034—2000)控制实施,需掺配15%~20%的碎石,改善料场原水稳砂砾级配使之符合该规范要求;共掺碎石134650$m^3$。

6. 重大事件

一期工程：

(1) 2008年6月25日，省交通厅厅长杨伯让，对G315线德大公路进行现场调研。

(2) 2009年5月27日，省交通厅厅长杨伯让到G315线德大公路检查指导工作。

(3) 2008年4月22日下午，省委副书记、省长宋秀岩，在副省长高云龙，省政协副主席、海西州州委书记罗朝阳等陪同下，到国道315线德令哈至大柴旦公路建设工地视察工作。

二期工程：

(1) 2009年9月29日，G315线德令哈至小柴旦湖段高速公路二期开工建设。

(2) 2010年6月5日下午，省委书记强卫，在海西州州委书记罗朝阳、省交通厅副厅长王廷栋等陪同下，到国道315线德令哈至小柴旦湖段高速公路建设工地视察工作。

(3) 2010年11月15日，副省长骆玉林，在省交通厅厅长杨伯让等陪同下，到国道315线德令哈至小柴旦湖段高速公路建设工地现场调研。

(4) 2010年7月，由于持续降雨，使格尔木市"温泉水库"发生险情，严重影响和威胁格尔木市人民的生命和财产安全。青海省交通厅接到省人民政府的救援通知后，委派青海省公路建设管理局组织德大项目办，于2010年7月9日凌晨组织机械10台、25t翻斗自卸车辆52辆、技术工人150人，奔赴格尔木市"温泉水库"参加抗洪抢险活动。经过8天8夜的奋战，确保了格尔木市人民的财产和生命安全，受到格尔木人民和政府的好评和赞扬。

(5) 2011年3月24日，省交通厅厅长杨伯让一行，到国道315线德令哈至小柴旦湖段高速公路建设工地检查指导工作

(6) 2011年9月，G315线德令哈至小柴旦湖段公路工程实现全线贯通。

(7) 2012年1月13日，德大公路A、B、C标段进行了交工验收，并交由青海省高等级公路建设管理局接养。

(三) 科技创新

德令哈至大柴旦(小柴旦湖)高速公路建设中，在吸取新疆、西藏等省(区)经验的基础上，采用了新材料、新技术、新工艺、新设备，同时开展了多项科研工作。

1. 盐渍土路段施工

本项目的特殊岩土类型为盐渍土。对中盐渍土~强盐渍土，为防止其以后盐分上渗及产生盐胀、冻胀及沉陷等病害，采用隔水型土工布(二布一膜)设置隔断层，以阻止土基中的水分盐分上渗，确保路基的稳定。

2. 滴管养生

因海西柴达木地区风沙大、天气炎热、多风，对桥涵及浆砌工程的养生影响大。浆砌工程和桥涵混凝土养生，采用两层覆盖滴管养生的方法；第一层采用土工布养生，第二层

采用塑料覆盖养生;同时,根据浆砌构造物及桥涵构造物的多少,配备1~3台20t水车,专门供养生洒水,并采用PVC管滴水养生工艺,根据需要随时补水;确保了结构物养生到位,保证了工程质量。

盐渍土路段隔水土工布施工

3. 优化沥青路面结构配比

该路段位于高海拔的半沙漠地区及青海省西部矿业主产区,由于该地区夏季干旱高温和冬季严寒交替循环作用及矿业区道路运输繁忙,发现部分旧路面推移、车辙严重,使路面产生变形,危及行车安全。针对该地区的病害,省公路建设管理局与江苏交科院合作,从原材料的质量、矿料级配、沥青品种、目标配合比、生产配合比、生产配合比验证、试验路段等入手,严格控制"材料、工序、过程、铺筑路面"的质量。优化沥青路面配合比结构,铺筑了德令哈至小柴旦湖(绿草山至大柴旦)的公路,效果明显。该项目路面结构优化方案,获青海省科技厅颁发的"青海省科学技术成果进步奖"。

(四)运营养护管理

1. 服务区设置

本项目设置怀头他拉服务区,于2014年7月正式投入运营,见表10-4-16。

**G0612德令哈至大柴旦段服务场区一览表**  表10-4-16

| 高速公路编码 | 服务区名称 | 桩　　号 | 所在区域 | 占地(m²) | 建筑面积(m²) |
|---|---|---|---|---|---|
| G0612 | 怀头他拉服务区 | K243 | 海西州怀头他拉镇 | 31625.49 | 4850.2 |

2. 养护管理

德令哈至大柴旦(小柴旦湖)高速公路由青海省公路局下属海西公路总段负责养护。

3. 收费设施

根据2009年10月9日《青海省人民政府关于同意设立国道315线德令哈至小柴旦

湖段公路收费站的批复》(青政函〔2009〕77号),本项目共设置收费站3座;其中在德令哈西设置主线收费站1座,在饮马峡设置主线和匝道收费站各1座。截至2016年底,匝道出入口数量共计24条,其中ETC车道4条,见表10-4-17。

G0612德令哈至大柴旦段收费设施一览表　　　表10-4-17

| 收费站名称 | 桩　号 | 入口车道数 | | 出口车道数 | | 收 费 方 式 |
|---|---|---|---|---|---|---|
| | | 总车道 | ETC车道 | 总车道 | ETC车道 | |
| 德令哈西收费站 | K558+479 | 4 | 1 | 4 | 1 | 开放式双向收费 |
| 饮马峡匝道收费站 | K643+578 | 4 | 0 | 4 | 0 | |
| 饮马峡主线收费站 | K648+653 | 4 | 1 | 4 | 1 | |

4.监控设施

本项目运营监控工作,由青海省高等级公路建设管理局海西管理分局乌兰监控分中心负责。

5.交通流量

德令哈至大柴旦(小柴旦湖)高速公路自2010年至2014年,各收费站日平均交通量总和从2289辆/日,增长至3659辆/日,见表10-4-18。

G0612德令哈至大柴旦段交通流量发展状况表(单位:辆/日)　　　表10-4-18

| 年份(年) | 德小高速路段日平均流量 | 德令哈西 | 饮马峡 |
|---|---|---|---|
| 2010 | 2289 | 1180 | 1109 |
| 2011 | 2464 | 1313 | 1151 |
| 2012 | 2538 | 1265 | 1273 |
| 2013 | 2792 | 1314 | 1478 |
| 2014 | 3269 | 1502 | 1767 |
| 2015 | 3368 | 1580 | 1788 |
| 2016 | 3659 | 1752 | 1907 |

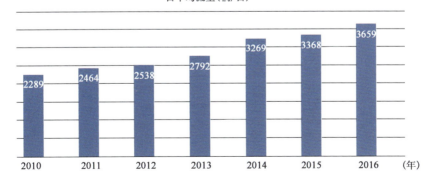

交通量增长柱状图

## 第五节　G0613（西丽高速公路）青海段

G0613（西丽高速公路）西宁至丽江高速公路是国家高速公路网 G6 京藏高速的重要联络线，在规划中属远期展望线。其中青海境内路段，是国家深入实施西部大开发战略重点公路规划方案"八纵八横"中"纵七"西宁—大理公路中的组成部分，起自西宁朝阳立交，途经湟源、共和、玛多、清水河、称多、玉树、囊谦等地，终于多普玛（青藏界），规划里程 1039km。该公路北连西宁，中贯青海省海南、果洛、玉树 3 个藏族自治州，南通西藏自治区昌都，是青海省沟通西藏东部、云南藏区等地的运输大通道。

G0613（西丽高速公路）青海段（西宁—多普玛）由 3 段组成。分别是：①西宁至共和段，与 G6 共线。②共和至玉树段，按照一期和改扩建工程分别实施，一期工程 2011 年 5 月开工，2014 年 12 月基本建成。二期改扩建工程 2013 年 9 月开工建设，全长 634.06km，双向四车道，设计车速全线采用 80km/h，局部困难路段采用 60km/h。③玉树至多普玛段，目前尚未实施。

上述通车路段由青海省高等级公路建设管理局负责运营管理，具体养护工作由青海省公路局下属湟源、玉树公路总段负责。

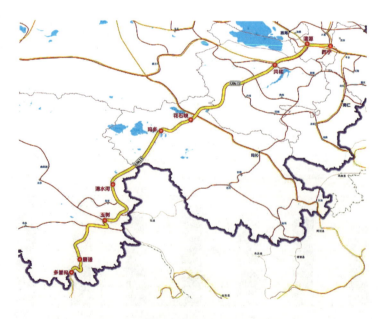

G0613（西丽高速公路）青海段路网位置示意图

## G0613 共和至玉树段(建设期 2011.5—2017.7)

### (一)项目情况

**1. 功能定位**

共和至玉树高速公路位于青海省海南藏族自治州共和县、兴海县、果洛藏族自治州玛多县和玉树藏族自治州称多县、玉树市境内,是国家高速公路网中 G0613 西宁至丽江公路的重要路段之一,也是连接新疆、青海、西藏、云南 4 省(区)最便捷的跨省通道之一,并在玉树地震灾后恢复重建中发挥着"生命线"的作用。该公路是我国在青藏高原多年冻土地区修建的首条高速公路,它的建设,对于提高青海公路网交通整体水平、推进玉树地震灾后恢复重建总体规划的实施、保护"三江源"地区生态环境、巩固国防、维护民族团结和社会稳定、促进区域旅游事业发展等,具有十分重要的意义。

**2. 技术标准及建设规模**

采用双向四车道高速(化)公路标准建设,设计速度全线采用 80km/h,局部地形困难路段采用 60km/h。路基宽度 21.5/24.5m,桥梁设计地震烈度为 7 度,设计洪水频率为路基 1/100,特大桥 1/300,大中小桥 1/100。圆曲线最小半径采用 250m 和 125m,最大纵坡采用 5% 和 6%。

本项目分一期和二期两个阶段进行建设。一期建设里程长 635.61km,二期建设里程长 637.636km。一期工程是在原有 G0613 线附近,平行新建一幅分离式公路(局部采用整体式);一期工程完成后实施二期工程,即对现有 G0613 线二级公路进行升级改造为另一幅,与一期共同组成高速化公路,实现玉树州通高速化公路目标。

项目一期概算投资 115.07 亿元,二期概算投资 155.1432 亿元。

一期工程全线除桥、隧路段外,处治多年冻土路段长 191.927km,设特大桥 1187m/1 座、大桥 16552.43m/52 座、中桥 3301.108m/52 座、小桥 1299.387m/55 座、隧道 16892m/5 座、互通式立体交叉 2 处、分离式立交 8 处、通道 203 处、涵洞 946 道、平面交叉 5 处、管线交叉 11 处。

二期工程路基分为整体式和分离式;其中,宽 12.0m 分离式路基 59.635km,10.0m 分离式路基 433.305km;宽 21.5m 整体式路基 116.958km,24.5m 整体式路基 25.193km。全线除桥、隧路段外,处治多年冻土路段长 223.627km;全线设特大桥 2295.12m/2 座、大桥 18337.09m/64 座、中桥 4029.67m/61 座、小桥 1377.82m/62 座、涵洞 1070 道、隧道 17290m/6 座、互通式立交 8 处、分离式立交 4 处、通道 251 处、平面交叉 87 处、管线交叉 31 处。全线新建养护工区 7 处、收费站 12 处、服务区 8 处、机械设备储备库 1 处、公路段管理用房 1 处,改扩建养护工区 6 处。

3. 地形地貌及主要控制点

项目地处青藏高原腹地,平均海拔4100m以上,地质地形条件复杂。全线穿越冻土区,其中穿越多年冻土区路线长度227km,占线路总长的35.8%。

主要控制点:共和县城、河卡镇、河卡山隧道、黄清沟、青根河、鄂拉山隧道、温泉、姜路岭隧道、花石峡镇、长石头山、黄河沿、野牛沟、查拉坪、巴颜喀拉山垭口、清水河镇、珍秦乡、雁口山隧道、歇武镇、结古镇(新寨)。

4. 开工及通车时间

项目一期2011年5月开工建设,2016年9月交工通车。

项目二期2013年9月开工建设,2017年7月交工通车。

G0613共和至玉树段桥梁汇总见表10-5-1,隧道汇总见表10-5-2,路面结构见表10-5-3。

G0613共和至玉树段桥梁汇总表  表10-5-1

| 规模 | 序号 | 名称 | 桥长左(m) | 桥长右(m) | 主跨长度(m) | 结构类型 | 跨越障碍物 |
|---|---|---|---|---|---|---|---|
| 特大桥 | 1 | K762+618歇武河特大桥(右幅) | | 1187 | 20 | 钢筋混凝土连续梁桥 | 河流 |
| 特大桥 | 2 | K575+166查拉坪特大桥 | 1108.12 | | 20 | 预应力简支空心板桥 | 冻土 |
| 大桥 | 1 | K762+208歇武特大桥1号桥(左幅) | 367 | | 20 | 钢筋混凝土连续梁桥 | 河流 |
| 大桥 | 2 | K762+688歇武特大桥2号桥(左幅) | 407 | | 20 | 钢筋混凝土连续梁桥 | 河流 |
| 大桥 | 3 | K763+158歇武特大桥3号桥(左幅) | 107 | | 20 | 钢筋混凝土连续梁桥 | 河流 |
| 大桥 | 4 | K147+945大沟1号大桥 | 207.84 | 207.84 | 20 | 钢筋混凝土连续梁桥 | 沟谷 |
| 大桥 | 5 | K149+970大沟2号大桥 | 167 | 167 | 20 | 钢筋混凝土连续梁桥 | 沟谷 |
| 大桥 | 6 | K155+741达连沟大桥 | 323.4 | 323.4 | 35 | 钢筋混凝土连续梁桥 | 沟谷(道路) |
| 大桥 | 7 | 黄清沟大桥 | 407.6 | 407.6 | 125 | 钢筋混凝土连续梁桥 | 河流(沟谷) |
| 大桥 | 8 | 青根河1号大桥 | 314 | 314 | 50 | 钢筋混凝土连续T梁桥 | 河流 |
| 大桥 | 9 | 青根河2号大桥 | 132.6 | 132.6 | 25 | 钢筋混凝土连续梁桥 | 沟谷 |
| 大桥 | 10 | 青根河3号大桥 | 249.8 | 249.8 | 30 | 钢筋混凝土连续梁桥 | 沟谷 |
| 大桥 | 11 | 青根河4号大桥 | 107 | | 20 | 钢筋混凝土连续梁桥 | 沟谷 |
| 大桥 | 12 | 青根河5号大桥 | 127 | | 20 | 钢筋混凝土连续梁桥 | 沟谷 |
| 大桥 | 13 | 在日大桥 | | 167 | 20 | 钢筋混凝土连续梁桥 | 河流 |
| 大桥 | 14 | 水塔拉1号大桥 | 207 | | 20 | 钢筋混凝土连续梁桥 | 河流 |
| 大桥 | 15 | 水塔拉2号大桥 | 327.08 | | 20 | 钢筋混凝土连续梁桥 | 河流 |
| 大桥 | 16 | 都沁大桥 | 126.92 | | 20 | 钢筋混凝土连续梁桥 | 河流 |

# 第十章 高速公路建设项目

续上表

| 规模 | 序号 | 名　　称 | 桥长左(m) | 桥长右(m) | 主跨长度(m) | 结　构　类　型 | 跨越障碍物 |
|---|---|---|---|---|---|---|---|
| 大桥 | 17 | 河卡山 1 号大桥 | 518.2 | 488.2 | 30 | 钢筋混凝土连续梁桥 | 沟谷(道路) |
| 大桥 | 18 | 河卡山 2 号大桥 | 687 | 540 | 20 | 钢筋混凝土连续梁桥 | 沟谷 |
| 大桥 | 19 | GK390+609.114 跨线桥 | 126.72 | | 20 | 钢筋混凝土连续梁桥 | 道路 |
| 大桥 | 20 | 塔吾让 | 307 | | 20 | 钢筋混凝土连续梁桥 | 河流 |
| 大桥 | 21 | 温泉 | 657.6 | | 25 | 钢筋混凝土连续梁桥 | 沟谷 |
| 大桥 | 22 | 虎达龙洼 | 227.08 | | 20 | 钢筋混凝土连续梁桥 | 河流 |
| 大桥 | 23 | 长水沟 1 号大桥 | 287.648 | | 20 | 钢筋混凝土连续梁桥 | 河流 |
| 大桥 | 24 | 长水沟 2 号大桥 | 128.11 | 128.11 | 20 | 钢筋混凝土连续梁桥 | 河流 |
| 大桥 | 25 | 长水沟 3 号大桥 | 146.92 | 146.92 | 20 | 钢筋混凝土连续梁桥 | 河流 |
| 大桥 | 26 | 当合 1 号大桥 | 228.02 | 228.02 | 20 | 钢筋混凝土连续梁桥 | 河流 |
| 大桥 | 27 | 当合 2 号大桥 | 330.86 | 310.86 | 20 | 钢筋混凝土连续梁桥 | 河流 |
| 大桥 | 28 | 当合 3 号大桥 | 226.84 | 226.84 | 20 | 钢筋混凝土连续梁桥 | 河流 |
| 大桥 | 29 | 当合 4 号大桥 | 206.84 | | 20 | 钢筋混凝土连续梁桥 | 沟谷 |
| 大桥 | 30 | 花石峡大桥 | 387 | 387 | 20 | 钢筋混凝土连续梁桥 | 河流 |
| 大桥 | 31 | 长石头山 1 号桥 | 487 | 487 | 20 | 钢筋混凝土连续梁桥 | 沟谷 |
| 大桥 | 32 | 长石头山 2 号桥 | 247 | 247 | 20 | 钢筋混凝土连续梁桥 | 沟谷 |
| 大桥 | 33 | 长石头山 3 号桥 | 227 | 227 | 20 | 钢筋混凝土连续梁桥 | 沟谷 |
| 大桥 | 34 | 玛多黄河桥 | 107 | | 20 | 钢筋混凝土连续梁桥 | 河流 |
| 大桥 | 35 | 尕尔滩大桥 | | 132.68 | 25 | 钢筋混凝土连续梁桥 | 沟谷 |
| 大桥 | 36 | 长石头山分离式立交桥 | 106.92 | | 20 | 钢筋混凝土连续梁桥 | 沟谷 |
| 大桥 | 37 | 跨线桥 | 114 | | 35 | 钢筋混凝土连续梁桥 | 道路 |
| 大桥 | 38 | A 匝道大桥 | 114 | | 35 | 钢筋混凝土连续梁桥 | 道路 |
| 大桥 | 39 | 玛多黄河大桥 | 106.92 | | 20 | 钢筋混凝土连续梁桥 | 河流 |
| 大桥 | 40 | K411+360 分离式立交 | 106.92 | | 20 | 钢筋混凝土简支梁桥 | 道路 |
| 大桥 | 41 | AK0+592 A 匝道道桥 | 114 | | 35 | 钢筋混凝土简支梁桥 | 道路 |
| 大桥 | 42 | GK469+610.5 玛多黄河大桥 | 106.92 | | 20 | 钢筋混凝土简支梁桥 | 河流 |
| 大桥 | 43 | GK464+277 跨线桥 | 112 | | 35 | 钢筋混凝土简支梁桥 | 道路 |
| 大桥 | 44 | K0+405 新寨连接巴塘河大桥 | 108.2 | | 20 | 钢筋混凝土连续梁桥 | 河流 |
| 大桥 | 45 | K509+718 吾儿美岗大桥 | 167 | | 20 | 钢筋混凝土连续梁桥 | 河流 |
| 大桥 | 46 | K517+545 大野马岭大桥 | 257.6 | 257.6 | 25 | 钢筋混凝土连续梁桥 | 沟谷 |
| 大桥 | 47 | K519+626 大野马滩大桥 | 507.4 | | 20 | 钢筋混凝土简支梁桥 | 河流 |
| 大桥 | 48 | K522+600 野马滩二号大桥 | 907.2 | | 20 | 钢筋混凝土简支梁桥 | 河流 |
| 大桥 | 49 | K575+320 查拉坪大桥 | 807.76 | | 20 | 钢筋混凝土简支梁桥 | 冻土 |
| 大桥 | 50 | K599+905 依协隆哇大桥 | 147 | 147 | 20 | 钢筋混凝土连续梁桥 | 河流 |

续上表

| 规模 | 序号 | 名 称 | 桥长左(m) | 桥长右(m) | 主跨长度(m) | 结 构 类 型 | 跨越障碍物 |
|---|---|---|---|---|---|---|---|
| 大桥 | 51 | K664+238 切扎大桥 | 107 | 107 | 20 | 钢筋混凝土连续梁桥 | 河流 |
| 大桥 | 52 | K689+147 扎曲1号大桥 | | 147 | 20 | 钢筋混凝土连续梁桥 | 河流 |
| 大桥 | 53 | K690+583.5 扎曲2号大桥 | | 127 | 20 | 钢筋混凝土连续梁桥 | 河流 |
| 大桥 | 54 | K751+485 雁口山大桥 | 367 | 367 | 20 | 钢筋混凝土简支梁桥 | 河流 |
| 大桥 | 55 | K768+291.55 歇武河1号大桥 | 266.45 | 323.88 | 20 | 钢筋混凝土连续梁桥 | 河流 |
| 大桥 | 56 | K773+865 歇武河2号大桥 | 147 | 167 | 20 | 钢筋混凝土连续梁桥 | 河流 |
| 大桥 | 57 | K777+270.73 歇武河3号大桥 | 388.78 | 387.31 | 20 | 钢筋混凝土连续梁桥 | 河流 |
| 大桥 | 58 | K777+790 歇武河4号大桥1号桥 | 347 | | 20 | 钢筋混凝土连续梁桥 | 河流 |
| 大桥 | 59 | K777+970 歇武河4号大桥 | | 827 | 20 | 钢筋混凝土连续梁桥 | 河流 |
| 大桥 | 60 | K778+230 歇武河4号大桥2号桥 | 307 | | 20 | 钢筋混凝土连续梁桥 | 河流 |
| 大桥 | 61 | K778+608 歇武河5号大桥 | 227 | 247 | 20 | 钢筋混凝土连续梁桥 | 河流 |
| 大桥 | 62 | K779+282 歇武河6号大桥 | 607 | 627 | 20 | 钢筋混凝土连续梁桥 | 河流 |
| 大桥 | 63 | K781+307.15 通天河大桥 | 831.3 | | 110 | 钢筋混凝土连续梁桥 | 河流 |
| 大桥 | 64 | K781+310 通天河大桥 | | 837 | 110 | 钢筋混凝土连续梁桥 | 河流 |
| 大桥 | 65 | K785+127 巴塘河1号大桥 | 249.87 | | 30 | 钢筋混凝土连续梁桥 | 河流 |
| 大桥 | 66 | YK785+140 巴塘河1号大桥 | | 220.78 | 30 | 钢筋混凝土连续梁桥 | 河流 |
| 大桥 | 67 | YK785+680 巴塘河2号大桥 | | 431.12 | 20 | 钢筋混凝土连续梁桥 | 河流 |
| 大桥 | 68 | YK786+612.36 巴塘河3号大桥 | | 207.72 | 20 | 钢筋混凝土连续梁桥 | 河流 |
| 大桥 | 69 | K787+097 巴塘河4号大桥 | 347 | | 20 | 钢筋混凝土连续梁桥 | 河流 |
| 大桥 | 70 | YK787+088 巴塘河4号大桥 | | 407 | 20 | 钢筋混凝土连续梁桥 | 河流 |
| 大桥 | 71 | K789+660 巴塘河5号大桥 | 327 | 307 | 20 | 钢筋混凝土连续梁桥 | 河流 |
| 大桥 | 72 | K794+544 巴塘河6号大桥 | 228.2 | 228.2 | 20 | 钢筋混凝土连续梁桥 | 河流 |
| 大桥 | 73 | YK786+065.03 前进村五社大桥 | | 147.06 | 20 | 钢筋混凝土连续梁桥 | 河流 |
| 大桥 | 74 | 歇武互通主线桥 | 147 | 147 | 20 | 钢筋混凝土连续梁桥 | 河流 |
| 中桥 | 1 | K146+515 大沟1号中桥 | 87 | 87 | 80 | 钢筋混凝土连续梁桥 | 沟谷 |
| 中桥 | 2 | 索揉曲中桥 | 67 | | 20 | 钢筋混凝土连续梁桥 | 沟谷 |
| 中桥 | 3 | 青根河立交 | 68.84 | | 20 | 钢筋混凝土连续梁桥 | 道路 |
| 中桥 | 4 | 勒木中桥 | 44.08 | 44.08 | 16 | 钢筋混凝土简支梁桥 | 河流 |
| 中桥 | 5 | 姜路岭中桥 | 68.2 | | 20 | 钢筋混凝土简支梁桥 | 河流 |
| 中桥 | 6 | 鄂拉山中桥 | 68.84 | 68.84 | 20 | 钢筋混凝土连续梁桥 | 河流 |
| 中桥 | 7 | 博荷沁中桥 | 88.2 | | 20 | 钢筋混凝土连续梁桥 | 河流 |
| 中桥 | 8 | 温泉互通式立交温泉中桥 | 67 | 67 | 20 | 钢筋混凝土连续梁桥 | 道路 |
| 中桥 | 9 | 温泉互通式立交A匝道1号桥 | 66.6 | | 20 | 钢筋混凝土简支梁桥 | 道路 |
| 中桥 | 10 | 温泉互通式立交A匝道2号桥 | 84 | | 30 | 钢筋混凝土简支梁桥 | 道路 |

续上表

| 规模 | 序号 | 名称 | 桥长左(m) | 桥长右(m) | 主跨长度(m) | 结构类型 | 跨越障碍物 |
|---|---|---|---|---|---|---|---|
| 中桥 | 11 | K657+053 陇达中桥 | 67 | | 20 | 钢筋混凝土连续梁桥 | 河流 |
| 中桥 | 12 | 花石峡分离式立交桥 | 54.28 | 54.28 | 16 | 钢筋混凝土简支梁桥 | 道路 |
| 中桥 | 13 | 卓儿啦尕玛中桥 | 54.28 | | 16 | 钢筋混凝土简支梁桥 | 河流 |
| 中桥 | 14 | K376+237.7 公桑贡玛中桥 | 54.28 | | 16 | 钢筋混凝土连续梁桥 | 河流 |
| 中桥 | 15 | GK407+105.153 跨线桥 | 70.28 | | 16 | 钢筋混凝土简支梁桥 | 道路 |
| 中桥 | 16 | AK0+577.280 匝道跨线桥 | 87 | | 20 | 钢筋混凝土连续梁桥 | 道路 |
| 中桥 | 17 | 姜路岭中桥右线 | | 68.2 | 20 | 钢筋混凝土简支梁桥 | 河流 |
| 中桥 | 18 | K433+442 | 38.28 | | 16 | 钢筋混凝土简支梁桥 | 河流 |
| 中桥 | 19 | 河卡 A 匝道桥 | 107.6 | | 25 | 钢筋混凝土简支梁桥 | 道路 |
| 中桥 | 20 | 兴海 A 匝道桥 | 113.4 | | 35 | 钢筋混凝土简支梁桥 | 道路 |
| 中桥 | 21 | 铁盖互通立交 AK0+307.782 跨线桥 | 87 | | 80 | 钢筋混凝土连续梁桥 | 沟谷 |
| 中桥 | 22 | K0+298.95 三贵路立交桥 | 87.12 | | 80 | 钢筋混凝土悬臂梁桥 | 河流 |
| 中桥 | 23 | 温泉中桥 | 67 | | 20 | 钢筋混凝土简支梁桥 | 道路 |
| 中桥 | 24 | 温泉 A 匝道 1 号桥 | 67 | | 20 | 钢筋混凝土连续梁桥 | 道路 |
| 中桥 | 25 | 温泉 A 匝道 2 号桥 | 84.2 | | 30 | 钢筋混凝土连续梁桥 | 道路 |
| 中桥 | 26 | 尕尕滩 1 号中桥 | | 87 | 20 | 钢筋混凝土连续梁桥 | 沟谷 |
| 中桥 | 27 | 尕尕滩 2 号中桥 | | 67 | 20 | 钢筋混凝土连续梁桥 | 沟谷 |
| 中桥 | 28 | 尕尕滩 3 号中桥 | | 67 | 20 | 钢筋混凝土连续梁桥 | 沟谷 |
| 中桥 | 29 | 尕尕滩 4 号中桥 | | 67 | 20 | 钢筋混凝土连续梁桥 | 沟谷 |
| 中桥 | 30 | 尕尕滩 5 号中桥 | | 67 | 20 | 钢筋混凝土连续梁桥 | 沟谷 |
| 中桥 | 31 | 尕尕滩 6 号中桥(右辐) | | 67 | 20 | 钢筋混凝土连续梁桥 | 沟谷 |
| 中桥 | 32 | K411+670 中桥 | 38.28 | | 16 | 钢筋混凝土简支梁桥 | 河流 |
| 中桥 | 33 | K433+533 中桥 | 38.28 | | 16 | 钢筋混凝土简支梁桥 | 河流 |
| 中桥 | 34 | K376+237.7 中桥 | 54.28 | | 48 | 钢筋混凝土简支梁桥 | 河流 |
| 中桥 | 35 | GK407+105.153 跨线桥 | 70.28 | | 64 | 钢筋混凝土简支梁桥 | 道路 |
| 中桥 | 36 | AK0+577.28 匝道跨线桥 | 87 | | 80 | 钢筋混凝土简支梁桥 | 道路 |
| 中桥 | 37 | 苦海滩中桥 | 67 | | 60 | 钢筋混凝土连续梁桥 | 河流 |
| 中桥 | 38 | 切纳个门儿中桥 | 67 | | 60 | 钢筋混凝土连续梁桥 | 河流 |
| 中桥 | 39 | AK0+499 中桥 | 46 | | 40 | 钢筋混凝土连续梁桥 | 道路 |
| 中桥 | 40 | K520+421 黑河中桥 | 66.92 | | 60 | 钢筋混凝土简支梁桥 | 河流 |
| 中桥 | 41 | K532+748 小野马岭中桥 | 44.68 | | 13 | 钢筋混凝土简支梁桥 | 沟谷 |
| 中桥 | 42 | K559+961 龙根雅贡玛中桥 | 44.68 | | 13 | 钢筋混凝土简支梁桥 | 河流 |
| 中桥 | 43 | K591+948 查涌中桥 | 87 | | 20 | 钢筋混凝土连续梁桥 | 河流 |

续上表

| 规模 | 序号 | 名称 | 桥长左(m) | 桥长右(m) | 主跨长度(m) | 结构类型 | 跨越障碍物 |
|---|---|---|---|---|---|---|---|
| 中桥 | 44 | K600+406 依协隆哇中桥 | 54.28 | | 16 | 钢筋混凝土简支梁桥 | 河流 |
| 中桥 | 45 | K606+370 查隆穷1号中桥 | 54.28 | | 16 | 钢筋混凝土简支梁桥 | 河流 |
| 中桥 | 46 | K609+602 查隆穷2号中桥 | 54.28 | | 16 | 钢筋混凝土简支梁桥 | 河流 |
| 中桥 | 47 | K657+053 陇达中桥 | 67 | | 60 | 钢筋混凝土连续梁桥 | 河流 |
| 中桥 | 48 | K666+025 清水河中桥 | 87.6 | 87.6 | 20 | 钢筋混凝土连续梁桥 | 河流 |
| 中桥 | 49 | K683+854 扎曲中桥 | | 67 | 20 | 钢筋混凝土连续梁桥 | 河流 |
| 中桥 | 50 | K685+086 巴隆可东中桥 | | 54.28 | 16 | 钢筋混凝土简支梁桥 | 河流 |
| 中桥 | 51 | K694+317 巴隆仁浓中桥 | | 54.28 | 16 | 钢筋混凝土简支梁桥 | 河流 |
| 中桥 | 52 | K697+251.0 巴隆通浓中桥 | | 54.28 | 16 | 钢筋混凝土简支梁桥 | 河流 |
| 中桥 | 53 | K704+250 列仁中桥 | | 54.28 | 16 | 钢筋混凝土简支梁桥 | 河流 |
| 中桥 | 54 | K718+005 珍秦中桥 | 67 | 67 | 20 | 钢筋混凝土连续梁桥 | 河流 |
| 中桥 | 55 | K723+970 莫阿涌中桥 | | 38.28 | 16 | 钢筋混凝土简支梁桥 | 河流 |
| 中桥 | 56 | K761+915 歇武镇中桥 | 88.2 | 88.2 | 20 | 钢筋混凝土连续梁桥 | 河流 |
| 中桥 | 57 | K769+122 歇武河1号中桥 | 54.28 | 54.28 | 16 | 钢筋混凝土简支梁桥 | 河流 |
| 中桥 | 58 | K769+312 歇武河2号中桥 | 54.28 | 54.28 | 16 | 钢筋混凝土简支梁桥 | 河流 |
| 中桥 | 59 | K769+682 歇武河3号中桥 | 54.28 | 54.28 | 16 | 钢筋混凝土简支梁桥 | 河流 |
| 中桥 | 60 | K770+028.5 歇武河4号中桥 | 54.28 | 54.28 | 16 | 钢筋混凝土简支梁桥 | 河流 |
| 中桥 | 61 | K770+499 歇武河5号中桥 | 54.28 | 54.28 | 16 | 钢筋混凝土简支梁桥 | 河流 |
| 中桥 | 62 | K770+938 歇武河6号中桥 | 54.28 | 54.28 | 16 | 钢筋混凝土简支梁桥 | 河流 |
| 中桥 | 63 | K772+458 歇武河7号中桥 | 70.28 | 70.28 | 16 | 钢筋混凝土简支梁桥 | 河流 |
| 中桥 | 64 | K773+573 歇武河8号中桥 | 54.28 | 54.28 | 16 | 钢筋混凝土简支梁桥 | 河流 |
| 中桥 | 65 | K774+055 当巴村中桥 | 67 | 87 | 20 | 钢筋混凝土连续梁桥 | 河流 |
| 中桥 | 66 | K774+326 歇武河9号中桥 | 54.28 | 54.28 | 16 | 钢筋混凝土简支梁桥 | 河流 |
| 中桥 | 67 | K779+745.4 歇武河10号 | 70.28 | 70.28 | 16 | 钢筋混凝土简支梁桥 | 河流 |
| 中桥 | 68 | K780+064.6 歇武河11号 | 54.3 | 54.3 | 16 | 钢筋混凝土简支梁桥 | 河流 |
| 中桥 | 69 | K780+462 歇武河12号中桥 | 86.28 | 86.28 | 16 | 钢筋混凝土简支梁桥 | 河流 |
| 中桥 | 70 | K795+180 巴塘河1号中桥 | 86.297 | 86.297 | 16 | 钢筋混凝土简支梁桥 | 河流 |
| 中桥 | 71 | 歇武互通A匝道2号中桥 | 102 | | 35 | 钢筋混凝土现浇箱梁 | 道路 |

**G0613 共和至玉树段隧道汇总表**　　　　表 10-5-2

| 规模 | 名称 | 隧道全长左(m) | 隧道全长右(m) | 隧道净宽(m) | 隧道分类 | 洞门形式 | | | |
|---|---|---|---|---|---|---|---|---|---|
| | | | | | | 左线 | | 右线 | |
| | | | | | | 进口 | 出口 | 进口 | 出口 |
| 特长隧道 | 鄂拉山隧道 | 4695 | 4635 | 11.10 | 石质山岭隧道 | 削竹式 | 削竹式 | 削竹式 | 削竹式 |
| | 雁口山隧道 | 4032 | 4000 | 10.25 | | 端墙式 | 削竹式 | 端墙式 | 削竹式 |
| | 通天河隧道 | 3032 | 3075 | 10.25 | | 削竹式 | 端墙式 | 削竹式 | 端墙式 |
| 长隧道 | 姜路岭隧道 | 2925 | 2860 | 11.10 | | 削竹式 | 削竹式 | 削竹式 | 削竹式 |
| | 河卡山隧道 | 2270 | | 10.25 | | 削竹式 | 削竹式 | | |

**G0613 共和至玉树段路面结构表**　　　　　　　　　　　　表 10-5-3

| 路面形式 | 路段 | 长度(m) | 水泥混凝土路面 | 沥 青 路 面 |
|---|---|---|---|---|
| 柔性路面 | 全线 | 1241722 | | 一般路段的路面结构为 4cm(AC-13)沥青混凝土上面层 +5cm(AC-16)沥青混凝土下面层 +1cm 沥青同步碎石下封层 +18cm 水泥稳定碎石上基层 +18cm 水泥稳定砂砾(掺 25% 碎石)下基层 +30(25、20)cm 级配砂砾垫层<br>较大纵坡段的路面结构为 5cm(AC-16C)沥青混凝土上面层 +6cm(AC-20C)沥青混凝土下面层 +1cm 沥青同步碎石下封层 +18cm 水泥稳定碎石上基层 +18cm 水泥稳定砂砾(掺 25% 碎石)下基层 +30(25、20)cm 级配砂砾垫层 |
| | 鄂拉山隧道 | 9330 | 普通混凝土路面 | |
| | 雁口山隧道 | 8032 | | |
| | 通天河隧道 | 6107 | | |
| | 姜路岭隧道 | 5785 | | |
| | 河卡山隧道 | 2270 | | |

5. 项目建设背景及前期决策情况

2010 年 4 月 14 日，玉树藏族自治州发生 7.1 级强烈地震后，国道 214 线共和至玉树段在抢险救灾和恢复重建中，发挥了"生命线"的关键作用。为进一步贯彻落实国务院批准的《玉树灾区恢复重建总体规划》，提高西宁至玉树公路建设等级和保障能力，为建设社会主义新玉树提供安全、便捷、畅通的交通保障，青海省交通厅按照中共中央、国务院、交通运输部部及中共青海省委、省人民政府的要求，加快启动共和至玉树高速化公路建设项目；同时，这也是贯彻落实国务院《关于支持青海等省藏区经济社会发展的若干意见》和中共中央、国务院召开的第五次西藏工作座谈会精神的实际行动。该项目被列为青海省重点工程。

2011 年 12 月 31 日，国家发改委下达《关于青海省共和至玉树(结古)公路可行性研究报告的批复》(发改基础[2011]3262 号)。

2013 年 7 月 9 日，青海省发改委下达《关于共和至玉树公路改扩建工程可行性研究报告的批复》(青发改基础[2013]984 号)，批准建设二期改扩建工程，建设规模为二级公路(高速化半幅)。

6. 参建单位主要情况

(1) 建设单位

青海省共和至玉树公路建设指挥部(2015 年合并为青海省地方铁路建设投资有限公司)。

(2) 设计单位

中交第一公路勘察设计研究院有限公司

共玉高速公路开工仪式

青海省公路科研勘测设计院

（3）招投标工作

2011年4月25日，共和至玉树（结古）工程（一期工程）主线土建工程施工、监理单位开标。

2013年8月15日，共和至玉树改扩建工程（二期工程）主线土建工程施工、监理单位开标。

2013年11月18日，共和至玉树（结古）中心试验室开标。

2013年12月9日，通天河隧道和河卡山隧道机电工程开标。

2014年4月1日，隔离栅工程施工、监理单位开标。

2014年9月19日，交通安全设施工程施工、监理单位开标。

2014年10月16日，雁口山隧道机电工程施工、监理单位开标。

2015年7月13日，共和至玉树改扩建工程（二期工程）房屋建筑工程施工、监理单位开标。

2016年5月30日，共和至玉树改扩建工程（二期工程）房屋建筑工程二次开标。

（4）施工单位

一期主线土建工程有17个施工单位。

二期主线土建工程15个施工单位，隧道机电工程施工单位5家，隔离栅工程施工单位2家，交通安全设施工程施工单位6家，房建施工单位25家。

（5）监理单位

本项目一期设置6个监理办公室，分别分段负责全线施工监理工作。

二期主线工程设置3个监理办公室，分别分段负责全线土建施工监理工作。另设4个隧道机电工程监理单位，7个房建工程监理单位。

G0613共和至玉树段参建单位见表10-5-4。

## 第十章 高速公路建设项目

**G0613 共和至玉树段参建单位表**

表 10-5-4

| 序号 | 参建单位 | 类型 | 参建单位名称 | 合同段编号 | 起 止 桩 号 | 主 要 内 容 | 主要负责人 | 备注 |
|---|---|---|---|---|---|---|---|---|
| 1 | 项目管理单位 | | 青海地方铁路建设投资有限公司 | | | | 纳启财 | |
| 1 | 勘察设计单位 | | 青海省公路科研勘测勘测设计院 | | 共和至黄河沿段 | 主线土建工程 | 刘渭宁 | |
| 2 | | | 中交第一公路勘察设计研究院有限公司 | | 玛多至玉树 | 主线土建工程 | 李飞 | |
| 3 | | | 中交第一公路勘察设计研究院有限公司 | | 共和至玉树全线病害整治工程勘察设计 | 负责本项目一阶段施工图勘察设计：查明路基、路面、防排水设施、桥涵构造物等病害原因，确定病害类型提出针对性的处治措施；编制环境保护设计专篇；对沿线历史遗留的取弃土料场、砂石料场、路基亏方研究报告；对沿线历史遗留的取弃土料场、砂石料场、路基亏坡进行全面整治，并进行种草、铺草皮等生态恢复设计；编制施工图预算 | 焦臣 | |
| 1 | 检测单位 | | 青海省育才公路工程检测试验中心 | SYJC-1 | 共和至黄河沿段 | 鉴定试验、标准试验、工艺试验、抽样试验、验收试验、验证施工单位自检的原材料，监理单位抽检的原材料及发包人随时抽检的原材料 | 贾富贵 | |
| 2 | | | 青海天智公路检测有限公司 | SYJC-2 | 玛多至玉树段 | 鉴定试验、标准试验、工艺试验、抽样试验、验收试验、验证施工单位自检的原材料，监理单位抽检的原材料及发包人随时抽检的原材料 | 陈善修 | |
| 1 | 施工单位 | 主线土建工程 | 青海路桥建设机械工程有限公司 | GYI-SGA1 | K145+113~K215+000 | 路基、防护、桥梁（下部）、涵洞、路面 | 张永厚 | 一期 |
| 2 | | | 中铁十六局集团有限公司 | GYI-SGA2 | K215+000~K241+691 | 路基、路面底基层、桥梁（下部）、涵洞、河卡山隧道左幅 | 王波 | 一期 |
| 3 | | | 青海正平路桥工程集团有限公司 | GYI-SGA3 | K237+000~K290+000 | 路基、防护、桥梁（下部）、涵洞、路面 | 张军 | 一期 |
| 4 | | | 陕西路桥集团有限公司 | GYI-SGA4 | K145+113~K470+241 | 桥梁（上部） | 赵真 | 一期 |

续上表

| 序号 | 参建单位 | | 参建单位名称 | 合同段编号 | 起止桩号 | 主要内容 | 主要负责人 | 备注 |
|---|---|---|---|---|---|---|---|---|
| | | 类型 | | | | | | |
| 5 | 施工单位 | 主线土建工程 | 中铁五局（集团）有限公司 | GYI-SGA5 | K290+000～K303+500 | 左幅鄂拉山隧道2560m,右幅鄂拉山隧道2585m及引道路基、防护、桥梁（下部）、涵洞、路面垫层 | 林治国 | 一期 |
| 6 | | | 中铁二十一局集团有限公司 | GYI-SGA6 | K303+500～K320+000 | 左幅鄂拉山隧道2135m,右幅鄂拉山隧道2050m及引道路基、防护、桥梁（下部）、涵洞、路面垫层 | 张靖雄 | 一期 |
| 7 | | | 中铁十一局集团第二工程有限公司 | GYI-SGA7 | K320+000～K335+576 | 左幅姜路岭隧道2925m,右幅姜路岭隧道2860m及引道路基、防护、桥梁（下部）、涵洞、路面垫层 | 李岳峰 | 一期 |
| 8 | | | 武通路桥工程局第一工程处 | GYI-SGA8 | K336+000～K405+111 | 路基、防护、桥梁（下部）、涵洞、路面 | 邱峰 | 一期 |
| 9 | | | 青海威远路桥有限责任公司 | GYI-SGA9 | K405+600～K470+241 | 路基、防护、桥梁（下部）、涵洞、路面 | 蔡相连 | 一期 |
| 10 | | | 青海省兴利公路桥梁工程有限公司 | GYI-SGB1 | K490+000～K550+000 | 路基、防护、桥梁（下部）、涵洞、路面 | 仁青才让 | 一期 |
| 11 | | | 青海第三路桥建设有限公司 | GYI-SGB2 | K550+000～K620+000 | 路基、防护、桥梁（下部）、涵洞、路面 | 石宝全 | 一期 |
| 12 | | | 四川欣通公路工程部 | GYI-SGB3 | K620+000～K660+000 | 路基、防护、桥梁、涵洞、路面 | 赵其永 | 一期 |
| 13 | | | 青海省海南天利路桥工程有限公司 | GYI-SGB4 | K660+000～K730+000 | 路基、防护、桥梁（下部）、涵洞、路面 | 马生龙 | 一期 |
| 14 | | | 中铁十二局集团有限公司 | GYI-SGB5 | K730+000～K748+000 | 左幅雁口山隧道1930m,右幅雁口山隧道1950m及引道路基、防护、桥梁（下部）、涵洞、路面垫层 | 吴智辉 | 一期 |
| 15 | | | 中铁十一局集团有限公司 | GYI-SGB6 | K748+000～K760+000 | 左幅雁口山隧道2042m,右幅雁口山隧道1990m及引道路基、防护、桥梁（下部）、涵洞、路面垫层 | 安伟 | 一期 |
| 16 | | | 中铁隧道局集团有限公司 | GYI-SGB7 | K760+000～K783+500 | 左幅通天河隧道1560m,右幅通天河隧道1560及引道路基、防护、桥梁（下部）、涵洞、路面垫层,珍秦至结古桥梁上部 | 彭宁民 | 一期 |

# 第十章
## 高速公路建设项目

续上表

| 序号 | 参建单位 | 类型 | 参建单位名称 | 合同段编号 | 起止桩号 | 主要内容 | 主要负责人 | 备注 |
|---|---|---|---|---|---|---|---|---|
| 17 | | 主线土建工程 | 四川武通路桥工程局 | GYI-SGB8 | K783+500~K795+900 | 左幅通天河隧道1472m,右幅通天河隧道1515m及引道路基(防护、桥梁(下部)、涵洞、路面垫层、移架至结古路面 | 曹文昊 | 一期 |
| 18 | | | 西藏云天工程建筑有限公司 | GYII-C1 | K145+800~K200+000 | 41.18km分离式路基、防护、桥梁(下部结构)、涵洞(通道)、路面及达连沟定向面道、铁盖互通式立交、G0613改移1.4km等 | 敬宗树 | 二期 |
| 19 | | | 中铁十集团第二工程有限公司 | GYII-C2 | K200+000~K241+700 | 25.61km分离式路基、防护、桥梁(下部结构)、涵洞(通道)、路面及河卡互通式立交、兴海岔口互通式立交、G0613改移9.15km等 | 杨武 | 二期 |
| 20 | | 施工单位 | 青海第二路桥建设有限公司 | GYII-C3 | K237+000~K277+000 | 34.4km分离式路基、防护、桥梁(下部结构)、涵洞(通道)、路面及G0613改移2.22km等 | 孟有恒 | 二期 |
| 21 | | | 青海金丰交通建设工程有限责任公司 | GYII-C4 | K277+000~K335+490 | 分离式路基、防护、桥梁(下部结构)、涵洞(通道)及G0613改移5.19km等 | 张军 | 二期 |
| 22 | | | 中铁十二局集团有限公司 | GYII-C5 | K336+000~K376+000 | 31.95km分离式路基、防护、桥梁(下部结构)、涵洞(通道)、路面及G0613改移2.33km等 | 陈泽富 | 二期 |
| 23 | | | 西南交通建设集团股份有限公司 | GYII-C6 | K376+000~K409+200 | 28.25km分离式路基、防护、桥梁(下部结构)、涵洞(通道)、路面及花石峡互通式立交、G0613改移2.53km等 | 李扞连 | 二期 |
| 24 | | | 江西中煤建设集团有限公司 | GYII-C7 | K409+200~K470+230 | 53.12km分离式路基、防护、桥梁(下部结构)、涵洞(通道)、路面及马多互通式立交、G0613改移12.3km等 | 俞宽坤 | 二期 |
| 25 | | | 中铁十五局集团有限公司 | GYII-C8 | K145+800~K470+230 | 桥梁上部(梁板预制、运输、安装和上部附属及桥面系全部工程) | 王崇讯 | 二期 |
| 26 | | | 中铁二十局集团第二工程有限公司 | GYII-D1 | K490+000~K535+000 | 33.05km分离式路基、防护、桥梁(下部结构)、涵洞(通道)及G0613改移5.09km等 | 李玉洁 | 二期 |
| 27 | | | 云南第三公路桥梁工程有限责任公司 | GYII-D2 | K535+000~K570+900 | 33.56km分离式路基、防护、桥梁(下部结构)、涵洞(通道)、路面工程等 | 肖遥 | 二期 |

499

续上表

| 序号 | 参建单位 | | 参建单位名称 | 合同段编号 | 起止桩号 | 主要内容 | 主要负责人 | 备注 |
|---|---|---|---|---|---|---|---|---|
| | | 类型 | | | | | | |
| 28 | 施工单位 | | 中铁七局集团第三工程有限公司 | GYII-D3 | K570+000~K610+000 | 35.61km 分离式路基、防护、桥梁（下部结构）、涵洞（通道）、路面及G0613改移2.09km等 | 李宁 | 二期 |
| 29 | | | 中铁十五局集团第二工程有限公司 | GYII-D4 | K610+000~K650+000 | 40.00km 分离式路基、防护、桥梁（下部结构）、涵洞（通道）、路面工程等 | 李军 | 二期 |
| 30 | | | 青海省海南天和路桥工程有限公司 | GYII-D5 | K650+000~K699+000 | 42.14km 分离式路基、防护、桥梁（下部结构）、涵洞（通道）、路面及清水河互通式立交等 | 王龙 | 二期 |
| 31 | | | 中交一公局第六工程有限公司 | GYII-D6 | K699+000~K795+900 | 35.55km 分离式路基、防护、桥梁（下部结构）、涵洞（通道）、路面及珍秦互通式立交、G0613改移8.49km等附属桥面系全部工程 | 蒋永能 | 二期 |
| 32 | | | 中铁十六局集团第一工程有限公司 | GYII-D7 | K490+000~K795+900 | 桥梁上部（梁板预制、运输、安装和上部附属桥面系全部工程） | 耿福志 | 二期 |
| 33 | | | 太原市锐光交通安全设施有限公司 | GYII-GLS2 | K490+000~K795+900 | 刺铁丝网隔栅（1×9 道）644506m，焊接片网隔离栅（75×150mm）8362m，钢筋混凝土立柱（10×10cm）219132根、钢管立柱（Φ48×3-2057）4190根 | 赵军军 | |
| 34 | | 隧道机电工程 | 科润智能科技股份有限公司 | GY1-SDJD1 | | 河卡山隧道监控、通风、消防、照明、供配电等相关工程 | 伍岗 | |
| 35 | | | 北京路安交通科技发展有限公司 | GY-SDJD2 | | 鄂拉山隧道隧道工程的监控、通风、照明、消防、供配电等工程及鄂拉山隧道变电所及水泵房工程 | 范俊松 | |
| 36 | | | 紫光捷通科技股份有限公司 | GY-SDJD3 | | 姜路岭隧道通风、照明、消防、监控、供配电等工程及鄂拉山隧道变电所及水泵房工程 | 李如彦 | |
| 37 | | | 四川京川公路工程（集团）有限公司 | GY-SDJD4 | | 雁口山隧道通风、照明、消防、监控、供配电及出入口变电所（配电房、水泵房、室外工程）等附属设施。 | 谢黎 | |
| 38 | | | 南京凌云科技发展有限公司 | GY1-SDJD5 | | 通天河隧道监控、通风、照明、消防、供配电等相关工程 | 孙银中 | |

# 第十章 高速公路建设项目

续上表

| 序号 | 参建单位 | 类型 | 参建单位名称 | 合同段编号 | 起止桩号 | 主要内容 | 主要负责人 | 备注 |
|---|---|---|---|---|---|---|---|---|
| 39 | 施工单位 | 交通安全设施工程 | 郑州市大道公路工程有限公司 | GYJA-SG1 | K145+113~K290+000 | 交通标志、百米桩及里程碑、交通标线、护栏、视线诱导设施、防眩设施、防撞设施等 | 陈国清 | |
| 40 | | | 沙河市飞耀交通设施有限公司 | GYJA-SG2 | K290+000~K380+000 | 交通标志、百米桩及里程碑、交通标线、护栏、视线诱导设施、防眩设施、防撞设施等 | 康凯 | |
| 41 | | | 四川公路桥梁建设集团有限公司 | GYJA-SG3 | K380+000~K470+231.093 | 交通标志、百米桩及里程碑、交通标线、护栏、视线诱导设施、防眩设施、防撞设施等 | 熊明康 | |
| 42 | | | 山东省公路建设(集团)有限公司 | GYJA-SG4 | K490+000~K590+355.177 | 交通标志、百米桩及里程碑、交通标线、护栏、视线诱导设施、防眩设施、防撞设施等 | 张鹏 | |
| 43 | | | 河北北方公路工程建设集团有限公司 | GYJA-SG5 | K590+355.177~K698+686.296 | 交通标志、百米桩及里程碑、交通标线、护栏、视线诱导设施、防眩设施、防撞设施等 | 刘文斌 | |
| 44 | | | 北京汉威达交通运输设备有限公司 | GYJA-SG6 | K698+686.296~K795+900 | 交通标志、百米桩及里程碑、交通标线、护栏、视线诱导设施、防眩设施、防撞设施等 | 尤良春 | |
| 45 | | | 陕西安大建设工程有限公司 | | 通天河隧道出入口变电所 | 配电房、水泵房、室外工程等施工图纸及招标文件所包含的全部工程内容 | 刘欣 | |
| 46 | | 房建工程 | 青海威远路桥有限公司 | FJ-WX1 | | 共和路政大队办公楼维修 | 蔡相连 | |
| 47 | | | 青海方正建筑安装工程有限公司 | GYFJ-SG1 | K465+150 | 黄河沿路政大队办公楼 | 王生泰 | |
| 48 | | | 广东中人集团建设有限公司 | GYFJ-SG2 | K218+900 | 河卡服务区 | 邵建魁 | |
| 49 | | | 青海省集协建筑工程有限公司 | GYFJ-SG3 | K221+200 | 河卡匝道收费站,养护工区 | 和永康 | |
| 50 | | | 河南省大成建设工程有限公司 | GYFJ-SG4 | K238+500和K239+400 | 兴海匝道停车区,兴海匝道收费站 | 蒋海亚 | |

续上表

| 序号 | 参建单位 | | 参建单位名称 | 合同段编号 | 起止桩号 | 主要内容 | 主要负责人 | 备注 |
|---|---|---|---|---|---|---|---|---|
| | 类型 | | | | | | | |
| 51 | 施工单位 | 房建工程 | 四川润润建筑工程有限公司 | GYFJ-SG5 | K317+360 | 温泉匝道收费站 | 周浩 | |
| 52 | | | 四川鑫圆建设集团有限公司 | GYFJ-SG6 | K319+300 | 温泉服务区 | 李凯 | |
| 53 | | | 陕西建工第二建设集团有限公司 | GYFJ-SG7 | K388+515 | 花石峡匝道收费站 | 陈亚斌 | |
| 54 | | | 青海美苑园林建筑有限公司 | GYFJ-SG8 | K391+100 | 花石峡停车区 | 顾连军 | |
| 55 | | | 江西省梦远建设集团有限公司 | GYFJ-SG9 | K465+100 | 黄河沿服务区 | 宋洪道 | |
| 56 | | | 西宁市政建设集团有限公司 | GYFJ-SG10 | K542+400 | 野牛沟停车区、养护工区 | 申维华 | |
| 57 | | | 陕西省三和工程公司 | GYFJ-SG11 | K665+450 和 K668+825 | 清水河停车区、清水河匝道收费站、养护工区 | 罗雷 | |
| 58 | | | 宜昌博高建筑工程有限公司 | GYFJ-SG12 | K716+450 | 珍秦服务区 | 李廷友 | |
| 59 | | | 江西中捷工程建设有限公司 | GYFJ-SG13 | K720+560 | 珍秦匝道收费站、养护工区 | 邱家茂 | |
| 60 | | | 青海海之锦建筑安装有限公司 | GYFJ-SG14 | K763+807 | 歇武镇匝道收费站、隧道管理站 | 王海娟 | |
| 61 | | | 中铁十八局集团第三工程有限公司 | GYFJ-SG15 | K776+442 | 通天河养护工区 | 郝玉朝 | |
| 62 | | | 青海方正建筑安装工程有限公司 | GYFJ-SG16 | K795+553 | 结古主线收费站、路政大队管理用房 | 梁晓波 | |

## 第十章 高速公路建设项目

续上表

| 序号 | 参建单位 类型 | 参建单位名称 | 合同段编号 | 起止桩号 | 主要内容 | 主要负责人 | 备注 |
|---|---|---|---|---|---|---|---|
| 63 | | 安徽华筑建工集团有限公司 | GYFJ-SG17 | K156+540 | 国道214共和超限超载检测站 | 张军昌 | |
| 64 | | 中铁十一局集团有限公司 | GYFJ-SG18 | K156+540 | 一塔拉主线收费站 | 宁煜泽 | |
| 65 | | 陕西远景工程有限公司 | GYFJ-SG19 | K195+630 | 铁盖匝道收费站 | 马振啸 | |
| 66 | | 陕西广汇建筑有限公司 | GYFJ-SG20 | K218+900和K239+400 | 河卡匝道收费站、养护工区和兴海匝道收费站 | 付宝林 | |
| 67 | | 江西省城建建设集团有限公司 | GYFJ-SG21 | K267+341 | 青根河匝道收费站 | 章风斌 | |
| 68 | | 江西省抚州市金鑫建筑工程有限公司 | GYFJ-SG22 | K317+360和K388+515 | 温泉匝道收费站、花石峡匝道收费站K388+515 | 李群 | |
| 69 | | 江苏瑞沃建设集团有限公司 | GYFJ-SG23 | K466+300 | 玛多匝道收费站 | 王会恩 | |
| 70 | | 四川一主园林绿化工程有限公司 | GYFJ-SG24 | K668+825和K720+560 | 清水河匝道收费站、养护工区和珍秦服务区匝道收费站、养护工区 | 马君臣 | |
| 71 | | 青海鎏桓建设工程有限公司 | GYFJ-SG25 | K763+807和K795+553 | 歇武匝道收费站、隧道管理站和结古主线收费站、路政大队 | 潘福业 | |
| 1 | 工程监理单位 | 青海省公路工程咨询监理处 | GYI-JL1 | | 监理GYI-SGA1、2、3、4标段的施工内容 | 师延仿 | 一期 |
| 2 | | 青海省公路工程咨询监理处 甘肃兴陇交通工程监理有限公司 | GYI-JL2 | | 监理GYI-SGA5、6、7标段的施工内容 | 王旭权 | 一期 |

续上表

| 序号 | 参建单位 | | 参建单位名称 | 合同段编号 | 起止桩号 | 主要内容 | 主要负责人 | 备注 |
|---|---|---|---|---|---|---|---|---|
| | | 类型 | | | | | | |
| 3 | 监理单位 | 土建工程监理单位 | 四川省公路工程咨询监理有限公司 | GYI-JL3 | | 监理GYI-SGA8,9标段的施工内容 | 张亚林 | 一期 |
| 4 | | | 青海省交通工程监理处 | GYI-JL4 | | 监理GYI-SGB1,2,3,4标段的施工内容 | 杨令春 | 一期 |
| 5 | | | 青海省交通建设工程监理处 山西省交通建设工程监理总公司 | GYI-JL5 | | 监理GYI-SGB5,6,7,8标段的施工内容 | 马发俊 | 一期 |
| 6 | | | 重庆中宇工程咨询监理有限责任公司 | GYII-JL6 | | 监理GYII-SGC1,2,3,4标段的施工内容 | 李智军 | 二期 |
| 7 | | | 厦门港湾咨询监理有限公司 | GYII-JL7 | | 监理GYII-SGC5,6,7,8标段的施工内容 | 宋宁 | 二期 |
| 8 | | | 北京诚盟公路工程咨询监理有限公司 | GYII-JL8 | | 监理GYII-SGD1,2,3,4标段的施工内容 | 郑福良 | 二期 |
| 9 | | | 内蒙古交通建设工程咨询监理有限公司 | GYII-JL9 | | 监理GYII-SGD5,6,7标段的施工内容 | 郭建平 | 二期 |
| 10 | | 隧道机电工程监理单位 | 重庆中宇工程咨询监理有限责任公司 | GYII-JL6 | | 监理河卡山隧道机电工程的施工内容 | 李智军 | |
| 11 | | | 北京兴league工程咨询有限公司 | GY-JDJL | | 监理鄂拉山、姜路岭隧道机电工程的施工内容 | 石鹏 | |
| 12 | | | 江苏智远交通科技有限公司 | SDJD-JL1 | | 监理雁口山隧道机电工程的施工内容 | 成新东 | |
| 13 | | | 山西省交通建设工程监理总公司 | | | 监理通天河隧道机电工程的施工内容 | 马发俊 | |
| 14 | | 交安工程监理单位 | 内蒙古华讯工程咨询监理有限责任公司 | | | 监理交安工程GYJA-SG1,2,3,4,5,6的施工内容 | 赵百春 | |

## 第十章 高速公路建设项目

续上表

| 序号 | 参建单位 | 类型 | 参建单位名称 | 合同段编号 | 起止桩号 | 主要内容 | 主要负责人 | 备注 |
|---|---|---|---|---|---|---|---|---|
| 15 | | | 山西晋达交通建设工程监理有限公司 | GYGF-JL1 | | 路基、路面、涵洞、风积沙路基处理、公路标志标线等施工图纸及招标文件所包含的全部工程的施工准备阶段、施工阶段、交工验收与缺陷责任期阶段的施工监理服务及施工过程中的环境保护和施工安全等监理服务工作 | 郭华军 | |
| 16 | 监理单位 | 房建工程监理单位 | 青海百鑫工程监理咨询有限公司 | GYFJ-SGJL1 | | 监理GYFJ-SG2,3,4标段的施工内容 | 汪德川 | |
| 17 | | | 浙江东方工程管理有限公司 | GYFJ-SGJL2 | | 监理GYFJ-SG5,6标段的施工内容 | 张喜梅 | |
| 18 | | | 四川建元工程项目管理有限公司 | GYFJ-SGJL3 | | 监理GYFJ-SG7,8,9标段的施工内容 | 何军 | |
| 19 | | | 青海省国宏工程咨询监理有限公司 | GYFJ-SGJL4 | | 监理GYFJ-SG10,11,12,13标段的施工内容 | 马延福 | |
| 20 | | | 江阳建设集团有限公司 | GYFJ-SGJL5 | | 监理GYFJ-SG14,15,16标段的施工内容 | 商智聪 | |
| 1 | 石油采购 | | 中石油燃料油公司西北销售分公司 | | | 沥青材料生产供应 | | |
| 2 | | | 西安恒东经贸发展有限公司 | | | 沥青材料运输代办 | | |
| 1 | 技术服务单位 | | 中铁西北科学研究院有限公司 | | | 冻土技术咨询服务 | | |
| 2 | | | 江苏省交通科学研究院股份有限公司 | | | 路面技术咨询服务 | | |
| 3 | | | 江苏省交通科学研究院股份有限公司 | | | 桥梁技术咨询服务和大跨径桥梁施工监控 | | |
| 4 | | | 招商局重庆交通科研设计院有限公司 | | | 隧道技术咨询服务 | | |

续上表

| 序号 | 参建单位 | | 参建单位名称 | 合同段编号 | 起止桩号 | 主要内容 | 主要负责人 | 备注 |
|---|---|---|---|---|---|---|---|---|
| | 类型 | | | | | | | |
| 1 | 保险机构 | | 中国平安保险公司 | | | 工程一切险及第三方责任险由北京中汇国际保险经纪有限公司青海分公司作为保险经纪人总体协调,中国平安55%、中国人寿45%参保 | | |
| 2 | | | 中国人寿保险公司 | | | 工程一切险及第三方责任险由北京中汇国际保险经纪有限公司青海分公司作为保险经纪人总体协调,中国平安55%、中国人寿45%参保 | | |

## （二）建设情况

1. 项目审批

该项目严格执行了交通基本建设程序，各个环节手续齐全。

（1）2010年9月26日，省环境保护厅印发《关于G0613线共和至玉树（结古）公路环境影响报告书的批复》（青环发[2010]669号）。

（2）2011年12月31日，国家发改委印发《关于青海省共和至玉树（结古）公路可行性研究报告的批复》（发改基础[2011]3262号）。

（3）2012年2月28日，交通运输部印发《关于共和至玉树（结古）公路初步设计的批复》（交公路发[2012]65号）。

（4）2012年8月20日，省交通厅印发《关于共和至玉树（结古）公路施工图设计的批复》（青交公[2012]701号）。

（5）2013年7月9日，省发展和改革委员会印发《关于共和至玉树公路改扩建工程可行性研究报告的批复》（青发改基础[2013]984号）。

（6）2013年7月20日，省交通厅印发《关于共和至玉树公路改扩建工程初步设计的批复》（青交公[2013]364号）。

（7）2013年11月26日，省交通厅印发《关于共和至玉树公路改扩建工程施工图设计的批复》（青交公[2013]525号）。

（8）2014年11月12日，省人民政府印发《关于共和至玉树（结古）公路建设用地的批复》（青政土函[2014]80号）。

（9）2015年6月29日，省环境保护厅印发《关于共和至玉树（结古）公路改扩建工程环境影响报告书的批复》（青环发[2015]276号）。

2. 资金筹措

一期项目估算总投资约104.7亿元，其中国家安排中央专项基金（车购税）61.34亿元，青海省安排财政专项资金5.66亿元，共计67亿元作为项目的资本金，约占项目总投资的64%；其余37.7亿元资金，利用国内银行贷款解决。

二期项目估算总投资约122.79亿元，其中国家安排中央专项基金（车购税）44.3亿元，青海省安排财政专项资金1亿元，共计45.3亿元作为项目的资本金，约占项目总投资的36.89%；其余49亿元资金，利用国内银行贷款解决。

3. 征地拆迁

1）工作及范围

沿线经过3个藏族自治州5个县12个乡镇。全线总里程634km，涉及地类主要为牧草地、耕地(旱地)、林地、苗圃。

2)主要内容

由青海省国土资源厅、青海省交通运输厅统一召集沿线政府、国土部门召开统一征地协调会,明确征地补偿标准,征地工作纪律、要求等。

(1)完成用地预审、组织验收勘测定界成果、埋设用地界桩、签订各类征地补偿协议、行业迁改补偿协议,办理永久性占地报批手续。

(2)组织房屋评估或鉴定单位,评估拆除永久占地界内房屋等各种构造物的搬迁。

(3)永久占地内附着物的拆除。

(4)电力、水利、通信管线的迁改由第三方评审单位审核,很大程度上节约了建设资金。

(5)临时占地的征占用。

青海地方铁路建设投资有限公司要求做到"当年取土,当年退耕,当年耕种"。据统计,项目一期全线共征用永久性占地2171.3810 $hm^2$(公顷),其中耕地54.666 $hm^2$(公顷),林地58.8459 $hm^2$(公顷);项目二期全线共征用永久性占地2090.0696 $hm^2$(公顷),其中耕地16.1771 $hm^2$(公顷),林地17.2558 $hm^2$(公顷)。

共玉高速公路河卡山1号大桥

4. 实施过程

(1)2011年2月14日,青海省共和至玉树公路建设指挥部成立,主线土建工程正式开工。

(2)2013年4月,通天河隧道贯通。

(3)2013年11月30日,河卡山隧道贯通。

(4)2014年9月,共和至玉树(结古)公路交通安全设施工程开工,2016年8月完工。

(5)2014年11月,共和至玉树(结古)公路(一期)基本通车。

(6)2015年3月2日,青海地方铁路建设投资有限公司与青海省共和至玉树公路建设指挥部整合,青海省共和至玉树公路建设指挥部撤销。

(7)雁口山隧道左洞于 2015 年 4 月 28 日贯通,右洞于 2014 年 10 月 30 日贯通。

(8)鄂拉山隧道左洞于 2015 年 12 月 28 日贯通,右洞于 2015 年 8 月 18 日贯通。

(9)黄清沟大桥于 2015 年 9 月 29 日贯通。

(10)姜路岭隧道右洞于 2015 年 10 月 2 日贯通,左洞于 2016 年 1 月 18 日贯通。

(11)房建工程于 2015 年 9 月开工,2016 年 8 月完工。

(12)2016 年 6 月,共和至玉树(结古)公路道路机电工程开工,2016 年 8 月完工。

(13)2016 年 8 月,共和至玉树公路改扩建工程(二期)基本通车。

(14)2017 年 8 月 1 日,共和至玉树高速公路正式通车运营。

5. 重大变更

(1)姜路岭隧道右线,增加 Φ25 中空注浆锚杆、C45 二衬混凝土、沟槽盖板钢筋工程量。

(2)根据绿色环保的理念,GK333+100～GK334+540、GK336+260～GK337+740、GK339+500～GK340+720 段路基边坡增加三维网植草防护。

(3)ZK307+107～ZK307+407 段左侧、ZK307+499～ZK307+779 段左侧、ZK308+140～ZK308+415 段左侧、ZK308+680～ZK308+798 段左侧,原设计为三维网植草防护。在施工过程中,左侧路基边坡冻土溶化后边坡渗水严重,稳定性极差,造成边坡塌方。为保证路基边坡稳定,将上述段落防护形式调整为保温挡墙,并采用铺草皮的防护形式。

(4)鄂拉山隧道出口左洞 K305+540～K305+470 冲沟浅埋段,进行地表注浆处理,对洞内围岩进行预加固,以保证施工安全。

(5)鄂拉山隧道出口因山体开裂造成洞内支护严重变形,为确保洞内施工安全及隧道结构稳定,对开裂山体进行卸载,对浅埋冲沟段进行反压回填。

(6)设计砂砾料场为 K405+600 右侧(支距长 19.6km)和 K468+700 左侧(支距长 0.3km)两个料场,由于 K468+700 料场位于三江源自然保护核心区,禁止采挖,导致 K468+700 处料场不能使用,只有 K405+600 右侧料场可以开采。因此运距发生变化由原设计 35.12km 变更为 48.83km。

(7)据建设单位《关于加强公路路基边坡植草覆盖养生工作的通知》(青共玉路建指〔2013〕60 号),施工单位对三维网植草护坡进行覆盖无纺土工布养生,增加此项目费用。

(8)2012 年度指挥部安排勘探队对全线地质进行了详细勘探,有 28 段路基地质属于富冰、饱冰冻土,设计发生变化,特增加片块石通风路基工程量。

(9)经建设单位、监理单位、施工单位多次现场排水核查后,取消路基、路面数量表 S3-31-2 中路基左侧的 80cm×30cm 干砌片石梯形排水沟。

(10)共和至玉树(结古)公路设计时由于线形布设的需要,原国道 214 线 GK242+300～GK243+800 段老路被共玉公路所侵占。优化方案为:将国道 214 线从 GK241+600 处开始改线,在 GK242+800～GK243+000 段绕过兴海互通立交区,后以半径 500m 的曲线向左接近 G0613，因 GK243+236~GK244+240 段 G0613 线被共玉公路侵占，直至在 GK244+240 处接 G0613 线，改线里程全长 2.640km。经优化调整后各项指标均满足设计速度 30km/h 的设计要求，改线里程缩短 713m。

6. 重大事件

（1）2011 年 5 月 9 日上午，214 国道共和至玉树高速公路一期工程开工仪式在玉树州结古镇新寨村举行，省委常委、常务副省长徐福顺出席开工仪式并宣布工程开工。

（2）2012 年 10 月 26 日，省政协主席白玛、副主席鲍义志、韩玉贵、马志伟等领导视察共和至玉树高速公路建设情况。

（3）2012 年 10 月 27 日，省委常委、常务副省长徐福顺到共和至玉树公路建设项目进行工作调研，并看望慰问参建员工。

（4）2013 年 4 月 15 日，代省长郝鹏在省交通厅厅长韩建华陪同下，视察建设中的共玉公路雁口山隧道。

（5）2013 年 9 月 26 日，共玉公路改扩建工程开工动员会在西宁召开。

（6）2013 年 11 月 28 日，共玉公路通天河大桥主桥全桥顺利合龙。

（7）2014 年 11 月 7 日，共玉公路控制性工程黄清沟大桥全幅顺利合龙。

（8）2014 年 12 月 18 日，共和至玉树高速化公路（一期）基本建成通车。省委常委、常务副省长骆玉林受省长郝鹏委托，专程到共和县调研公路建设情况，并看望慰问公路建设者。

（9）2015 年 4 月 27 日，共玉公路雁口山隧道左线顺利贯通，至此，雁口山隧道实现全线贯通。

（10）2015 年 5 月 27 日，省长郝鹏、副省长高华在省交通运输厅党委书记马吉孝陪同下，视察共玉公路项目建设情况。

（11）2015 年 6 月 3 日，副省长程丽华率督导组，到共玉公路检查生态环境保护自查工作开展情况。

（12）2015 年 12 月 29 日，鄂拉山隧道左线顺利贯通。至此，共玉公路重点控制性工程——鄂拉山隧道双线全部贯通。

（13）2016 年 1 月 18 日，共和至玉树公路姜路岭隧道左线顺利贯通，实现了隧道的双线贯通。

（14）2016 年 8 月，共和至玉树公路改扩建工程（二期）基本通车。

（15）2017 年 8 月 1 日，共和至玉树高速公路正式通车运营。省委常委马吉孝、副省长韩建华专程前往玉树现场调研，看望慰问参建单位和养护、运营一线职工，并检查公路管理和监控中心运行情况。

（三）复杂技术工程

共和至玉树（结古）公路全线共设置 5 座隧道，均为长隧道和特长隧道；尤其是鄂拉山隧道、姜路岭隧道、雁口山隧道这3座隧道,地质条件复杂,施工难度大,技术要求高。黄清沟大桥和通天河大桥,是共和至玉树(结古)公路全线施工工艺较为复杂的大桥。这些隧道和大桥地处高海拔地区,为共玉公路建设的重点工程和控制性工程。

1. 鄂拉山隧道施工情况和关键技术

1) 浅埋冻土洞口开挖和边仰坡防护

鄂拉山隧道为高寒地区的长大公路隧道,分离式设置轴线间距45m,左洞起讫里程桩号K300+940~K305+635,长4695m;右洞起讫里程桩号K300+915~K305+550,长4635m。洞口浅埋段地处第四系中更新冰水堆积物中,表层为黑色厚层粉质黏土层,下部为含黏土的碎石土稍密泥包碎石散状结构呈冻块状,其稳定性极差,开挖后可见大量的冻结层状冰。设计将左线进口310m、右线进口255m,定为多年冻土地质,其中左线250m、右线205m处于浅埋地段施工。

多年冻土开挖时,由于钻孔后容易回冻缩孔,冻土冻结后强度高,爆破施工难度大。外界环境温度升高后,冻土发生融化呈软塑状,强度变低,支护时易发生热融沉陷引起地面下沉、边坡垮塌。因此,冻土隧道施工必须采取"控温"措施,暖季采取降温措施保证冻土不致于大范围融化,寒季采取升温措施保证混凝土不被冻伤。根据前期隧道施工经验,应保持作业环境内温度在+5~+8℃范围。

鄂拉山洞口工程施工时,正值雨季,气温处于一年当中最高时段,边坡开挖后暴露于阳光直射下,很快融化,造成积水浸泡坡脚影响边坡安全。施工过程中,按照"分层、分段开挖,边开挖、边防护,开挖一段,防护一段"的原则组织施工,采取"控温隔热临时防护措施",减缓冻土融化,为支护施工争取时间;支护上采取"永临结合"的防护措施,保证洞口施工安全。

(1) 在洞口冻土开挖过程中,采取台阶分层开挖法,弱爆破松动(少打眼少装药避免钻孔内回冻),辅以挖掘机(带破碎锤),进行开挖和出碴。

(2) 洞口支护时,通过在洞口搭设遮阳棚、边仰坡铺设砂袋、覆盖黑色遮阳网等,进行隔热降温;边坡脚设置片石混凝土保温挡墙,避免冻土边坡热融滑塌。

(3) 边坡锚网喷支护时,砂浆锚杆钻孔容易卡钻,改用自进式锚杆代替砂浆锚杆施工(自进式锚杆具有钻、注、锚一体化的功能),可解决塌孔问题,并保证复杂地质条件下的注浆效果,使边仰坡得到及时的防护。

(4) 坡脚设置C25片石混凝土保温挡墙进行刚性支护,边坡放缓坡率回填砂砾隔热、夯培腐殖土后回贴草皮生态防护。

2) 洞门大管棚跟管施工

洞口大管棚超前支护时,先期采用履带式定向潜孔钻机,对4个不同位置的孔位进行试钻,钻孔过程中塌孔、地表漏风、不出渣、继而卡钻,无法成孔;采用起拔油缸和夹具强制拔出后,钻头带有水和稀泥;经分析,主要原因为:洞口为多年冻土浅埋段(洞口埋深仅

1.9m），地表富冰含水量大，钻杆在钻孔过程中与孔壁冻土高速摩擦生热发生热传导，导致温差改变、孔壁周圈冻土融化，从而发生孔内坍塌卡钻无法成孔，管棚施钻成孔难度极大。

结合以往软弱围岩隧道管棚施工经验，采用管棚跟管工艺施工。在地质钻机钻杆前端加装偏心钻具扩孔同步带进钢管套的钻进技术，用孔径 $\phi 125mm$ 钻杆带进孔径 $\phi 133mm$ 套管，其最前端加装导向钻头，后续管棚之间采用丝扣进行连接，利用水平定向钻机将棚管打入土体中。在钻进过程中，依据导向钻头内置的定位传感器传出的角度信号，对钻进角度进行调节，使管棚按设计轨迹钻进。当套管带进至设计深度后，撤回定向传感器和钻杆，用夹具夹住套管通过液压千斤顶（50t）顶在导向墙混凝土上形成反推力向外逐节退出套管。采用此创新技术后，有效解决了冻土融化导致的管棚塌孔问题，管棚施工稳打稳扎，顺利实现了鄂拉山隧道左、右线进洞。

3）浅埋冻土段洞身开挖与支护

隧道左洞进口明暗交界处埋深仅1.9m，右洞进口埋深仅2.6m；地表坡度平缓浅埋段较长，左洞有250m处于浅埋地段，右洞有205m处于浅埋地段。设计将左洞进口110m、右洞进口75m定为Ⅵ级围岩，进洞前洞身30m段落采取 $\phi 108$ 注浆管棚超前支护，冻土浅埋段洞身设计采用CD法施工。由于CD法施工工序较为烦琐，各台阶开挖步距要求严格，并且导洞断面小，必须采取小型机械甚至人工开挖，考虑到高寒缺氧地区人员的劳动强度和工作效率都大幅降低，施工进度必然极为缓慢。

工艺做法：采用"三台阶七步流水法"施工，Ⅵ级围岩冻土地段为防止掌子面溜坍，上台阶开挖时预留核心土，严格控制开挖步距，仰拱填充和一衬紧跟，稳扎稳打逐步渡过多年冻土浅埋地段。

4）冻土段洞身衬砌

冻土段由于含土冰层、冻岩裂隙冰较发育，设计在一衬与二衬之间设置保温层，按"土工布+防水板+聚氨酯保温板+防水板"的结构设置，沿隧道冻土段全长全断面铺设，将二衬以内人为因素造成的气温变化与永久冻土层隔离开。由于冻土段设计采用了两次模筑结构，为了施工方便，定制了一衬、二衬两套衬砌模板台车，进行拱墙一次衬砌成型。

工艺做法：

（1）一衬模筑

仰拱和填充施作完毕后，进行初期支护断面净空测量和初支背后脱空检查处理后，绑扎一衬钢筋，铺设纵向 $\phi 160HPE$ 排水管，环向 $\phi 100$ 半圆排水管；纵环向排水管三通连接导入边墙排水沟内，再通过横向导水管导入中心排水沟内，最终排入仰拱下方的横导洞，进入防寒泄水洞排出洞外。排水系统施作完毕后，一衬6m台车就位，关端头模，泵送低温早强混凝土入模，插入式振捣器振捣密实；混凝土入模温度控制在 $+5\sim+8\text{℃}$，尽量减少影响围岩融化圈。模筑混凝土达到C30混凝土设计强度的70%以上，利用预埋的注浆管向初支背后压注水泥浆,回填支护与围岩间的空隙密实,避免冻害隐患。

(2)防水层及隔热保温层施工

防水层和保温材料性能必须达到设计和规范要求。施工顺序为:仰拱、拱墙土工布→拱墙防水板→聚氨酯保温板→防水板。"三缝"防水层施工:环向施工缝间设置遇水膨胀止水条,沉降伸缩中间设置橡胶止水带,注浆后预留孔槽采用快封水泥处理。

鄂拉山隧道施工场景

(3)二次衬砌

二衬钢筋安装完毕后,利用整体式台车拱墙一次衬砌成型,一次浇筑长度为12m。混凝土采用集中搅拌站拌和,罐车运输混凝土,HBT60输送泵泵送入模,插入式振捣器配合台车附着式振捣器振捣密实。

(4)隧道冬季施工

为达到隧道冬季施工要求,在集中搅拌站、喷浆料拌和场地,均设置保温棚(彩钢板房)全封闭进行保温;棚内增加暖气片、锅炉房烧水,辅以小煤炉对砂石料进行升温,保证砂石材料温度维持在5℃左右;拌和用水温度维持在40℃以上,储存在自制铁板水箱内,通过电热棒烧水加热,最终保证混凝土的出机温度;明洞段搭设密闭保温棚(覆盖帆布)设置活动门、罐车罐体用帆布包裹、输送泵搭设简易保温棚、浇筑混凝土时在台车内生上小煤炉等措施,保证混凝土的入模温度,采取各种办法来保证冬季混凝土施工质量。

2.姜路岭隧道关键技术成果

(1)工程概况

姜路岭隧道左线起讫桩号为ZK329+710~ZK332+635,全长2925m;右线起讫桩号为YK329+680~YK332+525,全长2845m;其中Ⅱ期工程为隧道右线。2011年8月1日正式进洞施工,2016年元月18日全线贯通。

隧道纵向为单面坡,左线纵坡2.47%,右线纵坡2.45%,进口侧设置防寒泄水洞。姜路岭隧道施工难点为Ⅵ级多年永久冻土、Ⅴ级多年冻土开挖支护施工和防寒泄水洞施工。原设计防寒泄水洞位于正洞路面下方5m,要求防寒泄水洞必须超前正洞100m施工,断面小,施工难度大。

(2)工艺做法

为了实现隧道施工"早进洞",又不影响隧道排水,对防寒泄水洞设计方案进行了优化,进行合并设置到左、右线中间,通过横通洞与正洞检查井连通,将正洞水排进防寒泄水洞。防寒泄水洞合并设置后,消除了对正洞施工的影响;对防寒泄水洞断面进行调整加大,减小了由于防寒泄水洞断面小带来的施工难度。

多年永久冻土冻结时,围岩强度高,开挖难度大;热融后呈软塑状,无强度,成洞极为困难。多年冻土段暗洞开挖时,围岩极易出现坍塌、变形,施工难度极大。针对Ⅵ级冻土段初支变形量大的问题,采用了双层混凝土衬砌,确保了冻土段洞身稳定。由于项目开工是在夏季,为了明洞段多年冻土开挖施工顺利进行,采用了遮阳网+聚氨酯保温层控温技术,确保了明洞开挖的顺利完成。为了使洞口浅埋段冻土尽早回冻,在洞口浅埋段采用可以控制冻土温度的热棒技术。

冻土段施工完成后,进入了Ⅴ级软弱大变形围岩段,初期护工后变形极大,最大变形达到1.5m(单日最大变形量达到30cm)。为了确保施工安全及正常进行,针对初期支护变形量大的问题,通过采用微台阶法、非爆破开挖、增大初期支护预留变形量、加密监控量测频次、及时掌握初支变形情况,并根据初期支护变形监测结果,调整初期支护参数,采用双层初期支护,增加临时仰拱,有效控制初期支护的变形。在施工过程中,通过严格控制仰拱及二次衬砌至掌子面的安全步距,确保施工安全。

3. 雁口山隧道关键技术成果

(1)通过理论计算和施工中的实践检验,在隧道掘进距离小于1000m时,单洞采用$2 \times 55kW$风机,可满足洞内施工通风需求;当隧道掘进距离大于1000m时,为解决通风问题,将通风机更换为$4 \times 75kW$轴流式通风机。经实际使用,可满足隧道施工通风。为降低风损,通风袋选用$\phi 2000mm$的软式风袋。

(2)研究洞内施工人员在作业期间的需氧量及解决途径。本着在满足需求的基础上经济、简便的原则,通过计算隧道施工1000m和2000m距离时施工需风量和施工需氧量,并结合实地测试,选择合适的供风量,解决了高原隧道施工供氧问题。

(3)通过调查比较,隧道施工机械设备均选用高原型设备,或者对原有设备进行改造,增加涡轮增压设备等,以利于其在高原地区正常运转。经实地使用检验,不仅满足了隧道施工要求,而且有效提高了设备效率,减少了设备故障率。

(4)因玉树地区冬季较为漫长,为确保工期,隧道需全年施工;因此,冬季施工措施相当重要。在隧道进洞超过100m后,洞内温度基本可满足洞内混凝土施工要求,但仍需注意控制洞内温度的变化。拌和站能否在冬季正常生产,关乎隧道施工的成败;因此,拌和站需有热水保障系统并配备暖仓进行储料;同时,料场也需大量存料,以满足整个冬季的用量为准。

(5)针对隧道围岩情况多变的特点,施工中采取以下措施:①重视并全面实施超前地质预报工作。施工中,聘请重庆公路工程检测中心,进行超前地质预报工作;地质预报采取TGP与地质雷达相结合的手段,进行综合分析;结合超前地质预报,及时调整施工方法,并将开挖揭示情况与地质预报相互对照、总结;如每隔20~30m,即采用地质雷达做一次预报。②严格遵守"管超前、严注浆、短开挖、快封闭、勤量测、紧衬砌"十八字诀施工,特别要重视隧道通过不良地质段落时的支护方法。③在开挖过程中,结合超前地质预报,根据开挖揭示围岩情况,多数情况下,可将开挖方法调整为短台阶预留核心土"七步法",以确保掌子面稳固,防止出现塌方情况。④隧道施工中,根据超前地质预报并结合开挖揭示围岩情况,对于围岩等级达不到设计的情况,尽可能争取现场变更,并调整初期支护结构形式,以确保初期支护结构稳固。对于不能尽快变更的,为确保初期支护稳固,尽量加强初支结构或增加临时加固措施,防止初期结构出现大的变形、开裂、塌方等情况发生。⑤鉴于隧道围岩破碎、围岩应力释放不稳定等情况,加强隧道监控量测工作,成立专门的隧道量测队,对隧道初期支护变形情况进行密集监控跟踪;并根据监控量测分析结果,及时完成仰拱封闭或临时加固措施的实施等,防止隧道出现大的变形侵限或塌方事故。

(6)通过调查比较,尤其是对现有矿山施工设备进行调查,防寒泄水洞的施工设备选用,最终定型为开挖时采用钻爆法,出碴采用小型扒碴机配合小型农用车,初期支护采用湿喷机喷混凝土、小型农用车运输,通风采用压入式通风方式,设备采用15kW局扇改造、配合$\phi$200PVC管通风,二衬采用人工翻模加拱部注浆密实的方法施工、小型农用车配合混凝土罐车从洞口运输混凝土。经实践检验,该机械配套模式满足防寒泄水洞施工要求,并且可提高施工效率、设备利用率。

4.黄清沟大桥关键技术成果

1)工程概况

黄清沟大桥是共和至玉树(结古)公路桥梁部分的关键控制性工程。桥位位于K253+477处(桥梁中心桩号),起点桩号K253+273.2,终点桩号K253+680.8,桥长407.6m。桥跨径组成为(75+2×125+75)m,上部结构为四跨预应力混凝土变截面连续钢构,下部为薄壁矩形桥墩,群桩基础,桥台采用桩柱式。2号桥墩高度为90m,截面尺寸为7.25m(横向)×6.5m(纵向)的空心薄壁墩,基础为14.8m×9.2m×4.0m的大体积承台。

2)工艺做法

(1)大体积承台施工控制

黄清沟大桥为左、右分幅式结构。单个主墩共有2个承台,其尺寸均为14.8m×9.2m×3.5m。承台混凝土按大体积混凝土进行施工控制,在承台内设置冷却水管进行内部降温,同时对其表面进行覆盖保温养生。晚间施工时,需设置碘钨灯进行模板保温处理。为保证承台施工温控效果,进行温度监控。温度控制标准为:内外温差25℃。

(2)墩身施工控制

①劲性骨架是测量放样、钢筋安装、模板安装等施工定位的基础,其精度对墩柱的施工质量和施工进度有很大影响。因此,在加工制作时,要认真检查,严格控制劲性骨架的空间尺寸,保证其加工精度满足施工要求。

②所有钢筋加工均是在钢筋加工场地提前加工完成,而后运至现场绑扎。钢筋绑扎前首先对模板高程位置进行测量复核,并用墨线在已浇筑节段混凝土上弹出梁段轮廓线,确定钢筋保护层预留值满足设计要求。

③2号墩身施工采用大块定型钢模,既便于支立、也便于加固,且浇筑后外观质量易于保证;1号、3号墩采用定型木模,模板加固主要采用内拉、外肋抱箍的方法。

④选用激光垂准仪和全站仪相结合的方法,控制墩身垂直度。

黄清沟大桥施工场景

⑤由于环境温度阴、阳面差别大,在墩身混凝土浇筑完成后,采用外包裹加热的方法养护;以篷布包裹侧模、内通蒸汽,保证墩身混凝土外部环境温度的同步及稳定;保湿养护时间应保证在14d以上。

(3)上部悬臂现浇梁施工质量控制

①对0号块现浇支架及挂篮需进行预压,为施工监控提供依据,以便控制箱梁线形。考虑到现场有河流,0号块支架及挂篮现场施工采用堆载法进行预压。

②箱梁外模板采用钢模板,模板的面板厚度采用5mm厚以上的钢板,单块模板的面积不宜<3m²。模板需具有足够的刚度,以避免模板在混凝土浇筑过程中变形。

③梁的外露面涉及美观需要,因此要保证模板表面的平整光洁,采用钢模板时,应将模板清洁干净;模板安装后,应检查拼缝处是否有缝隙,若有缝隙,采用泡沫装塑料条或胶带条等将缝密封,以防漏浆。

④钢筋保护层厚度的控制

严格检查钢筋的外形尺寸,不得超出允许偏差;按设计保护层厚度计算钢筋净保护层,然后制作保护层垫块,适当加密设置保护层垫块,竖立钢筋可采用带有铁丝的垫块,绑在钢筋骨架外侧。

(4)合龙段施工质量控制

合龙施工是连续梁体系转换的重要环节,对保证成桥质量至关重要。合龙原则是低温灌注。合龙前使两悬臂端采用平行四边形钢支撑临时连接,保持相对固定;同时梁端加以水箱配重,浇筑混凝土过程中同步排水,以防止合龙混凝土在早期因为梁体混凝土的热胀冷缩开裂;同时,选择在一天中的低温、温度变化较小时,进行混凝土施工,保证混凝土处于升温状态,在受压的情况下达到终凝,避免受拉开裂。按照设计,合龙顺序为先边跨合龙,结构由双悬臂状态变成单悬臂状态,再中跨合龙,而后完成体系转换,形成连续梁受力状态。

(5)混凝土养生

鉴于本桥主桥连续悬臂现浇段工期紧的实际,以及当地特殊气候特点(高原、高寒、风大、昼夜温差大),混凝土质量要求高,悬臂现浇段采用蒸汽养护技术;现场养护采用蒸汽加火炉养生,蒸汽管道和现场梁体包裹封闭;合龙段混凝土养生,将合龙段两端不小于1m范围内进行同条件覆盖,以降低日照温差的影响。

5.多年冻土路段路基处理方案

1)设计原则

共玉公路在设计中,充分借鉴和采用公路建设已有研究成果,在认真详细地开展沿线多年冻土专项地质勘查的基础上,按照"保护冻土、减缓融化"的原则进行设计。

2)多年冻土特殊结构措施

中交一公院根据玛多黄河大桥至巴颜喀拉山段工程特点,依据多年冻土地质勘察资料、路基填土高度、多年冻土类型和多年冻土年平均地温,根据不同措施的特性及优、缺点,并结合以往对青藏公路多年冻土研究的经验和成果,采用了片块石路基、XPS板路基、热棒+XPS板复合式路基和护坡道路基等特殊结构措施。上述特殊结构路基,可分为被动保护冻土(XPS板路基、护坡道路基)、主动冷却路基(热棒路基、片块石路基、通风管路基)和优势互补的复合技术措施(热棒+XPS板复合式路基),二期科技示范工程设置了强制弥散式通风路基、片块石+通风板路基、片块石路基+单向导热路面、通风管路基等。

3)设计方案

(1)少冰、多冰冻土段

对于少冰、多冰多年冻土,由于多年冻土层含冰量较小,多年冻土层冻胀融沉变形对路基变形的影响较小,路基高度按1.8m控制:

当路基填筑高度 $h>1.8m$ 时,采用不清表,填筑 30cm+30cm 砂砾(石渣)冲击碾压,路基单侧或两侧设置护坡道,其上按一般填土路基填筑方案。

当路基填筑高度 $h\leqslant1.8m$ 或挖方时,路床下或原地表下 0.8m 范围内,采取换填砂砾的处理方案。

(2)富冰、饱冰冻土段

对于富冰、饱冰冻土路段,一般采用控制融化的设计原则,避免对多年冻土造成大的扰动,路基高度按 2.5m 控制:

当路基高度 $h>2.5m$ 时,采用不清表,30cm+30cm 砂砾(石渣)冲击碾压后设置片块石路基的处理方案。

当路基高度 $h\leqslant2.5m$ 时或挖方时,采用基底局部换填或加强冲击碾压厚度,路基中增设 XPS 板的方式处理。

(3)含土冰层段

不区分路基高度,全部采用热棒-XPS 板复合式路基处理;对于冻土地质状况极差的查拉坪路段,采用以桥代路方案处理。

4)具体设计情况

一期工程:

多年冻土区一般填土路基(护坡道路基)长 45.519km;特殊结构路基长 39.928km,其中片块石路基设计长 31.891km、热棒+XPS 板复合式路基长 6.477km、XPS 板路基长 1.56km。

二期工程:

多年冻土区一般填土路基(护坡道路基)长 41.57km;特殊结构路基长 38.536km,其中:片块石路基长 29.938km、热棒+XPS 板路基 2.123km、XPS 板路基 1.070km、热棒路基 2.24km、片块石+通风板路基 1.255km、通风管路基 1.17km、强制弥散式通风路基 0.18km、片块石+单向导热路面 0.56km。

(四)科技创新

作为青藏高原高海拔高寒地区首条高等级公路,共玉公路建设既是对以往关于多年冻土区筑路技术研究成果的成功运用和实践,更是一次勇于创新的攻坚战。

本项目一期工程多年冻土路基长 82.337km,少冰、多冰低含冰量冻土长 42.062km,占多年冻土路基长度的 51.09%,富冰、饱冰、含土冰层等高含冰量冻土长 40.275km,占 48.91%。

本项目二期工程多年冻土路基长 104.094km,其中少冰、多冰低含冰量冻土长 63.543km,占多年冻土路基长度的 61.04%,富冰、饱冰、含土冰层等高含冰量冻土长

40.551km,占 38.96%。

项目在前期设计中,充分调研青藏公路整治工程中关于多年冻土处置试验段效果,消化吸收多年研究成果,借鉴青藏铁路、青海天(峻)木(里)铁路建设经验,采用了片(块)石路基(72km)、通风管路基(1.2km)、XPS 隔热板路基(11km)、主动降温的热棒路基(4.8km)等处理多年冻土的先进技术和科技方法。

在项目建设过程中,全面落实交通运输部批复和省交通厅批准立项的"共和至玉树高速公路多年冻土路基工程关键技术研究"等 5 个科研项目研究,并于 2015 年 12 月通过专家委员会鉴定验收,3 项达到国际领先水平,2 项达到国际先进水平。"青海省共和至玉树公路建设关键技术研究"获得中国公路学会 2015 年度科学技术特等奖。"高海拔低温大温差环境下高墩大跨径连续刚构桥施工控制技术研究"、针对多年冻土姜路岭隧道的"共和至玉树公路炭质页岩隧道大变形机理及设计施工技术研究"项目即将鉴定验收。积极组织专家到现场提供技术支持和把脉会诊 30 次以上,全体参建人员努力拼搏,攻坚克难,共取得具有很强实践指导意义和推广价值的技术进步与创新成果 15 项以上,多项技术成果获得专利或正在申报专利。主要方面有:

(1)喷射混凝土 + 两次模筑混凝土的三层结构。鄂拉山和姜路岭隧道海拔约 4300m,高寒缺氧,昼夜温差大,分布连续高含冰量多年冻土和大变形碳质页岩,地质条件极其复杂,两座隧道既是多年冻土隧道,也是高寒隧道,面临既要降温减小多年冻土融化、又要保温防止高寒隧道冻融破坏的双重难题。因此,在设计中从内到外采用喷射混凝土 + 两次模筑混凝土的三层结构,并在喷射混凝土与一次模筑之间设置隔热层,以减小模筑混凝土水化热对多年冻土的影响;在二次模筑靠近洞内表面,设置保温层,以防止衬砌结构冻融破坏和运营中热量传入地层。同时,两次模筑混凝土也大大提高了衬砌整体强度和刚度,增强了多年冻土围岩在施工开挖消融回冻期间的支撑作用,提高了施工和运营期的安全性。此项技术获国家实用新型专利。

(2)打破常规黑色吸热的思维模式,采用简易黑色防护网解决隧道洞口边仰坡冻土融塌、突破多年冻土隧道开挖。在鄂拉山、姜路岭两座多年冻土隧道洞口开挖中,通过对高原冻土融化原理的分析研究,成功应用黑色防晒网有效隔断太阳辐射,减缓多年冻土吸热融化作用。经过网内、网外的温度监测对比,搭设单层防晒网后,网内温度平均降低 6 ~ 8℃左右;搭设双层防晒网后,网内温度平均降低 7 ~ 10℃,有效迟缓了冻土融化,使多年冻土隧道顺利实现进洞,并最终实现隧道贯通,取得了较好的安全效益、经济效益(与最初专家论证会确定的遮阳网方案,节约资金近千万元)、环保效益(较好地保护了多年冻土)、社会效益;而且操作简单方便、快速可行,为今后类似工程探寻出了成功经验。

(3)创新多年冻土段隧道防寒泄水洞设置理念。共玉公路全线共设置 5 处 9 座隧道,其中鄂拉山隧道(双线)和姜路岭隧道(双线)穿越多年冻土区。原设计中进、出口段主洞路面高程以下5.0m处，分别设置1.8m高防寒泄水洞，防寒泄水洞总长3600m。多年冻土区隧道开挖施工，会不可避免地在隧道周边产生一定范围的冻土消融圈(3~5m)；原设计主洞与泄水洞的冻土融化圈将会重叠，即冻土上下融化贯通，就将出现融沉和塌陷现象，严重威胁主洞安全，也对泄水洞安全造成影响。在充分考虑多年冻土的特性后，打破在主洞正下方设置防寒泄水洞的传统思路，创新地提出洞口多年冻土段防寒泄水洞在左、右洞之间合并设置的新理念，减少了施工过程中主洞和防寒泄水洞的相互影响，且防寒泄水洞的长度减少了一半，既保证了隧道的安全、降低了施工难度、加快了施工工期，又节约了工程造价(2000余万元)，创新了多年冻土地区段隧道防寒泄水洞的设计理念。此项技术获国家实用新型专利。

简易黑色防护网

(4)创新采用跟管工艺施工法，成功解决多年冻土段隧道进洞难题。鄂拉山隧道为特长隧道，左洞长4695m，右洞长4635m。海拔4295.3~4305.5m。多年冻土浅埋段(洞口埋深仅1.9m)，地表富冰含水量大，且土体碎石、块石含量大，钻杆在钻孔过程中与孔壁冻土高速摩擦发生热传导，导致孔壁周圈冻土融化，发生孔内坍塌卡钻无法成孔，常规管棚施工难度极大，无法突破。根据现场实际，通过深入分析塌孔原因和成孔工艺，决定采用跟管工艺施工法，即采用钻机钻杆前端加装偏心钻具扩孔同步带进钢管套的钻进技术，并依据导向钻头内置的定位传感器传出的角度信号，对钻进角度进行调节，使管棚按设计轨迹钻进。此创新技术有效解决了冻土融化导致的管棚塌孔问题，顺利实现进洞，并为今后类似工程积累了成功经验，具有较好的推广应用价值。

(5)用热棒群对多年冻土区隧道浅埋段进行主动热防护稳定处理技术。为提高多年冻土隧道洞口浅埋段的稳定性，在洞口浅埋段采用热棒新技术进行加固稳定处理。通过在隧道洞顶地表设置热棒群，利用热棒极高的灵敏度和制冷效率，达到消除热干扰，加固冻土围岩的作用。经近3年的监测情况来看，多年冻土地温降温在2℃以下；隧道洞口沉降持续观测结果，比较稳定；为隧道投入运营和保证运营安全奠定了坚实基础，取得良好效果。此项技术获国家发明专利。

隧道洞顶热棒群

（6）在热融湖塘路段,创新采用石渣路基。在热融湖塘段,设计采用粗颗粒砂砾填筑。在此区域,粗颗粒砂砾料极度缺乏（高海拔高寒多年冻土区的实际现状）,且在填筑砂砾后仍不稳定的情况下,通过技术经济比选,采用就近石料厂废弃石渣进行填筑。经4年多施工车辆行驶碾压情况来看,路基比较稳定,取得较好效果。此法被交通运输部多年冻土野外观测基地采纳,基地试验观测段建设中增做石渣路基段,做进一步观测研究分析。

（7）采用振动喂料机筛选生产线,成功解决了多年冻土片石通风路基施工难题。共玉公路在多年冻土路段,路基设计采用了70km长的片石通风路基。片块石路基的优势是有效降低路面吸热的传导,阻隔路面所吸热量传至多年冻土层,保护冻土的稳定状态。但片石的加工、采取成了制约工程进展和保证质量的一大难题。采用了振动喂料机筛选生产线,投资小,既保证了料的质量,又加快了工程进度,质量效果和进度效益明显。

（8）创新运用垂直旋喷桩地表处理技术成功处理隧道溜坍段。通天河隧道是共玉公路上的一座特长隧道,左、右洞分离设置,左线长3032m,右线长3075m。进口在穿越洞口超浅埋段时遭遇粉砂层,开挖揭示掌子面全部为粉砂,边墙多次出现粉砂层垮塌现象,既存在安全隐患,回填坍腔又浪费材料,又耽误施工进度。针对以上问题,充分考虑既有设备资源,打破隧道穿越粉砂层采用钢插板法、超前预注浆法、水平旋喷搅拌桩法及冻结法等传统处理方式,创新运用垂直旋喷桩地表处理技术成功处理溜坍段,实施仅12d掌子面即恢复开挖,有效控制了隧道开挖过程中的收敛变形,保证了隧道施工安全,加快了施工进度,节约了工程造价。经对比,较超前预注浆和冷冻法,成本减少80万~200万元。且具有较好的推广应用价值。

（9）采用混凝土小矮墙加固拱脚技术,突破地质复杂路段隧道施工。雁口山隧道海拔4333m,进口200m均处于浅埋段,围岩遇水呈泥浆状,流坍严重,稳定性极差,隧道变形控制难度极大。采取小矮墙加固措施后,在软弱地层隧道开挖下导时隧道变形得到了明显缓解,有效控制了由于地基承载力不足而导致的隧道大变形,极大提高了隧道施工的安全系数,确保了隧道施工的安全,加快施工进度。此项目技术的成功应用,为高寒地区软弱围岩隧道开挖变形控制、保证安全和工期等方面,创出了成功经验,具有很强的实用指导价值。

(10)全面创新高海拔高寒地区公路建设生态防护理念。被誉为"中华水塔"的青藏高原,由于其高寒、高海拔、气候异常复杂等自然条件的影响,生态环境极其脆弱;植被一旦破坏,很难恢复。在建设中,坚持"最大努力的保护、最小限度的破坏、最大程度的恢复、最大能力的投入"原则,全面创新和落实了生态防护环保理念和措施,积极探索实践路基清表草皮移植技术、高寒高海拔地区植草技术,取得成功突破,成功创新实施了公路高边坡生态防护技术。

## (五)运营养护管理

### 1.服务区设置

全线设置河卡服务区、兴海五道河停车区、温泉停车区、花石峡停车区、黄河沿服务区、野牛沟停车区、清水河停车区、珍秦服务区等8处服务区或停车区,见表10-5-5。

**G0613共和至玉树段服务区、停车区一览表**  表10-5-5

| 高速公路编码 | 服务区名称 | 桩号 | 所在区域 | 建筑面积(m²) |
|---|---|---|---|---|
| G0613 | 河卡服务区 | K218+900 | 河卡 | 7391.30 |
| G0613 | 兴海五道河停车区 | K238+500 | 兴海岔口 | 2315.04 |
| G0613 | 温泉停车区 | K319+300 | 温泉 | 14514.10 |
| G0613 | 花石峡停车区 | K391+100 | 花石峡 | 2315.04 |
| G0613 | 黄河沿服务区 | K465+100 | 黄河沿 | 7391.30 |
| G0613 | 野牛沟停车区、养护工区 | K542+400 | 野牛沟 | 4220.03 |
| G0613 | 清水河停车区 | K665+450 | 清水河 | 819.84 |
| G0613 | 珍秦服务区 | K716+450 | 珍秦 | 5255.96 |

### 2 养护管理

本项目共设置养护工区7座,其中通天河养护工区为独立工区;其他工区是与收费站及停车区同址分建,分别为河卡工区、温泉工区、花石峡工区、野牛沟工区、清水河工区、珍秦工区。

### 3.收费设施

本项目于2017年8月1日正式收费运营,全线共设置塔拉、结古2座主线收费站和铁盖、河卡、兴海、温泉、花石峡、玛多、青根河、清水河、珍秦、歇武等10座匝道收费站,见

表 10-5-6。

**G0613 共和至玉树段收费设施一览表**　　　　　表 10-5-6

| 收费站名称 | 桩　号 | 入口车道数 | | 出口车道数 | | 收费方式 |
|---|---|---|---|---|---|---|
| | | 总车道 | ETC 车道 | 总车道 | ETC 车道 | |
| 塔拉主线收费站 | K156+540 | 12 | 1 | 12 | 1 | ETC |
| 铁盖收费站 | K195+630 | 3 | 1 | 4 | 1 | |
| 河卡收费站 | K221+200 | 3 | 1 | 4 | 1 | |
| 兴海岔口收费站 | K239+400 | 3 | 1 | 6 | 1 | |
| 青根河收费站 | K267+341 | 3 | 1 | 4 | 1 | |
| 温泉收费站 | K317+360 | 3 | 1 | 4 | 1 | |
| 花石峡收费站 | K388+515 | 3 | 1 | 4 | 1 | |
| 玛多收费站 | K466+300 | 3 | 1 | 4 | 1 | |
| 清水河收费站 | K668+825 | 3 | 1 | 4 | 1 | |
| 珍秦收费站 | K720+560 | 3 | 1 | 4 | 1 | |
| 歇武镇收费站 | K763+807 | 2 | 1 | 3 | 1 | |
| 结古主线收费站 | K795+553 | 4 | 1 | 9 | 1 | |

4. 监控系统

本项目设置共玉监控分中心,实行集中监控模式,负责全线的收费、道路、隧道运营监控及路况信息的收集、上传及发布工作,与塔拉主线收费站合建;另设歇武隧道监控所,负责通天河和雁口山隧道监控工作。

# 第六节　G0615(德马高速公路)青海段

G0615(德马高速公路)德令哈至马尔康高速公路是国家高速公路网 G6 京藏高速的一条重要联络线,在规划中属远期展望线,其中青海境内路段也是国家深入实施西部大开发战略重点公路规划方案"八纵八横"中"纵八"阿勒泰-广州公路的组成部分。青海境内起自海西蒙古族藏族自治州德令哈市,途经香日德、花石峡、大武、门堂、久治等,终于果洛藏族自治州久治县分水岭(青川界),规划里程 694km。该公路将海西州柴达木盆地与玉树、果洛藏族自治州紧密相连,并且东南通四川阿坝、成都,西北可达新疆塔里木盆地,是新疆、青海、四川 3 省(区)便捷沟通的大通道(简称新青川大通道),在西部地区公路网中处于承东启西的重要地位。

G0615(德马高速公路)青海段(德令哈—久治省界)共有 4 个项目组成,分别是:①德令哈至香日德段。于 2016 年 10 月建成通车,全长 165km,双向四车道,设计速度 100km/h,路基宽度为 19m。②香日德至花石峡段。于 2016 年 10 月建成通车,全长 155.19km,双向四车道,设计速度80km/h,路基宽度18.5m。③花石峡至大武段。于2017年9月建成通车,全长155.87km,双向四车道,设计速度80/60km/h,路基宽度为19m。④大武至久治段,于2017年9月建成通车,全长233.3km,双向四车道,设计速度80/60km/h,路基宽度为19m。

上述通车路段均由青海省高等级公路建设管理局负责运营管理,具体养护工作由青海省公路局下属海西、格尔木及果洛公路总段负责。

G0615(德马高速公路)青海段路网位置示意图

## 一、G0615 德令哈至香日德段(建设期2013.8—2016.10)

### (一)项目概况

**1. 功能定位**

德香高速公路位于青藏高原东北部青海省海西州德令哈市、乌兰县、都兰县境内,是国家高速公路G0615德令哈至马尔康公路青海境内的路段之一。该路段在德令哈与国家高速公路G0612西宁至和田公路相连,在香日德镇与京藏高速G6相连,是国家高速公路G0612、G6以及国道315线、国道109线之间的重要连接线。它的建设,对于完善青海省高速公路网、促进公路与青藏、青新铁路的有机衔接、形成综合运输网络、构建新青川大通道、加快柴达木资源开发、促进沿线旅游业发展以及牧民群众脱贫致富等,具有十分重要的意义。

**2. 技术标准及建设规模**

采用双向四车道,设计速度100km/h,路面宽度19m。桥涵设计荷载采用公路-Ⅰ级,地震基本烈度7度,设计洪水频率特大桥1/300、大中小桥涵洞1/100。

路线全长146.44km,概算投资36.24亿元。路基土石方$835.6 \times 10^4 m^3$,排水防护工程$17.4 \times 10^4 m^3$,路面基层$559 \times 10^4 m^2$,路面面层$556 \times 10^4 m^2$,涵洞兼动物通道共214道,互通式立交2处,分离式立交1处,特大桥1627m/1座,大桥1343m/9座,中桥819.32m/12座,小桥539.52m/25座。设收费站1处,服务区1处,养护工区1处,紧急停车带42×2处。房建总面积26247.27$m^2$。

3. 地形地貌及主要控制点

项目路线所经地均为低山微丘及平原,海拔2800~3100m,以荒漠、戈壁、盐碱沼泽及水草地为主。

穿越戈壁的德香高速公路

主要控制点:德令哈市、乌兰县、都兰县。

4. 开工及通车时间

2013年8月开工建设,2016年10月建成通车,2016年10月14日通过交工验收。

G0615德令哈至香日德段桥梁汇总见表10-6-1,路面结构见表10-6-2。

G0615德令哈至香日德段桥梁汇总表　　　表10-6-1

| 规模 | 序号 | 名称 | 桥长（左） | 桥长（右） | 主跨长度（米） | 结构类型 | 跨越障碍物 |
|---|---|---|---|---|---|---|---|
| 特大桥 | 1 | 香日德河特大桥 | 1627 | 1627 | 30 | 钢筋混凝土连续梁桥 | 河流 |
| 大桥 | 1 | 马鞍子大桥 | 167 | 167 | 20 | 钢筋混凝土连续梁桥 | 河流 |
| 大桥 | 2 | 灶火3号桥 | 107 | 107 | 20 | 钢筋混凝土连续梁桥 | 河流 |
| 大桥 | 3 | 灶火4号桥 | 247 | 247 | 20 | 钢筋混凝土连续梁桥 | 河流 |
| 大桥 | 4 | 素棱郭勒河大桥 | 107 | 107 | 20 | 钢筋混凝土连续梁桥 | 河流 |
| 大桥 | 5 | 素棱郭勒河1号大桥 | 167 | 167 | 20 | 钢筋混凝土连续梁桥 | 河流 |
| 大桥 | 6 | 素棱郭勒河2号大桥 | 147 | 147 | 20 | 钢筋混凝土连续梁桥 | 河流 |
| 大桥 | 7 | 铁卜奎河大桥 | 147 | 147 | 20 | 钢筋混凝土连续梁桥 | 河流 |

续上表

| 规模 | 序号 | 名称 | 桥长（左） | 桥长（右） | 主跨长度（米） | 结构类型 | 跨越障碍物 |
|---|---|---|---|---|---|---|---|
| 大桥 | 8 | 巴彦河1号大桥 | 127 | 127 | 20 | 钢筋混凝土连续梁桥 | 河流 |
| 大桥 | 9 | 巴彦河2号大桥 | 127 | 127 | 30 | 钢筋混凝土连续梁桥 | 河流 |
| 中桥 | 1 | 巴音郭勒河中桥 | 87 | 87 | 20 | 钢筋混凝土连续梁桥 | 河流 |
| 中桥 | 2 | 分离式立交 | 86.32 | 86.32 | 16 | 钢筋混凝土简支梁桥 | 河流 |
| 中桥 | 3 | 匝道跨线桥 | 86.6 | 86.6 | 20 | 钢筋混凝土连续梁桥 | 河流 |
| 中桥 | 4 | 毛尕秀1号中桥 | 67 | 67 | 20 | 钢筋混凝土连续梁桥 | 河流 |
| 中桥 | 5 | 毛尕秀2号中桥 | 67 | 67 | 20 | 钢筋混凝土连续梁桥 | 河流 |
| 中桥 | 6 | 毛尕秀3号中桥 | 67 | 67 | 20 | 钢筋混凝土连续梁桥 | 河流 |
| 中桥 | 7 | 灶火1号桥 | 54.28 | 54.28 | 16 | 钢筋混凝土简支梁桥 | 河流 |
| 中桥 | 8 | 灶火2号桥 | 54.28 | 54.28 | 16 | 钢筋混凝土简支梁桥 | 河流 |
| 中桥 | 9 | 灶火5号桥 | 54.28 | 54.28 | 16 | 钢筋混凝土简支梁桥 | 河流 |
| 中桥 | 10 | 灶火6号桥 | 54.28 | 54.28 | 16 | 钢筋混凝土简支梁桥 | 河流 |
| 中桥 | 11 | 灶火7号桥 | 54.28 | 54.28 | 16 | 钢筋混凝土简支梁桥 | 河流 |
| 中桥 | 12 | 长山中桥 | 87 | 87 | 20 | 钢筋混凝土连续梁桥 | 河流 |

德令哈至香日德高速公路路面结构表　　　表10-6-2

| 路面形式 | 起讫里程 | 长度(m) | 路面结构 |
|---|---|---|---|
| 柔性路面 | K11+700~k158+139.416 | 146439.416 | 4cm AC-16中粒式沥青混泥土+5cm AC-20中粒式沥青混泥土+1cm沥青同步碎石+18cm水泥稳定碎石；18cm水泥稳定碎砾石(参配20%~25%碎石)+25cm或30cm级配砂砾,总厚度为71cm或76cm。一般路段采用25cm,水草地、盐渍土路段采用30cm |

5.项目建设背景及前期决策情况

2012年,青海省交通厅为贯彻落实国务院《关于支持青海等省藏区经济社会发展的若干意见》和中共中央国务院召开的第五次西藏工作座谈会精神,完善国家、区域和青海省公路网,构建新青川便捷省际公路通道,正式启动本项目建设工作。2013年7月15日,青海省发展和改革委员会以《关于德令哈至香日德公路扩建工程可行性研究报告的批复》(青发改基础〔2013〕1012号),批准建设。

6.参建单位主要情况

(1)建设单位

青海省高等级公路建设管理局

(2)设计单位

青海省公路科研勘测设计院

(3) 招投标工作

依据相关招标投标法规及管理制度,德令哈至香日德高速公路土建工程、路面工程、交通工程的施工、监理招标工作,由青海省高等级公路建设管理局分别委托北京中交建设招标有限公司、青海路达交通建设招标有限公司,进行了公开招标。

土建工程施工及施工监理于 2013 年 6 月开标,中心试验室于 2013 年 7 月开标,路面工程施工及施工监理于 2014 年 9 月开标,交通安全设施工程施工及施工监理于 2015 年 3 月开标,房建、机电工程施工监理于 2015 年 4 月开标,房建工程施工于 2015 年 4 月开标,机电工程施工于 2015 年 8 月开标。

(4) 施工单位

通过招投标,本项目由青海省正平路桥建设股份有限公司、中铁五局有限公司、青海省海南天和路桥工程有限公司等 22 家施工单位参与建设,其中土建工程 9 家,路面工程 4 家,房建工程 3 家,交通工程 4 家,机电 2 家。

(5) 施工监理单位

本项目设置土建工程监理办公室 3 个,路面工程监理办公室 2 个,交通安全监理办公室 1 个,房建、机电工程监理办公室 1 个。

G0615 德令哈至香日德段参建单位见表 10-6-3。

**G0615 德令哈至香日德段参建单位表**　　　表 10-6-3

| 序号 | 参建单位 | 单 位 名 称 | 合同段编号及起讫桩号 | 工 程 内 容 | 主要负责人 |
|---|---|---|---|---|---|
| 1 | 项目管理单位 | 青海省高等级公路建设管理局 | K11+700~K158+139.416 | | 韩石 |
| 1 | 勘察设计单位 | 青海省公路科研勘测设计院 | K11+700~K158+139.416 | 全线设计 | 岳刚 |
| 1 | 施工单位 | 正平路桥建设股份有限公司 | DXTJ-01 K11+700~K33+000 | 土石方、桥涵、互通立交 1 处 | 韩宝全 |
| 2 | | 中交一公局第五工程有限公司 | DXTJ-02 K33+000~K57+000 | 土石方、桥涵 | 张剑英 |
| 3 | | 青海路桥建设股份有限公司 | DXTJ-03 K57+000~K67+500 | | 佟闯 |
| 4 | | 青海省海西公路桥梁有限责任公司 | DXTJ-04 K67+500~K87+294.492 | | 李存龙 |
| 5 | | 青海省海南天和路桥工程有限公司 | DXTJ-05 K87+600~K110+600 | | 谢承旭 |
| 6 | | 青海威远路桥有限责任公司 | DXTJ-06 K110+600~K128+000 | | 张文钰 |
| 7 | | 正平路桥建设股份有限公司 | DXTJ-07 K128+000~K136+500 | 土石方、桥涵(特大桥 1 座) | 李彦 |
| 8 | | 武通路桥工程局第一工程处 | DXTJ-08 K136+500~K158+139.416 | | 田勇 |

续上表

| 序号 | 参建单位 | 单位名称 | 合同段编号及起讫桩号 | 工程内容 | 主要负责人 |
|---|---|---|---|---|---|
| 9 | 施工单位 | 中铁五局(集团)有限公司 | DXYZK11+700~K158+139.416 | 全线所有梁板预制及安装 | 贺定安 |
| 10 | | 湖南环达公路桥梁建设总公司 | DXLM-01K11+700~K48+500 | 路面工程施工 | 李志东 |
| 11 | | 中铁十五局集团第五工程有限公司 | DXLM-02K48+500~K87+294.492 | | 张永昌 |
| 12 | | 中交二公局第三工程有限公司 | DXLM-03K87+294.492~K124+000 | | 廉福明 |
| 13 | | 吉林省建设集团有限公司 | DXLM-04K124+000~K158+139.461 | | 朱堆仓 |
| 14 | | 湖南省金达工程建设有限公司 | DXJA-01K11+700~K49+600 | 标段范围内标志、标线、护栏、隔离栅、防抛网、防眩设施、视线诱导标、防撞设施、里程碑、百米碑、公路界碑等工程的施工 | 谢戈 |
| 15 | | 河北龙威交通工程有限公司 | DXJA-02K49+600~K87+294.491 | | 张成福 |
| 16 | | 湖北省高速公路实业开发有限公司 | DXJA-03K87+600~K128+000 | | 周伟 |
| 17 | | 安徽省现代交通设施工程有限公司 | DXJA-04K128+000~K165+685.287 | | 李磊 |
| 18 | | 重庆市渝海建设(集团)有限公司 | DXFJ-01 | 德令哈主线收费站,建筑面积7362.17m² | 朱明照 |
| 19 | | 四川弘润建筑工程有限公司 | DXFJ-02 | 查干格勒养护工区及服务区,建筑面积10490.29m² | 邹阅 |
| 20 | | 青海青成建设工程有限公司 | DXFJ-03 | 香日德东管理分中心及养护工区,建筑面积8394.81m² | 张宝岳 |
| 21 | | 陕西公路交通科技开发咨询公司 | DXJD-01K0+000~K165+685.287 | 机电管道铺设及设备安装 | 孙钊 |
| 22 | | 陕西汉唐计算机有限责任公司 | DXJD-02K0+000~K165+685.287 | | 李志超 |
| 1 | 监理单位 | 青海省交通工程监理处 | 路基一监理办K11+700~K67+500 | | 韩德明 |
| 2 | | 西安方舟工程咨询有限责任公司 | 路基二监理办K67+500~K110+600 | | 史寿福 |
| 3 | | 重庆中宇工程咨询监理有限责任公司 | 路基三监理办K110+600~K158+139.416 | | 辛大伟 |
| 4 | | 青海省交通工程监理处 | 路面一监理办K11+700~K87+294.492 | | 韩德明 |
| 5 | | 西安方舟工程咨询有限责任公司 | 路面二监理办K87+294.492~K158+139.461 | | 史寿福 |
| 6 | | 山东省滨州市公路工程监理咨询公司 | 交安监理办K11+700~K165+685.287 | 全线 | 谢春生 |
| 7 | | 山东齐鲁城市建设管理有限公司 | 房建机电监理 | (房建、机电) | 何建忠 |
| 1 | 设计咨询单位 | 青海交通工程咨询中心 | | 全线设计审查 | |

## (二)建设情况

**1. 项目审批**

本项目严格执行公路建设程序,各阶段审批手续齐全。具体如下:

(1)2013年7月15日,青海省发展和改革委员会以青发改基础〔2013〕1012号文批复《关于德令哈至香日德公路扩建工程可行性研究报告》。

(2)2012年10月22日,青海省交通厅以青交公〔2012〕586号文批复《关于德令哈至香日德公路初步设计》。

(3)2013年5月11日,青海省林业厅印发《关于同意德令哈至香日德公路扩建工程穿越青海柴达木梭梭林自然保护区的复函》(青林动函〔2013〕374号)。

(4)2013年9月10日,青海省交通厅以青交公〔2013〕526号文批复《德令哈至香日德公路扩建工程两阶段施工图设计》。

(5)2013年9月16日,省交通建设工程质量监督局印发德香公路《公路工程质量安全临时监督通知书》。

(6)2013年9月28日,青海省国土资源厅下发《地质灾害危险性评估报告备案登记表》(青地灾评〔2013〕258号)。

(7)2013年12月11日,青海省国土资源厅下发《关于德令哈至香日德公路工程压覆矿产资源调查评估报告的审查意见》(青国土资矿〔2013〕382号)。

(8)2014年3月13日,青海省水土保持局下发《关于德令哈至香日德公路扩建工程水土保持方案的批复》(青水水保〔2014〕53号)。

(9)2014年8月15日,青海省国土资源厅下发《关于德令哈至香日德公路扩建工程项目用地预审意见的函》(青国土资预审〔2014〕39号)。

(10)2015年9月15日,青海省环境保护部下发《关于德令哈至香日德公路扩建工程环境影响报告书的批复》(青环发〔2015〕375号)。

**2. 资金筹措**

本项目概算投资36.24亿元,其中资本金、国内银行贷款各占总投资的50%,由青海省交通运输厅筹措解决。

**3. 征地拆迁**

本项目沿线经过德令哈市、乌兰县、都兰县。共计1个市、2个县。

征迁工作主要内容包括:签订协议、界定征地界限、办理永久性占地报批手续。永久占地内附着物的拆除。各种电力线路的迁移、改建。临时及借土占地的征用。

遵循的政策法规:《中华人民共和国土地管理法》,青海省人民政府《关于公布征地统一年产值标准和区片综合地价的通知》（青政〔2010〕26号文）。青海省人力资源和社会保障厅《关于进一步加快推进被征地农民社会养老保险工作的通知》。

主要做法：项目部设征迁领导小组，由专人负责征迁工作，并积极加强与各级政府的协调，形成完善的拆迁工作体系，使征地拆迁工作层层有人管、层层有人抓。征地拆迁工作实行群众参与、各级政府层层签订责任书，采取"四到位""四现场"的做法，即县、乡、村、户四方到场，现场丈量、现场清点、现场签字、现场盖章。2013年7月，青海省国土资源厅、海西州人民政府分别召开德香高速公路征地拆迁动员大会。随后，项目办组织有关人员对沿线1市2县开展了征迁工作，对土地及附着物进行了清点、登记造册、签字确认。在海西州各级政府大力支持下，2013年8月底基本完成主线征迁工作。2013年8月至2014年4月，青海省高等级公路建设管理局与德令哈市、乌兰县、都兰县签订了征迁合同协议。本项目共占用土地1155.16hm²（公顷），没有拆迁房屋，总计发生费用2963万元。

4. 实施过程

德香高速公路工程特殊路基路段较多，质量要求高，技术难度大。建设单位以"创建一流形象、打造一流工程、做出一流贡献"为宗旨，严格遵循基本建设程序，加强合同管理、工程监理和质量监管，强化施工现场管理，注重科技创新，强化环保意识和安全生产，按期顺利实现通车目标。

（1）土建工程于2013年8月开工，2014年11月完工。

（2）路面工程于2015年4月开工，2015年10月完工。

（3）房建工程于2015年4月开工，2016年10月完工。

（4）交通安全设施工程于2015年9月开工，2016年9月完工。

（5）机电工程于2015年4月开工，2016年10月完工。

（6）2016年10月14日，青海省高等级公路建设管理局组织专家，对德香高速公路建设项目进行了交工验收。

5. 重大事件

2013年7月17日，德令哈至香日德高速公路召开开工动员大会。

2013年7月19日，德香高速公路召开征地拆迁动员会议。

2014年4月12日，省交通厅厅长韩建华、副厅长王永祥一行，走访慰问德香高速公路参建单位。

2014年6月6日，省交通厅巡视员王廷栋带领相关专家，调研解决德香高速公路建设中地震液化、盐碱沼泽等不良地质的疑难问题。

2015年11月4日，省运输交通厅厅长马吉孝、副厅长王永祥一行，调研指导德香高速公路建设工作。

2016年11月3日,省交通运输厅副厅长陶永利一行,调研指导德香高速公路建设工作。

2015年5月29日,省交通运输厅王永祥副厅长到德香高速公路进行调研。

2015年8月11日,省交通运输厅马忠英副厅长到德香高速公路进行调研。

2015年11月3日,省交通运输厅厅长马吉孝一行,到德香公路调研指导工作。

2016年3月31日,省交通运输厅陶永利副厅长一行到德香高速公路调研。

2016年10月14日,省高等级公路建设管理局组织专家对德香高速公路进行了交工验收。

(三)复杂技术工程

复杂技术工程主要为香日德河特大桥和特殊路基处理。

1.香日德河特大桥

(1)工程概况

香日德河特大桥在主线K135+403处,跨越香日德河。整体地貌属冲洪积形成的半戈壁平原,地势西高南低。桥梁上部结构为54-30.0m装配式后张法预应力混凝土箱梁(先简支后连续),桥梁全长为1627m。下部结构采用柱式墩台,钻孔灌注桩基础(本项目主要分布为中、弱盐渍土,对本桥涵构造物的影响较小,所以桥涵构造物基础采用钻孔灌注桩)。路线与河道的夹角(右夹角)约为120°。本桥平面位于$R=3500m$的左偏圆曲线上,纵断面纵坡-0.41%,墩台径向布置。

(2)技术特点及难点

该桥技术难点主要集中在桩基础上。由于该桥地处海西地区沙漠地段,地质结构以风积沙为主,且桩基深度较深(40m),在施工过程中极易出现塌孔、缩孔、断桩等问题。为有效解决该问题,经参建各方研究分析,并参考同类地区相关经验,该桥采用成孔速度适中的循环钻成孔,并根据实际情况适当加大护壁泥浆比重,同时采用永久性钢护筒对地质薄弱的桩基顶部进行支护,有效解决了塌孔等病害问题。

2.特殊路基处理

特殊路基为对公路有影响的沙土液化与水草盐碱沼泽共生路段,长13.4km;其中严重段为5.9km,中等段为7.5km。

处治工艺为:液化中等路段,地基采用强夯置换处治;液化严重路段,根据地下水位高度情况和液化土层厚度,分别采取砾石桩和强夯置换处治;路基下部填筑0.8~1.2m厚的砂砾,压实后再进行冲击碾压,并在路基两侧设置反压护道和排水沟。冲击碾压路段段落桩号为K15+500~K15+720、K66+500~K66+700、K104+000~K104+400;强夯置换段段落桩号为:K65+100~K65+130、K94+220~K97+198、K99+635~K100+150、K108+570~K108+943、K109+060~K109+490、K123+752~K123+960;砾石桩段段落桩号为:K63+350~K63+400、K75+800~K75+910、K76+030~K77+033。

德香高速公路

本项目所经地区地震液化、盐碱沼泽等不良地质较多,为确保工程质量,项目办邀请省内外专家,共同研究编制了《冲击碾压施工指导手册》《强夯置换施工指导手册》及《砾石桩施工指导手册》等指导性文件,对各项特殊路基处理工艺的施工工艺、技术标准及检测项目等,进行了明确规定,为特殊路基工程施工及检测起到了指导性作用,确保了工程质量。

(四)科技创新

德香高速公路建设中,采用了新材料、新技术、新工艺、新设备;同时,开展了多项科研工作。

1.《盐碱沼泽对桥涵下部结构的腐蚀损伤机理及防治技术研究》

该科研项目依托在建的德令哈至香日德高速公路建设项目开展,并与长安大学共同组建了课题研究小组,于2014年6月13日召开项目申报评审会,正式立项。

该项目主要研究内容:分析总结西北地区盐渍土的主要类型、分布、工程性质及常见病害对公路工程的影响。通过对设置试验路基段和室内试验相结合的方法,对影响盐渍土地区桥涵及构造物腐蚀的主要因素、腐蚀机理以及综合防腐蚀措施进行了深入研究,提出盐渍土地区公路桥涵及构造物防腐蚀的"隔、阻、缓"设计理念及应用技术。目前该课题已进入报告编写阶段。

2.《地震液化及与盐碱沼泽共生地基处理技术研究》

该科研项目主要研究内容包括:对德香高速公路区域特征进行深入的研究;开展可液

化土及水草盐碱沼泽地基土特性指标实验分析;对地震液化及与盐碱沼泽共生地基处理方案进行优化研究。通过前期实验数据分析,提出地震液化土地基有效加固深度;制定合理的试验实施方案,总结地震液化与水草盐碱沼泽共生路段地基设计方法和复合地基承载力验算标准指标。

### (五)运营养护管理

1. 养护管理

德令哈至香日德高速公路由青海省公路局海西公路总段德令哈公路段负责养护。

2. 收费设施

根据青海省人民政府《关于同意在茶卡至格尔木、香日德至花石峡、德令哈至香日德三条高速公路设置收费站的批复》(青政函〔2016〕60号),本项目共设置德令哈南主线、香日德南匝道2个收费站。截至2016年底,匝道出、入口数量共计18条,其中ETC车道6条。见表10-6-4。

G0615德令哈至香日德段收费设施一览表　　　　表10-6-4

| 收费站名称 | 桩号 | 入口车道数 | | 出口车道数 | | 收费方式 |
|---|---|---|---|---|---|---|
| | | 总车道 | ETC车道 | 总车道 | ETC车道 | |
| 德令哈南主线收费站 | K13+850 | 4 | 2 | 8 | 2 | 封闭式联网收费 |
| 香日德南匝道收费站 | K6+643 | 3 | 1 | 3 | 1 | |

3. 监控系统

本项目设置香日德监控分中心,负责全线的道路运营监控及路况信息的收集、上传及发布工作。

4. 交通量流量

德令哈至香日德高速公路2016年各收费站日平均交通量总和249辆/日。

## 二、G0615香日德至花石峡段(建设期2012.6—2016.10)

### (一)项目概况

1. 功能定位

香日德至花石峡公路位于青海省海西州都兰县及果洛州玛多县境内,是国家高速公路G0615德令哈至马尔康线路青海境内路段之一。该公路在香日德镇与G6京藏高速、G0615德令哈至香日德段相连,实现G6京藏高速与G0613西宁至丽江公路的衔接转换。本项目的建设,对完善国家、区域和青海省公路网、构建新青川省际公路通道、促进海西州优势资源开发、巩固国防、提高交通应急救援与抗灾保通能力、促进沿线牧民群众脱贫致富等,具有重要的战略意义。

2.技术标准及建设规模

采用双向四车道高速公路标准建设,设计速度 80km/h,路基宽度 18.5m。桥涵设计荷载采用公路-Ⅰ级。设计洪水频率特大桥 1/300、大中小及涵洞 1/100,地震动峰值加速度系数 0.10~0.30g。

路线全长 155.19km,概算投资 42.17 亿元。路基土石方 $1281.86 \times 10^4 m^3$,防护工程 $26.1 \times 10^4 m^3$,设特大桥 1628.2m/1 座、大桥 6833.4m/23 座、中小桥 1762.86m/38 座、互通式立交 2 处、隧道 185m/1 处、涵洞 224 道、各类通道 46 道,临时主线收费站 1 处、匝道收费站 2 处、服务区 1 处。房建工程总建筑面积 $23163.91m^2$。

3.地形地貌及主要控制点

本项目区临柴达木盆地南缘,沿线地形大致分为香日德河冲洪积扇倾斜平原、香日德河河谷带状河谷冲洪积平原、挝桌依山越岭山区,挝桌依南坡间盆地,冬给措纳湖湖滨倾斜平原。

香花高速公路

主要控制点:都兰县香日德镇、香加乡、沟里乡、智益寺、玛多县挝卓依垭口、乌哇息沟、花石峡镇。

4.开工及通车时间

2012 年 6 月开工建设,2016 年 10 月交工通车。

G0615 香日德至花石峡段桥梁汇总见表 10-6-5,隧道汇总见表 10-6-6,路面结构见表 10-6-7。

5.项目建设背景及前期决策情况

香日德至花石峡公路是国家高速公路网和青海省高速公路网的重要组成部分,是连接柴达木盆地与玉树藏族自治州、果洛藏族自治州的快速通道,对促进青南地区社会经济全面、协调、可持续发展,具有重要作用。2008年,青海省交通厅便启动了该项目的前期工作。2013年,青海省交通厅以《关于香日德至花石峡公路扩建工程可行性研究报告的请示》(青交综规〔2013〕279号),上报青海省发展和改革委员会。2013年7月9日,青海省发展和改革委员会以《关于香日德至花石峡公路扩建工程可行性研究报告的批复》(青发改基础〔2013〕983号),批复了香花高速公路可行性研究报告。

**G0615 香日德至花石峡段桥梁汇总表**　　　　　　　　　　表10-6-5

| 规模 | 序号 | 名　称 | 桥长左(m) | 桥长右(m) | 主跨长度(m) | 结构类型 | 跨越障碍物 |
|---|---|---|---|---|---|---|---|
| 特大桥 | 1 | 岔口特大桥 | 1628.2 | 1628.2 | 30 | 钢筋混凝土连续梁桥 | 河流 |
| 大桥 | 1 | 哈拉晒大桥 | 167 | 167 | 20 | 钢筋混凝土连续梁桥 | 沟谷 |
| 大桥 | 2 | 江各大桥 | 107 | 107 | 20 | 钢筋混凝土连续梁桥 | 沟谷 |
| 大桥 | 3 | 卡可特尔1号大桥 | 107 | 107 | 20 | 钢筋混凝土连续梁桥 | 河流 |
| 大桥 | 4 | 卡可特尔2号大桥 | 307 | 307 | 20 | 钢筋混凝土连续梁桥 | 沟谷 |
| 大桥 | 5 | 按纳格贡大桥 | 147 | 147 | 20 | 钢筋混凝土连续梁桥 | 河流 |
| 大桥 | 6 | 卡可特尔3号大桥 | 307 | 307 | 20 | 钢筋混凝土连续梁桥 | 河流 |
| 大桥 | 7 | 卡可特尔4号大桥 | 127 | 127 | 20 | 钢筋混凝土连续梁桥 | 河流 |
| 大桥 | 8 | 达日洼纳卡1号大桥 | 967 | 967 | 20 | 钢筋混凝土连续梁桥 | 河流 |
| 大桥 | 9 | 达日洼纳卡2号大桥 | 507 | 507 | 20 | 钢筋混凝土连续梁桥 | 河流 |
| 大桥 | 10 | 达日洼纳卡3号大桥 | 247 | 247 | 20 | 钢筋混凝土连续梁桥 | 河流 |
| 大桥 | 11 | 达日洼纳卡4号大桥 | 307 | 307 | 20 | 钢筋混凝土连续梁桥 | 河流 |
| 大桥 | 12 | 达日洼纳卡6号大桥 | 707 | 707 | 20 | 钢筋混凝土连续梁桥 | 河流 |
| 大桥 | 13 | 儿勒龙1号大桥 | 207 | 207 | 20 | 钢筋混凝土连续梁桥 | 沟谷 |
| 大桥 | 14 | 儿勒龙2号大桥 | 107 | 107 | 20 | 钢筋混凝土连续梁桥 | 沟谷 |
| 大桥 | 15 | 达日洼纳卡5号大桥 | 107 | 107 | 20 | 钢筋混凝土连续梁桥 | 河流 |
| 大桥 | 16 | 多脚禾大桥 | 207 | 207 | 20 | 钢筋混凝土连续梁桥 | 沟谷 |
| 大桥 | 17 | 达里吉格塘大桥 | 107 | 107 | 20 | 钢筋混凝土连续梁桥 | 河流 |
| 大桥 | 18 | 智益村1号大桥 | 788.2 | 788.2 | 30 | 钢筋混凝土连续梁桥 | 河流 |
| 大桥 | 19 | 智益村2号大桥 | 147 | 147 | 20 | 钢筋混凝土连续梁桥 | 沟谷 |
| 大桥 | 20 | 赞却曲大桥 | 247 | 247 | 20 | 钢筋混凝土连续梁桥 | 河流 |
| 大桥 | 21 | 杂安去禾大桥 | 227 | 227 | 20 | 钢筋混凝土连续梁桥 | 沟谷 |
| 大桥 | 22 | 噉哇得河大桥 | 518.2 | 158.2 | 30 | 钢筋混凝土连续梁桥 | 河流 |
| 大桥 | 23 | 挝龙蛇当沟大桥 | 167 | 167 | 20 | 钢筋混凝土连续梁桥 | 河流 |
| 中桥 | 1 | 乌妥中桥 | 54.68 | 54.68 | 16 | 钢筋混凝土连续梁桥 | 河流 |
| 中桥 | 2 | 水渠中桥 | 54.68 | 54.68 | 16 | 钢筋混凝土连续梁桥 | 河流 |
| 中桥 | 3 | 尕洛坡中桥 | 67 | 67 | 20 | 钢筋混凝土连续梁桥 | 沟谷 |

续上表

| 规模 | 序号 | 名称 | 桥长左(m) | 桥长右(m) | 主跨长度(m) | 结构类型 | 跨越障碍物 |
|---|---|---|---|---|---|---|---|
| 中桥 | 4 | 得福胜中桥 | 87 | 87 | 20 | 钢筋混凝土连续梁桥 | 河流 |
| 中桥 | 5 | 前进中桥 | 67 | 67 | 20 | 钢筋混凝土连续梁桥 | 沟谷 |
| 中桥 | 6 | 莫可日中桥 | 67 | 67 | 20 | 钢筋混凝土连续梁桥 | 沟谷 |
| 中桥 | 7 | 侯特中桥 | 67 | 67 | 20 | 钢筋混凝土连续梁桥 | 沟谷 |
| 中桥 | 8 | 洪水川中桥 | 87 | 87 | 20 | 钢筋混凝土连续梁桥 | 匝道线 |
| 中桥 | 9 | 江各中桥 | 54.68 | 54.68 | 16 | 钢筋混凝土连续梁桥 | 沟谷 |
| 中桥 | 10 | 前各纳各热尔中桥 | 67 | 67 | 20 | 钢筋混凝土连续梁桥 | 沟谷 |
| 中桥 | 11 | 鄂罗哥龙洼1号中桥 | 54.68 | 54.68 | 16 | 钢筋混凝土连续梁桥 | 沟谷 |
| 中桥 | 12 | 鄂罗哥龙洼2号中桥 | 54.68 | 54.68 | 16 | 钢筋混凝土连续梁桥 | 沟谷 |
| 中桥 | 13 | 金矿中桥 | 67 | 67 | 20 | 钢筋混凝土连续梁桥 | 河流 |
| 中桥 | 14 | 智益中桥 | 67 | 67 | 20 | 钢筋混凝土连续梁桥 | 沟谷 |
| 中桥 | 15 | 格勒依沟中桥 | 67 | 67 | 20 | 钢筋混凝土连续梁桥 | 沟谷 |
| 中桥 | 16 | 敖哇得河中桥 | 45.08 | 45.08 | 20 | 钢筋混凝土连续梁桥 | 河流 |
| 中桥 | 17 | 乌哇怠河1号中桥 | 102.68 | 102.68 | 16 | 钢筋混凝土简支梁桥 | 河流 |
| 中桥 | 18 | 乌哇怠河2号中桥 | 67 | 67 | 20 | 钢筋混凝土连续梁桥 | 河流 |
| 中桥 | 19 | 乌哇怠河3号中桥 | 45.08 | 45.08 | 13 | 钢筋混凝土简支梁桥 | 河流 |
| 中桥 | 20 | 诺萨尔荆中桥 | 45.08 | 45.08 | 13 | 钢筋混凝土简支梁桥 | 沟谷 |
| 小桥 | | 共计18座 | | | | | |

**G0615香日德至花石峡段隧道汇总表** 表10-6-6

| 规模 | 名称 | 隧道全长左(m) | 隧道全长右(m) | 隧道净宽(m) | 隧道分类 | 洞门形式 | | | |
|---|---|---|---|---|---|---|---|---|---|
| | | | | | | 左线 | | 右线 | |
| | | | | | | 进口 | 出口 | 进口 | 出口 |
| 短隧道 | 察汗孟隧道 | 185 | 185 | 10.25 | 石质山岭隧道 | 削竹式 | 削竹式 | 削竹式 | 削竹式 |

**G0615香日德至花石峡段路面结构表** 表10-6-7

| 路面形式 | 起点里程 | 讫点里程 | 长度(m) | 结构形式 |
|---|---|---|---|---|
| 柔性路面 | K0+405 | K91+000 | 90595 | 4cm AC-13细粒式沥青混凝土+5cm AC-16C中粒式沥青混凝土+1cm沥青表处封层+17cm水泥稳定碎石+18cm水泥稳定砂砾(掺23%~27%碎石)+25cm(33cm)级配砂砾 |
| 柔性路面 | K91+000 | K106+400 | 15400 | 5cm AC-16c中粒式沥青混凝土+6cm AC-20C中粒式沥青混凝土+1cm沥青表处封层+17cm水泥稳定碎石+18cm水泥稳定砂砾(掺23%~27%碎石)+25cm级配砂砾 |
| 柔性路面 | K106+400 | K155+550 | 49150 | 4cm AC-13细粒式沥青混凝土+5cm AC-16C中粒式沥青混凝土+1cm沥青表处封层+17cm水泥稳定碎石+18cm水泥稳定砂砾(掺23%~27%碎石)+25cm级配砂砾 |

6. 参建单位主要情况

(1)建设单位

青海省公路建设管理局

(2)设计单位

青海省公路科研勘测设计院

(3)招投标工作

依据相关招标投标法规及管理制度,香日德至花石峡高速公路土建工程、路面工程、交通及房建工程的施工、监理招标工作,由项目法人单位组织了公开招标。路基路面工程施工及施工监理于2012年4月开标,通信管道工程2014年5月开标,绿化工程于2015年3月开标,房建工程于2015年4月开标,交通安全设施工程施工及施工监理于2015年6月开标,机电工程于2016年2月开标,确定了中标单位。

(4)施工单位

通过招投标,本项目由四川公路桥梁建设集团有限公司、青海正平路桥建设股份有限公司等19家施工单位参与建设,其中土建6家、交通安全设施及通信管道8家、房建工程3家、机电工程1家、绿化工程1家。

(5)施工监理单位

本项目由山西晋达交通建设工程监理有限公司、青海交通工程监理处等9家监理单位参与建设;其中土建、桥梁工程监理2家,交通安全设施及通信管道工程监理2家,养护管理用房工程监理1家,机电工程监理1家,绿化工程监理1家,环保工作监理1家,水保工作监理1家。

G0615香日德至花石峡段参建单位见表10-6-8。

**G0615香日德至花石峡段参建单位表** 表10-6-8

| 序号 | 参建单位 | 参建单位名称 | 合同段编号及起止桩号 | 主 要 内 容 | 主要负责人 |
|---|---|---|---|---|---|
| 1 | 项目管理单位 | 青海省公路建设管理局 | K0+034.259~K155+550 | 土建工程、交通安全设施、机电通信、绿化、房建 | 王振 |
| 1 | 勘察设计单位 | 青海省公路科研勘测设计院 | K0+034.259~K155+550 | 土建工程、交通安全设施、机电通信、绿化、房建设计 | 申孝昌 |
| 1 | 施工单位 | 四川公路桥梁建设集团有限公司 | 路基路面A标K0+034.259~K40+000 | 路基、桥梁下部结构、涵洞、路面工程 | 廖春泉 |
| 2 | | 武通路桥工程局第一工程处 | 路基路面B标K40+000~K70+000 | 路基、桥梁下部结构、涵洞、路面工程 | 何四新 |

续上表

| 序号 | 参建单位 | 参建单位名称 | 合同段编号及起止桩号 | 主要内容 | 主要负责人 |
|---|---|---|---|---|---|
| 3 | 施工单位 | 中铁五局集团第四工程有限责任公司 | 梁板预制 C 标 K0+034.259～K70+000 | 梁板预制和安装 | 陈斌林 |
| 4 | | 正平路桥建设股份有限公司 | 路基路面 D 标 K70+000～K105+000 | 路基、桥梁下部结构、涵洞、路面工程 | 李元洪 |
| 5 | | 青海路桥建设股份有限公司 | 路基路面 E 标 K105+000～K155+550 | 路基、桥梁下部结构、涵洞、路面工程 | 贺洪泉 |
| 6 | | 科达集团股份有限公司（梁板预制安装） | 梁板预制 F 标 K70+000～K155+550 | 梁板预制和安装 | 朱庆飞 |
| 7 | | 重庆渝信路桥发展有限公司 | K0+034.259～K70+000 | 通信管道工程 | 贺实意 |
| 8 | | 华睿交通科技有限公司 | K70+000～K155+550 | 通信管道 | 牛长才 |
| 9 | | 淄博顺达交通设施工程有限公司 | 交安（护栏、隔离栅）A 标 K0+34.259～K40+000 | 防撞护栏、隔离栅 | 刘好成 |
| 10 | | 四川公路桥梁建设集团有限公司 | 交安（护栏、隔离栅）B 标 K40+000～K70+000 | 防撞护栏、隔离栅 | 袁家刚 |
| 11 | | 北京深华科交通工程有限公司 | 交安（护栏、隔离栅）C 标 K70+000～K105+000 | 防撞护栏、隔离栅 | 李飞 |
| 12 | | 中交第二公路勘察设计研究院有限公司 | 交安（护栏、隔离栅）D 标 K105+000～K155+550 | 防撞护栏、隔离栅 | 代言明 |
| 13 | | 河北龙威交通工程有限公司 | 交安（标志标线）A 标 K0+034.259～K70+000 | 标志标线 | 王树为 |
| 14 | | 江苏中咨华扬交通工程有限公司 | 交安（标志标线）B 标 K70+000～K155+550 | 标志标线 | 窦书艳 |
| 15 | | 重庆覃家岗建设（集团）有限公司 | 房建 A 标（香日德南匝道收费站） | 房建工程 | 陈立志 |
| 16 | | 山西金峰建设工程有限公司 | 房建 B 标（沟里费站及主线临时收费站） | 房建工程 | 杨建平 |
| 17 | | 青海宏星建设工程有限公司 | 房建 C 标（沟里服务区） | 房建工程 | 李汉军 |
| 18 | | 广西交通科学研究院 | K0+034.259～K155+550 | 机电工程 | 刘曙生 |
| 19 | | 绍兴市四季青景观建设有限公司 | K0+034.259～K155+550 | 绿化工程 | 袁青松 |

续上表

| 序号 | 参建单位 | 参建单位名称 | 合同段编号及起止桩号 | 主要内容 | 主要负责人 |
|---|---|---|---|---|---|
| 1 | 监理单位 | 山西晋达交通建设工程监理有限公司 | K0+034.259～K70+000 | 路基、路面工程 | 高晓龙 |
| 2 | | 青海省交通工程监理处 | K70+000～K155+550 | 路基、路面工程 | 潘涛 |
| 3 | | 重庆中宇工程咨询监理有限责任公司 | K0+034.259～K70+000 | 交安工程 | 晁兰忠 |
| 4 | | 南京安通工程咨询监理有限公司 | K70+000～K155+550 | 交安工程 | 段发宏 |
| 5 | | 西安华兴公路工程咨询监理有限公司 | K0+034.259～K155+550 | 绿化工程 | 郑南平 |
| 6 | | 北京兴通工程咨询有限公司 | K0+034.259～K155+550 | 机电工程 | 马元奎 |
| 7 | | 山东齐鲁城市建设管理有限公司 | 房建监理 | 养护管理用房 | 罗望瑜 |
| 8 | | 青海省环境科学研究设计院 | K0+034.259～K155+550 | 环保 | 马磊 |
| 9 | | 西安黄河工程监理有限公司 | K0+034.259～K155+550 | 水保 | 王斌 |

## （二）建设情况

### 1. 项目审批

该项目严格执行了交通基本建设程序，各个环节手续齐全。

（1）2014年8月29日，青海省环境保护厅印发了《关于香日德至花石峡段公路工程环境影响报告书的批复》（青环发〔2014〕438号）。

（2）2009年12月28日，青海省水利厅印发了《关于香日德至花石峡公路水土保持方案的批复》（青水农〔2009〕879号）；2017年2月17号，青海省水利厅下发了《关于香日德至花石峡公路工程水土保持方案变更的批复》（青水农〔2017〕28号）。

（3）2011年11月，青海省交通厅印发了《关于香日德至沟里乡公路工程初步设计的批复》（青交公〔2011〕611号）；2011年11月1日，青海省交通厅印发了《关于沟里乡至花石峡段公路工程初步设计的批复》（青交公〔2011〕607号）。

（4）2012年8月，青海省交通厅印发了《关于成都至香日德公路香日德至沟里乡段施工图设计的批复》（青交公字〔2012〕453号）；2012年8月15日，青海省交通厅印发了《关于成都至香日德公路沟里乡至花石峡段施工图设计的批复》（青交公字〔2012〕

460号)。

(5)2012年10月18日,青海省人民政府下发了《关于香日德至沟里乡公路工程建设用地的批复》(青政土函〔2012〕233号);2012年12月12日,青海省人民政府下发了《关于沟里乡至花石峡公路工程建设用地的批复》(青政土函〔2012〕244号)。

(6)2012年9月30日,青海省公路建设管理局呈报《香日德至沟里乡段公路工程施工许可申请书》;2012年10月8日,青海省交通厅批复同意开工建设。2013年1月24日,青海省公路建设管理局呈报《沟里乡至花石峡段公路工程施工许可申请书》;2013年2月20日,青海省交通厅批复同意开工建设。

2. 资金筹措

香日德至花石峡公路项目概算总投资45.73亿元;投资额构成为中央车购税22.4亿元+自筹资金23.33亿。

3. 征地拆迁

本项目沿线经过海西州都兰县、果洛州玛多县,共计2个县,4个乡镇。

征迁工作主要内容包括:签订协议、界定征地界限、办理永久性占地报批手续;永久占地界内房屋等各种构造物的搬迁,附着物的拆除;各种管线的迁移、改建;临时及借土占地的征用等。

遵循的政策法规主要有:《中华人民共和国土地管理法》《国务院关于深化改革严格土地管理的决定》(国发〔2004〕28号)、《国土资源部关于完善征地补偿安置制度的指导意见》(国土资发〔2004〕238号文)、《国土资源部关于开展征地统一年产值标准和征地区片综合地价工作的通知》(国土资发〔2005〕144号文)、《国土资源部关于切实做好征地统一年产值标准和区片综合地价公布实施工作的通知》(国土资发〔2008〕135号文)、2010年青海省人民政府《关于公布征地统一年产值标准和区片综合地价的通知》(青政〔2010〕26号)等。

主要做法:设置征地拆迁协调领导小组,加强各级政府对征地工作的领导和监督,形成完善的拆迁工作体系,使征地拆迁工作层层有人管、层层有人抓。采取县、乡、村、户四方到场,现场丈量、现场清点、现场签字确认。2012年4月至2012年7月,基本完成了征地拆迁工作任务。本项目共占用土地9598.28亩,其中草地7606.987亩,耕地1344.614亩,林地646.68亩,拆迁房屋906.78m²,迁移电力铁塔22处,架空高压线6.36km,迁移移动公司24芯以下架空光缆6km,迁移36芯以下直埋光缆1.22km,迁移移动木电杆120根。支付补偿费用8329.62万元。

4. 实施过程

参建单位以"创建一流形象、打造一流工程、做出一流贡献"为宗旨,严格遵循基本建设程序,加强合同管理、工程监理和质量监管,强化施工现场管理,注重科技创新,强化环保意识和安全生产。

(1)主线土建工程于2012年6月20日开工,2016年9月30日完工。

(2)通信管道工程2014年5月20开工,2015年6月30日完工。

(3)房建工程于2015年5月10日开工,2016年9月30日完工。

(4)收费大棚工程于2016年5月10日开工,2016年10月完工。

(5)机电工程于2016年4月1日开工,2016年9月30日完工。

(6)交通安全设施工程于2015年6月1日开工,2016年9月30完工。

(7)绿化工程于2015年3月20日开工,2016年6月30日完工。

(8)2016年10月18日,完成了香花高速公路的交工验收工作。

5. 重大变更

(1)原设计中央分隔带单柱双波波形梁护栏调整为钢筋混凝土防撞墙护栏。

(2)全线箱梁式桥梁高阻尼减震支座变更为普通橡胶支座。

(3)新增服务区辅助车道及劝返站点。

(4)K91+500~K91+600段路线调整。

(5)为安全考虑,越岭路段(K101+260~K123+000)改为组合型钢护栏。

6. 重大事件

2011年9月13日,省交通厅组织召开香日德—花石峡—大武—久治(省界)高速公路技术标准研讨会(青海省交通厅第十九期专题会议纪要),决定采用:整体式路基宽18.5m,分离式路基宽10m。

2013年6月1日,省交通厅厅长韩建华、总工程师马忠英到香花线慰问一线参建职工。

2013年7月2日晚、2013年7月12日、2015年6月26—29日,香日德至花石峡高速公路沿线普降暴雨。洪水、泥石流冲毁多处路基、挡墙、桩基、涵洞等,部分机械设备、机具受损,乡村道路被洪水冲断、部分牧民羊圈、草场等也受洪水袭击,造成直接经济损失累计1715万元。

2014年4月13日,省交通厅厅长韩建华,副厅长陆宁安、王永祥到香花公路调研,对施工进度控制、质量安全管理等方面提出了指导性建议。

2014年5月26日,香花高速公路控制性工程岔口特大桥,梁板顺利架设完成;

2014年9月3日,省交通运输厅总工程师马忠英一行到香花高速公路建设现场检查指导工作。

2015年5月25日17时,香花高速公路控制性工程噉洼得河大桥梁板顺利架设完成。

### （三）科技创新

香日德至花石峡高速公路建设中，在吸取其他省（区）经验的基础上，采用了新材料、新技术、新工艺、新设备，其中技术创新主要有：

（1）在冻土施工过程中，为保证冻土路基的稳定，施工中采用通风片石路基和散热棒，有效保证了路基温度的稳定。

（2）在梁板预制中，采用了预应力混凝土梁板智能化张拉和循环智能压浆新技术，减少了人为操作的失误和控制偏差，确保了孔道内浆体饱满，孔道的进、出浆口的浆体密实，提升了桥梁结构的耐久性。

（3）为减少桥涵台背跳车的质量通病发生，引进了高速液压夯实机，提高了路基承载能力及稳定性，预防了桥涵台背路基因工后沉降引起的跳车现象。

（4）为改善路面过桥涵平整度差的通病，首次推行在桥梁伸缩缝位置预填混凝土以改善路面平整度的工艺，大大提高了路面行车舒适度；采用C15混凝土填充伸缩缝槽口，保证了伸缩缝位置平整度，且不会对连接层造成污染，有效保证了桥面施工质量，提高行车舒适性。

桥面抛丸及铣刨工艺

（5）为提高桥面铺装层与防水黏结层之间的黏结强度，防止防水层和面层以及桥面黏结强度不足而产生推移的病害，在桥面铺装过程中采用了抛丸及铣刨工艺处理。

（6）采用三辊轴整平机施工工艺，确保了桥面铺装层施工质量。

（7）引进《现场施工质量安全智能管控系统》，实现了各方对工程质量的动态控制；提供了分析预警机制，及时分析质量问题，发现质量波动状况，形成质量追溯档案，确保工程质量目标实现。

## (四)运营养护管理

### 1. 服务区设置

全线设置沟里服务区一处,2016年9月投入运营,功能设施齐全。见表10-6-9。

G0615香日德至花石峡段服务场区一览表　　　　　表10-6-9

| 高速公路编码 | 服务区名称 | 桩号 | 所在区域 | 占地(m²) | 建筑面积(m²) |
|---|---|---|---|---|---|
| G0615 | 沟里服务区 | K66+473 | 香日德镇沟里乡 | 133596.58 | 8160.68 |

### 2. 养护管理

香日德至花石峡高速公路由格尔木公路总段和玉树公路总段分别负责养护。

### 3. 收费设施

根据青海省交通厅青交公〔2012〕453号文和青交公〔2012〕460号文批复,本项目共设置收费站3座;其中在沟里乡设置临时主线收费站1座,在香日德南和沟里设置匝道收费站2座。截至2016年底,匝道出入口数量18条,见表10-6-10。

G0615香日德至花石峡段收费设施一览表　　　　　表10-6-10

| 收费站名称 | 桩号 | 入口车道数 | | 出口车道数 | | 收费方式 |
|---|---|---|---|---|---|---|
| | | 总车道 | ETC车道 | 总车道 | ETC车道 | |
| 沟里临时主线站 | K65+100 | 5 | 0 | 5 | 0 | 开放式 |
| 沟里匝道收费站 | Ak0+100 | 4 | 1 | 4 | 1 | |
| 香日德南匝道收费站 | AK0+743.450 | 4 | 1 | 4 | 1 | |

### 4. 监控设施

本项目无监控分中心,由茶卡至格尔木高速公路香日德监控分中心,负责香沟全线的运营监控工作。

## 三、G0615花石峡至大武段(建设期2013.7—2017.11)

### (一)项目概况

### 1. 功能定位

花石峡至大武高速公路位于青海省果洛藏族自治州玛多县、玛沁县境内,是国家高速公路德令哈至马尔康线路青海境内的路段之一。该公路是连接海西蒙古族藏族自治州与果洛藏族自治州最便的捷通道,也是果洛州实现州府通高速的第一条高速公路,同时也是青海境内G214线和G227线的连接线。本项目的实施,对完善国家、区域和青海省公路网,构建新青川便捷省际公路通道、保障重要战略物资和应急救灾物资运输、维护民族团结和社会稳定、促进区域旅游资源开发、全面建设社会主义新农村、新牧区等,具有重要的战略意义。

**2. 技术标准及建设规模**

主线采用双向四车道高速公路标准建设，设计速度分别采用 80km/h、60km/h，路基宽度：整体式路基 19m，分离式路基 10m。全线汽车荷载等级为公路-Ⅰ级，设计洪水频率特大桥 1/300，大、中、小桥涵洞 1/100，地震烈度 7 度。

路线全长 155.7km，批准概算投资 97.63 亿元。全线主要工程量为：路基土石方 $2017 \times 10^4 m^3$，防护工程 $93.2 \times 10^4 m^3$，排水工程 $35.8 \times 10^4 m^3$，路面底基层 $255.7 \times 10^4 m^2$，路面基层 $263.3 \times 10^4 m^2$，路面面层 $253 \times 10^4 m^2$，设特大桥 7528m/5 座，大桥 13431.2m/44 座，中桥 1104.6/16 座，小桥 1805.74m/30 座，隧道 18295m（单洞长）/2 座，设服务区 1 处，收费站 4 个。

**3. 地形地貌及主要控制点**

地貌类型按地表形态分为山地和平原两大类型，依据相对切割深度以及形成地貌的内外因力作用分为：冰缘水流构造侵蚀高山、高山峡谷、侵蚀堆积河谷地貌、高原河谷盆地等地貌类型。区域内地震活动较为频繁，根据青海省地震局的统计资料，在本区域和区域附近，自 1931—1995 年共发生地震活动 23 次，其中最大震级 8 级，最小震级 4 级。根据《青海省地震峰值加速度区划图》，项目所在区域地震动峰值加速度系数为 $0.05 \sim 0.2g$，地震动反应谱特征周期 0.45s，属地震活动强烈地区。

花大高速公路

主要控制点：花石峡、下大武、知亥代垭口、雪山乡、才公卡垭口、东倾沟乡、夏格拉垭口、大武镇。

**4. 开工及通车时间**

2013 年 7 月开工建设，2017 年 11 月建成通车。

G0615 花石峡至大武段桥梁汇总见表 10-6-11，隧道汇总见表 10-6-12，路面结构见表 10-6-13。

**G0615 花石峡至大武段桥梁汇总表**　　　　　　　　表 10-6-11

| 规模 | 序号 | 名　　称 | 桥长左(m) | 桥长右(m) | 主跨长度(m) | 结构类型 | 跨越障碍物 |
|---|---|---|---|---|---|---|---|
| 特大桥 | 1 | 恰布龙特大桥 | 1048 | 1048 | 40 | 连续梁桥 | 河流 |
| | 2 | 哈龙特大桥 | 1117 | 1117 | 30 | 连续梁桥 | 河流 |
| | 3 | 阳靠峡特大桥 | 2107 | 2107 | 40 | 连续梁桥 | 河流 |
| | 4 | 安培尔特大桥 | 1237 | 1237 | 30 | 连续梁桥 | 沟谷 |
| | 5 | 日让沟特大桥 | 2019 | 2019 | 30 | 连续梁桥 | 沟谷 |
| 大桥 | 1 | 花石峡大桥 | 157.20 | 157.20 | 30 | 连续梁桥 | 沟谷 |
| | 2 | 野龙大桥 | 105.60 | 105.60 | 20 | 连续梁桥 | 河流 |
| | 3 | 那龙贡玛大桥 | 225.60 | 225.60 | 20 | 连续梁桥 | 河流 |
| | 4 | 给酿沟1号大桥 | 165.60 | 165.60 | 20 | 连续梁桥 | 沟谷 |
| | 5 | 给酿沟2号大桥 | 165.60 | 165.60 | 20 | 连续梁桥 | 沟谷 |
| | 6 | 得格龙大桥 | 245.60 | 245.60 | 20 | 连续梁桥 | 沟谷 |
| | 7 | 下大武大桥 | 528.00 | 528.00 | 40 | 连续梁桥 | 沟谷 |
| | 8 | 学柔大桥 | 105.60 | 105.60 | 20 | 连续梁桥 | 沟谷 |
| | 9 | 青龙河大桥 | 427.20 | 427.20 | 30 | 连续梁桥 | 河流 |
| | 10 | 加么农克大桥 | 105.60 | 105.60 | 20 | 连续梁桥 | 河流 |
| | 11 | 纳赫乔1号大桥 | 247.20 | 247.20 | 30 | 连续梁桥 | 河流 |
| | 12 | 纳赫乔2号大桥 | 465.60 | 465.60 | 20 | 连续梁桥 | 河流 |
| | 13 | 恰布龙大桥 | 185.60 | 185.60 | 20 | 连续梁桥 | 河流 |
| | 14 | 扎钦大桥 | 127.20 | 127.20 | 30 | 连续梁桥 | 河流 |
| | 15 | 哈龙大桥 | 245.60 | 245.60 | 20 | 连续梁桥 | 河流 |
| | 16 | 纳赫辰大桥 | 277.2 | 277.2 | 30 | 连续梁桥 | 河流 |
| | 17 | 亥勒贡玛大桥 | 367.2 | 367.2 | 30 | 连续梁桥 | 河流 |
| | 18 | 亥勒晓玛大桥 | 245.6 | 245.6 | 20 | 连续梁桥 | 沟谷 |
| | 19 | 阴靠峡大桥 | 928 | 928 | 40 | 连续梁桥 | 沟谷 |
| | 20 | 玛西1号大桥 | 145.6 | 145.6 | 20 | 连续梁桥 | 沟谷 |
| | 21 | 玛西2号大桥 | 545.6 | 545.6 | 20 | 连续梁桥 | 沟谷 |
| | 22 | 玛西3号大桥 | 277.2 | 277.2 | 30 | 连续梁桥 | 沟谷 |
| | 23 | 玛西4号大桥 | 187.2 | 187.2 | 30 | 连续梁桥 | 沟谷 |
| | 24 | 哇尔隆高架桥 | 277.2 | 277.2 | 30 | 连续梁桥 | 沟谷 |
| | 25 | 哇尔隆1号大桥 | 307.2 | 307.2 | 30 | 连续梁桥 | 沟谷 |
| | 26 | 哇尔隆2号大桥 | 517.6 | 517.6 | 40 | 连续梁桥 | 沟谷 |
| | 27 | 安培尔1号大桥 | 288 | 288 | 40 | 连续梁桥 | 沟谷 |
| | 28 | 安培尔2号大桥 | 727.2 | 727.2 | 30 | 连续梁桥 | 沟谷 |
| | 29 | 安培尔3号大桥 | 247.2 | 247.2 | 30 | 连续梁桥 | 沟谷 |
| | 30 | 扎隆大桥 | 666.8 | 666.8 | 40 | 连续梁桥 | 河流 |

续上表

| 规模 | 序号 | 名称 | 桥长(左) | 桥长(右) | 主跨长度(米) | 结构类型 | 跨越障碍物 |
|---|---|---|---|---|---|---|---|
| 大桥 | 31 | 日浪大桥 | 408 | 408 | 40 | 连续梁桥 | 河流 |
| | 32 | 果东大桥 | 265.6 | 265.6 | 20 | 连续梁桥 | 沟谷 |
| | 33 | 日让大桥 | 217.2 | 217.2 | 30 | 连续梁桥 | 河流 |
| | 34 | 东科河1号大桥 | 277.2 | 277.2 | 30 | 连续梁桥 | 沟谷 |
| | 35 | 东科河2号大桥 | 307.2 | 307.2 | 30 | 连续梁桥 | 河流 |
| | 36 | 东科河3号大桥 | 247.2 | 247.2 | 30 | 连续梁桥 | 河流 |
| | 37 | 东科河4号大桥 | 217.2 | 217.2 | 30 | 连续梁桥 | 河流 |
| | 38 | 东科河5号大桥 | 307.2 | 307.2 | 30 | 连续梁桥 | 河流 |
| | 39 | 亚布柔大桥 | 125.6 | 125.6 | 20 | 连续梁桥 | 河流 |
| | 40 | 鹿场大桥 | 105.6 | 105.6 | 20 | 连续梁桥 | 河流 |
| | 41 | 卡羊大桥 | 607.2 | 607.2 | 30 | 连续梁桥 | 沟谷 |
| | 42 | 加羊大桥 | 187.2 | 187.2 | 30 | 连续梁桥 | 沟谷 |
| | 43 | 多西玛大桥 | 205.6 | 205.6 | 20 | 连续梁桥 | 河流 |
| | 44 | 桑曲大桥 | 445.6 | 445.6 | 20 | 连续梁桥 | 沟谷 |
| 中桥 | 1 | 花石峡中桥 | 45.6 | 45.6 | 13 | 连续梁桥 | 沟谷 |
| | 2 | 拉才恰棍中桥 | 65.6 | 65.6 | 20 | 连续梁桥 | 河流 |
| | 3 | 玛秀格中桥 | 45.6 | 45.6 | 13 | 连续梁桥 | 河流 |
| | 4 | 野龙1号中桥 | 85.6 | 85.6 | 20 | 连续梁桥 | 沟谷 |
| | 5 | 野龙2号中桥 | 85.6 | 85.6 | 20 | 连续梁桥 | 沟谷 |
| | 6 | 纳赫乔1号中桥 | 65.6 | 65.6 | 20 | 连续梁桥 | 沟谷 |
| | 7 | 纳赫乔2号中桥 | 65.6 | 65.6 | 20 | 连续梁桥 | 河流 |
| | 8 | 恰布龙1号中桥 | 85.6 | 85.6 | 20 | 连续梁桥 | 河流 |
| | 9 | 恰布龙2号中桥 | 97.2 | 97.2 | 30 | 连续梁桥 | 河流 |
| | 10 | 果东中桥 | 85.6 | 85.6 | 20 | 连续梁桥 | 沟谷 |
| | 11 | 日让中桥 | 71.8 | 71.8 | 13 | 连续梁桥 | 沟谷 |
| | 12 | 合青中桥 | 65.6 | 65.6 | 20 | 连续梁桥 | 河流 |
| | 13 | 茨日其中桥 | 44.2 | 44.2 | 13 | 连续梁桥 | 河流 |
| | 14 | 热琴中桥 | 85.6 | 85.6 | 20 | 连续梁桥 | 河流 |
| | 15 | 沙日阿中桥 | 44.2 | 44.2 | 13 | 连续梁桥 | 沟谷 |
| | 16 | 果姆中桥 | 65.6 | 65.6 | 20 | 连续梁桥 | 河流 |
| 小桥 | 共计30座 | | | | | | |

**G0615 花石峡至大武段隧道汇总表** 表10-6-12

| 规模 | 名称 | 隧道全长左(m) | 隧道全长右(m) | 隧道净宽(m) | 隧道分类 | 洞门形式 | | | |
|---|---|---|---|---|---|---|---|---|---|
| | | | | | | 左线 | | 右线 | |
| | | | | | | 进口 | 出口 | 进口 | 出口 |
| 特长隧道 | 雪山1号隧道 | 4570 | 4495 | 10.25 | 石质山岭隧道 | 端墙式 | | 端墙式 | |
| | 雪山2号隧道 | 4615 | 4615 | 10.25 | | | | | |

**G0615 花石峡至大武段路面结构表**　　　　　表 10-6-13

| 路面形式 | 起讫里程 | 长度(m) | 水泥混凝土路面 | 沥青路面 |
|---|---|---|---|---|
| 刚性路面（主线） | ZK58+740～ZK62+710 | 3970 | 26cm 普通水泥混凝土路面 | |
| | YK58+805～YK62+700 | 3895 | 26cm 普通水泥混凝土路面 | |
| | ZK104+785～ZK108+800 | 4015 | 26cm 普通水泥混凝土路面 | |
| | YK104+775～YK108+790 | 4015 | 26cm 普通水泥混凝土路面 | |
| 柔性路面（主线） | K0+000～K58+805 | 58805 | | 4cm 细粒式沥青混凝土上面层(AC-13)+5cm 中粒式沥青混凝土下面层(AC-16)+18cm 水泥稳定碎石基层(掺25% 碎石、4% 水泥)+18cm 水泥稳定碎石底基层(掺40% 碎石、5% 水泥) |
| | K62+700～K104+775 | 42075 | | |
| | K108+790～K155+700 | 46910 | | |
| | ZK57+540.005～ZK58+740 | 1199.985 | | |
| | ZK62+710～ZK63+955.583 | 1245.583 | | |
| | ZK104+000～ZK104+785 | 785 | | |
| | ZK108+800～ZK109+760.697 | 960.697 | | |

5. 项目建设背景及前期决策情况

花石峡至大武公路位于青海省果洛州藏族自治州境内,项目所经区域大部分属于少数民族聚居区。改革开放以后,当地的社会各项事业得到了长足发展,各民族生活水平也得到相应改善。但由于受社会、历史及自然条件等方面的限制,经济发展状况与其他地区相比,仍有很大差距,属于国家贫困地区。"要致富,先修路"的理念,已成为当地政府及人民群众的共识和迫切愿望。

2013 年 7 月,青海省发展和改革委员会印发了《关于花石峡至大武公路扩建工程可行性研究报告的批复》(青发改基础〔2013〕985 号),批准项目建设。

6. 参建单位主要情况

(1)建设单位

本项目建设单位原为青海省花石峡至久治公路建设指挥部,后因机构改革,并入青海交通投资有限公司;青海交通投资有限公司组建花石峡至大武公路项目办,进驻施工现场,对项目进行全面现场管理。

(2)设计单位

中交第一公路勘察设计研究院有限公司

(3)招投标工作

依据相关招投标制度和管理办法,花石峡至大武公路扩建工程路基路面工程、交通及房建工程的施工、监理招标工作,由青海省花石峡至久治公路建设指挥部、青海交通投资有限公司,先后委托青海路达交通建设招标代理中心,进行了公开招标。招标公告均在国家规定有关媒体上公开发布。

路基路面工程：共划分17个施工合同段、3个施工监理合同段，于2013年3月29日开始施工招标，2013年3月30日开始监理招标；2013年6月27日开标，确定了中标单位。

第三方中心实验室：划分1个标段，于2013年7月11日开始招标，2013年7月31日开标，确定了中标单位。

第三方隧道监控量测单位：共划分1个标段，于2013年6月13日开始招标，2013年7月5日开标，确定了中标单位。

桥梁支座及伸缩缝：共划分1个标段，于2014年2月19日开始招标，2014年3月30日开标，确定了中标单位。

沥青供货商：划分1个标段，于2014年10月21日开始招标，2014年11月22日开标，确定了中标单位。

房建、收费大棚工程：共划分10个施工合同段，1个施工监理合同段，于2015年1月8日开始招标，2015年2月9日开标，确定了中标单位。

交通、机电工程：共划分2个施工合同段，于2015年1月9日开始招标，2015年3月19日开标，确定了中标单位。

环水保监理：共2个施工监理合同段，于2015年8月3日开始招标，2015年9月9日开标，确定了中标单位。

（4）施工单位

通过招投标，本项目由青海省海西公路桥梁工程有限责任公司、甘肃五环公路工程有限公司等42家施工单位参与建设，其中土建工程17家，桥梁伸缩缝1家，房建工程6家，交通工程2家。

花大高速公路路面施工

（5）监理单位

本项目由四川跃通公路工程监理有限公司、西安方舟工程监理公司等9家监理单位

# 第十章
高速公路建设项目

参与建设,其中路基工程监理3家、房建工程监理2家、机电工程监理1家、交通工程监理1家、环水保监理2家。

G0615花石峡至大武段参建单位见表10-6-14。

G0615花石峡至大武段参建单位表　　表10-6-14

| 序号 | 参建单位 | 单位名称 | 合同编号及起止桩号 | 工程内容 | 主要负责人 |
|---|---|---|---|---|---|
| 1 | 项目管理单位 | 青海交通投资有限公司 | K0+000~K155+700 | | 蔡军 |
| 2 | 勘察设计单位 | 中交第一公路勘察设计研究院有限公司 | HJSJ1 | | |
| 1 | 施工单位 | 湖南路桥建设集团公司、西藏云天工程建筑有限公司 | HD1<br>K0+000~K22+000 | 路基、桥涵、路面 | 李飞 |
| 2 | | 青海省海西公路桥梁工程有限责任公司 | HD2<br>K22+000~K45+100<br>K22+000~K32+500 | 路基、桥涵、路面 | 顾卫武 |
| 3 | | 甘肃省五环公路工程有限公司 | HD3<br>K32+500~K45+100 | 路基、桥梁 | 李飞 |
| 4 | | 青海省海东公路工程建设公司 | HD4<br>K45+100~K68+100<br>K45+100~K57+000 | 路基、路面、桥梁 | 刘金龙 |
| 5 | | 中铁十八局第三工程有限公司 | HD5<br>K57+000~K60+750 | 路基、涵洞、隧道 | 李士栋 |
| 6 | | 中铁五局(集团)有限公司 | HD6<br>K60+750~K68+100 | 一隧三桥和3.78km路基 | 胡从文 |
| 7 | | 青海正和公路桥梁工程有限责任公司 | HD7<br>K68+100~K75+000 | 路基、防护、排水、路面、桥涵、安全设施及预埋管线 | 李伟伟 |
| 8 | | 青海省果洛公路工程建设公司 | HD8<br>K68+100~K90+000<br>K75+000~K84+000 | 路基、防护、排水、路面、桥涵、安全设施及预埋管线 | 祁文 |
| 9 | | 中铁十五局集团第一工程有限公司 | HD9<br>K84+000~K90+000 | 路基、防护、排水、路面、桥涵、安全设施及预埋管线 | 戴斌 |
| 10 | | 中交二公局第四工程有限公司、青海第一路桥建设有限公司 | HD10<br>K90+000~K96+000 | 路基、防护、排水、路面、桥涵、安全设施及预埋管线 | 聂建 |
| 11 | | 青海第三路桥建设有限公司 | HD11<br>K90+000~K111+600<br>K96+000~K103+000 | 路基、防护、排水、路面、桥涵、安全设施及预埋管线 | 李建奎 |
| 12 | | 青岛公路建设集团有限公司 | HD12<br>K103+000~K107+200 | 路基、防护、排水、路面、涵洞、隧道、安全设施及预埋管线 | 孙卫军 |
| 13 | | 陕西路桥集团有限公司 | HD13<br>K107+200~K111+600 | 路基、防护、排水、路面、桥涵、隧道、安全设施及预埋管线 | 冯科 |

青海

高速公路建设实录

续上表

| 序号 | 参建单位 | 单位名称 | 合同编号及起止桩号 | 工程内容 | 主要负责人 |
|---|---|---|---|---|---|
| 14 | 施工单位 | 青海正和公路桥梁工程有限责任公司 | HD14 K111+600~K122+000 | 路基、桥涵、防护、排水 | 华国春 |
| 15 | | 青海威远路桥有限责任公司 | HD15 K111+600~K134+000 K122+000~K134+000 | 路基路面、桥涵、防护、排水 | 郭兆元 |
| 16 | | 青海省果洛公路工程建设公司 | HD16 K134+000~K144+400 | 路基、桥涵、防护、排水 | 倪勇军 |
| 17 | | 四川攀峰路桥建设集团有限公司 | HD17 K134+000~K155+700 K144+400~K155+700 | 路基路面、桥涵、防护、排水 | 韩明福 |
| 18 | | 重庆黄金建设(集团)有限公司 | HJ-FJ1 | 下大武匝道收费站(含养护工区) | 黄国成 |
| 19 | | 四川省泸州市工程建设公司 | HJ-FJ2 | 下大武服务区、知亥代隧道入口管理站(含变电所)、知亥代隧道出口变电所 | 刘酿泉 |
| 20 | | 河南合立建筑工程有限公司 | HJ-FJ3 | 雪山停车区旱厕工程、雪山匝道收费站、雪山养护工区 | 黄礼钟 |
| 21 | | 陕西祥隆建筑工程有限公司 | HJ-FJ4 | 阿尼玛卿匝道收费站(含才公卡隧道管理站)、才公卡隧道入口变电所 | 刘何军 |
| 22 | | 四川省广安金达建筑有限公司 | HJ-FJ5 | 东倾沟停车区旱厕工程、东倾沟匝道收费站(含养护工区) | 白正彬 |
| 23 | | 云南景升建筑工程有限公司 | HJ-FJ6 | 大武西匝道收费站(含管理分中心、路政大队) | 戴仕镇 |
| 24 | | 江苏欧美钢结构幕墙科技有限公司 | SFDP1 | 下大武匝道、雪山匝道、阿尼玛卿匝道、东倾沟匝道、大武西匝道收费大棚 | 纵伟 |
| 25 | | 广东飞达交通工程有限公司 | HJ-JD2 | 全线的道路通信管道施工、监控系统、收费系统、治超、供配电、照明系统施工 | 杨新辉 |
| 26 | | 江苏智运科技发展有限公司 | HJ-JD1 | 雪山1号、2号隧道监控、通风照明、供配电及消防系统施工 | 孙珣 |

续上表

| 序号 | 参建单位 | 单位名称 | 合同编号及起止桩号 | 工程内容 | 主要负责人 |
|---|---|---|---|---|---|
| 27 | 施工单位 | 广东新粤交通投资有限公司 | HD-JA1 | 花大公路 K0+000~K84+000 交通安全设施施工 | 詹伟波 |
| 28 | | 山西长达交通设施有限公司 | HD-JA2 | 花大公路 K84+000~K155+700 交通安全设施施工 | 薛晓东 |
| 29 | | 青海省海东公路工程建设公司 | HJ-TX1 | 负责下大武乡连接线、雪山乡连接线施工 | 陈善修 |
| 30 | | 青海威远路桥有限责任公司 | HJ-TX2 | 负责东倾沟乡至大武镇连接线施工 | 王辉 |
| 31 | | 青海第一路桥建设有限公司 | HDLJX | 大武连接线 | |
| 1 | 监理单位 | 四川省公路工程咨询监理事务所 | JL1 K0+000~K68+100 | 负责花大公路1~6标监理工作 | 门鑫 |
| 2 | | 四川省跃通公路工程监理有限公司 | JL2 K68+100~K111+600 | 负责花大公路7~13标监理工作 | 陈泽勇 |
| 3 | | 西安方舟工程咨询有限责任公司 | JL3 K111+600~K155+700 | 负责花大公路14~16标监理工作 | 晁玉存 |
| 4 | | 西安方舟工程咨询有限责任公司 | HD-LJXJL1 | 负责花大连接线TX1-2标监理工作 | 陈进义 |
| 5 | | 四川建充工程项目管理有限公司 | FJ-JL1 | 负责花大房建1~3标、收费大棚监理工作 | 唐一兵 |
| 6 | | 青海省人防工程监理咨询有限公司 | HJ-FJLJ2 | 负责花大房建4~6标监理工作 | 葛明毅 |
| 7 | | 江西通慧科技股份有限公司 | HJ-JDJL1 | 负责花大公路机电1~2标监理工作 | 张敬标 |
| 8 | | 山西晋达交通建设工程监理有限公司 | HD-JAJL1 | 负责花大公路交安1~2标监理工作 | 高晓龙 |
| 9 | | 青海省育才工程监理公司 | HDLJX | 大武连接线 | |

## （二）建设情况

### 1. 项目审批

该项目严格执行了交通基本建设程序，各个环节手续齐全。

（1）项目工可批复情况：2013年7月9日，青海省发展和改革委员会印发《关于花石峡至大武公路扩建工程可行性研究报告的批复》（青发改基础〔2013〕985号）。

（2）初步设计批复情况：该项目初步设计由中交第一公路勘察设计研究院有限公司完成，由青海省公路科研勘测设计院完成技术咨询审查；2013年8月，青海省交通厅印发

《关于花石峡至大武公路扩建工程初步设计批复》(青交公〔2013〕442号)。

(3)施工图设计批复情况:该项目两阶段施工图设计由中交第一公路勘察设计研究院有限公司完成,并依据青海省公路科研勘测设计院技术咨询审查意见修改完成;2013年7月25日,青海省交通厅组织审查,于2013年9月10日印发《青海省交通厅关于花石峡至大武公路扩建工程两阶段施工图设计的批复》(青交公〔2013〕524号)。

(4)土地预审批复情况:由青海省土地测绘院完成项目建设用地预审;2013年7月29日,青海省国土资源厅以《青海省国土资源厅关于花石峡至大武公路扩建建设项目用地预审意见的函》(青国土资预审〔2013〕98号),通过了建设项目土地预审。

(5)水土保持批复情况:由长安大学编制完成水土保持方案报告书,2009年11月28日,青海省水利厅以《关于花石峡至大武公路扩建工程水土保持方案的批复》(青水农〔2009〕881号),进行了批复。

(6)压覆矿产评估报告审查意见情况:由青海九〇六工程勘察设计院,分别编制完成了花石峡至阳靠峡、阳靠峡至大武压覆矿产资源调查评估报告;2013年5月31日,青海省国土资源厅分别以《青海省国土资源厅关于成都至香日德公路花石峡至阳靠峡段公路建设工程压覆矿产资源调查评估报告的预审意见》(青国土资矿〔2013〕152号)、《青海省国土资源厅关于阳靠峡至大武段公路建设工程压覆矿产资源调查评估报告的预审意见》(青国土资矿〔2013〕150号),通过了评审。

(7)地质灾害评估报告备案登记情况:由青海九〇六工程勘察设计院编制,完成《青海省花石峡至大武段公路建设工程地质灾害性评估报告》;2011年5月14日,青海省国土资源厅以《地质灾害危险性评估报告备案登记表》(青地灾评〔2011〕89号),通过了符合性审查。

(8)使用林地审核情况:由青海林业工程咨询中心勘测完成了林地使用定界,青海省林业厅准予行政许可决定书,分别于2015年6月23日审核同意了《花石峡至大武公路花石峡至下大武段扩建工程使用林地审核同意书》(青林资许准〔2015〕49号);《花石峡至大武公路下大武至雪山乡段扩建工程使用林地审核同意书》(青林资许准〔2015〕50号)、《花石峡至大武公路雪山乡至阳柯河段扩建工程使用林地审核同意书》(青林资许准〔2015〕51号);于2015年7月2日审核同意了《花石峡至大武公路阳柯河至东倾沟乡段扩建工程使用林地审核同意书》(青林资许准〔2015〕57号)、《花石峡至大武公路东倾沟乡至舍央段段扩建工程使用林地审核同意书》(青林资许准〔2015〕58号);于2015年7月10日审核同意了《花石峡至大武公路舍央至多西玛段扩建工程使用林地审核同意书》(青林资许准〔2015〕62号)、《花石峡至大武公路多西玛至尼玛龙段扩建工程使用林地审核同意书》(青林资许准〔2015〕63号)、《花石峡至大武公路尼玛龙至大武段扩建工程使用林地审核同意书》(青林资许准〔2015〕64号)。

## 2. 资金筹措

项目估算总投资 96.35 亿元,其中国家专项车购税资金 28.74 亿元,其余全部为银行贷款。项目尚未竣工,未形成竣工决算。

## 3. 征地拆迁

本项目沿线经过果洛藏族自治州玛多县、玛沁县。

征迁工作主要内容包括:签订协议、界定征地界限、办理永久性占地报批手续;永久占地界内房屋等各种构造物的搬迁;永久占地内附着物的拆除;各种管线的迁移、改建,既有通讯管线的改建、加高、迁移,还有 10kV、35kV、110kV 电力线路的改建、加高、迁移;临时及借土占地的征用等。

花大高速公路

遵循的政策法规:《中华人民共和国土地管理法》《青海省土地管理条例》、青海省人民政府 2010 年 4 月 20 日发布的《青海省人民政府关于公布征地统一年产值标准和片区综合地价的通知》(青政〔2010〕26 号)、青海省人民政府办公厅 2012 年 12 月 28 日发布的《青海省人民政府办公厅转发省人力资源社会保障厅等部门关于青海省被征地农民社会养老保险暂行办法的通知》(青政办〔2012〕336 号)、青海省人民政府办公厅 2013 年 1 月 30 日发布的《青海省人民政府办公厅关于土地征收时缴纳被征地农民社会养老保险的通知》(青政办〔2013〕23 号)、青海省国土资源厅 2009 年 5 月 14 日发布的《青海省国土资源厅关于印发倒淌河至格尔木一级公路工程建设征地拆迁补偿标准的通知》(青国土资土〔2009〕32 号)。

主要做法:2013 年 7 月 12 日,青海省国土资源厅组织青海省交通厅、果洛州人民政府及沿线涉及的玛沁县、玛多县人民政府,在西宁召开了花石峡至久治公路征地动员大会,会上宣读了《花石峡至久治公路征地拆迁实施方案》,为征地拆迁及安置工作提供了明确的政策依据。

按三级管理体系设置安置办公室,加强各级政府对征地工作的领导和监督,形成完善的拆迁工作体系,使征地拆迁工作层层有人管、层层有人抓。2013年7月,青海省土地统征整理中心对公路项目涉及的各县参加征地工作的业务骨干,进行了培训,明确了工作范围、程序和任务,制定工作方案,严明工作纪律,统一标准、统一口径,于2013年7月至2013年8月底,红线内征地拆迁基本完成。共计征用牧草地11603亩,林地927.5亩,房屋拆迁40户、8471.13$m^2$,通信、电力行业迁改等,共计支付补偿费用5154.99万元。

4. 实施过程

花大高速公路工程虽然处于高寒、高海拔地区,但建设单位努力克服各种困难,以"安全第一、质量至上、低碳环保"为宗旨,严格遵循基本建设程序,加强合同管理、工程监理和质量监管,强化施工现场管理,注重科技创新,稳步推进工程建设。

(1)主线土建工程于2013年8月开工,2016年10月基本完工。

(2)房建及收费大棚工程于2015年8月开工,2016年10月基本完工。

(3)交安、机电工程于2016年7月开工,2017年9月全面完工。

5. 重大变更

(1)阴靠峡大桥、阳靠峡特大桥变截面空心薄壁墩变更为等截面空心薄壁墩。

项目原设计采用了变截面空心薄壁墩,其中墩高大于50m采用变截面空心薄壁墩,最大桥段高83m。由于项目区属于高寒缺氧区,存在昼夜温差大、有效施工期短,变截面施工难度大、安全风险高等问题,成为制约全线工程的控制性工程。为加快施工进度、降低施工安全风险,经设计验算,将变截面空心薄壁墩变更为等截面空心薄壁墩。为此,2014年9月,省交通运输厅下发了关于《关于花石峡至大武公路扩建工程阴靠峡大桥阳靠峡特大桥变更设计的批复》(青交建管[2014]421号)。

(2)对全线挖方边坡具备放缓条件路段的边坡进行放缓,边坡防护以生态边坡防护为主。

由于本项目区地处高寒地区,生态脆弱,通过设计、施工及监理各方踏勘现场后,提出边坡防护以植被生态防护为主的指导思想。2014年5月,原指挥部以印发了《花石峡至大武公路扩建工程设计回访会议纪要》(青花久建〔2014〕50号),对全线具备边坡放缓条件的路段边坡进行放缓并防护。其中涉及标段为:HD2标、HD3标、HD7标、HD8标、HD11标、HD12标、HD15标、HD16标、HD17标。

(3)HD17标全线沿河挡墙取消。

由于部分段落坡脚处地面高程与计算洪水位高程相差不大,山谷内河流无明确的主河槽,水位呈明显季节性变化。根据现场情况,取消HD17标全线挡墙,取消HD17标K145+900~K147+400段左侧浸水衡重式路肩墙及K147+800~K148+020段左侧浸水衡重式路堤墙。

(4) K85+518~K87+625.6 段,对部分线路进行了设计调整。原招标图中的白塔1号大桥(368m)、白塔2号大桥(965.6m)、白塔3号大桥(288m),调整为施工图中的阳靠峡特大桥(2107.6m)。

6. 重大事件

2013年7月项目开工建设。

2014年6月25日,省交通运输厅副厅长夏继权,到花石峡至久治公路建设工地检查指导工作。

2015年4月6日14时38分,由中铁五局集团(HD6标)承建的目前世界海拔最高的在建高速公路隧道——雪山1号隧道出口右线顺利贯通。

2015年7月20日,省交通运输厅副厅长陶永利到花大公路调研。

2015年8月25日,花久公路花大段安培尔特大桥最后一片梁板安装就位,标志着花久公路又一控制性工程按节点目标完成。

2015年8月28日,交通运输厅副厅长陆宁安一行,到花大公路建设项目调研,并慰问一线职工。

2015年9月9日,省交通运输厅副厅长马忠英一行,到花石峡至大武公路调研项目建设情况。

2015年9月13日15时08分,花久公路雪山一号隧道全面贯通,是花大段首座单向实现贯通的特长隧道。

2015年10月13日,省交通运输厅厅长马吉孝、副厅长马忠英、总工程师李积胜等,到花石峡至大武公路调研建设情况。

2015年11月12日,省长郝鹏,在果洛州人民政府、省交通运输厅等相关单位领导陪同下,到花石峡至久治公路视察工作,并看望慰问参建单位及员工。

2015年12月8日,副省长韩建华一行到花大公路调研。

2016年4月30日,花大公路 HD9 标中国铁建中铁十五局集团第一工程有限公司承建的阳靠峡特大桥最后一片40mT梁吊装完成。至此,花大公路5019片预制梁全部吊装完成。

2016年5月10日,省委副书记王建军一行,到花石峡至久治高速公路进行视察调研。

2016年7月7日,花大公路5座特大桥、47座大桥等,全部完成桥面铺装施工任务。

2016年9月18日上午10时38分,花石峡至大武公路 HD13 标陕西路桥集团有限公司承建的雪山2号隧道左洞顺利贯通。

2016年9月24日,花久公路 HD5 标雪山1号隧道右线胜利贯通。

2016年9月26日,花大公路项目沥青混凝土路面全面铺筑完成。

2016年11月8日,花大公路雪山二号隧道顺利贯通,标志着花大公路隧道全部贯通。

(三)复杂技术工程

1. 雪山1号隧道

(1)工程概况

雪山1号隧道,位于青海省果洛藏族自治州境内。隧道地处青藏高原腹地,穿越知亥代山,为高海拔高寒特长公路隧道。洞口海拔4500m以上,隧道左线长4570m,右线长4495m,隧道最大埋深346m。平均气温 −4℃,极端高温22.4℃,极端最低气温 −48.1℃,季节性冻土区最大冻结深达3.0m。隧道洞口段地貌为山间沟谷地带,属多年季节性冻土地区,岩体反复冻融,隧道围岩呈松散、堆积状构造,围岩自稳性极差,施工条件非常复杂。

(2)采取的主要施工措施及取得的效果

①高原缺氧条件下长大隧道通风排烟方案。

由于项目所在地海拔达4808~4401m,平时空气含氧量只有内地的60%,冬季空气含氧量仅有内地的40%。为了确保洞内施工人员人身安全及正常作业,采取巷道式通风方案,实行压入式通风和射流风机配合的通风方法,解决了高原缺氧条件下长大隧道的通风排烟问题。

②高海拔地区富水隧道防排水措施。

隧道斜井施工至XK0+415里程时,隧底开始出现涌水,日涌水方量约为1300$m^3$。随着隧道的掘进,涌水量不断增大,最大达到7000$m^3$。隧道进入正洞施工后,日最大涌水量达到约23000$m^3$。为此,对隧道施工排水系统进行了研究,施工排水主要采取分段设立集水井、七级泵送抽排、多台水泵同时工作的抽排方式;永久排水采取以排为主、堵排结合的方式,富水段采取超前帷幕、径向注浆分区排水的方式,对原设计的永久性排水系统提出了优化。

③季节性冻土段施工方案

隧道洞口主要为冰渍堆积物,属于季节性冻土。岩体经多年反复冻融,自稳性极差,隧道开挖过程中容易掉块,初期支护容易变形。为了保证安全施工,采取三台阶七步开挖法的施工工艺,通过监控量测、超前地质预报等监测手段,解决了施工难题,顺利通过了季节性冻土冰渍堆积层。

④高海拔地区极端低温条件下混凝土施工及养护方法。

隧道地处青藏高原腹地,隧道通过区域地面高程4808~4401m,施工期间极端气温达到了 −35℃,隧道整个冬季正常进行施工。为确保冬季混凝土施工质量,采取骨料加热、添加防冻型减水剂、优化混凝土配合比等措施。通过检测,在此期间施工的混凝土质量,全部满足设计强度要求。

2. 阳靠峡特大桥

(1)工程概况

阳靠峡特大桥上部结构为 42×40m+14×30m 预应力混凝土连续 T 梁+箱梁,起点桩号为 K85+518,终点桩号为 K87+625.6,全长 2107.6m。全桥共计桩基 216 根,直径分别为 $D=1.5m$、1.6m、1.8m、2.0m、2.2m、2.4m;圆柱墩 138 根;等截面空心薄壁墩 18 个,都在 50m 以上,最高墩为 66.5m;预制 30m 箱梁 84 片,预制 40mT 梁 336 片,总共预制部分预应力混凝土先简支后连续梁 420 片。空心薄壁墩及预制梁数量多、施工周期长、投入的机械设备多、人员多、标准要求高、地形复杂,造成施工难度高。

阳靠峡特大桥处于峡谷段,斜跨黄河源头,在阳靠峡上形成 S 形曲线,最小曲线半径 800m,桥址原地面坡度 25°~45°,坡度陡峭,地质复杂。7~15 号墩位于河道内及河床上,地势较为平坦,地下水位低,桩基采用机械成孔,墩柱高度均大于 50m,采用等截面空心墩,其余桩基采用人工开挖成孔,墩柱采用圆柱墩。

桥梁地质复杂,施工难度大,高原季节性冻土和峡谷段施工是最大的难题,桥址地质主要为冰渍堆积物,岩体经多年反复冻融,表现为崩坡积碎块石,呈松散、堆积状构造,地质自稳性极差。

(2)采取的主要施工措施及取得的效果

①高原缺氧条件下峡谷段桥梁施工方案。

由于项目所在地地面海拔达 3900m,平时空气含氧量只有内地的 60%,冬季空气含氧量仅有内地的 40%。为了确保施工人员安全及正常作业,条件允许的情况下用机械成孔,采用人工开挖的桩基进行通风供氧,确保施工人员安全。

②峡谷段桥梁施工措施。

为了确保施工安全,减少开挖施工便道对山体的破坏,部分桩基钢筋采用人工孔内安装。吊装采用 100t 级吊车和履带吊进行作业,混凝土泵送车扬程达到 47m,增加大型设备投入施工,减少施工人员的劳动强度。

③季节性冻土段施工方案

桥址属于季节性冻土,山体陡峭,岩体经多年反复冻融,自稳性极差。为了保证施工安全和运营安全,在桥址上侧和河道边进行挡护和抗滑,防止山体下滑和河水冲刷。

④高海拔地区极端低温条件下混凝土施工及养护方法。

桥址地处青藏高原腹地,区域地面高程 3800~3900m,施工期间极端气温达到了 -35℃。为确保冬季混凝土施工质量,采取骨料加热、添加防冻型减水剂、优化混凝土配合比等措施。通过检测,在此期间施工的混凝土质量全部满足设计强度要求。

## (四)科技创新

花大高速公路沿线地处高海拔区域,大部分路段在4000～4500m之间。全线桥、隧分布密集,比例高达27%以上。全线冻土路段较多,涎流冰、积雪、滑坡、泥石流及断裂带等不良地质丰富。项目区所在区域属于青南高原,是青藏高原的重要组成部分,为三江源水源涵养区,生态环境脆弱,恢复难度大,施工环保要求很高;沿线基础设施薄弱,缺乏电力、通信网络,高寒缺氧,有效施工期短。面对建设难题,建设单位积极开展科技创新,依托项目开展了青海花久高速公路建设绿色循环低碳公路主题性项目、高寒地区节地型中间带护栏安全防护成套技术研究、高寒高海拔地区公路桥梁高墩施工安全技术研究、高海拔寒冷地区路线主要技术指标及其总体布局研究等多项课题研究,并应用了多项新技术、新工艺。

1. 科研课题

(1)高寒地区节地型中间带护栏安全防护成套技术研究

本课题针对高寒地区公路建设受土地限制、中间带宽度较小、且冬季长期积雪、中央分隔带防护设施防护能力有安全盲区等问题,拟从中间带护栏防护等级入手,分析不同路段的防护需求,并提出合理的防护设施设置方案。同时,开发一组节地型中央分隔带护栏,并从横向(防护等级、防护设施设置方案、防护设施类型)及纵向(即防护设施的结构、材料、基础形式、施工工艺)两条技术路线,对节地型中间带安全防护的成套技术展开研究,以满足高寒地区公路的实际需求。

花大高速公路中央分隔带护栏

(2)高寒高海拔地区公路桥梁高墩施工安全技术研究

本项目在对省内、外相关研究成果和工程经验进行广泛调研的基础上,以青海省公路桥梁高墩施工工程为主,研究公路桥梁高墩施工安全生产重大危险源的特征,总结建立完善的重大危险源单元划分、风险分析与分级评估方法;研究重大危险源的特性,制定重大危险源清单;研究不同危险源的针对性安全对策和事故隐患防治技术,并通过依托工程的实施、追踪与后评估,总结出具有普遍性和指导意义的成果。

(3)青海花久高速公路建设绿色循环低碳公路主题性项目

花久公路沿线大都属于高寒草原和高寒草甸区,将表土和草皮视为资源进行收集和利用;对施工过程中的取土坑、沿线湿地进行生态恢复施工;建设涵盖公路旅游指引系统、景观文化设计等内容、具有"藏文化"特色的阿尼玛卿公路服务区,在路线走廊方案选择时,充分考虑了工程建设应避免对风景名胜和文物古迹的干扰和破坏,体现生态文明保护优先、景观保护、服务旅游的理念,突出绿色环保的项目特色。

(4)高海拔寒冷地区路线主要技术指标及其总体布局研究

本项目兼有应用基础和应用研究的特点,目的包括两个方面:从理论层面,完善补充高寒高海拔地区公路设计理论;从技术层面,提出高寒高海拔地区公路的主要技术指标和路域环境保护策略,为该区域公路建设提供技术支持。项目开展以下主要内容的研究:

①一般地区路线设计指标在高海拔严寒地区适应性研究。

平、纵面指标直接影响行驶速度和安全性,特别是纵断面指标,也直接影响公路的经济性和对环境的影响程度。规范中针对一般地区自然特点规定的平面指标、纵断面指标,是否适用于高寒高海拔地区使用,需要事先评估。课题将就平面指标中的停车视距、纵断面指标中的最大纵坡、最大坡长、平均坡度指标的适应性,进行评估。

②驾驶员在高寒缺氧条件下反应特征测试及停车视距模型

主要测试高寒缺氧条件下驾驶员的心率、紧急情况下反应时间、操纵驾驶疲劳反应特性等,进行高寒高海拔地区不同路面的摩阻系数测定,建立基于驾驶员反应特征和车辆性能特性的停车视距模型,推荐高海拔严寒地区停车视距指标。

③高寒缺氧条件下汽车动力性能和纵断面指标确定

以现有汽车动力学原理为基础,现场测试不同海拔上,汽车在上坡、下坡、平坡行驶过程中的动力特性指标,建立高寒缺氧条件下汽车重量/功率比、坡度坡长、海拔与速度模型,研究纵断面主要指标变化对公路造价的影响程度。在此基础上,提出综合多目标的适应高寒缺氧地区特点的公路纵断面指标,包括最大纵坡、平均纵坡、最大坡长和合成坡度等。

④屏抑交通流对高原珍稀动物影响的策略和措施研究

借鉴高原生态脆弱区动物生活习性和迁徙规律方面的研究成果,研究交通流对动物、特别是动物迁徙的影响特性,研究不同屏蔽措施的屏蔽效果,提出公路通过不同动物生活区域的交通流屏蔽策略和措施。

⑤高海拔冻土生态脆弱区路线总体布局策略

以最少的破坏、最大的保护为目标,研究不同路基高度和形式(高路基、高架桥等)对公路工程经济性、安全性和耐久性的影响,提出不同路域环境下路线纵断面和横断面布局策略与原则,包括路基合理高度的确定、生态脆弱区的路线通过方式(路基、低桥、高路基、高架桥等)、合理的横断面形式等。

(5) K1+409~K7+640段高海拔高寒地区高速公路建设技术试验示范工程

由于青藏高原特殊地理、气候以及多年冻土环境,使得青藏高速仍然面临着能否建设与如何建设的难题,其建设难度是以往青藏公路工程内任何一项工程所无法类比的。在此背景下,国家层面实时启动高海拔高寒地区高速公路建设技术研究十分必要。2014年度国家科技支撑计划项目"高海拔高寒地区高速公路建设技术",于2013年11月通过了可行性研究评审,并于2014年进入实施阶段。试验段主要通过加宽路基宽度、改变路面结构层等技术指标,研究多年冻土路面高寒耐久性,为日后高寒高海拔地区公路建设标准提供技术依据。为此,2014年9月,青海省交通运输厅下发了关于《青海省交通运输厅关于花石峡至大武公路扩建工程高海拔高寒地区公路建设技术试验示范工程试验段施工的批复》(青交建管〔2014〕422号)。

2. 新技术、新工艺

(1)花久公路花石峡至大武段地形复杂,地质及水文条件较差,多年冻土路段分布较广,路基工程基本以半填半挖、高填(最大填高达到42m)深挖(最大挖深达54m)、陡坡路基为主,路基填料以挖方利用为主,沿线桥涵结构物较多。为确保路基稳定,减少路面铺筑后的工后沉降量,消除桥涵结构物台背跳车等不利因素,对该段路基填方高度大于5m路段、路基纵向填挖交界处、桥涵台背回填等关键工序,采取了重锤强夯补强处理,液压冲击夯分层夯实等措施,来提高路基强度。

(2)为确保桥面系施工安全,规范桥面系施工工艺,提高桥面系工程质量,在桥梁外护栏施工中首次采用了桥面系施工安全台车。该设备抗倾覆安全系数高,操作简便灵活,移位容易,方便实用,安全可靠,可减轻劳动强度,提高工作效率。

(3)为清除桥面铺装后的表面水泥浮浆以及铲平拉毛,采用大型铣刨设备对桥面进行精铣刨。该设备自带横坡、纵坡找平仪,可以对桥梁横向、纵向平整度进行同步处理,可以更好地保证沥青面层的平整度和厚度。同时,该设备施工进度快,每天可施工近万平方米。桥面铣刨后,可以获得细密均匀的粗糙表面,增强混凝土和沥青面层的粘连性,从而提高路面的质量和使用寿命。

(五)运营养护管理

1. 服务区设置

全线设置花石峡服务区1处,计划2017年内投入运营,见表10-6-15。

G0615 花石峡至大武段服务场区一览表　　　　表10-6-15

| 高速公路编码 | 服务区名称 | 桩号 | 所在区域 | 占地(m²) | 建筑面积(m²) |
|---|---|---|---|---|---|
| G0615 | 花石峡服务区南区 | K12+920～K13+280 | 花石峡 | 67575.33 | 2734.99 |
| G0615 | 花石峡服务区北区 | K12+580～K12+890 | 花石峡 | 67762.31 | 2734.99 |

2. 养护管理

全线共设养护工区 2 处，其中东倾沟养护工区已建成，花石峡养护工区在建。

3. 收费设施

收费设施见表 10-6-16。

G0615 花石峡至大武段收费设施一览表　　　　表10-6-16

| 收费站名称 | 桩号 | 入口车道数 | | 出口车道数 | | 收费方式 |
|---|---|---|---|---|---|---|
| | | 总车道 | ETC车道 | 总车道 | ETC车道 | |
| 花石峡主线收费站 | K11+800 | 7 | 2 | 7 | 2 | 封闭式收费 |
| 东倾沟西主线收费站 | K126+600 | 7 | 2 | 7 | 2 | |
| 东倾沟乡匝道收费站 | K132+000 | 3 | 1 | 3 | 1 | |
| 大武西收费站 | K154+388 | 3 | 1 | 5 | 1 | |

4. 监控系统

本项目设置花久监控分中心，实行集中监控模式，负责全线的收费、道路、隧道运营监控及路况信息的收集、上传及发布工作，与大武西收费站合建。

## 四、G0615 大武至久治段（建设期 2013.6—2017.11）

(一)项目概况

1. 功能定位

大武至久治段(省界)公路位于青海省果洛州玛沁县、甘德县及久治县境内，是国家高速公路德令哈至马尔康线路青海境内路段之一。该公路是通达果洛州久治县及年保玉则景区的便捷通道，也是青海省与四川省第一条高速公路出口通道。本项目的实施对完善国家、区域和青海省公路网、构建新青川便捷省际公路通道、加强青、川之间物资流通、促进区域旅游业发展，确保民族地区长治久安、巩固国防、提高交通应急救援和抗灾保通能力等，均具有重要的战略意义。

2. 技术标准及建设规模

主线采用双向四车道高速公路标准建设，设计速度分别采用 80km/h、60km/h。路基宽度:整体式路基19m,分离式路基10m。全线汽车荷载等级为公路-Ⅰ级,设计洪水频率特大桥1/300,大、中、小桥涵洞1/100,地震烈度7度。

路线全长233.3km,总投资129.12亿元。全线路基土石方1976×10$^4$m$^3$,防护及排水734×10$^4$m$^3$。共设桥梁14865.63m/129座,其中特大桥2168m/1座,大桥8559.9m/25座,中桥2871.73m/42座,小桥1266m/61座,涵洞通道11613m/539道,隧道(单洞长)38038m/7座(3座特长隧道),全线桥隧比例为17.3%。设主线收费站1处,匝道收费站5处,服务区1处,隧道管理站2处。

3. 地形地貌及主要控制点

沿线地貌类型同花石峡至大武段。区域内地震活动较为频繁,属地震活动强烈地区。

大久高速公路

主要控制点:大武镇、卡日山、江千乡岔路口、扎西曲龙寺、下藏科乡、格隆沟、那尔洞山、黄河、门堂贡巴寺、门堂乡、扎果山、夏德尔山、哈阿日拉布钦山、智青松多镇,路线终点川青省界(分水岭)。

4. 开工及通车时间

2013年7月开工,2017年11月建成通车。

G0615大武至久治段桥梁汇总见表10-6-17,隧道汇总见表10-6-18,路面结构见表10-6-19。

G0615大武至久治段桥梁汇总表　　　　表10-6-17

| 规模 | 序号 | 名称 | 桥长左(m) | 桥长右(m) | 主跨长度(m) | 结构类型 | 跨越障碍物 |
|---|---|---|---|---|---|---|---|
| 特大桥 | 1 | 马塞尔特大桥 | 2168 | 2168 | 30 | 先简支后连续梁桥 | 河流、道路 |
| 大桥 | 1 | 门堂大桥 | 407 | 407 | 20 | 先简支后连续梁桥 | 沟谷 |
| 大桥 | 2 | 梅隆大桥 | 167 | 167 | 20 | 先简支后连续梁桥 | 河流 |

## 第十章 高速公路建设项目

续上表

| 规模 | 序号 | 名称 | 桥长左(m) | 桥长右(m) | 主跨长度(m) | 结构类型 | 跨越障碍物 |
|---|---|---|---|---|---|---|---|
| 大桥 | 3 | 扎果大桥 | 488.2 | 458.2 | 30 | 先简支后连续梁桥 | 沟谷 |
| 大桥 | 4 | 特尔布大桥 | 398.2 | 398.2 | 30 | 先简支后连续梁桥 | 河流 |
| 大桥 | 5 | 夏德尔大桥 | 907 | 907 | 20 | 先简支后连续梁桥 | 河流、沟谷 |
| 大桥 | 6 | 哈阿特尔瓦布大桥 | 127 | 127 | 20 | 先简支后连续梁桥 | 河流 |
| 大桥 | 7 | 哈阿日拉布钦1号大桥 | 127 | 127 | 20 | 先简支后连续梁桥 | 河流 |
| 大桥 | 8 | 哈阿日拉布钦2号大桥 | 107 | 107 | 20 | 先简支后连续梁桥 | 河流 |
| 大桥 | 9 | 隆酿河大桥 | 653.2 | 424.1 | 30 | 先简支后连续梁桥 | 河流 |
| 大桥 | 10 | 桑池河大桥 | 338.2 | 333.2 | 30 | 先简支后连续梁桥 | 河流 |
| 大桥 | 11 | 沙柯河1号大桥 | 107 | 107 | 20 | 先简支后连续梁桥 | 河流 |
| 大桥 | 12 | 格曲河大桥 | 147 | 147 | 20 | 先简支后连续梁桥 | 河流 |
| 大桥 | 13 | 门堂黄河大桥 | 758.2 | 758.2 | 30 | 先简支后连续梁桥 | 河流 |
| 大桥 | 14 | 卡日1号大桥 | 728.2 | 848.2 | 28 | 先简支后连续梁桥 | 沟谷 |
| 大桥 | 15 | 卡日2号大桥 | 638.2 | 638.2 | 21 | 先简支后连续梁桥 | 沟谷 |
| 大桥 | 16 | 东柯曲1号大桥 | 647 | 647 | 20 | 先简支后连续梁桥 | 河流 |
| 大桥 | 17 | 东柯曲2号大桥 | 127 | 127 | 20 | 先简支后连续梁桥 | 河流 |
| 大桥 | 18 | 东柯曲3号大桥 | 227 | 227 | 20 | 先简支后连续梁桥 | 河流 |
| 大桥 | 19 | GK0+234改线大桥 | 118 | 118 | 16 | 先简支后连续梁桥 | 河流 |
| 大桥 | 20 | 东柯曲4号大桥 | 167 | 167 | 20 | 先简支后连续梁桥 | 河流 |
| 大桥 | 21 | 沙柯河2号大桥 | 287 | 287 | 20 | 先简支后连续梁桥 | 河流 |
| 大桥 | 22 | 久治立交桥 | 107.5 | 107.5 | 25 | 先简支后连续梁桥 | 道路 |
| 大桥 | 23 | 借赫大桥 | 427 | 427 | 20 | 先简支后连续梁桥 | 沟谷 |
| 大桥 | 24 | 格隆沟1号大桥 | 247 | 247 | 20 | 先简支后连续梁桥 | 沟谷 |
| 大桥 | 25 | 格隆沟2号大桥 | 107 | 147 | 20 | 先简支后连续梁桥 | 沟谷 |
| 中桥 | 1 | 门堂中桥 | 67 | 67 | 20 | 先简支后连续梁桥 | 河流 |
| 中桥 | 2 | 哈阿特尔瓦布1号中桥 | 67 | 67 | 20 | 先简支后连续梁桥 | 河流 |
| 中桥 | 3 | 哈阿特尔瓦布2号中桥 | 67 | 67 | 20 | 先简支后连续梁桥 | 河流 |
| 中桥 | 4 | 哈阿特尔瓦布3号中桥 | 67 | 67 | 20 | 先简支后连续梁桥 | 河流 |
| 中桥 | 5 | 三岔口中桥 | 67 | 67 | 20 | 先简支后连续梁桥 | 沟谷 |
| 中桥 | 6 | 哈阿日拉布钦1号中桥 | 67 | 67 | 20 | 先简支后连续梁桥 | 河流 |
| 中桥 | 7 | 哈阿日拉布钦2号中桥 | 67 | 67 | 20 | 先简支后连续梁桥 | 河流 |
| 中桥 | 8 | 哈阿日拉布钦3号中桥 | 67 | 67 | 20 | 先简支后连续梁桥 | 河流 |
| 中桥 | 9 | 哈阿日拉布钦4号中桥 | 67 | 67 | 20 | 先简支后连续梁桥 | 河流 |
| 中桥 | 10 | 哈阿日拉布钦5号中桥 | 67 | 67 | 20 | 先简支后连续梁桥 | 河流 |
| 中桥 | 11 | 哈阿日拉布钦6号中桥 | 67 | 67 | 20 | 先简支后连续梁桥 | 河流 |

续上表

| 规模 | 序号 | 名称 | 桥长左(m) | 桥长右(m) | 主跨长度(m) | 结构类型 | 跨越障碍物 |
|---|---|---|---|---|---|---|---|
| 中桥 | 12 | 哈阿日拉布钦 7 号中桥 | 67 | 67 | 20 | 先简支后连续梁桥 | 河流 |
| 中桥 | 13 | 哈阿日拉布钦 8 号中桥 | 67 | 67 | 20 | 先简支后连续梁桥 | 河流 |
| 中桥 | 14 | 哈阿日拉布钦 9 号中桥 | 67 | 67 | 20 | 先简支后连续梁桥 | 河流 |
| 中桥 | 15 | 哈阿日拉布钦 10 号中桥 | 67 | 67 | 20 | 先简支后连续梁桥 | 河流 |
| 中桥 | 16 | 哈阿日拉布钦 11 号中桥 | 67 | 67 | 20 | 先简支后连续梁桥 | 河流 |
| 中桥 | 17 | 哈阿日拉布钦 12 号中桥 | 67 | 67 | 20 | 先简支后连续梁桥 | 河流 |
| 中桥 | 18 | 哈阿日拉布钦 13 号中桥 | 67 | 67 | 20 | 先简支后连续梁桥 | 河流 |
| 中桥 | 19 | 隆酿中桥 | 67 | 67 | 20 | 先简支后连续梁桥 | 河流 |
| 中桥 | 20 | 涅则中桥 | 54.28 | 54.28 | 16 | 先简支后连续梁桥 | 河流 |
| 中桥 | 21 | 桑池 1 号中桥 | 38.28 | 38.28 | 16 | 先简支后连续梁桥 | 河流 |
| 中桥 | 22 | 桑池 2 号中桥 | 67 | 67 | 20 | 先简支后连续梁桥 | 河流 |
| 中桥 | 23 | 桑池 3 号中桥 | 54.28 | 54.28 | 16 | 先简支后连续梁桥 | 河流 |
| 中桥 | 24 | 热合中桥 | 38.28 | 38.28 | 16 | 先简支后连续梁桥 | 河流 |
| 中桥 | 25 | 沙柯河中桥 | 67 | 67 | 20 | 先简支后连续梁桥 | 河流 |
| 中桥 | 26 | A 匝道涅则中桥 | 54.28 | 54.28 | 16 | 先简支后连续梁桥 | 道路 |
| 中桥 | 27 | 连接涅则中桥 | 54.68 | 54.68 | 16 | 先简支后连续梁桥 | 道路 |
| 中桥 | 28 | 大武滩中桥 | 67.09 | 67.09 | 20 | 先简支后连续梁桥 | 河流 |
| 中桥 | 29 | 西久分离式立交桥 | 98.2 | 98.2 | 30 | 先简支后连续梁桥 | 道路 |
| 中桥 | 30 | A 匝道中桥 | 98.2 | 98.2 | 30 | 先简支后连续梁桥 | 道路 |
| 中桥 | 31 | 云布尖尕尔中桥 | 46.08 | 46.08 | 16 | 先简支后连续梁桥 | 河流 |
| 中桥 | 32 | K51+690 任钦中桥 | 67 | 67 | 20 | 先简支后连续梁桥 | 河流 |
| 中桥 | 33 | K59+096.25 分离式立交 | 54 | 54 | 16 | 先简支后连续梁桥 | 道路 |
| 中桥 | 34 | AK0+606.26 互通立交 | 97 | 97 | 30 | 先简支后连续梁桥 | 道路 |
| 中桥 | 35 | K85+270 洞索河中桥 | 67 | 67 | 20 | 先简支后连续梁桥 | 河流 |
| 中桥 | 36 | K88+494 章恰河中桥 | 63.8 | 63.8 | 10 | 先简支后连续梁桥 | 河流 |
| 中桥 | 37 | K92+290 马塞尔中桥 | 87 | 87 | 20 | 先简支后连续梁桥 | 河流 |
| 中桥 | 38 | 格隆沟 1 号中桥 | 87 | 87 | 20 | 先简支后连续梁桥 | 沟谷 |
| 中桥 | 39 | 格隆沟 2 号中桥 | 87 | 87 | 20 | 先简支后连续梁桥 | 沟谷 |
| 中桥 | 40 | 格隆沟 3 号中桥 | 67 | 67 | 20 | 先简支后连续梁桥 | 沟谷 |
| 中桥 | 41 | GK2+340 改线中桥 | 86.08 | 86.08 | 16 | 先简支后连续梁桥 | 河流 |
| 中桥 | 42 | AK0+648.1 匝道中桥 | 98.2 | 98.2 | 30 | 先简支后连续梁桥 | 道路 |
| 小桥 | | 共 61 座 | | | | | |

**G0615 大武至久治段隧道汇总表**　　　　　表 10-6-18

| 规模 | 名称 | 隧道全长左(m) | 隧道全长右(m) | 隧道净宽(m) | 隧道分类 | 洞门形式 | | | |
|---|---|---|---|---|---|---|---|---|---|
| | | | | | | 左线 | | 右线 | |
| | | | | | | 进口 | 出口 | 进口 | 出口 |
| 特长隧道 | 久治 1 号隧道 | 3559 | 3608 | 10.25 | 石质山岭隧道 | 端墙式 | 削竹式 | 端墙式 | 削竹式 |
| 长隧道 | 久治 2 号隧道 | 3930 | 3880 | 10.25 | 石质山岭隧道 | 端墙式 | 端墙式 | 端墙式 | 端墙式 |
| 短隧道 | 久治 3 号隧道 | 4710 | 4720 | 10.25 | 石质山岭隧道 | 削竹式 | 端墙式 | 削竹式 | 端墙式 |
| 短隧道 | 大武隧道 | 2770 | 2805 | 10.25 | 石质山岭隧道 | 端墙式 | 端墙式 | 端墙式 | 端墙式 |
| 短隧道 | 甘德隧道 | 1025 | 1040 | 10.25 | 石质山岭隧道 | 削竹式 | 削竹式 | 削竹式 | 削竹式 |
| 短隧道 | 久治 4 号隧道 | 2845 | 2830 | 10.25 | 石质山岭隧道 | 端墙式 | 端墙式 | 端墙式 | 端墙式 |
| 短隧道 | 久治 5 号隧道 | 156 | 160 | 10.25 | 石质山岭隧道 | 端墙式 | 端墙式 | 端墙式 | 端墙式 |

**G0615 大武至久治段路面结构表**　　　　　表 10-6-19

| 路面形式 | 起讫里程 | 长度(m) | 水泥混凝土路面 | 沥青路面 |
|---|---|---|---|---|
| 刚性路面 | ZK43+780~ZK46+150 大武隧道 | 2370 | 厚 26cm 水泥混凝土路面 | |
| | YK43+920~YK46+325 大武隧道 | 2405 | 厚 26cm 水泥混凝土路面 | |
| | ZK101+680~ZK102+305 甘德隧道 | 625 | 厚 26cm 水泥混凝土路面 | |
| | ZK101+495~YK102+135 甘德隧道 | 640 | 厚 26cm 水泥混凝土路面 | |
| | ZK143+480~ZK146+995 久治 2 号隧道 | 3515 | 厚 26cm 水泥混凝土路面 | |
| | YK143+710~YK147+215 久治 2 号隧道 | 3505 | 厚 26cm 水泥混凝土路面 | |
| | ZK150+265~ZK154+580 久治 3 号隧道 | 4315 | 厚 26cm 水泥混凝土路面 | |
| | ZK150+475~ZK154+790 久治 3 号隧道 | 4315 | 厚 26cm 水泥混凝土路面 | |
| | ZK185+790~ZK188+235 久治 4 号隧道 | 2445 | 厚 26cm 水泥混凝土路面 | |
| | YK186+075~YK188+505 久治 4 号隧道 | 2430 | 厚 26cm 水泥混凝土路面 | |
| | ZK112+556~ZK115+715 久治 4 号隧道 | 3159 | 厚 26cm 水泥混凝土路面 | |
| | YK112+712~YK115+920 久治 4 号隧道 | 3208 | 厚 26cm 水泥混凝土路面 | |
| | 合计 | 32932 | 255223m² | |

续上表

| 路面形式 | 起讫里程 | 长度(m) | 水泥混凝土路面 | 沥青路面 |
|---|---|---|---|---|
| 柔性路面 | 其余路段 K0+000~K233.3 | 216681 | | 4cm细粒式沥青混凝土上面层(AC-13)+5cm中粒式沥青混凝土下面层(AC-16)+17cm水泥稳定碎石上基层(掺18%~22%碎石)+18cm水泥稳定砂砾底基层 |

5. 项目建设背景及前期决策情况

为加快新青川高速通道建设,促进民族地区的经济社会发展,2013年7月9日,青海省发展和改革委员会下发《关于大武至久治(省界)公路扩建工程可行性研究报告的批复》(青发改基础〔2013〕1011号),批准项目建设。

6. 参建单位主要情况

(1)建设单位

本项目建设单位原为青海省花石峡至久治公路建设指挥部,后因机构改革,并入青海交通投资有限公司。青海交通投资有限公司组建大武至久治公路项目办,进驻施工现场,对项目进行全面现场管理。

(2)设计单位

青海省公路科研勘测设计院

(3)招投标工作

依据相关招标投标制度及管理办法,花石峡至大武公路扩建工程路基路面工程、交通及房建工程的施工、监理招标工作,由建设单位先后委托青海路达交通建设招标代理中心,进行了公开招标。招标公告均在国家规定的有关媒体上,公开发布。

路基路面工程:共划分23个施工合同段,3个施工监理合同段,于2013年3月29日开始招标,2013年6月27日开标,确定了中标单位。

工程保险:共2个标段,于2013年6月27日开始招标,2013年7月17日开标,确定了中标单位。

第三方中心实验室:共1个标段,于2013年7月11日开始招标,2013年7月31日开标,确定了中标单位。

第三方隧道监控量测单位:共1个标段,于2013年6月13日开始招标,2013年7月5日开标,确定了中标单位。

桥梁支座及伸缩缝:共1个标段,于2014年2月19日开始招标,2014年3月30日开标,确定了中标单位。

沥青供货商:共1个标段,于2014年10月21日开始招标,2014年11月22日开标,确定了中标单位。

房建、收费大棚工程：共划分7个施工合同段、2个监理单位，于2015年1月8日开始招标，2015年2月9日开标，确定了中标单位。

交安、机电工程：共划分9个施工合同段、2个监理合同段，于2015年1月9日开始招标，2015年3月19日开标，确定了中标单位。

环水保监理：共划分2个合同段，于2015年8月3日开始招标，2015年9月9日开标，确定了中标单位。

沿线设施供电工程：划分2个施工合同段、1个监理单位，于2017年初招标并确定了中标单位。

（4）施工单位

通过招投标，本项目由青海路桥建设股份有限公司、正平路桥建设股份有限公司等45家施工单位参与建设；其中土建工程26家、房建及收费大棚工程7家、交安工程4家、机电工程5家、沿线设施供电工程2家、沥青供应1家。

（5）监理单位

本项目由青海省交通工程监理处、青海省公路工程咨询监理处等11家监理单位参与建设，其中土建监理办公室4家、房建及收费大棚工程监理办2家、交安工程监理办1家、机电工程监理办1家、环保监理办1家、水保监理办1家、供电监理1家。

G0615大武至久治段参建单位见表10-6-20。

G0615大武至久治段参建单位表  表10-6-20

| 序号 | 参建单位 | 单位名称 | 合同编号及起止桩号 | 工程内容 | 主要负责人 |
|---|---|---|---|---|---|
| 1 | 项目管理单位 | 青海交通投资有限公司 | K0+000～K233+300.092 | | 蔡军 |
| 2 | 勘察设计单位 | 青海省公路科研勘测设计院 | DJ1～DJ23<br>K0+000～K233+300.092 | 全线勘察设计 | 刘强 |
| 1 | 施工单位 | 青海路桥建设股份有限公司 | DJ1<br>K0+000～K23+000 | 路基、防护、桥涵、路面垫层、基层、面层 | 赵大虎 |
| 2 | 施工单位 | 正平路桥建设股份有限公司 | DJ2<br>K23+000～K51+000<br>K23+000～K41+050 | 路基、防护、桥涵、路面垫层、基层、面层 | 张元志 |
| 3 | 施工单位 | 中铁十一局集团第二工程有限公司 | DJ3<br>K41+050～K45+000 | 隧道及引道路基、防护、桥涵、路面垫层 | 何声军 |
| 4 | 施工单位 | 中铁十一局集团第二工程有限公司 | DJ4<br>K45+000～K51+000 | 隧道及引道路基、防护、桥涵、路面垫层 | 何声军 |
| 5 | 施工单位 | 青海省海西公路桥梁工程有限责任公司 | DJ5<br>K51+000～K76+000<br>K51+000～K62+950 | 路基、防护、桥涵、路面垫层、基层、面层 | 王立科 |
| 6 | 施工单位 | 甘肃弘盛路桥建筑工程有限公司 | DJ6<br>K62+950～K76+000 | 路基、防护、桥涵、路面垫层 | 王乐平 |

续上表

| 序号 | 参建单位 | 单位名称 | 合同编号及起止桩号 | 工程内容 | 主要负责人 |
|---|---|---|---|---|---|
| 7 | 施工单位 | 青海省湟源公路工程建设公司 | DJ7<br>K76+000~K104+000<br>K76+000~K96+000 | 路基、防护、桥涵、路面垫层、基层、面层 | 蔡成奎 |
| 8 | | 中交隧道工程局有限公司 | DJ8<br>K96+000~K104+000 | 隧道及引道路基、防护、桥涵、路面垫层 | 文辉 |
| 9 | | 中交第三公路工程局有限公司 | DJ9<br>K104+000~K114+200 | 隧道及引道路基、防护、桥涵、路面垫层 | 汤立强 |
| 10 | | 中铁十八局集团第三工程有限公司 | DJ10<br>K114+200~K118+000 | 隧道及引道路基、防护、桥涵、路面垫层 | 高源 |
| 11 | | 青海路桥建设股份有限公司 | DJ11<br>K104+000~K130+000<br>K118+000~K130+000 | 路基、防护、桥涵、路面垫层、基层、面层 | 董曦 |
| 12 | | 中青海省兴利公路桥梁工程公司 | DJ12<br>K130+000~K157+000<br>K130+000~K140+000 | 路基、防护、桥涵、路面垫层、基层、面层 | 邓彩虹 |
| 13 | | 中铁五局(集团)有限公司 | DJ13<br>K140+000~K145+360 | 隧道及引道路基、防护、桥涵、路面垫层 | 陈敏 |
| 14 | | 河北路桥集团有限公司 | DJ14<br>K145+360~K148+800 | 隧道及引道路基、防护、桥涵、路面垫层 | 史永财 |
| 15 | | 中交二公局第三工程有限公司 | DJ15<br>K148+800~K152+500<br>K152+500~K157+000 | 隧道及引道路基、防护、桥涵、路面垫层 | 刘洋 |
| 16 | | 中铁五局集团路桥工程有限责任公司 | DJ16<br>K152+500~K157+000 | 隧道及引道路基、防护、桥涵、路面垫层 | 徐雪飞 |
| 17 | | 青海第三路桥建设有限公司 | DJ17<br>K157+000~K174+000<br>K157+000~K163+500<br>K0+0~K27+185.9<br>(年保玉则支线) | 路基、防护、桥涵、路面垫层、基层、面层 | 惠超峰 |
| 18 | | 中交第四公路工程局有限公司 | DJ18<br>K163+500~K174+000 | 路基、防护、桥涵、路面垫层 | 夏绍军 |
| 19 | | 中铁二十三局集团有限公司 | DJ19<br>K174+000~K187+100 | 隧道及引道路基、防护、桥涵、路面垫层 | 丰海勇 |
| 20 | | 中交二公局第三工程有限公司 | DJ20<br>K187+100~K190+102.398 | 隧道及引道路基、防护、桥涵、路面垫层 | 胡秀军 |
| 21 | | 中铁十局集团西北工程有限公司 | DJ21<br>K174+000~K203+380<br>K190+102.398~K203+380 | 路基、防护、桥涵、路面垫层、基层、面层 | 陈鹏 |
| 22 | | 中交第二公路工程局有限公司 | DJ22<br>K203+380~K211+000 | 隧道及引道路基、防护、桥涵、路面垫层 | 苏占玺 |

# 第十章
## 高速公路建设项目

续上表

| 序号 | 参建单位 | 单位名称 | 合同编号及起止桩号 | 工程内容 | 主要负责人 |
|---|---|---|---|---|---|
| 23 | 施工单位 | 河南省大河筑路有限公司 | DJ23<br>K203+380~K228+527<br>K211+000~K228+527 | 路基、防护、桥涵、路面垫层、基层、面层 | 王广智 |
| 24 | | 青海路桥建设机械工程有限公司 | TX3 | 路基、防护、桥涵、路面垫层、基层、面层 | 沈祥宏 |
| 25 | | 中铁五局集团机械化工程有限责任公司 | TX4 | 路基、防护、桥涵、路面垫层、基层、面层 | 李一平 |
| 26 | | 青海省兴利公路桥梁工程公司 | TX5 | 路基、防护、桥涵、路面垫层、基层、面层 | 邓彩虹 |
| 27 | | 青海宏业建设工程有限公司 | FJ7 | 大武匝道收费站（含养护工区） | 殷海军 |
| 28 | | 江西梦远建设有限公司 | FJ8 | 江千匝道收费站 | 林欢祥 |
| 29 | | 青海省广厦建筑工程有限公司 | FJ9 | 门堂服务区 | 李石峰 |
| 30 | | 青海恒力建筑安装工程有限公司 | FJ10 | 门堂匝道收费站（含养护工区及隧道管理站） | 张建 |
| 31 | | 中康建设管理股份有限公司 | FJ11 | 久治匝道及主线收费站 | 宴学成 |
| 32 | | 徐州鹏程钢结构工程有限公司 | SFDP3 | 承建大武、江千、下藏科收费大棚 | 史先朋 |
| 33 | | 盐城市大鹏交通电力有限公司 | SFDP4 | 承建门堂、久治收费大棚 | 闻金芝 |
| 34 | | 北京公科飞达交通工程发展有限公司 | DJ-JD1 | 项目机电工程 | 张娃加 |
| 35 | | 中海网络科技股份有限公司 | DJ-JD2 | 项目机电工程 | 朱林泉 |
| 36 | | 上海电科智能系统股份有限公司 | DJ-JD3 | 项目机电工程 | 董媛 |
| 37 | | 成都曙光光纤网络有限责任公司 | DJ-JD4 | 项目机电工程 | 季凡 |
| 38 | | 陕西高速电子工程有限公司 | DJ-JD5 | 项目机电工程 | 杜临生 |
| 39 | | 山东省路桥集团有限公司 | DJ-JA1 | 项目沿线交通安全设施工程 | 杨峰 |
| 40 | | 海南中咨泰克交通工程有限公司 | DJ-JA2 | 项目沿线交通安全设施工程 | 秦锐锐 |
| 41 | | 甘肃路桥飞宇交通设施有限责任公司 | DJ-JA3 | 项目沿线交通安全设施工程 | 高勘 |
| 42 | | 湖南省湘筑交通科技有限公司 | DJ-JA4 | 项目沿线交通安全设施工程 | 刘浩 |
| 43 | | 营口市泰昌化纤有限公司 | HJWZ-LQ-2 | 大武至久治公路沥青供应 | 韩士红 |

续上表

| 序号 | 参建单位 | 单位名称 | 合同编号及起止桩号 | 工程内容 | 主要负责人 |
|---|---|---|---|---|---|
| 44 | 施工单位 | 四川岳池县石垭建安总公司 | DJGD1 | 沿线设施供电工程 | 姚积瑞 |
| 45 | | 四川输变电工程公司 | DJGD2 | 沿线设施供电工程 | 王福有 |
| 1 | 监理单位 | 青海省交通工程监理处 | HJ-JL4 | 负责大久公路1~8标监理工作 | 王小林 |
| 2 | | 青海省公路工程咨询监理处 | HJ-JL5 | 负责大久公路9~16标监理工作 | 耿跃平 |
| 3 | | 湖南湖大建设监理有限公司 | HJ-JL6 | 负责大久公路17~23标监理工作 | 梁红 |
| 4 | | 青海省交通工程监理处 | TX-JL2 | 负责花久公路连接线3、4、5标监理工作 | 王小林 |
| 5 | | 青海百鑫工程监理咨询有限公司 | FJ-JL3 | 负责FJ7、8、9, SFDP3、4施工合同段监理工作 | 杨维亮 |
| 6 | | 陕西兴通监理咨询有限公司 | FJ-JL4 | 负责FJ10、11施工合同段监理工作 | 常小江 |
| 7 | | 青海路翔工程监理咨询有限公司 | DJ-JAJL2 | 负责交安工程监理工作 | 贾保合 |
| 8 | | 重庆中宇工程咨询监理有限责任公司 | DJ-JDJL | 负责机电工程监理工作 | 林波 |
| 9 | | 北京北林丽景生态环境设计院有限公司 | 水保监理 | 大久公路水保监理 | |
| 10 | | 苏交科集团股份有限公司 | 环保监理 | 大久公路环保监理 | 王永平 |
| 11 | | 青海恒鑫工程建设监理有限责任公司 | DJGDJL-2017监02 | 大久公路供电监理 | 付晓望 |
| 1 | 咨询服务单位 | 湖南联智桥隧技术有限公司 | 中心试验室 | 中心试验室负责大久公路试验检测工作 | 陈胜吉 |
| 2 | | 上海同济建设工程质量检测站 | 隧道监控量测 | 负责花久公路隧道的监控量测,超前地质预报工作 | 廖积平 |

## (二)建设情况

### 1.项目审批

该项目严格执行交通基本建设程序,各个环节手续齐全。

(1)项目工可批复:2013年7月9日,青海省发展和改革委员会下发《关于大武至久治(省界)公路扩建工程可行性研究报告的批复》(青发改基础〔2013〕1011号)。

(2)初步设计批复:该项目初步设计由青海省公路科研勘测设计院完成,中交第一公路勘察设计研究院有限公司完成技术咨询审查;2013年8月,青海省交通厅下发了《关于大武至久治(省界)公路扩建工程初步设计批复》(青交公〔2013〕443号)。

(3)施工图设计批复:该项目两阶段施工图设计,由青海省公路科研勘测设计院完成,并依据中交第一公路勘察设计研究院有限公司的技术咨询审查意见完成修改;2013年7月25日,由省交通厅组织对项目两阶段施工图设计进行了审查,并于2013年9月10日以《青海省交通厅关于大武至久治(省界)公路扩建工程两阶段施工图设计的批复》(青交公〔2013〕532号),进行了批复。

(4)项目土地预审批复:由青海省土地测绘院完成项目建设用地预审;2013年7月15日,由青海省国土资源厅以《青海省国土资源厅关于大武至久治(省界)公路扩建建设项目用地预审意见的函》(青国土资预审〔2013〕97号),通过了建设项目土地预审。

(5)水土保持批复:由湖北省水利水电规划勘测设计院,编制完成水土保持方案报告书;2014年4月30日,青海省水土保持局以《关于大武至久治(省界)段公路扩建工程水土保持方案的批复》(青水水保〔2014〕83号),进行了批复。

(6)压覆矿产评估报告审查意见情况:由青海九〇六工程勘察设计院,分别编制完成了大武至扎果山、扎果山至久治压覆矿产资源调查评估报告;2013年5月31日,青海省国土资源厅分别以《青海省国土资源厅关于成都至香日德公路大武至扎果山段公路建设工程压覆矿产资源调查评估报告的预审意见》(青国土资矿〔2013〕151号)、《青海省国土资源厅关于成都至香日德公路扎果山至久治(省界)段公路建设工程压覆矿产资源调查评估报告的预审意见》(青国土资矿〔2013〕154号),通过了评审。

(7)地址灾害评估报告备案登记情况:由青海九〇六工程勘察设计院,编制完成了项目《青海省久治省界至茫崖公路大武至久治省界段公路建设工程地质灾害性评估报告》;2013年4月26日,青海省国土资源厅《地质灾害危险性评估报告备案登记表》(青地灾评〔2013〕87号),通过了符合性审查。

(8)使用林地审核情况:由青海林业工程咨询中心勘测完成了林地使用定界;青海省林业厅准予行政许可决定书分别于2015年7月14日审核同意了《大武至久治公路大武至江千岔口段扩建工程使用林地审核同意书》(青林资许准〔2015〕67号);于2015年7月16日审核同意了《大武至久治公路江千岔口至扎隆口段扩建工程使用林地审核同意书》(青林资许准〔2015〕71号)、《大武至久治公路扎隆口至夏德尔段扩建工程使用林地审核同意书》(青林资许准〔2015〕72号);于2015年7月20日审核同意了《大武至久治公路夏德尔至阿特尔瓦布段扩建工程使用林地审核同意书》(青林资许准〔2015〕77号)、《大武至久治公路阿特尔瓦布至三岔口段扩建工程使用林地审核同意书》(青林资许准〔2015〕78号)、《大武至久治公路三岔口至阿日拉布钦段扩建工程使用林地审核同意书》(青林资许准〔2015〕79号)、《大武至久治公路阿日拉布钦至久治(省界)段扩建工程使用林地审核同意书》(青林资许准〔2015〕80号)。

大久高速公路建设突出绿色环保特色

**2. 资金筹措**

项目估算总投资117.94亿元,其中国家专项车购税资金40.67亿元,其余全部为银行贷款。

**3. 征地拆迁**

项目沿线经过果洛藏族自治州玛沁县、甘德县、久治县,共3个县、7个乡镇。

征地拆迁主要内容:签订协议、界定征地界限、办理永久性占地报批手续。永久占地界内房屋等各种构造物的搬迁。永久占地内附着物的拆除。各种管线的迁移、改建,既有通信管线的改建、加高、迁移,还有10kV、35kV、110kV电力线路的改建、加高、迁移。临时及借土占地的征用。

遵循的政策法规:《中华人民共和国土地管理法》《青海省土地管理条例》、青海省人民政府2010年4月20日发布的《青海省人民政府关于公布征地统一年产值标准和片区综合地价的通知》(青政〔2010〕26号)、青海省人民政府办公厅2012年12月28日发布的《青海省人民政府办公厅转发省人力资源社会保障厅等部门关于青海省被征地农民社会养老保险暂行办法的通知》(青政办〔2012〕336号)、青海省人民政府办公厅2013年1月30日发布的《青海省人民政府办公厅关于土地征收时缴纳被征地农民社会养老保险的通知》(青政办〔2013〕23号)、青海省国土资源厅2009年5月14日发布的《青海省国土资源厅关于印发倒淌河至格尔木一级公路工程建设征地拆迁补偿标准的通知》(青国土资土〔2009〕32号)。

主要做法:2013年7月12日,青海省国土资源厅组织青海省交通厅、果洛州人民政府及沿线涉及的玛沁县、玛多县人民政府,在西宁市召开了花石峡至久治公路征地动员大会。会上宣读了《花石峡至久治公路征地拆迁实施方案》,为征地拆迁及安置工作提供了明确的政策依据。

按三级管理体系设置安置办公室,加强各级政府对征地工作的领导和监督,形成完善的拆迁工作体系,使征地拆迁工作层层有人管、层层有人抓。青海省土地统征整理中心于2013年7月,对公路项目涉及的各县参加征地工作的业务骨干进行了培训,明确了工作范围、程序和任务,制定工作方案,严明工作纪律,统一标准、统一口径,保质保量地完成了征地拆迁工作任务。征地拆迁工作实行群众参与,各级政府层层签订责任书,采取"四到位"、"四现场"的做法,即县、乡、村、户四方到场,现场丈量、现场清点、现场签字、现场盖章。

2013年7月至8月,青海交通投资有限公司组织有关人员,对沿线3个县(市)地上附着物进行了清点、登记造册、签字确认。2013年10月,青海交通投资有限公司与玛沁县、甘德县、久治县签订征地、拆迁合同协议。共计征用牧草地12214.9亩,林地981.1亩,房屋拆迁53户4844.93$m^2$,通信、电力行业迁改等。共计支付补偿费用3522.1153万元。

**4. 实施过程**

大久高速公路工程开工以来,参建单位努力克服高寒、高海拔等各种困难,以安全第一、质量至上、低碳环保为宗旨,严格遵循基本建设程序,加强合同管理、工程监理和质量监管,强化施工现场管理,注重科技创新,稳步推进工程建设,圆满完成了建设任务。

(1)主线土建工程于2013年8月开工,2016年10月基本完工。

(2)房建及收费大棚工程于2015年8月开工,2016年11月基本完工。

(3)交安、机电工程于2016年7月开工,2017年9月全面完工。

**5. 重大变更**

(1)K162+942处年宝玉则互通及年宝玉则支线暂缓实施。由于年宝玉则支线穿越三江源国家级保护区,加之路线交通量小,考虑到自然生态环境保护的需要,经现场核查,决定暂缓实施年宝玉则支线及年宝玉则互通,此项决策减少费用约2.1亿元。

(2)K200+000至K233+300段改线,取消久治互通。由于大武至久治公路在久治县城以高架桥南北向穿城而过,既影响城市美观,又不利于县城的发展,根据现场实地踏勘,结合施工、设计、监理及久治县政府各方意见后,决定重新调整路线,绕避县城,尽量从县城西侧边缘通过,并取消原久治互通。

(3)隧道围岩初支加强类变更。大武至久治公路全线7座隧道,设计围岩与实际围岩相差较大。其中大武隧道、久治2号、久治3号隧道尤为严重,围岩变化频繁且稳定性差,为确保结构稳定、安全,有效控制初支沉降变形,建设单位从2013—2016年多次邀请权威专家组现场会诊,结合现场实际对部分隧道段落初期支护参数进行了合理加强。

(4)由于本项目区地处高寒地区,生态脆弱,通过设计、施工及监理单位各方踏勘现场后，提出边坡防护以植被生态防护为主的指导思想。对全线挖方边坡具备放缓条件路段的边坡进行放缓，边坡防护以生态边坡防护为主，并取消全线浆砌片石防护。

6. 重大事件

2013年7月，项目开工建设。

2014年10月1日，借赫隧道顺利贯通（现改名甘德隧道）。

2015年4月13日，卡日隧道（现改名大武隧道）左洞完成掘进。

2015年7月24日，那儿洞隧道（现改名久治1号隧道）顺利到达分界点。

2015年7月25日夏德尔大桥吊装完成。

2016年6月22日久治2号隧道提前打到分界点。

2016年10月12日，大久公路项目沥青混凝土路面全面铺筑完成。

2017年2月6日，久治2号隧道右线顺利贯通。

2017年5月4日，久治3号隧道右线顺利贯通。

2017年5月15日，久治3号隧道左线顺利贯通。

2017年6月3日，久治2号隧道顺利贯通。

（三）复杂技术工程

1. 久治2号隧道

1）工程概况

久治2号隧道位于青海省果洛藏族自治州久治县境内。隧道穿越扎果山，海拔3983～4247m，地处青藏高原腹地，为高海拔寒区特长公路隧道。隧道左线长3915m，右线长3905m，隧道最小埋深4m、最大埋深238m。平均气温0.1℃，极端高温27.1℃，极端最低气温-36℃，季节性冻土区最大冻结深达2.0m。隧址区水文地质条件比较复杂，地表少有泉水出露，冲沟发育。隧道主要穿过碎石土层、砂岩、钙泥质板岩、岩浆岩、碎屑岩。围岩全部为Ⅳ级和Ⅴ级，围岩破碎。隧道进口处为水草地，需要进行换填处理。不良地质主要有涌泥突水等。

2）施工难点

（1）海拔高，气候条件差：隧道所在海拔4000m以上，空气稀薄缺氧、气压低、昼夜温差大。冬季严寒而漫长，有效施工时间短，每年最佳施工时间仅为6—9月，且为雨季，施工条件非常艰苦，施工组织难度大。

（2）施工条件差：隧道所在地区生存条件非常恶劣，属于无人区，没有电网、交通条件差、工地偏远，材料运输、人员进场都非常困难，对施工的影响非常大。

（3）隧道地质复杂，施工难度大：

①洞口段成洞难。高原季节性冻土施工是最大的难题,隧道进口段为水草地,开挖时,冻土融化,含粉土的碎石土呈散粒状,强度极低,成洞极为困难。受反复冻融影响作用,洞身变形,右洞洞口初支下沉2m以上。扎果隧道左线进口浅埋段260m,右线进口浅埋段250m,埋深仅为10~45m,周围地表含水量大,坡面水草地、小水坑发育,隧道浅埋段两侧均有水沟,且水沟沟底高程均高于同断面隧道填充面高程,隧道洞口段即穿越F1断层,浅埋段地层岩性为坡积碎石土,掌子面经渗水冲刷极易沿节理面滑塌,成洞极为困难。

②不良地质。左洞ZK143+462、右洞YK143+830发生涌水突泥,隧道冒顶。

③初支变形。钙泥质板岩、强风化砂岩,开挖过程中岩体遇水即软化,初支极易变形。

久治2号隧道

3)采取的技术措施

(1)洞口段浅埋段施工方案

隧道洞口主要为水草地、碎石土,埋深最小为4m,岩体经多年反复冻融,自稳性极差,隧道开挖过程中容易掉块,初期支护容易变形。为保证安全施工,采取管棚超前注浆、三台阶七步开挖法的施工工艺,通过监控量测、超前地质预报等监测手段,解决了施工难题。

(2)涌水突泥施工方案

发生涌水突泥后,排堵结合,综合治理,利用潜孔钻超前注浆及施工泄水孔,增加临时仰拱控制初支变形,加强超前及初支质量。采用以上方案,均顺利渡过涌水突泥地段。

(3)初支变形控制措施

破碎、节理发育围岩遇水软化后,随着时间推移初支持续变形;严格根据监控量测指导施工,主要采取释放与抑制相结合的方式,控制初支的变形;首先允许释放围岩部分膨胀力、挤压力允许变形,其次初支强度要能抑制变形的继续发展,在这个过程与围岩的抗衡中,首先要根据监控量测及施工经验,预留足够多的变形量;其次要使初支形成一个强有力的整体,并加强锁脚。

2. 水草地处理

1）工程概况

久治县城以西过久治5号隧道后，溯桑赤河谷而上。沿线由于山坡泉水发育，地表排水不畅、长期积水，形成严重水草地路段。主要表现为地表土体湿软，水草发育，夏季降雨充沛时尤为严重。本项目地处有"中华水塔"之称的三江源保护区，生态环境脆弱，环保要求高。同时由于地处民族地区，社会经济发展较为落后，各类建材工业欠发达，石灰、水泥、石料等供应紧张。

2）施工特点及难点

在路基填挖高度受限的情况下，遵循因地制宜、就地取材的原则，对路基及排水防护进行综合考虑，在尽量不破坏自然环境的前提下处理好水草地路段，保证路基稳定。本项目沿线是青海省降雨充沛的地区，且降雨集中在每年的6—9月，每年的9月至次年的5月初则为霜冻期。在无霜期短、夏季降雨集中的地区处理水草地路基，是本项目的难点。不同路段水草地发育程度不同，处理方案存在差异，施工难度大：

（1）水草地一般发育路段，软弱土层厚度相对较薄。当路基填高大于2.3m时，不清表直接填筑1.5m砂砾，进行冲击碾压或重型碾压，然后在砂砾顶部铺设土工格栅；当路基填高小于2.3m时，采取换填处理，保证路面底基层以下1.5m范围内全部用砂砾填筑。

（2）水草地较严重发育路段，主要集中于K211+300~K212+190、K213+460~K215+600、K216+524~K218+140段，植被生长茂盛，路线上游泉眼较多，地表积水较严重，常形成积水及淤泥湖塘。填方路段路基底部填筑70cm片石，其上填筑砂砾；挖方路段，开挖路面底基层以下1.5m，铺筑0.7m片石，其上再填筑0.8m砂砾。在地势较高一侧设置边沟或排水沟，沟底设置渗池，纵向每隔20m设置PVC管。地势较低一侧设置宽3m、高1.2~1.5m的反压护道。

（3）水草地极严重发育路段，主要集中出现于K218+500~K220+000路段。该段植被生长茂盛，路线上游泉眼多，地表积水很严重，常形成大面积积水及淤泥湖塘。填方路段路基表层填筑1.5m厚砂砾并冲击碾压至基底，其上填筑70cm碎石路基，其余用砂砾填筑；挖方路段，开挖路面底基层以下1.5m，填筑1.5m砂砾并冲击碾压至开挖线，底层铺筑0.7m碎石，其上填筑0.8m砂砾。路基两侧分别设置排水沟、渗池和反压护坡道。

（4）泉眼较多路段，地下水溢出地表、渗流，形成较多小型水沟，地表湿软，植被茂盛，部分路段地表积水。不清表，在原地表铺筑0.5m粗砂砾，重型碾压至原地表；其上设置0.8~1.2m碎石排水层，并使路基底部地面横坡2%~5%，使路基内泉眼水流能迅速排出路基以外。碎石排水层上部设置土工格栅和土工布隔水层，再填筑路基。路基两侧分别施作排水沟、反压护道，并在路基低侧堆集片石、碎石，上覆砂层作为保温层。

另外,采取了以下施工措施:

(1)永临结合,少修便道,积极引导重型施工车辆、社会车辆上路,加速水草地的沉降稳定。

除结构物基坑处,修筑临时施工便道绕行外,其余段落全部以路基作为施工便道,保证所有重型施工车辆全部由路基上通行。铺土工布、土工格栅等材料的段落在开放交通前,及时铺筑上层填料,使其得到良好的保护。施工过程中,各层路基顶面保留不小于2%的横坡,保证路基面排水顺畅。配备足够的平整、压实设备,对于重型车辆碾压形成的坑槽及时换填并平整碾压,避免雨季形成积水。

(2)合理配置施工力量,加快涵洞、排水沟、渗池、横向排水管的施工进度,及早分段形成有效的排水体系。项目施工高峰期投入涵洞模板达7套,不同吨位汽车吊12台,抢在水草地路基大面积施工前完成了大部分的涵洞工程,保证在水草地路基施工时,地表水能通过涵洞及临时排水沟顺利下泄。通过及时施工渗池及横向排水管,有效降低了地下水位,降低了水草地施工难度。

(3)针对项目有效工期短的特点,加大投入,加快水草地路基的施工进度。狠抓5月份、10月份相对有利的好天气,在高峰期投入3个路基作业队,同时开辟5~6个作业面,比预定的路面铺设工期提前半年完成了水草地路基施工。在此后的半年时间里,所有路基不封闭交通,积极引导社会各种重型车辆通行。保证经过半年的自然沉降及重车碾压后,水草地路基能够提前沉降稳定。

3)施工中存在的问题及建议

(1)水草地的判断尚无定量的标准,以机械探挖、人工目测为主要手段,难免有遗漏之处,可能会给未来运营留下隐患。

(2)部分水草地段落较短,冲击压路机在施工过程中难以达到规定的行驶速度,影响冲击效果,建议对最短长度作出规定。

3. 马塞尔特大桥

1)工程概况

马塞尔特大桥起点桩号为K96+805.9,终点桩号为K98+974.1,全长2168.2m。上部结构采用(4~30m)×18装配式预应力混凝土先简支后连续箱梁,下部结构采用桩接柱形式,墩高每10m左右设系梁连接,确保结构稳定。全桥共计桩基222根,桩径分别为$D=1.2m$、$1.5m$、$1.8m$,设计总长度为7734延米;圆柱墩213根,直径分别为$D=1.6m$、$1.7m$,平均高度约为20m,最高墩为29.5m;预制30m预应力混凝土箱梁432片。下部结构工程量大、施工点分布多及预制箱梁数量多、气候偏低,导致施工周期长、投入的机械设备相应增多;人员投入多、标准要求高、地形复杂等原因,造成施工难度高,是大武至久治公路重点控制性工程。

马塞尔特大桥

2)技术特征及难点

(1)马塞尔特大桥地处青藏高原,海拔3700m左右,高寒缺氧,最佳施工期仅为5—9月,可施工的时间较短。

(2)桥梁地处三江源自然保护区,工程建设对环境保护提出了较高的要求。

(3)桥梁所在地经济落后,物资匮乏,大部分材料(钢筋、水泥、柴油等)均需从西宁采购。本工地距西宁约600km,且路况较差、运输极为不便。

3)采取的主要施工措施及取得的效果

(1)干涸河滩地、砂砾土地区桥梁施工采用的措施。

大桥处于干涸的河滩地,桥头桥尾地势陡峭,地表多为砂砾土。由于靠近河流,施工过程中出现严重的地下水上涌现象,给施工带来不便,并且砂砾土易垮塌,在桩基施工时多次出现塌孔现象,曾一度造成桩基施工无法开展。为此,施工单位加大投入,组织租赁费用高昂的插板机进场,并采购加长护筒,利用插板机将长护筒插入桩位护臂,才有效解决了塌孔现象,顺利完成桩基施工。施工期间雨水频繁,道路泥泞,再加上海拔高、氧含量低,造成机械效率下降、机械故障频发,耗费了大量人力财力。

(2)高海拔地区极端低温条件下混凝土施工及养护的方法。

施工期间极端气温极低,极易冻坏构造物。为确保混凝土施工质量,采用热水代替冷水进行混凝土制作、添加防冻型减水剂、优化混凝土配合比等措施,并且采用蒸汽养护。通过检测,在此期间施工的混凝土质量,均满足设计强度要求。

(四)科技创新

大武至久治公路建设,在吸取其他省(区)经验的基础上,采用了新材料、新技术、新工艺、新设备。

技术创新主要有:

(1)高寒高海拔地区路面工程施工。随着青海省公路建设的持续深入,高原高寒地区沥青路面施工出现的问题以及导致的质量隐患越来越受到重视。在大久公路沥青路面施工过程中,通过对沥青混凝土路面质量控制进行系统的研究,并根据调研、试验中发现的一些问题,归纳总结出在青海高原地区路面施工过程中的一些经验,并从路面集料、沥青混合料性能指标、沥青路面施工质量控制等方面,总结出了高海拔严寒地区路面工程精细化施工工法。对高海拔严寒地区路面工程施工,起到了较好的指导作用。

大久高速公路路面施工

(2)高寒高海拔地区隧道保温板施工。为了防止隧道冬季冻害,同时保证运营期间的消防安全,在大武至久治公路建设过程中,根据久治5号隧道防火板及保温板安装施工经验,对高海拔严寒地区隧道拱墙保温板及防火板的安装施工方法进行了总结,形成了高海拔严寒地区隧道保温板及防火板的快速安装施工工法。为高寒高海拔地区隧道保温防火板的施工,提供了借鉴和指导。

本项目科研课题与花大高速公路项目一并开展。

### (五)运营养护管理

1. 服务区设置

全线设置门堂服务区1处,计划2017年内投入运营,见表10-6-21。

**G0615 大武至久治段服务场区一览表** 表10-6-21

| 高速公路编码 | 服务区名称 | 桩号 | 所在区域 | 占地(m²) | 建筑面积(m²) |
|---|---|---|---|---|---|
| G0615 | 门堂服务区 | K130+060 | 久治县门堂乡 | 133342 | 6160.74 |

2. 养护管理

全线养护工区4处,其中:大武东1处、下藏科1处、门堂1处、久治1处。

3. 收费设施

收费设施见表10-6-22。

G0615 大武至久治段高速公路收费设施一览表　　表 10-6-22

| 收费站名称 | 桩号 | 入口车道数 | | 出口车道数 | | 收费方式 |
|---|---|---|---|---|---|---|
| | | 总车道 | ETC 车道 | 总车道 | ETC 车道 | |
| 大武东匝道收费站 | K7+700 | 4 | 1 | 6 | 1 | 封闭式收费 |
| 江千匝道收费站 | K60+300 | 3 | 1 | 3 | 1 | |
| 下藏科匝道收费站 | K74+370 | 3 | 1 | 3 | 1 | |
| 门堂匝道收费站 | K132+400 | 3 | 1 | 3 | 1 | |
| 久治匝道收费站 | K203+000 | 4 | 1 | 5 | 1 | |
| 久治主线收费站 | K203+000 | 7 | 2 | 6 | 2 | |

4. 监控系统

本项目设置花久监控分中心，实行集中监控模式，负责全线的收费、道路、隧道运营监控及路况信息的收集、上传及发布工作，与大武西收费站合建。

# 第七节　S104 西宁至塔尔寺高速公路

## 一、S104 西宁至塔尔寺段（建设期 2002.4—2004.9）

（一）项目概况

1. 功能定位

S104 西宁至塔尔寺高速公路，是《青海省省道网规划》中西宁至贵德放射线的组成部分，是西宁市通往青海省重要宗教旅游景点——塔尔寺及海南州、黄南州、果洛州等地的重要通道。该路段的建设，对加快塔尔寺旅游资源开发，缓解西宁市南出口交通压力，提升西宁市城市品位，促进西宁市南川地区城市化进程，加强西宁市与贵德、果洛等地区的联系等，具有重大意义。

2. 技术标准及建设规模

采用双向四车道高速公路标准建设，设计车速 100km/h，路基宽度 24m，沥青混凝土路面。桥涵设计荷载采用汽车—超 20 级，挂车—120。地震基本烈度 7 度，设计洪水频率 1/100。

路线全长 25.236km，概算投资 5.60764 亿元，竣工决算投资 6.73151 亿元。工程量包括：路基土石方 $352.274\times10^4m^3$、浆砌片石 $7.8568\times10^4m^3$；大桥 432.38m/2 座、中桥 78.66m/2 座、小桥 24.5m/1 座、涵洞 1517.86m/72 座、通道 759.51m/25 座、互通式立交 2 处、分离立交 197.28m/3 处；房建工程总建筑面积 $2443m^2$。

3. 地形地貌及主要控制点

本项目沿线为南川河河谷平原地貌。区内主要发育有Ⅰ、Ⅱ级阶地,另有高河漫滩和丘陵边缘坡洪积带。

主要控制点:西宁市沈家寨、湟中县新安庄、谢家寨、张家庄、陈家滩。

4. 开工及通车时间

2002年4月15日开工建设,2004年9月30日建成通车,2006年3月10日完成交工验收,2007年12月完成竣工验收。

S1104西宁至塔尔寺高速公路桥梁汇总见表10-7-1,路面结构见表10-7-2。

S104西宁至塔尔寺高速公路路网位置示意图

**S104西宁至塔尔寺段桥梁汇总表**  表10-7-1

| 序号 | 规模 | 名 称 | 桥梁左(m) | 桥梁右(m) | 主跨长度(m) | 结构类型 | 跨障碍物 |
|---|---|---|---|---|---|---|---|
| 1 | 大桥 | 陈家滩大桥 | 245.38 | 245.38 | 20 | 预应力混凝土空心板 | 沟谷 |
| 2 | 大桥 | 红崖沟大桥 | 187 | 187 | 30 | 预应力混凝土连续箱梁 | 沟谷 |
| 3 | 中桥 | 袁尔沟中桥 | 53.44 | 53.44 | 16 | 预应力混凝土空心板 | 沟谷 |
| 4 | 中桥 | 蚂蚁沟中桥 | 25.22 | 25.22 | 20 | 预应力混凝土空心板 | 沟谷 |
| 5 | 小桥 | 解放渠小桥 | 24.5 | 21.5 | 15 | 钢筋混凝土简支梁桥 | 沟谷 |

**S104西宁至塔尔寺段路面结构表**  表10-7-2

| 路面形式 | 起讫里程 | 长度(m) | 沥青路面(按备注要求填写) |
|---|---|---|---|
| 柔性路面 | K0+000~K25+236.506 | 22040 | 4cm中粒式沥青混凝土抗滑层(AK-13A)+5cm中粒式沥青混凝土(AC-20Ⅰ)+6cm粗粒式沥青混凝土(AC-25Ⅰ)+20cm水泥稳定碎石+30cm水泥稳定砂砾,路面结构层总厚度65cm |

5. 项目建设背景及前期决策情况

为打通西宁市南、北过境快捷通道、改善西宁南出口道路通行条件,青海省交通厅启动了该项目前期工作。

2001年5月29日,交通部下发了《关于西宁至湟中(塔尔寺)公路项目建议书的批复》(交规划发〔2001〕272号)。2001年6月14日,青海省交通厅上报《关于西宁至湟中(塔尔寺)公路可行性研究报告的请示》。2001年8月21日,交通部以交规划发〔2001〕452号文,批复《关于西宁至湟中(塔尔寺)公路可行性研究报告》。

6. 参建单位主要情况

(1)建设单位

青海省高等级公路建设管理局

(2)设计单位

青海省公路科研勘测设计院、中国公路工程监理咨询总公司

(3)招投标工作

西宁至塔尔寺高速公路土建、交通、房建工程及绿化工程的施工和监理招标工作,严格按有关程序和规定进行。土建工程施工及施工监理于2003年5月开标,路面工程施工及施工监理于2003年5月开标,绿化工程施工、房建工程施工及交通工程施工于2004年3月开标,确定了中标单位。

(4)施工单位

通过招投标,本项目有21家施工单位参与建设;其中路基工程5家、路基加固工程1家、路面工程1家、伸缩缝工程1家、机电工程1家、护栏工程2家、标线工程1家、标志工程1家、隔离栅工程1家、房建工程2家、绿化工程5家。

(5)监理单位

本项目设路基工程监理办公室2个、路面工程监理办公室1个、交通工程监理办公室1个、绿化工程监理办公室1个。

S104西宁至塔尔寺段参建单位见表10-7-3。

**S104西宁至塔尔寺段参建单位表** 表10-7-3

| 序号 | 参建单位 | 单位名称 | 合同段编号及起止桩号 | 工程内容 | 主要负责人 |
|---|---|---|---|---|---|
| 1 | 项目管理单位 | 青海省高等级公路建设管理局 | K0+000~K25+236.506 | | 付大智 |
| 1 | 勘察设计单位 | 青海省公路科研勘测设计院 | K0+000~K25+236.506 | 工可、初设、施工图设计 | 何长全 |
| 2 | | 中国公路工程监理咨询总公司 | | 交通工程施工图设计 | 李明 |
| 1 | 施工单位 | 中铁十二局集团第二工程有限公司 | 1标 K0+000~K3+686.67 | 路基 | 张德友 |
| 2 | | 青海省公路桥梁工程公司 | 2标 K3+686.67~K9+500 | 路基 | 王榕 |
| 3 | | 中铁十八局第一工程有限公司 | 3标 K9+500~K16+000 | 路基 | 温法玺 |
| 4 | | 四川公路桥梁建设集团有限公司 | 4标 K16+000~K20+500 | 路基 | 夏虹 |

## 第十章 高速公路建设项目

续上表

| 序号 | 参建单位 | 单位名称 | 合同段编号及起止桩号 | 工程内容 | 主要负责人 |
|---|---|---|---|---|---|
| 5 | | 青海省公路桥梁工程集团有限公司 | 5 标 K20+500～K25+236.506 | 路基 | 张明 |
| 6 | | 中铁大桥局股份有限公司 | 路基加固工程 K2+320～K3+780 | 路基 | 覃钟盛 |
| 7 | | 黑龙江北方有色建设有限责任公司 | 路面 A 标 K0+000～K25+236.506 | 路面 | 孙学铮春 |
| 8 | | 衡水百威工程橡胶有限公司 | 伸缩缝工程 K0+000～K25+236.506 | 伸缩缝 | 孙雷军 |
| 9 | | 广东海特天高信息系统工程有限公司 | 机电 A 标 K0+000～K25+236.506 | 机电 | 翟子琢 |
| 10 | | 四川高路交通信息工程有限公司 | 护栏 B 标 K0+000～K22+013.252、K0+000～KK4+180 | 护栏 | 陈继平 |
| 11 | | 中国路桥集团总公司 | 护栏 C 标 K0+000～K25+236.506 | 护栏 | 李卫军 |
| 12 | | 河北银达交通工业集团有限公司 | 标线 D 标 K0+000～K25+236.506 | 标线 | 朱学良 |
| 13 | 施工单位 | 陕西高速交通工贸有限公司 | 标志 E 标 K0+000～K25+236.506 | 标志 | 郭海瑞 |
| 14 | | 路桥集团第一公路工程局 | 隔离栅 F 标 K0+000～K25+236.506 | 隔离栅 | 宇文德 |
| 15 | | 青海三利建筑有限责任公司 | 房建 A 标 | 新庄主线匝道收费站 | 侯宁春 |
| 16 | | 浙江建工集团有限责任公司 | 房建 B 标 | 收费大棚 | 徐伟 |
| 17 | | 西宁市园林规划处 | 绿化设计 | 绿化 | 梁书明 |
| 18 | | 青海绿茵生态工程有限公司 | 绿化 2 标 K3+500～K9+500 | 绿化 | 李晓庆 |
| 19 | | 西宁市金叶花卉园艺有限公司 | 绿化 3 标 K9+500～K16+000 | 绿化 | 郭军 |
| 20 | | 兴平风信子绿地有限责任公司 | 绿化 4 标 K16+000～K22+013.522 | 绿化 | 宋恒华 |
| 21 | | 青海普生生态科技有限公司 | 绿化 5 标 K0+000～K4+180 | 绿化 | 秦迎新 |

续上表

| 序号 | 参建单位 | 单位名称 | 合同段编号及起止桩号 | 工程内容 | 主要负责人 |
|---|---|---|---|---|---|
| 1 | 监理单位 | 西安公路交大监理公司 | 路基第一监理办 K0+000~K6+686.067, K3+686.67~K9+500 | 土建A、B标监理 | 罗应远 |
| 2 | | 青海省交通工程监理处 | 路基第二监理办 K9+500~K25+236.506 | 土建C、D、E标监理 | 林扶万 |
| 3 | | 西安华兴公路工程咨询监理处 | 路面工程监理 K0+000~K48+900 | 路面A标、伸缩缝监理 | 李平枝 |
| 4 | | 北京兴通交通工程监理有限责任公司 | 交通工程监理办 K0+000~K48+900 | 机电工程、通信管道、护栏、标志、标线、隔离栅、收费大棚、房建工程监理 | 顾新民 |
| 5 | | 青海兴青工程监理咨询公司 | 绿化工程监理办 K0+000~K48+900 | 全线绿化监理 | 靳五德 |
| 1 | 设计咨询单位 | 中国公路工程监理咨询总公司 | | 全线设计审查 | 李明 |

## (二)建设情况

### 1. 项目审批

(1)2001年11月21日,交通部以交公路发〔2001〕666号文,批复《关于西宁至湟中(塔尔寺)高速公路初步设计》。

(2)青海省交通厅以青交公〔2002〕79号文,批复《关于西宁至塔尔寺高速公路施工图设计》。

(3)2003年3月22日,国家环境保护总局以《关于青海省西宁至塔尔寺高速公路环境影响报告书审查意见的复函》(环审〔2002〕68号),对本项目环境影响报告书予以批复。

(4)2002年3月21日,水利部以《关于青海省西宁至塔尔寺高速公路工程水土保持方案的复函》(水函〔2002〕20号),对水土保持方案予以批复。

(5)2002年6月13日,国土资源部办公厅以《关于青海西宁至湟中公路建设用地预审意见的复函》(国土资厅函〔2002〕164号),同意通过用地预审。2003年7月23日,国土资源部批复《关于西宁至湟中高速公路建设用地》(国土资函〔2003〕245号)。

### 2. 资金筹措

本项目概算总投资5.60764亿元;其中交通部补助2.48亿元,长期贷款3.1亿元。竣工决算为6.73151亿元。

### 3. 征地拆迁

西塔高速公路沿线经过西宁市城西区、湟中县总寨乡、鲁沙尔镇等,共18个自然村;

属人口密集、经济较发达地区,各行业设施交错布设。

征迁工作主要内容包括:签订协议、界定征地界限、办理永久性占地报批手续;永久占地界内房屋等各种构造物的搬迁,附着物的拆除;各种管线的迁移、改建;临时及借土占地的征用等。

遵循的政策法规主要有:青海省国土资源厅《西宁至塔尔寺高速公路征迁标准》(青国资土〔2001〕178号)。

主要做法:西塔高速公路沿线经过的西宁市城西区、湟中县总寨乡、鲁沙尔镇等,成立征地拆迁办公室或征地拆迁领导小组,会同建设单位制定工作方案,明确工作范围、程序和任务,深入现场进行土地和房屋的丈量工作,统一标准、统一口径。西塔高速公路建设项目共征地总面积170.8024$hm^2$(公顷),其中集体土地164.2941$hm^2$(公顷)、国有土地6.5083$hm^2$(公顷)、农用地160.7038$hm^2$(公顷)、建设用地6.342$hm^2$(公顷)、未利用地3.7567$hm^2$(公顷)。共计拆迁460户98480.63$m^2$,迁改管线199处、电缆及地下光缆共10处。

4. 实施过程

(1)路基工程于2002年3月1日开工,2003年6月30日完工。

(2)路面工程2003年6月21日开工,2004年9月30日完工。

(3)房建工程于2003年9月21日开工,2004年6月20日完工。

(4)收费大棚工程于2003年11月15日开工,2004年6月15日完工。

(5)机电工程于2003年6月21日开工,2004年9月30日完工。

(6)交通安全设施工程于2003年6月21日开工,2004年9月30日完工。

(7)绿化工程于2004年3月1日开工,2005年6月30日完工。

(8)2006年3月10日,青海省交通厅组织厅属相关单位及参建单位,共同完成了西塔高速公路交工验收工作。工程评定为合格工程。

(9)2008年3月20日,青海省交通厅组成验收委员会,对西宁至塔尔寺高速公路进行了竣工验收。综合鉴定评分为90.11分,质量等级为优良。

5. 重大事件

2002年4月15日,西宁至塔尔寺高速公路正式下达开工令。

2002年4月28日,受省人民政府领导委托,省人民政府副秘书长徐连生主持召开专题会,研究部署西宁至塔尔寺高速公路城南路段的征地拆迁和工程建设问题。

2003年3月31日,省人民政府省长助理徐福顺,带领省人民政府办公厅、督查室、省交通厅、省民委、省宗教局、省文物局、西宁市以及省高管局有关领导,到西塔高速公路现场督查,并主持召开紧急协调会,确保7月10日前实现同仁路至新庄段路基贯通的目标。

2004年4月22日,省交通厅厅长梁晓安一行,到西塔高速公路检查春季备料及施工情况。

2004年5月18日,省人民政府省长助理马建堂,在省交通厅副厅长王廷栋陪同下,到西塔高速公路检查指导工作。

2004年9月29日,西宁至塔尔寺高速公路举行通车典礼。省人大常委会副主任桑杰、省人民政府副省长徐福顺、省政协副主席王孝榆、省人民政府副秘书长徐连生、西宁市人民政府副市长周勇智等,出席典礼并剪彩。

西塔高速公路通车典礼

## (三)科技创新

### 1. 冲击压实技术在黄土路基施工中应用研究

本课题针对冲击压实技术在青海黄土地区路基分层填筑及地基补强施工中的应用,开展了广泛的资料调研及现场试验,全面分析了各种因素及其规律;对西塔、平阿公路的冲击压实技术试验方案及检测结果,进行了评价、分析及计算。项目通过大量试验,提出了黄土地基冲击压实补强处理的施工工艺、合理冲压遍数及质量控制方法。根据不同松铺厚度填料的压实度、沉降量、DCP试验结果及路基顶面回弹模量,提出了黄土路基冲击压实施工的合理分层厚度、施工压实工艺及适用范围。通过对黄土路基分层冲击压实质量多种检测方法进行比较分析,提出了以冲压遍数以及最后10遍碾压沉降量小于分层累计沉降量的10%,作为质量控制检测方法。该课题研究与工程实践紧密结合,在分层碾压控制技术方面具有创新性。通过西塔高速公路和平阿高速公路路基施工路段的对比分析,使黄土路基冲击压实施工效率提高4倍以上,经济效益显著,解决了冲击压实在黄土路基施工中的运用技术。

### 2. 水泥稳定碎石基层摊铺中采用浮动式基准梁装置,青面层摊铺采用远红外非接触式平衡梁装置

在水泥稳定碎石基层摊铺中,采用浮动式基准梁装置,能控制基层的厚度和平整度,

同时保证高程和横坡的要求,比采用钢绞线基准施工条件好。就本项目路面工程而言,底基层设计厚度30cm,分两层施工,高程较理想,将浮动式基准梁装置用于上基层,主要是为了更好地控制摊铺厚度,同时提高基层平整度,为提高沥青路面的平整度创造条件。基层通过采用浮动式基准梁,检测结果厚度和平整度等指标,均达到控制目标。

沥青面层摊铺采用远红外非接触式平衡梁装置,有效控制厚度和平整度,控制精度大大提高,操作方便简单,实用性强;特别是过桥摊铺控制较好,提高了过桥摊铺质量。

二级公路沥青路面采用全幅摊铺,一次成型,主要避免面层中间出现纵向施工缝,提高路面质量,并且美观、施工进度快,方案经济合理。施工中,采用摊铺宽度12m的沥青摊铺机,起步时调整好熨平板横坡度,与设计路面坡度保持一致,测量人员跟踪检测;当设计路面坡度发生变化或有超高横坡时,提前一段距离人工调整摊铺机熨平板横坡,改变横坡或调成单项横坡,以保证摊铺路面厚度。

基层和沥青上面层的裂缝处,铺设单经双纬土工格栅,防止和减缓面层出现反射裂缝。铺设宽度为1m,对称布置,长度同缝长,两端拉紧用钢钉固定。解决了路面摊铺过程中的施工难题。

### (四)运营养护管理

1. 养护管理

西宁至塔尔寺高速公路养护管理工作,由青海省高等级公路建设管理局负责。具体养护工作,由湟源公路总段高速公路养护处负责。

2. 收费设施

根据2004年6月24日《青海省人民政府关于同意设立西宁至塔尔寺高速公路收费站(点)的批复》(青政办函〔2004〕51号),在西塔高速公路上依法设置新庄主线收费站和新庄匝道收费站。

2013年8月19日《青海省人民政府关于同意取消西塔高速公路新庄匝道收费站的批复》(青政函〔2013〕109号),撤销新庄匝道收费站。

2017年,新庄主线收费站改移,更名为西宁南收费站。

截至2016年底,出入口车道数量共计12条,其中ETC车道3条。见表10-7-4。

**S104 西宁至塔尔寺段收费设施一览表**  表10-7-4

| 收费站名称 | 桩号 | 入口车道数 | | 出口车道数 | | 收费方式 |
|---|---|---|---|---|---|---|
| | | 总车道 | ETC车道 | 总车道 | ETC车道 | |
| 西宁南收费站 | 8.68 | 12 | 3 | 12 | 3 | 开放式双向收费 |

3. 监控设施

本项目不设监控分中心。道路运营监控和路况信息的收集、上传及发布工作,由韵家口分中心负责。

4. 交通流量

西宁至塔尔寺高速公路自2004年至2016年,各收费站日平均交通量总和从503辆/日,增长至9656辆/日,见表10-7-5。

S104 西宁至塔尔寺段交通流量发展状况表(单位:辆/日)　　表10-7-5

| 年份(年) | 西塔高速路段日平均流量 | 西 宁 南 站 |
| --- | --- | --- |
| 2004 | 503 | 503 |
| 2005 | 763 | 763 |
| 2006 | 1292 | 1292 |
| 2007 | 3166 | 3166 |
| 2008 | 5678 | 5678 |
| 2009 | 8488 | 8488 |
| 2010 | 8330 | 8330 |
| 2011 | 9840 | 9840 |
| 2012 | 13632 | 13632 |
| 2013 | 15561 | 15561 |
| 2014 | 8035 | 8035 |
| 2015 | 8888 | 8888 |
| 2016 | 9656 | 9656 |

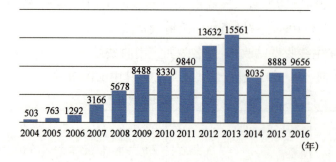

交通量增长柱状图

# 第八节　S22/S33 大力加山经循化至隆务峡高速公路

## 一、S22/S33 大力加山经循化至隆务峡段（建设期 2014.6—2018.6）

### （一）项目概况

**1. 功能定位**

大力加山经循化至隆务峡公路位于青海省循化撒拉族自治县和化隆回族自治县境内,是青海重要的出省通道之一。本项目的建设,对加强甘肃与青海之间的交通联系、完善青海主骨架公路网络、加快构建东部城市群高速公路互联互通的交通格局、推动全省"一圈三线三廊道三板块"旅游格局发展、促进沿黄经济带建设等,都具有十分重要的意义。根据《青海省高速公路网规划（2016—2030年）》,大力加山至循化段编号为 S22,循化至隆务峡段编号为 S33。

**2. 技术标准及建设规模**

采用双向四车道高速公路标准建设,设计速度 80km/h,路基宽度 24.5m（整体式）和 12.25m（分离式）。桥涵设计荷载采用公路 - Ⅰ级,设计洪水频率特大桥 1/300,大中小桥及涵洞 1/100,地震动峰值加速度 0.10g。

路线全长 97.75km,概算投资 95.907 亿元。工程量包括:路基土石方 $1881.55 \times 10^4 m^3$、防护排水工程 $38.96 \times 10^4 m^3$;设特大桥 4834m/4 座,大桥 13694.9m/47 座,中桥 2475.42m/36 座,互通式立交 4 处,隧道 21991.42m/12 座,涵洞 222 道,其中桥梁和隧道的总长度为 42995.74km,占路线总长度的 44%。设主线收费站 1 处,匝道收费站 4 处,服务区 1 处,养护工区 2 处,停车区 2 处,隧道变电站 13 处,监控分中心 1 处,隧道监控所 2 处,房建工程总建筑面积 $27512.62m^2$。

**3. 地形地貌及主要控制点**

本项目地处青海东部青藏高原与黄土高原的过渡地带,地貌切割较为强烈,区域地貌类型属构造侵蚀高山峡谷及冲洪积河谷台地地区,地形条件较为复杂。项目区域内分布多种不良地质,主要有滑坡、崩塌与岩堆、泥石流、湿陷性黄土等。

主要控制点:大力加山、张沙、道帏乡、白庄镇、清水乡、尕庄、循化县城、街子镇、查罕都斯乡、公伯峡水利枢纽、苏龙珠黄河特大桥、牙同高速哇家滩互通。

**4. 开工及通车时间**

2014 年 6 月开工建设,2017 年 10 月,道帏互通至循化至隆务峡段建成通车。大力加山隧道计划 2018 年 6 月建成。

大循隆高速公路旦麻特大桥

S22/S33 大力加山经循化至隆务峡段桥梁汇总见表 10-8-1，隧道汇总见表 10-8-2，路面结构见表 10-8-3。

S22 大力加山至共和高速公路路网位置示意图

**S22/S33 大力加山经循化至隆务峡段桥梁汇总表**　　　　表 10-8-1

| 规模 | 序号 | 名　　称 | 桥长左(m) | 桥长右(m) | 主跨长度(m) | 结 构 类 型 | 跨越障碍物 |
|---|---|---|---|---|---|---|---|
| 特大桥 | 1 | 旦麻特大桥 | 1087 | 1117 | 30 | 钢筋混凝土连续梁桥 | 沟谷 |
| 特大桥 | 2 | 清水特大桥 | 1008 | 1008 | 40 | 钢筋混凝土连续梁桥 | 沟谷 |
| 特大桥 | 3 | 循化特大桥 | 2382 | 2382 | 25 | 钢筋混凝土连续梁桥 | 沟谷 |
| 特大桥 | 4 | 苏龙珠黄河特大桥 | 319 | 327 | 220 | 钢管混凝土上承式桁架拱 | 河流 |
| 大桥 | 1 | 卧龙沟 1 号大桥 | 707 | 647 | 20 | 钢筋混凝土连续梁桥 | 沟谷 |
| 大桥 | 2 | 卧龙沟 2 号大桥 | 284.6 | 244.6 | 40 | 钢筋混凝土连续梁桥 | 沟谷 |
| 大桥 | 3 | 卧龙沟 3 号大桥 | 147 | 127 | 20 | 钢筋混凝土连续梁桥 | 沟谷 |

续上表

| 规模 | 序号 | 名称 | 桥长左(m) | 桥长右(m) | 主跨长度(m) | 结构类型 | 跨越障碍物 |
|---|---|---|---|---|---|---|---|
| 大桥 | 4 | 卧龙沟4号大桥 | 564 | 564 | 40 | 钢筋混凝土连续梁桥 | 沟谷 |
| 大桥 | 5 | 卧龙沟5号大桥 | 367 | 287 | 20 | 钢筋混凝土连续梁桥 | 沟谷 |
| 大桥 | 6 | 卧龙沟6号大桥 | 467 | 467 | 20 | 钢筋混凝土连续梁桥 | 沟谷 |
| 大桥 | 7 | 卧龙沟7号大桥 | 287 | 267 | 20 | 钢筋混凝土连续梁桥 | 沟谷 |
| 大桥 | 8 | 卧龙沟8号大桥 | 764 | 724 | 40 | 钢筋混凝土连续梁桥 | 沟谷 |
| 大桥 | 9 | 起台堡大桥 | 307 | 307 | 20 | 钢筋混凝土连续梁桥 | 沟谷 |
| 大桥 | 10 | 起台沟大桥 | 347 | 347 | 20 | 钢筋混凝土连续梁桥 | 河流、省道 |
| 大桥 | 11 | 比隆村大桥 | 167 | 167 | 20 | 钢筋混凝土连续梁桥 | 沟谷 |
| 大桥 | 12 | 宁巴村大桥 | 267 | 267 | 20 | 钢筋混凝土连续梁桥 | 河流 |
| 大桥 | 13 | 贺庄村分离立交 | 127 | 127 | 20 | 钢筋混凝土连续梁桥 | S202省道 |
| 大桥 | 14 | 道帷大桥 | 387 | 387 | 20 | 钢筋混凝土连续梁桥 | 河流、省道 |
| 大桥 | 15 | 洛尕村大桥 | 107 | 107 | 20 | 钢筋混凝土连续梁桥 | 沟谷 |
| 大桥 | 16 | 白庄大桥 | 367 | 367 | 30 | 钢筋混凝土连续梁桥 | 沟谷 |
| 大桥 | 17 | 乙日亥村大桥 | 247 | 247 | 30 | 钢筋混凝土连续梁桥 | 沟谷 |
| 大桥 | 18 | 拉边大桥 | 247 | 247 | 30 | 钢筋混凝土连续梁桥 | 沟谷 |
| 大桥 | 19 | 黄拉滩村大桥 | 157 | 157 | 30 | 钢筋混凝土连续梁桥 | 沟谷 |
| 大桥 | 20 | 大寺古大桥 | 267 | 267 | 20 | 钢筋混凝土连续梁桥 | 沟谷 |
| 大桥 | 21 | 清水大桥 | 244.6 | 208 | 40 | 钢筋混凝土连续梁桥 | 沟谷 |
| 大桥 | 22 | 下滩大桥 | 187 | 187 | 20 | 钢筋混凝土连续梁桥 | 沟谷 |
| 大桥 | 23 | 尕庄1号大桥 | 168 | 168 | 40 | 钢筋混凝土连续梁桥 | 沟谷 |
| 大桥 | 24 | 尕庄2号大桥 | 147 | 147 | 20 | 钢筋混凝土连续梁桥 | 沟谷 |
| 大桥 | 25 | 尕庄3号大桥 | 147 | 147 | 20 | 钢筋混凝土连续梁桥 | 沟谷 |
| 大桥 | 26 | 道帏互通区A匝道桥 | 107 | | 20 | 钢筋混凝土连续梁桥 | 河流 |
| 大桥 | 27 | 道帏互通D匝道2号桥 | 126.1 | | 30 | 钢筋混凝土现浇连续梁桥 | 沟谷 |
| 大桥 | 28 | 西沟河大桥 | 556 | 556 | 25 | 钢筋混凝土连续梁桥 | 沟谷 |
| 大桥 | 29 | 三兰八亥高架桥 | 332.08 | 332.08 | 25 | 钢筋混凝土连续梁桥 | 沟谷 |
| 大桥 | 30 | 中庄大桥 | 382 | 382 | 25 | 钢筋混凝土连续梁桥 | 跨路 |
| 大桥 | 31 | 苏志村大桥 | 127 | 127 | 20 | 钢筋混凝土连续梁桥 | 沟谷 |
| 大桥 | 32 | 哇家滩1号大桥 | 552 | 507.5 | 39 | 钢筋混凝土连续梁桥 | 沟谷 |
| 大桥 | 33 | 哇家滩2号大桥 | 932 | 832 | 25 | 钢筋混凝土连续梁桥 | 沟谷 |
| 大桥 | 34 | 公伯岭2号大桥 | 570 | 667 | 40.5 | 钢筋混凝土连续梁桥 | 沟谷 |
| 大桥 | 35 | 公伯岭1号大桥 | 165 | 165 | 30 | 钢筋混凝土连续梁桥 | 沟谷 |
| 大桥 | 36 | 中吾大桥 | 141.2 | 171.2 | 30 | 钢筋混凝土连续梁桥 | 沟谷 |
| 大桥 | 37 | S306分离式立交 | 572.1 | 572.1 | 25 | 钢筋混凝土连续梁桥 | 街子沟 |

续上表

| 规模 | 序号 | 名　　称 | 桥长左(m) | 桥长右(m) | 主跨长度(m) | 结　构　类　型 | 跨越障碍物 |
|---|---|---|---|---|---|---|---|
| 大桥 | 38 | K55+427.5西沟路分离立交 | 157 | 157 | 25 | 钢筋混凝土连续梁桥 | 积江公路 |
| 大桥 | 39 | AK0+283西沟河大桥 | 156 | 156 | 25 | 钢筋混凝土连续梁桥 | 沟谷 |
| 大桥 | 40 | BK0+556.67 B匝道跨线桥 | 292 | 292 | 22 | 钢筋混凝土连续梁桥 | 沟谷 |
| 大桥 | 41 | DK0+166.5西沟河大桥 | 181 | 181 | 25 | 钢筋混凝土连续梁桥 | 沟谷 |
| 大桥 | 42 | CK0+281.835 C匝道跨线桥 | 248.0 | 248.0 | 22 | 钢筋混凝土连续梁桥 | 沟谷 |
| 大桥 | 43 | MK55+867.484车行天桥 | 107.16 | | 30 | 钢筋混凝土连续梁桥 | 道路 |
| 大桥 | 44 | AK0+253.036街子互通A匝道桥 | 247.08 | | 20 | 钢筋混凝土连续梁桥 | 道路 |
| 大桥 | 45 | DK0+367.5街子互通D匝道桥 | 382.08 | | 25 | 钢筋混凝土连续梁桥 | 道路 |
| 大桥 | 46 | 公伯岭3号大桥 | 55 | 114 | 30 | 钢筋混凝土连续梁桥 | 河流 |
| 大桥 | 47 | 街子连接线LK3+214街子河大桥 | 87 | 87 | 20 | 钢筋混凝土连续梁桥 | 道路 |
| 中桥 | 1 | 卧龙沟1号中桥 | 64.1 | 0 | 20 | 钢筋混凝土连续梁桥 | 沟谷 |
| 中桥 | 2 | 卧龙沟2号中桥 | 36 | 32 | 20 | 钢筋混凝土连续梁桥 | 沟谷 |
| 中桥 | 3 | 大力加山分离立交 | 67 | 67 | 20 | 钢筋混凝土连续梁桥 | S202省道 |
| 中桥 | 4 | 东寺湾水库分离立交 | 87 | 87 | 20 | 钢筋混凝土连续梁桥 | 水库路 |
| 中桥 | 5 | 多什则中桥 | 67 | 67 | 20 | 钢筋混凝土连续梁桥 | 沟谷 |
| 中桥 | 6 | 拉科村中桥 | 67 | 67 | 20 | 钢筋混凝土连续梁桥 | 沟谷 |
| 中桥 | 7 | 旦麻中桥 | 27 | 27 | 20 | 钢筋混凝土连续梁桥 | 沟谷 |
| 中桥 | 8 | 米牙亥1号中桥 | 67 | 67 | 20 | 钢筋混凝土连续梁桥 | 沟谷 |
| 中桥 | 9 | 米牙亥2号中桥 | 67 | 67 | 20 | 钢筋混凝土连续梁桥 | 沟谷 |
| 中桥 | 10 | 塔城养殖区中桥 | 27 | 27 | 20 | 钢筋混凝土连续梁桥 | 沟谷 |
| 中桥 | 11 | 乙日亥村中桥 | 67 | 67 | 20 | 钢筋混凝土连续梁桥 | 沟谷 |
| 中桥 | 12 | 团结村中桥 | 87 | 87 | 20 | 钢筋混凝土连续梁桥 | 沟谷 |
| 中桥 | 13 | 大寺古中桥 | 87 | 87 | 20 | 钢筋混凝土连续梁桥 | 沟谷 |
| 中桥 | 14 | 尕庄中桥 | 87 | 87 | 20 | 钢筋混凝土连续梁桥 | 沟谷 |
| 中桥 | 15 | 尕庄2号中桥 | 67 | 67 | 20 | 钢筋混凝土连续梁桥 | 沟谷 |
| 中桥 | 16 | 道帏互通区主线桥 | 67 | 67 | 30 | 钢筋混凝土连续梁桥 | 匝道 |
| 中桥 | 17 | 道帏互通B匝道桥 | 67 | | 30 | 钢筋混凝土连续梁桥 | |
| 中桥 | 18 | 道帏互通D匝道1号桥 | 67 | | 30 | 钢筋混凝土连续梁桥 | |

续上表

| 规模 | 序号 | 名 称 | 桥长左(m) | 桥长右(m) | 主跨长度(m) | 结 构 类 型 | 跨越障碍物 |
|---|---|---|---|---|---|---|---|
| 中桥 | 19 | 道帏互通F匝道桥 | 67 | | 30 | 钢筋混凝土连续梁桥 | |
| 中桥 | 20 | 道帏互通G匝道桥 | 67 | | 30 | 钢筋混凝土连续梁桥 | |
| 中桥 | 21 | 清水互通区主线桥 | 67 | 67 | 20 | 钢筋混凝土连续梁桥 | 匝道 |
| 中桥 | 22 | 冲沟1号中桥 | 87 | 87 | 20 | 钢筋混凝土连续梁桥 | 沟谷 |
| 中桥 | 23 | 冲沟2号中桥 | 67 | 67 | 20 | 钢筋混凝土连续梁桥 | 沟谷 |
| 中桥 | 24 | 新建村中桥 | 87 | 87 | 20 | 钢筋混凝土连续梁桥 | 跨路 |
| 中桥 | 25 | 上庄中桥 | 87 | 87 | 20 | 钢筋混凝土连续梁桥 | 跨路 |
| 中桥 | 26 | 苏志村中桥 | 87 | 87 | 20 | 钢筋混凝土连续梁桥 | 沟谷 |
| 中桥 | 27 | MZK76+047/MYK76+047苗圃村中桥 | 67.08 | 67.08 | 20 | 钢筋混凝土连续梁桥 | 道路 |
| 中桥 | 28 | MZK76+305/MYK76+306冲沟中桥 | 67.08 | 67.08 | 20 | 钢筋混凝土连续梁桥 | 沟谷 |
| 中桥 | 29 | 乙麻木中桥 | 67 | 64 | 20 | 钢筋混凝土连续梁桥 | 沟谷 |
| 中桥 | 30 | 古什群中桥 | 53 | 55 | 20 | 钢筋混凝土连续梁桥 | 沟谷 |
| 中桥 | 31 | MK55+760车行天桥 | 93 | | 25 | 钢筋混凝土连续梁桥 | 道路 |
| 中桥 | 32 | MK58+166街子互通主线桥 | 87.08 | 87.08 | 30 | 钢筋混凝土连续梁桥 | 道路 |
| 中桥 | 33 | AK0+580A匝道苗圃村中桥 | 67 | 67 | 20 | 钢筋混凝土连续梁桥 | 沟谷 |
| 中桥 | 34 | CK0+224C匝道苗圃村中桥 | 67.08 | 67.08 | 20 | 钢筋混凝土连续梁桥 | 沟谷 |
| 中桥 | 35 | K66+670.7车行天桥 | 57.0 | 57.0 | 25 | 钢筋混凝土连续梁桥 | 道路 |
| 中桥 | 36 | MK75+790.5公伯峡互通主线桥 | 67 | | 20 | 钢筋混凝土连续梁桥 | 沟谷 |

S22/S33大力加山经循化至隆务峡段隧道汇总表　　表10-8-2

| 规模 | 名称 | 隧道全长左(m) | 隧道全长右(m) | 隧道净宽(m) | 隧道分类 | 洞门形式 | | | |
|---|---|---|---|---|---|---|---|---|---|
| | | | | | | 左线 | | 右线 | |
| | | | | | | 进口 | 出口 | 进口 | 出口 |
| 特长隧道 | 大力加山隧道 | 5461 | 5475.79 | 10.25 | 石质山岭隧道 | 端墙式 | 削竹式 | 端墙式 | 削竹式 |
| | 公伯岭1号隧道 | 3048 | 3051 | 10.25 | | 端墙式 | 端墙式 | 端墙式 | 端墙式 |
| | 中吾隧道 | 3621 | 3559 | 10.25 | | 端墙式 | 端墙式 | 端墙式 | 端墙式 |
| 长隧道 | 卧龙沟1号隧道 | 2626 | 2554.63 | 10.25 | | 端墙式 | 端墙式 | 端墙式 | 端墙式 |
| | 街子隧道 | 1421 | 1424 | 10.25 | | 端墙式 | 端墙式 | 端墙式 | 端墙式 |
| | 公伯峡隧道 | 2069 | 2061 | 10.25 | | 端墙式 | 端墙式 | 端墙式 | 端墙式 |
| | 古什群隧道 | 1931 | 1845 | 10.25 | | 端墙式 | 端墙式 | 端墙式 | 端墙式 |
| | 钦生岭隧道 | 1206 | 1204 | 10.25 | | 端墙式 | 端墙式 | 端墙式 | 端墙式 |

续上表

| 规模 | 名称 | 隧道全长左(m) | 隧道全长右(m) | 隧道净宽(m) | 隧道分类 | 洞门形式 | | | |
|---|---|---|---|---|---|---|---|---|---|
| | | | | | | 左线 | | 右线 | |
| | | | | | | 进口 | 出口 | 进口 | 出口 |
| 短隧道 | 卧龙沟2号隧道 | 292.28 | 287.0 | 10.25 | 石质山岭隧道 | 端墙式 | 端墙式 | 端墙式 | 端墙式 |
| | 公伯岭棚洞 | | 40 | 10.25 | | | | 端墙式 | 端墙式 |
| | 公伯岭2#隧道 | 240 | | 10.25 | | 端墙式 | 端墙式 | | |
| | 苏龙珠隧道 | 458 | 490 | 10.25 | | 端墙式 | 端墙式 | 端墙式 | 端墙式 |

**S22/S33 大力加山经循化至隆务峡段路面结构表**　　　表10-8-3

| 路面形式 | 起讫里程 | 长度(m) | 水泥混凝土路面 | 沥青路面 |
|---|---|---|---|---|
| 柔性路面 | 大循全线 K5+168~K62+440.499 | 49227.28（隧道除外） | | 4cm细粒式改性沥青混凝土+5cm中粒式沥青混凝土+6cm中粒式沥青混凝土+20cm水泥稳定碎石上基层+16cm水泥稳定碎石下基层+16cm级配碎石垫层,总厚度67cm |
| | 循隆全线 K52+028.918~K92+411.455 | 40382 | | 4cm(AC-13)沥青混凝土上面层+5cm(AC-16)沥青混凝土中面层+6cm(AC-20)沥青混凝土下面层+20cm水泥稳定碎石基础+32cm水泥稳定砂砾底基层。总厚度67cm |
| | 街子隧道 | 1421 | | 4cm(AC-13)沥青混凝土上面层+5cm(AC-16)沥青混凝土中面层 |
| | 公伯峡隧道 | 2069 | | 4cm(AC-13)沥青混凝土上面层+5cm(AC-16)沥青混凝土中面层 |
| | 古什群隧道 | 1931 | | 4cm(AC-13)沥青混凝土上面层+5cm(AC-16)沥青混凝土中面层 |
| | 公伯岭1#隧道 | 3051 | | 4cm(AC-13)沥青混凝土上面层+5cm(AC-16)沥青混凝土中面层 |
| | 公伯岭2#隧道 | 240 | | 4cm(AC-13)沥青混凝土上面层+5cm(AC-16)沥青混凝土中面层 |
| | 公伯岭棚洞 | 40 | | 4cm(AC-13)沥青混凝土上面层+5cm(AC-16)沥青混凝土中面层 |
| | 中吾隧道 | 3621 | | 4cm(AC-13)沥青混凝土上面层+5cm(AC-16)沥青混凝土中面层 |
| | 钦生岭隧道 | 1206 | | 4cm(AC-13)沥青混凝土上面层+5cm(AC-16)沥青混凝土中面层 |
| | 苏龙珠隧道 | 490 | | 4cm(AC-13)沥青混凝土上面层+5cm(AC-16)沥青混凝土中面层 |

续上表

| 路面形式 | 起讫里程 | 长度(m) | 水泥混凝土路面 | 沥青路面 |
|---|---|---|---|---|
| 刚性路面 | 卧龙沟1号隧道<br>ZK6+062~ZK8+688<br>K6+008~K8+562.63 | 2590.32 | 普通混凝土路面 | |
| | 大力加山隧道<br>ZK13+310~ZK18+771<br>K13+288~K18+763.79 | 5468.4 | 普通混凝土路面 | |

5. 建设背景及前期决策情况

青海省G310线大力加山经循化至隆务峡公路,是青海省的一条重要出省通道。为优化区域路网结构,加强青海与甘肃之间的交通联系,开发利用沿线丰富的自然资源和旅游资源,促进沿线民族地区经济社会发展,2006年,青海省交通厅启动了该项目前期工程可行性研究。

2013年10月23日,青海省发展和改革委员会以《关于国道310线循化至隆务峡段公路工程可行性研究报告的批复》(青发改基础〔2013〕1446号)和《关于国道310线大力加山(省界)至循化段公路工程可行性研究报告的批复》(青发改基础〔2013〕1447号),批复了大循隆高速公路可行性研究报告。

6. 参建单位主要情况

(1)建设单位

青海省公路建设管理局

(2)设计单位

中交路桥技术有限公司、中国公路工程咨询集团有限公司。

(3)招投标工作

依据相关招投标法律法规及管理制度,G310线大力加山经循化至隆务峡高速公路工程土建工程、路面工程、交通及房建工程的总承包施工、监理招标工作,由项目法人单位组织了公开招标。总承包施工于2014年2月份开标,施工监理于2014年3月开标。

绿化工程根据青海省气候条件和自然环境对草种、树种的特殊要求,结合本项目实际情况,由总承包单位组织了公开招标,于2017年4月份开标,确定了中标单位。

(4)施工单位

通过招投标,本项目由中交路桥技术有限公司、中交第三公路工程局有限公司等2家单位参与总承包建设;下属土建工程6家、路面工程2家、房建工程4家、交通工程2家、绿化工程4家、机电3家。

## (5)监理单位

本项目由山西省交通建设工程监理总公司、山西交科公路工程咨询监理有限公司等11家监理单位承担监理工作;设总监办公室2个,下属机电监理2家、房建监理2家、绿化监理2家;另设环保监理1家、水保监理1家、水保监测1家。

S22大力加山经循化至隆务峡段参建单位见表10-8-4。

S22/S33 大力加山经循化至隆务峡段参建单位表  表10-8-4

| 序号 | 参建单位 | 单位名称 | 合同编号及起讫桩号 | 工程内容 | 主要负责人 |
|---|---|---|---|---|---|
| 1 | 项目管理单位 | 青海省公路建设管理局 | 大循:K5+168~K62+440.499 循隆:2+028.918~K92+410.783 | | 马培新 |
| 1 | 勘察设计单位 | 中交路桥技术有限公司 | 大循:K5+168~K62+440.499 | | 林久平 |
| 2 | | 中国公路工程咨询集团有限公司 | 循隆:52+028.918-K92+410.783 | | 张新来 |
| 1 | 监理单位 | 山西省交通建设工程监理总公司 | 大循:K5+168~K62+440.499 | | 王晋朝 |
| 2 | | 山西交科公路工程咨询监理有限公司 | 循隆:52+028.918-K92+410.783 | | 李宏海 |
| 1 | 总承包单位 | 中交路桥技术有限公司(牵头单位)+中国路桥工程有限责任公司(联合体成员) | 大循:K5+168~K62+440.499 | 路基、路面、桥涵、隧道、交安、机电、房建、绿化 | 经理:黄永杰 总工:连晓飞 |
| 2 | | 中交第三公路工程局有限公司(牵头单位)+中国公路工程咨询集团有限公司(联合体成员) | 循隆:52+028.918-K92+410.783 | 路基、路面、桥涵、隧道、交安、机电、房建、绿化 | 经理:张旭 总工:杨茂 |

## (二)建设情况

### 1.项目审批

该项目严格执行了交通基本建设程序,各个环节手续齐全。具体如下:

(1)2013年10月25日,青海省交通厅下发了《关于国道310线大力加山(省界)至循化段公路工程初步设计的批复》(青交公〔2013〕492号);2013年10月28日,青海省交通厅下发了《关于国道310线循化至隆务峡段公路工程初步设计的批复》(青交工〔2013〕491号)。

(2)2015年2月3日,青海省交通运输厅下发了《关于国道310线大力加山(省界)至循化段公路工程两阶段施工图设计的批复》(青交建管〔2015〕32号);2015年1月29日,青海省交通运输厅下发了《关于国道310线循化至隆务峡段公路工程两阶段施工图设计的批复》(青交建管〔2015〕31号)。

(3)2014年8月29日,青海省环境保护厅下发了《关于国道310线大力加山(省界)

至循化段公路工程环境影响报告书的批复》(青环发〔2014〕439号)和《关于国道310线循化至隆务峡段公路工程环境影响报告书的批复》(青环发〔2014〕437号)。

(4)2012年8月13日,青海省水土保持局下发了《关于对临夏至共和公路大力加山至公伯峡段水土保持方案的批复》(青水水保〔2012〕112号);2017年4月19日,青海省水利厅下发了《关于国道310线循化至隆务峡段公路水土保持方案的批复》(青水保〔2017〕82号),2017年5月15日,青海省水利厅下发了《关于国道310线循化至隆务峡段公路水土保持方案变更的批复》(青水保〔2017〕107号)。

(5)2015年5月18日,青海省国土资源厅下发了青国土资预审〔2015〕27号和青国土资预审〔2015〕28号,批复了本项目建设用地。

(6)2015年6月,青海省公路建设管理局上报了《国道310线大力加山(省界)至循化段公路工程施工许可申请书》和《国道310线循化至隆务峡段公路工程施工许可申请书》;2015年10月12日,青海省交通运输厅批复同意开工建设。

2. 资金筹措

本项目概算总投资95.907亿元,其中:2016年中央车辆购置税补助19.969亿元,其余为贷款。

3. 征地拆迁

本项目沿线经过循化县道帏乡、白庄镇、清水乡、积石镇、街子镇、查汗都斯乡,化隆县德恒隆乡。

征迁工作主要内容包括:签订协议、界定征地界限、办理永久性占地报批手续;永久占地界内房屋等各种构造物的搬迁,附着物的拆除;各种管线的迁移、改建;临时及借土占地的征用等。

遵循的政策法规主要有:《中华人民共和国土地管理法》《国务院关于深化改革严格土地管理的决定》(国发〔2004〕28号)、《国土资源部关于完善征地补偿安置制度的指导意见》(国土资发〔2004〕238号)、《国土资源部关于开展征地统一年产值标准和征地片区综合地价工作的通知》(国土资发〔2005〕144号)、《国土资源部关于切实做好征地统一年产值标准和征地片区综合地价公布实施工作的通知》(国土资发〔2008〕135号)、青海省人民政府《关于公布征地统一年产值标准和区片综合地价的通知》(青政〔2010〕26号)、循化县人民政府《中共循化县委办公室循化县人民政府办公室关于印发G310线循化段高速公路建设征地拆迁补偿方案的通知》(循政〔2014〕38号)等。

主要做法:2014年3月,青海省公路建设管理局和循化县人民政府,联合成立大循隆高速公路征迁协调领导小组;并召开征迁动员大会,制定工作方案,明确工作范围、程序和任务;加强各级政府对征地工作的领导和监督,形成完善的征地拆迁工作体系,使征地拆迁工作层层有人管、层层有人抓。深入现场进行土地和房屋的丈量工作,采取县、乡、村、户四方到场,统一标准、统一口径,现场丈量、现场清点、现场签字确认。2014年9月底,基本完成了征地拆迁工作任务。

共征迁土地约8944.89亩,拆迁房屋123户/31513m²,征迁林木约42.9万株,支付补偿费用36836万元。

4. 实施过程

大循隆高速公路沿线地形、地质情况复杂,施工难度大,技术难点多,环保责任重,公伯峡库区段有七桥八隧,桥隧比达98.3%;苏龙珠黄河特大桥为西北五省第一座上承式钢管拱桥,卧龙沟1号隧道为西北五省首座螺旋隧道,大力加山隧道为青海省最长的高速公路隧道。自开建以来,建设者们在确保质量和安全的前提下,全面推进桥梁、隧道等控制性工程施工进度,注重科技创新,强化环保意识和安全生产,大胆创新,对公伯峡库区进出场材料和弃渣外运全部采用水运船舶施工,成为工程建设的一大亮点。

循隆高速公路

(1)主线土建工程于2014年6月18日开工,2017年3月31日完工。

(2)房建工程于2016年5月27日开工,2017年9月30日完工。

(3)收费大棚2017年6月1日开工,2017年10于31日完工。

(4)机电工程于2017年3月24日开工,计划2018年5月份完工。

(5)交安工程于2017年4月15日开工,计划2018年6月份完工。

(6)绿化工程于2017年4月11日开工,计划2018年5月份完工。

5. 设计优化及变更

(1)大循隆公路初步设计线路长度92.417km,经过后期施工图设计优化,线路长度增加到97.75km。大力加山隧道施工图设计阶段由初设7.9km优化为5.5km和2.6km两条隧道,多开了施工工作面,缩短了施工工期,降低了建成后的运营成本。

(2)循隆高速公路沿线地形、工程地质、水文条件非常复杂,是典型的高原、高寒、电站库区、山区、峡谷高速公路。在公伯峡库区段,原有初步设计方案是以21座桥梁和6座隧道的方案靠起库区,线路安全风险高、施工难度大,施工对库区的环境影响较大。为减少对该区域内破碎松散山体的扰动破坏,保护生态环境,同时降低工程施工及运营风险,施工图设计对公伯峡库区地形复杂路段进行优化,采用以隧换桥的暗线设计方案。特大桥规模由6958.6m/4座调整为2705m/2座,隧道规模由9808m/7座调整为13817m/8座。彻底避让了8处巨型滑坡体和5处库岸再造危岩体,解决了坍塌区、大滑坡等不利于当地生态环境保护的施工难点。

(3)施工图设计对清水隧道进行优化,取消了937m隧道;对道纬和白庄互通进行了合并设置,循化互通与街子互通合并设置为街子互通;对停车区、服务区进行了优化,大循段道帏服务区调整为循隆段循化服务区。互通的优化减少了占地面积,降低了造价。

6. 重大事件

2014年3月13日,青海省交通厅分别与中交路桥技术有限公司、中交三公局有限公司,签订G310线大循隆项目资本金融资、施工图设计+施工总承包合同。

2014年5月1日,省交通运输厅副厅长陆安宁到大循隆项目考察指导工作。

2014年6月11日至12日,大循隆高速公路施工图定测外业验收会议在循化县举行,确定了路线方案。

2014年6月18日,大循隆公路举行开工仪式。

2014年7月9日,省交通运输厅总工程师马忠英到大循隆高速公路检查指导工作。

2014年8月7日,省交通运输厅厅长韩建华检查指导大循隆项目建设工作。

2014年9月10日,大力加山经循化至隆务峡高速公路第一次工地例会在循化县召开。

2014年11月22日,省交通运输厅副厅长付大智到大循隆项目检查指导水上安全工作。

2015年3月12日,省交通运输厅厅长韩建华、副厅长付大智会同海东市人民政府市长张晓容、副市长王发昌,到大循隆高速公路项目调研工作。

2015年5月14日—15日,省交通运输厅厅长马吉孝、副厅长马忠英、总工程师李积胜到大循隆高速公路建设项目调研。

2015年5月28日,全国政协常委、省政协副主席马志伟调研大循隆高速公路项目。

2015年6月4日,省交通运输厅副厅长王永祥到大循隆高速公路检查指导工作。

2015年8月19日,省人民政府副省长韩建华到大循隆项目调研。

2016年3月8日,省人民政府副省长韩建华一行到大循隆高速公路建设项目调研。

2016年4月18日,省交通运输厅副厅长夏继权到大循隆高速公路建设现场调研。

2016年4月27日,省委副书记、省长郝鹏、副省长高华、韩建华一行调研大循隆高速公路项目建设情况。

2016年5月10日,省文明办和省建管局联手在大循隆项目开展"两学一做"联点共建活动。

2016年5月19日,省交通运输厅副厅长王平到大循隆项目督查指导工作。

2016年7月9日,交通运输部部长政策咨询委员会一行7人,到大循隆高速公路调研项目建设情况。

2016年7月18日,青海省住建厅总工程师熊士泊一行,到大循隆项目指导"江河源"杯奖申报工作。

2016年8月12日,大循隆高速公路关键控制性工程——苏龙珠黄河钢管拱特大桥左幅拱肋合龙。

2016年8月31日,省交通运输厅在大循隆项目循化服务区预制梁场及循化特大桥、清水特大桥及40mT梁预制场施工现场,召开全省公路桥梁标准化施工观摩会。

2016年10月26日,全国政协委员、青海省政协主席仁青加、副主席鲍义志等到大循隆项目调研。

2016年10月29日,苏龙珠跨黄河钢管拱特大桥右幅主拱圈合龙,至此全桥进入拱上结构施工阶段。

2016年11月16日,省交通运输厅副厅长阿明仁到大循隆项目检查指导工作。

2017年2月22日,省交通运输厅副厅长张铁军率环保督查组到大循隆项目开展督查工作。

2017年4月27日,公伯岭1号隧道左洞顺利贯通,标志着循化至隆务峡高速公路单洞全长27533.2米的9座隧道全部贯通。

2017年5月9日,省交通运输厅厅长马吉孝、副厅长王永祥检查指导大循隆高速公路建设工作。

2017年5月10日—11日,省交通运输厅副厅长陶永利调研大循隆项目建设工作。

2017年5月24至26日,省交通运输厅副厅长阿明仁率督查组综合督查大循隆高速公路项目。

(三)复杂技术工程

复杂技术工程主要为卧龙沟4号大桥、卧龙沟1号隧道、大力加山隧道、苏龙珠钢管拱桥和中吾隧道。

1. 卧龙沟4号大桥

(1)工程概况

卧龙沟4号大桥处于分离式路基,左幅起点桩号:ZK9+692.358,终点桩号:ZK10+256.358,桥长564m;右幅起点桩号:K9+544,终点桩号:K10+108,桥长564m。本桥上部结构为(3×40+8×40+3×40)m装配式预应力混凝土T梁,第1、3联采用先简支后连续结构体系,第2联采用先简支后墩梁固结结构体系;下部结构采用柱式墩、空心墩、一字台,桥墩采用桩基础、桥台采用扩大基础。其中2号、11号为等截面空心薄壁墩,3号~10号墩为变截面空心薄壁墩,最大墩高104m。

建设中的卧龙沟4号大桥

(2)技术特征及难点

桥梁地处高寒、高海拔地区,温差大,条件恶劣,混凝土施工难度大,设备要求高;超百米高墩达6个,安全、质量控制难度大、风险高;变截面高墩采用"四面收坡"方式,模板工艺复杂,测量难度大;高墩墩顶横向连接,和梁体采用墩梁固结刚构的新形式,技术要求高。

2. 卧龙沟1号隧道

(1)工程概况

卧龙沟1号隧道,右线起讫桩号为K6+008~K8+562.63,全长2554.63m;左线起讫桩号为ZK6+062~ZK8+688,全长2626m。隧道最小半径为$R=700$m,是西北地区首条螺旋曲线型隧道。隧道总转角近220°,采用集中升坡,进、出口克服高差约60m。隧址区下伏基岩主要为加里东中期侵入花岗岩,地下水主要为基岩裂隙水,碎石及卵石亦为地下水主要赋存空间,主要靠大气降水补给。隧道围岩为Ⅲ、Ⅳ、Ⅴ级,不良地质主要为断层破碎带。

(2)技术特征及难点

螺旋隧道测量控制难度大;小半径、大纵坡,隧道施工安全、质量控制难度大;隧道穿越多条地质断裂带,围岩反复变化,地质情况复杂,施工难度大。

3. 大力加山隧道

(1)工程概况

大力加山隧道,为上、下行分离的四车道高速公路特长隧道。隧道右线起讫桩号为K13+288~K18+763.79,全长5475.79m;左线起讫桩号为ZK13+310~ZK18+771,全长5461m;是青海省在建最长的高速公路隧道之一。隧道范围内中线高程2955~3605m,最大高差约610m。该隧道区属构造剥蚀高山地貌区,地形起伏大。隧址区下伏基岩主要有上第三系上统(N2l)泥岩和加里东期花岗岩等,地下水主要为基岩裂隙水,主要靠大气降水补给。隧道围岩为Ⅲ、Ⅳ、Ⅴ级,不良地质主要为断层破碎带和岩爆。

(2)技术特征及难点

穿越多条地质断裂带,地质情况复杂,高原高寒、高海拔缺氧,建设条件差,设备、人员工效低;出口浅埋段两次下穿省道202,施工干扰大;出口约有420m长的段落位于大粒径卵砾石富水地层,涌水量大,掘进困难、易坍塌,安全风险高。

4. 苏龙珠钢管拱桥

(1)工程概况

苏龙珠黄河特大桥,为上承式钢管混凝土拱桥。地处青海省东南部的化隆回族自治县境内,位于隆务峡黄河大拐弯处,离S203省道隆务峡黄河大桥1.4km,距尖扎县城15km。主桥采用净跨径220m钢管混凝土桁架上承式拱桥,净矢跨比为1/5.5,拱轴线采用悬链线,拱轴系数为$m=2.2$,拱顶距离水面约60m。

该大桥采用双向四车道高速公路设计;设计荷载为公路-Ⅰ级,设计车速80km/h;设计桥宽12m(单幅),结构耐久性设计环境类别为Ⅱ类,桥梁抗震设计按Ⅷ度设防。

(2)技术特征及难点

桥位区属黄河中上游之公伯峡库区峡谷地貌,谷深而狭窄,坡高山陡,河谷断面呈"V"形,岸坡坡角40°~50°,部分地段近似直立。参建单位借鉴行业内同类型桥的施工方法,推陈出新,探索出最符合现场实际的无支架、无索塔,直接将锚索锚固于山体岩石上的缆索吊装扣挂系统。

现场缆索吊装系统、引桥、拱座及隧道洞口同时施工,上下交叉,作业相互影响,限制了施工进度;同时,安全风险极大(现场已经设置了相当数量的主、被动钢丝防护网)。

库区昼夜温差大,经常出现对流天气,风力较大时吊装现场无法作业,刮风时焊缝质量很难保证,对现场焊接要求非常高。

主拱圈拱肋节段安装时精度要求非常高,桥位现场气候多变,昼夜温差大,经常出现刮风天气,拱肋安装调整均为高处作业,而且库区水面上方空气密度经常变化,给节段定位测量带来非常大的困难,参建单位在主拱圈安装中,改常规测量为动态测量,取得了非常好的效果。

5. 中吾隧道

(1)工程概况

中吾隧道,位于青海省循化县公伯峡电站大坝库区之黄河右岸临河山脊地段。隧道进、出口均位于黄河之公伯峡水库库区右岸谷坡内,地形陡峻,无路通行,交通条件极差。隧址区位于青海省东南部之黄河中上游右岸,属中山构造侵蚀切割堆积地貌类型。隧道所穿越山体脊岭较宽厚,脊岭走向近北东-南西向,总体地势南东高、北西低且向黄河倾斜。进口位于中山斜坡中下部,为直线型斜坡,基岩裸露,属岩质岸坡,自然坡角40°~55°(局部近于直立)。出口段斜坡位于中山斜坡中下部,微地貌为局部突起的山脊与低凹宽缓的微型坡面冲沟相间,坡形波状起伏,基岩裸露,总体坡度在25°~35°(局部近于直立)。

建设中的苏龙珠钢管拱桥

隧道采用左右线分离式,左线隧道全长3622.4m,最小曲线半径$R=1800$m;右线隧道全长3557.4m,最小曲线半径$R=2000$m;均属特长隧道。左线纵面线形为1%(坡长1860m)/-1.66%(坡长2150m)的人字坡,右线纵面线形为1%(坡长1870m)/-1.65%(坡长2230m)的人字坡。

(2)技术特征及难点

隧址区主要不良地质现象有崩塌(掉块)、潜在不稳定斜坡、断裂构造带导水现象。

崩塌(掉块):在隧道洞口段为陡崖地貌,地形陡峻,基岩裸露;花岗片麻岩体质硬脆,受断裂构造影响,"X"节理发育,岩体裂隙发育密集处被切割成小的松动岩块,不利因素作用下(强降雨、开挖扰动或地震)易产生崩塌(落石),对隧道洞口安全不利,为防范局部松动岩块崩塌掉块,采用明洞进洞。

断裂构造导水现象:本隧道洞身段发育的断层破碎带为导水通道,强降雨时有产生集中涌水的可能,在隧道施工中需加强超前地质预报工作。

(四)科技创新

大循隆高速公路项目在管理创新和技术创新上取得了新突破。

1. 管理创新

（1）首次创新采用资本金融资、施工图设计＋施工总承包模式，充分利用国有大型企业在资金、建设资源、技术和管理方面的优势，互惠互利，为青海公路建设拓宽融资渠道及转变管理模式做出了积极的探索和有益的尝试。

（2）创新管理机制。一是创新激励和奖惩机制，在省内率先开展"优质优价、优监优酬"的管理模式。省建管局和总承包单位在合同中各列入1500万元组成创优奖励基金3000万元，在监理合同中设立创优奖励基金200万元，并将监理服务费约10%作为优良工程保证金暂缓支付，激励参建单位积极创先争优。二是制定质量、安全、环保、工期等九大管理目标，高起点、高标准、严落实。三是管理人员首次全程参与施工图设计过程。在施工图设计阶段提前介入路线方案的比选优化和施工组织方案的审查工作，在项目设计之初融入建设方的各项管理理念，减少工程变更和环保风险及运营期安全隐患等。四是积极推行小业主、大监理模式，以"业主管合同、监理管工程"为工作思路，充分发挥监理单位在现场管理中的主导地位和作用，质量始终处于严控状态。五是首次引入过程质量控制和交工前检测单位，以控制施工过程质量、过程中开展交工检测验收评定为目的，加强事中控制，进一步强化了施工监理单位的责任和义务。

（3）创新管理制度。针对总承包项目，专门制定《大循隆项目建设管理办法》；建立健全项目动态信用评价体系和机制，落实质量责任，全面实行分层管理、逐级负责、岗位落实的质量责任制度，并在全线设立质量、安全举报告示牌，形成以制度管人管事的管理格局。

（4）创新管理手段。一是认真推行"双标管理"（标准化管理、标杆管理）。临建和主体工程制订了各项《施工标准化实施指南》，全面推行标准化管理和施工，重点落实标准化场站和试验室建设，模板、台车准入制度，数控钢筋加工，预应力钢绞线智能张拉和智能压浆应用，台背液压夯锤补强，高海拔蒸汽养护及低海拔喷淋养生等措施，严格执行省厅"六控六防"和"十八项检测指标"等要求。循隆项目2015年荣获了省厅2项和省建管局3项标杆工程命名，3项工程荣获2016年省厅标杆工程命名。二是严格落实各项考核指标。项目办坚持每月开展综合检查，检查结果与信用评价、计量和各项奖惩挂钩。三是严格过程监管。严格执行"首件样板工程""四集中、四准入、一验收"等制度，通过狠抓现场管理、狠抓质量通病、狠抓关键人员履约、狠抓重大设备准入等措施，使过程监管和标准化建设更加深入有效。

（5）积极应用项目管理软件、技术质量控制软件、监控系统、质量安全管理信息智能收集和分析系统、沙盘、宣传片、工艺视频、车辆GPS管理等信息化管理手段，将工程质量、安全、进度、投资、设计变更和试验检测等实现信息化管理和科学管理水平，精准控制施工。试点应用管道机器人、穿孔器等高科技检测手段，有效治理防排水质量通病。

**2. 技术创新**

(1) 公伯峡隧道进口约 650m 无黏结砂地层采用多台阶洞内超前大管棚支护和侧壁大管棚支护的方案施工，同步开展《松散砂卵层隧道开挖施工技术分析》，保障了隧道顺利贯通。

(2) 苏龙珠钢管拱特大桥开拓性地采用了无塔架洞锚缆索吊装系统，巧妙地利用了桥位处地形地质条件，化不利地形为有利条件。主桥拱肋节段采用船舶与运输车结合的方式运至桥位下方水域，利用船舶水中牵引定位技术，结合斜拉扣挂系统，成功实现了主拱圈高精度合龙。针对常规缆索吊装系统无法直接实现立柱从主拱圈下方起吊安装定位的缺陷，首次提出了针对适用于上承式钢管混凝土拱桥的基于缆索起重机的二级起重方法，成功地实现了立柱整体吊装，缩短了立柱安装时间，取得了显著的经济效益。

(3) 创新应用多项新设备和新工艺，克服质量通病、提高工效和保证安全。创新应用自行式整体液压模板预制箱梁，全线桥面铺装采用新型桁架式六辊轴混凝土摊铺机、驾驶型抹光机等先进设备，在桥梁钢筋主筋连接中采用镦粗直螺纹连接工艺，在梁板预制中采用钢筋骨架胎架加工、高强钢筋保护层垫块和钢筋笼卡尺定位工艺，在隧道施工中实行动态设计、动态施工、动态支护的新科技建设理念，既保证了安全和质量，加快了工程进度，又降低了综合资源消耗。

**3. 开展的课题研究**

(1) 高海拔峡谷地带高墩桥梁建设关键技术研究

本项目依托大循高速公路项目卧龙沟 4 号大桥工程开展研究，结合工程背景及项目实施过程中遇到的技术难题，总结多年的施工经验并借鉴同行的创新成果，对西北高海拔高墩桥梁建设的关键技术，进行深入细致的研究。

①推荐了小跨径的高墩连续刚构桥墩身能够采用的合理结构形式。

②研究了高墩连续刚构桥在高墩施工过程及完工时的稳定性，高墩连续刚构桥在上部预制梁体安装施工阶段及成桥阶段稳定性，保证大桥施工过程质量和安全。

③分析总结西北高海拔地区日照温度效应对高墩应力及变形的影响规律，提出了在施工中利用预控法对桥墩进行施工控制，防治墩身裂缝产生并控制桥墩日照温度效应作用下垂直度。

④考虑高墩桥梁的结构几何非线性因素，建立合理的分析方法，对强风及车辆移动荷载作用下大跨度桥梁的振动响应做出估计，分析结构形式、结构几何非线性因素、车辆运行速度、风速大小及风力作用形式等因素对桥梁最大振动响应的影响，以保证桥梁及其上运行车辆的安全运营。本研究工作对完善高墩桥梁动力特性研究、确保车辆运行安全、充分发挥桥梁的运营功能等，具有非常重要的理论和工程实际意义。

(2)松散砂卵层隧道开挖施工技术分析

本项目位于公伯峡隧道进口584m,设计围岩为冲洪积卵石、强风化粉砂质泥岩。卵石呈松散结构,基岩围岩主要为粉砂质泥岩,夹杂砂岩、砾岩,强风化,属极软岩类;薄~中厚层状构造,裂隙发育,层间结合较差,岩体呈碎裂状构造,完整性差。隧道开挖过程中易发生钻孔困难、塌孔现象,注浆后浆液扩散困难,施工难度大,效率较低。此次研究目的,就是总结出一套高原高寒地区砂卵石隧道开挖方法,为后续西北区域同类隧道施工提供科学依据。

(3)黄河库区高速公路施工环水保研究与实践

本项目依托循化至隆务峡段高速公路 K78+993~K92+411.454 处,位于黄河库区内,沿线地形、工程地质、水文、环境、社会条件复杂敏感。途经撒拉族、回族、藏族聚集区,地势陡峻、岩层破碎、地震断层多的公伯峡和黄河库区,滑坡、库岸再造、崩塌、危岩及泥石流等不良地质路段。桥隧比较大,长大纵坡线路长,是典型的高原、高寒高速公路。

项目成立科研课题研究小组,对施工过程中可能对环保、水保造成影响的因素进行分析排查,并制定实施方案。研究总结出一套高速公路施工对黄河源头的环水保保护措施,为后期施工的同类项目提供可行的措施、可靠的数据及示范。

(4)高寒峡谷地区上承式钢管混凝土桁式肋拱桥建造技术

随着西部大开发战略的全面实施和我国交通建设的飞速发展,钢管混凝土拱桥在西北高寒峡谷地区的应用也随之增多。对于黄河中上游高寒峡谷地带,恶劣的气候、复杂的地形及建造经验的缺乏,均给钢管混凝土拱桥的建设增加了新的难度。因此,进行《高寒峡谷地区上承式钢管混凝土桁式肋拱桥建造技术》研究,进一步完善钢管混凝土拱桥计算理论与施工技术,旨在为上承式钢管混凝土桁式肋拱桥在我国黄河中上游高寒峡谷地区的推广提供技术支撑,推动钢管混凝土拱桥在西部地区的应用。在钢管拱桥吊装中,借鉴行业内同类型桥的施工方法,推陈出新,探索出最符合现场实际的无支架、无索塔、直接将锚索锚固于山体岩石上的缆索吊装扣挂系统。

(5)黄河库区高速公路施工船舶运输组织与管理

青海省位于全国水系源头,发展高速公路的同时必须合理保护当地生态环境。本项目途经黄河库区,施工中因地制宜,利用船舶运输的方式成功解决道路不通的问题,大大减轻了修筑施工便道对当地环境的破坏,对施工区域内生态环境起到了很好的保护作用;同时,采用船舶运输不需要运输通道的建设,船舶可以循环利用或者资产回收,相比施工便道修筑的大额费用和项目完成后的零回收,船舶运输具有经济效益优势。本项目提出的采用水路运输辅助高速公路施工,在内陆高原地区的高速公路建设中属全国首创。其意义不仅是对工程本身及其所产生的经济效益、环保效益,更是一种高速公路施工组织方案的创新。研究和探索高速公路施工结合水路运输新模式所需的关键技术和面对的问题,具有重大的理论意义和工程实用价值,对今后类似工程有重要的借鉴意义。

循隆高速公路水上运输安全演练

## (五)运营养护管理

### 1. 服务区设置

全线设置循化服务区 1 处及道帷停车区 1 处,见表 10-8-5。

S22/S33 大力加山经循化至隆务峡段服务场区一览表　　　表 10-8-5

| 高速公路编码 | 服务区名称 | 桩号 | 所在区域 | 占地(m²) | 建筑面积(m²) |
|---|---|---|---|---|---|
| S22 | 循化服务区 | MK56+600 | 循化县城西侧 | 39069 | 4671.64 |
| S22 | 道帷停车区 | K39+200 | 循化县道帏乡循哇村 | 16927 | 1129.49 |

### 2. 收费设施

本项目共设置收费站 5 座,见表 10-8-6。

S22/S33 大力加山经循化至隆务峡段收费设施一览表　　　表 10-8-6

| 收费站名称 | 桩号 | 入口车道数 | | 出口车道数 | | 收费方式 |
|---|---|---|---|---|---|---|
| | | 总车道 | ETC 车道 | 总车道 | ETC 车道 | |
| 街子匝道收费站 | AK1+246 | 3 | 1 | 5 | 2 | 封闭式联网收费 |
| 公伯峡匝道收费站 | AK0+766 | 3 | 1 | 5 | 2 | |
| 省界主线收费站 | K25+710 | 5 | 2 | 10 | 2 | |
| 道帏收费站 | K39+020 | 3 | 1 | 4 | 1 | |
| 清水收费站 | K59+800 | 3 | 1 | 3 | 1 | |

### 3. 监控设施

本项目设置街子监控分中心,实行集中监控模式,负责全线道路、收费、隧道的运营监控工作,与街子收费站合建。另设公伯峡隧道监控所、道纬隧道监控所负责所辖隧道运营监控。

## 第九节　S21川口至大河家(省界)高速公路

**S21川口至大河家(省界)高速公路**(建设期2014.05—2016.12)

### (一)项目情况

**1. 功能定位**

川口至大河家(省界)高速公路位于青海省民和回族自治县境内,是青海重要的出省通道之一。根据《青海省高速公路网规划(2016年—2030年)》,编号为S21。该公路的建设在完善青海省"六纵、九横、二十联"路网的基础上,与青藏铁路、青新铁路等有机结合起来,实现区域综合运输网络的衔接转换,对完善青海省高速公路网,加快构建东部城市群高速公路互联互通,完善对外出省高速通道,促进青海省六盘山连片特困地区经济社会发展,改善海东工业园区民和工业园区进出物资运输条件,改善沿线生产生活和资源开发条件,促进海东农业区农村农民群众早日脱贫致富,巩固国防建设,加强民族团结,提高公路应急保通和抗灾能力均具有十分重要的意义。

**2. 技术标准及建设规模**

主线采用双向四车道一级公路标准,设计时速80km/h;路基整体性断面宽度24.5m(分离式路基宽度12.25m),桥涵与路基同宽,桥涵荷载标准采用公路-I级,地震动峰值加速度0.10g,设计洪水频率:大、中、小桥、涵洞1/100。

本项目起点K0+300位于民和县城川口镇南庄子村,与民和互通立交A匝道终点AK1+090.565顺接,经川口镇、巴州镇、古鄯镇、七里寺、满坪镇,终点K68+700.061位于官亭镇以南约4km处黄河大桥北岸。路线全长(整体式+左幅)66.047km、右幅长17.078km,其中:新建里程65.488km,利用段0.6km。设计预算500791.96万元,审查预算497624.39万元。全线共设大桥150.40m/26座,中桥1225.36m/18座,小桥73.72m/4座,涵洞91道,隧道8544m/7座,互通式立交1处,分离式立交2处,通道53座,天桥1处,渡槽7处,平面立交2处,管线交叉16处,联络线252.649m/6处。沿线共设主线收费站2处,养护工区2处,隧道管理站1处。

**3. 地形地貌及主要控制点**

本区域处黄土高原向青藏高原过渡地带,地形地貌单元主要为河流谷地漫滩、一级阶地、黄土塬、梁及中山地貌。

主要控制点:川口镇、巴州镇、古鄯镇、七里寺、满坪镇、官亭镇南。

## 4. 开工及通车时间

2014年1月开工,2016年12月建成通车。

川口至大河家(省界)高速公路桥梁汇总见表10-9-1,隧道汇总见表10-9-2,路面结构见表10-9-3。

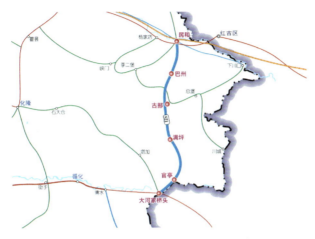

川口至大河家(省界)高速公路路网位置示意图

**S21 川口至大河家(省界)高速公路桥梁汇总表**　　　　表10-9-1

| 规模 | 序号 | 名　　称 | 桥长左(m) | 桥长右(m) | 主跨长度(m) | 结构类型 | 跨越障碍物 |
|---|---|---|---|---|---|---|---|
| 大桥 | 1 | K2+200 果园村大桥 | 127 | 127 | 20 | 连续箱梁 | 河沟 |
| 大桥 | 2 | AK0+498.296 川口互通立交A匝道 | 693.35 | — | — | 现浇箱梁 | 跨路 |
| 大桥 | 3 | CK0+310.86 川口互通立交C匝道 | 333.1 | — | — | 现浇箱梁 | 跨路 |
| 大桥 | 4 | DK0+284.830 川口互通立交D匝道 | 289.1 | — | — | 现浇箱梁 | 河沟 |
| 大桥 | 5 | K9+220 巴州河1号大桥 | 187 | 187 | 20 | 20m箱梁 | 跨河 |
| 大桥 | 6 | K13+165 巴州河2号大桥 | 287 | 287 | 20 | 20m箱梁 | 跨河 |
| 大桥 | 7 | K18+070 石湾沟2号大桥 | 128.2 | 128.2 | 30 | 30m箱梁 | 沟谷 |
| 大桥 | 8 | K18+385 石湾沟3号大桥 | 428.2 | 428.2 | 30 | 30m箱梁 | 沟谷 |
| 大桥 | 9 | K19+335 耍岭沟大桥 | 398.2 | 398.2 | 30 | 30m箱梁 | 沟谷 |
| 大桥 | 10 | K19+805 红柳沟大桥 | 218.2 | 218.2 | 30 | 30m箱梁 | 沟谷 |
| 大桥 | 11 | ZK20+435/YK20+435 官庄大桥 | 127 | 127 | 20 | 20m箱梁 | 沟谷 |
| 大桥 | 12 | ZK21+050/YK21+050 蒲家庄大桥 | 107 | 147 | 20 | 20m箱梁 | 跨路 |
| 大桥 | 13 | 莫家沟大桥 | 128.2 | 128.2 | 30 | 30m箱梁 | 河沟 |
| 大桥 | 14 | 柴沟大桥 | 147 | 147 | 20 | 20m箱梁 | 山谷 |
| 大桥 | 15 | 徐家庄1号大桥 | 249 | 249 | 40 | 40m箱梁 | 山谷 |
| 大桥 | 16 | 徐家庄2号大桥 | 447 | 447 | 20 | 20m箱梁 | 不稳定斜坡 |
| 大桥 | 17 | 桦林嘴大桥 | 569 | 569 | 40 | 40m箱梁 | 山谷、河沟 |
| 大桥 | 18 | K29+085 庙台沟大桥 | 338.2 | 338.2 | 30 | 30m箱梁 | 河沟 |
| 大桥 | 19 | K33+335 七里寺大桥 | 300 | 270 | 30 | 30m箱梁 | 道路 |
| 大桥 | 20 | 尕红沟大桥 | 129 | 129 | 30 | 30m箱梁 | 山谷 |
| 大桥 | 21 | 安家坡大桥 | 278.2 | 368.2 | 30 | 梁式桥 | 河流 |

续上表

| 规模 | 序号 | 名称 | 桥长左(m) | 桥长右(m) | 主跨长度(m) | 结构类型 | 跨越障碍物 |
|---|---|---|---|---|---|---|---|
| 大桥 | 22 | 沙拉坡大桥 | 207 | 347 | 20 | 梁式桥 | 河流 |
| 大桥 | 23 | 满坪大桥 | 458.2 | 488.2 | 30 | 梁式桥 | 河流 |
| 大桥 | 24 | 阳龙坪大桥 | 187 | 107 | 20 | P.C连续箱梁 | 河流 |
| 大桥 | 25 | 朱家岭2号大桥 | 150 | 90 | 30 | 30米箱梁 | 跨沟 |
| 大桥 | 26 | 吴家台大桥 | 100 | 160 | 20 | 20米箱梁 | 跨路 |
| 大桥 | 27 | K56+260 白家大桥 | 147 | 147 | 20 | P.C连续箱梁 | 河道 |
| 大桥 | 28 | K56+615 河东大桥 | 167 | 167 | 20 | P.C连续箱梁 | 河道 |
| 大桥 | 29 | K62+116 官中大桥 | 127 | 127 | 20 | P.C连续箱梁 | 河道 |
| 大桥 | 30 | 官西大桥 | 167 | 167 | 20 | P.C连续箱梁 | 跨河、跨路 |
| 大桥 | 31 | 吴石沟大桥 | 329 | 329 | 8×40 | P.C连续T梁 | 跨河 |
| 中桥 | 1 | 沙窝一号中桥 | 87 | 87 | 4×20 | P.C连续箱梁 | 跨河、跨路 |
| 中桥 | 2 | 沙窝二号中桥 | 54.68 | 54.68 | 3×16 | P.C连续空心板 | 跨河、跨路 |
| 中桥 | 3 | 寨子村中桥 | 38.68 | 38.68 | 2×16 | P.C连续空心板 | 跨河、跨路 |
| 中桥 | 4 | K0+333.2 东垣渠中桥 | 98.2 | 98.2 | 30 | 连续箱梁 | 东垣渠 |
| 中桥 | 5 | K0+687 小桥 | 47.07 | 47.07 | 20 | 连续箱梁 | 天然气管道 |
| 中桥 | 6 | K1+689 吉家堡中桥 | 54.68 | 54.68 | 16 | 连续空心板 | 河沟 |
| 中桥 | 7 | BK0+093.206 川口互通立交B匝道 | 95.8 | 95.8 | | 现浇箱梁 | 跨路 |
| 中桥 | 8 | K6+275 下马家中桥 | 54.68 | 54.68 | 16 | 16m空心板 | 沟谷 |
| 中桥 | 9 | CK0+095 巴州河中桥 | 86.68 | 86.68 | 16 | 16m空心板 | 跨河 |
| 中桥 | 10 | LK0+076 巴州河中桥 | 69.08 | 69.08 | 16 | 16m空心板 | 跨河 |
| 中桥 | 11 | K11+170 互通主线桥 | 68.8 | 68.8 | 20 | 20m箱梁 | 沟谷 |
| 中桥 | 12 | K16+844 雪伙子中桥 | 68.8 | 68.8 | 20 | 20m箱梁 | 跨路 |
| 中桥 | 13 | K15+910.2 驼古岭中桥 | 37 | 37 | 16 | 16m空心板 | 跨路 |
| 中桥 | 14 | C匝道中桥 | 90 | 30 | | 梁式桥 | 公路 |
| 中桥 | 15 | 分离式立交桥 | 67 | 67 | 20 | 梁式桥 | 公路 |
| 中桥 | 16 | 韩家咀中桥 | 38.68 | 38.68 | 16 | P.C空心板梁 | 河流 |
| 中桥 | 17 | 分离式立交中桥 | 78.2 | / | / | 现浇箱梁 | 公路 |
| 中桥 | 18 | 甘沟中桥 | 32 | 32 | 16 | 16m空心板 | 跨路 |
| 中桥 | 19 | 齐家中桥 | 60 | 60 | 20 | 20m箱梁 | 河道 |
| 中桥 | 20 | 朱家沟中桥 | 80 | 80 | 20 | 20m箱梁 | 跨路 |
| 中桥 | 21 | 朱家岭1号中桥 | 80 | 80 | 20 | 20m箱梁 | 跨路 |
| 中桥 | 22 | 朱家岭2号中桥 | 120 | 120 | 30 | 30m箱梁 | 冲沟 |
| 中桥 | 23 | 马家河1号中桥 | 90 | 90 | 30 | 30m箱梁 | 跨沟 |
| 中桥 | 24 | 马家河2号中桥 | 90 | 90 | 30 | 30m箱梁 | 跨沟 |
| 中桥 | 25 | 莫家沟中桥 | 68.2 | 68.2 | 30 | 30m箱梁 | 河沟 |
| 中桥 | 26 | 七里寺中桥 | 67 | 67 | 20 | 20m箱梁 | 河沟 |
| 中桥 | 27 | 虎狼城中桥 | 60 | 60 | 20 | 20m箱梁 | 跨沟 |
| 小桥 | 1 | 巴州小桥 | 15 | 15 | 8 | 预制矩形板 | 河沟 |
| 小桥 | 2 | K59+460 小桥 | 21.02 | 21.02 | 8 | 预制矩形板 | 河沟 |
| 小桥 | 3 | K59+974.5 小桥 | 15.02 | 15.02 | 8 | 预制矩形板 | 河沟 |
| 小桥 | 4 | K63+778 小桥 | 15.04 | 15.04 | 8 | 预制矩形板 | 河沟 |

**S21 川口至大河家(省界)高速公路隧道汇总表**　　　表10-9-2

| 规模 | 名称 | 隧道全长左(m) | 隧道全长右(m) | 隧道净宽(m) | 隧道分类 | 洞门形式 | | | |
|---|---|---|---|---|---|---|---|---|---|
| | | | | | | 左线 | | 右线 | |
| | | | | | | 进口 | 出口 | 进口 | 出口 |
| 长隧道 | 岘子隧道 | 1666.00 | 1772.00 | 10.25 | 土质山岭隧道 | 削竹式 | 削竹式 | 削竹式 | 削竹式 |
| | 浪塘山3号隧道 | 2831.297 | 2862.000 | 10.25 | 土质山岭隧道 | 端墙式 | 端墙式 | 端墙式 | 端墙式 |
| | 浪塘山1号隧道 | 1383.592 | 1356.889 | 10.25 | 石质山岭隧道 | 削竹式 | 削竹式 | 削竹式 | 削竹式 |
| 中隧道 | 浪塘山2号隧道 | 619.00 | 617.00 | 10.25 | 石质山岭隧道 | 削竹式 | 削竹式 | 削竹式 | 削竹式 |
| | 满坪2号隧道 | 643.00 | 653.00 | 10.25 | 土质山岭隧道 | 削竹式 | 削竹式 | 削竹式 | 削竹式 |
| | 公哇岭隧道 | 911.00 | 984.00 | 10.25 | 土质山岭隧道 | 端墙式 | 端墙式 | 端墙式 | 端墙式 |
| 短隧道 | 满坪1号隧道 | 395.00 | 414.00 | 10.25 | 土质山岭隧道 | 削竹式 | 削竹式 | 削竹式 | 削竹式 |

**S21 川口至大河家(省界)高速公路路面结构表**　　　表10-9-3

| 路面形式 | 起讫里程 | 长度(m) | 水泥混凝土路面 | 沥青路面 |
|---|---|---|---|---|
| 柔性路面 | 全线 K0+000~K68+700.061 | 687000 | | 18cm 水稳基层+18cm 水稳基层+1cm 沥青同步碎石封层+5cm AC-16 中粒式下面层+4cm AC-13 细粒式上面层 |
| 刚性路面 | K60+125~K60+275 | 150 | 20cm 水稳基层+28cm 钢筋混凝土 | |

5. 前期决策情况

为完善青海省高速公路网,带动沿线区域经济发展,促进海东农业区农村农民群众早日脱贫致富,改善青海投资环境和对外形象,加快实施西部大开发战略,根据青海省委、省政府部署,2013年6月,青海省交通厅启动了川口至大河家(省界)公路建设前期工作。9月,省交通厅以《关于上报川口至大河家(省界)公路工程可行性研究报告的请示》(青交综规〔2013〕464号)上报给青海省发展和改革委员会,2013年10月23日,青海省发展和改革委员会下发了《关于川口至大河家(省界)公路工程可行性研究报告的批复》(青发改基础〔2013〕第1442号)。

6. 参建单位主要情况

(1)建设单位

青海交通投资有限公司

(2)设计单位

青海省公路科研勘测设计院

(3)招投标工作

依据相关法规制度,川口至大河家(省界)公路土建工程、路面工程、交通及房建工程、机电工程、绿化工程的施工、监理招标工作由青海交通投资有限公司委托青海路达交通建设招标代理中心进行了公开招标,招标公告均在国家规定有关媒体上公开发布。

川大高速公路施工场景

路基路面划分15个施工合同段,6个施工监理合同段,CD-SG1标、CD-JL1标于2013年9月26日开始招标,2013年10月8日开标,确定了中标单位。CD-SG(3-16)标、CD-JL(2-6)标于2013年11月14日开始招标,2013年12月17日开标,确定了中标单位。

房建工程划分3个施工合同段,1个施工监理合同段,2016年1月22日开始招标,2016年2月24日开标,确定了中标单位;

交安设施工程划分2个施工合同段,1个施工监理合同段,2016年1月22日开始招标,2016年4月11日开标,确定了中标单位;

机电工程划分3个施工合同段,1个施工监理合同段,2016年1月29日开始招标,2016年4月5日开标,确定了中标单位;

绿化工程划分3个施工合同段,3个监理合同段,2016年2月1日开始招标,2016年3月9日开标,确定了中标单位。

(4)施工单位

通过招投标,本项目有26家施工单位参与建设,其中路基路面工程15家,房建工程3家,交通工程2家,绿化工程3家,机电工程3家。

(5)监理单位

本项目设置一级监理机构,路基路面工程监理办公室6个(其中含路面工程监理办公室2个,CD-JL2、3、4分别监理CDLH-1、2、3标),交通工程监理办公室1个,机电工程监理办公室1个。

川口至大河家(省界)公路参建单位见表10-9-4。

# 第十章
高速公路建设项目

**S21 川口至大河家(省界)高速公路参建单位表**　　　　表10-9-4

| 序号 | 参建单位 | 单位名称 | 合同段编号及起止桩号 | 工程内容 | 主要负责人 |
|---|---|---|---|---|---|
| 1 | 项目管理单位 | 青海交通投资有限公司 | K0+000～K68+700.061 | 路基路面工程、桥梁涵洞隧道工程、交安设施工程、机电工程、房建工程、绿化工程 | 马清祥 |
| 1 | 勘察设计单位 | 青海省公路科研勘测设计院 | K0+000～K68+700.061 | 路基路面工程、桥梁涵洞隧道工程、交安设施工程、机电工程、房建工程、绿化工程 | 杨生录 |
| 1 | 施工单位 | 中铁建大桥工程局集团第四工程有限公司 | CD-SG1 K0+300～K3+200 | 桥梁、路基及路面垫层 2.9km | 王德峰 |
| 2 | | 青海省湟源公路工程建设有限公司 | CD-SG3 K3+200～K9+680 | 桥梁、路基及路面垫层 6.5km | 林瑛 |
| 3 | | 沧州路桥工程公司 | CD-SG4 K0+300～K34+000(路面) K9+680～K17+650(路基) | 路面基层、面层 31.33km 桥梁、路基及路面垫层 7.95km | 姬庆峰 |
| 4 | | 中交一公局第一工程有限公司 | CD-SG5 K17+650～K22+100 (左右线) | 桥梁、路基及路面垫层，左线4.45km；右线4.53km | 肖海生 |
| 5 | | 中铁隧道集团三处有限公司 | CD-SG6 K22+100～K24+550 (左右线) | 桥梁、路基及路面垫层2.9公里，左线2.4km；右线2.46km | 高少亮 |
| 6 | | 河北建设集团有限公司 | CD-SG7 K24+550～K27+800 | 桥梁、路基及路面垫层 3.2km | 王秀 |
| 7 | | 中交四公局第三工程有限公司 | CD-SG8 K27+800～K34+000 | 桥梁、路基及路面垫层 3.91km | 宋大成 |
| 8 | | 河北交建集团有限公司 | CD-SG9 K34+000～K36+770 (左右线) | 桥梁、路基及路面垫层，左线2.77km；右线2.78km | 石庆江 |
| 9 | | 中铁一局集团有限公司 | CD-SG10 K36+770～K39+300 (左右线) | 桥梁、路基及路面垫层，左线2.52km；右线2.5km | 牛生浩 |
| 10 | | 河北燕峰路桥建设集团有限公司 | CD-SG11 K39+300～K40+920 (左右线) | 桥梁、路基及路面垫层，左线1.58km；右线1.62km | 秦红俊 |
| 11 | | 中铁十九局集团第三工程有限公司 | CD-SG12 K40+920～K44+970，笨康寺K0+000～K6-035 | 桥梁、路基及路面垫层 2.9km | 齐鑫 |

续上表

| 序号 | 参建单位 | 单位名称 | 合同段编号及起止桩号 | 工程内容 | 主要负责人 |
|---|---|---|---|---|---|
| 12 | 施工单位 | 中铁十四局集团有限公司 | CD-SG13<br>K34+000~K68+700（路面）<br>K44+970~K48+700（路基） | 桥梁、路基及路面垫层2.9km | 黄震 |
| 13 | | 江西中煤建设集团有限公司 | CD-SG14<br>K48+700~K55+700 | 桥梁、路基及路面垫层2.9km | 刘中存 |
| 14 | | 中国中铁航空港建设集团有限公司 | CD-SG15<br>K55+700~K62+820 | 桥梁、路基及路面垫层2.9km | 王浦成 |
| 15 | | 中交四公局第一工程有限公司 | CD-SG16<br>K62+820~K68+700 | 桥梁、路基及路面垫层2.9km | 孙哲宇 |
| 16 | | 陕西祥隆建设工程有限公司 | CDSG-FJ1<br>K5+540、K11+170、K23+024 | 果园管理中心（主线收费站、养护工区）、巴州匝道收费站、岘子隧道管理站房建工程等 | 涂涛 |
| 17 | | 甘肃华恒建筑工程有限公司 | CDSG-FJ2<br>K29+650、K28+233、K34+653~K40+917 | 古鄯匝道收费站、古鄯服务区、羊羔圈隧道管理站、尕红沟隧道管理站、腰岭沟隧道管理站房建工程等 | 赵银栓 |
| 18 | | 中交四公局第五工程有限公司 | CDSG-FJ3<br>K42+700、K62+300、K43+281~K47+945 | 满坪收费站、河口2号隧道管理站、公哇岭隧道管理站房建工程等 | 吴琼 |
| 19 | | 甘肃新科建设环境集团有限公司 | CDLH-SG1<br>K0+000~K10+000 | 标段范围内绿化工程的施工及竣工前的公路养护 | 宋新华 |
| 20 | | 信阳市四季青园林绿化工程有限公司 | CDLH-SG2<br>K10+000~K30+482.171 | | 王榕 |
| 21 | | 四川名门园林有限公司 | CDLH-SG3<br>K30+482.171~K68+700.061 | | 蔡永智 |
| 22 | | 江西方兴科技有限公司 | CDJD-1<br>K0+000~K68+700.061 | 全线监控设施（含隧道监控）、通信设施、收费设施（含收费土建） | 李卫星 |
| 23 | | 陕西高速电子工程有限公司 | CDJD-2<br>K0+000~K68+700.061 | 全线隧道供电设施、照明设施及收费广场照明 | 张茂宏 |
| 24 | | 广州航天海特系统工程有限公司 | CDJD--3<br>K0+000~K68+700.061 | 全线隧道通风、消防设施及全线通信管道工程 | 王保撑 |
| 25 | | 新疆交通建设集团股份有限公司 | CDJA-SG1<br>K0+300~K20+000 | 标志、标线、护栏及其他设施 | 陈水君 |

续上表

| 序号 | 参建单位 | 单位名称 | 合同段编号及起止桩号 | 工程内容 | 主要负责人 |
|---|---|---|---|---|---|
| 26 | 施工单位 | 甘肃恒和交通设施安装有限公司 | CDJA-SG2 K20+000~K68+100 | 标志、标线、护栏及其他设施 | 杜传奇 |
| 1 | 监理单位 | 吉林省铭泽公路工程监理咨询有限公司 | CD-JL1 K0+300~K3+200 | | 许立臣 |
| 2 | | 内蒙古交通建设监理咨询(集团)有限公司 | CD-JL2 K3+200~K22+100 K0+300~K34+000(路面) | | 李英亭 |
| 3 | | 山西晋达交通建设工程监理有限公司 | CD-JL3 K22+100~K34+000 | | 刘军 |
| 4 | | 青海省交通工程监理处 | CD-JL4 K34+000~K40+920 | | 张建华 |
| 5 | | 云南升盟公路工程监理有限公司 | CD-JL5 K40+920~K48+7000 | | 宋运峰 |
| 6 | | 河南同济路桥工程技术有限公司 | CD-JL6 K48+700~K68+700 | | 李峰 |
| 7 | | 四川亿博工程项目管理有限公司 | CDSG-FJJL1 | | 刘明利 |
| 8 | | 甘肃省交通建设监理总公司 | CDSG-JAJL | | 焦山锁 |
| 9 | | 北京天智恒业科技发展有限公司 | CDJD-JL1 | | 黄家海 |

(二)建设情况

1. 项目审批

该项目严格执行了交通基本建设程序,各个环节手续齐全,具体如下:

(1)2013年10月25日,青海省交通厅下发《青海省交通厅关于川口至大河家(省界)公路工程初步设计的批复》(青交公〔2013〕第418号)。

(2)2014年8月5日,青海省交通运输厅下发《关于川口至大河家(省界)公路工程施工图设计的批复》(青交公〔2014〕338号文)。

(3)2015年6月29日,青海省环境保护厅下发《关于S201川口至大河家(省界)公路环境影响报告书的批复》(青环发〔2015〕第278号)。2015年7月22日,青海省国土资源厅以《关于同意开展川口至大河家(省界)公路建设项目用地预审意见前期工作的函》(青国土资函〔2015〕第129号),原则上同意了开展项目用地预审的有关前期工作。拟用地总面积368.4472$hm^2$(公顷)。

2. 资金筹措

项目估算总投资控制在47.95亿元以内(含建设期贷款利息0.96亿),其中:项目投资由资本金、国内银行贷款两部分组成,各占总投资的50%。由省交通厅申请资本金(交通运输部专项资金)及国内银行贷款解决。

3. 征地拆迁

川口至大河家(省界)公路所属区域地处黄土高原向青藏高原过渡地带,拟征地404.863公顷,拟涉及9个乡镇、48个行政村。川口至大河家公路建设用地由省国土资源厅实施统一征地,按照"政府领导、分级负责、县为基础、项目法人参与"的管理机制组织实施。省国土资源厅具体负责征地工作的督导协调,协助省交通厅测算征地拆迁总承包费用。海东市、民和县分别成立工作领导小组及办公室。2013年10月9日至2013年10月20日,民和县政府组织国土、交通等部门完成了公路工程红线范围内的土地利用现状和地面附着物影像资料拍摄工作。2014年1月16日在民和县人民政府召开了川口至大河家(省界)公路的征地拆迁安排布置会,按照会议精神,由省国土资源厅土地统征中心负责牵头,民和县人民政府与青海交通投资有限公司签订了"包任务、包时间、包费用"的征地拆迁总承包协议。同日,民和县回族土族自治县人民政府发布拟征地公告。2014年1月17日至2014年4月30日,由县国土资源局牵头组织有关部门勘测定界和调查清点地上附着物,2014年2月26日,民和县人民政府开始土地实物清点调查,5月底结束。6月12日签订川大公路土地总承包协议,并及时给县国土局支付了征地补偿款。2014年4月开始房屋测绘及评估工作,8月23日完成,11月4日签订房屋及地上附着物总包协议,涉及搬迁户996户,其中涉及乡镇企业22户。总之,拆迁工作在明确了工作范围、程序和任务,制定了工作方案,严明了工作纪律,统一了标准、统了一口径的基础上,保质保量地完成了工作任务。共征用土地8643亩,支付补偿费3.417亿元。

川大高速公路

4. 实施过程

(1)主线土建工程于2014年5月开工,2016年12月完工。

（2）房建工程于2016年4月开工,2017年6月完工。

（3）机电工程于2016年6月开工,2016年12月完工。

（4）交通安全设施工程于2016年6月开工,2016年12月完工。

（5）绿化工程于2016年5月开工,2017年6月完工。

5. 重大事件

2014年2月18日,省交通运输厅召开川口至大河家公路开工动员会,标志着川大公路建设项目正式开工。

2014年3月18日,省交通运输厅党委委员、总工程师马忠英对川大公路征地拆迁工作进展情况进行检查。

2014年5月4日,省交通运输厅副厅长付大智,厅党委委员、纪委书记刘自山一行对川口至大河家公路建设拆迁进展情况进行调研。

2014年5月7日,川口至大河家公路石湾沟1号中桥开机钻孔,标志着川大公路的建设进入现场施工阶段。

2014年6月30日,海东市市长张晓容、副市长王发昌一行调研川大公路建设工作。

2014年7月4日,由中铁西北科学研究院一行八人组成的专家组赴川大公路考察隧道建设工程并提供技术支持。

2014年7月10日,省交通运输厅总工程师马忠英赴川大公路调研全线隧道建设工作。

2014年8月7日,省交通运输厅副厅长王永祥深入川大公路施工一线,调研、检查指导项目建设工作。

2014年8月8日,省交通运输厅厅长韩建华,海东市副市长王发昌赴川大公路施工现场调研指导工作。

2014年10月23日,川口至大河家公路首片20m梁板吊装成功,为川大公路桥梁上部结构施工拉开了序幕。

2015年3月11日,省交通运输厅厅长韩建华,海东市副市长王发昌等一行赴川大公路现场调研指导工作。

2015年5月15日,省交通运输厅党委书记马吉孝,副厅长马忠英,厅总工程师李积胜一行在交投公司相关负责同志的陪同下赴川大公路调研工程项目建设工作。

2015年6月3日,省交通运输厅副厅长王永祥调研川大公路征地拆迁工作。

2015年8月5日,省交通运输厅党委书记马吉孝,副厅长王永祥,建管处处长冯文阁会同交投公司相关领导检查及慰问参建单位一线人员。

2015年8月20日,副省长韩建华、省交通运输厅党委书记马吉孝检查指导川大公路建设情况。

2016年3月28日,全面开展路面下基层摊铺工作。

2016年4月28日,省长郝鹏调研川大公路并慰问一线职工。

2016年5月23日,省交通运输厅王平副厅长检查指导川大公路项目建设工作。

2016年6月21日,正式开始铺筑沥青路面。

2016年10月27日,省政协主席仁青加调研川大公路。

2016年12月15日,陆宁安副厅长检查督导川大公路建设情况。

2016年12月17日,组织召开川大公路主体交工验收会。

2016年12月30日,川大公路全面正式通车。

(三)科技创新

结合川大公路的具体特点和现场管理实际情况,在公路施工中广泛应用和实施了四项新工艺、工法以及两项新的检测技术和方法,确保了各重要工序的施工质量,取得了良好的社会经济效益。

(1)为减少台背回填工后沉降,预防后期出现"台背跳车"现象,在台背回填中采用高性能的液压冲击夯,台背回填按设计完成后采用高速液压夯对台背范围进行补强夯实,夯实后台背路基下沉6~10cm,为减小工后沉降,预防桥涵台背跳车起到了积极的作用。

川大高速公路

(2)为确保路基级配砂砾垫层施工的质量和工期进度,在施工组织实施阶段,川大公路各参建单位积极组织协调,多次研讨完善级配砂砾垫层施工工艺方案,最终敲定在施工过程中,采用双机联合梯队摊铺作业,摊铺工艺实施后,经现场检测压实度、平整度、厚度等质量控制效果显著,各项控制指标均为合格,全线施工进度明显提升,双机联合梯队摊铺施工工艺的实施有效保证了川大公路建设的质量与进度。

(3)为进一步提升川口至大河家公路工程项目全线桥、隧施工规范化和质量管控水平,川大项目办组织各参建单位,在施工现场开展了桥、隧三辊轴摊铺新工艺的观摩学习活动,在桥隧混凝土路面施工中广泛应用了三辊轴摊铺工艺以及双盘旋转抹光机设备,强化了桥、隧施工的精细化管理工作,保证了施工平整度,提高了生产效率,促进了项目总体工期进度和工程质量。

(4)针对川大公路全线湿陷性黄土分布广泛的特点,交投公司项目办组织中心试验室、设计代表、技术服务组、监理及施工单位研究、制定了关于特殊路基灰土挤密桩施工工艺及试验检测指标的技术方案,通过试桩检测,掌握了桩体压实度、桩间土挤密系数、压缩系数、单桩承载力等试验数据,以数据指导施工,并使用复合地基静载荷法检验灰土挤密桩的承载力,确保施工质量达到设计文件要求,从而达到消除桩间土湿陷性提高地基承载力的技术要求,保证了工程质量。

(5)针对目前桥梁工程预应力构件的质量通病问题,结合招商局重庆交通科研设计院有限公司通过交通运输部西部"公路典型隐蔽工程施工质量快速无损检测关键技术"等科研项目,研制出的桥梁锚下预应力及孔道压浆施工质量检测技术和方法,按照工程量2%的抽检频率,对川大公路桥梁的锚下预应力、孔道压浆饱满度施工质量进行了检测,做到了数据准确,起到了事前控制的效果,确保了桥梁工程的耐久性和安全性。

## (四)运营养护管理

1. 服务区设置

全线设置古鄯一处服务区,见表10-9-5。

S21 川口至大河家(省界)高速公路服务场区一览表　　表10-9-5

| 公路编码 | 服务区名称 | 桩号 | 所在区域 | 占地(m²) | 建筑面积(m²) |
|---|---|---|---|---|---|
| S201 | 古鄯服务区 | K28+233 | 古鄯镇 | 67200 | 8442 |

2. 养护管理

全线共设置果园、官亭2处养护工区。

3. 收费设施

本项目共设置收费站5座,分别为:民和南主线收费站、巴州匝道收费站、古鄯匝道收费站、满坪匝道收费站和官亭主线收费站,匝道出入口数量共计44条,其中ETC车道14条。见表10-9-6。

4. 监控设施

本项目监控分中心设置在民和南主线收费站(K5+540),负责路段全线的综合监理和管理。

### S21 川口至大河家（省界）高速公路收费设施一览表

表 10-9-6

| 收费站名称 | 桩号 | 入口车道数 | | 出口车道数 | | 收费方式 |
|---|---|---|---|---|---|---|
| | | 总车道 | ETC 车道 | 总车道 | ETC 车道 | |
| 民和南主线收费站 | K5+540 | 7 | 2 | 9 | 2 | 封闭式联网收费 |
| 巴州匝道收费站 | k11+700 | 4 | 1 | 4 | 1 | |
| 古鄯匝道收费站 | K29+650 | 6 | 1 | 6 | 1 | |
| 满坪匝道收费站 | K42+700 | 6 | 1 | 6 | 1 | |
| 官亭主线收费站 | K62+300 | 4 | 2 | 6 | 2 | |

# 第十一章
# 高速公路建设经验与影响分析

## 第一节 高速公路建设经验

青海高速公路建设发展历程中,青海省交通运输主管部门和高速公路建设者坚持"创新、协调、绿色、开放、共享"的发展理念,围绕大局,抢抓机遇,主动作为,积极应对,不断破解发展难题,创新发展思路,探索出了一条欠发达地区高速公路又好又快发展的成功之路,积累了宝贵经验。

### 一、各级政府重视和支持是高速公路快速发展的保障

西部大开发以来,中央和国家一系列战略部署和大政方针,为青海高速公路建设带来了前所未有的机遇,交通运输部等国家部委不断加大对青海交通基础设施发展的支持力度。黄镇东、张春贤、李盛霖、杨传堂、李小鹏历任部长先后多次亲临青海调研,对加快青海重大交通建设项目给予具体指导,明确表示交通运输部将在国家高速公路网等方面加大对青海的支持力度,促成了青海一批重大高速公路项目提前开工和加快建成,有力推进了青海经济社会持续健康发展。

青海省各级政府高度重视高速公路建设,省委、省政府主要领导多次视察高速公路建设工作,研究高速公路重大项目建设事宜,对全省交通发展和高速公路建设做出一系列重要批示和指示,帮助解决了一些关系长远发展的重要问题。省政府主管领导经常深入高速公路项目建设一线视察指导,现场办公,协调解决项目征地拆迁等具体困难和问题,并对项目建设提出具体要求。高速公路建设初期,省政府成立了由主管副省长挂帅的高速公路建设领导小组,相继出台了《关于对朝阳至马场垣高速公路建设工程给予优惠政策的通知》(青政〔1999〕55号)和《关于加快全省公路建设的决定》(青政〔2001〕41号),从免除各种税费方面为公路建设开绿灯,为加快项目建设创造了良好的环境。2015年,又出台了《关于加快全省交通运输基础设施建设的意见》(青政〔2015〕76号),将加快高速公路建设列为重中之重,为全省高速公路加快发展提供了有力的政策保障。同时,根据全省省高速公路建设里程长、路段多、地方问题复杂的特点,于2015年成立了主管省长为组长青海省加快交通基础设施建设协调领导小组。各市、县成立了相应机构,负责本市、县

段的征迁及建设环境协调，形成了在省政府领导下的专门负责征地拆迁工作的领导体系和专门机构，为落实政策，加快项目建设进度提供了组织保证。同时，省发改、财政、国土、环保、水利、林业等部门牢固树立大局意识，本着"全省工作一盘棋"的原则，在高速公路建设项目筹融资、前期审批、征地拆迁等方面提供了有力支持和保障。各级地方政府和交通主管部门抢抓机遇、统筹协调，在项目建设上全力支持、积极配合，形成上下一心、齐抓共管的强大合力，推动了高速公路建设的快速发展。

## 二、抢抓机遇是高速公路建设快速发展的关键

青海交通运输主管部门认真贯彻党中央、国务院和省委、省政府的部署要求，抢抓发展机遇，牢牢把握发展的主动权，积极对接国家投资支持的重点和方向，全力争取国家资金支持，加快了高速公路项目建设。青海高速公路建设经历了三次重大机遇期，第一次是世纪之交，国家提出实施西部大开发战略，加之1998年亚洲金融危机爆发后，国家实施积极财政政策，扩大内需，刺激经济增长。青海抢抓机遇，在国家相关部委的大力支持下，促成了西宁周边平西、马平、西塔、宁大、平阿等主要高速公路的建成。第二次是2008年下半年，为应对全球金融危机，国家加大基础设施建设投入，进一步扩大内需、促进经济平稳较快发展。国务院出台《关于支持青海等省藏区经济社会发展的若干意见》。青海认真领会政策文件精神，积极服务国家级柴达木循环经济试验区建设，加速建设共茶、茶德、德小、当大、大察、察格等连接柴达木盆地的高速公路。第三次是2012年以来，国家深入实施西部大开发战略和提出建设"一带一路"，继续推进藏区跨越式发展，加大集中连片特困地区扶贫攻坚力度。青海科学把握本省经济增长的阶段性特征，紧紧围绕"三区建设"的战略布局，主动对接国家投资支持的重点和方向，全面建成共玉、牙同、茶格、香花、花久等通往青南地区的高速公路。

针对高速公路建设资金需求不断加大的实际，青海交通主管部门努力拓宽融资渠道，探索和建立促进高速公路建设稳步发展的资金保障机制。在落实中央补助资金的基础上，加强与金融机构的合作，与省内外多家银行搭建筹资平台，并大胆探索社会化投资模式，拓宽融资渠道。2011年，在西宁南绕城高速公路项目成功引入设计施工总承包管理模式。2014年，采用资本金融资、施工图设计＋施工总承包的全新模式，利用社会资本启动建设了国道310线大力加山至循化、循化至隆务峡高速公路。2015年，将花石峡至久治和共和至玉树两个公路建设指挥部分别整合并入青海交通投资有限公司和青海地方铁路建设投资有限公司，有效整合了交通建设资源，拓宽了建设资金融资渠道。2016年10月，首个PPP项目——G213策克至磨憨公路乐都至化隆段高速公路建设工程顺利完成招标工作。

此外，还以委托代建购买服务、发行中期票据和短期融资券等方式实现直接融资，为

高速公路建设提供了有力的资金保障。青海省委、省政府多次对省交通运输厅积极争取资金、统筹谋划项目、推进项目建设等工作给予充分肯定,并提出表扬。2014年,青海省人民政府专门发出通报,对省交通运输厅予以表扬。

花久高速公路

## 三、重视规划和前期工作是高速公路建设科学发展的基础

青海交通运输主管部门坚持五大发展理念,强调"抓大事、谋全局、破难题、重实效",重视规划和前期工作,努力将交通运输发展目标、发展步骤和各项工作落到实处。省交通运输厅在每个交通运输发展"五年规划"及各专项规划中将高速公路作为重点,提出建设目标和建设时序,使高速公路建设始终成为交通基础设施建设的"排头兵"和拉动经济发展的"引擎"。2008年编制完成并报省政府批准了《青海省高速公路网规划》。2009年编制完成《青海省高速公路网(调整)规划》,明确了青海高速公路建设近、中、远期的主要目标和阶段性重点工作任务,以及技术标准和实施原则等,为青海高速公路快速健康发展奠定了坚实的基础。在技术标准上,针对人口分布特点、交通量情况,采用因地制宜的办法,不生搬硬套国家标准。在人口稠密、交通量较大地区,按六车道或四车道高速公路标准建设;在人烟稀少、横向干扰少的路段,按四车道高速公路标准建设,或在原有二级公路的基础上再新建一幅二级公路,形成分道分向行驶、有控制出入的四车道高速公路。在项目实施的安排上,按照运输需求为先、交通量大为先、国家高速路网建设为先、出省通道建设为先以及优先安排全省重要旅游景区项目的原则,按轻重缓急排序。与此同时,紧抓国家政策支持机遇,准确研判形势,超前做好储备项目前期工作并积极汇报衔接,及时将成熟项目纳入交通运输部和青海省规划外新开工项目,形成"开工一批、建成一批、储备一批、谋划一批"的健康良性发展机制。2012年,紧紧抓住国家公路网规划调整机遇,主动对接,积极沟通,将原规划的5条3787km地方高速公路列入国家高速公路网,使省内国家高速公路由2条1893km调整为7条5372km。同时积极向交通运输部汇报调整建设时序,使4

个国高网展望线项目提前实施。

## 四、狠抓项目管理和工程质量是高速公路建设健康发展的保证

青海交通运输主管部门高度重视高速公路项目建设管理工作,严格执行公路基本建设管理程序和项目法人制,不断完善项目管理机制。借鉴国内外先进管理经验,加强对高速公路建设前期工作、技术标准、质量控制、资金监管及安全环保等各个方面的管理,先后出台了《青海省公路工程质量管理实施细则》《青海省公路基本建设工程质量责任追究制度》《青海省公路工程交竣工验收办法实施细则》《青海省公路工程设计变更管理办法》《青海省公路建设市场信用考核评定办法》等一系列管理制度,严格合同管理,严把设计审查和工程验收关,促进了工程建设质量和管理水平的提高。从首条高速公路建设开始,全面放开建设市场,所有建设项目面向全国公开招标,并不断规范和完善招投标管理,强化监督机制,探索推行了合理低价中标和无标底招标,建立公开、公平、公正的公路建设市场秩序,从而吸引更多的国内优秀设计施工队伍参与高速公路建设,促进了青海公路建设市场健康发展。同时,加快公路建设市场诚信体系建设,严格信用等级评定,构建从业单位和从业人员信用管理平台,充分利用信用考核结果,完善建设市场进入和退出机制。加强对工程质量的监督检查,严格在建工程质量综合检查和专项检查,委托经验丰富的检测单位对关键工程和工程重点部位进行第三方监测并提供技术服务,确保了工程质量。

根据交通运输部安排部署和相关技术规范,2011年开始,开展了以"工地标准化、施工标准化和管理标准化"为主要内容,专业涵盖路基、路面、桥涵、隧道、绿化及防护工程的高速公路施工标准化活动,全面实施"首件工程认可制""工程样板制"和钢筋集中加工、混凝土集中拌和、梁板集中预制"三集中"制度,全面提升了原材料的质量,加强了施工过程的控制,提高了机械设备的配置,使施工工艺更加规范,工序衔接更加有序,促进了高速公路建设的标准化、规范化和精细化。2013年开始,开展了为期三年的"公路建设管理提升年"活动,活动以"质量有新提高、管理有新举措,生态有新亮点"为主题,以"公路施工标准化"活动为推手,通过"抓通病、抓现场、抓履约",明确质量管理的主体责任,对违规企业和个人加大信用考核力度,逐步引导参建人员自觉增强质量意识,质量管理水平明显提升。积极推进建设管理现代化,推广应用拌和场实时监控、拌和楼计量数据实时上传、数控弯曲设备和智能张拉、智能压浆等信息化技术,使施工过程控制得到加强,工序衔接更加有序,减少了沥青混合料、水泥混凝土的计量偏差,使沥青混合料、水泥混凝土的离散性大幅减少,均匀性显著提高,预应力混凝土工程预应力衰减问题得到有效控制,从而延长了公路构造物的使用寿命;借助集成管理系统信息化监控平台和引进第三方监控检测单位,加大施工全过程质量控制,确保了各项工序满足规范要求。2015年,开展了公

路建设"标杆工程"评选表彰活动,鼓励所有参建单位采用先进科学技术、管理理念和方法加强项目管理,促进公路建设"双标管理"顺利实施,通过表彰在全省交通项目建设行业内营造了"比、学、赶、帮、超"的氛围,掀起了争做行业标杆、建设"品质工程"的热潮。

牙同高速公路沿黄特大桥

### 五、注重科技创新是高速公路建设快速发展的重要支撑

青海自然环境恶劣、地质地形条件复杂,高速公路建设技术难度较大,面临许多全新的课题。交通运输主管部门和高速公路建设单位始终坚持"科技兴路",高度重视科学技术在保证公路建设质量中的支撑作用,积极推广应用新技术、新工艺、新材料、新设备,努力提高公路技术科技含量。依托重点科研平台、重大科研项目和重点建设工程,争取国家支持,实施重大科技专项,实现多年冻土地区公路建设及养护、高寒地区路面耐久性、高原公路建设与生态环境保护等方面十余项重大关键技术突破。在隧道施工中,针对不同隧道围岩级别,采取了"台阶法""留核心土法""双侧壁导坑法"及"CRD法"施工工艺、湿喷技术和全液压钢模衬砌台车,保证了施工安全和衬砌混凝土的内实外美,采用旋喷桩技术进行地基处理,提高了地基承载力。在路基高填方施工中,采用冲击压实技术,有效增加了路基强度。在路面施工中,引进了AC-13K调整型级配、SUPERPAVE高性能沥青混凝土路面技术及PRPLASTS沥青抗车辙添加剂,提高路面使用质量。在高架桥上部箱梁中,采用移动模架现浇工艺。在国内首条盐渍土高速公路——察格高速公路建设中,首次成功采用了"袋装混凝土灌注桩技术",有效防止了盐渍土对桩体材料的腐蚀,在国内及国际尚属首例。在国内首条高寒、高海拔及多年冻土地区高速公路——共玉高速公路建设中,成功应用黑色防护网完成多年冻土隧道进口段开挖,创新多年冻土段隧道防寒泄水洞设置理念,采用跟管工艺施工法成功解决多年冻土段隧道进洞难题。采用振动喂料机筛选生产线,成功解决了多年冻土片块石路基施工难题。创新运用垂直旋喷桩地表处理技术成

功处理隧道溜坍段病害。采用混凝土小矮墙加固拱脚技术,突破和解决了地质复杂路段隧道施工难问题。多年冻土隧道浅埋段采用热棒加固稳定处理技术,保证了隧道支护结构安全。

积极与省内外科研机构、高等院校合作,依托在建工程,大力开展科技攻关,力争使科研课题早立项、早应用,切实为工程建设提供技术保障。根据工程实际开展的科研课题有《青海省高等级公路沥青路面合理结构研究》《青海省高等级公路路域生态恢复适用技术研究》《青海省高等级公路湿陷性黄土路基处理技术研究》《盐湖地区软弱盐渍土公路路基稳定性研究》《软弱黄土公路隧道施工安全保障技术研究》《共和至结古高速公路多年冻土路基工程关键技术研究》《高寒地区高速公路沥青路面结构与施工控制技术研究》《高温多年冻土地区隧道设计与施工关键技术研究》《高温多年冻土地区桥梁桩基及大孔径波纹管涵关键技术研究》《国道214沿线多年冻土环境现状及变化趋势研究》等,多项课题验收和鉴定成果达到国内领先和国际先进水平。其中,《多年冻土青藏公路建设和养护技术》荣获2008年度国家科技进步特等奖,《盐渍土地区公路建设成套技术及工程应用》荣获2013年度国家科技进步二等奖。先后荣获中国公路学会科学技术一等奖1项、二等奖2项、三等奖3项,荣获青海省科技进步二等奖3项。通过参与课题研究,培养和锻炼了一批科技人员,为高速公路建设提供了人才和技术储备。

## 六、自我加压和实干苦干是高速公路跨越发展的不竭动力

青海高速公路建设起步较晚,但适逢国家西部大开发等历史发展机遇,得到了国家有关部委鼎力支持。尽快改变青海交通落后面貌,实现青海"高速梦",是青海交通人矢志不移的追求,也是青海500多万各族人民群众的热切期望。青海省交通运输厅历届领导班子以强烈的责任心和使命感,与全省交通运输系统广大干部职工一道,积极发扬"两路"精神、"特别能吃苦、特别能战斗、特别能忍耐、特别能团结、特别能奉献"的青藏高原精神和"人一之,我十之"的实干精神,敢于担当、迎难而上、自我加压、实干苦干、无私奉献,为青海高速公路跨越发展提供了不竭动力。各高速公路建设单位克服人员少、任务重的困难,加班加点、倒排工期、超常运作,真抓实干,以只争朝夕、顽强拼搏的精神全力投入到高速公路建设中,创新工作方式方法,加快工作节奏。各级领导干部深入一线,现场办公,及时协调解决征地拆迁、材料供应等困难和问题,做到急事急办、要事快办,为公路建设创造良好的外部环境。及时邀请省内外专家到施工现场进行技术指导,做好资金需求分析和调配,科学合理地安排项目进度计划,实行动态管理,根据计划进行检查落实,有针对性地组织"四比一创"等大干竞赛活动,制定合理科学的激励办法,实施加快进度费用补偿激励机制,激发参建单位和人员的工作热情,确保了各高速公路建设项目如期或提前建成。全省高速公路建设中涌现出了一批杰出的模范集体和个人。

## 七、加强安全生产工作是高速公路发展的柱石

青海高速公路施工环境复杂,各类构造物繁多,安全管理工作显得尤为重要。为此,青海交通运输主管部门和高速公路建设单位按照"三个必须"原则,从"讲政治、促发展、保稳定"的大局出发,全面落实安全生产责任制,建立健全安全管理机构,层层签订安全责任书,制定安全生产奖罚制度,考核办法等配套相关制度,形成"横向到边、纵向到底、层层负责"的安全生产责任网络体系。在高速公路建设项目招标文件中明确将安全专项费用列入其中,制定了相应的管理和使用监督办法,保证了安全投入,并在签订施工合同的同时签订安全生产合同,落实施工单位的安全生产主体责任和监理单位的监督责任,要求各单位配备专职安全员,试行项目安全总监制,为项目安全生产提供了保障。高速公路建设部门将安全性作为项目设计的重要内容,根据项目沿线地形地貌等情况,合理设置停车港湾、人畜通道和紧急避险车道。在西部高速公路建设中采用了低路堤、缓边坡新型设计模式,既降低了建设成本,又保证了项目投入运营后的行车安全。按照事先预控的原则,在重点桥梁隧道施工中实行安全风险评估制度。同时,坚守安全生产红线,强化安全生产问责,认真落实安全生产事故责任追究制,坚决实行安全生产"一票否决制",对不履行安全生产责任或履职不到位并发生事故的相关责任单位和责任人进行严肃处理。注重强化安全生产的日常检查工作,力戒走过场,通过常态化的检查督促,全面消除安全隐患,加大对违章违规作业的处罚力度,提高职工的安全技能和安全防范意识。通过认真开展"平安工地"建设、"安康杯"竞赛和"安全生产月"活动,将安全生产法律法规、技术标准落实到施工生产的每个环节,全面夯实安全工作基础,做到施工现场安全防护标准化、场容场貌规范化、安全管理程序化,营造了"安全、文明、和谐"的施工环境。加大安全生产宣传教育工作,通过悬挂横幅、制作宣传展板、举办安全签名、观看安全教育片、岗位安全自查和定期开展安全演练等形式,加强安全教育培训,切实加强一线施工人员安全教育培训,提高员工的安全技术素质,确保了施工安全。

## 八、以廉促建是高速公路健康发展的组织保障

高速公路项目投资大、任务重、社会影响大,青海交通运输主管部门和高速公路建设单位始终把工程建设中的廉政建设作为一项重要任务来抓,把党风廉政建设与业务工作紧密结合,同部署,同落实,形成了部门协作、条块结合、齐抓共管的工作格局。通过强化监督机制,细化廉政措施,落实廉政责任,把廉政建设融入高速公路建设的全过程,将党风廉政建设和反腐败工作任务细化分解到具体的工作部门和具体的责任人。认真履行"一岗双责"和党风廉政建设"两个责任",坚持业务工作分管到哪里,就把反腐倡廉伸到哪里。实行工程建设双合同制,把《廉政合同》与《工程合同》一同检查,一同考核,确保了各

项廉政措施的落实。2002年开始,省纪委、监察厅、交通厅联合向所有高速公路建设项目派驻纪检组和监察员,对工程实施全过程监督。相继出台"八条禁令"和"十不准",坚持与检察机关联合开展预防职务犯罪工作。各建设单位与西宁市各级检察机构协商建立了共同预防职务犯罪工作机制,定期邀请省检察院对项目管理人员进行专题授课辅导,并结合高速公路建设实际就反腐倡廉相关问题进行详细讲解。积极推进惩治和预防腐败体系建设,开展廉政教育和警示教育,加强廉政文化建设,营造廉洁勤政文化氛围,通过积极开展廉政演讲比赛、知识竞赛、征文等廉政文化活动,并组织干部职工到廉政警示教育基地接受教育,增强项目参建人员廉政意识,筑牢"防腐墙"。认真开展廉政风险防控工作,对照岗位查找风险点,制定完善了廉政风险防控措施。加强人、财、物等重要环节廉政风险防控,严格对材料采购、资金拨付、设计变更等关键环节的监督,超前化解干部任用、工程招标、大宗物资采购等权力运行过程中的各类腐败风险。工程设计变更审批中,严格按照"现场办公、集体决定、分责办理、按职会审、依法支付"的原则,既提高了审批效率,又增强了审批工作的透明度,努力打造阳光工程。此外,强化监督检查,有针对性地开展廉政专项检查和明察暗访,严肃问责并督促整改。深入开展了工程建设领域突出问题专项治理和"严禁领导干部违反规定干预和插手工程项目为个人和亲友谋取私利"专项治理,发现问题及时整改,有效促进了干部廉洁自律,弘扬了行业正风。经过努力,青海高速公路建设中没有发生重大腐败案件,杜绝了"项目上去了,干部垮下来"的腐败乱象。

### 九、以人为本是高速公路建设实现共享发展的内涵

高速公路建设是加快经济社会发展、促进对外交往和提高农牧民生活水平的迫切要求,建设过程中处处涉及沿线各族群众的切身利益。为此,青海交通运输主管部门注重发挥高速公路建设的社会效益,坚持"路修到哪里,就把实事、好事办到哪里",使各族群众共享交通发展成果。

一是认真做好项目建设过程中的生态保护工作。坚持"不破坏就是最好的保护"的原则,将生态环境可持续发展理念贯穿到规划、设计、建设、养护、运营、管理的全过程,及时治理取料坑、弃料场,做好植被恢复,做到"无痕化"施工,确保公路建设与生态保护和谐发展。同时认真组织好公路的绿化美化工作,大力开展高速公路路域环境整治,使高速公路在便利人民群众安全快捷出行的同时,也成为一道道亮丽的植被风景。

二是充分发挥高速公路大项目的辐射带动作用。积极为当地城镇、乡村带动改建道路及连接线,完善高速公路与周边道路的衔接,极大地改善了当地乡镇的道路交通条件,方便了群众出行。

三是依托公路建设,践行为民服务。积极组织施工单位为沿线群众义务改造机耕便道、铺设农村引水管道、改建田间灌溉水渠、捐赠砂(石)料、钢筋水泥和义务出机械台班,

解决当地群众生活不便的难题。在防汛期间,派出劳动力和机械疏通河道、筑堰、修渠,保证了汛期安全。在项目施工中优先使用本省民工,解决当地劳务输出问题,促进了农牧民增收。

四是体现人本理念,高速公路两侧的标志牌除了汉语标注外,在民族地区还使用藏、蒙等当地少数民族文字进行标注。为最大限度地满足沿线牧民群众出行、放牧需求,牧区高速公路在原有通道、涵洞的基础上,还增设跨线桥,方便公路两侧牧民生活。

五是积极开展民族团结进步创建活动。针对民族地区实际,印发《民族禁忌手册》,要求各施工单位及人员尊重当地少数民族的风俗习惯,与沿线群众和谐相处,树立良好的交通形象。高速公路各参建单位通过与沿线少数民族开展联谊、"扶贫帮困"、捐资助学等形式,拉近了与当地群众的距离,受到了当地政府和群众的一致好评,为高速公路建设争取了多方面有利条件。

藏族群众向公路建设者敬献哈达

六是积极主动地解决公路建设中拖欠农民工工资问题。各高速公路建设单位把农民工权益的保障作为项目管理的重要工作和环节,通过组建农民工联合工会、发放农民工维权卡等形式,保护民工合法权益,并会同派驻纪检组对农民工工资清欠工作进行明察暗访,对存在克扣农民工工资行为的施工单位坚决执行黑名单制度,确保了农民工工资及时发放到位,维护了行业和谐和社会稳定。

## 第二节　高速公路建设与经济社会发展影响分析

交通运输是国民经济的基础性、先导性、服务性产业,是合理配置资源、提高经济运行质量和效率的重要基础。社会发展的历史和实践证明,交通运输对于一个国家或地区的经济与社会发展至关重要。高速公路是现代交通的重要组成部分,是为国民经济、社会发展和人民生活服务的公共基础设施,其基本属性在于区域经济发展中的公共产品属性。这种属性决定了高速公路是实现经济发展和社会进步的前提条件之一,它的发展水平往往决定着国家或地区经济活力和发展水平。

高速公路建设具有投资巨大的特点,其建设是国家宏观调控和实施产业投资战略和重要手段之一,是刺激经济增长的有效方式,在推动和促进经济发展战略顺利实施中发挥了十分重要的作用。同时高速公路具有行车速度快、通行能力强、运输成本低、行车安全舒适等技术经济特点,有利于集约利用土地资源、降低能源消耗、减少环境污染、提高交通安全性,对实现社会经济可持续发展具有积极作用。

**一、经济社会发展促进高速公路建设**

高速公路作为交通基础设施,必须适度超前发展。青海地域广阔、自然条件较差、人口居住分散,经济发展受到地理环境限制较多,经济总量、人均收入、城镇化进程、矿产资源、旅游资源开发等对公路运输的依赖性大,迫切要求道路交通特别是高速公路的不断发展。

(一)经济社会快速发展,人民生活水平不断提高,要求加快高速公路建设

西部大开发以来,青海经济取得快速发展,2001年至2013年,连续13年保持10%以上的增长速度。到2014年,全省地区生产总值达到2301.12亿元,为1999年的9.65倍;人均地区生产总值达到39633元,为1999年的8.5倍。2004年全省人均生产总值突破1000美元,2008年突破2000美元,2010年突破3000美元,2011年突破4000美元,2012年突破5000美元,2014年突破6000美元,正朝着更高目标迈进。随着经济社会快速发展和人民生活水平不断提高,区域间经济、商贸、文化活动增多,人流、物流移动加快,由此带来的居民生产生活出行以及能源资源、工业制品等货物运输需求总量快速增长,需求层次和品质不断提升,要求加快推进以高速公路为重点的综合运输大通道和综合交通枢纽建设,进一步提升交通基础设施供给能力和服务能力。另一方面,保持经济中高速增长,稳增长、调结构,也要求继续加大交通运输基础设施投资,发挥包括高速公路在内的交通投资在拉动经济增长中的"稳定器"作用。

(二)加强对外联合协作,推进与周边省区的交流与对接,要求加快高速公路建设

青海是内陆省份,素有"天河锁钥""海藏咽喉""金城屏障""西域之冲"等称谓,加强对外联合协作,强化重大基础设施、产业发展等方面的对接与合作,促进区域协调发展,要求加快省内高速公路、省际通道建设,提高出省通道技术等级和通达深度,形成畅通的对

# 第十一章
## 高速公路建设经验与影响分析

外运输大通道。2003年,青海建成了兰州至西宁段出省高速通道,有效缓解了109国道的交通压力,打通了青海与内地联系的快速通道。2011年,建成德令哈至当金山出省高速通道。2016年建成川口至大河家和大武至久治出省高速通道。目前已有3条与甘肃、1条与四川的省际出口高速通道。此外,循化至大力加山、大通至小沙河等出省通道正在建设之中。这些通道的形成,有效促进了青海与周边省区的沟通联系,推动了全省经济社会的加快发展。随着国家经济社会发展进入新常态和"一带一路"战略的实施,青海作为"丝绸之路经济带"互联互通的重要通道,将发挥资源优势和区位优势,满足跨区域、长距离物资运输需求,进一步加强与周边省区在能源、矿产资源开发、基础设施、旅游等多方面的联合协作。依托西藏、新疆边境口岸扩大对外贸易,加快融入全球经济版图。这些都对加快推进省际高速通道提出了客观要求。

(三)统筹区域发展,构建"四区两带一线"发展新格局,要求加快高速公路建设

青海作为高原地区、西部地区、民族地区和欠发达地区的特殊省情,决定了加快交通基础设施建设是现阶段实现区域经济一体化发展的首要任务,也是降低区域运输成本,进一步强化区域间分工,从而促进区域经济一体化的重要途径。

青海省第十一次党代会提出了"四区两带一线"区域发展新格局,推进以西宁为中心的东部城市群优先发展,以中心城市、次中心城市、县城和中心镇为节点,加快人口和产业集聚,大力推进城市群产业合理分工布局,促进县域经济发展;加快海西地区的工业化和城乡一体化进程,加快国家级柴达木循环经济试验区建设。统筹发展环青海湖地区和三江源地区,因地制宜优化资源配置和生产布局,加快形成区域城乡良性互动、协调发展的新格局。

2000年以来,伴随着经济社会持续快速发展和基础设施条件显著改善,青海城镇化步伐明显加快。截至2014年底,全省城镇人口达到290.40万人,比2000年增加110.8万,城镇化率达到49.78%,比2013年提高了1.27个百分点。城市由3个增加到5个,建制镇由47个增加到137个,全省城镇数量由50个增加到142个,初步形成以西宁为中心、小城市和州府县城为骨干、小城镇为基础的城镇体系。从2003年开始,全省常住人口城镇化率年均增长1个百分点以上,特别是近年来户籍制度改革快速推进,转户进城人口快速增长。交通是城镇化发展的重要动力,是强化城市联系的重要载体。公路交通建设会改变人们的生活方式,加快农村人口涌入城市,推动城镇化的进程。随着青海省城镇化的发展,对高速公路的需求是显而易见的,也是相对迫切的。

为加速全省城镇化、工业化进程,促进全省城乡区域协调发展,加快建设富裕文明和谐新青海,2010年,青海省委、省政府提出了全力推进以西宁为中心的东部城市群建设的战略部署。这对区域交通一体化发展提出了新的更高的要求,带动了西宁南绕城、牙什尕

至同仁、川口至大河家、隆务峡至循化至大力加山等高速公路项目的加快建设。青海东部城市群是兰西经济区的重要组成部分，具有较强的辐射带动作用。一方面，加强与兰(州)白(银)都市经济圈的交流融合，加速构建兰西经济区，从而强化与关中-天水经济区、成渝经济区的联系，提升区域竞争力；另一方面，促进优势资源向东部城市群流动，发挥区域在青海省的辐射带动作用。随着"四区两带一线"战略和城市群建设的推进，青海东部城市群的集散和扩散作用将进一步增强，必然吸引环青海湖、柴达木、三江源地区等资源富集地区的生产要素加速向该地区流动，区域经济一体化进程将进一步加快，区域人口分布、产业布局和城镇体系也将发生一系列深刻变化，这些都要求加强基础设施和配套设施建设，加快建设省会西宁与州府之间的快速通道，改善区域之间以及各区域内部的交通联系条件，加强城际快速交通联系，加快构建互联互通、高效便捷的城际交通网络，满足人民出行需求，提高城乡交通服务水平。

### (四)加快高原旅游名省建设，推动旅游业快速发展，要求加快高速公路建设

旅游交通是旅游业的重要支撑之一。便利的交通是沟通客源地与接待地空间联系的基础，是旅游行为得以实现的基本条件，是旅游地能否开发的先决条件。青海是具有世界级高原特色的生态旅游资源大省。作为高原特色产业和第三产业的"龙头"，旅游业是青海最具发展优势和潜力，最具有辐射带动能力的新型产业，能有效促进青海区域经济增长，提升"大美青海"知名度。

"十二五"以来，青海交通运输部门围绕全省旅游业发展需求，加快实施高等级省际通道建设，相继建成共和至玉树、德令哈至久治、茶卡至格尔木、察汉诺至小柴旦湖、牙什尕至同仁等国家高速公路，基本形成了通向甘肃兰州、敦煌，四川阿坝，西藏拉萨和昌都的省际通道，极大促进了青海与周边省区的旅游一体化。同时，省内干支相连的旅游公路网络也有力推动了旅游业的快速发展。但是，交通仍然是制约青海旅游发展的主要因素，直接服务旅游的交通网络还没有完全形成。景区与旅游集散中心之间缺乏快速交通连接，环绕旅游集散中心的交通环线尚未形成。景区内部交通发展滞后，断头路较多，通达性和舒适性不强。

今后，青海将以建设全国高原旅游名省和新兴的国际型、复合型旅游目的地为战略目标，大力打造"大美青海"旅游品牌，以塔尔寺、青海湖、金银滩-原子城、青海藏医药文化博物馆等国家5A级旅游景区为重点，提升以西宁为中心的夏都旅游圈、西宁—三江源生态旅游线、甘青—青藏铁路观光旅游线、门源—祁连森林草原风光旅游线"一圈三线"旅游发展的水平，推动旅游业跨越发展，使旅游业成为推动"四个发展"的战略性支柱产业。在此基础上，将促进跨区合作，推进"大九寨""大香格里拉"旅游带发展。一方面加强高速公路等旅游基础设施建设，另一方面以旅游客运站为集散中心，辐射省内重要旅游景

点,逐步完善旅游客运网络,不断扩展旅游业发展空间。

(五)发展特色经济产业,支持优势资源开发,要求加快高速公路建设

青海是资源型省份,是典型的资源开发依赖型经济,石油、天然气、水电、有色金属和盐化工业是青海的四大支柱产业。现已探明储量的矿产 109 种(含亚种),矿产保有储量在价 17.25 万亿元,占全国的 13.6%。已探明的矿藏保有资源储量中,有 58 个矿种居全国前十位。其中,居全国首位的 10 种,居全国第 2 位的有 5 种,居全国第 3 位的有 7 种,居全国第 4 位的有 7 种。丰富的矿产资源只有运输出去才能转化为经济效益,这就需要有较好的交通保障,畅通的资源外运通道。2008 年以来,为加快柴达木循环经济试验区建设,青海省交通运输厅把高速公路建设的重点放在柴达木地区,投入资金超 160 亿元,相继开工建设了德令哈至小柴旦湖(大柴旦)、倒淌河至共和、共和至茶卡、茶卡经察汉诺至德令哈、格尔木至察尔汗、当金山至大柴旦、大柴旦至察尔汗、湟源至西海等 8 条上千公里的高速公路。同时,围绕支持资源开发和特色优势产业,在东部地区建成了一批高速公路建设项目,有力支持了柴达木循环经济试验区、西宁经济技术开发区和海东工业园区等一大批特色产业园区的发展壮大,推进了全省经济社会发展。

当前青海省加快发展以资源行业、特色轻工业、装备制造业为主的特色产业,走新型工业化道路,建设国家循环经济发展先行区。特色产品及高附加值货物运量增加,要求提供安全、快速和可靠的货运服务,构建与之相适应的覆盖广泛、运转高效的运输网络,将持续保持对高速公路建设的需求。

(六)促进社会稳定发展,提高交通应急救援和抗灾保通能力,要求加快高速公路建设

青海是除西藏以外的最大藏族聚居区(全国 10 个藏族自治州中青海占 6 个),是我国民族宗教工作的重点地区,承担着维护民族团结稳定和国家安全的重任。国家实施西部大开发战略以来,青海藏区经济社会发展取得了重大成就。但由于青海南部藏区地处高寒缺氧地带,生存条件严酷,基础设施薄弱,经济社会发展仍比较落后。加快公路交通发展是推动藏区经济社会全面发展的重要条件。近年来,青海贯彻落实国务院《关于支持青海等省藏区经济社会发展的若干意见》,以打造安全、便捷、高效的藏区公路交通为主线,建成了一批重大高速公路建设项目,实现了青海南部玉树、果洛、黄南三个藏族自治州通高速公路。

同时,青海也是地震、冰冻雨雪等自然灾害频发的地区,交通运输安全及应急保障能力,受到越来越多的关注和考验。为更好地适应经济社会安全稳定发展及有效应对自然灾害等突发事件,需要加快完善以高速公路为重点的基础设施网络,保障重要战略物资和应急救灾物资运输的及时性和可靠性。2010 年 4 月 14 日,玉树 7.1 级强烈地震发生后,

为推进玉树灾后恢复重建,提高西宁至玉树公路建设等级和保障能力,国家及时批准了《玉树灾区恢复重建总体规划》,使共和至玉树高速化公路建设得以提前启动和实施。

## 二、高速公路建设对青海经济社会发展影响分析

高速公路建设项目对社会经济的促进作用主要表现在四个方面:一是高速公路投资建设活动本身通过促进建筑业相关产业增长而直接对增加国民生产总值,拉动经济增长的作用。二是高速公路投入使用后,因通行能力增加和行车条件改善,使出行条件更加便利,运输服务业发展所产生的联动效益。三是因缓解交通"瓶颈"制约,改善投资环境和区位条件而对产业发展产生的巨大波及作用。四是人流、物流、信息流的快速发展,促进沿线人民群众思想观念发生较大变化,对社会文明进步影响深远。

### (一)对综合交通运输体系的影响

高速公路的修建改善了青海省的公路技术等级和公路网结构。截至2016年底,全省高速公路(含一级)达到3500km,占全省公路通车里程的4.45%,公路网结构不断优化。高速公路的不断增长,为高效率、低能耗大型车辆的运行创造了良好的条件,提高了公路运输的平均运距、运输效率和安全舒适度,从而带动了公路运输车辆结构的优化和公路运输服务水平的提高,促进了公路运输业的发展,提高了公路客货运输的增长率。2000年以来,青海公路客运量、旅客周转量、货运量、货物周转量的比例一直大于铁路,公路运输在全省客运市场上始终占有主导地位。

高速公路的不断增长,形成了公路、铁路、航空、管道等多种运输方式结合的综合运输方式,使各种运输方式之间的衔接更加紧密,从而提高了通道的运输能力,满足了经济发展对不同运输方式的需求,直接刺激了各种运输方式的互动与竞争,为实现交通使用者追求效益最大化创造了条件,有效促进了青海综合运输结构的优化。

### (二)对国民经济的影响

#### 1. 建设期投资拉动了GDP增长

高速公路建设期产生的经济效益主要是投资拉动效益。公路建设行业属于资金和劳动力密集型行业,需要直接消耗大量的钢材、水泥、沥青、砂石和人工,以及使用大量的各种筑路机械,据统计,青海高速公路建设所需钢材、水泥大部分来自本省。仅2014年,在公路建设中使用本省水泥$399\times10^4$t,占总用量的96.7%;石灰$17.7\times10^4$t,占总用量的82.5%;钢材$14.5\times10^4$t,占总用量的15.8%;砂砾$960\times10^4$m$^3$,占总用量的98%;碎石$1884\times10^4$m$^3$,占总用量的98.8%。高速公路项目有力带动了相关行业和部门的发展。

# 第十一章
## 高速公路建设经验与影响分析

1998年以来,国家实施积极的财政政策,通过基础设施建设拉动国民经济的发展,在亚洲经济普遍不景气的情况下,我国国民经济仍然保持了8%的增长速度,公路建设投资的直接贡献达到了0.57%。在国家西部大开发的背景下,2000年至2016年,青海省共完成公路建设投资超过2089亿元,有效地拉动了国民经济的发展。2010－2016年青海省高速公路投资及占比情况见表11-2-1。

**2010—2016年青海省高速公路投资及占比情况** 表11-2-1

| 年份(年) | 全省固定资产投资(亿元) | 全省交通固定资产投资(亿元) | 交固投占全省固定资产投资的比重(%) | 全省高速公路投资(亿元) | 交通固定资产中高速公路投资比重(%) |
|---|---|---|---|---|---|
| 2010 | 1,068.73 | 111.46 | 10.40 | 46.79 | 41.98 |
| 2011 | 1,434.33 | 135.56 | 9.45 | 71.76 | 52.94 |
| 2012 | 1,920.03 | 170.36 | 8.87 | 106.29 | 62.39 |
| 2013 | 2,403.90 | 195.66 | 8.14 | 116.23 | 59.41 |
| 2014 | 2,908.71 | 268.76 | 9.24 | 194.64 | 72.42 |
| 2015 | 3,266.64 | 339.37 | 10.38 | 243.14 | 71.64 |
| 2016 | 3,533.19 | 388.36 | 10.99 | 247.27 | 63.67 |

注:数据由青海省交通运输厅综合规划处提供

由表11-2-1可看出,2010年青海省完成固定资产投资为1068.73亿元,到2016年增长至3533.19亿元。其中交通建设投资持续增长,占全省固定资产投资的十分之一以上,对青海省固定资产投资增长起到了重要的作用。而交通固定资产中高速公路投资占了较大比重,最高的2014年和2015年分别达到了72.42%和71.64%。由此可看出,高速公路的建设有力促进了青海省经济的稳步发展。

2. 高速公路运营期的社会效益分析

高速公路及其所形成的高速运输系统,对社会经济生活产生四大效应:一是空间效应。高速公路的运营大大缩小了人们的空间生活,使人流、物流的有效空间范围扩大,位移价值所形成的市场边界扩展,增大了点域的经济辐射力和吸引力;二是时间效应。高速运输系统减少了人和物的在途时间,方便快捷高效的传递,减少了原材料及备品备件的储存时间,提高了社会效率;三是市场效应。高速公路不仅扩展了本地产品的市场辐射边界,调整和丰富了输出的商品结构,为易损易碎、鲜活保质商品外运提供了有力的保障。同时,敞开了本地市场,丰富活跃了市场竞争;四是聚集效应。高速公路的建设运营改变了区域范围内投资环境,从而引起了各种生产要素在空间点域内的聚集。

高速公路的效益不仅体现在交通行业,而且体现在全社会。高速公路的直接使用者来自各行各业,长距离、远辐射和快捷、舒适、方便的交通环境有力地推动了沿线各种产业的发展,特别是那些对汽车运输依赖性强、要求高的产业迅猛发展。同时,交通运输条件的改善,诱发了高新技术、外向型经济、商业和旅游业等各类产业的崛起和产业群的聚集,促进了经济向一体化、社会化、专业化发展。高速公路的运营对沿线物流、资源开发、招商引资、产业结构调整、横向经济联合起到积极的促进作用,提高了道路沿线地区的经济发展速度,对青海经济发展起到了重要推动作用。

高速公路大大提高了人民群众出行效率,截至2016年底,西宁至各州府之间基本实现了高速化通行,在很大程度上缩短了行驶时间,给人民带来了便捷高效的出行。以西宁至玉树为例,原来需要两天两夜才能到达的路程,现在只需八九个小时,实现了朝发夕至。2015年,西宁市区周边高速公路收费制式调整,形成了免费高速公路环线,使人们从市区能快捷的进入高速公路,享受现代交通带来的便利。

(三)对产业发展的影响

青海省高速公路的运营,促进了青海省产业结构的优化和升级,对建设符合青海省地域特色的产业结构起到了积极的作用。

青海省产业结构走势图

1. 对农业发展的影响

高速公路的运营,加快了鲜活农产品的流通速度,使得特色优势农作物以及产品很快在更大消费市场上得到传输,加速了农业信息的流通,使农业发展更加适应市场需求,进而改变了农业种植结构,优良油菜、马铃薯、蚕豆、反季节蔬菜、花卉、中药材、食用菌等特色、高效益作物的种植面积不断扩大,促进了农业结构的调整以及产业化的进程。随着交通条件的改善,畜牧业、畜种结构进一步优化,效益提高。为了进一步促进农业的发展,青海开通了高速公路农产品绿色通道,对鲜活农产品实行免费政策。截至2016年底,全省高速公路累计免收鲜活农(畜)产品运输车550.84万辆,免收通行费2.557亿元。

2. 对工业发展的影响

青海是典型的资源开发依赖型经济,石油天然气、水电、有色金属和盐湖化工是青海的四大支柱产业。公路交通最适合这种经济社会结构对交通运输的需要,成为拉动青海经济增长的重要支柱。高速公路网的不断扩大为四大支柱产业的原材料及产成品运输提供了快速运输通道,提高了运输效率,有效降低了运输成本和生产成本,使其产品在市场上更具竞争力,从而为青海省工业结构调整创造了条件,加快了青海工业的增长速度。全省工业总产值从 2009 年的 1167.47 亿元快速增长到 2015 年的 2518.12 亿元。

高速公路的运营,提高了运输通道的通行能力和服务水平,尤其是加强青海与外界的交流,使经济发达地区更加了解青海,改善了投资环境,提高了对外开放的水平,有利于引进人才和国内外先进技术、工艺,为资金、技术、人才的引进创造了条件,促进了西宁经济技术开发区、海东工业园区、柴达木循环经济试验区等工业园区的发展。

3. 对旅游业发展的影响

高速公路与一般等级公路相比较,不仅在于其速度快,通行能力大,更在于其提高了旅客的舒适度和安全感。青海高速公路的发展对旅游业的发展具有重要意义,近年来,青海围绕交通、旅游融合发展,加快建设连接甘肃、四川、西藏等周边省区的高速通道,同时,构建起西宁周边贵德、尖扎、民和、循化、海晏等地"两小时旅游圈"和环柴达木盆地和连通玉树、果洛等三江源地区的交通旅游"大动脉",大大提高了通道的通行能力和服务水平,为旅客进出青海提供了一条条高效率、高服务水平的快速通道,有力促进了青海省旅游业的快速发展。青海旅游总人次呈直线上升,从 2006 年的 815 万人次增长到 2016 年的 2877 万人次。

青海省历年旅游人数

(四)对就业的影响

高速公路增加的就业机会包括直接就业机会和间接就业机会。直接就业机会是指高速公路建设运营过程中产生的就业机会,包括建设期间就业与营运期间养护管理就业等。间接就业机会是指高速公路建设运营过程中带动其他产业发展产生的就业机会。在建设期间,公路建设带动建筑材料、土石材料、沥青材料等行业的发展,促进这些行业增加劳动力进行材料生产、订单处理和运送。在公路营运期间,便利的交通运输条件带动了沿线服务业和商业的发展,相应的劳动力就业机会也随之不断增加。

据统计,仅2014年,青海公路建设中使用本省农民工8.2万人,劳务收入近20亿元。据专家测算,公路建设每投资1亿元,可为建筑等直接行业提供2000个就业机会,为冶金、石化等间接行业创造4800个就业机会,其中20%左右的投资可转化为人工工资。截至2016年底,青海高速公路全线共设置收费站56个,监控分中心8个,隧道监控所8个,开通服务区7对,还有养护单位、路政管理等,从业人员近8000人。此外,高速公路建设运营还带动了沿线机械维修、餐饮、旅游、商业服务、高新技术等产业的发展,使劳动力发生转移,就业由农业向工业,第一产业向第二、第三产业转移,提高了沿线人民群众的收入水平,带动了沿线经济发展。

(五)促进民族团结进步

青海是一个多民族地区,民族自治地区面积为 $71.6 \times 10^4 km^2$,占全省总面积的98%;其中藏区面积 $69.7 \times 10^4 km^2$,占全省总面积的96.6%。少数民族人口283.14万人,约占全省总人口的47.71%,少数民族人口总数全国排名第三。

促进民族地区发展,提高少数民族人民群众生活水平,不仅能使各族人民普遍受益,有利于促进青海经济社会的全面快速发展,而且能够增强民族向心力和抵御外部势力的渗透能力,更好地巩固祖国统一、维护安定团结。高速公路的运营,使沿线形成了交通经济带,初期以点轴型经济发展为主,通过交通经济带的辐射作用,加速民族地区与经济较发达地区人流、物流、信息流的发展,带动包括民族地区在内的全省的经济发展,增加了少数民族地区人民群众的收入,促进了各民族的共同繁荣、共同富裕,为加强民族团结和社会安定,为青海建设全国民族团结进步先行区提供了保障。

(六)加强国防安全

高速公路历来具有经济、军事的双重性质。世界各国都把实现经济效益和国防需求的有机统一作为高速公路建设的发展目标,通过高速公路建设增强国家交通的应急能力,满足国防战略需要。

青海西北部与新疆维吾尔自治区相邻,南部和西南部与西藏自治区毗连,是联结西藏、新疆与内地的纽带,稳藏援疆的区位作用突出。高速公路的建成运营加强了青海、西藏及新疆与祖国内地的联系,在为经济社会发展服务的同时,积极发挥了国防干线的作用,在促进政治稳定、加强国防、民族团结特别是在稳藏援疆等方面的意义远大于其经济意义。

# 第十一章
## 高速公路建设经验与影响分析

　　高速公路具有快速、安全、机动的优势,它以良好的路面质量和全封闭、全立交的优异运输条件,使大吨位、长距离的车辆得以迅速发展和投入运行,提高了部队的机动作战能力和快速反应能力,能够在短时间内改变战区兵力对比,及时为前线部队提供战争给养,满足了军事交通的高速化要求,为缓解军事交通的紧张状况提供了外部条件。另外,高速公路齐全的通信和服务设施在特殊情况下可以为部队的组织指挥发挥一定的作用。

# |附录|
# 高速公路建设大事记

### 1997年

4月25日,青海省交通厅将甘青公路享堂至西宁段预可行性研究任务委托给青海省公路科研勘测设计院。

### 1998年

8月20日,省政府召开甘青公路朝阳至马场垣段高速公路有关问题专题会议,省政府副秘书长王小青主持会议,副省长王汉民、贾锡太出席会议并作重要讲话,省计委、省财政厅、省交通厅、省建设厅、西宁市政府、海东行署等部门和地区的负责同志参加了会议。会议一致同意修建甘青公路朝阳至马场垣段高速公路,并研究决定了建设该段高速公路的主要事宜。

10月5日,西宁—兰州高速公路(青海段)建设领导小组经省政府批准成立。组长由贾锡太副省长担任,副组长由省计委温成学主任和省交通厅桑杰厅长担任。成员由省政府办公厅、省建设厅、省财政厅、省工商局、省物价局、省土地管理局、省环保局、省公安厅、省地税局、省交通厅、西宁市政府、海东行署以及平安、互助、乐都、民和四县的领导同志组成。

10月5日,西宁—兰州高速公路朝阳至民和马场垣段项目前期预可行性研究报告通过交通部审查,交通部对平安至西宁高速公路项目建议书作了批复,同意先建设西兰高速公路平安至西宁段。

12月31日,青海省高等级公路管理局筹建处经省交通厅批准成立。筹建处以建设单位(业主)身份对西兰高速公路(青海段)工程建设全过程实施管理。

### 1999年

1月13日,省交通厅成立西兰高速公路(青海段)工程领导小组办公室,负责承办领导小组日常工作。

2月9日,交通部批复平安至西宁高速公路工程可行性研究报告。

5月18日,平安至西宁高速公路初步设计预审会议在省交通厅召开,兰西高速公路建设工作领导小组副组长、省交通厅桑杰厅长到会,领导小组成员省交通厅副厅长臧恩穆主持了会议,省政府及各有关部门、国家开发银行、兰州铁路局、西宁铁路分局以及西宁市、海东地区的有关负责人60余人参加了会议。会议特聘请了刘济源、刘家宁、左松梅、费雪良等国内知名专家,他们提出了许多宝贵的意见。会议原则通过了初步设计,并同意初步设计中的推荐方案。

6月14日,省政府召开省长办公会议,原则通过了省交通厅上报的高速公路征迁安置补偿标准优惠政策的请示。

9月2日,经省编委批准,省交通厅成立青海省高等级公路建设管理局,为自收自支县级事业单位,隶属省交通厅领导。原省高等级公路建设管理局筹建处自行撤销。

9月3日,交通部批复平安至西宁高速公路初步设计。

9月6日,交通部胡希捷副部长在兰西高速公路建设领导小组组长、副省长贾锡太陪同下,驱车沿民和马场垣至西宁,详细了解和实地察看了路线走向及主要控制点,提出了指导性意见,并要求平安至西宁段务必于年内开工建设。

10月18日,省交通厅党委任命王廷栋同志任青海省高等级公路建设管理局局长。

10月,朱镕基总理来青海视察工作,对发展公路交通作出重要指示,给青海公路建设带来了新的发展机遇。

11月17日,国家开发银行对平安至西宁高速公路项目贷款作出承诺,同意提供定额硬贷款4亿元,贷款期限15年。

12月17日,平安至西宁高速公路监理招标开标。

12月25日,平安至西宁高速公路施工招标开标。

12月28日,省交通厅举行平安至西宁高速公路新闻发布会。

## 2000年

2月1日,平西高速公路工程合同签字仪式举行,省政府副秘书长王耀东、省交通厅厅长桑杰出席,省计委、省财政厅、省建设厅、省建行等部门有关负责同志和中标单位代表参加了签字仪式。

2月17日,青海省首条高速公路平安至西宁高速公路正式开工建设,省长赵乐际等领导参加开工典礼。

3月14日,《马场垣至平安高速公路工程可行性研究报告》通过交通部审查,并报国家计委审批。

4月5日,省政府召开加快青海省公路交通基础设施建设的专题会议,提出全省公路建设新的目标任务,要求全省公路建设规模向更高目标迈进。

4月11日,省政府主持召开平西高速公路建设用地征迁工作专题会议。省政府副秘书长王耀东、胡先来,省土地管理局、省交通厅、西宁市政府、海东行署及沿线各县有关领导参加了会议。

6月9日,韩建华同志任青海省高等级公路建设管理局局长。

8月10日,省交通厅桑杰厅长到平西高速公路检查指导工作。

10月17日,省长赵乐际在省交通厅桑杰厅长陪同下,到平西高速公路施工现场检查指导工作。

10月20日,建行青海省分行与省交通厅正式签订向马场垣至平安高速公路提供4亿元贷款的协议,省领导王恩科、徐良出席签字仪式。

12月28日,马场垣至平安高速公路开工典礼在乐都县城南隆重举行。

## 2001年

2月23日,经国务院批准,国家计委批复马平高速公路可行性研究报告。

3月14日,交通部对马场垣至平安高速公路初步设计作了批复。

3月19日,马场垣至平安高速公路施工监理、土建施工确定中标人。

4月4日,省交通厅举行马场垣至平安高速公路施工、监理、廉政合同签约仪式,省交通厅厅长桑杰出席,省纪委、省监察厅等部门负责同志和中标单位代表参加签字仪式。

4月16日,省交通厅厅长桑杰到平西高速公路检查指导工作。

4月10日,省政府出台《关于加快全省公路建设的决定》,提出了加快全省公路建设的11条政策措施。

4月19日,省政府在西宁召开全省公路建设第三次工作会议,省党政领导赵乐际等出席会议并讲话。

4月25日,省交通厅厅长桑杰到马平高速公路建设工地现场检查指导工作。

5月13日,省长赵乐际在省交通厅副厅长梁晓安及省高管局负责同志陪同下,视察平西高速公路和西湟一级公路。

5月29日,交通部批复西宁至湟中(塔尔寺)公路项目建议书。

6月20日,交通部批复大通至西宁高速公路项目建议书。

7月1日,平西高速公路曹家堡飞机场至韵家口路段实现试通车,青海高速公路实现零的突破。

8月9日,省委、省政府联合督察组对青海省公路建设重点项目马平、平西、高速公路和西湟一级公路进行现场督察。

8月20日,交通部副部长胡希捷来青海视察马平高速公路、西湟一级公路。

8月21日,交通部批复西宁至湟中(塔尔寺)高速公路可行性研究报告。

8月21日,交通部部长黄镇东一行来青海视察交通工作,期间强调:青海要紧紧抓住西部大开发的机遇,力争用5年左右的时间使交通基础设施建设取得突破性进展,兰州至西宁高速公路要早日建成。

9月29日,交通部批复平安至阿岱公路可行性研究报告。

10月1日,平西高速公路曹家堡飞机场至平安段顺利实现试通车。

11月6日,马平高速公路征地工作总结表彰大会召开,省政府秘书长胡先来及有关单位负责人参加了会议。

11月21日,交通部批复西宁至湟中(塔尔寺)高速公路初步设计。

12月9日,省交通厅厅长桑杰到马平高速公路冬季施工现场检查指导工作。

12月28日,全省交通局长会议召开,会议动员全省交通系统广大干部职工积极进取,开拓创新,扎扎实实完成2002年各项交通工作任务,实现青海交通事业超常规、跨越式发展。省长赵乐际作重要批示,并对做好2002年的各项工作作出重要指示。

## 2002年

4月13日,平安至阿岱高速公路土建工程招标结束,确定了9家施工单位和2家监理单位。

4月15日,西宁至塔尔寺高速公路正式下达开工令,拉开了该公路全面动工的序幕。

4月28日,受省政府领导委托,省政府副秘书长徐连生主持召开专题会,研究部署了西宁至塔尔寺高速公路征地拆迁和建设问题。省交通厅、西宁市政府的有关负责同志参加了会议。

4月18日,交通部批复大通至西宁公路可行性研究报告。

5月23日,中共中央政治局常委、国家副主席胡锦涛,在青海省委、省政府领导陪同下,来到正在建设的西湟一级公路郭米滩大桥工地视察,看望并慰问建设者,并对青海公路交通建设做了重要指示。

6月28日,平安至西宁高速公路韵家口至朝阳段暨西湟一级公路朝阳立交桥至海湖立交桥段顺利实现了全线通车,标志着青海省首条高速公路—平西高速公路提前半年建成通车。

7月19日,交通部对大通至西宁高速公路初步设计进行了批复。

8月20日,省交通厅召开丹拉国道主干线青海境内全线提前建成通车动员大会,桑杰厅长作了动员讲话。会上,王廷栋副厅长代表交通厅与高管局局长韩建华签订了确保马场垣至倒淌河段高等级公路2003年7月20日前建成的责任书。

9月23日,大通至西宁高速公路开标。

9月28日,大通至西宁高速公路确定中标人,确定了土建工程的6家施工单位和2家监理单位。

10月3日,省长赵乐际到马平高速公路视察工作并亲切看望一线职工。

10月31日，国道227线大通至西宁高速公路开工典礼在大通县广场隆重举行。

12月24日，交通部对平安至阿岱公路青沙山隧道技术设计作了批复。

## 2003年

1月27日，省交通厅召开全省公路建设质量工作会议，会议要求健全"三级"质量保证体系，强化政府监督职能，促进企业自检不虚，社会监理不软，确保全省公路建设质量。

3月15日，省交通厅厅长梁晓安到马平、平阿高速公路施工现场检查春季备料及施工情况。

3月31日，省长助理徐福顺、省政府副秘书长徐连生带领有关部门负责同志到西塔高速公路进行现场督查，并主持召开紧急协调会，要求各部门明确责任，有效配合，确保省政府提出的7月10日前西塔高速公路同仁路至新安庄段路基贯通的目标。

4月11日，省长赵乐际在省林业局局长李三旦、省交通厅厅长梁晓安陪同下视察了平西高速公路沿线绿化景观建设。

5月9日，省长赵乐际在省政府办公厅、省交通厅领导陪同下检查了马平高速公路建设情况，并强调一定要做好"非典"防控工作，以确保职工生命安全。

5月15日，农行青海省分行向大通至西宁高速公路项目贷款3.5亿元签字仪式在西宁举行。副省长刘伟平、农行青海省分行行长陈致良、省交通厅厅长梁晓安等领导出席仪式。

6月28日，马平高速公路、西湟一级公路通车。

7月2日，交通部部长张春贤视察调研青海交通工作。期间会见省长赵乐际及有关厅、局领导，共商青海公路交通发展大计，视察了马平高速公路、西湟、湟倒一级公路、平阿高速公路。

7月9日，省政协副主席蔡巨乐一行到西湟一级公路、马平高速公路进行了视察。

7月10日，省人大常委会副主任姚湘成、桑杰及部分省人大代表50余人在省交通厅厅长梁晓安、副厅长杨伯让及省高管局负责人的陪同下，前往马平高速公路进行了参观。

8月19日，省交通厅与西宁市商业银行在胜利宾馆签订了4.5亿元的长期贷款合同，用于西塔、马平高速公路建设。省政府副秘书长葛元璋、省交通厅厅长梁晓安、副厅长韩建华等出席了签订仪式。

9月20日，省政府公布《青海省高等级公路管理办法》，自11月1日起施行。

11月17日，宁大、平阿高速公路绿化景观设计确定中标人。这是青海公路建设首次对设计单位实行招标准入。

12月25日，全省交通工作会议召开。代省长杨传堂到会，并对交通发展的重大问题作出指示。

## 2004 年

4月9日,省发改委对平安至阿岱公路二期工程可行性研究报告做了批复。

4月22日,省交通厅厅长梁晓安到西塔高速公路施工现场检查指导。

4月27日,省交通厅厅长梁晓安前往宁大高速公路施工现场检查工作。

5月12日,省交通厅对平安至阿岱公路二期工程初步设计做了批复。

5月18日,省长助理马建堂在省交通厅副厅长王廷栋陪同下到西塔高速公路检查工作。

6月19日,省交通厅厅长梁晓安到平阿高速公路对右幅路段和青沙山隧道进行了视察。

8月16日,青海首条高海拔特长隧道平安至阿岱高速公路青沙山隧道(右幅)贯通。王廷栋副厅长参加隧道贯通仪式并讲话。

8月17日,省交通厅厅长梁晓安检查宁大、西塔高速公路和湟贵二级公路施工情况。

9月29日,西宁至塔尔寺高速公路通车。

11月6日,西宁至大通高速公路通车。

11月26日,兰州至西宁高速公路全线贯通。

## 2005 年

2月28日,副省长马建堂在省交通厅、海东行署负责同志陪同下视察了平安至阿岱高速公路。

5月17日,省人大常委会副主任姚湘成、高永红、李玉兰带领省十届人大解放军代表团11名人大代表视察了宁大、平西和马平高速公路。

6月21日,省交通厅厅长周建新一行在省高管局负责同志陪同下前往平阿高速公路施工现场检查指导工作。

9月25日,省交通厅组织厅有关部门对西宁至塔尔寺(湟中)高速公路、大通至西宁工程进行了交工验收。

11月2日,省交通厅厅长周建新、副厅长王廷栋、韩建华在省高管局负责同志陪同下到平阿高速公路检查指导工作,并看望慰问参建单位。

## 2006 年

5月26日,交通部副部长翁孟勇视察了平安至阿岱高速公路建设情况。

6月19日,交通部批复西宁过境公路西段可行性研究报告。

9月27日,青海省高等级公路建设管理局和长安大学承担完成的《冲击压实技术在青海省高等级公路黄土路基施工中应用研究》项目成果通过省科技厅组织的专家委员会鉴定,研究成果总体达到国际先进水平。

10月1日,平安至阿岱高速公路试通车。

12月13日,西宁过境高速公路西段工程开工典礼举行,省政协副主席王孝榆出席。

## 2007年

1月29日,全省交通工作会议召开,省政府副省长徐福顺传达了省委副书记、省长宋秀岩对交通工作的重要批示,并代表省委、省政府作了重要讲话。

3月13日,交通部对西宁过境高速公路西段初步设计作了批复。

## 2008年

5月1日,副省长、西宁市市长骆玉林在省交通厅厅长杨伯让、副厅长王廷栋的陪同下,来到西宁西过境公路施工现场看望慰问筑路员工,并现场办公、协调解决施工中遇到的征迁问题。

6月3日,省交通厅厅长杨伯让、西宁市委常委、副市长韩建华一行到西宁西过境公路建设工地检查指导工作,并现场办公,协调解决施工中遇到的征迁等有关问题。

7月9日,省委常委、副省长马建堂到西宁西过境高速公路建设现场视察指导,并亲切慰问一线建设者。

8月6日,省发展和改革委员会分别批复共和至茶卡公路、倒淌河至共和公路二期工程可行性研究报告。

10月16日,国务院审议并通过了《关于支持青海等省藏区经济社会发展的若干意见》,为青海省争取国家支持,加大基础设施建设投入,推进交通可持续发展提供了难得的现实机遇。

10月23日,交通运输部部长李盛霖到青海调研交通工作,与省委、省政府主要领导交换意见,表示交通运输部将支持青海年内再开工一批交通基础设施项目,促进青海经济社会又好又快发展。

11月6日,宋秀岩省长、徐福顺副省长一行在省交通厅厅长杨伯让陪同下,视察了西过境公路工程建设情况。

11月8日,省政府批复了《青海省高速公路网规划》。

11月10日,青海省交通厅组织相关单位对平安至阿岱高速公路建设项目进行了竣工验收,等级为优良。

12月4日,倒淌河至共和高速公路开工建设。

12月21日,青海高海拔、盐渍土地区第一条高速公路——国道215线察尔汗盐湖至格尔木高速公路开工典礼在格尔木市举行。

12月31日,省委书记强卫在省委常委、省委秘书长沈何、副省长邓本太及省发改委、省交通厅领导的陪同下,到正在进行冬季施工的西宁西过境高速公路施工现场视察,亲切慰问一线施工人员。

## 2009年

1月18日,由监察部、交通运输部等五部委领导、专家组成的联合督导组对西宁西过境高速公路项目中央扩大内需新增2.5亿元投资计划的落实执行情况进行检查。

2月26日,省委副书记、省长宋秀岩,省委常委、副省长徐福顺等领导在省交通厅厅长杨伯让的陪同下专程赴交通运输部拜会部领导。就国家高速公路网青海境内路段建设、青海与周边省区省际公路通道等建设问题与李盛霖部长及司局领导交换了意见。

3月17日,省委副书记、省长宋秀岩,省委常委、副省长徐福顺在省交通厅负责同志陪同下,检查了解西宁西过境项目建设情况。

4月8日,省发展和改革委员会批复阿岱至李家峡公路可行性研究报告。

6月11日,省发展和改革委员会批复大察旦至察尔汗公路可行性研究报告。

7月18日,交通运输部副部长冯正霖在青海省副省长骆玉林、省交通厅厅长杨伯让等领导的陪同下,视察西宁西过境公路建设情况。

8月29日,共和至茶卡高速公路开工建设。

9月2日,省人大常委会副主任桑杰视察了西宁西过境高速公路建设情况。

9月19日,阿岱至李家峡高速公路开工建设。

9月20日,省交通厅杨伯让厅长主持召开西宁南绕城公路前期工作协调会。

9月29日,副省长骆玉林在省交通厅领导陪同下看望慰问了共和至茶卡高速公路D标段工作人员。

9月29日,G315线察汗诺至德令哈、德令哈至小柴旦湖段高速公路二期工程、国家高速公路连云港至霍尔果斯公路柳格联络线当金山至大柴旦、大柴旦至察尔汗公路二期工程4条高速公路项目同时开工建设。

10月5日,省交通厅厅长杨伯让一行实地勘察了大武至花石峡公路和花石峡至香日德公路50多公里地形地质情况。

10月12日,省委书记强卫在省委常委、省委秘书长沈何,副省长骆玉林,省政协副主席、海西州委书记罗朝阳,以及省交通厅、海西州等有关领导的陪同下,到察尔汗盐湖至格尔木高速公路建设工地看望慰问工程建设者。

10月22日,省政府批复了《青海省高速公路网(调整)规划》(2009—2030年)。

11月19日,察尔汗盐湖至格尔木高速公路在桥梁建设中首次试用袋装混凝土灌注桩新技术,这在国内属首例。

12月23日,省委书记、省人大常委会主任强卫在省委常委、省委秘书长沈何,省委常委、副省长徐福顺等人陪同下，视察了西宁西过境高速公路建设情况。

12月25日，省委常委、副省长徐福顺到省交通厅调研指导交通建设工作和"十二五"交通发展规划编制工作。

## 2010年

1月6日，省交通厅厅长杨伯让到察尔汗盐湖至格尔木高速公路和倒淌河至共和公路二期工程现场检查指导工程建设工作。

2月3日，省政府召开了全省交通工作会议，省人大常委会副主任马福海、省政府副省长骆玉林、省政协副主席马志伟出席会议，骆玉林副省长作了重要讲话，会议由省政府副秘书长钟通蛟主持，省交通厅厅长杨伯让作了题为《抓住机遇，乘势而上，努力推进青海交通跨越式发展》的工作报告。

2月7日，副省长骆玉林视察倒淌河至共和二期公路工程项目柳梢沟隧道施工情况。

3月10日，省委书记强卫，省委副书记、省长骆惠宁率副省长骆玉林，省委副秘书长杨汝林，省政府副秘书长尚玉龙，省交通厅厅长杨伯让等专程到交通运输部拜会部领导，并与交通运输部李盛霖部长、高宏峰、冯正霖副部长进行了会谈。双方就青海省提出的西宁南绕城高速公路、省际对外公路通道建设、部省建立青海藏区交通运输发展备忘录等事宜进行了沟通协商。

4月27日，西宁西过境高速公路大西山隧道双线贯通。

5月9日，交通运输部部长李盛霖在副省长骆玉林、省交通厅厅长杨伯让陪同下，视察了倒淌河至共和公路柳梢沟隧道施工情况，并慰问一线建设者。

6月5日，省委书记强卫在副省长骆玉林、省海西州州委书记罗朝阳、省交通厅副厅长王廷栋等陪同下，深入国道315线德令哈至小柴旦湖段高速公路建设工地现场视察工作，并对各参建单位进行了慰问。

8月25日，交通运输部副部长冯正霖在交通厅厅长杨伯让、副厅长胡滨的陪同下视察青海共茶高速公路建设情况，并看望慰问参建人员。

9月15日，省交通厅厅长杨伯让、副厅长胡滨一行深入阿岱至李家峡公路建设现场检查指导工作，并协调解决征地拆迁问题。

10月2日，省委副书记、省长骆惠宁在省委常委、副省长骆玉林等陪同下，来到西山脚下的国家高速北京至拉萨线西宁南绕城公路规划路段，调查了解项目概况，要求省交通厅要高起点超前规划，把打通向兰州方向的第二公路通道放在突出位置，为发展东部城市群提供便捷的交通支撑。

10月28日，西宁过境公路西段高速公路通车，北京至拉萨国道西宁过境段全部实现高速化。

11月15日,副省长骆玉林在省交通厅厅长杨伯让等陪同下,深入国道315线德令哈至小柴旦湖段高速公路建设工地现场视察工作。

## 2011年

1月15日,省政府召开全省交通工作会议,省委常委、省政府副省长骆玉林、省人大常委会副主任桑杰、省政协副主席马志伟出席会议,骆玉林副省长作了重要讲话,会议由省政府副秘书长莫重明主持,省交通厅厅长杨伯让作了题为《加快转变发展方式全力推进"十二五"青海交通跨越发展》的工作报告。

2月14日,省交通厅成立共和至玉树公路建设指挥部。

3月14日,省委书记强卫,省委副书记、省长骆惠宁,省委常委、副省长骆玉林在省交通厅厅长杨伯让、副厅长王永祥陪同下来到交通运输部,与李盛霖部长、翁孟勇副部长及部有关司局的主要负责人就"十二五"青海交通运输科学发展进行会谈。

3月22日,省交通厅厅长杨伯让视察察格高速公路建设情况。

3月29日,省交通厅厅长杨伯让在海东行署副专员王发昌、黄南藏族自治州副州长李庆林,厅规划处、省高管局以及化隆县、尖扎县相关负责人陪同下,到阿李公路施工现场开展调研工作,重点解决施工中存在的问题。

5月9日,共和至玉树高速公路一期工程开工仪式举行,省委常委、常务副省长徐福顺宣布工程开工。

5月30日,西宁南绕城高速公路开工典礼举行,省委副书记、省长骆惠宁宣布开工。

同日,省委副书记、省长骆惠宁到省交通厅调研交通工作,强调立足省情,科学谋划、以交通的跨越发展促进青海经济社会跨越发展、绿色发展、和谐发展、统筹发展。

7月6日,省交通厅厅长杨伯让会同海东行署副专员赵生启、黄南州政府副州长朱小青到阿李公路重点解决征地拆迁和设计优化问题。

8月19日,省交通厅厅长杨伯让检查共和至茶卡高速公路建设情况。

10月26日,省政协主席白玛、副主席鲍义志、韩玉贵、马志伟等组成的省政协主席视察团,对倒淌河至共和公路柳梢沟隧道、共和至茶卡高速公路和共和至玉树高速公路一期工程施工现场进行了视察,并听取了青海交通事业发展情况汇报。省交通厅厅长杨伯让、副厅长王廷栋、周勇智、付大智等领导陪同视察。

12月4日,察尔汗盐湖至格尔木高速公路通车。

12月6日,京藏高速公路共和至茶卡公路试通车。

12月25日,察汗诺至德令哈、德令哈至小柴旦湖段高速公路二期工程、当金山至大柴旦、大柴旦至察尔汗公路二期工程建成通车。

12月31日,国家发改委批复青海省共和至玉树(结古)公路可行性研究报告。

## 2012 年

1月10日，全省交通工作会议召开。省委常委、副省长骆玉林出席会议并做重要讲话，省人大常委会副主任桑杰，省政协副主席马志伟，省政府副秘书长莫重明出席会议。省交通厅厅长杨伯让作了题为《稳中求进好中求快努力推进交通运输科学发展》的工作报告。

3月26日，倒淌河至共和公路二期工程项目柳梢沟隧道（左线）贯通。

4月17日，省委常委、副省长骆玉林视察西宁南绕城高速公路海东工业园区连接线建设工作。

同日，省交通厅厅长杨伯让调研西宁周边高等级公路收费站改扩建工作。

6月7日，青海首次沥青路面再生养护列车养护演示在马平西高速公路进行，标志着养护环保新理念技术在青海公路养护作业中正式启动。

6月15日，省交通厅厅长杨伯让到海西州检查指导高速公路建设及养护工作。

7月30日，交通运输部与青海省政府在成都签订《促进六盘山区藏区交通运输发展的共建协议》。

9月26日，国家发展改革委批复青海省西宁南绕城公路工程可行性研究报告。

10月26日，省政协主席白玛、副主席鲍义志、韩玉贵、马志伟一行在省交通厅领导陪同下，赴共和至玉树高速公路视察项目建设及工程进展情况。

10月27日，省委常委、常务副省长徐福顺率省总工会、省发改委、省卫生厅、地方政府负责人及中央主流媒体驻青机构，前往共和至玉树公路建设项目进行工作调研。

10月30日，省委书记强卫，省长骆惠宁，省委常委、副省长骆玉林等领导，在省交通厅厅长杨伯让陪同下专程来到交通运输部，与部领导及有关司局负责人进行座谈。商请交通运输部继续关注和支持新疆—青海—四川快速公路大通道建设和支持青海加快沿黄公路通道建设。交通运输部党组书记、部长杨传堂，副部长翁孟勇，副部长高宏峰，党组成员何建中等领导出席座谈。

12月21日，倒淌河至共和公路试通车。

12月26日，茶卡至格尔木、牙什尕至同仁高速公路开工建设，省委常委、副省长骆玉林赴牙什尕至同仁高速公路建设施工现场，慰问项目建设广大干部职工，并宣布这两条高速公路开工。

12月27日，阿岱至李家峡高速公路试通车。

## 2013 年

1月17日，全省交通工作会议召开，省委常委、副省长骆玉林出席会议并讲话，省人大常委会副主任桑杰出席会议。

2月16日，省委书记强卫在省委常委、省委秘书长王小青及西宁市、省交通厅负责人陪同下,到西宁南绕城高速公路建设工地,亲切看望慰问在节日期间坚持施工的工程建设者。

2月22日,省交通厅组建成立花石峡至久治公路建设指挥部。

3月7日,省委常委、副省长骆玉林到省交通厅调研指导工作。他强调,要充分认识交通在全省经济社会发展中的地位和作用,超前谋划,顶层设计,推动交通工作再上一个新台阶。

4月15日,代省长郝鹏在交通厅厅长韩建华的陪同下,视察了共玉公路雁口山隧道的施工建设情况。

5月6日,省委副书记、省长郝鹏到省交通厅调研指导工作。他强调,要把交通放在优先发展地位,更加突出交通在全省经济社会发展中的先导性、基础性、支柱性作用,把交通作为一个主攻方向,进一步抓好、抓实、抓出成效,以交通的跨越发展,推动青海跨越式发展。

5月29日,省交通厅厅长韩建华一行赴玉树、果洛地区检查指导公路建设和交通发展情况,期间,与果洛州政府召开了果洛交通工作座谈会。决定成立花石峡至久治高速公路项目建设协调领导小组,协调解决项目建设中的征地拆迁等相关事项和问题,全力支持推进项目建设。

7月7日,花石峡至久治公路建设指挥部召开项目开工动员大会,标志着花久公路全面拉开建设大幕。

7月9日,省发展和改革委员会青分别批复香日德至花石峡、共和至玉树公路改扩建工程、花石峡至大武、大武至久治(省界)公路扩建工程可行性研究报告。

7月15日,省发展和改革委员会批复德令哈至香日德公路扩建工程可行性研究报告。

7月20日,省交通厅批复共和至玉树公路改扩建工程初步设计。

7月25日,省政府与国家开发银行举行支持柴达木循环经济实验区战略合作协议签字仪式。省交通厅厅长韩建华与国家开发银行行长马欣签订了450亿元的青海交通未来五年重点项目融资战略合作协议。

8月2日,省人大常委会副主任邓本太一行到西宁南绕城公路建设项目视察工作。

8月5日,省交通厅与西宁市政府召开西宁南绕高速公路征地拆迁工作协调会。

8月7日,交通运输部部长杨传堂来青考察调研交通运输工作。省长郝鹏、常务副省长骆玉林及省交通厅领导陪同考察,期间,杨传堂部长一行视察了西宁南绕城公路建设项目。

8月25日,倒淌河至共和高速公路柳梢沟隧道双向通车,标志着该建设项目全线通车。

9月11日，由全国政协常委、省政协副主席马志伟率领省政协人资环委员会组成调研组一行9人，在交通厅副厅长陆宁安陪同下赴牙同高速公路施工现场进行调研考察。

10月23日，青海、甘肃两省交通厅在西宁举行座谈，就加快省际通道建设问题进行了沟通和衔接。

11月26日，省交通厅批复共和至玉树公路改扩建工程施工图设计。

11月29日，省发展和改革委员会分别批复同意G569曼德拉至大通公路小沙河（甘青界）至宁缠垭口段、宁缠垭口至可图、克图至大通段可行性研究报告。

12月3日，省交通厅厅长韩建华一行深入黄南州调研交通工作，现场察看了牙同高速公路建设情况。

## 2014年

1月25日，2014年全省交通工作会议召开。省委常委、常务副省长骆玉林出席会议并讲话。

2月18日，国道310线大力加山至循化、循化至隆务峡高速公路资本金融资、施工图设计+施工总承包中标通知书签发，标志着两个项目即将开工建设。

同日，省交通厅召开川口至大河家高速公路开工动员会，标志着项目正式开工。

3月26日，省交通厅厅长韩建华一行专赴西宁城中区调研西宁南绕城高速公路项目征地拆迁工作。

3月28日，省交通厅与西宁市政府举行座谈，专题研究西宁城市道路交通建设发展事宜。

4月8日，省交通厅厅长韩建华、副厅长王永祥一行实地查看了平西高速公路、宁互一级公路路域环境综合整治工作。

4月17日，青海省交通运输厅正式挂牌。根据青海省委、省政府关于省政府机构设置的通知，将"青海省交通厅"更名为"青海省交通运输厅"。

4月18日，按照省委省政府提出的在青海省与甘川交界地区启动振兴和平安工程的重大战略部署，省交通运输厅高度重视，积极谋划，实施青甘川三省交界地区公路交通发展行动计划，加快推进该地区交通基础设施建设。

7月12日，省交通运输厅厅长韩建华一行赴西宁周边高速公路检查指导沿线路域环境整治工作。

8月1日，目前全省建筑规模最大、功能设施最全、现代化标准最高的高速公路服务区改造项目—京藏高速马场垣服务区投入试运营。

8月7—8日，省交通运输厅厅长韩建华一行赴G310线大循、循隆高速公路及川大公路建设项目调研。

8月13日,省长郝鹏视察了正在建设的花石峡至久治公路项目。

8月14日,省政府发出通报,对省交通运输厅积极争取资金、统筹谋划项目、推进项目建设等工作给予充分肯定,并予以表扬。

8月22日,副省长张建民在省交通运输厅副厅长陶永利陪同下视察了平西高速公路、宁互一级公路路域环境综合整治工作。

同日,西宁南绕城公路通海隧道双洞贯通。

9月11日,国道569曼德拉至大通公路克图至大通段控制性工程全面启动。

11月7日,省委常委、副省长马顺清一行赴西宁南绕城公路工程项目现场调研指导工作。

12月3日,省长郝鹏到省交通运输厅调研,深入研究谋划2015年和"十三五"重大交通项目规划情况。强调要科学研判形势,更加奋发有为,加快构建综合交通运输体系,为全省改革发展稳定提供强有力的支撑和保障。常务副省长骆玉林一同调研。

12月18日,共和至玉树高速化公路(一期)基本建成通车。

## 2015年

2月9日,省交通运输厅决定,将花石峡至久治公路建设指挥部整合并入青海交通投资有限公司,将青海省共和至玉树公路建设指挥部整合并入青海地方铁路建设投资有限公司。

3月11—12日,省交通运输厅厅长韩建华、副厅长付大智会同海东市人民政府市长张晓容、副市长王发昌,到川大、大循隆高速公路项目调研工作。

4月27日,共玉公路雁口山隧道全线贯通。

5月27日,省长郝鹏、副省长高华在省交通运输厅党委书记马吉孝及相关负责人的陪同下视察共玉公路项目建设情况。

5月28日,省政协副主席马志伟一行赴G310线大力加山经循化至隆务峡高速公路调研。

6月3日,副省长程丽华带领省政府办公厅、省水利厅、省经济和信息化委、省环保厅、省科技厅有关负责人组成的督导组,赴共玉公路检查生态环境保护自查工作开展情况。

同日,国家发改委正式批复了青海省扎麻隆至倒淌河公路改扩建工程可行性研究报告。该项目是青海省第一条高速公路改扩建项目,也是第一条按八车道标准设计的高速公路。

8月12日,省交通运输厅党委书记、厅长马吉孝、副厅长马忠英、王永祥、总工李积胜及厅建管处负责同志一行赴牙同高速公路施工现场调研工程建设情况。

9月1日，省政府出台《关于加快全省交通运输基础设施建设的意见》。

同日，《关于西宁周边地区高速公路收费制式调整方案》顺利通过省政府批准。

10月26日，副省长韩建华视察调研了西宁南绕城公路工程进展暨通车目标推进情况。

11月1日，西宁南绕城公路实现左幅全线贯通。

11月12日，省长郝鹏视察了花石峡至久治公路建设情况。

11月19日，省政府决定成立青海省加快交通基础设施建设协调领导小组。

12月3日，省交通运输厅厅长马吉孝一行赴甘肃省交通运输厅就两省省际通道规划、建设标准、协调机制等方面交换了意见，并达成共识。

12月4日，副省长韩建华对牙同高速公路工程建设完成情况进行了现场调研。

12月8日，副省长韩建华赴果洛州调研花石峡至久治高速公路建设情况。

12月15日，副省长韩建华视察西宁南绕城高速公路建设和通车准备情况。

12月18日，青海省"十二五"交通规划重点项目——扎麻隆至倒淌河公路改扩建工程正式开工建设。

12月24日，西宁南绕城高速公路通车。

12月26日，青海省省长郝鹏、副省长韩建华对西宁南绕城公路通车情况进行调研。

12月29日，共玉公路重点控制性工程——鄂拉山隧道双线贯通。

## 2016年

1月18日，共和至玉树公路姜路岭隧道双线贯通。

4月5日，副省长韩建华调研指导牙同高速公路建设工作。

4月27日，省委副书记、省长郝鹏，副省长高华、韩建华一行先后赴牙同高速公路、大循隆高速公路、川大高速公路和民小一级公路建设现场视察项目建设情况，看望并慰问了建设一线干部职工。

7月1日，副省长韩建华一行现场调研指导牙同高速公路通车运营管理工作和收费运行情况。

7月4日，省长郝鹏前往基本建成通车的牙什尕至同仁高速公路建设现场调研，看望慰问工程建设者和路政、交警、收费工作人员。副省长韩建华、杨逢春和省政府、省交通运输厅、省发展和改革委员会有关领导一同调研。

7月24日，副省长韩建华赴循化县调研G310线大循隆高速公路等项目建设情况。

9月18日，省政府副省长韩建华赴海西州调研公路建设和旅游发展工作。期间查看了高速公路收费运营情况，并视察了茶格高速公路建设情况。

9月27日，交通运输部与青海省政府举办了专题座谈会。交通运输部党组书记杨传堂,青海省委副书记、省长郝鹏,副省长韩建华,省交通运输厅厅长马吉孝等参加会议。

9月28日,省委书记王国生赴牙什尕至同仁高速公路海黄大桥(洼家滩黄河特大桥)建设工地,调研大桥建设工作。省委常委、秘书长王予波,省交通运输厅厅长马吉孝、副厅长陶永利等领导陪同调研。

9月29日,副省长韩建华现场督导调研川大高速公路、川海大桥等项目工作进展情况。

10月1日,德令哈至香日德高速公路建成通车。

10月9日,副省长韩建华赴贵德就湟中至贵德高速公路前期工作进行了调研。现场查看了公路线位走向,结合地质情况和工程项目实际特点,就项目初步规划和设计优化完善工作提出了指导意见。

10月20日,茶卡至格尔木、香日德至花石峡高速公路建成通车。

10月26日,省政协主席仁青加、副主席鲍义志带领部分住青全国政协委员视察牙同高速公路、海黄大桥、大循隆高速公路、川大高速公路、民小公路建设情况。

11月4日,副省长韩建华赴平西高速公路路面整治中修工程现场督导调研西宁市缓堵保畅工程项目建设情况。

11月15日,省交通运输厅厅长马吉孝、副厅长陶永利一行检查指导平西高速公路应急中修工程、南绕城高速景观提升工程、西宁市缓堵保畅工程建设。

11月29日,省委书记王国生赴京藏高速峡口互通、火车站东西立交及平西高速路面应急中修工程施工现场视察。副省长韩建华,省交通运输厅厅长马吉孝、副厅长陶永利陪同视察。

12月1日,省长郝鹏到平西高速公路峡口互通立交工程和火车站站西立交工程施工现场调研。

12月30日,川口至大河家高速公路建成通车。